Mulsow · Assmann (Hrsg.)
Sintflut und Gedächtnis

D1730967

Reihe Kulte/Kulturen

Sintflut und Gedächtnis

Erinnern und Vergessen des Ursprungs

herausgegeben von
Martin Mulsow und Jan Assmann

Wilhelm Fink Verlag

Gedruckt mit freundlicher Unterstützung der UBS-Kulturstiftung

Umschlagabbildung:
Kaspar Memberger, *Sintflut*, 1588

Bibliografische Information Der Deutschen Bibliothek

Die Deutsche Bibliothek verzeichnet diese Publikation in der
Deutschen Nationalbibliografie; detaillierte bibliografische Daten sind
im Internet über http //dnb.ddb.de abrufbar.

Gedruckt auf umweltfreundlichem, chlorfrei gebleichtem und
alterungsbeständigem Papier ⊗ ISO 9706

© 2006 Wilhelm Fink Verlag, München
Wilhelm Fink GmbH & Co. Verlags-KG, Jühenplatz 1, D–33098 Paderborn

www.fink.de

Einbandgestaltung: Evelyn Ziegler, München
Herstellung: Ferdinand Schöningh GmbH & Co. KG, Paderborn

ISBN 13: 978-3-7705-4128-7
ISBN 10: 3-7705-4128-6

Inhaltsverzeichnis

EINSCHNITT DER GESCHICHTE

RELIGION, IDOLATRIE, ANTHROPOLOGIE

KUNST

Vorwort

Der biblische Mythos von der Sintflut erzählt nicht nur von einer Katastrophe im Sinne von Schrecken und Strafe, sondern auch von einer Katastrophe des kollektiven Erinnerungsverlustes: Das Gedächtnis der Menschheit mußte sozusagen durch das Nadelöhr der Reduktion auf ein einziges Menschenpaar. Was ging dabei verloren? Was wurde aus dem vollkommenen Wissen Adams und der frühen Patriarchen? Was wurde davon erinnert, überliefert? Und auch von einer anderen Perspektive läßt sich nach der Erinnerung fragen: Wie wurde die Katastrophe der Sintflut selbst erinnert? Wurde ihr Schrecken verdrängt, vergessen? Und lebte das Verdrängte fort, indem es der Kultur der Noachiden um so nachhaltiger seinen Stempel aufprägte?

Fragen dieser Art sind keineswegs erst nach Freud gestellt worden. Sowohl in der orientalistischen Gelehrsamkeit des 17. Jahrhunderts als auch in den Menschheitsgeschichten des 18. Jahrhunderts haben die Noachiden und ihr Erinnern und Vergessen eine entscheidende Rolle gespielt. Erst von Noah und seinen Söhnen an meinte man eine Geschichte im Sinne einer lückenlos erinnerten und tradierten Kultur vor sich zu haben. Mit ihnen war der archimedische Punkt gegeben, von dem an die Geschichte der Diversifizierung des Menschheitswissens und der menschlichen Verhaltensweisen begann. Ursprüngliche Religion und heidnische Idolatrie, ursprüngliches Gesetz und ungesetzliche Korruptionsformen hatten hier ihren gemeinsamen Ausgangspunkt.

Bei Theoretikern wie Ralph Cudworth und John Spencer kann man im Bezug auf den Moses-Ägypten-Diskurs sehen, wie im späten 17. Jahrhundert entscheidende Weichen in der Gedächtnisgeschichte des Komplexes von Monotheismus, Judentum, Esoterik und Pantheismus gestellt wurden. Diese Umorientierungen, die mit der Entwicklung der historischen Kritik, des säkularen Naturrechts und der modernen Naturwissenschaft zeitlich zusammenfallen, lassen sich – auf ihre Weise – auch im Diskurs über die Sintflut ausmachen. Der Umschlagspunkt der Sintflut ist ein Ereignis von Vergessen, doch-noch-Erinnern, Umbesetzen, Korrumpieren, Teilvergessen und Kompensieren.

Von Thomas Burnet über Goguet bis Boulanger entwickelte sich eine Aufmerksamkeit für die Sintflut, die naturwissenschaftliche Forschung über Fossilien mit chiliastischer Erwartung, die Differenzierung von Esoterik und Exoterik mit Religionskritik, mit Kulturtheorie und mit politischer Anamnese des Despotismus verband. In seiner reifsten Ausgestaltung bei Boulanger war der Sintflut-Diskurs so zentral geworden, daß die gesamte Kultur der Antike als Bewältigungsversuch einer durch den Sintflut-Schrecken geprägten Menschheit angesehen und den heidnischen Mysterien die Rolle eines Antidotums gegen diesen Schrecken zugewiesen wurde. So wie im Moses-Diskurs seit Maimonides und – in der Neuzeit – seit Spencer die jüdische Religion im Sinne einer

‚normativen Inversion' gedeutet wurde, so im Sintflut-Diskurs die antiken Mysterien als ‚affektive Inversion' einer depressiven Mentalität der Angst.

Die im Moses-Diskurs transportierten Themen der Idolatrie, des Gesetzes,
der Esoterik, der Umkehr und des Spinozismus – allesamt Schlüsselprobleme
der frühen Neuzeit – gehen hier ihre neuen und eigenen Verbindungen ein. Der
vorliegende Band widmet sich der Aufgabe, den gedächtnisgeschichtlichen
Aspekt in ihnen herauszuarbeiten. Denn die Sintflut und ihr Vergessen ist in
diesen Verbindungen nicht nur das Objekt der Erinnerung, sondern dieses Objekt bringt selbst – das ist die These – eine Reflexion über Vergessen und Erinnern als Grundlagen von Kultur hervor.

Dafür zeugen etwa die Reflexionen über die bei Flavius Josephus erwähnten
‚Säulen des Seth', in denen das Menschheitswissen Feuer- und Wasserkatastrophen überdauern sollte, aber auch chronologische und genealogische Bemühungen, von der Berosus-Fälschung des Annius von Viterbo bis zu Scaliger, oder
jene Versuche, die die Existenz antediluvianischer Bücher, Weisheiten, Kate-
chismen und politischer Institutionen nachweisen wollten. Die Neuansätze kul-
turgeschichtlicher und normativer Darstellungen von Selden, Newton oder
Vico bei der nachsintflutlichen, universal für alle Menschen geltenden *conditio
humana* lassen ebenso wie die Diskussionen im Anschluß an La Peyrère über
die Einzigkeit der Menschenschöpfung und die Universalität der Sintflut einen
Problemzusammenhang von Kultur, Sünde und Fortschritt aufscheinen, der
den methodischen Fragen nach der Erinnerungsfähigkeit der Menschheit ihr
Profil gibt. Naturwissenschaft verbindet sich dabei mit Etymologie, Rechtsge-
schichte mit Archäologie, Theologie mit Philologie und Historie.

Dem Band liegt eine Tagung zugrunde, die am 6. und 7. November 2003 an
der Herzog-August-Bibliothek Wolfenbüttel stattgefunden hat. Wir danken der
Herzog-August-Bibliothek herzlich für ihre Gastfreundschaft und Unterstützung. Ebenfalls danken wir der UBS-Kulturstiftung für die großzügige Ge-
währung eines Druckkostenzuschusses. Zwei Beiträge sind im Anschluß an die
Tagung hinzugenommen worden, um das Spektrum des Bandes abzurunden:
der Beitrag von Norbert Baumgart über den Stand der theologischen Forschung
zum biblischen Sintflutbericht und der Artikel von Moshe Barasch zur kunst-
geschichtlichen Dimension der Thematik. Für Moshe Barasch war es der letzte
Text, den er geschrieben hat, bevor er am 7. Juli 2004 gestorben ist. Sein Tod ist
ein großer Verlust für uns alle.

München, im Frühjahr 2005
Martin Mulsow

ANTIKE GRUNDLAGEN

Athanasius Kircher: Beim Bau der Arche, in ders.: Arca Noë, Amsterdam 1675, S. 28.

Jan Assmann

Urkatastrophen und Urverschuldungen

Der biblische Sintflutbericht steht im 6. bis 9. Kapitel des Buches Genesis und fällt in zweierlei Hinsicht aus dem Rahmen. Erstens beruht er so deutlich wie kein anderer biblischer Text auf der Kombination zweier verschiedener Quellentexte und wimmelt daher von Dubletten und Widersprüchen, die schon Jean Astruc im Jahre 1753 zu der Auffassung kommen ließen, dass der biblische Text auf verschiedene Verfasser zurückgehen muss. Zweitens hat er in der babylonischen Überlieferung so enge Parallelen wie kein anderer biblischer Text. Die Entdeckung der babylonischen Parallelen löste bei ihrer Entdeckung den berühmten Bibel-Babel-Streit aus, in dem es um die Originalität der Bibel und der biblischen Religion ging, die nun auf einmal in toto wie eine Variante der babylonischen Religion erschien.[1] Abgesehen von den babylonischen Vorlagen aber läßt sich die biblische Sintflutsage darüberhinaus als Variante eines weltweit verbreiteten Motivs verstehen, das, auf seinen allerallgemeinsten Zug reduziert, von einer Korrektur oder Nachbesserung der Schöpfung erzählt. Bereits 1906 hat Riem über 300 Flutmythen aus allen Weltteilen zusammengestellt.[2] In allen Fällen ist diese Nachbesserung durch die Menschen notwendig geworden. Der Mensch erscheint hier als ein problematisches Geschöpf, das die ursprüngliche Schöpfungswelt aus dem Gleichgewicht gebracht und die notwendige Korrektur entweder nur verursacht oder geradezu verschuldet hat. Diese Nachbesserung bestand in einer fast vollständigen Vernichtung der Menschen und der Einführung einer neuen Weltordnung, die künftige derartigen Konflikte für immer verhindern sollte. Der Sinn des Mythos besteht in der Ätiologie dieser neuen Ordnung.

Im Folgenden möchte ich mich auf den vorderorientalisch-mediterranen Raum beschränken und auf die weltweite Verbreitung nicht näher eingehen, denn nur die Motive dieses engeren Kulturkreises sind durch Vermittlung der biblischen und griechisch-römischen Fassungen für die abendländische Rezeption der Sintflutsage wichtig geworden. Innerhalb dieser Mythen von der Nachbesserung der Schöpfung lassen sich neben vielen anderen Varianten zwei größere Gruppen isolieren: zur einen Gruppe gehören die Flutmythen, die andere Gruppe wird durch das Mythem der Trennung von Himmel und

---

1 S. hierzu Klaus Johanning, Der Bibel-Babel-Streit. Eine forschungsgeschichtliche Studie, Frankfurt a.M. 1987; Reinhard G. Lehmann, Friedrich Delitzsch und der Bibel-Babel-Streit, Göttingen 1994; Yaakov Shavit, „Babel und Bibel – The Controversy as a Jewish Event", in: Leipziger Beiträge zur jüdischen Geschichte und Kultur 1, 2003, 263-279.
2 J. Riem, Die Sintflut in Sage und Wissenschaft, 1906, 2.Aufl. 1925.

Erde bestimmt.[3] Die eine Gruppe stellt also das Mittel der Vernichtung in den Vordergrund, die Flut, die andere Gruppe das Ergebnis des korrigierenden Eingriffs, die Trennung von Himmel und Erde. Beiden Gruppen gemeinsam aber ist der Gedanke des durch die Menschen verschuldeten bzw. verursachten korrigierenden Eingriffs in die geschaffene Welt. Interessanterweise gehören innerhalb des uns interessierenden Kulturraums die babylonische, biblische und griechische Variante zur Gruppe der Flutmythen und die ägyptische zur Gruppe der Trennungsmythen. Trotz dieses Unterschieds ist, wie wir sehen werden, die biblische Fassung durch mindestens genau so viele gemeinsame Motive mit der ägyptischen wie mit der babylonischen Fassung verbunden.

Wie wir seit 1872 wissen, als der junge George Smith (1840-1876), Assistant Curator am Britischen Museum, seine Funde unter den dortigen Keilschrifttafeln erstmals der gelehrten Öffentlichkeit bekanntgab, hat die biblische Sintflutsage in der mesopotamischen Tradition so enge Parallelen, dass man geradezu von einer Abhängigkeit, von einer biblischen Arbeit am mesopotamischen Mythos sprechen muß.[4] In der mesopotamischen Tradition ist die Flutsage in zwei Fassungen überliefert: auf der XI. Tafel des Gilgamesch-Epos (das ist die Fassung, die George Smith entdeckt hatte), und als ein eigenständiges Werk, das Atram-hasis-Epos. Beide Fassungen gehen bis in altbabylonische Zeit, d.h. bis ins frühe 2. Jahrtausend und daher weit vor die biblische Überlieferung zurück. Das Gilgamesch-Epos[5] erzählt, wie Gilgamesch auf seiner Suche nach Unsterblichkeit zu Utnapischtim gelangt, dem mesopotamischen Noah, der für seine Weisheit und Frömmigkeit von den Göttern nicht nur, wie Noah, durch die Errettung vor der Flut, sondern auch noch mit Unsterblichkeit belohnt wurde. So kann Utnapischtim dem Gilgamesch von der Flut erzählen und von der Arche, die er auf Anraten des Weisheitsgottes Ea gebaut hatte, um darin mit anderen Lebewesen der Flut zu entgehen. Nach dem Ende des Regensturms landete die Arche auf dem Berge Nisir. Utnapischtim sandte verschiedene Vögel

---

3   W. Staudacher, Die Trennung von Himmel und Erde Ein vorgriechischer Schöpfungsmythos bei Hesiod und den Orphikern. Tübingen 1942; H.Th. Fischer, Het heilig huwelijk van Hemel en Aarde, Utrecht 1929; K. Marot, „Die Trennung von Himmel und Erde", in: Acta Antiqua 1, 1951, 35-63; A. Seidenberg, „The Separation of Sky and Earth at Creation", in: Folklore 70, 1959, 477-82; 80, 1969, 188-96; 94, 1983, 192-200; G. Komoróczy, „The Separation of Sky and Earth: The Cycle of Kumarbi and the Myths of Cosmogony in Mesopotamia", in: Acta Antiqua 21, 1973, 21-45; K. Numazawa, „The Cultural-Historical Background of Myths on the Separation of Sky and Earth", in: A. Dundes (Hrsg.), Sacred Narrative. Readings in the Theory of Myth, Berkeley 1984, 182-92.

4   Zur mesopotamischen Tradition s. zuletzt mit zahlreichen Literaturhinweisen Claus Wilcke, Weltuntergang als Anfang. Theologische, anthropologische, politisch-historische und ästhetische Ebenen der Interpretation der Sintflutgeschichte im babylonischen Atram-hasis-Epos", in: Adam Jones (Hg.), Weltende, Wiesbaden 1999, 63-108.

5   Andrew B. George, *The Epic of Gilgamesh. The Babylonian Epic Poem and Other Texts in Akkadian and Sumerian*, New York 1999; Ders., *The Babylonian Gilgamesh Epic. Introduction, Critical Edition and Cuneiform Texts*, 2 Bde., London 2003; Stefan Maul, *Das Gilgamesch-Epos*, München 2005.

aus, um die Lage zu erkunden. Als die Erde trocken war, brachte er ein Dank-
opfer dar, das den Göttern so gut gefiel, dass sie sich wie die Fliegen darum
scharten. In dieser Fassung der Flutsage läßt sich sogar das Motiv des an ver-
borgener Stelle übrig gebliebenen Urwissens nachweisen. Utnapischtim ist erstens der weiseste aller Menschen, und zweitens ist er unsterblich, so daß in ihm
das antediluvianische Urwissen für die postdiluvianische Zeit erhalten geblieben ist. Allerdings ist er anders als Hermes Trismegistos weder ein Lehrer noch
ein Autor und daher nicht zum Ausgangspunkt einer esoterischen Tradition geworden.

Das Epos von Atram-hasis ist noch sehr viel expliziter.[6] Es beginnt mit dem
schönen Satz *Enuma ilu awelum* „Als die Götter Menschen waren", d.h. als die
Götter die Arbeit der Menschen, die es damals noch nicht gab, mitverrichten
mußten.

> Als die Götter Mensch waren,
> leisteten sie Fronarbeit, trugen sie den Tragkorb.
> Der Tragkorb der Götter war groß,
> die Fron war schwer, groß war die Drangsal.[7]

Am Anfang war die Arbeit, nämlich mithilfe von Hacke und Korb Kanäle graben und den Sumpf urbar machen. Erst wurde sie von den Igigu-Göttern, einer
göttlichen Unterschicht, verrichtet, bis sich diese empörten und der zu Tode
erschrockene Pantheonchef Enlil sich unter Tränen in den Himmel zurückzieht. Der Weisheitsgott Enki (= akk. Ea) hatte aber den rettenden Einfall, die
Menschen zu erschaffen, die den Göttern diese Arbeit abnehmen sollten. Ein
Gott, der Wortführer der Streikenden, wird geschlachtet und aus seinem
Fleisch und Blut, mit Lehm vermischt, ein Menschenpaar geformt. Die Menschen aber erwiesen sich als eine problematische Erfindung. Sie vermehrten
sich so stark und machten so viel Lärm auf der Erde, dass sie dem höchsten
Gott, Enlil, lästig wurden. So beschloss er, die Menschen durch eine Flut wieder zu vernichten. Enki aber hatte Mitleid mit den Menschen, ausserdem sah
er voraus, daß die Götter inzwischen nicht nur auf die menschliche Arbeits-
leistung, sondern auch auf die Opfergaben angewiesen waren; so weihte er seinen Liebling, den „Überaus-Weisen" Atram-hasis in Enlils Vernichtungsplan
ein und gab ihm den Rat mit der rettenden Arche. Als die Flut kam, merkten
die Götter alsbald, daß ihnen die Opfergaben der Menschen fehlten. Umso
dankbarer nahmen sie das Opfer entgegen, das ihnen Atram-hasis nach dem
Ende der Flut darbrachte. Um das Problem der Überbevölkerung, daß den
korrigierenden Eingriff notwendig gemacht hatte, unter Kontrolle zu bringen,
wurden drei Maßnahmen ergriffen: die Einsetzung des Todes[8], die Entstehung

---

6   Wilfrid G. Lambert, Allan R. Millard, Atra-hasis. The Babylonian Story of the Flood, Oxford
    1969.
7   Nach C. Wilcke, a.a.O., 73.
8   Nach der überzeugenden Textergänzung W. Lamberts.

von Krankheiten[9] (?) sowie drittens weibliche Unfruchtbarkeit, früher Kindtod und das Institut der Tempeljungfrauen.

Die Parallelen zur biblischen Fassung liegen auf der Hand, ebenso wie die Unterschiede. Parallel sind die Flut zum Zwecke der Ausrottung des Menschengeschlechts, die Arche als Mittel der Errettung eines erwählten Rests und die Stiftung einer neuen Ordnung, in der künftige derartige Katastrophen ausgeschlossen sein sollen, sowie weiterhin der Erzählungsbogen, der von der Schöpfung über die Katastrophe zur Neuordnung reicht. In der von Berossos überlieferten babylonischen Königsliste liegen sogar genau wie in der Bibel 10 Generationen zwischen dem ersten Menschen und dem Fluthelden. Der Unterschied liegt vor allem in der Begründung der Vernichtungsaktion. In Mesopotamien ist es das Motiv der Überbevölkerung.[10] In der Bibel steht dem das Ideal des „Seid fruchtbar und mehret euch" entgegen.[11] Ganz im Gegensatz zu Mesopotamien kann es für die Bibel gar nicht genug Menschen und sonstige Lebewesen geben. Überbevölkerung hat mit Schuld nichts zu tun. In der mesopotamischen Sicht sind die Menschen nicht böse, sondern nur lärmig und lästig. Allenfalls ließe sich der Lärm als Aufruhr interpretieren.[12] Das würde dann die Fassung des Atram-hasis-Epos in die Nähe des ägyptischen Mythos rücken, auf den wir noch eingehen werden.

Die biblische Flutsage beruht, wie bereits erwähnt, in der uns vorliegenden Fassung in den Kapiteln 6-9 des Buches Genesis, auf zwei Quellen. Die eine ist die sog. Priesterschrift (P), die andere der sogenannte Jahwist (J).[13] Dementsprechend erscheinen hier anstelle des mesopotamischen Überbevölkerungsmotivs nicht ein, sondern zwei Motive, die wenig miteinander zu tun haben. Unmittelbar vorher geht jedoch eine ultrakurze Erzählung, die wie ein dritter Grund für die Sintflut wirkt. In der Tat wurde diese Passage früher, wie aus der traditionellen (masoretischen) Kapiteleinteilung hervorgeht, zur Sintflutgeschichte hinzugerechnet, und die ägyptische Parallele zeigt, daß diese Einteilung durchaus berechtigt sein könnte. In dieser Mini-Erzählung geht es um die Entstehung der Riesen (Gibborim):

6:1 Als sich die Menschen über die Erde hin zu vermehren begannen und ihnen Töchter geboren wurden,

---

9 So in der Gilgamesch-Fassung, s. Wilcke, 97.

10 Anne D. Kilmer, „The Mesopotamian Concept of Overpopulation and its solution in the Mythology", in: Orientalia 41, 1972, 160-177.

11 1:28, 9:1, 9:7. S. Tikva Frymer-Kensky, The Atrahasis Epic and Its Significance for Our Understanding of Genesis 1-9", in: Alan Dundes (Hg.), The Flood Myth, Berkeley 1988, 61-73, 66.

12 So Giovanni Pettinato, „Die Bestrafung des Menschengeschlechts durch die Sintflut", in: Orientalia 37, 1968, 165-200; ders., Das altorientalische Menschenbild und die sumerischen und akkadischen Schöpfungsmythen, Heidelberg 1971. Gegen diese Interpretation wendet sich jedoch C. Wilcke mit guten Gründen.

13 Norman C. Habel, „The Two Flood Stories in Genesis", in: A. Dundes, 13-13-28. S. den Artikel von Norbert C. Baumgart in diesem Band.

6:2 sahen die Gottessöhne (*bene ha-elohim*: die Söhne Gottes oder der Götter: gemeint sind ursprünglich „die männlichen Mitglieder des Göttergeschlechts"), wie schön die Menschentöchter waren, und sie nahmen sich von ihnen Frauen, wie es ihnen gefiel.
6:3 Da sprach der Herr: Mein Geist soll nicht für immer im Menschen bleiben, weil er auch Fleisch ist; daher soll seine Lebenszeit hundertzwanzig Jahre betragen.
6:4 In jenen Tagen gab es auf der Erde die Riesen, und auch später noch, nachdem sich die Gottessöhne mit den Menschentöchtern eingelassen und diese ihnen Kinder geboren hatten. Das sind die Helden der Vorzeit, die berühmten Männer.

Auch Josephus Flavius versteht diese Verse als Teil der Sintfluterzählung. Das Problem ist hier weder die Überbevölkerung, noch die Schlechtigkeit der Menschen, sondern vielmehr die mangelhafte Trennung zwischen Himmel und Erde und die Kohabitation zwischen den hier, in monotheistischem Kontext, zu „Gottessöhnen" herabgestuften Gottern und den Menschen. Dieser Grund hat keine Parallele in den babylonischen Mythen, dafür aber, wie wir später sehen werden, im ägyptischen Mythos von der Trennung von Himmel und Erde.

Die folgenden Verse führen dann den zweiten Grund ein:

6:5 Der Herr sah, daß auf der Erde die Schlechtigkeit des Menschen zunahm und daß alles Sinnen und Trachten seines Herzens immer nur böse war.
6:6 Da reute es den Herrn, auf der Erde den Menschen gemacht zu haben, und es tat seinem Herzen weh.
6:7 Der Herr sagte: Ich will den Menschen, den ich erschaffen habe, vom Erdboden vertilgen, mit ihm auch das Vieh, die Kriechtiere und die Vögel des Himmels, denn es reut mich, sie gemacht zu haben.
6:8 Nur Noach fand Gnade in den Augen des Herrn.

Auch der zweite Grund hat in den mesopotamischen Vorbildern keine Parallele, dafür aber in dem erwähnten ägyptischen Mythos. Im Anschluss an diese jahwistische Einleitung der Sintflutgeschichte folgt eine neue Einleitung in der priesterschriftlichen Fassung, in der ein dritter Grund erwähnt wird:

6:9 Das ist die Geschlechterfolge nach Noach: Noach war ein gerechter, untadeliger Mann unter seinen Zeitgenossen; er ging seinen Weg mit Gott.
6:10 Noach zeugte drei Söhne, Sem, Ham und Jafet.
6:11 Die Erde aber war in Gottes Augen verdorben (*shachat*), sie war voller Gewalttat (*chamas*).
6:12 Gott sah sich die Erde an: Sie war verdorben; denn alle Wesen aus Fleisch auf der Erde lebten verdorben.
6:13 Da sprach Gott zu Noach: Ich sehe, das Ende aller Wesen aus Fleisch ist da; denn durch sie ist die Erde voller Gewalttat. Nun will ich sie zugleich mit der Erde verderben.

Die Priesterschrift erzählt die Geschichte der Welt, beginnend mit der Schöpfung, in einem genealogisch-chronologischen Rahmen. Die Formel „Das ist die

Geschlechterfolge…" eröffnet jeweils ein neues Kapitel bzw. eine neue Periode, entsprechend den Dynastien in den mesopotamischen und ägyptischen Königslisten. Der Grund für die Sintflut ist hier nicht die Bosheit des Menschen, sondern die Verderbtheit der Erde und aller Lebewesen. Ausdruck dieser Verdorbenheit war die auf Erden herrschende Gewalt unter den „Wesen aus Fleisch", zu denen neben den Menschen auch die Tiere gehören. Die Priesterschrift hat eine kosmologische, der Jahwist eine historische Perspektive.

Der ägyptische Mythos ist uns im sogenannten „Buch von der Himmelskuh" erhalten.[14] Da hier von einer Flut keine Rede ist, ist er bisher, soweit ich sehe, nicht oder kaum mit der biblischen Sintflutsage in Zusammenhang gebracht worden. Das Buch von der Himmelskuh gehört zur Gattung der Jenseitsbücher, die ihren Aufzeichnungsort in den Königsgräbern des Neuen Reichs haben. Es taucht hier zum ersten Mal im Grab des Tutanchamun auf einem der goldenen Schreine auf, und ist später noch in den Gräbern von Sethos I., Ramses II. und Ramses III. belegt. Allerdings ist damit über das Alter des Mythos selbst wenig gesagt; er kann wesentlich älter sein und geht vermutlich in die Zeit nach dem Untergang des Alten Reichs zurück. Wahrscheinlich darf man ihn sogar als den Versuch einer kulturellen Verarbeitung dieser Katastrophe verstehen.[15] Das würde auch erklären, warum man gerade in der Zeit des Tutanchamun auf ihn zurückgegriffen hat: denn auch diese Zeit stand im Zeichen der Verarbeitung einer katastrophischen Erfahrung und einer schweren Traumatisierung. Der monotheistische Umsturz des Echnaton von Amarna war als eine Versündigung gegen die Götter empfunden worden, die die Abwendung der Götter von den Menschen zur Folge hatte.[16] Genau darum geht es auch in dem Mythos, der dem Buch von der Himmelskuh zugrundeliegt.

Dieser Mythos geht von einem Urzustand aus, in dem der Schöpfer, der Sonnengott Re, selbst als König über seine Geschöpfe herrschte und dabei Götter und Menschen ungeschieden, *m jḥ.t wᶜ.t* „als eine Sache" zusammenlebten. Der Sonnengott war aber alt geworden, er ging gebückt am Stock und sein Speichel tropfte auf die Erde. Die Menschen verloren den Respekt vor dem gealterten Herrscher und begannen, rebellische Pläne zu schmieden. Das kam dem Sonnengott zu Ohren, und er berief den Götterrat ein, um wirkungsvolle Gegenmaßnahmen zu beschließen und der Rebellion zuvorzukommen. Diese bestehen nicht in einer Flutkatastrophe, obwohl es gerade der Gott des Urwassers und der Nilüberschwemmung, von dem diese Katastrophe hätte ausgehen müssen, den entscheidenden Rat gibt. Eine Flutkatastrophe wäre im Rahmen der ägyptischen Semantik ebenso ausgeschlossen gewesen wie das Problem der Übervölkerung im Rahmen der biblischen Semantik. Denn die Nilflut ist im

---

14 E. Hornung, *Der ägyptische Mythos von der Himmelskuh. Eine Ätiologie des Unvollkommenen*, OBO 46, Freiburg (Schweiz) und Göttingen 1982.

15 Zum Untergang des Alten Reichs und seiner literarischen Verarbeitung s. Verf., *Ägypten – eine Sinngeschichte*, München 1996, 97-131; E. Blumenthal, „Weltlauf und Weltende bei den alten Ägyptern", in: Adam Jones (Hg.), *Weltende*, 113-163, bes. 124-126.

16 S. hierzu Verf., „Tutanchamun und seine Zeit", in: *Ma'at. Archäologie Ägyptens*, 1, 2004, 24-33

ägyptischen Weltbild ebenso einseitig positiv besetzt, als die Quelle allen Lebens und aller Fruchtbarkeit, wie die Vermehrung menschlichen Lebens im biblischen Weltbild. Eine Gesellschaft, die von Jahr zu Jahr ängstlich auf die Nilüberschwemmung wartet, ihre Höhe mißt, um den zu erwartenden Ernteertrag zu berechnen, und mit jeder zusätzlichen Elle jubelt und feiert, auch wenn diese übergroßen Überschwemmungen durchaus auch Schaden anrichten, kann mit dem Motiv der Flutkatastrophe schlechterdings nichts anfangen. Diese Maßnahme scheidet also aus. Statt dessen wird die Göttin Hathor damit beauftragt, die Menschen zu vernichten. Sinn und Form dieser Vernichtungsaktion werden erst klar, wenn man durchschaut, dass Hathor hier als Erscheinungsform der Göttin Tefnut auftritt und daß Tefnut eine Göttin des Feuers ist.[17] An die Stelle der Flutkatastrophe tritt hier also die Brandkatastrophe, eine übliche Alternative im Zusammenhang dieser Mythen der Urkatastrophe. Auch in Platons Lehre von der zyklischen Vernichtung[18] alternieren Flut- und Brandkatastrophen.

Gegen Abend ist bereits ein Großteil der Menschen dem Wüten der Sachmet zum Opfer gefallen, aber in der Nacht bereut der Sonnengott seine Vernichtungsaktion. Auch hier stoßen wir also auf das Motiv der Reue;[19] aber während in der Bibel Gott die Schöpfung des Menschen bereut, bereut Re in Ägypten seine Vernichtung. Er läßt eine gewaltige Menge blutfarbenen Rauschtranks ansetzen, überschwemmt damit die Erde und täuscht auf diese Weise die blutdürstige Sachmet, die das für Blut hält, sich daran berauscht und ihren Vernichtungsauftrag vergißt.

Freilich ist das ursprüngliche Problem der unbotmäßigen Menschheit damit nicht gelöst. Die Lösung, die nun gefunden wird, besteht in der Trennung von Himmel und Erde und damit von Göttern und Menschen. Re zieht sich mit den Göttern an den Himmel zurück. So entsteht der Sonnenlauf und damit die Zeit mit der Trennung von Tag und Nacht. Als Nachfolger in der Herrschaft über die Schöpfung setzt er seinen Sohn, den Luftgott Schu, ein, der als Luft zugleich den Himmel von der Erde trennt und die Verbindung zwischen den getrennten Sphären herstellt.[20] Der Verkehr zwischen Göttern und Menschen wird nun auf

---

17 Tefnut wird in der Ägyptologie gemeinhin als eine Göttin der „Feuchte" interpretiert. S. hierzu Barta, *Untersuchungen zum Götterkreis der Neunheit*, 89-94, der in 89 Anm. 9 die ältere Literatur zu diesem Punkt aufführt. Hierfür gibt es jedoch überhaupt keinen Anhaltspunkt. Ursula Verhoeven meldet zurecht in ihrem Artikel „Tefnut", in: *Lexikon der Ägyptologie* VI, 1985, 296-304, vorsichtige Zweifel an der konventionellen Deutung der Tefnut als Göttin der Feuchtigkeit an, ohne allerdings eine alternative Deutung vorzutragen. Alles, was wir von Tefnut aus späteren Texten erfahren (die älteren Texte sind hierfür vollkommen unergiebig), weist jedoch auf eine Göttin des Feuers hin. Vor allem erscheint Tefnut als die Göttin der flammenspeienden Uräusschlange des Sonnengottes, also als Verkörperung der aggressiven Gluthitze der Sonne.

18 Timaios 21b-25d.

19 Jörg Jeremias, *Die Reue Gottes: Aspekte alttestamentlicher Gottesvorstellung*, Neukirchen/Vluyn 2.Aufl. 1997.

20 Im Buch von der Himmelskuh setzt Re den Mondgott Thot, den Gott der Schrift und der Rechenkunst, zum Nachfolger ein, der in diesem Mythos dieselbe Rolle als Wesir spielt wie Enki im Atramhasis-Mythos, wo Enlil sich ja auch in den Himmel zurückzieht. In allen anderen Tra-

eine institutionelle Basis gestellt. Die Götter sind fern, aber über den Opferkult und die magischen Riten erreichbar.

Allen betrachteten Varianten des Mythos ist gemeinsam, dass die Katastrophe einem in irgendeiner Weise wilden, unkontrollierten Urzustand ein Ende setzt und eine neue Ordnung heraufführt, die durch Regeln und Institutionen, eine Art Vertrag gekennzeichnet ist. Vielleicht darf man so weit gehen, darin den Ursprung der Kultur zu erkennen. Die Kultur wäre dann das Ergebnis einer Nachbesserung der Schöpfung, die durch den unausgewogenen Menschen notwendig wurde. In Ägypten besteht diese Kultur in der Einrichtung des Staates, der die Schöpfungsherrschaft des Sonnengottes auf Erden repräsentiert. Der Staat tritt an die Stelle des zum Himmel entrückten Schöpfers, genauso wie nach christlicher Lehre die Kirche an die Stelle des zum Himmel entrückten Christus tritt. In der Bibel ist der Sinn freilich ein völlig anderer, denn das ägyptische Prinzip der über Bilder und Herrscher vermittelten indirekten Beziehung zum Göttlichen ist genau das, was der biblische Monotheismus als Idolatrie perhorresziert. Das gemeinsame Element zwischen der ägyptischen und der biblischen Fassung liegt lediglich darin, daß auch in der Bibel die weitere Zukunft der Welt auf eine vertragliche Grundlage gestellt wird. Diese Grundlage bilden der sogenannte Noach-Bund und die noachidischen Gesetze.

Die Noachidischen Gesetze stellen eine Art Naturrecht dar, das für alle Menschen gilt, im Gegensatz zum Sinai-Bund mit den 613 Geboten und Verboten des Mosaischen Gesetzes, das nur für das erwählte Volk gilt. Hinter diesem Gegensatz stehen wohl tatsächlich zwei verschiedene Richtungen, die man als die priesterschriftliche und die deuteronomistische Tradition unterscheidet. Den Kernpunkt der deuteronomistischen Tradition bildet die Bundestheologie, die die Juden als das erwählte Volk durch ein komplexes Corpus von moralischen, juristischen und rituellen Geboten aus dem Kreis der Völker ausgrenzt und auf eine streng elitäre und exklusivistische Lebensform verpflichtet. Hier geht es in erster Linie um Gesetz und Geschichte, Gehorsam und Erinnerung. Den Kernpunkt der priesterlichen Tradition bildet dagegen der nicht minder komplexe Opferkult mit seinem System mikro-makrokosmischer Analogien. Hier geht es um Kosmologie, um Schöpfung und Versöhnung.[21] Die noachidischen Gesetze bilden das priesterschriftliche Gegenstück und Gegengewicht zum deuteronomistischen Gesetz. Sie weiten die vertragliche Grundlage der nachsintflutlichen Welt ins Menschheitliche aus.

Als wichtigsten gemeinsamen Nenner sowohl der vorderorientalischen, als auch der weltweit verbreiteten Flutmythen gilt es den anthropologischen Kern des Mythos festzuhalten, den Zusammenhang von Menschenschöpfung und Menschenvernichtung. Das Kernthema der Flutmythen ist die Widerruflichkeit

---

ditionen jedoch, die sich auf die Sukzession der Götter in der Schöpfungsherrschaft beziehen, gilt Schu als der Nachfolger des Re. Zum Gott Schu s. Adriaan de Buck, *Plaats en beteekenis van Sjoe in de egyptische theologie* (Med.koninkl.Ak.v.Wet., afd. letterk. 10.9, Leiden 1947

21 In dieser Charakterisierung von P folge ich Mary Douglas, *Leviticus as Literature*, Oxford 1999.

der Menschenschöpfung. Der Mensch erscheint hier als ein Wesen, das sich schlecht in die Schöpfung einfügt und dazu tendiert, aus dem Rahmen zu fallen, über die Stränge zu schlagen, und das durch zusätzliche Nachbesserungen und vertragliche Regelungen, das heißt: durch Kultur im Sinne einer zweiten Natur in die Schöpfung eingebunden werden muß, wenn anders sie Bestand haben und nicht durch den Menschen gestört oder geradezu zerstört werden soll.

Kaspar Memberger: Einzug der Tiere. Residenzgalerie Salzburg.
Abb. aus: Jacobo Borges: Der Himmel senkte sich, Salzburg 1996, S. 99.

NORBERT CLEMENS BAUMGART

Das Ende der Welt erzählen.

Die biblische Fluterzählung in den alttestamentlichen Wissenschaften

1. Ein Fluttext und verschiedene Blickwinkel – Einführung

Mensch und Tier sterben in der Flutkatastrophe. Eine biblische Geschichte erzählt den globalen Tod. Nur wenige, darunter acht Menschen, überleben. Dennoch will es eine Erzählung darüber sein, dass eine derartige Katastrophen *„nie wieder"* geschehen werde – zumindest nicht in solcher Dimension. Der große Tod als Thema, um den großen Tod auszuschließen? Im biblischen Text zur Flut steckt offenkundig eine Ambivalenz.

Die alttestamentlichen Wissenschaften stehen im Dissens zu den landläufigen Wahrnehmungen der biblischen Fluterzählung. Marktgängig faszinieren die gigantische Katastrophe sowie ihre dramatische Schilderung, und es dominiert die Neugier, wann der Fluteinbruch historisch passiert sein könnte. Exegeten hingegen thematisieren als Theologen an der Erzählung oft die Existenzfrage, d.h. einerseits die rein hypothetische Möglichkeit, dass die Schöpfung ihre lebendigen Wesen verliert und dass diese Wesen ins Nichts fallen, und andererseits die im Gegenbild erzählte, tatsächliche Garantie, die dem Dasein gegeben wird und die die Schöpfung voller Leben bleiben lässt. Die erste – die landläufige – Seite mit ihrer Interessenslage lässt außer Acht nachweislich[1] zumeist das konzeptionell aufgeladene Ende der Erzählung (vor allem Gen 8,20-9,17) oder aber den Umstand, dass literarisch eine Geschichte Gottes erzählt wird.[2] Die zweite Seite, die fachwissenschaftlich-theologische, bleibt oft unterkühlt oder sogar stumm beim Preis der Gottesgeschichte, beim Tod der Vielen.

Die alttestamentlichen Forschungen zur Flutgeschichte präsentieren allerdings nur zum Teil einheitliche Ergebnisse und Thesen. Vielfach fallen sie sehr verschieden aus. Das sei hier ausdrücklich festgehalten. Die eine Exegese und die eine wissenschaftliche Bibeltheologie gibt es nicht. Sie sind – wie alle Wissenschaften – vielgestaltig. Wo es keinen wissenschaftlichen Konsens zur Flutgeschichte gibt, hängt dies oft mit den unterschiedlichen Methoden zusammen,

---

1 Hierzu N. Cl. Baumgart, *Die Sintflut kam Punkt 12.10 Uhr. Protokoll einer Weltkatastrophe. Arbeitshilfe katholisches Filmwerk*, Frankfurt, 2001; ferner N. Cl. Baumgart, G. Ringshausen, *Die Sintflut* (LThB 2), Münster, 2005.

2 Vgl. N. Cl. Baumgart, *Die Umkehr des Schöpfergottes. Zu Komposition und religionsgeschichtlichem Hintergrund von Gen 5-9*, Freiburg, 1999, S. 147 f.

die Forscher und Forscherinnen einsetzen, oder mit Positionen im Gefolge der Forschungsgeschichte, die man übernimmt und fortführt, oder mit spezifischen Fragestellungen und Hermeneutiken, von denen man sich leiten lässt. Dieser Beitrag will zentrale Elemente aus der Forschungsvielfalt herausgreifen und mit ihren jeweiligen Hintergründen darstellen. Dabei geht es um drei maßgebliche Blickwinkel, von denen aus die Flutgeschichte wahrgenommen wird und die zu jeweils eigenen Formen von Erkenntnissen führen (Punkte 2. bis 4.).

2. Eine und zwei Erzählung(en) – Diachronie

Ein klassischer exegetischer Blickwinkel auf die Fluterzählung nimmt in ihr unterschiedliche Textgruppen wahr. Das hat sich mittlerweile herumgesprochen. Die Fluterzählung bietet solchem Blickwinkel eine Fülle von Anhaltspunkten. Dazu gehören die unterschiedlichen Gottesnamen (u.a. Gen 6,5 JHWH, 6,9 Elohim), Doppelungen (z.B. Ankündigung der Flut in Gen 6,17 und 7,4) und Spannungen (beispielsweise bringt in Gen 7,4 Regen die Flut, in 7,11 hingegen aufbrechende Quellen), Widersprüche (u.a. dauert die Flutung nach Gen 7,4 vierzig Tage, nach 7,24 aber eventuell einhundertfünfzig) und Brüche (u.a. habe nach Gen 6,22 Noach alle Vorkehrungen vor der Flut abgeschlossen, was sich aber in 7,1ff anders ausnimmt).

Die Wahrnehmung von Textgruppen in der Fluterzählung wurde mit ähnlichen Einsichten zur Urgeschichte in Gen 1-5 und 10f kombiniert.[3] Man kann davon ausgehen, dass die hierzu entwickelten Thesen am Beginn standen, überhaupt die „Genese der Bibel" zu erforschen, und Modelle vorbereiteten, die Entstehung des Pentateuch (= die ersten fünf Bücher Mose bzw. Genesis bis Deuteronomium) und weiterer biblischer Textkomplexe zu erklären.[4]

Bei der detaillierten Scheidung der Fluterzählung in zwei Schichten bzw. Urkunden wurden forschungsgeschichtlich nachhaltig wirksam die Arbeiten von Hermann Hupfeld (1853), Ernst Eberhard Schrader (1863), Karl Budde (1883) und Hermann Gunkel (1901; ³1910).[5] Ihren Untersuchungen ging eine breite Phase der Einübung in die literar- und redaktionskritische Beobachtung von Texten voraus (= sogenannte diachrone Sichtweise).[6] Ein historisches (und hi-

---

3   Früher sah man die Urgeschichte in Gen 11 oder Gen 12 enden. Mittlerweile gibt es den Trend, das Ende der Urgeschichte in Gen 9,28f zu bestimmen. Vgl. N. Cl. Baumgart, „Das Ende der Urgeschichte in Gen 9,29": *BN 82*, 1996, S. 27-58; ders., *Umkehr* (s. Anm. 2), S. 9-37.

4   Vgl. E. Blum, „Urgeschichte": *TRE XXXIV*, Berlin, 2002, S. 436-445, 437.

5   K. Budde, *Die biblische Urgeschichte (Gen 1-12,5)*, Gießen, 1883; H. Gunkel, *Genesis* (HK I/1), Berlin, 1963; H. Hupfeld, *Die Quellen der Genesis und die Art ihrer Zusammensetzung. Von neuem untersucht*, Berlin, 1853; E. Schrader, *Studien zur Kritik und Erklärung der biblischen Urgeschichte Gen. Cap. I-XI. Drei Abhandlungen. Mit einem Anhange: Die Urgeschichte nach dem Bericht des analistischen und nach dem des prophetischen Erzählers*, Zürich, 1863.

6   Vgl. u.a. K. Grünwaldt, „Abriß der Forschungsgeschichte zur Genesis", in: H. Seebass, *Genesis I. Urgeschichte (1,1-11,26)*, Neukirchen-Vluyn, 1996, S. 14-32.

storisierendes) Interesse leitete in diesen Zeiten die exegetische Zunft: In welcher Reihenfolge sind die Texteile verfasst worden, in welcher Zeit wurden sie aus welchen Gründen geschrieben und wann wurden sie weiterverarbeitet?[7] Im 19. Jh. und lange noch im 20. Jh. stoppten keine grundsätzliche Skepsis oder wissenschaftstheoretische Reflexion den fahrenden Zug, eine Historie der Schriftentstehung wirklich nachzeichnen zu können,[8] „wenn auch natürlich manches immer im unklaren bleiben" sollte.[9] Eine kritische Zurückhaltung gegenüber solchen Analysen stellte sich erst ab dem letzten Viertel des 20. Jh. ein (s.u.).

Zugleich wird bis in die Gegenwart die Scheidung der Fluterzählung in zwei Textgruppen als das Paradebeispiel für einen noch vorhandenen „substantiellen Grundkonsens" in der alttestamentlichen Forschung angeführt.[10] Die Scheidung wird heute noch oft für das studentische Exerzitium von exegetischen Methoden mit ‚unzweideutigen' Ergebnissen verwendet.[11] Ja, die Scheidung dient zur apologetischen Sensibilisierung für literargeschichtliche Fragestellungen.[12]

Für ein Paradebeispiel scheint zunächst auch zu sprechen, wie jüngere Veröffentlichungen die Textscheidung in der Fluterzählung vornehmen und mit den Forschungsergebnissen der letzten 150 Jahre noch in etwa konvergieren. Man vergleiche nur folgende Detailangaben:

Markus Witte (1998)[13]
Textgruppe I: 6,9-19a.20-22; 7,6-7.11-13-14a.bα.15.17a*(ohne „vierzig Tage").b.18-21.22* (ohne „Odem [...] in seiner Nase").24; 8,1-2a.3-5.13a.14-19; 9,1-4.5*(ohne „sein Bruder").6-17, wobei innerhalb der Textgruppe I 9,4-7.16-17 „Erweiterungen" darstellen.
Textgruppe II: 6,5-6.7aα.8; 7,1a.2..4-5.10a.12.23aα*.b; 8,2b.6.8.9aα.b.10-12.13b.20-21aα.22.
Zur *Redaktion* gehören 6,7aβ.γ.b; 7,1b.3.8-9.10b.16.22(„Odem [...] in seiner Nase") 23aα*(„vom Menschen ... die Welt").β; 8,21aβ.; 9,5bα (nur sein „Bruder"), die 8,7 einarbeitet. „*Zusätze bzw. Glossen*" sind 6,19b; 7,14bβ.17a* (nur „vierzig Tage"); 8,9aβ.

---

7 Z.B. H. Gunkel, *Genesis* (s. Anm. 5), S. LXXXI, im Anschluss an Julius Wellhausen: Es sind „die Quellen der Genesis chronologisch zu bestimmen und in den Geschichtsverlauf der Religionsgeschichte Israels einzusetzen."
8 Zum zeitgeschichtlichen Hintergrund vgl. Joachim Mehlhausen, „VII/2. 19.-20. Jahrhundert" im Art. „Geschichte/Geschichtschreibung/Geschichtsphilosophie": *TRE XII*, Berlin, 1984, S. 643-658.
9 H. Gunkel, *Genesis* (s. Anm. 5), S. LXXXI.
10 So E. Blum, *Urgeschichte* (s. Anm. 4), S. 437.
11 Z.B. F. Huber, „Literarkritik", in: G. Fohrer, *Exegese des Alten Testaments* (UTB 267), Heidelberg, 1983, S. 45-58.
12 So bei. E. Zenger, *Einleitung in das Alte Testament* (Studienbücher Theologie 1,1), Stuttgart, 1998, S. 87-103.
13 M. Witte, *Die biblische Urgeschichte. Redaktions- und theologiegeschichtliche Beobachtungen Gen 1,1-11,26* (BZAW 265), Berlin, 1998, insbesondere S. 333 f.

<u>Norbert Clemens Baumart (1999)</u>[14]

Textgruppe I: 6,9-22; 7,6.11.13-16b; 7,17a²(ohne „*vierzig Tage*").18-21.23de².24; 8,1-2a.3c-5.13a.14.15-18.19(ohne „*nach ihren Arten*"?); 9,1-3.5(ohne „*jedoch*") 6-7.8-17 mit Ergänzungen in 8,17c-e.19(nur „*nach ihren Arten*"?); 9,4.5a (nur „*jedoch*").

Textgruppe II: 6,5-7(ohne „die ich geschaffen habe").8; ... 7,1-2.3*(ab „am Leben zu erhalten")-5.10.12.16c.17b-d².23ab; 8,2b.6.8-12.13b-d.20-22. Zusätze liegen in 8,3ab und 8,7 vor.

Zur *Redaktion* gehören 7,3* (bis einschließlich „*ein Männliches und ein Weibliches*"); 7,7-9; 7,22; offen die Einordnung von 7,17a „*vierzig Tage*".

<u>Erhard Blum (2002)</u>[15]

Textgruppe I: „in etwa" 6,9-22; 7,6.11.13-16a[17a*?]18-21.24; 8,1-2a.3b-5.[7?]13a. 14-19; 9,1-17; 9,28f.).

Textgruppe II: „etwa" 6,5-8; 7,*1-5.[7*?]10.16b.12.17[a?]b.22f; 8,2b.3a.6[7?]8-12. 13b.20-22.

Zur *Redaktion* gehören u.a. 7,(3.7)8f (s.u.).

Die Zusammenstellung verdeutlicht zum einen Übereinstimmungen in der Forschung, was sich z.B. an den einleitenden Abschnitten zur Flut 6,5-8 und 6,9-22 oder an den sie beendenden Abschnitten 8,20-22 und 9,1-17 ablesen lässt. Aber der genauere Blick offenbart sogleich auch Divergenzen im Detail, selbst bei den erwähnten Abschnitten.

Die Divergenzen werden jedoch in relevanter Weise komplexer, sobald es um die literargeschichtliche Erklärung der Befunde geht. Das lässt sich anschaulich machen, wenn man einige Auskünfte von der Forschung einholen will:

– Welche Textgruppe ist älter (relative Chronologie)? Lange war man überzeugt, dass es die Textgruppe II sei, die klassisch anhand des Gottesnamens mit Jahwist oder jahwistisch („J") tituliert wird. Doch dem wird auch widersprochen und Textgruppe I, die sogenannte Priesterschrift („P"), als ältere ausgewiesen, u.a. durch Jean Louis Ska (1992), Joseph Blenkinsopp (1992), Bernard Gosse (1993), Reinhard G. Kratz (2000)[16] und in etwa Eckart Otto (1996)[17]. Damit steht die Frage im Raum, welche Textgruppe als die

---

14 N. Cl. Baumgart, *Umkehr* (s. Anm. 2), S. 381-418: Die Verse sind bei Baumgart nicht nach dem klassischen System (angelehnt an die Massoreten) wie bei Witte und Blum gegliedert, sondern nach Sätzen.

15 So E. Blum, *Urgeschichte* (s. Anm. 4), S. 437-443.

16 J. Blenkinsopp, „P and J in Genesis 1:1-11:26. An Alternative Hypothesis", in: A. B. Beck (Hg.), *Fortunate the Eyes that See* (FS Freedman), Grand Rapids, 1995, S. 1-15; B. Gosse, *La tradition yahviste en Gn 6,5-9,17: Hen 15*, 1994, S. 139-154; R. G. Kratz, *Die Komposition der erzählenden Bücher des Alten Testaments. Grundwissen der Bibelkritik* (UTB 2157), Göttingen, 2000, S. 260; J. L. Ska, „El relatio del diluvio. Un relatio sacerdotal y algunas fragmentos redaccionales posteriores": *EstB 52*, 1994, S. 37-62.

17 E. Otto, „Die Paradieserzählung Genesis 2-3. Eine nachpriesterschriftliche Lehrerzählung in ihrem religionsgeschichtlichen Kontext", in: A. A. Diesel (Hg.), „*Jedes Ding hat seine Zeit ...*" *Studie zur israelitischen und altorientalischen Weisheit* (FS D. Michel; BZAW 241), Berlin, 1996, S. 167-192. Otto befasst sich primär mit Gen 2-3, doch nicht nur, ebd. S. 189, 191.

jüngere die andere als ältere vorausgesetzt und nachhaltig beachtet haben könnte. Oder liegt solche Beachtung der Autoren gar nicht vor?[18] Die Antworten hierzu lenken selbstredend die Wege der literarhistorischen Auslegung in unterschiedliche Richtungen.

– Wie sind die Textgruppen zu charakterisieren (Texttypen)? Lange wurde Textgruppe II als Teil eines Erzählfadens im Pentateuch angesehen: Der Faden zeige in der Urgeschichte negativ Fluch- und Daseinminderungen auf, worauf mit Abraham ab Gen 12 eine positive, israelzentrierte Gegenbewegung als Segengeschichte folge – so programmatisch die exegetischen Klassiker Gerhard von Rad (1958), Hans Walter Wolff (1964) und Odil Hannes Steck (1971).[19] Dagegen stehen Positionen in der Forschung, die die Textgruppe II einer ganz eigenständigen Urgeschichte zuordnen, wie Frank Crüsemann (1981) und David M. Carr (1996),[20] ja einer Urgeschichte (innerhalb von Gen 2,4–8,22*), die mit der Flut endete, so u.a. Rolf Rendtorff (1961), W. Malcolm Clark (1971), Erich Zenger (1983 und 1998), Markus Witte (1998) und Norbert Clemens Baumgart (1999).[21] – Oft wurde und wird Textgruppe I einer Schicht im Pentateuch zugeordnet, die einst eigenständig vorlag, z.B. durch Norbert Lohfink (1977/78), Markus Witte (1998) und Norbert Clemens Baumgart (1999).[22] Hingegen verstehen andere Teile der Forschung Textgruppe I als Produkt einer Redaktion, die in ältere Texte eingreift, so u.a. Rolf Rendtorff (1989), Jacques Vermeylen (1990, 1991) und Jan Van Seters (1992).[23]

---

18 Vgl. hierzu M. Witte, *Urgeschichte* (s. Anm. 13), S. 204 f., Anm. 245.

19 G. v. Rad, *Das formgeschichtliche Problem des Hexateuch, in: ders., Gesammelte Studien zum Alten Testament* (TB 8), München, 1965, S. 9-86; O. H. Steck, „Genesis 12,1-3 und die Urgeschichte des Jahwisten", in: H. W. Wolff (Hg.), *Probleme biblischer Theologie* (FS G. v. Rad), Neukirchen-Vluyn, 1971, S. 525-553; H. W. Wolff, „Das Kerygma des Jahwisten", in: ders., *Gesammelte Studien zum Alten Testament* (TB 22), München, 1973, S. 345-373.

20 D. M. Carr, *Reading the fractures of Genesis. Historical and literary approaches*, Louisville, Ky., 1996; F. Crüsemann, „Die Eigenständigkeit der Urgeschichte. Ein Beitrag zur Diskussion um den ‚Jahwisten'", in: J. Jeremias und L. Perlitt (Hg.), *Die Botschaft und die Boten* (FS H. W. Wolff), Neukirchen-Vluyn, 1981, S. 11-29.

21 N. Cl. Baumgart, *Umkehr* (s. Anm. 2), S. 387; W. M. Clark, „The Flood and the Structure of the Pre-patriachal History": *ZAW 83*, 1971, S. 184-211; R. Rendtorff, „Genesis 8,21 und die Urgeschichte des Jahwisten": *KuD 7*, 1961, S. 69-78; M. Witte, *Urgeschichte* (s. Anm. 13), u.a. S. 333; E. Zenger, *Beobachtungen zu Komposition und Theologie der jahwistischen Urgeschichte: Dynamik im Wort. Lehre von der Bibel. Lehre aus der Bibel* (hrsg. vom Katholischen Bibelwerk e.V.), Stuttgart, 1983, S. 35-54; ders., *Einleitung* (s. Anm. 12), S. 165 f.

22 N. Cl. Baumgart, *Umkehr* (s. Anm. 2), S. 403 ff.; N. Lohfink, „Die Priesterschrift und die Geschichte", in: Ders., *Studien zum Pentateuch* (SBAB 4), Stuttgart, 1988, S. 213-253; M. Witte, *Urgeschichte* (s. Anm. 13), u.a. S. 150.

23 R. Rendtorff, „L'histoire biblique des origines (Gen 1-11) dans le contexte de la redaction ‚sacerdotale' du Pentateuque", in: A. de Pury (Hg.), *Le pentateuque en question. Les origines et la composition des cinq premiers livres de la Bible à la lumière des recherches récentes.* (Le monde de la bible), Geneve, 1989, S. 83–94; *J.* Van Seters, *Prolog to History. The Yahwist as Historians in Genesis*, Zürich, 1992; J. Vermeylen, *Au Commencement. Une lecture de Genèse 1-11*, pro manu scripto. Centre d'Etudes Théologiques et Pastorale, Brüssel 1990; ders., *La formation du Pentateuque. Bref historique de la recherche et essai de solution cohérente*, pro manu scripto. Centre d'Etudes Théologiques et Pastorale, Brüssel, 1990; ders., „La descendance de Cain et la descendance d'Abel (Gen 4,17-26 + 5,28b-29)": *ZAW 103* (1991) S. 175-193.

Eine weitere Position versucht, zwischen beiden Theorien zur Textgruppe I einen Mittelweg zu gehen, so Erhard Blum (1990, 2002).[24] Auch solche Charakterisierungen der Textgruppen schaffen unterschiedliche literarhistorische Auslegungshorizonte.

– Zu welchem Zeitpunkt im Lauf der Geschichte Israels entstanden die Textgruppen (absolute Chronologie)? Für eine Form von Textauslegung, die vom historischen Hintergrund ausgehen will, ist das die entscheidende Frage. Was bestimmte die Zeit, in der eine Textgruppe entstand? Beispiele: Schul- und Didaktikbücher[25] verbreiten Heranwachsenden heute noch einen Konsens der „Wissenschaft", der kaum je existierte und schon in den 70er Jahren des 20. Jh. immer mehr bröckelte: Es sei Textgruppe II im 10. Jh. v. Chr., der frühen Königszeit und frühen Staatlichkeit Israels entstanden, so meint isoliert auch heute noch Werner H. Schmidt (1978, 1995).[26] Andere Teile älterer und neuerer Forschung denken an das 7. Jh. v. Chr., d.h., die späte Königszeit, wie beispielsweise Erich Zenger (u.a. 1998),[27] oder an das 6./5. Jh. v. Chr., also an eine Epoche nach dem Königtum, d.h. an die Exils- oder Nachexilszeit, so Markus Witte,[28] oder an noch spätere Stadien, wie Eckart Otto (1996)[29]. – Nicht viel anders sieht es mit Textgruppe I aus: Mehrfach wird bei ihr an das Ende der Exilszeit oder Frühnachexilszeit gedacht, also an die Mitte oder das Ende des 6. Jh. v. Chr., wie bei Erich Zenger (1983, 1987, 1998)[30]. Aber auch weit frühere Datierungen der Textgruppe I, wie durch Yehezkel Kaufmann (ab ca. 1937),[31] oder weit spätere Einordnungen, wie durch Ludwig Schmidt (1993)[32], werden vorgenommen.

Andere disparate Antworten auf unterschiedliche Fragestellungen ließen sich anführen. Die Thesen zur Literaturgeschichte der biblischen Flutgeschichte gleichen „einem in den Variationsmöglichkeiten schier unbegrenzten Kaleidoskop."[33] Was in der Wissenschaft in Bezug auf die Fluterzählung vorherrscht, spiegelt zu großen Teilen die Forschung zur Literargeschichte des Pentateuch

---

24 E. Blum, *Studien zur Komposition des Pentateuch* (BZAW 189), Berlin, 1990, S. 278-285; ders., *Urgeschichte* (s. Anm. 4) S. 437.
25 D. Baltzer, *Lehren und Lernen mit dem Alten Testament. Unterrichtsentwürfe für Primarstufe und Sekundarstufe*, Münster, 2001.
26 W. H. Schmidt, *Einführung in das Alte Testament*, Berlin, 1995.
27 E. Zenger, *Einleitung* (s. Anm. 12) S. 120.
28 M. Witte, *Urgeschichte* (s. Anm. 13) S. 204 f., mit Anm. 245.
29 E. Otto, *Paradieserzählung* (s. Anm. 17).
30 E. Zenger, *Gottes Bogen in den Wolken. Untersuchungen zu Komposition und Theologie der priesterschriftlichen Urgeschichte* (SBS 112), Stuttgart, 1987; ders., *Einleitung* (s. Anm. 12) S. 153.
31 Y. Kaufmann, *The Religion of Israel. From ist Beginning to the Babylonien Exile* (Band I-VII), Tel Aviv, 1937-1948. – Überblicke hierzu bei Th. M. Krapf, *Die Priesterschrift und die vorexilische Zeit. Yehezkel Kaufmanns vernachlässigter Beitrag zur Geschichte der biblischen Religion* (OBO 119), Freiburg, 1992.
32 L. Schmidt, *Studien zur Priesterschrift* (BZAW 214), Berlin, 1993.
33 So E. Blum, *Urgeschichte* (s. Anm. 4), S. 438. Vgl. H. Spieckermann, „Urgeschichte (Gen 1-11)", in: *EKL*, Bd. 4, Göttingen, 1996, S. 1075-1077, 1076.

wider. Wer allseits konsensfähige Thesen in der literargeschichtlichen Forschung vermisst, wird etwas naiv von „Krise"[34] reden, die die Methoden der Forschung und ihre Möglichkeiten zur kontrollierten Entwicklung literargeschichtlicher Modelle überhaupt betrifft.

Für einige Forscher[35] schärft das Krisenphänomen den Blick für die Frage, was die literarhistorische Analyse überhaupt leisten kann. Reflektiert werden die Grenzen der Möglichkeiten für Theoriebildungen. Was in Jahrhunderten an den Texten wie der Fluterzählung beobachtet wurde, kann man in literargeschichtliche Modelle überführen. Aber es bleiben eben nur Modelle, und damit Hilfsmittel für eine bestimmte Form von Textverstehen. Die Modelle unterliegen einer normalen Wissenschaftsdynamik und können mit ihrer Plausibilität kippen. Die Modelle protokollieren keine historischen Prozesse. Sie bieten nur operable Anschaulichkeiten, registrierbare Einzelheiten und Zusammenhänge im uns heute de facto verborgenen Zeitraum einer angenommenen Literargeschichte zu erklären. Die Modelle sind umso probater, je mehr sie an Phänomenen und Beobachtungen integrieren können.

Unter diesen Bedingungen steht auch das Modell[36] zur Literargeschichte, dessen Hauptzüge nun kurz skizziert werden sollen. Das Modell korreliert vielfältig mit anderen Modellen.

(1) Die vorpriesterliche Flutgeschichte (Textgruppe II) ist nur als Torso erhalten geblieben. Sie bietet eine pessimistische Sicht vom (bösen) Menschen. Diese Sicht dient ihrer Theologie. Der Fortbestand des Menschen und der Tiere nach der Flut gründet allein in JHWH (so hier der Gottesname) und in seiner Aufwertung des Lebens. Die Aufwertung verunmöglicht ein globales Strafgericht. Endgültig wurde diese Erzählung zusammen mit einer Urgeschichte (enthalten innerhalb von Gen 2,4-8,22) am Ende der israelitischen Königszeit (spätes 7. Jh., eventuell Anfang des 6. Jh.) geformt. Politisch war das eine Zeit im Schatten älterer und glänzenderer Epochen. Religionsgeschichtlich war die Zeit aber voller Dynamik und theologischer Bemühungen, alles auf JHWH und seine Verehrung zu zentrieren.[37] Späterhin wurde diese Urgeschichte einem Werk über Israels Vor- und Frühzeit – heute einer Linie im Pentateuch – vorgeschaltet.

(2) Die spätere priesterschriftliche Flutgeschichte (Textgruppe I) lässt eine tödliche Gewaltspirale die Flut verursachen bzw. sieht die Spirale wie eine Flut an. Die zur Gewalt neigenden Lebewesen können in der Zeit nach der Flut existieren, weil Gott (Elohim im hebräischen Text) eine Befriedung betreibt oder Handlungszusammenhänge mit Todesfolgen unterbricht. Die priesterschriftliche

---

34 Ch. Dohmen, *Schöpfung und Tod. Die Entfaltung theologischer und anthropologischer Konzeptionen in Gen 2/3* (SBB 17), Stuttgart, 1997, S. 352. Vgl. W. Warning, „Terminologische Verknüpfungen und das Nomen עולם ,Ewigkeit' in Genesis", in: *BN 119/120*, 2004, S. 46-51, 46 f.

35 So N. Cl. Baumgart, *Umkehr* (s. Anm. 2), S. 382; E. Zenger, *Einleitung* (s. Anm. 12), S. 103.

36 Nach N. Cl. Baumgart, *Umkehr* (s. Anm. 2), S. 381-418.

37 Vgl. E. A. Knauf, „Vom israelitischen und judäischen Heidentum zum nachbiblischen Monotheismus – ein religionsgeschichtlicher Abriss", in: *ZPT 56*, 2004, S. 107-115, 112 f.

Flutgeschichte setzte u.a. die Kenntnis der älteren Flut- bzw. Urgeschichte voraus (z.B. den Mord Kains). Die priesterschriftliche Flutgeschichte war sowohl Teil einer Urgeschichte (ab Gen 1) als auch einer Darstellung der israelitischen Vor- und Frühzeit, heute ebenfalls einer Linie im Pentateuch. Die Priesterschrift bildete einst ein selbständiges, alternatives Parallelwerk zum älteren Text (s.o.). Die Priesterschrift entstand in der ausgehenden Exilszeit oder in der Frühnachexilszeit (in der zweiten Hälfte des 6. Jh. v. Chr.), also in einer Ära, die den Untergang Judas und Jerusalems von 587 v. Chr. nachhallend vor Augen hatte. Es galt für die Gegenwart und Zukunft, Traditionen neu zur Orientierung zu formen. Diese biblische Textschicht dürfte wahrscheinlich unter den Exilierten bzw. deren Nachfahren in Babylon, dem Terrain des einstigen Gegners entstanden sein.

(3) Die Redaktion verwob bei der Flut Vorgefundenes zu einem Text, der einen einzigen zentralen, großen Handlungsfaden und zugleich zwei theologische Konzeptionen darbietet.[38] Wann immer das geschah – vielleicht noch im 5. Jh.[39] oder weit später[40] –, es war eine Zeit, in der man sich genötigt sah, die Vielfalt der Überlieferungen als eine einzige Tradition auszuweisen und sie dafür kreativ zu handhaben.

3. Der Text und seine Komposition – Synchronie

Soweit ein Modell zur Genese der biblischen Fluterzählung. Innerhalb der alttestamentlichen Forschung drängt sich seit vier Jahrzehnten ein markanter Wechsel des Blickwinkels auf. Bei dieser neuen Betrachtungsweise wird Abstinenz gegenüber dem literarhistorischen Textverstehen geübt. Das geschieht in unterschiedlichen Graden und wird begleitet durch eine vielstimmige, meist kontroverse Diskussion.[41] Für einige Forscher bedeutet die Abstinenz keinen Mangel, sondern Freiheit in der Textwahrnehmung. Die Aufmerksamkeit gilt nicht den Textgruppen bzw. -schichten, sondern dem einen Text. Diese sogenannte synchrone Suchbewegung konzentriert sich auf den Text, so wie er vorliegt. So geht es bei der Fluterzählung um Gen 6,5-9,17 als ein einziges Geflecht. Es interessieren sprachliche und literarische[42] Elemente und Linien, Kompositionsformen[43] und Strukturen, Bewegungen beim Leseprozess und Schürungen von Spannungen, usw.[44]

---

38 Vgl. M. Witte, *Urgeschichte* (s. Anm. 13), S. 35.
39 N. Cl. Baumgart, *Umkehr* (s. Anm. 2), S. 409-418.
40 M. Witte, *Urgeschichte* (s. Anm. 13), S. 326-331.
41 Typisch Ch. Hardmeier, *Textwelten der Bibel entdecken. Grundlagen und Verfahren einer textpragmatischen Literaturwissenschaft der Bibel* (Textpragmatische Studien zur Hebräischen Bibel 1/1), Gütersloh, 2003, XI: In der Diskussion herrscht eine „babylonische Sprachverwirrung".
42 Im Unterschied zu literar*kritischen* und literar*historischen* Fragen.
43 Zur Abgrenzung vom literarhistorischen Begriff „Komposition" N. Cl. Baumgart, *Umkehr* (s. Anm. 2), S. 6 f.
44 So A. Rendsburg, *The Redaction of Genesis*, Winona Lake, Indiana, 1986.

Der Blickwinkel ist neu und alt zugleich. Neuartig sind die Reflexion auf seine Notwendigkeit und seine theoretische Fundierung, die sich oft an diverse Literaturwissenschaften anlehnt. Als alt erweist sich der Blickwinkel, weil er im Prinzip stets in die Forschung eingeflossen ist. So wurde immer wieder der einsichtige Aufbau der einen biblischen Fluterzählung untersucht: z.B. durch Eduard Nielsen (1954), Umberto Cassuto (1961, 1964), Claus Westermann (1972), Adrian v. Selms (1976), Bernhard W. Anderson (1978) und Gordon J. Wenham (1978, 1987).[45] Jedoch wird gegenwärtig der neue Blickwinkel pointierter eingenommen und gezielt durchgeführt. Beispielsweise stellt Jürgen Ebach (2001) in Bezug auf die Fluterzählung pointiert heraus: „Die Rekonstruktion des *Ent*stehens eines Textes ist nicht mit seinem *Verst*ehen zu verwechseln."[46]

Der neue synchrone Blickwinkel auf den einen Text führt nun wiederum keineswegs zu einer einheitlichen Auslegung. Das hängt nicht nur mit dem spezifischen literaturwissenschaftlichen Instrumentarium zusammen, das die Exegeten wählen.[47] Vor allem spielt der Umfang des Kontextes zur Flut Gen 6,5-9,17, den man für relevant erkannt hat, eine Rolle. Also die Frage, mit welchen benachbarten Texten die Flutgeschichte primär verflochten ist.

Im Folgenden sollen wieder beispielhaft ein synchroner Ansatz und eine synchrone Durchführung vorgestellt werden.[48] Bei diesem Ansatz wird die biblische Urgeschichte Gen 1-9 als Kontext einbezogen.[49] Korrelationen zu den Inhalten des oben skizzierten Entstehungsmodells wird man unschwer ausmachen können. Dem Leser dieses Beitrages, der vielleicht seine Bibel aufgeschlagen hat, sei ein Hinweis gegeben: Abschnittseinteilungen und Abschnittstitel der gegenwärtigen Bibelausgaben sind lediglich Entscheidungen und Angaben der Herausgeber, die nicht stets glücklich und auch nicht immer korrekt ausfallen.

Lesen bedeutet u.a., sich vom Text führen zu lassen. Struktur und Aufbau der einen Fluterzählung signalisieren, welche Zusammenhänge sie dem Lesen eröffnen wollen. Am Beginn der Fluterzählung findet man Abschnitte, die als eine doppelte Einleitung fungieren. Abschnitt Gen 6,5-8 ist von Abschnitt Gen 6,9-22 durch eine Zwischenüberschrift abgetrennt: *„Dies – nun – ist die Geschlech-*

---

45 B. W. Anderson, „From Analysis to Synthesis. The Interpretation of Genesis 1-11", in: *JBL 97*, 1978, S. 23-39; U. Cassuto, *A Commentary on the Book of Genesis* (Part I + II), Jerusalem, 1961, 1964; E. Nielsen, *Oral Tradition. A Modern Problem in Old Testament Introduction* (SBT 11), London, 1958, S. 97-103; A. v. Selms, *Genesis* (1.POT), Nijkerk, 1976; G. J. Wenham, „The Coherence of the Flood Narrative", in: *VT*, 1978, S. 336-348; ders., *Genesis 1-15* (Word Biblical Commentary I), Waco, 1987; C. Westermann, *Genesis* (BK I/1), Göttingen, 1999. Weitere Autoren bei M. Witte, *Urgeschichte* (s. Anm. 13), S. 1f.

46 J. Ebach, *Noah. Die Geschichte eines Überlebenden* (Biblische Gestalten 3), Leipzig, 2001, S. 75.

47 Vgl. z.B. Ch. Hardmeier, *Textwelten* (s. Anm. 41); ders., *Textwelten der Bibel entdecken. Grundlagen und Verfahren einer textpragmatischen Literaturwissenschaft der Bibel* (Textpragmatische Studien zur Hebräischen Bibel 1/2). Gütersloh, 2004; H. Utzschneider, S. A. Nitsche, *Arbeitsbuch literaturwissenschaftliche Bibelauslegung. Eine Methodenlehre zur Exegese des Alten Testaments*, Gütersloh, 2001.

48 N. Cl. Baumgart, *Umkehr* (s. Anm. 2), S. 37-380.

49 S. oben Anm. 3.

terfolge / Geschichte Noachs". Beide Abschnitte erklären auf je eigene Weise, warum es zur Flut kommt, und gehen unterschiedlich intensiv darauf ein, wie sich die Rettung während der Flut anbahnt. Jeder dieser beiden Abschnitte hat nun sein eigenes Pendant am Ende der Fluterzählung, d.h. zu den beiden einleitenden Abschnitten gehören jeweils eine eigene Absage an eine weitere Flut. (1) Gen 6,5-8 als erste Fluteinleitung findet sein korrespondierendes Flutende in Gen 8,20-22. Der Text der Fluterzählung markiert das sehr genau: Nur Gen 6,5-8 und 8,20-22 erwähnen das Herz Gottes, das Herz des Menschen und die Boshaftigkeit des Menschen. Zudem geht es hier um die Adama, d.h. die Erde und Erdkrume. Es ergibt sich somit ein erster Erzählbogen, der sich von Gen 6,5-8 zu Gen 8,20-22 spannt. (2) Gen 6,9-22 als zweite Fluteinleitung hat als Gegenüber am Ende der Flut den Doppelabschnitt Gen 9,1-7.8-17. Auch dies wird kenntlich gemacht: Das *„Verderben"*, das Thema tödliche Gewalt und der Bund Gottes werden nur hier angesprochen. Damit sind die Pfeiler des zweiten Erzählbogens benannt: Gen 6,9-22 und 9,1-7.8-17. – In den erwähnten Abschnitten finden sich die zwei theologischen und konzeptionellen Schwerpunkte der Fluterzählung. Was ist an ihnen auffällig?

3.1. Gen 6,5-8 … 8,20-22

Die Boshaftigkeit des Menschen, im Sinne einer „religiös-sittliche(n) Grundhaltung",[50] hat in Gen 6,5 ein größtmögliches Ausmaß erreicht und wird als Ursache der Flut präsentiert. Jeder Mensch, jede seiner Bestrebungen, jeder zeitliche Moment seiner Existenz seien von Bosheit erfüllt. Diese Boshaftigkeit spielt sich im Herzen des Menschen ab. Herz hat im Semitischen eine etwas andere Bedeutung als in unseren Sprachwelten. Im Herzen sah man die Gedanken, Überlegungen, Entscheidungen und Emotionen angesiedelt.

Was sich im Herzen des Menschen abspielt, wird vom Herzen des Schöpfergottes JHWH wahrgenommen. Es *„schmerzte"* das Herz JHWHs. Von Gott wird sehr anthropomorph gesprochen. Gleich mehrere seiner Gemütsbewegungen werden wiedergeben. Neben dem Schmerz wird zunächst zweifach seine Reue, sein Leid-Sein erwähnt. Ihm ist es Leid, solch einen zum Bösen tendierenden Menschen (und die Tiere) geschaffen zu haben. So gibt es in diesem Moment keine andere Lösung für den Schöpfer, als den geschaffenen Menschen samt der Fauna wegzuwischen. Das soll in der Flut geschehen.

Doch mit dem letzten Vers in Gen 6,5-8 blitzt ein Kontrast auf. Das schürt eine erwartungsvolle Spannung. JHWH wendet sich eben nicht völlig von den Geschaffenen ab: *„Aber Noach fand Gnade in den Augen JHWHs".*

---

50 R. Oberforcher, *Die Flutprologe als Kompositionsschlüssel der biblischen Urgeschichte. Ein Beitrag zur Redaktionskritik* (IThS 6), Innsbruck, 1981, S. 116; a.a.O., S. 102: „Der Hauptgebrauch von רעע deriv. ... weist in den Bereich wertender Aussagen, d.h. betrifft die Qualität – physischer oder moralischer Natur – menschlicher Handlung oder Haltung."

Eine gedankliche Leerstelle ist zu verzeichnen, warum plötzlich diese Zuneigung JHWHs auftaucht. Noch erfolgt keine Begründung, warum Noach die Zuneigung des Schöpfers gewinnt oder als charmant ihm in die Augen fällt.[51] Die Leerstelle macht auf die eigentliche sprachliche, dramatische Opposition in diesem Abschnitt Gen 6,5-8 aufmerksam: JHWH wendet sich begründet ab von seinen Geschöpfen, doch zugleich kommt auch seine Geneigtheit, seine Zuneigung zum Vorschein. Warum findet sich eine derartige literarische Konstruktion am Beginn der Flut?

Eine erste Antwort liefert der voraufgegangene Kontext. Gen 6,6 und 6,7 sprachen mit typischen Verben über das Erschaffen Gottes. Man wird so an die betreffenden vorherigen Texte erinnert. Dort finden sich auch die Beispiele dafür, was es mit der Boshaftigkeit des Menschen auf sich hat. In erster Linie liefern die Übertretung von Gottes Gebot im Garten Eden (= sogenanntes Paradies) durch das Paar Mann und Frau (Gen 2,4-3,24) und der Mord unter den Brüdern Kain und Abel (Gen 4,1-16) die Exemplifikationen, was das „Böse" sei. Mehr noch: Beide Erzählungen in Gen 2-4 zeichnen ein Strukturmuster für die eine zentrale Opposition in Gen 6,5-8 vor: JHWH hatte bereits mehrfach inmitten von Strafen auch Zuneigung gezeigt. Als JHWH z.B. die Frau und den Mann für ihr Vergehen in Eden gestraft und die Qualität ihres Lebens hart gemindert hat (Gen 3,16-19), wendet er sich ihnen recht fürsorglich zu: Er selbst bekleidet die Menschen, die sich ihrer Nacktheit schämen, mit einem schützenden Gewand (Gen 3,21). Oder als JHWH die Bluttat Kains bestraft und ihn zur Erfolglosigkeit in seinem angestammten Beruf verdammt hat (Gen 4,11f), macht er dennoch diesen ersten Mörder zu seinem persönlichen Schützling und bewahrt ihn davor, selbst ein Opfer zu werden (4,15).

Wiederholt sich am Beginn der Flut, in Gen 6,5-8, nur ein altbekanntes Schema? JHWH agiert stets als Richter und straft zwar das Böse. Aber kann er in seiner sympathischen Inkonsequenz nicht anders und muss sich immer wieder wohlwollend zeigen? So einfach liegen die Dinge nicht! Denn die literarischen Schemen variieren bei ihren Erzählorten: In Gen 2-4 tauchten die Schemata Strafe-Wohlwollen erst am Ende der Erzählungen auf. Zuvor waren die Vergehen, und wie es zu ihnen kam, in einzelnen Stationen nachgezeichnet worden. Gen 6,5-8 entfaltet – wie gesagt – keine Vergehen. Dafür aber eröffnet Gen 6,5-8 das altbekannte Muster gleich am Beginn der großen Fluterzählung. Strafe-Wohlwollen sind sogleich in der spannungsgeladenen Exposition zur Fluterzählung untergebracht. Literaturwissenschaftlich ideal gedacht, können spannungsgeladene Expositionen enthalten, was narrativ aufgelöst werden und im plot der Veränderung anheimfallen soll. Was in solchen Expositionen untergebracht wird, das wird zur Disposition gestellt und untergehen. Genau das scheint der erste Kompositionsbogen zu bewerkstelligen. Ihm geht es um eine substantielle Veränderung im Verhältnis des Schöpfers zu seinen Geschöpfen.

---

51 Zur Semantik J. Ebach, *Noah* (s. Anm. 46), S. 48 f.

Gen 8,20-22 markiert nun die große Veränderung, nachdem die Flutwasser wieder verschwunden sind und das Leben neu beginnen kann. Carl Friedrich Keil[52] hob zutreffend heraus: JHWH fällt in 8,20-22 eine der weitreichendsten Entscheidungen in der „Menschheitsgeschichte". Angesichts von Noachs Opfer hält JHWH Punkte fest, die seinem alten Verhalten eine Absage erteilen: Nie wird es eine zweite „Flut" geben, d.h. JHWH wird *nicht mehr … alles Leben tödlich schlagen"*. Damit zugleich hören auch die Minderungen auf, die bisher stufenweise die Lebensumstände des Menschen verschlechtert haben (vgl. Gen 3,17; 4,11). JHWH wird die Umstände des Lebens, vor allem die den Text primär interessierenden Arbeitsbedingungen auf der Erdkrume, dem Ackerboden, nicht weiter beeinträchtigen. Stattdessen wird der Lebensrhythmus *„Aussaat und Ernte"* kontinuierlich weitergehen.

Worin liegt der Grund für diese urgeschichtliche Veränderung? Der Text ist präzise gestaltet: In Gen 8,20-22 trifft das Herz JHWHs (wörtl. *„JHWH sprach zu seinem Herzen"*) wieder auf das Herz des Menschen. Das *„Herz"* des Menschen hat sich mit der Flut nicht wesentlich verändert. Auch nach der Flut ist der Mensch *„böse"* und wird es bleiben, so wie er es schon vor der Flut war (Gen 6,5). Doch das Herz JHWHs hat sich verändert. Kein Leid-Sein und kein abkehrender Schmerz wie vor der Flut tauchen bei JHWH mehr auf (Gen 6,5-7), *„obwohl das Gebilde des Herzens des Menschen böse ist von Jugend auf"* (Gen 8,21). Die Flut hat nicht den Menschen verändert, sondern JHWH. Der Schöpfergott JHWH kam dahin, den Menschen so anzunehmen, wie er nun einmal ist. Deshalb erscheint es sachgemäß, von der „Umkehr des Schöpfergottes" während der Flutbegebenheit zu reden.

Dem Kompositionsbogen 6,5-8 … 8,20-22 geht es primär um Theo-logie, also im engen Sinne des Wortes um die Rede von Gott, dem Schöpfergott JHWH. Weder am Anfang noch am Ende der Flut findet in diesen Texten eine direkte Kommunikation zwischen Gott und Mensch statt. Gott spricht in den beiden entscheidenden Abschnitten – gegen den ersten Anschein – weder zu Noach noch zu einem anderen Menschen. Wiedergegeben werden vielmehr nur Einblicke in Wahrnehmungen, Reaktionen, Denken und Entschlüsse JHWHs. Es sind die Leser und Hörer, die Einblicke ins Göttliche erhalten. Die Anliegen und Fragen dieser Textlinie sind offenkundig: Kann etwas das Leben oder seine in der Zeit erfahrene – leidlich erträgliche[53] – Qualität gefährden, indem es die alles bestimmende göttliche Sphäre vernichtend oder mit einengenden Strafen auf den Plan ruft? Die Antwort der Textlinie ist klar: Nein! Denn vor der Jetzt-Zeit, noch in der Urzeit, in der Urgeschichte also, hat die eine göttliche Wirklichkeit, JHWH, für sich das Leben aufgewertet. Alles was gegen das Leben oder seine Gestalt spräche, hat für JHWH keinen ausschlaggebenden Stellen-

---

52 C. F. Keil, *Genesis und Exodus* (BCAT 1), Leipzig, 1866, S. 105.
53 Vgl. hierzu R. Lux, „Noach und das Geheimnis seines Namens. Ein Beitrag zur Theologie der Flutgeschichte", in: ders. (Hg.), *in „… Friede auf Erden". Beiträge zur Friedensverantwortung von Kirche und Israel* (FS Ch. Hinz), Berlin, 1988, S. 109-135, 115.

wert mehr. Wer als Leser dem Text zustimmend folgt, weiß sich in einer Jetzt-Zeit, die ohne Gefährdung des ganzen Lebens und ohne wesentliche Bedrohung seiner Form ist.[54] Das Erzählen von der schauerlichen, großen Katastrophe befreit von verständlichen und stets keimenden Ängsten, u.z. auf theologische Weise.

Erzählt wird, um Bedrohliches auszuklammern. Dabei ist der Geltungsbereich des Erzählens zu beachten. Das Alte Testament kreist viel um Israel, um dieses eine Volk und Land und um dessen einzelne Gestalten. Nicht so in der Urgeschichte. Hier geht es – trotz vieler Partikularismen (s.u.) – um die Welt als ganze, um jedweden Menschen und alle Tiere. Die Flut ist eine universelle Geschichte. Worte wie „Erde" und „Adam" (Mensch) sind nirgends konnotativ ethnisch oder lokal eingegrenzt. Zwar liegt ein hebräischer Text und damit der spezifische ethnische Blickwinkel einer Sprachgemeinschaft vor, doch die Theologie spricht über die Welt und das Leben allgemein. Die Urgeschichte samt Fluterzählung beschreibt das jederzeit für alle und alles Geltende, indem sie dessen bleibende Fundamente darlegt und die Urzeit bespricht. Urzeit ist nicht zuerst die Zeit vor der Zeit. Urzeit ist der fiktive Raum, der das alle Zeit Vorkommende und Geltende darlegt und erklärt. In der Fluterzählung ist es die theologische Garantie einer Welt, die mit Lebenden gefüllt bleibt. Auch wenn die Lebenden oft unter Stöhnen und Ächzen existieren und über ihre Sterblichkeit hadern können (Gen 3 und 4), sie dürfen und sollen vorkommen, und das Leben hat eine bleibende Basis (Gen 8,20-22).

Was über das „Böse" des Menschen eingangs der Fluterzählung gesagt wird, will kaum eine definitorisch letztgültige anthropologische Lehre darstellen. Die Hypothese von Gen 6,5, dass der Mensch ausschließlich boshaft ist und böse handelt, mag zwar vielen nachbiblischen Theologien und Weltanschauungen als Lehrsatz ins Konzept passen. Aber in der Urgeschichte bzw. in der Fluterzählung ist die Hypothese nur offenkundiges Mittel zum theologischen Zweck. Der Kompositionslinie geht es um den extremen Fall, der alles Leben bedrohen könnte und der als solcher in den Jetzt-Zeiten nicht mehr ausschlaggebend sein kann. Der Schöpfergott JHWH würde sich auch im Falle absoluter menschlicher „Boshaftigkeit" nicht zur umfassenden Destruktion verleiten lassen. Die Wortwahl ist wieder beachtenswert. Sie bereitet einen folgenden Text vor. Der Mensch ist laut Vers Gen 8,21 der Fluterzählung „böse von Jugend auf." Der „Jüngste" der Sippe Noachs, nämlich Ham (vgl. Gen 9,24), vergeht sich dann auch in der anschließenden Weinbergserzählung (Gen 9,18-27) an seinem Vater. Ein bestätigendes Beispiel für „böse". Aber zugleich zeigen in derselben Weinbergserzählung die Noachiten Sem und Jafet, dass Menschen keineswegs „nur

---

54 Zwar hat sich laut biblischer Chronographie die Flut im Jahr 1656 nach der Schöpfung ereignet. Aber der erdichtete Zeitpunkt auf einer quasi-geschichtlichen Zeitlinie destruiert nicht die bewährte klassische Bestimmung der Gattung „Ur-Geschichte". Das Erzählen der Bibel verbannt die Flutkatastrophe in die „Urzeit", in die „Urgeschichte", und erklärt die jetzige Weltzeit frei von solcher Katastrophe. Wie immer man die Fiktionalität der „Urgeschichte" einstuft, wichtig ist ihr theologisch relevanter Charakter beim Moment des Erzählens.

böse" sind und handeln, wenn sie den nackten Vater bei dessen Trunkenheit ehrfurchtsvoll bedecken und dafür gelobt und gesegnet werden. Diese Textlinie der Urgeschichte weiß beim Menschen um mehrere ethisch-religiöse Aspekte. Sie verfällt in ihrer Anthropologie keineswegs in einen absoluten Pessimismus.

3.2. Gen 6,9-22 ... 9,1-7.8-17

Im zweiten Kompositionsbogen hat das Szenario vor der Flut andere Züge, und es stehen folglich neuartige Inhalte im Mittelpunkt. In Gen 6,11-13 besteht das Verderben in tödlicher Gewalt, die von Mensch und Tier (= „alles Fleisch") ausgeübt werden.

Die Beschreibung in Gen 6,11-13 ist im Hebräischen sehr pointiert und lebt von Unterscheidungen. So wird die Flut keineswegs simpel als Gottes Strafe für die Gewalt dargestellt. Vielmehr wird zunächst davon ausgegangen, dass die Gewalt die „Welt" allerorten erfasst hat. Von einem Selbstlauf und einer Gewaltspirale wird ausgegangen. Die Lebewesen bringen sich selbst gegenseitig um. So sagt Gott dem Noach (hier spricht er zu Menschen) zuerst: „Das Ende allen Fleisches ist vor mich gekommen, denn erfüllt ist die Welt mit Gewalttat von ihnen her (= durch alles Fleisch; Gen 6,13)." Das große tödliche Ende bringt in diesen Worten noch nicht Gott, sondern es tritt durch die Verhaltensweisen von Tier und Mensch selbst ein. Der Gedanke ist zunächst, dass sich das Leben durch Schlag und Gegenschlag selbst vernichtet.

Was Gott dann tun wird, ist das Vernichten derer, die sich selbst vernichten: „... und siehe ich verderbe ihnen die Welt (Gen 6,13)." Der schon eingetretene Tod wird also noch einmal von Gott selbst gebracht. Das ist kein Widerspruch, sondern ein interpretatorischer Zusammenhang. Gott trägt in Gen 6 die Verbindung zwischen Gewalttaten und ihren Folgen. Gott ist zu Beginn der Erzählung in die Verkettung involviert, bei der die Lebendigen durch ihre Gewaltbereitschaft ihr eigenes Leben unmöglich machen und sich die Existenz auf der Welt verderben. Leitworte werden dann so filigran eingesetzt, dass die Flut als eine Metapher für die Gewalttaten verstanden werden kann. Gott erklärt nämlich: „Und ich, siehe ich bringe die Flut der Wasser auf die Welt, um alles Fleisch zu verderben ... (Gen 6,17)." Die Folgen der weitverbreiteten Gewaltausübung („verderben" Gen 6,11-13) können in ihren Ausmaßen metaphorisch wie das altbekannte Flutszenario („verderben" Gen 6,17) angesehen werden.

Die unbefriedete Welt ist das Problem dieses zweiten Kompositionsbogens in der Fluterzählung. Was den zum Totschlag bereiten Menschen anbelangt, steht Gen 4 als Vortext im Hintergrund: Kain erschlug Abel. Die Urgeschichte von Kain und Abel erzählt das Einmalige unter diesen beiden Geschwistern, um ‚allmalige', ständige Gefahren zwischen Brüdern und zwischen Nächsten aufzuzeigen. Schaut man die Reden Kains und Gottes in Gen 4,14-15 genau an, so erkennt man, dass die Erzählung den ersten Mord als Beispiel für eine breit vorherrschende Gefahrensituation versteht: *„... es wird sein, dass ein jeder (!), der mich findet, mich erschlägt ... damit ihn nicht erschlägt, jeder (!) der ihn findet."* Gott hielt in Gen 4,15 durch seinen Schutz den Lauf des Mordens unter Menschen auf. Doch im Erzählfaden von Gen 4 geht dieser Schutz Gottes anscheinend schief. Sieben Generationen nach Kain singt Lamech sein Prahllied von der Gegengewalt (Gen 4,23-24). Lamech hat sich des jenseitigen Schutzes, der göttlichen Protektion entzogen. Lamech hat zudem Gottes schützende Androhung von Rache selbst in die Hand genommen. Schon auf Wunde und Strieme antwortet nun bei Lamech der Totschlag.[55] Lamech, der sich zum Sieger erklärt, befördert mit seiner rein menschlichen Rache-Logik das, wogegen er ankämpft: den Gewaltzusammenhang. Dieser Gewaltzusammenhang in der Genesis illustriert, was Gen 6,11-13 zu Beginn der Flut an Treiben auf der Welt voraussetzt.

Der zweite Kompositionsbogen in der Fluterzählung stellt nun das Gewaltszenario in Gen 6,11-13 auch so dar, dass die *„sehr gute"* Schöpfung vom Anfang (Gen 1,1-2,3) anklingt, wobei diese Schöpfung jedoch in ihr Gegenteil verwandelt scheint. Schon wenige Beispiele aus den detaillierten sprachlichen Bezügen können das deutlich machen: Entsprechend zu Gottes Ansicht über seine Schöpfung am Anfang *„und Gott sah alles, was er gemacht hatte, und siehe, es war sehr gut" (Gen 1,31)*, findet sich nun am Beginn der Flut eine Aussage darüber, was Gott hinnehmen muss: *„und Gott sah die Welt, und siehe, sie war verdorben (Gen 6,12)."* Denn anstatt die Welt schlicht zu bevölkern: *„und erfüllet die Welt"* (1,28), haben die Lebewesen obendrein ihre tödliche Mitgift mitgebracht: *„und die Welt war erfüllt mit Gewalttat (Gen 6,11)."*

Das Gewalt- und Flutszenario wird folglich auch plastisch als Verkehrung der guten Schöpfung begriffen. Entstand einst die gute Welt, indem die Chaoswasser beiseite gedrängt wurden und freier Raum für das Leben entstand (Gen 1,6-13), so wird nun bei der Flut der freie Raum den Lebenden genommen und die Chaoswasser kehren wieder (Gen 6,13.17). Der Abschnitt 6,9-22 ist durch und durch von der Konzeption der Schöpfung geprägt.

Nun muss man aber genau hinschauen. Nur zum Teil fällt die Schöpfung in Gen 6,9-22 einfach in sich zusammen. Noch signifikanter ist jedoch, dass sich die positive Schöpfungsdynamik des Anfangs bei der Flutbegebenheit in Gen 6,9-22 auch wiederholt. Kurz gesagt: Die Schöpfungsdynamik kehrt als Rettung wieder. Dabei geschieht ein Rollentausch: Gottes einstiges Tun kehrt nun in den Anordnungen an Noach wieder. Strukturelle und sprachliche Signale sind hier überaus deutlich.

Noach ist in Gen 6,9 so positiv als ein „Wandler mit Gott" gezeichnet, dass er nicht einfachhin in den Tod mitgerissen werden kann. Wenn im Text kurz zuvor der „Wandler mit Gott" Henoch als erster Mensch keinen Tod erlitt, sondern von Gott über die Todesgrenze hinweggenommen wurde (Gen 5,22-24), so steht nun auch für Noach das „Überleben" an. Mehr noch! *„Mit ihm über-*

---

55 Vgl. B. Janowski, „4. Jenseits von Eden", in: Ders., *Der Gott des Lebens. Beiträge zur Theologie des Alten Testamentes 3*, Neukirchen-Vluyn, 2003, S. 134-156, 152 f.

leben" (Gen 6,19) werden seine Familie und Vertreter der Fauna. Dazu hat Noach – wie gesagt – den Schöpfer nachzuahmen. Das sei kurz verdeutlicht:

Vor der Schöpfung in Gen 1 herrschte das Chaos, das auch aus Chaoswassern bestand (Gen 1,2; vgl. 1,6). In dieses lebensfeindliche Chaos hinein schuf Gott einen freien Raum: Gen 1,6-10 vermitteln Lesern und Hörern einen Eindruck davon, wie der große Raum, der Weltenraum, inmitten der Chaoswasser entsteht. Sicher und fest ist der Weltenraum u.a. durch die stabile Festplatte (= Himmelsgewölbe), die die oberen Wasser wegstemmt. Analog dazu soll nun Noach in das Gewaltchaos (Gen 6,11-13) hinein, das auch als Chaoswasser und Flut daherkommt (Gen 6,17), einen Raum schaffen. Gen 6,14-16 beschreibt zunächst schlicht einen Kasten (s.u.) und erzeugt den Eindruck eines dreidimensionalen Raumgebildes. Das Raumgebilde ist durch Verpichung der Gewandung und durch Schilfrohr[56] zwischen den Hölzern vor den Chaoswassern gefeit.

Gott hatte zu Beginn der Urgeschichte die drei Bereiche seines geschaffenen, gastlichen Weltenraumes (Gen 1,6-13) sukzessive mit den Lebewesen des Wassers, des Himmels (Gen 1,20-23) und des Landes (1,24-30) gefüllt. Im Nachklang dazu hat Noach seinen kleinen bergenden Raum, den Kasten, mit den Wesen verschiedener Lebensbereiche zu füllen (Gen 6,18-20).

Hat Gott bei der Schöpfung den Adam zum Hirten und Leiter der Tiere bestimmt (Gen 1,26.28), so wird am Beginn der Flut das Leben von Tieren an Noach gebunden (Gen 6,19.20).

Der Schöpfer der Welt beendete seine Aktivitäten mit der Übergabe von Speisen an Mensch und Tier *„zur Nahrung"* (1,29.30). Damit der Takt der Schöpfung auch zu Beginn der Flut unverkennbar wird, betrifft Gottes letzte Anweisung an Noach in 6,9-22 Essbares *„zur Nahrung"* für die Archepassagiere (6,21).

Die Arche ist damit zur Kleinausgabe der Welt stilisiert. Ein Modell der Schöpfung gleitet durch das Flutchaos. Die Schöpfung bedeutet für die Komposition keine bloße, folgenlose Lehre von der Tätigkeit Gottes am Anfang. Vielmehr formt das Wissen um das „Wie" der Schöpfung menschliches Verhalten. Mit dem Schöpfer im Bunde (Gen 6,18), an dessen Wort (Gen 6,22) und Erschaffen ausgerichtet, ist dem Menschen Rettung möglich. Der Mensch darf und kann erfolgreich wie Gott angesichts von allem Chaotischen dem Leben Raum geben.

Damit zeigt sich an der Figur des Noach in der Fluterzählung exemplarisch, was es mit der berühmten biblischen „Gottebenbildlichkeit" des Menschen auf sich hat.[57] Schon lange geht man davon aus, dass mit dem Stichwort „Bild Gottes" in Gen 1,26-27 eine „Funktion" des Menschen auf der Welt beschrie-

---

56 Die meisten Übersetzungen lesen in 6,14 statt Rohr „Kammern", was aber falsch ist: N. Cl. Baumgart, *Umkehr* (s. Anm.2), S. 528 f.

57 So auch B. Janowski, „Herrschaft über die Tiere. Gen 1,26-28 und die Semantik von רדה", in: G. Braulik, W. Gross, S. McEvenue (Hg.), *Biblische Theologie und gesellschaftlicher Wandel* (FS N. Lohfink), Freiburg, 1993, S. 183-198; ders., „Gottebenbildlichkeit", in: *RGG 3*, Tübingen, 2000, S. 1159 f.

ben wird, nicht eine Eigenschaft.[58] Die Funktion erhielt ihr grundsätzliches Programm durch die Art, wie der Schöpfer im nahen textlichen Kontext die Welt als Lebensraum schuf und gestaltete. Diesem „Wie" folgt Noach in Gen 6 bei der Kleinausgabe der Welt, der Arche, und exemplifiziert damit, wie jemand dem „Bild Gottes", das er ist, auch nachkommt.

Nachdem die Arche dem Flutchaos entkommen ist, hält der zweite Kompositionsbogen am Ende in Gen 9,1-7.8-17 fest, dass das große Original, die Schöpfung selbst, durch kein globales Chaos mehr bedroht sein kann.

Der Schöpfergott hört auf, die tödlichen Zusammenhänge unter den Lebewesen mitzutragen. Er unterbricht sie vielmehr: Der Unterabschnitt Gen 9,8-17 greift mit dem Stichwort „verderben" das Problem der Textlinie, den Anlass zur Flut (Gen 6,11-13.17), und damit das Gewaltthema auf. Das „Verderben", der verheerende Gewaltzusammenhang, wird sich in globalen Ausmaßen nicht mehr ereignen (Gen 9,11.15). Das ist die Garantie, die Gott mit seinem Bund verknüpft. Herausgehoben wird die universelle Geltung dieses Bundes: Er schließt alle Nachkommen Noachs ein, d.h. für die Gedankenwelt des Textes jeden in der Geschichte lebenden Menschen (Gen 9,9). Der Bund erstreckt sich auch auf die Tiere (Gen 9,10), umfasst den Weltenraum (Gen 9,13) und wird von Dauer[59] sein (Gen 9,12.16). Gott setzt also seine ganze Schöpfung in ein schützendes Bundesverhältnis. Der Unterabschnitt Gen 9,8-17 stellt dem Leser den wichtigsten Augenblick der Daseinsicherung szenisch vor: Gott kündigt seinen Bund an (Gen 9,9-11) und errichtet ihn dann in einem Sprech- und Handlungsakt zugleich: „dies da ist das Zeichen des Bundes, den ich hiermit gebe ... (Gen 9,12)." Danach wird der Bund weiter erläutert und auf seine Errichtung zurückgeschaut (bis Gen 9,17).

Der Bogen in den Wolken als sichtbares Zeichen für das Bundesgeschehen ist nicht nur der romantisch schöne bunte Regenbogen, sondern zuerst ein Kriegsbogen. Genau genommen wird an einen Reflex- und Kompositbogen gedacht, der, ohne Sehne aufbewahrt, sich über die Gerade hinaus zu einer Rundung krümmt, die seiner bespannten Kampfstellung entgegensetzt ist.[60] Daher ist auch der entspannte Bogen gleichwohl gekrümmt. Die Waffe Gottes liegt für ihn bereit, ein androhendes tödliches Chaos zu besiegen.[61] Der Schöpfer- und Bundesgott ist zum Kampf bereit, auf dass seine Welt voller Leben bleibt.

---

58 Ausschlaggebend W. Groß, „Die Gottesebenbildlichkeit des Menschen im Kontext der Priesterschrift", in: ThQ 161, S. 1981, S. 244-264; ders., „Die Gottebenbildlichkeit des Menschen nach Gen 1,26-28 in der Diskussion des letzten Jahrzehnts", in: BN 68, 1993, S. 35-48; ders., „Gottebenbildlichkeit": LThK 4, Freiburg, 1995, S. 871-873. Vgl. auch J. Jervell, „Bild Gottes I", in: TRE VI, Berlin, 1980, S. 491-498, 492.

59 Vgl. W. Warning, Verknüpfungen (s. Anm. 34), S. 46-51.

60 U. Rüterswörden, „Der Bogen in Genesis 9. Militärhistorische und traditionsgeschichtliche Erwägungen zu einem biblischen Symbol", in: UF 20, 1988, S. 247-263; ders., dominium terrae. Studien zur Genese einer alttestamentlichen Vorstellung (BZAW 215), Berlin, 1993, S. 131-154. Vgl. auch T. Kronholm, „Art. קשת", in: ThWAT VII, Stuttgart, 1993, S. 218-225.

61 Die Diskussion hierzu bei N. Cl. Baumgart, Umkehr (s. Anm. 2), S. 332-334.

Das Bundesgeschehen mit der Welt erhält in der vorangehenden Fluterzählung ein Vorausbild. Eine sorgsame Erzählstruktur ist gewählt: Die Leitwendung *„Bund errichten"* (Gen 9,9.11.17) am Schluss der Fluterzählung wurde vorprägt, als zu Beginn der Erzählung Gott sich mit Noach verbündete: *„ich errichte meinen Bund mit dir ... (Gen 6,18)."* Selbstredend bezog sich der erste Bund auch auf die Arche samt Insassen. Zu diesem ersten Bund gehörte Gottes Gedenken. Genau als die Flut auf ihrem Höhepunkt war, wendet sich die Katastrophe durch dieses Moment: *„Und Gott gedachte des Noachs, und aller Wildtiere und allen Viehs, die mit ihm in der Arche weilten ... (Gen 8,1)."* Mit seinem Erinnern drängt Gott zugleich die Flut zurück. Gottes Gedenken rettet. Gottes Gedenken an die Insassen der Arche, der Kleinausgabe der Welt, kehrt beim zweiten, dem universellen Bund mit der gesamten Welt wieder: Gott versichert, sobald das Bundeszeichen in den Wolken erscheint, *„gedenke ich meines Bundes"* (Gen 9,15; vgl. 9,16). Die Fluterzählung hat eingangs ein Bundesgeschehen eingeflochten, um ihr Finale anschaulich schon vorweg erscheinen zu lassen: Gottes rettendes Gedenken wird die ganze Welt begleiten, wie es zuvor dem Noach und den Seinen half.

Der große Gottesbund von Gen 9,8-17 bildet das Fundament für die Regelungen, die im Unterabschnitt Gen 9,1-7 die Zeit nach der Flut begleiten sollen. Zu den Regelungen gehören Vorkehrungen gegen die eingangs der Flut durchgespielten Gefahren. Hatten nämlich Mensch und Tier mit Gewalttaten die Flut herbeigeführt, so werden nun derartige Taten gehemmt. Tiere – und mit ihnen zugleich Beängstigendes in einem weiteren Sinn[62] – werden eingeschüchtert. Angelehnt an Redeweisen beim sogenannten „Heiligen Krieg"[63] ist von *„Furcht und Schrecken"* die Rede, die potentielle tierische Angreifer oder unheimliche Mächte lähmen und so den Menschen schützen werden (Gen 9,2). Gott erklärt sich zum Anwalt aller menschlichen Opfer, die auf das Wirken der Tiere oder anderer Menschen zurückgehen (Gen 9,5). Übersetzungen – wie die gebräuchliche Einheitsübersetzung – lassen Gott in Gen 9,6 so etwas wie die Hinrichtung des Täters oder die Blutrache legitimieren: *„Wer Menschenblut vergießt, dessen Blut soll durch einen Menschen vergossen werden."* Der Text ist jedoch zurückhaltender und lautet: *„Wer das Blut des Menschen vergießt, für den Menschen wird sein Blut vergossen."* Gott erklärt keineswegs, dass Menschen am Täter zu handeln haben. Vielmehr schärft Gott ein, wie der Täter sich selbst in die Konsequenzen seiner Tat bringt. Gott sieht in jedem Menschen, d.h. in Opfer und Täter, etwas von sich selbst, wenn es sogleich heißt: *„Denn als Bild Gottes erschuf er den Menschen."* Die göttlichen Drohungen und Mahnungen in Gen 9,5-6 dienen der Prävention.

---

62 U. Rüterswörden, *dominium* (s. Anm. 60), S. 111: „Die Wahrnehmung der Tierwelt ist mit Angst besetzt."

63 N. Lohfink, „Die Schichten des Pentateuch und der Krieg", in: Ders., *Studien zum Pentateuch* (SBAB 4), Stuttgart, 1988, S. 255-315, 290-293. Vgl. auch ders., „Wachstum. Die Priesterschrift und die Grenzen des Wachstums", in: Ders., *Unsere großen Wörter. Das Alte Testament zu Themen dieser Jahre*, Freiburg, 1977, S. 156-177, 168 f; U. Rüterswörden, *dominium* (s. Anm. 60), S. 134; ders., *Bogen* (s. Anm. 60), S. 249.

Gen 9,1-7 enthält also Maßnahmen zur Befriedung, die für alle Zeiten gelten und wirksam sein sollen. Der Schatten von Bedrohungen durchzieht als ein Grundton diese Gottesrede. Solch ein Grundton soll sich auch einstellen, wird doch die *„sehr gute"*, aber nun verlorengegangene Schöpfung vom Anfang abermals als Hintergrund eingespielt. Dafür sorgen wörtliche Wiederaufnahmen (z.B. Gen 1,28 und 9,1 *„seid fruchtbar und werdet zahlreich und füllet die Erde"*) und der Takt der Themen (z.B. Gen 1,28-29 sowie Gen 9,2-4 das Verhältnis des Menschen zum Tier und die Nahrungsübergabe).

Abstand und Verschlechterungen gegenüber der *„sehr guten"* Welt des Anfangs werden am Flutende deutlich: Der Mensch agiert nicht mehr wie im heilen Urzustand nur als Hirte und Leiter der Tiere (Gen 1,26.28) und damit derart in den Bereichen des Kosmos „Meer", „Himmel" und „Weltenfläche". Die Verhaltensweise des Menschen nach der Flut hat gegenüber der Tierwelt und in den Bereichen der Welt nun auch kriegerische Züge angenommen (Gen 9,2). Die Ernährung des Menschen kam einst in den ersten Tagen der Welt ohne Fleischgenuss aus (Gen 1,29). Fleisch gehört nun aber nach der Flut zur Speise des Menschen. Das Blut der tierischen Mitgeschöpfe wird jetzt vom Menschen vergossen (Gen 9,3-4). Ist die jetzige Welt nur noch ein trauriger Abstieg vom ungetrübten Anfang? Nein!

Die Kompositionslinie schreitet nämlich nicht einfach nur eine Dualität von gutem „Einst" und minderem „Jetzt" ab, sondern entfaltet eben drei Situationen bzw. drei Stationen. So legt sie eine differenziertere Deutung der jetzigen Weltgestalt vor, indem sie zeigt, zwischen welchen extremen Polen unsere Welt als eine dritte Form angesiedelt ist. Die Bibeltheologie der letzten Jahrzehnte hat diese Deutung der Komposition mit Hilfe philosophischer Reflexionen auszuwerten gesucht:[64] Allem voran steht die „sehr gute" Schöpfung des Anfangs (Gen 1,1-2,3) – wenn man so will: Die Utopie der heilen Welt, die derzeit als solche nicht mehr erlebt werden kann. Damit wird die jetzige Welt, wie sie vom Flutende an bis in die Gegenwart vorkommt, nicht als die „beste aller Welten" verklärt. Dazwischen, u.z. zu Beginn der Fluterzählung wurde eine denkbare Welt vorgestellt, die durch das Agieren ihrer Bewohner keine Bleibe für Mensch und Tier bietet und das Leben unmöglich macht (u.a. Gen 6,11-13). Das äußerste Schreckensszenario wurde erzählt, das Ende der Lebenswelt. Von dieser dunkelsten aller Welten soll sich die Zeit vom Flutende an ebenfalls abheben: Damit wird von der jetzigen, belebten Welt das Verdikt genommen, die schlechteste aller Welten zu sein. Die gegenwärtige Welt (vor allem Gen 9,1-7) befindet sich in einer Schwebe zwischen den zwei Polen.

Doch es geht nicht nur einfach um eine Einschätzung des Daseins anhand einer Bewertungsskala. Es wird nicht mit abgeklärtem Blick das gegenwärtige Dasein für weder rundum gut noch rundum schlecht erklärt. Vielmehr erzeu-

---

64 Vor allem J. Ebach, „Bild Gottes und Schrecken der Tiere. Zur Anthropologie der priesterlichen Urgeschichte", in: Ders., *Ursprung und Ziel. Erinnerte Zukunft und erhoffte Vergangenheit. Biblische Exegese, Reflexionen, Geschichten*, Neukirchen-Vluyn, 1986, S. 16-47. Weiteres bei N. Cl. Baumgart, *Umkehr* (s. Anm. 2), S. 363-365.

gen die Logik des Leseflusses von Gen 1 bis Gen 9 und der Akzent auf dem
Agieren und Streben des Schöpfergottes konzeptionelle Richtlinien: Orientie-
rungspunkt bleibt die Utopie des ungetrübten Anfangs. Indem der Schöpfergott seinen Segen vom Anfang (Gen 1,22.28) nach der Flut wiederholt (Gen
9,1.7) und so an seiner „Welt" als erfülltem Lebenshaus festhält, erklärt er die
„sehr gute" Schöpfung zur bleibenden Maßgabe. Die Rede vom „sehr guten"
Anfang verblasst nicht zum melancholischen Traum. Der ungetrübte Anfang
erzeugt eine Dynamik. Alle Wesen hätten hypothetisch und gemäß der durchgespielten Fiktion auch nicht leben können. Doch ist und bleibt die Welt von
Gott in Richtung seiner „sehr guten" Schöpfung voller Leben in Bewegung gesetzt. Die Utopie wirkt so im Dasein. Das Wirken der Utopie bleibt eine
Grundlinie und Dynamik in der ganzen Bibel (Jes 65,17; 2 Petr 2,13; Offb 21,1).

4. Israel und der Alte Orient – Religionsgeschichte

Wie kaum ein anderer biblischer Text ist die Flutgeschichte unter religionsgeschichtlichem Blickwinkel intensiv analysiert worden. Bei dieser Religionsgeschichte ging es weniger nur um innerisraelitische Entwicklungen bzw. die des
entsprechenden engen Gebietes am Mittelmeer. Vielmehr spielten vor allem
durchhaltende Phänomene in den Religionen des größeren, östlichen Alten Orients mit akkadischer und sumerischer Sprachtradition eine Rolle. Ein Echo fand
diese Tradition noch in der hellenistischen Epoche. Die Gründe für diesen
religionsgeschichtlichen Schwerpunkt liegen auf der Hand und sind bekannt:
Relativ breit und vielgestaltig liegen korrelierende Textmaterialien zur biblischen Fluterzählung vor.
    Auch hierbei wurde anhand der biblischen Fluterzählung eine markante
Forschungsgeschichte geschrieben. Zur ihr gehören wahrlich stürmische Pha-
sen. Was dabei an religionsgeschichtlichen und zugleich an theologischen
Klärungen gewonnen wurde, sollte den biblischen und theologischen Wissenschaften oft als prototypische Beispiele dienen. Der religionsgeschichtliche
Blickwinkel zwang aber auch eine mühsame Reflexion auf, die das christliche –
und jüdische – Selbstverständnis betraf. Einsichten in religionsgeschichtliche
Zusammenhänge mussten vor allen Dingen offenbarungstheologisch verarbeitet werden. Freilich geschah das oft – und z.T. heute noch – in gebrochener
Kommunikation, betraf es doch Glaubensfragen von Beteiligten und damit
etwas Sensibles und Existentielles.
    Um das Gesagte zu verdeutlichen, seien kurz einige Daten vergegenwärtigt:
Die Entschlüsselung der babylonisch-assyrischen Keilschrift, des Akkadischen,
in den fünfziger Jahren des 19. Jh. ist eng verknüpft mit dem Namen Henry
Creswicke Rawlinson.[65] Bald darauf widmete sich die alttestamentliche For-

---

65 Hierzu und zum Folgenden vgl. J. Ebach, „Panbabylonismus", in: H. Cancik, B. Gladigow, K.-
    H. Kohl (Hg.), *Handbuch religionswissenschaftlicher Grundbegriffe IV*, Stuttgart, 1998,

schung mit Elan den Keilinschriften, zeigte sich doch vielfach deren Nähe zum Alten Testament.[66] Ein Ereignis ließ dann die Öffentlichkeit aufmerken: Der Assyriologe George Smith, der durch Rawlinson gefördert wurde, entzifferte und übersetzte 1872 die Fluterzählung auf der XI. Tafel des Gilgameschepos aus der Bibliothek des Assyrerkönigs Assurbanipal (669-627 v. Chr.). Das Ergebnis stellte Smith im selben Jahr in London einem breiten Publikum vor. Die Öffentlichkeit zeigte sich bewegt. Ein „heidnischer" Text nahm die biblische Geschichte von Flut und Arche vorweg. Das war brisanter Zündstoff. Denn zu dieser Zeit war es teilweise üblich, die Bibel in ihrem Wortlaut supranaturalistisch – als Offenbarung Gottes zu verstehen.

Obwohl sich die alttestamentlichen und assyriologischen Forschungen rasch weiter in die Parallelen zwischen akkadischen Texten und Bibeltexten einarbeiteten und ihre Ergebnisse kein Geheimwissen unter Experten blieben, kam es erst Jahrzehnte später in Deutschland zu einem heftigen Disput, dem berühmten „Babel-Bibel-Streit". 1902 und 1903 hielt der Assyriologe Friedrich Delitzsch in Berlin seine Vorträge „Babel und Bibel". Unter den Zuhörern weilte Kaiser Wilhelm II. Im ersten Vortrag ging Delitzsch auch auf die babylonische Sintfluterzählung ein. Sie wäre nach Kanaan (Israel) gewandert und hätte dort eine Aufnahme erfahren. Delitzsch erfuhr im Jahr 1902 neben Zustimmung allmählich auch Kritik, u.z. aus apologetischem Eifer in engagiert christlichen und jüdischen Zirkeln. Mit Eifer wollte man die Dignität der Bibel, der eigenen Glaubensbasis, verteidigen. So schrieb programmatisch Eduard König: „Ja, Babel ist gewiss der Ausgangspunkt vieler *Kulturelemente* ... aber die Religion, dieser *abschliessende* Faktor aller Kultur, besitzt ihre klassische Literatur in der Bibel."[67] Wirkung zeigte die Kritik besonders in kirchentreuen Kreisen. Damit waren die Felder Theologie und Kirche involviert. Im zweiten Vortrag bediente Delitzsch dann seine Opponenten mit klarer Kühnheit: Die Schriften des Alten Testamentes „in ihrer Gesamtheit" seien nicht als „ein offenbartes Religionsbuch"[68] zu verstehen. Delitzsch ging in Bezug auf die Bibel von einer Verbalinspirationslehre aus, die bereits theologisch bzw. offenbarungstheologisch vielfach überholt war.[69] Die Reaktion auf den zweiten Vortrag war dort noch heftiger, wo man nun den Bibelglauben als solchen tatsächlich angegriffen sah. Der Kaiser als *summus episcopus* reagierte brieflich und beklagte Delitzsch's „polemische Weise", die „Offenbarungsfrage" zu behandeln.[70]

S. 302 ff.; K. Johanning, *Der Babel-Bibel-Streit. Eine forschungsgeschichtliche Studie* (Europäische Hochschulschriften XXIII/343), Frankfurt/Main, 1988, S. 17 f; R. G. Lehmann, *Friedrich Delitzsch und der Babel-Bibel-Streit* (OBO 133), Freiburg/Schweiz, 1994, S. 31 f.; H. MaCall, *Mesopotamische Mythen*, Stuttgart, 1993, S. 19 f.

66 Z.B. E. Schrader, *Die Keilinschriften und das Alte Testament*, Giessen, 1872.

67 E. König, *Bibel und Babel. Eine kulturgeschichtliche Skizze*, Berlin, 1902, S. 51.

68 Vgl. bei R. G. Lehmann, *Delitzsch* (s. Anm. 65) Babel und Bibel II, S. 177.

69 R. G. Lehmann, *Delitzsch* (s. Anm. 65), S. 186 f.

70 Wilhelm II, deutscher Kaiser, *Babel und Bibel* (Handschreiben von Admiral Hollmann); zur Lit. vgl. R. G. Lehmann, *Delitzsch* (s. Anm. 65), S. 407.

In der Öffentlichkeit wurde ein Graben zwischen „Religionsgeschichte" und „Theologie" bzw. „Kirchenglaube" wahrgenommen. Der Graben wurde für viele nur unzureichend überbrückt.

Der Graben existierte jedoch in der Reflexion vieler Alttestamentler und Theologen – wie etwa bei Hermann Gunkel – längst nicht mehr: Für Gunkel war „Geschichte" eine „Stätte der Offenbarung".[71] Folglich mussten kulturelle und religionsgeschichtliche Vernetzungen in die „Offenbarung" einfließen. In den Vernetzungen geschehen auch Transformierungen, d.h. die eine Fluttradition des Alten Orients erhielt ihre einmalige, alttestamentliche Gestalt. Vor allem ereignete sich die Gestaltwerdung im Geflecht zwischen sozialer Größe (Stichwort „Israel" oder einfach: Verehrer JHWHs) und deren typischer Gott-Bezogenheit.

Offenbarung bleiben die Texte auch heute noch in Beziehungsgeflechten zwischen Gott und Menschen, seien es jüdische oder christlich-kirchliche. Empirische und deskriptive Religionsgeschichte einerseits und geglaubte und damit als „an-sprechend" eingestufte Offenbarung andererseits unterscheiden sich zwar fundamental, müssen sich aber für eine Theologie keineswegs gegenseitig aufheben.[72]

Die Religionsgeschichte zur Fluterzählung greift derzeit vor allem folgende Textgruppen und Traditionen auf, die ein räumlich-zeitlicher Konnex verbindet: (1) Der altbabylonische Atramhasismythos (= Atr). Er ist am ausführlichsten auf drei Tafeln des Jungschreibers Nur-Ajja erhalten, die laut seinen Angaben 1245 Verse umfassten. Die Tafeln sind nach ihren Datumsangaben im 11. bzw. 12. Jahr des vorletzten Königs der Hammurabidynastie, Ammisaduqa, also kurz vor 1570 v. Chr. beschrieben worden, wenn man die sogenannte Kurz-chronologie zugrunde legt. Für die Forschung ist das Werk aber schon früher abgefasst worden, etwa zwei Jahrhunderte zuvor oder noch eher.[73] Weitere altbabylonische Fragmente entsprechen dem Nur-Ajja-Text. Wolfram v. Soden spricht hier von der „Hauptfassung" des Atramhasismythos.[74] An sie lehnen sich auch spätere Fragmente aus der Ninivebibliothek Assurbanipals (s.o.) an.[75] Wie den Aufarbeitungen von Wilfred George Lambert, Alan R. Millard und

---

71 H. Gunkel, *Israel und Babylon. Der Einfluss Babyloniens auf die israelitische* Religion, Göttingen, 1903, S. 15. Vgl. hierzu R. G. Lehmann, Delitzsch (s. Anm. 65), S. 272-276.

72 Weiteres u.a. bei J. Werbick, *Den Glauben verantworten. Eine Fundamentaltheologie,* Freiburg, 2000.

73 So kommen im Mythos noch nicht der Gott von Babylon Marduk und der Sonnengott Scha-masch vor: W. G. Lambert, A. R. Millard, *Atra-Hasīs. The Babylonien Story of the Flood,* Oxford, 1969, S. 23 f; W. v. Soden, „Konflikte und ihre Bewältigung in babylonischen Schöpfungs- und Fluterzählungen. Mit einer Teil-Übersetzung des Atramhasis-Mythos", in: *MDOG 111,* 1979, S. 1-33, 5. – Anders S. Dalley, *Myths from Mesopotamia. Creation, The Flood, Gilgamesh and Others,* Oxford, 1990, S. 3 f.

74 W. v. Soden, „Erste Tafel des altbabylonischen Atramhasīs-Mythus. Haupttext und Parallelver-sionen", in: *ZA 68,* 1978, S. 50-94, 50 f; Vgl. auch W. G. Lambert, A. R. Millard, *Atra-Hasīs* (s. Anm. 73), Oxford, 1969, S. 31-35.

75 W. v. Soden, *Atramhasīs-Mythus* (s. Anm. 74), S. 51.

Wolfram v. Soden zu entnehmen ist,[76] bezeugt kleineres altbabylonisches Textmaterial und spätere Texte aus der Ninivebibliothek Assurbanipals, die wohl auf altbabylonische Vorlagen zurückgehen, dass es mindestens noch eine altbabylonische Variante zum Mythos gab.[77] (2) Die sogenannte Eridu Genesis. Der Text[78] ist entweder zeitgleich oder später als der Atramhasismythos abgefasst worden.[79] Die Tafel[80] ist an mehreren Stellen abgebrochen. (3) Der Flutbericht des Utnapischtim[81] innerhalb des Gilgameschepos (= Glg) auf dessen Tafel XI in den Versen 8-196.[82] Der Text liegt zunächst in einer Tafel und in Bruchstücken aus der neuassyrischen Zeit, aus der Bibliothek des Assurbanipal (s.o.) vor.[83] Die antike Tradition bringt das Gilgameschepos mit dem Dichter Sin-leqe-unnīni in Verbindung, der im 12. Jh. v. Ch. während der Kassitenzeit gelebt hat.[84] Vertreten wird die These, dass es in der Kassitenzeit zu einer „Ka-

---

76 W. G. Lambert, A. R. Millard, *Atra-Ḫasīs* (s. Anm. 73), S. 34; W. v. Soden, *Atramḫasīs-Mythos* (s. Anm. 74), S. 51; ders., *Der altbabylonische Atramhasis-Mythos* (TUAT III.2), Gütersloh, 1993, S. 612-645, 612. Bei diesen Autoren zugleich Texte und Übersetzungen.

77 Daneben findet sich der Atramhasismythos u.a. noch in Fragmenten aus der mittelbabylonischen Zeit (speziell zum Fragment aus Ugarit Th. Kämmerer, *Die Sinflut aus Ugarit* [RS 22.421]: UF 25, 1993, S. 189-200), in einer ausführlichen Neubearbeitung, die als „Assyrian Recension" bezeichnet wird und in mehreren Teilen aus der Ninivebibliothek Assurbanipals gefunden wurden, sowie in umfangreichen Stücken aus der neubabylonischen Zeit u.a. aus dem Schamaschtempel von Sippar (A. R. George, F. N. H. Al-Rawi, „Tablets from the Sippar Library VI. Atra-ḫasīs", in: *IRAQ 58*, 1996, S. 147-190, 147-149; W. G. Lambert, A. R. Millard, *Atra-Ḫasīs* [s. Anm. 73], S. 5 f., 34-39; W. v. Soden, *Atramḫasīs-Mythos* [s. Anm. 74], S. 51 f.; ders., *altbabylonische Atramhasis-Mythos* [s. Anm. 76], S. 612), die partiell zu den Teilen aus der Ninivebibliothek parallel laufen (A. R. George, F. N. H. Al-Rawi, ebd.).

78 Eine Tafel aus altbabylonischer Zeit mit 6 Kolumnen; ferner gibt es ein sumerisches Fragment aus derselben Zeit sowie ein bilinguales Fragment (sumerisch, akkadisch) aus der Bibliothek Assurbanipals.

79 Th. Jacobsen, „The Eridu Genesis": *JBL 100*, 1981, S. 513-529, 513 f.; ders., *The Harps that Once .... Sumerian Poetry in Translation*, London, 1987, S. 145, gibt die Zeit um 1600 v. Chr. an. Ähnlich M. Civil, „Sumerian Flood", in: W. G. Lambert, A. R. Millard, *Atra-Ḫasīs* [s. Anm. 73], S. 138.

80 Der Text bei M. Civil, *Sumerian Flood* (s. Anm. 79), S. 138-145, 167-172; Th. Jacobsen, *Eridu Genesis* (s. Anm. 79), S. 513-529. Übersetzungen bei M. Civil, a.a.O.; Th. Jacobsen, a.a.O.; ders., *The Harps that Once ...* (s. Anm. 79), S. 145-150; S. N. Kramer, *From the Tablets of Sumer*, Indian Hills, 1956, S. 176-181; ders., „The Deluge": *ANET*, Princeton, 1969, S. 42-44; ders., „The Sumerian Deluge Myth. Reviewed and Revised": *AnSt 33*, 1983, S. 115-121; W. H. Ph. Römer, *Die Flutgeschichte* (TUAT III.1), Gütersloh, 1993, S. 448-458.

81 Übersetzungen bei S. Dalley, *Myths* (s. Anm. 73); K. Hecker, *Das akkadische Gilgameschepos* (TUAT III.2), Gütersloh, 1994, S. 646-744; A. Schott, W. v. Soden, *Das Gilgamesch-Epos* (Reclam 7235), Stuttgart, 1994. Der Text bei R. Borger, *Babylonisch-Assyrische Lesestücke I und II*, (AnOr 54), Rom, 1994, S. 105-111, 145-147, 344-350; eine ältere Textausgabe bei R. C. Thompson, *The Epic of Gilgamish. Text, Transliteration, and Notes*, Oxford, 1930, S. 60-67, 86-88. – Vgl. sonst R. Borger, *Handbuch der Keilschriftliteratur II*, Berlin, 1975, S. 556.

82 Zur Forschungsgeschichte K. Oberhuber, „Wege der Gilgamesch-Forschung", in: Ders., *Das Gilgamesch-Epos* (WdF 215), Darmstadt, 1977, S. XIII-XXVI.

83 Im einzelnen R. Borger, *Lesestücke* (s. Anm. 81), S. 344. – Vgl. K. Hecker, *Untersuchungen zur Akkadischen Epik* (AOATS 8), Neukirchen-Vluyn, 1974, S. 30.

84 A. Schott, W. v. Soden, *Gilgamesch-Epos* (s. Anm. 81), S. 8, nennt ihn einen „Dichter"; Th. Kämmerer, *Sintflut* (s. Anm. 77), S. 199, mit Tigay einen „Kompilator"; P. M. Th. de Liagre Böhl, „Art. Gilgameš", in: *RLA 3*, Berlin, 1971, S. 364-372, 368 f., einen „dichterischen Bearbeiter"; G. Furlani, „Das Gilgamesch-Epos. Eine Einführung", in: K. Oberhuber (Hg.), *Das Gilgamesch-Epos*

nonbildung" bei diesem Epos gekommen sei.[85] Die XII. Tafel ist dem Epos aber erst später hinzugefügt worden.[86] In sumerischen Texten finden sich einzelne Episoden aus dem gesamten Epos, wie es in der ninivitischen Fassung vorliegt. Auch altbabylonische Texte bezeugen weit gestreut Teile dieses Epos.[87] Jeffrey H. Tigay überlegt, ob schon hier ein zusammenhängendes Epos vorgelegen habe.[88] Die Frage, ob ein solches altbabylonisches Epos dann auch bereits den Flutbericht enthalten habe, wird angedacht, die Antwort bleibt aber im Bereich der Spekulationen.[89] Daneben gibt es noch weitere jüngere Fragmente, die mit dem gesamten Epos in der ninivitischen Fassung korrespondieren.[90] Man geht davon aus, dass der Flutbericht im Gilgameschepos auf den Atramhasis-mythos[91] bzw. auf dessen Umfeld zurückgeht.[92] Wie fügt sich der Flutbericht in das Gilgameschepos ein?[93] Der Flutbericht im ninivitischen Gilgameschepos

---

(WdF 215), Darmstadt, 1977, S. 375-433, 385, einen einfachen „Redaktor oder Kopist"; K. Hecker, *Gilgameschepos* (s. Anm. 81), S. 646, vorsichtig einen „Autor oder besser Redaktor".

85 J. H. Tigay, „Was There an Integrated Gilgamesh Epic in the Old Babylonian Period?", in: *Essays on the Ancient Near East in Memory of J. J. Finkelstein*, Hamden, 1977, S. 215-218; ders., *Literary-Critical Studies in the Gilgamesh Epic: An Assyriological Contribution to Biblical Literary Criticism*, New Haven, 1971, auf Mikrofilm London, 1980, S. 76. Vgl. auch P. M. Th. de Liagre Böhl, *Gilgameš* (s. Anm. 84), S. 368 f.; W. G. Lambert, „A New Look at the Babylonian Background of Genesis", in: *JThS 16*, 1965, S. 286-300, 292; W. G. Lambert, A. R. Millard, *Atra-Hasīs* (s. Anm. 73), S. 34.

86 K. Hecker, *Gilgameschepos* (s. Anm. 81), S. 646. XII stellt die Übersetzung eines sumerischen Textes dar: P. M. Th. de Liagre Böhl, *Gilgameš* (s. Anm. 84), S. 369; G. Furlani, *Gilgamesch-Epos* (s. Anm. 84), S. 376; L. Motouš, „Die Entstehung des Gilgamesch-Epos", in: K. Oberhuber (Hg.), *Das Gilgamesch-Epos* (WdF 215), Darmstadt, 1977, S. 360-374, 369. Schließlich liegt XII auch außerhalb der Rahmung, die die ersten elf Tafeln in I 16-21 und XI 303-307 erfahren haben; K. Hecker, *Gilgameschepos* (s. Anm. 81), S. 646. Jedoch J. H. Tigay, *Literary-Critical Studies* (s. Anm. 85), S. 96: Die Rahmung umfasse I i 1-19 – XI 303-307.

87 A. Falkenstein, „Art. Gilgameš", in: *RLA 3*, Berlin, 1971, S. 357-363, 360 ff.; K. Hecker, *Gilgameschepos* (s. Anm. 81), S. 646; A. Schott, W. v. Soden, *Gilgamesch-Epos* (s. Anm. 81), S. 5-8.

88 J. H. Tigay, *Integrated Gilgamesh* (s. Anm. 85), S. 215-218. Vgl. auch P. M. Th. de Liagre Böhl, *Gilgameš* (s. Anm. 84), S. 364-367.

89 K. Hecker, *Untersuchungen* (s. Anm. 83) S. 54, Anm. 3: „Die Sintflut-Erzählung" war „wohl schon aB einbezogen, da die Überquerung des Todeswassers in M doch kaum einen anderen Sinn gehabt haben kann, als Ut-napištim aufzusuchen." – Unsicher W. v. Soden, *Konflikte* (s. Anm. 73), S. 5, Anm. 5. – Anders die Vermutung bei B. Landsberger, „Einleitung in das Gilgameš-Epos", in: K. Oberhuber (Hg.), *Das Gilgamesch-Epos* (WdF 215), Darmstadt, 1977, S. 171-177, 174 f.

90 U.a. P. M. Th. de Liagre Böhl, *Gilgameš* (s. Anm. 84), S. 367 f.

91 In Glg XI 187 wird der Überlebende At-ra-ḫa-sis / *der Hochgescheite* genannt; dies ist die sprachlich jüngere Form des Namens für den Helden aus dem Atramhasismythos.

92 A. Schott, W. v. Soden, *Gilgamesch-Epos* (s. Anm. 81), S. 7, Anm. 10: „Der Sintflutbericht des Gilgamesch-Epos stimmt mit dem leider nur lückenhaft erhaltenen älteren (= mit dem Atramhasismythos) stellenweise wörtlich überein, weicht an anderen Stellen aber stark von ihm ab." Vgl. P. M. Th. de Liagre Böhl, *Gilgameš* (s. Anm. 84), S. 370; H. A. Hoffner, „Enkis Command to Atraḫasis", in: B. L. Eichler (Hg.), *Cuneiform Studies in Honor of S. N. Kramer* (AOAT 25), Neukirchen-Vluyn, 1976, S. 241-245, 245; W. G. Lambert, A. R. Millard, *Atra-Hasīs* (s. Anm. 73), S. 11; R. E. Simoons-Vermeer, „The Mesopotamian Floodstories. A Comparation and Interpretation", in: *Numen 21*, 1974, S. 17-34, 21 f.; J. H. Tigay, *The Evolution of the Gilgamesh Epic*, Philadelphia, 1982, S. 217.

93 Vgl. hierzu V. Schneider, *Gilgamesch* (Lehre und Symbol 18), Zürich, 1967, S.135 f.; G. Furlani, *Gilgamesch-Epos* (s. Anm. 84), S. 383.

bildet eine eigene, in sich abgeschlossene Erzählung und einen eigenen Handlungsstrang.[94] Im Epos bildet die Frage des Gilgamesch an Utnapischtim, wie dieser zu ewigem Leben gekommen sei, den Kontext des Flutberichtes.[95] Utnapischtim, der dem biblischen Noach entspricht, erklärt dies in einem für die akkadische Dichtung einzigartigen „Selbstbericht"[96] mit seinen Widerfahrnissen bei der Flutkatastrophe. – Religionsgeschichtlich nicht so ertragreich, aber trotzdem aufschlussreich sind: (4) Weitere mesopotamische Texte[97], die die Flut erwähnen, wie die sumerische Sage von Emmerkar und dem Herrn von Arrata[98] (572-577)[99] und die teilweise Bilingue Lugal ud me-lám-bi nir-ğál[100] (211-224)[101]. (5) Aus den Traditionen von der hellenistischen Epoche an spielt der griechisch abgefasste Flutbericht des babylonischen Priesters Berossos eine Rolle.[102] Er steht den mesopotamischen Flutberichten nahe.[103] Details der Keilschrifttexte kehren bei Berossos wieder.[104]

---

94 Eigenstand und lockere Verknüpfung mit dem Kontext sehen J. J. Stamm, „Das Gilgamesch-Epos und seine Vorgeschichte", in: K. Oberhuber (Hg.), *Das Gilgamesch-Epos* (WdF 215), Darmstadt, 1977, S. 292-311, 309 f; H. Zimmern, „Das Gilgamesch-Epos", in: K. Oberhuber (Hg.), *Das Gilgamesch-Epos* (WdF 215), Darmstadt, 1977, S. 23-43, 40.

95 Hierzu V. Fritz, „Solange die Erde besteht.' Vom Sinn der jahwistischen Fluterzählungen in Gen 6-8", in: *ZAW 94*, 1982, S. 599-614, 604; T. Frymer-Kensky, „What the Babylonien Flood Stories Can and Cannot Teach Us About the Genesis Flood", in: *BArR 4*, 1978, S. 32-41, 34; dies., „The Atramhasis Epic and Its Significance for Our Understanding of Gen 1-9", in: A. Dundes (Hg.), *The Flood Myth*, Berkeley, 1988, S. 61-73, 61 f.

96 K. Hecker, *Untersuchungen* (s. Anm. 83), S. 54, Anm. 3. Vgl. L. Woolley, „Stories of the Creation and the Flood", in: A. Dundes (Hg.), *The Flood Myth*, Berkeley, 1988, S. 93.

97 Vgl. die Angaben bei W. G. Lambert, A. R. Millard, *Atra-Ḫasīs* (s. Anm. 73), S. 25 f.; und H.-P. Müller, „Das Motiv für die Sintflut. Die hermeneutische Funktion des Mythos und seiner Analyse": *ZAW 97*, 1985, S. 295-316, 298f., 303 ff.

98 Zu den Tafeln und Fragmenten S. N. Kramer, *Emmerkar and the Lord of Aratta. A Sumerian Epic Tale of Iraq and Iran*, Philadelphia, 1952, S. 3: „All the pieces date from the early post-Sumerian period, that is, from the first half of the second millennium B.C." Der Text und die Übersetzungen bei S. Cohen, *Emmerkar and The Lord of Aratta*, Diss. Univers. Pennsylvania, 1973; S. N. Kramer, a.a.O.; C. Wilcke, *Das Lugalbandaepos*, Wiesbaden, 1969. Die Übersetzung auch bei Th. Jacobsen, *The Harps that Once ...* (s. Anm. 79), S. 275-319.

99 Mit Verweis auf Glg XI C. Wilcke, *Lugalbandaepos* (s. Anm. 98), S. 72.

100 Zu den Ursprüngen der Komposition *Th. Jacobsen*, The Harps that Once ... (s. Anm. 79), S. 234: nach 2150 vor Chr. Text und Übersetzung bei J. van Dijk, *LUGAL UD ME-LÁM-bi NIR-ĞÁL, Le récit épique et didactique de Travaux de Ninurta, du Déluge et da la Nouvelle Création. Text, Traduction et Introduction*, Leiden, 1983; eine Übersetzung auch bei Th. Jacobsen, a.a.O., S. 233-272.

101 Die Flut wird auch in den Zeilen 334-337 erwähnt.

102 Die Texte mit Quellenangabe und Übersetzung bei F. Jacoby, *Die Fragmente der griechischen Historiker III C*, Leiden, 1958, S. 364-397; ferner H. Winckler, *Keilinschriftliches Textbuch zum Alten Testament*, Leipzig, 1909, S. 88-91. Eine Übersetzung in Auswahl (!) bei W. G. Lambert, A. R. Millard, *Atra-Ḫasīs* (s. Anm. 73), S. 135 ff.; vgl. auch A. Jeremias, *Die außerbiblischen Überlieferungen von der Sintflut* (ATAO), Leipzig, 1930, S. 128-146, 137 f.

103 D. Hämmerly-Dupy, „Some Observation on the Assyro-Babylonian and Sumerian Flood Stories", in: A. Dundes (Hg.), *The Flood Myth*, Berkeley, 1988, S. 49-59, 58: „Berossus, priest of the cult of Marduk in the city of Babylon, a contemporary of the king Antiochus I Soter (281-260), wrote in Greek a history of his country entitled *Babyloniaca*. That work, written on the Aegean island of Cos about the year 275 B.C., has been lost. Nevertheless many of its principal paragraphs are known through quotations of following historians: Apollodorus of Athens

Wenn die biblische Religionsgeschichte den Raum-Zeit-Bezug dieser Liste überschreitet, dann steht sie vor einer schier unübersehbaren Fülle von Materialien: Sie kann auch Traditionen aus Indien, Indonesien, Birma, Neuguinea, den pazifischen Inseln, die Überlieferungen der Aborigines Australiens, der Indianer Nord-, Mittel- und Südamerikas usw. einbeziehen.[105] Derzeit stehen jedoch die Texte der obigen Liste im Mittelpunkt des Interesses. Der biblische Handlungsfaden in Gen 6-9 entspricht diesen mesopotamischen Fluterzählungen. Etliche Details wie die Vogelszene (Gen 8,6-12; Glg XI 145-154) oder das Opfer des Flutüberlebenden (Gen 8,20; Glg XI 155-161) sind verwandt. Dem wird hier nicht weiter nachgegangen. Vielmehr sollen drei religionsgeschichtliche Erkenntnisse thesenartig besprochen werden, die die Bibeltexte in einem neuen Licht erscheinen lassen.

4.1. Flut und Schöpfung

Man stieß auf eine religionsgeschichtliche Tradition, in der eine Fluterzählung das Pendant zur Schöpfungsthematik darstellt. Damit geriet der große Bogen der biblischen Urgeschichte deutlicher in den Blick. Die Schöpfung Gen 1-3 (vgl. 5,1ff) hat ihr komplementäres Gegenüber im Flutereignis, insbesondere in den Festlegungen am Ende der Flut, was nun für alle Zeit zu gelten habe: Gen 8,20-9,17.

Die Rekonstruktion des Atramhasismythos um das Jahr 1968[106] herum brachte erneut Bewegung in die alttestamentliche Wissenschaft, weil in diesem Mythos Schöpfung und Flut wie in der Genesis zusammenkommen und miteinander korrelieren. Die Menschenschöpfung wird auf Tafel I Atr etwa von Vers 189 an geschildert. Diejenigen Götter, die die Gruppe Igigu-Götter von ihrer schweren Arbeit (dem Bau des Kanalnetzes) entlasten wollen, beschließen, dass der Mensch erschaffen werde. Der Mensch soll die Arbeit der Igigu-Götter übernehmen. Belet-ili (wörtl. „Götterherrin") – sie ist der „Mutterleib", die Muttergöttin – schafft mit dem weisen Gott Enki zusammen den Menschen aus Lehm und dem Blut des geschlachteten Gottes der *„Planungsfähigkeit"* (des *„Verstandes"*). Damit ist mit dem Menschen jemand vorhanden, den „Trag-

        (ca. 144 B.C.), Alexander Polyhistor (ca. 88 B.C.), Abydenus (ca. 60 B.C.), King Juba of Mauretinia (ca. 50 B.C.-ca. A.D. 23); Flavius Josephus (A.D. 37-103), Eusebius of Ceasarea (A.D. 265-340), and Georgius Syncellus (ca. A.D. 792)."

104 Vgl. die Liste bei L. Ruppert, *Genesis. Ein kritischer und theologischer Kommentar* (1. Teilband: Gen 1,1-11,26 / fzb 70), Würzburg, 1992, S. 306 f.; E. G. Kraeling, „Xisouthros. Deucalion and the Flood Traditions", in: *JAOS 67*, 1947, S. 177-183, 178. Kraeling meint, Berossos habe eine größere Nähe zum sumerischen Flutbericht als zu den akkadischen Berichten.

105 Aufschluss über die nicht-mesopotamischen Flutdarstellungen gibt B. Lang, „Non-Semitic Deluge Stories and the Book of Genesis. A Bibliographical and Critical Survey", in: *Anthr. 80*, 1985, S. 605-616. Vgl. J. A. Soggin, *Das Buch Genesis. Kommentar*, Darmstadt, 1997, S. 140 f.

106 Entscheidend hierzu war die Veröffentlichung von W. G. Lambert, A. R. Millard, *Atra-Hasīs* (s. Anm. 73).

korb" den Igigu-Götter abzunehmen, d.h. die Arbeitsleistungen durchzuführen (Atr I 241). Jedoch zeigte sich, dass der Mensch gefährdet ist. Mögen auch Details in der Auslegung des Mythos strittig sein,[107] es folgen jedenfalls Plagen, verhängt von göttlicher Seite. Das erinnert an die Minderungen im Leben der Menschen, die die Bibel innerhalb von Gen 3,1-6,4 berichtet. Die Plagen im Atramhasismythos sollen die Menschen treffen und wohl auch dezimieren. Jede Plage kann mit Hilfe des weisen Gottes Enki abgewendet werden. Dann aber gipfeln die menschenfeindlichen Maßnahmen im Beschluss der Götter, die große Flut zu bringen und die Menschen samt und sonders zu vernichten. Doch Atramhasis, der babylonische Noach, kann mit seinen Leuten und mit Tieren in seinem Wassergefährt überleben. Das Leben kann nach der Flut auf der Erde neu beginnen. Beim Opfer nach der Flut findet eine Versammlung der Götter statt: Die Flut bleibt im Gedächtnis der Götter, d.h. sie wird nicht noch einmal kommen. Zwar wird die Vermehrung des Menschen beschränkt, doch zugleich erfährt das menschliche Leben stabile Regelungen. Die Menschen können nun vor den Göttern, wenn auch teils leidlich, so doch geregelt, existieren. Das mythische Erzählen ist am Ziel angelangt: Die geschaffenen Menschen können und sollen existieren.

Auch die Eridu Genesis kennt den großen Bogen von der göttlichen Schöpfung, u.a. von der des Menschen und der Tiere, bis hin zum gütlichen Flutende.

Der Alte Orient – einschließlich der Bibel – strebte eine Komplementarität an. Die Schöpfung zeigt, weshalb (etwas bzw.) die Lebenden ins Dasein gerufen wurden und wie sie zu sehen sind. Doch das genügte den mythisch Erzählenden und Deutenden nicht. Ihnen fehlte, dass die Lebenden auch wirklich von dem befreit sind, was sie zutiefst bedrohen und ins Nichts stürzen lassen konnte. Hier nun übernimmt die Flut die Funktion, das Drohende und Zerstörerische tatsächlich vor Augen zu führen, es für immer auszuschließen und im jenseitigen Damals, in der „Ur"-Zeit einzusperren. Wer immer im Moment des Erzählens, Lesens und Hörens lebt, weiß sich in einen relativ gesicherten Zeit-Raum gestellt. Hans-Peter Müller hat zu dieser Komplementarität oft zitierte Thesen aufgestellt.[108] Müller benutzt die Terminologie „Mythos" und „Antimythos", die mit der Begrifflichkeit von André Jolles[109]

---

107 Vgl. N. Cl. Baumgart, *Umkehr* (s. Anm. 2), S. 459 f.

108 H.-P. Müller, „Mythos – Anpassung – Wahrheit. Vom Recht mythischer Rede und deren Aufhebung", in: *ZThK 80*, 1983, S. 1-25; ders., *Motiv* (s. Anm. 97), S. 295; ders., „Babylonischer und biblischer Mythos von Menschenschöpfung und Sintflut. Ein Paradigma zu Frage nach dem Recht mythischer Rede", in: *Mythos – Kerygma – Wahrheit. Gesammelte Aufsätze zum Alten Testament und seiner Umwelt und zur Biblischen Theologie* (BZAW 200), Berlin, 1992, S. 110-135. Zur Sache ferner N. Lohfink, „Der Schöpfergott und der Bestand von Himmel und Erde. Das Alte Testament zum Zusammenhang von Schöpfung und Heil", in: Ders., *Studien zum Pentateuch* (SBAB 4), Stuttgart, 1988, S. 191-211, 197-199; C. Westermann, *Genesis* (s. Anm. 45), S. 803; E. Zenger, *Urgeschichte* (s. Anm. 21), S. 48.

109 A. Jolles, *Einfache Formen* (Forschungsinstitut für Neuere Philologie <Leipzig>; Neugermanische Abteilung 2.), Hallek, 1930; (= Konzepte der Sprach- und Literaturwissenschaft 15; Nachdr.), Tübingen, 1982, S. 124 ff.

verwandt ist: „Gründungsmythos" – „Antimythos". Der Schöpfungs- bzw. Gründungs-Mythos erklärt, aus welchen Gründen und in welcher Form das Existierende existieren kann. Der Anti- bzw. Zerstörungs-Mythos hat die Absicht, alles, was dieses Sein bedrängt und seine Rechtfertigung in Frage stellt, hinwegzubannen.

4.2. Götter und Gott

Die Religionsgeschichte befasst sich auf neue Weise mit dem originären theologischen Umformungsprozess, den die Fluttradition in der Bibel erfährt. Dort die Götter, das mesopotamische Götterensemble, und hier der eine Gott der Bibel. In den großen Texten des Zweistromlandes spiegelt die Flutbegebenheit auch einen Konflikt in der Welt der Götter wider, Gegensätze unter ihnen, ihren Gesinnungswandel und ihre zwangsläufige Kompromissfähigkeit. Die biblische Urgeschichte expliziert nicht, dass sie die Existenz vieler Götter verneint. Sie geht nur einfach von einem Gott aus. Allein ein göttliches „Ich", „Er" oder „Sie" kommen vor, selbst wenn die göttliche Stimme „Wir" (u.a. Gen 1,26) sagt. Die göttliche Welt mit personifizierten Gegensätzen gibt es im Bibeltext nicht. Nur den einen Gott JHWH.

Eine gezielte Analyse der mesopotamischen und biblischen Texte in Bezug auf die vielen Götter und den einen Gott erwies sich als lohnenswert. Wenn auch in der Bibel keine unterschiedlichen göttlichen Akteure auftauchen, so gibt es in ihr doch ein interessantes Echo des vielgestaltigen göttlichen Agierens. Am deutlichsten lässt sich das in der biblischen Textgruppe bzw. kompositorischen Linie Gen 6,5-8 … 8,20-22 erkennen, wenn man sie von Atrahasis, dem Gilgameschepos und der Eridu-Genesis her liest. Dazu wieder einige kleine Skizzen:

Zu Beginn von Glg XI treten die mesopotamischen Götter unisono auf, aber mit einem Mal durchbricht ein Gott diesen festen Block: „*Eine Flut zu machen, kam den Göttern in den Sinn. Es schwor ihr Vater Anu, ihr Ratgeber, Held Enlil, ihr Trohnträger Ninurta, ihr Kanalinspektor Ennugi, Ninuschiku Ea, hatte mit ihnen geschworen; (dennoch) gab er ihr Wort einer Rohrhütte wieder: Rohrhütte, Rohrhütte, Wand, Wand! Mann von Schuruppak, Sohn von Ubar-Tutu, reiß ab das Haus, baue ein Schiff! (Glg XI 14-24).*" Der Mann von Schuruppak ist Utnapischtim und – wie erwähnt – das Pendant zum biblischen Noach. Ea ist der andere Name für den weisen Gott Enki. Die Götter banden Ea mit einem Schwur, damit er ihren Beschluss nicht vereitle: Ea hatte sich schließlich im Atramhasismythos durch die Abwendung der Plagen als menschenfreundlich und als Antipode im Reich der Götter ausgewiesen. Redet Ea dann zur Rohrhütte, ist das ein Trick; gegenüber dem Schwur wird er nicht wortbrüchig, denn er warnt keinen, sondern plaudert nur zur Rohrhütte, in der „zufällig" sein Schützling Utnapischtim weilt. Der eine *„Sinn (lì-ba-šú-nu)"* der Götter auf Vernichtung wird durch eine hilfreiche Zuwendung mit einem Mal durchbrochen.

Der Konflikt hallt im biblischen Abschnitt Gen 6,5-8 wider. Die literarische Dichte der Verse ist zu beachten: Der Sinn, das *„Herz (libbō)"* JHWHs ist schmerzlich von den Menschen getroffen, sodass JHWH die Auslöschung aller Lebewesen beschließt (6,5-7). Plötzlich und ohne jede Begründung taucht dann JHWHs Zuneigung und Zuwendung auf: *„Aber Noach fand Gnade in den Augen JHWHs (Gen 6,8)."* So deutet sich früh an, dass es nicht nur Vernichtung, sondern auch Rettung geben wird. In Gen 6,8 übernimmt JHWH die Rolle Eas bzw. Enkis gegen sich selbst. Der Part Eas ist auch in JHWHs Maßnahmen immer wieder zu finden. Was Ea beispielsweise in Glg XI 25-27 Utnapischtim sagt: *„... suche das Leben! ... das Leben erhalte lebendig! Führe allen Samen des Lebens in das Innere des Schiffes!"*, entspricht der biblischen Rede JHWHs zu seinem Schützling Noach in Gen 7,1-3: *„Geh, du und dein Haus, in die Arche! ... Von allen reinen Tieren nehme zu dir ... damit überlebe der Samen der ganzen Erde."*

Der Religionsgeschichtler erkennt also mehrfach bei Einzelheiten der Bibel den Part Eas bzw. Enkis wieder, wenn JHWH inmitten des Strafgerichtes bzw. der drohenden Vernichtung wohlwollend und rettend auftritt.

Zwar spricht Glg XI 14 von dem einen Sinn der Götter, doch steht im Epos ein einzelner Gott schlechthin für das Vernichten und das Bringen der Flutkatastrophe: Es ist Enlil. Sechs der sieben formelartigen Wendungen *„eine Flut zu bereiten/bewirken"* in Glg XI werden allein für Enlil verwandt (Glg XI 167f; 178-188). Im Atramhasismythos hat sich Enlil bereits vor der Flut als von Menschen gestörter und die Menschen attackierender Gott profiliert: *„[Nicht vergingen 12]00 Jahre,[da wurde das Land immer weiter,] der Menschen wurden immer mehr. Das Land lärmt [wie Stiere]; durch [ihr lautes Tun] geriet der Gott in Unruhe. [Enlil hörte] nun ihr Geschrei; [er sprach] zu den großen Göttern: [Zu lästig wurde mir das] Geschrei der Menschen; [infolge ihres lauten Tuns] entbehre ich den Schlaf ...* (Tafel I 352-359)." Aus diesen Gründen lässt es Enlil zu den Plagen kommen. Enlil: *„Gebt Befehl, dass Kältefieber aufkomme (Tafel I 360)."* Dieser attackierende und vernichtende Gott Enlil bildet in den Texten den konkreten Widerpart zum rettenden Ea/Enki. Utnapischtim hat beispielsweise vor der Flut seiner Umgebung zu sagen: *„Vielleicht kann Enlil mich nicht leiden, da kann in eurer Stadt ich nicht wohnen (und) auf Enlils Boden meine Füße nicht setzen! Ich werde hinabsteigen in den Apsu, um bei Ea, meinem Herrn, zu wohnen (Glg XI 39-42)."*

Nun kann man kaum die konkreten, vordergründigen Ursachen, warum Enlil auf Katastrophen und Flut versessen ist, mit den Ursachen zur Flut in der Bibel vergleichen. Doch unschwer erkennt der Religionswissenschafter in vielen Details, dass der biblische Gott JHWH auch Züge Enlils trägt.

JHWH übernimmt nicht nur den Part des Flutbringers/Vernichters Enlil (A) und den Part des Sich-Zuwendenden/Retters Ea/Enki (B), und lässt damit einen Gegenpol in sich zu. Entscheidend ist, dass ihm auch die Rolle der Muttergöttin zukommt (C). Diese hat in Mesopotamien eine Schlüsselfunktion bei der Flut. Sie kann eine innere Umkehr vollziehen, was letztendlich die große Wende zwischen den Welten „Urzeit" und „Jetztzeit" ermöglicht.

Markant ist der Auftritt der Muttergöttin mitten in der Flut. Sie hatte einst die Flut mitbeschlossen. Das erkennt sie nun als Irrtum: „*Ischtar*[110] *schreit wie eine Gebärende, es jammert die Herrin der Götter, die schönstimmige: Ach würde doch jener Tag zu Lehm,*[111] *an dem*[112] / *da ich in der Versammlung der Götter* / *vor den Göttern Böses ansagte! Wie konnte ich in der Versammlung der Götter* / *vor den Göttern Böses ansagen (und) zur Vernichtung meiner Menschen Kampf ansagen? Ich selbst gebäre meine Menschen, dann füllen sie wie Fischbrut das Meer!* (Glg XI 116-123).“ Die Muttergöttin schuf die Menschen (Atr Tafel I 189f. 194f. 235-238) und hat Anteil an den Geburten der Menschen (Atr Tafel I 286-295). In Anbetracht des Todes der eigenen Geschöpfe, der eigenen Kinder, wendet sich bei der Göttin alles Mütterliche gegen das, was in ihr einst für die Annahme ihres Todesurteils gestanden hatte. Otmar Keel schreibt dazu: „Die menschliche Erfahrung, die dem Gottesbild der Sintflut zugrunde liegt, ist die Erfahrung der Mutter, die das, was sie unter Mühen und Schmerzen hervorgebracht hat, unter keinen Umständen vernichtet sehen will.“[113]

Wie dem auch sei, am Ende der Flut tritt erneut die Muttergöttin beim Opfer auf. Diese Göttin, die sich bekehren ließ und so in ihrer Sinneshaltung umgekehrt ist, wird zur Gedächtnisträgerin dafür, dass die Götterwelt samt Enlil das große Attackieren und Vernichten lässt (vgl. Eridu VI 41-47): „*(Ihr,) diese Götter (hier): so wahr ich die Lapis<steine> um meinen Hals nicht vergesse, diese Tage will ich mir merken und auf ewig nicht vergessen. (Glg XI 163-164).*“

Diese Umkehr erkennt der Religionsgeschichtler auch bei JHWH wieder. Vor der Flut schmerzte sein Herz über die Bosheit des Menschen. Es reute ihn, den Adam gemacht zu haben. Aber der Beschluss zur Vernichtung am Beginn der Flut war nur scheinbar endgültig. Nach dem Sterben und nach dem Flutende schmerzt das Herz JHWHs angesichts des bösen Menschen nicht mehr. Er ist der Erschaffung nicht weiter Leid, sondern lässt sich nun auf seine geschaffenen Menschen ein. Religionsgeschichtlich lebt die entscheidende Umkehr des Schöpfer- und Flutgottes vom Part der Muttergöttin.

---

110 Dass Ischtar die Rolle der Muttergöttin übernimmt, ist von einigen Forschungsbeiträgen als außergewöhnlich eingestuft worden (R. E. Simoons-Vermeer, *Floodstories* [s. Anm. 92] S. 29) und wird vielleicht auf die späte Abfassungszeit des Epos zurückzuführen sein. Vgl. R. E. Simoons-Vermeer, ebd.; C. Wilcke, „Art. Inanna / Ištar“: *RLA V*, Berlin, 1980, S. 74-87, 81, legt dar, dass die Göttin „nahezu alle Epitheta auf sich gezogen“ hat und „fast kein Bereich des menschlichen Lebens ... nicht in ihre Zuständigkeit“ fällt.

111 A. Schott, W. v. Soden, *Gilgamesch-Epos* (s. Anm. 81), S. 97, Anm. 24: „D.h., wäre er doch nie gewesen.“

112 Hierzu R. Borger, *Lesestücke* (s. Anm. 81), S. 146.

113 O. Keel, „JHWH in der Rolle der Muttergottheit“, in: *Orien. 53*, 1989, S. 89-92, 90. Die These von Keel haben neben H. Schüngel-Straumann, „Weibliche Dimensionen in mesopotamischen und alttestamentlichen Schöpfungsaussagen und ihre feministische Kritik“, in: *Der eine Gott und die Göttin. Gottesvorstellungen des biblischen Israel im Horizont feministischer Theologie* (QD 135), Freiburg, 1991, S. 49-81, 64, u.a. rezipiert: K. Löning, E. Zenger, *Als Anfang schuf Gott. Biblische Schöpfungstheologie*, Düsseldorf, 1997, S. 168; S. Schroer, „Gott ändert sich“, in: *Christ in der Gegenwart 49*, 1997, S. 64; N. Walter, „Gottes Erbarmen mit ‚allem Fleisch‘ (Röm 3,20 / Gal 2,16) – ein ‚femininer‘ Zug im paulinischen Gottesbild?“, in: *BZ 35*, 1991, S. 99-102, 99.

Die Theologie der biblischen Fluterzählung bietet noch die traditionsge-schichtliche Fülle göttlichen Agierens. Aber der biblische Text ist dann doch unerbittlich. Denn diese biblische Theologie erweist sich auch vielfach als „un-durchschaubar". Die voneinander unterscheidbaren „Personen des Spiels" kommen nicht mehr vor, da dies für das biblische Gottdenken nicht in Frage kommt. Der/die „Eine"[114] ist in seinen/ihren Absichten dem Leser und Hörer ungreifbar transzendent und dennoch intensiv in alles – vom Tod über das Ge-radeso-Davonkommen bis zum Bestehen-Können – involviert. Bei allem ung-reifbar Transzendenten bleibt am Ende eine Klarheit, das Ergebnis der Umkehr: Nie wieder die Flut!

4.3. Arche und Tempel

Die Religionsgeschichte konzentriert sich derzeit auch darauf, inwiefern die biblische Urgeschichte das Themenfeld Kult und Heiligtum thematisiert. Bei-spielhaft lässt sich das an der Arche darstellen (Gen 6,14-16). Untersuchungen zum mesopotamischen Rettungsfahrzeug, in dem die Flut überstanden wird, legen die Spuren.[115]

Vordergründig lassen die mesopotamischen Texte einfach an ein „Schiff" denken (vgl. Glg XI 24). Die Terminologie in den Texten erinnert mehrfach an Begriffe, die das Geschehen auf Werften und Materialien beim Schiffbau be-schreiben.[116] Doch zunächst hintergründig und dann immer offenkundiger nimmt das rettende Gebilde die Züge einer idealen Zikkurrat an.

Zikkurrate, sogenannte Stufentürme, haben im Zweistromland eine lange Geschichte. Ihre Form fiel unterschiedlich aus. Obenauf trugen sie einen Hochtempel. Sie prägten das Erscheinungsbild vieler Städte.

Utnapischtim erzählt vom Opfer nach der Flut: „Ich brachte ein Schüttopfer dar oben auf dem Stufenturm,[117] dem Berg (Glg XI 156)." Ziqqurratu meint hier nicht – wie oft zu lesen ist – synonym den Berg, sondern ganz klar erst einmal

---

114 Vgl. die Beiträge in T. Söding, *Ist der Glaube Feind der Freiheit? Die neue Debatte um den Monotheismus* (QD 196), Freiburg, 2003.

115 N. Cl. Baumgart, „Utnapischtims Arche. Ihre Transparenz für eine Zikkurrat und die Flut-chaosüberwindung im mesopotamischen Kultbau", in: *MARG 12*, 1997, S. 181-229; P. Haupt, „The Ship of the Babylonian Noah", in: *BASS 10/2*, 1927, S. 1-30; S. W. Holloway, „What Ship Goes There: The Flood Narratives in the Gilgamesh Epic and Genesis Consideration in Light of Ancient Near Eastern Temple Ideology", in: *ZAW 103*, 1991, S. 328-355; ders., „The Shape of Unapishtim's Ark: A Rejoinder", in: *ZAW 110*, 1998, S. 617-626; M. E. L Mallowan, „No-ah's Flood Reconsidered", in: *Iraq 26*, 1964, S. 62-82; A. Schott, „Akkad. $^{giš/_ú}$haru, nam$^u/_ú$ru znd *parakku*", in: *ZA 40*, 1931, S. 1-28. Vgl. auch S. Hendel, „The Shape of Utnapishtim's Ark", in: *ZAW 107*, 1995, S. 128 f.

116 Hierzu mit Literatur N. Cl. Baumgart, *Umkehr* (s. Anm. 2), S. 508 ff.

117 Zur Wendung „oben auf dem Stufenturm" vgl. CAD unter *ziqqurratu*: Neuassyrisch belegt ist *ina muḫḫi ziq-qur-r[a-te]* / ,auf dem Stufenturm'; eventuell *[ša ina muḫḫi s]e-qu-re-[te] epišuni* / ,(die Riten), die auf dem Stufenturm vollzogen wurden'; neubabylonisch *ṣābu gabbi ina muḫḫi È ziq-qur-rat* / ,alle „Handwerker" auf dem Stufenturm'.

den heiligen Stufenturm.[118] Der Berg, an dem das Gefährt zuvor gelandet war, hat den Eigennamen: *Ni-muš*,[119] und kann so nicht der Berg des Verses 156 sein. Wenn dieser Stufenturm im Vers noch einmal in einer Art Apposition als ein Berg ausgewiesen wird, war das im damaligen Sprachgebrauch nicht unüblich.[120] Das Opfer findet jedenfalls im Gilgameschepos auf dem Wasserfahrzeug, der heiligen Zikkurrat statt. Solche Opfer auf Stufentürmen waren durchaus Praxis.[121]

Einige architektonische Angaben zu Utnapischtims Fahrzeug haben denn auch nichts mit einem Schiffskörper, wohl aber mit den Idealbildern einiger Zikkurrate zu tun: Die Grundfläche von Utnapischtims Gefährt ist quadratisch (Glg XI 28-30). Diese Flächenform findet sich beispielsweise bei einigen erhaltenen oder rekonstruierbaren Stufentürmen und auf entsprechenden antiken Architekturskizzen. Utnapischtims Arche war ein großer Würfel, ein exakter Kubus (Glg XI 57f). Die sich nach oben verjüngenden Stufentürme konnten von einem exakten Kubus her berechnet werden, so beispielsweise auf einer spätbabylonischen Architekturskizze (BM 38217)[122] und in der Beschreibung Etemenankis, des Stufenturms von Babylon, auf der Esagilatafel §§ 4-7.[123] Folglich hatte Utnapischtim sechs und eine Etage, also sieben, dem Bau zu geben (Glg XI 59-62), was beispielsweise mit den beiden zuletzt genannten Zeugnissen korrespondiert. Die Angaben bei der mesopotamischen Arche zum Dach (Glg XI 31; Atr Tafel II Kol I 29), zu den Festdaten (Glg XI 74), die königliche Herkunft des Bauausführenden Utnapischtim, die göttliche Offenbarung der Maße für das Gefährt (neuassyrische Version Atr W 14-16) – all das hat mit Heiligtum und Kult zu tun.[124] Das Überleben in der Flut wird von ihnen her verstanden, und der Flutmythos erscheint in Heiligtum und Kult aufgehoben.

Schaut man sich den Text der Bibel zur Arche an (Gen 6,14-16), dann fällt es schwer beim Quader von 300x50x30 Ellen an ein Wasserfahrzeug zu denken. Der hebräische Text selbst spricht von *„Kasten / Kiste"*. Aus der lateinischen Übersetzung *„arca"* ist der gängige Biblizismus „Arche" geworden. Dieser verführt heute leider die Phantasie dazu, die Form eines Wassergefährtes zu asso-

---

118 Die Diskussion bei N. Cl. Baumgart, *Umkehr* (s. Anm. 2), S. 521 ff.

119 Die traditionelle Lesung der Zeichen lautet *Ni-ṣir*. Zur neuen Lesung W. G. Lambert, „Niṣir or Ni-muš?", in: *RA 80*, 1986, S. 185-186.

120 Z.B. verglich Nabopolassar seine (zu errichtende) Zikkurrat Etemenanki mit einem Berg: *„wie einen Berg erhöhte ich sein (des Hauses) Haupt"* (WVDOG 59.42 Kol III 31-33*; s. Anm. 123).

121 Vgl. H. J. Lenzen, *Die Entwicklung der Zikurrat. Von ihren Anfängen bis zu der III. Dynastie von Ur* (ADFGUW), Leipzig, 1941, S. 57 f.; A. Falkenstein, *Topographie von Uruk. I. Teil: Uruk zur Seleukidenzeit* (Ausgrabungen der DFG in Uruk=Warka 3), Leipzig, 1941, S. 27-29.

122 D. J. Wiseman, „A Babylonian Architect?", in: *An.St 22*, 1972, S. 141-147; ders., *Nebuchadrezzar and Babylon*, Oxford, 1985, S. 71 ff.

123 F. Wetzel, F. H. Weissbach, „Das Haupttheiligtum des Marduk in Babylon, Esagila und Etemenanki", in: *WVDOG 59*, Leipzig, 1938; Nachdr. Osnabrück, 1967, S. 52-55. Vgl. auch E. Unger, *Babylon die heilige Stadt nach der Beschreibung der Babylonier*, Berlin, 1970, S. 237-240, 246-249; F. H. Weissbach, „Rezension zu E. Unger, Babylon die heilige Stadt nach der Beschreibung der Babylonier", in: *ZA 41*, 1933, S. 255-287.

124 Nachweise und Literatur bei N. Cl. Baumgart, *Umkehr* (s. Anm. 2), S. 523-526.

ziieren. Das sollte bei der Behausung für Mensch und Tier während der Flut erst einmal nicht geschehen.

Im Text der Bibel zur Arche Gen 6,14-16 tauchen gebündelt Hinweise auf, dass seine Verfasser die altorientalische Fluttradition nicht nur irgendwie kannten, sondern direkt mesopotamische Keilschrifttexte im Ohr gehabt haben müssen. Ein Beispiel dafür: Mit Pech bzw. einer Art Asphalt (Wurzel *KPR* Gen 6,14) soll Noach den Bau innen und außen abdichten. Für die Abdichtungsmasse wird ein Wort gebraucht, das die Bibel sonst für *„Pech/Asphalt"* nicht verwendet. Doch das Wort kommt häufig in Texten des Zweistromlandes zur Fluttradition vor (*kupru*).[125] Ferner lehnt sich in der Bibel die Struktur der Architekturangaben enger an mesopotamische Traditionen an, als dies bei anderen Passagen der biblischen Erzählung der Fall ist. Zudem gibt es die begründete These, dass dieser Text (Textgruppe I, Priesterschrift) in Babylonien entstand.

Was den Verfassern von Gen 6* über den mesopotamischen Zusammenhang „Flutfahrzeug und Heiligtum" bekannt war, das haben sie klar übernommen, aber auch durch eigenwillige Züge geschickt transformiert.

Zum einen stellten die Verfasser der Priesterschrift einen Bezug zwischen Arche und Zeltheiligtum her. Das Zeltheiligtum war nach der Bibel das (transportable) Heiligtum Israels während der Wüstenzeit nach dem Auszug aus Ägypten. Die Texte zum Zeltheiligtum finden sich zunächst innerhalb des zweiten biblischen Buches, in Ex 24-40*. Die alttestamentliche Forschung konnte den innerbiblischen Bezug Arche-Zeltheiligtum präzise beschreiben.[126] Das sieht in den Grundzügen so aus: Stets nach einem schöpfungstheologischen Wochenschema (Gen 1,1-2,3; Ex 16* bzw. Ex 24,15-18*) lässt Gott seine menschlichen Gegenüber detailliert wissen, *was sie für wen auf welche Weise* zu bauen haben (Gen 6,13-21; u.a. Ex 25,8f). In beiden Fällen handelt es sich um einen langgezogenen, quaderförmigen (Holz-)Bau (Gen 6,14ff; Ex 26,14-30*), der einem Haus gleicht und funktionstüchtig auszurüsten ist (Gen 6,21; Ex 25,8f). In bezug auf den Nutzer der „Häuser" wird der Zweck der Bauten formelartig auf den Punkt gebracht (Gen 6,18ff; u.a. Ex 29,45f), und das Gebäude wird Bestandteil eines von Gott gewährten Bundesgeschehens (Gen 6,18; 9,8-17; Ex 29,45f). Jeweils wird summarisch angegeben, dass die göttlichen Anweisungen für den Bau exakt durch die menschlichen Partner umgesetzt wurden (Gen 6,22; Ex 39,32; 40,16). Die „Arche" kommt auf dem Gipfel der Berge zu stehen, und auf einem ebensolchen Gipfel findet sich das Urbild für das Zeltheiligtum (Gen 8,4f; Ex 24,16f). Der Neujahrstag verbindet die „Arche" mit dem Heiligtum

---

125 So aB Atr Tafel III Kol I 33 (=nA W [3]); II 13.51; Glg XI 54.65.
126 N. Cl. Baumgart, *Umkehr* (s. Anm. 2), S. 531-542; J. Blenkinsopp, „The Structure of P", in: *CBQ 38* (1976) 275-292, 286; ders., *Prophecy and Canon. A Contribution to the Study of Jewish Orgins*, London, 1977, S. 64-65; B. Jacob, *Das erste Buch der Tora*. Genesis, Berlin, 1934, S. 187; Th. Pola, *Die ursprüngliche Priesterschrift. Beobachtungen zur Literarkritik und Traditionsgeschichte von P^g* (WMANT 70), Neukirchen-Vluyn, 1995, S. 286-290, 367; P. Weimar, „Sinai und Schöpfung. Komposition und Theologie der priesterschriftlichen Sinaigeschichte", in: *RB 95*, 1988, S. 337-385, 352-354; E. Zenger, *Bogen* (s. Anm. 30), S. 174 f.

(Gen 8,3; Ex 40,17). – Die biblischen Texte sind so angelegt, dass Arche und Zeltheiligtum aufeinander verweisen. Die Beschreibung des Zeltheiligtums in der weit zurückliegenden Wüstenzeit ist dabei zugleich auch durchsichtig für den Tempel auf dem Zion in Jerusalem.

Die Priesterschrift orientiert sich bei der Arche in Gen 6 gleichfalls am Jerusalemer Tempel. Beispiele dafür sind: Gen 6,16 nennt bei der Außenarchitektur der Arche drei Etagen. Beim Jerusalemer Tempel, den Salomo gebaut haben soll (1 Kön 6-8), bei der Vision des Tempels, die Ezechiel zuteil wird (Ez 40-48), vielleicht sogar beim nachexilischen Tempelbau, der in den Texten mit dem Namen Serubbabel zumindest verknüpft ist (u.a. Sach 4,9; Sir 49,11-12), und beim Tempel, den Herodes errichtet (Josephus Bell Jud V 5,5; Mischna Traktat Middot IV, 3), begegnen jeweils drei Etagen. Diese drei Etagen tauchen nicht beim Jerusalemer Tempelhaus (= Vorhalle, Tempelhalle, Allerheiligstes) selbst, wohl aber bei seinem äußeren „Umbau"[127] auf. Ein Umbau aus drei Etagen war nach 1 Kön 6*; Ez 41* und Josephus Bell Jud V 5 an drei Seiten des Tempelhauses zu finden.[128] Ein Betrachter sah das Tempelhaus von drei Himmelsrichtungen aus mit einem großen Postament von drei Etagen umfangen.[129] – Die Tür an der Querseite des Archekastens wird in der Bibel unmittelbar vor den drei Etagen erwähnt. Es ist die einzige Tür des Kastens. Der Umbau des Jerusalemer Tempels hatte nach 1 Kön 6,8 ebenfalls an der Längsseite eine Tür. – Das Dach der biblischen Arche überragt im hebräischen Text den Bau um eine Elle, sodass ein Lichtband entsteht. Dieses Lichtband entspricht der Lichtgalerie aus Fenstern oben am Jerusalemer Tempelhaus (1 Kön 6,4; Ez 41,16). – So ist es auch kein Zufall, dass im Alten Testament die Trias von Gen 6,15 „Länge, Breite, Höhe" samt Ellenmaß fast nur noch beim Heiligtum und Tempelhaus von Jerusalem und deren Ausrüstung vorkommt.[130]

Die außergewöhnliche Länge der Arche (das Sechsfache der Breite) hat damit zu tun, dass zu Jerusalem der Typ eines Langhaustempels gehört.[131] Die bibli-

---

127 Zur Terminologie H.- J. Fabry, „Art. צלע", in: *ThWAT VI*, Stuttgart, 1990, S. 1059-1064, 1062-1064.

128 T. A. Busink, *Der Tempel von Jerusalem I*, Leiden, 1970, I, S. 212 f.; J. Gray, *I & II Kings. A Commentary* (OTL), London 1977, S. 164 f., 177 f.; M. Noth, *Könige I* (BK IX/1), Neukirchen-Vluyn 1968, S. 98, 112-116; M. Rehm, *Das erste Buch der Könige*, Würzburg, 1979, S. 64, 74; E. Würthwein, *Die Bücher der Könige. 1.Kön.1-16* (ATD 11/1), Göttingen, 1977, S. 63, 71.

129 T. A. Busink, *Tempel I* (s. Anm. 128), S. 213.

130 14mal im AT. Die Ausnahme bildet das Libanonwaldhaus 1 Kön 7,2, das auch Ähnlichkeiten mit der „Arche" von Gen 6,14-16 hat: gleiche Breite und Höhe (100 x 50 x 30 Ellen) und ebenfalls ein auffälliges Dach sowie drei Etagen. Das Libanonwaldhaus erinnert an die kosmische Dimension ägyptischer Bauten (hierzu M. Görg, „Art. Libanonwaldhaus", in: *NBL II*, Zürich, 1995, S. 631 f.; vgl. aber auch T. A. Busink, *Tempel* [s. Anm. 128] S. 139). Sonst: Die Lade Ex 25,10; 37,1. Der Tisch für die Schaubrote Ex 25,23; 37,10. Der Altar Ex 27,1; 2Chron 4,1. Der Vorhof Ex 27,18; 37,25. Der Vorhang Ex 38,18. Das Tempelhaus 1 Kön 6,2. Das Debir 1 Kön 6,20. Die fahrbaren Gestelle 1 Kön 7,27. Die Tribüne für das Tempelweihgebet 2Chron 6,13. – Vgl. B. Jacob, *Genesis* (s. Anm. 126), S. 189.

131 Vgl. V. Fritz, *Tempel und Zelt. Studien zum Tempelbau in Israel und zu dem Zeltheiligtum in der Priesterschrift* (WMANT 47), Neukirchen-Vluyn, 1977, S. 27.

schen Verfasser von Gen 6,15 hoben sich auf diese Weise betont von einem anderen, konkurrierenden idealen Raumkörper ab, dem Kubus, der der mesopotamischen Arche-Heiligtum-Konzeption zugrunde liegt. Also rettet durch die Wasser der biblischen Flut ein Gefährt, das eine Nachzeichnung des Jerusalemer Tempels darstellt.

Schließlich stilisieren die Verfasser der Priesterschrift Noach so, dass er einem idealen Besucher des Jerusalemer Tempels gleicht. Aus biblischen Zeugnissen, u.a. Ps 15; 24,2-5; Jes 33,14-16,[132] ließ sich so etwas wie eine Einlassliturgie zum Jerusalemer Tempel[133] rekonstruieren. Wem ist der Zugang zum Jerusalemer Tempel gestattet? Bei Noach tauchen die entsprechenden Bedingungen und Stichworte auf. Die Masse in Noachs Generationen darf nicht „Gast sein" im Archeheiligtum (vgl. Ps 15,1; 24,3; Jes 33,14), doch Noach und die Seinen. Denn Noach ist als „*Gerechter*" tempelfähig (Gen 6,9; Ps 15,1; 24,3-5; 118,19f; Jes 33,14-16) und als „*Untadeliger*" kultfähig (Gen 6,9; Ps 15,2); er „*wandelt mit (seinem) Gott*", dem Herrn des Heiligtums (Gen 6,9; Ps 15,2; Je 33,15). Ja, so kommt Noach während der chaotischen Flut nicht ins „*Wanken*" (Ps 15,5), denn Tempelfähigkeit sichert Halt durch den Schöpfer, der die Erde fest gegründet hat (vgl. Ps 24,1-4).

Die Bibel will wie der östliche Alte Orient die Rettung vor der Flutkatastrophe vom heiligen Bau her verstehen. Kultbau und Kultgeschehen geben dem Mythos und der Erzählung Orientierung und Deutungsmuster. Heilige Stätte und heiliger Vollzug liefern das Raster, was angesichts von Chaos und Tod das Entkommen ermöglicht (vom Kult zum Mythos). Andererseits erzeugen und stabilisieren die Mythen und Erzählungen die Ideologie, nach der Kultbau und Kultgeschehen zu verstehen sind: Die heilige Handlung am heiligen Ort bewahrt und konserviert in allen Zeiten das Überleben während der Flut und damit die Überwindung des Chaos und des globalen Todes (vom Mythos zum Kult). Im zuletzt Genannten dürfte das eigentliche Erzählziel liegen. Wenn sich Könige, Eliten, Gesellschaft und geheiligtes Personal um den Kult, seine steinernen Manifestationen und seinen Ablauf mühen, organisieren sie die Stabilität der Lebenserhaltung.

Doch setzt der biblische Text Gen 6* bei allem Gleichklang mit dem übrigen Alten Orient auch einen Kontrapunkt. Wie dargelegt, weilen seine Verfasser vermutlich im Zweistromland, kennen dessen Epen zum Arche-Heiligtum und haben die entsprechenden Heiligtümer, die imposanten Stufentürme, wie den

---

132 Zu Hinweisen auf die Einzugsliturgie in anderen ersttestamentlichen Texten vgl. S. G. Steingrimsson, *Tor der Gerechtigkeit. Eine literaturwissenschaftliche Untersuchung der sogenannten Einzugsliturgie im AT: Ps 15; 24,3-5 und Jes 33,14-16* (ATS 22), St. Ottilien, 1984, S. 134-139.

133 Zu den Bezeichnungen des Jerusalemer Tempels in Ps 15,1 vgl. F.-L. Hossfeld, in: F.-L. Hossfeld, E. Zenger, *Die Psalmen* (NEB), Würzburg, 1993, S. 106; H.-J. Kraus, *Psalmen I und II* (BK XV), Berlin, 1980, S. 254 f.; zur Terminologie aus der Zionwallfahrtstradition und zu den Namen für den Jerusalemer Tempel in Ps 24,3 F.-L. Hossfeld, a.a.O., S. 159 f.; H.-J. Kraus, a.a.O., S. 345.

von Babylon, vor Augen. Sie kehren nun provokant heraus, dass nicht im Land der (ehemaligen) babylonischen Weltmacht und in seinen Heiligtümern die Flutbegebenheit konserviert ist, sondern in der Tradition des kleinen Israels (Genesis- und Exodusbuch) und im Sakralbau an dessen kleinem Hauptort Jerusalem. Das ist eine typisch biblische Frage: Wer war und ist der allseits rettende Gott? Die biblische Antwort ist klar: Der Gott von Israels Zeltheiligtum und von Jerusalems Tempel, also der Gott JHWH.

Doch legt der israelitische Text seiner Erzähl- und Hörgemeinschaft auch eine Verpflichtung auf: Das priesterschriftliche Israel versteht sich zwar als ein von JHWH ausgesondertes Volk, als dessen spezielles Eigentum. Aber was sich im Heiligtum von Jerusalem sakral verdichtet, ist nicht nur an Israel gebunden. Jerusalems Tempel stellt zugleich Realitäten jenseits des Volkes Israel dar: die gesamte Schöpfung als Lebenshaus für alle (Gen 1,1-2,3 = die große Arche) und das Überleben des Flutchaos, das universell allem Leben zugrunde liegt (Gen 6-9*). Denn gerade der universale Bund (Gen 9,8-17) macht deutlich, dass Israel in JHWH einen eigenen Gott verehrt, der zugleich bedingungslos schützend der Gott für die gesamte Menschheit und Fauna ist.

Zum Schluss ist ein Fazit zu ziehen und ein Ausblick vorzunehmen. Es gibt derzeit mehrere Blickwinkel in den exegetischen und theologischen Wissenschaften, die biblische Fluterzählung zu analysieren. Zu den prägenden Formen gehören literarhistorische Untersuchungen, am Endtext ausgerichtete Beschreibungen sowie religionsgeschichtliche Erhebungen. Jeder der drei Blickwinkel hat eigene Voraussetzungen und steht vor spezifischen Problemen. Als ein Grundton durchzieht viele Darstellungen, dass die Fluterzählung(en) theologisch um die Stabilität des Lebens auf der Welt kreist bzw. kreisen. Derweil brechen sich weitere Forschungsschwerpunkte die Bahn: Der kanonisch-intertextuelle Zugang, der die Flutgeschichte im Kontext des ganzen Alten Testamentes bzw. der ganzen Bibel untersucht, und das Nachgehen der Rezeptions- und Wirkungsgeschichte, wobei gefragt wird, wie die Fluterzählung in den unterschiedlichen Zeiten verstanden wurde und welche Konsequenzen dies jeweils hatte. Wie die neuen Blickwinkel wissenschaftstheoretisch einzustufen sind und wie sie mit den anderen Blickwinkeln korrespondieren, werden laufende und zukünftige Diskurse zeigen.

TRADITION UND FIKTION

Paolo Uccello: Sintflutfresko aus S. Maria Novella, Florenz, Chiostro Verde.
Detail. Aus: Alessandro Parronchi: Paolo Uccello, Bologna 1974, Tafel LXXVI.

ANTHONY GRAFTON

The Chronology of the Flood

Sometime in the 1440s, Paolo Uccello painted the Flood in the last remaining upper panel of the Green Cloister of Santa Maria Novella — the massive church that served as an unlikely Florentine Renaissance counterpart to the Bateau Lavoir. Like Alberti and Massaccio, the other avant-garde artists who made Santa Maria Novella into a showplace for artistic innovation, Uccello had by now committed himself to the new methods of representing the three-dimensional world on flat surfaces that Brunelleschi, Ghibert and Alberti himself had devised in the preceding decades. He committed himself so strongly to perspective, in fact, that he refused to stop working at it even when his wife called him to bed. And he made his Flood panel a striking demonstration of the new techniques. The ark appears twice, as the Flood begins and after it comes to an end. It takes the form of two massive, trapezoidal structures, both receding sharply towards a vanishing point. The drastically forced perspective construction focuses the viewer's attention on the central drama of humanity's survival. Noah, leaning out of the right-hand ark to send his bird in search of dry land, embodies the story's equivocally happy ending (the panel below represents his drunkenness). Meanwhile, white and ghostly figures, soft and despairing, cling to the Ark, or look mournfully at it — or, in one case, try to stay afloat in a barrel, its top depicted with a masterly exhibition of foreshortening. They are, of course, the ones who are about to drown.

Only one figure poses a puzzle to the modern viewer — a puzzle that the guidebooks on sale at the church's bookstand do not solve. On the right, a majestic, robed figure, as white as the others but showing none of their distress, stands erect in the midst of chaos. His marmoreal calm seems to set him apart as one of the saved. Yet one of the damned clutches his feet and threatens to pull him under, with the damned. Who is he? Scholars often identify him with Noah. But Uccello places him outside the Ark as the Flood starts, while Noah was inside it, and his clean-shaven face does not resemble that of the bearded patriarch who appears at the window of the Ark.

In Uccello's time, any moderately learned onlooker would probably have known the answer to this puzzle. For Augustine identified the calm patriarch as Methusaleh in book 15, chapter 11 of *The City of God*. According to the Septuagint (Greek) text of the Old Testament, he pointed out, Methusaleh begat Lamech, the father of Noah, when he was 167 years old. He then lived another 802 years, for a total of 969, dying in the year of the world 2256. And that figure in turn posed a problem: for the Flood took place, according to the same text, in the year of the world 2242.[1] By contrast, the Hebrew text — so Augustine thought — gave Methusaleh a longer life, but one that ended in good time, before the waters rose. Yet Augustine did not simply accept this information as authoritative, since he suspected that the Jews might have deliberately corrupted their texts in order to baffle the Christians. It was all very puzzling: "from these disagreements arose that most celebrated question, where Methusaleh is reckoned to have lived 14 years after the Flood, though Scripture notes that of all the human beings who were then in the world, only eight escaped destruction in the ark, and Methusaleh was not of their number." [2]

As Augustine studied these textual problems, he found that exegetical opinions were divided. Some, unwilling to accept that all seventy of the Greek translators could have erred, refused to follow the Hebrew computation. They held that "Methusaleh spent a period with his father [Enoch], though not on the earth, where it is certain that all flesh that nature does not allow to survive in the waters was destroyed, and lived there until the Flood came to end." These commentators also argued that the Jews had probably introduced this discrepancy in order to lessen the credibility of the Septuagint.[3] Augustine himself remained uncertain about why the texts disagreed. But he concluded, with a nice mixture of crisp assurance and demure qualification, that "it is certain that Methusaleh did not live after the Flood, but died in the same year, if what is found in the Hebrew texts about the chronology is true."[4] In doing so, for once,

---

1   Augustine *De civitate dei* 15.11: "Secundum codices enim nostros Mathusalam priusquam gigneret illum, quem vocavit Lamech, vixit annos centum sexaginta septem; deinde ipse Lamech, antequam ex illo natus esset Noe, vixit annos centum octoginta octo, qui fiunt simul trecenti quinquaginta quinque; his adduntur sescenti Noe, quoto eius anno diluvium factum est: qui fiunt nongenti quinquaginta quinque, ex quo Mathusalam natus est, usque ad annum diluvii. Omnes autem anni vitae Mathusalam nongenti sexaginta septem computantur, quia, cum vixisset annos centum sexaginta septem et genuisset filium, qui est appellatus Lamech, post eum genitum vixit annos octingentos duo; qui omnes, ut diximus, nongenti sexaginta novem fiunt. Unde detractis nongentis quinquaginta quinque ab ortu Mathusalae usque ad diluvium remanent quatuordecim, quibus vixisse creditur post diluvium."

2   Augustine *De civitate dei* 15. 11: "Per hanc autem discrepantiam Hebraeorum codicum atque nostrorum exoritur illa famosissima quaestio, ubi Mathusalam quattuordecim annos vixisse post diluvium computatur, cum scriptura ex omnibus, qui in terra tunc fuerant, solos octo homines in arca exitium commemoret evasisse diluvii, in quibus Mathusalam non fuit."

3   Augustine *De civitate dei* 15.11: "Propter quod eum nonnulli, etsi non in terra, ubi omnem carnem, quam vivere in aquis natura non sinit, constat fuisse deletam, cum patre suo qui translatus fuerat aliquantum fuisse atque ibi, donec diluvium praeteriret, vixisse arbitrantur, nolentes derogare fidem codicibus, quos in auctoritatem celebriorem suscepit ecclesia, et credentes Iudaeorum potius quam istos non habere quod verum est. Non enim admittunt, quod magis hic potuerit error interpretum, quam in ea lingua esse falsum, unde in nostram per Graecam scriptura ipsa translata est, sed inquiunt non esse credibile septuaginta interpretes, qui uno simul tempore unoque sensu interpretati sunt, errare potuisse aut ubi nihil eorum intererat voluisse mentiri; Iudaeos vero, dum nobis invident, quod lex et prophetae ad nos interpretando transierint, mutasse quaedam in codicibus suis, ut nostris minueretur auctoritas."

4   Augustine *De civitate dei* 15.11: "Hanc opinionem vel suspicionem accipiat quisque ut putaverit; certum est tamen non vixisse Mathusalam post diluvium, sed eodem anno fuisse defunctum, si verum est quod de numero annorum in Hebraeis codicibus invenitur."

he agreed with Jerome, who — as Juan Luis Vives noted in his massive commentary of 1522 on the *De civitate dei* — also described this problem as "very celebrated in all the churches," and showed "that the Septuagint was in error about the number, as he argues in many other cases. He infers from the books of the Hebrews and Samaritans that Methusaleh died in the same year when the Flood took place."[5] Remarkably, Uccello found a brilliant way to represent both Augustine's exegetical quandary and its solution in paint.. He made the figure of Methusaleh occupy a peculiar, transitional space in his picture, between the drowned and the saved — and thus highlighted both his special status in history and his virtue, while suggesting that he did die with the rest of normal humanity in the Flood.

This little story highlights a problem that intellectual historians of early modern Europe have been unduly reluctant to acknowledge. Everyone knows that in the late sixteenth and seventeenth centuries, new information about the past — much of it drawn from historians' and accounts of the ancient Near East, but some of it taken from travelers' accounts of non-European cultures — sent tremors through the apparently solid frameworks of biblical chronology. Aztec and Chinese chronologies, which scholars avidly collected and discussed, stretched back, apparently, as far as ten or twenty thousand years before the birth of the Messiah. By the end of the sixteenth century, chronologically informed heretics asserted — among many other worrying propositions — that the world was far older than the biblical account stated. Giordano Bruno made clear, in one of Zeus's speeches in *The Expulsion of the Triumphant Beast*, that only "certi magri glosatori" tried to reduce the 6,000 years that stretched alarmingly, according to good ancient authority, between Zoroaster and Plato, making the Persian prophet an antediluvian, to harmless lunar months — which would make the interval in question a modest 500 years, starting long after the Flood.. He died on the Campo de' Fiori for this chronological heresy, among many others.[6] The glossators that Bruno condemned included Eudoxus, who seems to have been the first to suggest this way to shorten the supposed antiquity of Near Eastern cultures and Proclus, who included Eudoxus's remark in his own commentary on the *Timaeus*. Bruno probably encountered their theories where another magus, John Dee, did: in Marsilio Ficino's introduction to the *Critias*. "Those nine thousand years [mentioned in Plato's text] will not disturb you," Ficino urged his readers," if you listen to Eudoxus, who says that those nine thousand years were lunar, not solar." Obviously, he concluded,

5 Augustine *De civitate dei*, ed. Juan Luis Vives, Basel, 1522, 456 on 15,11: "Exoritur illa famosa quaestio) Sic etiam Hieronymus celebrem hanc per omnes ecclesias fuisse quaestionem scribit . . . Hieronymus erratum esse a LXX. in numero, quemadmodum in plerisque aliis affirmat, et ex libris Hebraeorum ac Samaritanorum colligit eodem anno Mathusalem obiisse quo diluvium contigit."

6 See A. Grafton, "Tradition and Technique in Historical Chronology," *Ancient History and the Antiquarian: Essays in Memory of Arnaldo Momigliano*, ed. M.H. Crawford and C.R. Ligota, London, 1995, 15-31.

Plato's chronology did not and could not challenge the traditional dating of the Flood, or suggest that Egypt had existed before it — arguments that Dee summarized, without raising questions, in the margins of his copy of the text. The 9,000 years of recorded history with which the Egyptian priests put Greek visitors to shame amounted only to some 600 solar years.[7] Bruno was not the only one to dismiss the ancients' efforts to tame deep time, and some explicitly did so on the basis of the moderns' new data. Across the confessional divide and at the other end of Bruno's Europe, Christopher Marlowe asserted, in he hearing of an informer, "That the Indians and many authours of antiquity have assuredly written of above sixteen thousand years whereas Adam is proved to have lived within six thousand years."[8] In the 1650s, Isaac la Peyrère published the first extensive effort to prove a similar thesis from the Bible and from pagan historians. His short Latin book provoked multiple refutations even though its analysis of the Old Testament text rested, as Noel Malcolm has shown, on arguments well established in the exegetical tradition. La Peyrère omitted most of the strongest technical evidence then known against the biblical chronology, but he did marshal evidence from China, somewhat misquoted in translation, to support his claims. [9] A few years later, the Jesuit Martino Martini shocked the world of learning even more radically when he demonstrated — as he thought — beyond reasonable doubt that the kingdom of China had existed before the Flood.[10]

The spread of dangerous new data like these, in turn, explains why pious later seventeenth-century thinkers who took an interest in chronology often viewed the field with anxiety or melancholy. Chronology threatened orthodoxy — indeed, it threatened certainty. The Cistercian abbot Paul Pezron, writing in 1687, insisted that chronologers who followed the shorter chronology of the Hebrew Bible — as most experts had — could not accommodate the history of Egypt and China within the short period, less than 2500 years, which it allowed between the Flood and the birth of Jesus. Only by accepting the longer chronology of the Septuagint, the ancient Greek translation of the Old Testament, could Catholics

---

7 *Platonis opera tralatione Marsilii Ficini*, ed. Simon Grynaeus, Basel, 1532, 739, on Ficino's argumentum to the *Critias*: "Est autem historia de rebus gestis ante diluvium. Post vero diluvium narraturus, ut arbitror, erat Hermocrates. Neque te turbabunt novem illa annorum milia, si Eudoxum audiveris dicentem annos illos Aegyptiorum non solares fuisse, sed lunares." In his copy, St John's College, Cambridge, Cc. 2. 16, Dee commented: "9000 Anni lunares." At 741, Plato's text reads: "Primum autem commemoremus summam esse annorum novem milium ex quo bellum extitisse traditum est inter omnes qui ultra, et eos qui citra columnas Herculis habitabant, quod in praesentia narraturi sumus." Dee's note summarizes Eudoxus's central claim: "Anni Lunares tot, efficiunt circiter 600 annos solares."

8 Ernst Strathman, *Sir Walter Raleigh: A Study in Elizabethan Skepticism,* New York, 1951, 201.

9 See Isaac La Peyrère, *Prae-Adamitae*, n.p., 1655, *Systema theologicum*, n.p., 1655, 160. Cf. A. Grafton, *Defenders of the Text*, Cambridge, Mass., 1991, 204-213, and Noel Malcolm, *Aspects of Hobbes*, Oxford, 2002.

10 Martino Matini, *Sinicae historiae decas prima,* Munich, 1658, esp. 9-10, 20-21, 27; Edwin Van Kley, "Eusope's 'Discovery' of China and the Writing of World History," *American Historical Review,* 76, 1971, 358-385.

hope to defend the Bible against the Jews, pagans and "esprits-forts" who sought to deny its authority.[11] This thesis provoked a vigorous refutation from the Benedictine Jean Martianay, who redoubtably defended the Hebrew text. A similar controversy between Georg Horn and Isaac Vossius shook the Protestant world at the same time.[12] The ancient, exotic records of Egypt and China seemed at once scanty and contradictory, and the problems they raised proved mind-bendingly hard to solve. Chronology's stakes became frighteningly high: as Pezron put it, "time, which consumes all things and seems to want to relegate everything to eternal oblivion, has virtually deprived the human race of knowledge of its extent and antiquity."[13] No wonder then, that historians as varied as Paul Hazard, Adalbert Klempt, Edwin Van Kley and Paolo Rossi have connected the breakdown of Europe's consensus about the early centuries of world history to the pressures exerted by new facts that arrived from the deep past of the East or from the world outside the West — and have sharply contrasted the excitingly fragile and contradictory chronologies of world history that emerged from these debates to the straightforward biblicist chronicles that preceded them.[14]

My contention is simple. Chronology was never a simple, solid structure. It always contained hints — and sometimes more than hints — that its own basic theories were unstable. Chronology, after all, was not a new discipline when information from the Indies began to call its central tenets into question. Through the sixteenth and seventeenth centuries, it had occupied a prominent place in scholars' mental topographies. Joseph Scaliger's two massive Bausteine for the field, the *De emendatione temporum* of 1583 and the *Thesaurus temporum* of 1606, won him every distinction that scholarship could bring a Calvinist in the years around 1600. His rewards ranged widely: from efforts at plagiarism and sharp critiques, mounted by both fanatically biblicist Protestants and erudite Jesuits (Scaliger noted wearily that his first book had been offered as an intelligence test for his contemporaries, and they had failed), to the offer of a chair at the most innovative university in Europe, that at Leiden, and not just an ordinary professorship at that, but a full-time research post that made him the envy of his successors, who had to teach as well as to compile massive treatises stuffed with quotations in many languages.[15]

---

11 Paul Pezron, *L'antiquité des tems rétablie et défendue contre les juifs et les nouveaux chronolo-gistes,* Paris, 1687.

12 Don Cameron Allen, *The Legend of Noah,* Urbana, 1949; repr. 1963; Adalbert Klempt, *Die Säkularisierung der universalhistorischen Auffassung,* Göttingen, 1960; Mouza Raskolnikoff, *Histoire romaine et critique historique dans l'Europe des Lumières,* Rome, 1992, 163-220; Chantal Grell, *Le Dix-huitième siècle et l'antiquité en France, 1680-1789*, 2 vols., Oxford, 1995, II, 791-881, 1200-1204.

13 Pezron, 1: "Le tems qui consume toutes choses, et qui semple vouloir tout mettre dans un oubli éternel, a presque ravi à l'homme la connoissance de sa durée et de son antiquité."

14 Paul Hazard, *La crise de la conscience européenne (1680-1715),* 3 vols., Paris, 1935; Klempt; Van Kley; Paol Rossi, *The Dark Abyss of Time,* tr. Lydia Cochrane, Chicago and London, 1984.

15 See in general Anthony Grafton, *Joseph Scaliger,* 2 vols., Oxford, 1983-93, vol. II: *Historical Chronology.*

Most historians have argued that technical chronology of this kind played little or no role in upsetting the biblical applecart. Norman Cohn, for example, noted in his elegant, derivative study of *Noah's Flood* that "Historical chronology was a highly respected form of scholarship" in sixteenth and seventeenth century Europe. But he also argued that its practitioners "left the traditional view of time" intact even as contemporary astronomers "shattered the traditional view of space." If Archbishop Ussher could treat the Bible as completely reliable and date Noah's entry into the Ark, by doing so, to Sunday, 7 December, 2349 B.C., then all must have been right with the historical world.[16] Like the late Stephen J. Gould, Cohn deserves credit for resisting the temptation to make fun of Ussher, whom he rightly described as "brilliant and versatile," neither fanatical nor eccentric.[17] It would be wrong to blame Cohn or anyone else for not taking the time to read the thousand folio pages of Ussher's actual book. But if he had done so, he would have discovered that chronologies of the Flood posed some serious problems to Scaliger and his contemporaries, and that their nature reveals much about the chasms and crevasses that made it hard to travel safely across the imaginary continent of erudition that Renaissance chronologers inhabited.

The anthropologist Bernard Cohn showed, in a classic article, that the twentieth-century Indian villagers of Senapur, not far from Benares, found meaning in multiple pasts, ancient and recent, legendary and historical, as their caste membership and political situations dictated.[18] Learned Europeans, similarly, used chronology to sort out a wide range of problems, from the origins and fate of the universe to the privileges of particular towns, convents and universities (for example, Oxford and Cambridge).[19] Like the Indians of Senapur, European polymaths approached the past from many different standpoints. Religious and national, disciplinary and personal attachments shaped their views.

The raw materials that chronologers deployed, moreover, came from an immense variety of sources. Any given scholar attacking a single problem might find himself ransacking the Bible and the Greek and Roman historians, thumbing through modern commentaries on all of these, consulting Islamic astronomical tables, and examining patristic and medieval chronicles — not to mention Renaissance forgeries crafted to show that Pope Alexander VI or the

---

16 Norman Cohn, *Noah's Flood : the Genesis Story in Western Thought,* New Haven, 1996.

17 Stephen Jay Gould, *Time's Arrow, Time's Cycle: Myth and Metaphor in the Discovery of Geological Time,* Cambridge, Mass., 1987. On Ussher's chronology the one great study, without forerunner and without successor, is James Barr, "Why the World was Created in 4004 BC: Archbishop Ussher and Biblical Chronology," *Bulletin of the John Rylands Library* 67, 1984-85, 575-608. For the larger context see Hugh Trevor-Roper, "James Ussher, Archbishop of Armagh," *Catholics, Anglicans and Puritans*, London, 1987.

18 Bernard Cohn, "The Pasts of an Indian Village," *Comparative Studies in Society and History* 3, 1961, 241-249.

19 For the debate about the ages of Oxford and Cambridge see T.D. Kendrick, *British Antiquity*, London, 1950.

Holy Roman Emperor Maximilian I or scores of members of less prominent royal and noble families could trace their ancestry back to the rulers of ancient Egypt.[20] Every library's reference shelves for history and chronology bent under materials that could explode when combined, and chronology regularly brought these into contact. These complex and contradictory texts exerted a powerful, even frightening pressure on all scholars who hoped to date the events of early history.[21]

Many scholars tried, as Augustine did, to fix the exact date of Noah's Flood. The task seems simple. Genesis lists the patriarchs and states how old each one was when he begat his son. Simple addition of these ages should yield a firm date for the interval between Creation and Flood — and in fact did so for the many scholars who gave the standard interval of 1656 years. Anyone who looked up the first age of human history in the Catholic chronology of Johannes Lucidus Samotheus or the Protestant one of Theodore Bibliander would have found exactly the same table:

> When Adam begat Seth he was 130
> When Seth begat Enos, he was 105
> When Enos begat Caynam, he was 90
> When Caynam begat Malaleel, he was 70
> When Malaleel begat Iareth, he was 65
> When Iareth begat Enoc, he was 162.
> When Enoc begat Mathusaleh, he was 65
> When Mathusaleh begat Lamech, he was 187
> When Lamech begat Noah, he was 182
> But the Flood was in the time of Noe, after six hundred years.
> The sum of these is the aforesaid number, 1656 years.[22]

Those who compiled these tables followed a tradition that went all the way back to the first systematic Christian chronology, compiled by Julius Africanus in the third century CE

> Adam, when he was 130, begot Seth. And after living another 700 years, he died (that is a second death).
> Seth, when he was 105, begot Enos: from Adam, then, up to the birth of Enos, there is a total of 435 years.
> Enos, being 90, begot Kainan.
> Kainan, at age 70, begot Maleleël.

20 See the brilliant work of Roberto Bizzocchi, *Genealogie incredibili*, Bologna, 1995.

21 For the standard themes, forms and practices of chronological scholarship see Grafton, *Scaliger* II, part 1, and James Barr, "Luther and Biblical Chronology," *Bulletin of the John Rylands Library* 72, 1990, 51-67.

22 Johannes Lucidus Samotheus, *Opusculum de emendationibus temporum*,Venice, 1546, 15 ro; Theodore Bibliander, *Temporum a condito mundo usque ad ultimam ipsius aetatem supputatio partitioque exactior*, Basel, 1558, 40-41.

Maleleël, at age 65, begot Jared.
Jared, at age 62, begot Enoch.
Enoch, being 65, begot Methusaleh. As one pleasing to God, he lived another 200 years and was not found.
Methusaleh, when he was 187, begot Lamech.
Lamech, being 182, begot Noah.[23]

Once the chronologer reached the Flood, moreover, his path seemed clear. Noah entered the ark, which served as a type of God's church, in the second month and 17th day of his 600th year. The rain continued for 40 days and nights, the waters covered the earth for 150 days, and then decreased for 150 days, and the ark came to rest in the seventh month. After waiting and sending out his two doves, Noah finally emerged on the 17th day of the second month of his 601st year. Everything seemed straightforward, and chronologers found it relatively easy to decide that *stare super vias antiquas* was the best policy.

Yet as we have already seen, problems hovered like harpies around what seemed the most basic epochs of biblical history. The standard ancient work on chronology — the *Chronicle* of Eusebius, in the Latin redaction by Jerome — rested on the Septuagint. The Jewish translators who produced this text made the interval between the birth of each patriarch and that of his son a hundred years longer than the Hebrew text did — possibly in response to the Egyptian and Chaldean claims to great antiquity that circulated in Alexandria, where the Septuagint took shape.[24] Jerome's version of the *Chronicle* circulated widely in manuscript in the Middle Ages and Early Renaissance, and did much to determine the shape of early world histories.[25] In the age of print, neat editions, laid out in the author's lucid tabular form and equipped with indices and notes, came regularly from the presses.[26] All of these prestigious witnesses implicitly called into question the accuracy of chronologies that rested on the Hebrew Bible. Anyone who sought to lay out the period from Creation to Flood, in other words, had to confront, at some level, Augustine's ancient problem: the Bible's testimony was uncertain. Some — mostly Protestants — accepted the shorter Hebrew chronology, ignored or dismissed the problems, and went on their way rejoicing. Others — especially Catholics — treated the matter in a more speculative way, since they relied on papal decrees rather than corruptible texts for authoritative knowledge. Joannes Goropius Becanus, that trenchant

---

23 Africanus, fr. 6 Routh; Syncellus *Chronographia* 91-92 Mosshammer; 116 Adler and Tuffin.
24 Cf. Jerome's explanation, quoted by Vives in his note on Augustine *De civitate dei* 15.10, 455: "Sciendum quod usque ad diluvium, ubi in nostris codicibus ducentorum et quod excurrit annorum genuisse quis dicitur, in Hebraeo habet centum annos et reliquos qui sequuntur." On the chronology of the Septuagint see e.g. Ben Zion Wacholder, "Biblical Chronology in the Hellenistic World Chronicles," *Harvard Theological Review*, 61, 1968, reprinted in Wacholder, *Eassys on Jewish Chronology and Chronography,* New York, 1976.
25 Rosamund McKitterick, *History and Memory in the Carolingian World*, Cambridge, 2004.
26 See esp. the editions published by Henri I Estienne, Paris, 1512 and 1518, which have an exceptionally detailed index.

theorist of language who identified a form of Dutch as the language of Paradise, also noted that the LXX chronology of the Flood is exactly 1236 years longer than the Hebrew. 6, of course, is a perfect number, the sum of its factors (1 + 2 +3 = 6). No doubt, Goropius concluded, God had deliberately created both versions, and by making the difference between them "this mystic number" he had opened up "a deep chasm of contemplation" for his readers.[27]

As technical chronology developed in the later sixteenth and early seventeenth centuries, however, it became clear that the whole text of Genesis — and the story of the Flood in particular — swarmed with ambiguities. Every scholar who bravely entered the field, planning to clear it of rocks and brambles and lay a straight path from the Creation to the Flood, ended up sowing it, like a scholarly Cadmus, with a whole new crop of dragon's teeth that turned into aporiae as they sprang up to confront the next chronologer along. Denis Petau, for example, followed the Hebrew text, and believed that the Flood had probably happened 1656 years after the creation. But he also noted that "the history of the Flood is obscured by a wide range of difficult problems. First of all, there is the question, what sort of year those ancient Patriarchs used, whether it was lunar, solar, or of yet another kind. And then, when the text mentions the seventh and the tenth months, for example, are these counted from the beginning of the year, or from the Flood . . . and then there is the difference of the Greek text from the Hebrew and Latin. For the Hebrews and the Latins say that the flood began on the 17th day of the 2nd month; the Greeks, on the 27th. Likewise, all say that it ended in the 7th month, but the Hebrews put this on the 17th day, the Greeks and the Latins on the 27th."[28] Worse still, he had to admit that even the interval from Creation to the Flood was not absolutely certain. It rested on the sum of years at which the Patriarchs begat their sons. But as Petau acknowledged, "it cannot be shown by any certain argument that the years of the Patriarchs computed in Scripture are to be taken as complete years that come to an end, or as partial [that is, whether the births took place at the ends of the last year in question, or during them]." Indeed, it seemed most likely that "not all of the Patriarchs begat when the years in question were complete."[29] Petau did his best to solve all of these problems, insisting that he

---

27 Joannes Goropius Becanus, *Origines Antwerpianae*, Antwerp, 1569, 436–438.

28 Denis Petau, *De doctrina temporum*, 9.9, 3 vols., Venice, 1757, II, 12: "Historia diluvii, quam Moyses Geneseos VII et VIII capite describit, quaestionibus variis ac difficultatibus obsita est. Illud enim dubitatur in primis, quae fuerit apud veteres illos Patriarchas anni forma: lunaris, an solaris, an alterius generis. Deinde cum septimus ac decimus, verbi caussa, mensis appellatur: utrum ab anni principio, an a diluvio ordinales isti deducendi sint. Adhaec incertum est, utrum xl dies, quibus pluvia continuo decidit, in illis cl contineantur, quibus invaluerunt aquae, secundum quos eaedam paullatim imminutae sunt; an vero separatim numerandi sint. Accedit et Graecorum ab utraque, hoc est Hebraea Latinaque editione diversitas. Nam Hebraei ac Latini initium diluvii statuunt mense secundo, die xvii: Graeci die xxvii. Item desiisse ponunt omnes mense vii; sed Hebraei die xvii; Latini pariter ac Graeci die xxvii."

29 Petau, 9.17, II, 20: "Atque hoc in primis, quod antea dictum est, repetendum est animo; nullo ex argumento certo posse colligi, utrum qui anni Patriarcharum in scriptura numerantur, completi sint ac vertentes, an inchoati."

was no skeptic, who wanted to leave his readers in a state of uncertainty.[30] Ussher railed against the Jesuit nonetheless. He insisted that since "The Holy Spirit set out, when assigning the numbers of years, to provide a chronology, we will miss our goal if we do not take the years when the Fathers begat their sons as more or less complete.".[31]" But only this rather desperate hermeneutical assumption — not any textual evidence — underpinned his own chronology, which, he had to admit, remained no more than one theory — though he insisted that it was more probable than the sixteenth-century chronologer Johann Funck's theory — bizarrely shared by the Jesuit Benito Pereira — that Moses was already 601, or Scaliger's that he was only 599, when he entered the Ark.[32]

Another source of information must be found. Everyone knew that the sun, moon, and planets moved uniformly, that God had set the sun and moon in the skies to rule the seasons and the years. Astronomers could predict their future positions or compute their past ones with certainty. So the scholar might hopefully consult the standard astronomical tables of the time, the Alfonsine Tables, compiled in thirteenth century Christian Spain from Islamic sources. There he would find what looked like an astronomical date for the Flood. This served as one of the Tables' epochs, the firm dates from which their authors and readers reckoned the positions of the planets. Joannes Lucillius Santritter, who edited both the *Chronicle* of Eusebius (in 1483) and the *Alfonsine Tables* (in 1492), promised to use "the clear light of truth according to Alfonso, King of Castile" to improve Eusebius's work. He noted that the Flood took place 2402 years and 315 days after the Creation, a chronology 161 years and 50 days longer than the long chronology of the Septuagint..[33]

Only one fly disfigured the ointment — but it was a big one, and buzzed loudly. The Alfonsine Tables actually set the Flood even earlier than Santritter suggested, at a date that converts to 17 February 3102 BCE — a date that agreed with neither the Hebrew nor the Greek text of the Bible, and which implied a history of the world far too long for any version of the Bible to accommodate (a fact that Santritter may have tried to soften by shortening the interval in question).[34] It comes, in fact, from the deep time of Indian astronomy. Indian

---

30 Petau 9.10, II, 13: "Sed ne Scepticorum more dubia in quaestione sic assensum omnem cohibeamus, nihil ut a nobis praeter haesitationem Lector auferat . . ."

31 James Ussher, *Chronologia sacra*, in *Annales veteris et novi testamenti*, Geneva, 1722, 18, following Henricus Harvillaeus, *Isagoge chronologica*, Paris, 1624, col. 164: "Cum igitur Spiritui sancto fuerit propositum, numerum annorum primaevi Mundi (qui aliunde sciri non poterat) hic colligere: a primario illius scopo aberraverimus, si non annos Patrum, quibus genuerunt filios, plus minus completos intelligamus."

32 Ussher, 21.

33 J. L. Santritter, in Eusebius, *Chronicon*, tr. and ed. Jerome, Venice, 1483, sig. [b 6] ro: ". . . lucidissima veritate secundum Alphonsium regem Castellae astronomorum celebratissimum ab Adam usque ad Cathaclismum anni 2402.d.315. differentia 161.d.50 ad superius notatum numerum, videlicet 2242."

34 A reader of the copy of Santritter's edition of Eusebius in the Bodleian Library (K 3.20 Auct.) noted this: "Alphonsi regis Chronologia haec aliter apud alios se habet ubi aetas 1a annorum est 3882 et 167 dierum" — though he has copied a printer's error, 167, for the correct figure of 267 days.

astronomers had taken 3102 BCE as the epoch date of the Kaliyuga, the current celestial cycle. Muslim astronomers took over this usefully early astronomical era, but they also transformed its meaning, as translators so often do. Christian scholars, totally ignorant of Indian astronomy and religion, could not possibly know the date's origin. Yet Santritter evidently saw it as the best date he had, since it appeared in an authoritative work on astronomy, and struggled to explain why the evidence of the book of the heavens departed so radically from Holy Writ.

In this precarious intellectual situation — one in which books theoretically contained all powerful knowledge, but standard works rested in practice on historically diverse and even contradictory foundations — chronologers naturally came to different conclusions. In fact, they argued so vociferously, over everything from the dates of the kingdoms of Israel and Judah to those of the consuls of ancient Rome, that their quarrels became proverbial. Everyone knew, one seventeenth-century expert wrote to a colleague, that chronologers, like clocks, never agreed.[35]

It seems clear, by now, why historical chronology developed so floridly in the early modern period: every date in biblical history posed a multitude of problems, and the Flood — an episode both uniquely vivid and heavily freighted with theological problems — posed more than most. Yet the debates we have looked at revolved around technical points of relatively minor import. Like small shot, they could only scratch the massive surface of the Biblical text. To appreciate the full explosive power of the ancient records of the Flood in this context, we need, as the older historiography suggested, to look outwards in the first instance.

The scholar who most notoriously called the uniqueness of the biblical Flood into question was not a wild dissenter but an erudite Jesuit, the brilliant Sinologist Martino Martini.[36] Martini reached China in the 1640s. A gifted

---

35 H. Treutler to S. Calvisius, Göttingen, Niedersächsische Staats- und Universitätsbibliothek, MS Philos. 103, II, 58: "Cumque infinitis modis autores, et veteres et novos, ut ex tabella apposita apparet, a se invicem discrepare viderem, ut hic vulgato diverbio opus esset, Chronologos non magis convenire, quam horologia."

36 On Martini's work on Chinese chronology and history see in general Virgile Pinot, *La Chine et la formation de l'esprit philosophique en France (1640-1740)*, Paris, 1932, 200-202; Van Kley; John W. Witek, SJ, "Chinese Chronology: A Source of Sino-European Widening Horizons in the Eighteenth Century," *Actes du IIIe Colloque international de Sinologie: Appréciation par Europe de la tradition chinoise à partir du XVIIe siècle*, Paris, 1983, 223-252. On the larger context, Walter Demel offers rich information in "Antike Quellen und die Theorien des 16. Jahrhunderts zur Frage der Abstammung der Chinesen. Überlegungen zu einem frühneuzeitlichen Diskussionsthema," *Saekulum* 37, 1986, 199-211. Martini's relations with Kircher are documented in their correspondence, in Martino Martini SJ, *Opera omnia*, ed. Franco Demarchi, I: *Lettere e documenti*, ed. Giuliano Bertuccioli, Trento, 1998. On the larger intellectual history of the Jesuits' Chinese enterprise see e.g. the contrasting accounts of Jonathan Spence, *The Memory Palace of Matteo Ricci*, New York, 1984, David Mungello, *Curious Land*, Honolulu, 1989, and Lionel Jensen, *Manufacturing Confucianism*, Durham and London, 1997 For an interesting look at current research see Richard Smith, "The Jesuits and Evidential Research in Late Imperial China: Some Reflections," *Ex/Change* 3, February 2002, 7-12.

linguist who steeped himself in Chinese chronicles, he determined to his own
satisfaction that these preserved a solid annalistic tradition — one that set the
first seven kings of China before even the Septuagint's era for the biblical Flood.
He responded in a radically ambivalent way — one that revealed many of the
contradictions of Jesuit humanism. Early in his narrative, Martini ridiculed the
Chinese chronologers as typically bumptious pagans: "And clearly, the Chinese
annals contain many absurdities, so far as both the ages of men and the regnal
years of kings are concerned. Should we trust these writers, historical time
would have to be extended far backwards, thousands of years before the
deluge."[37] Claims like this naturally lacked credibility in the context of the
Christian chronology that Martini brought with him from Europe.

Jesuits had realized well before Martini arrived that Chinese historical
traditions seemingly reached back to great antiquity, and their efficient
communications network rapidly transmitted the news to Europe. By 1636, the
ex-Jesuit Agostino Mascardi argued that Chinese historians had written before
Moses himself. In a letter to Federigo Borromeo that Mascardi quoted, the
Milanese Jesuit Celso Confaloniere described a Chinese account of the earliest
kings as "the oldest book that they have, and according to their histories it was
written in the time of the Patriarch Abraham. In my opinion it is the oldest text
in the world, because it was written more than five hundred years before Moses
wrote."[38]

Martini's suggestion that recorded Chinese history began before the Flood,
however, was far more radical, as he realized. At times, accordingly, he took the
tack that one would expect from a Jesuit. He read all his Chinese sources
through a Christian lens, and in this case he argued that the plausible segments
of early Chinese history could be accommodated after the Flood, if one
accepted the more generous biblical chronology of the Septuagint..[39] At the

---

37 Martino Martini, *Sinicae historiae decas prima*, Munich, 1658, 9-10: "Sed hactenus annos et
   tempora non adscripsi: quippe Sinis quoque, nec injuria, dubitata. Et sane multa insunt ridicula
   Sinicis annalibus, sive hominum aetatem consideres, sive annos regnantium. Si enim fidem
   illorum scriptoribus haberemus, aetas orbis universi multis annorum millibus ante diluvium
   extenderetur; quod paullo supra quoque monuimus."

38 Agostino Mascardi, *Dell'Arte Istorica*, ed. Adolfo Bartoli, Florence, 1859, 21.

39 See Claudia von Collani, "Johann Adam Schall von Bell: Weltbild und Weltchronologie in der
   Chinamission im 17. Jahrhundert," *Western Learning and Christianity in China: The
   Contribution and Impact of Adam Schall von Bell, S.J. (1592-1666)*, ed. Roman Malek, S.V.D.,
   Sankt Augustin, 1998, I, 79-100; von Collani, "Theologie und Chronologie in Martinis *Sinicae
   historiae decas prima*," *Martino Martini S.J. (1614-1661) und die Chinamission im 17.
   Jahrhundert*, ed. Roman Malek and Arnold Zingerle,Sankt Augustin, 2000, 147-183,
   summarized as "Theology and Chronology in *Sinicae historiae Decas Prima*," *Martino Martini:
   A Humanist and Scientist in Seventeenth Century China*, ed. Franco Demarchi and Riccardo
   Scartezzini,Trento, 1996, 231-244. Nicolas Standaert, to whom I am greatly indebted, informs
   me that Martini may have drawn information from Sima Qian's *Shiji* (ca. 145-90 B.C.), but that
   his main sources were the *Zizhi tongjian (gangmu) qianbian (Prologue to [The String and Mesh
   of] the Comprehensive Mirror for the Aid of Government)* by Jin Lixiang (1232-1303) and *the
   Zizhi tongjian gangmu (The String and Mesh of the Comprehensive Mirror for the Aid of
   Government)* by Zhu Xi (1130-1300), as well, perhaps, as shorter chronological lists.

same time, however, Martini felt compelled to admit that the early Chinese had observed the heavens with great care, compiled precise observations, and maintained good historical records — some of which were corroborated by their astronomical data. In fact, they had made the first true astronomical observation ever recorded. Martini accordingly chastised his fellow Europeans, "whose name did not yet exist," for calling the Chinese barbarians. How then did Martini assess the credibility of the early Chinese records? Certainly, he insisted that he did not wish to "claim so much authority for them as to make us alter our shorter chronology of the Flood."[40] Nonetheless, his narrative of Chinese history followed the Chinese time-line, and began 784 years before Noah's Flood took place. Did history begin after the Flood or before?

Martini evidently found it impossible to decide. True, the Chinese might well have invented their traditions about events before the Flood. But they might also have been preserved, he conjectured, within the Ark — just as "learned men hold that many other things, which are relevant also to our religion, were saved from oblivion there".[41] This brief and cryptic statement reveals a great deal. It shows, in the first place, that Martini felt able to accept the Chinese claims to antediluvian antiquity — however tentatively he did so — not only because he respected their precision as astronomers, but also because existing traditions of European scholarship had prepared him for the possibility that antediluvian records or traditions might exist — and that they might, in turn, reveal that certain kingdoms had somehow survived the Flood.

One of Martini's learned men was ancient. Josephus, the erudite and honest traitor whose works offered the richest supplement to the biblical histories of the Jews and their neighbors. Josephus noted that the patriarchs, from Adam on, had been skilled astronomers. Adam's son Seth and his children scanned the skies with special zeal. And since they knew, from the stars, that the Flood was imminent,

---

40 Martini, *Sinicae historiae decas prima,* 2122: "Tradunt, ab eo Kalendarium toto regno publicatum receptumque. Scripsit etiam ephemerides quinque planetarum, quos, dum imperabat, omnes in caelo conjunctos vidit eo die, quo est observata Solis et Lunae conjunctio. Et hunc diem primum illius anni esse voluit, prout author Sinicarum rerum in constellatione XE dicta indicat; quae nunc circa gradum decimum octavum Piscium incipiens ad quartum usque Arietis extenditur. Fortassis haec est illa planetarum celebris in uno signo conjunctio, quam asserunt Europaei Chronologi Noetica aetate fuisse. Quid ad haec illi, qui annos retro pauciores ad diluvium Noeticum numerant, dicturi sint, nescio. Quid ego sentiam, tum docebo, cum res ab YAO Imperatore gestae dicendae erunt, ubi de diluvio agetur prolixius. Interea nolim arrogare tantam Sinicis Scriptoribus fidem, quae nos cogat opinionem illam mutare, quae breviorem diluvii historiam facit. Ajo tamen hanc omnino primam esse stellarum observationem, de qua quidem conveniat inter authores. Quid ad haec Europaei nostri? ego sane assevero me in Historia Sinica hanc, de qua dixi, observationem in istius Imperatoris actis invenisse. Et hanc gentem adhuc barbaram vocabimus, quae jam tum adeo fuit exculta, cum nondum Europe nomen exstaret?"
41 Martini, 26-27: ". Et quoniam hoc Imperatore de aquarum corrivatione offertur mentio, quas Sinica historia diluvium vocat, et Europaei Chronologi ex certiori opinione ad hujus Imperatoris tempora Noeticum diluvium reducunt; facile concesserim, omnem gentis historiam ad haec usque tempora vel confictam fuisse, vel ea narrare, quae ante Noeticam eluviem contigere, quorum in arca fortasse servata memoria. Nam et alia plura, quae ad nostra etiam sacra spectant, ab oblivione et interitu inibi vindicata fuisse, doctorum virorum est opinio."

they took special measures to preserve their divinely revealed science for those who would repopulate the world after the cataclysm: "They also were the inventors of that peculiar sort of wisdom which is concerned with the heavenly bodies, and their order. And that their inventions might not be lost before they were sufficiently known, upon Adam's prediction that the world was to be destroyed at one time by the force of fire, and at another time by the violence and quantity of water, they made two pillars, the one of brick, the other of stone: they inscribed their discoveries on them both, that in case the pillar of brick should be destroyed by the flood, the pillar of stone might remain, and exhibit those discoveries to mankind; and also inform them that there was another pillar of brick erected by them. Now this remains in the land of Syria to this day."[42]

Early modern speculative historians were regularly set aflame by these suggestive remarks. Gulielmus Sossus represented two learned men in dialogue, convincing each other that the pillars had been inscribed in hieroglyphs that represented the earliest, divinely inspired Egyptian revelations, and considering what they might reveal about the age of the earliest Near Eastern traditions.[43] Francesco Patrizi, the boldest of them all, inserted into his ten dialogues on history a long Egyptian logos. One of his characters, Hamon, explained how a Saitic priest called Bitis had discovered a square column, decorated with "holy characters." This traced events from the past and the future alike over the "great year" of 36,000 solar years. More remarkably still, Hamon revised Josephus's account of the origin of this stele. Before the end of the last Great Year, an Egyptian who "knew the powers of stones, herbs, animals and the heavenly bodies" worked out, using animals, how to call the dead back to life. He made preparations, enclosed himself in a large vessel, had it buried deeply, and then killed himself. Once the new great year started, the powers of the stars and the magical characters that he had inscribed brought him back to life, exactly as he had been, and he called himself Seth. Seth recorded this history in two columns, one of bronze and one of brick, which served as the source of the later Egyptians' knowledge of the past.[44] This dazzlingly wild Urgeschichte traced cultural continuities unknown to the Bible between the Egypt in which the Jews had suffered and an earlier Egypt older than the Flood itself, in which the Patriarchs had studied the secrets of magic and astrology.

Even wilder were the accounts of two other ancient Near Easterners who wrote in Greek, the Egyptian priest Manetho and the Chaldean priest Berossus.[45] Both men wrote in Greek, just after Alexander the Great conquered

---

42 Josephus *Jewish Antiquities* 1.69-70, tr. William Whiston; for discussion of this Jewish legend, first attested here, and similar ones supporting other traditions of oriental wisdom, see William Adler, *Time Immemorial: Archaic History and its Sources in Christian Chronography from Julius Africanus to George Syncellus*, Washington, D.C., 1989, 59, 105, 127, 215-216

43 Gulielmus Sossus, *De numine historiae liber*, Paris, 1632, 199.

44 Francesco Patrizi, *Della historia diece dialoghi*, Venice, 1560, 15 ro – 18 ro.

45 For these fragmentarily preserved texts see now Gerald Verbrugghe and John Wickersham, *Berossos and Manetho, Introduced and Translated: Native Traditions in Ancient Mesopotamia*

the Mediterranean world, Both hoped to assert in the realm of time an independence and authority that their peoples could no longer claim in the realm of power. Julius Africanus and Eusebius, the pioneers of Christian chronography, preserved Manetho's list of Egyptian dynasties and Berossus's account of Chaldean myth and history. Both texts were spicy enough on their own to give a normal Christian reader indigestion. Berossus, for example, offered a variant version of the Flood story — one that ended when a being named Oannes, with the body of a fish and the head of a man, as well as that of a fish, climbed out of the Red Sea and taught humanity the arts and sciences.[46] Manetho listed Egyptian dynasties that lasted more than 3,000 years — far too long a period to fit even the Septuagint chronology for the period between the Flood and Alexander.[47] We do not know exactly what Africanus made of these documents. Eusebius took them as confirming his own, radical insight that no exact and perfect chronology could be drawn up for the whole period between Creation and Incarnation. Working with the Hexapla, Origen's great 6-column edition of Greek and Hebrew texts of the Old Testament, which made clear that one could not give a single interval from the period between Creation and the Flood, Eusebius became the first Christian chronologer to state that one could not draw a single chronology with perfect assurance from the multiple texts and computations of the biblical versions.[48] By including the odd, provocative works of Berossus and Manetho in the first book of his Chronicle, he hoped to show why he had started the tabular history of the world that formed book 2 of the work not with Adam but with Abraham, safely after the Flood.

Eusebius's decision was forgotten in the Latin world, where readers encountered his Chronicle in Jerome's adaptation, which included only book 2.[49] Later Christian readers in the east, who continued to read book 1, deplored Eusebius's decision to include these strange pagan histories. But they also preserved them.[50] Accordingly, in 1602, when Joseph Scaliger began scouring the Chronicle of George Syncellus (ca. 800 CE) for remnants of Eusebius's original Greek, he was amazed, alarmed and finally delighted to encounter

---

and Egypt, Ann Arbor, 2001; the originals are available in FrGrHist 680 and 609,and those of Manetho also in Manetho, tr. W.G. Waddell,Cambridge, Mass., and London, 1940; repr. 1980.

46 FrGrHist 680 F1 = Verbrugghe and Wickersham, 44.

47 FrGrHist 609 F2a = Verbrugghe and Wickersham, 129-152

48 Eusebius, Chronica (Armenian version), tr. J. Karst, Berlin, 1911, 2.

49 On the textual transmission of Eusebius's Chronice see Alden Mosshammer, The Chronicle of Eusebius and Greek Chronographic Tradition,Lewisburg, 1979; on its content and creation see esp. Brian Croke, "The Origins of the Christian World Chronicle," History and Historians in Late Antiquity, ed. B. Croke and A.M. Emmett, Oxford, 1983, 116-131; William Adler, "Eusebius' Chronicle and its Legacy," Eusebius, Christianity and Judaism, ed. H.W. Attridge and G. Hata, Leiden, 1992, 467-491; R.W. Burgess, "The Dates and Editions of Eusebius's Chronici canones and Historia Ecclesiastica," Journal of Theological Studies, n.s. 48, 1997, 471-504; R.W. Burgess, with the assistance of Witold Witakowski, Studies in Eusebian and Post-Eusebian Chronology, Historia Einzelschriften, 135, Stuttgart, 1999; and Hervé Inglebert, Interpretatio christiana, Paris, 2001, part 2.

50 On the reception of Eusebius's work in the East see Adler, Time Immemorial.

Berossus and Manetho. He rapidly recognized that these texts were not fakes, like the Latin works ascribed to the same authors in 1498 by the Dominican theologian and forger Giovanni Nanni of Viterbo, but genuine antiquities, too strange in texture and content for anyone to have invented them from whole cloth. Accordingly, he included them in his great reconstruction of Eusebius's work, the *Thesaurus temporum* of 1606 — even though he had to create what he called a "period of proleptic time" that started not only before the Flood, but before the Creation itself, in order to lay out this frighteningly long prehistory in an orderly way.[51]

Scaliger's work met with acid criticism from most of its contemporary readers. But one especially learned connoisseur of chronologies, the Jesuit Athanasius Kircher, responded with enthusiasm — if not to the Calvinist Scaliger or his new texts, at least to the idea that the Egyptian kingdom was older than the Flood.[52] He found what he took as confirmation in the chronicles of the fifteenth-century Cairene historian al-Suyuti, who described the lives and deeds of a number of Egyptian kings, all of whom lived before the Flood.[53] In a speculative tone that adumbrated Martini's, Kircher asked if perhaps Egypt might not have existed before the Flood — and if Noah and his family might not have preserved antediluvian histories in the Ark.

Early in the 1630s, just as Kircher was framing the great reinterpretation of Egyptian history and philosophy that inspired Bernini's sculptural complexes in the Piazza Navona and the pizza before Santa Maria sopra Minerva, Martini studied with him at the Collegio Romano in Rome. Kircher taught Martini astronomy, and once the younger man sailed for China, he sent his teachers extensive letters, packed with observational data.[54] More important for our purposes, though, is the less explicit tribute that Martini paid his teacher when he returned to Europe and published his Decades of Chinese history. When

---

51 For Scaliger see Grafton, *Scaliger*, II, pt. 4.

52 Athanasius Kircher, *Oedipus Aegyptiacus,* 3 vols., Rome, 1652-54, 1.9, De dynastiis Aegyptiorum, I: 68-82.

53 Kircher stated that he had viewed Manetho's dynasties with skepticism "donec Orientalium traditionibus monumentisque instructior, tandem eas non commentitias ac multi putare possent, comperi ." On his principal source, al-Suyuti, see in general E.M. Sartain, *Jalal al-din al-Suyuti,* I: *Biography and Background*, Cambridge, 1975; *The New Encyclopedia of Islam*, s.v. al-Suyuti, by E. Geoffroy; and Marlis Salem, "Al-Suyuti and his Works: Their Place in Islamic Scholarship from Mamluk Times to the Present," *Mamluk Studies Review* 5, 2001, 73-89. Kircher also quotes, in this context as elsewhere, an author he here calls Abenephius, whose work I (and many other scholars before me) have not been able to identify. But almost all of his detailed information comes from al-Suyuti. For the larger Egyptomaniac strain in Islamic historiography to which Suyuti's work belongs see in general Franz Rosenthal, *A History of Muslim Historiography*, 2d ed.Leiden, 1968, 154-156; Michael Cook, "Pharaonic History in Medieval Europe," *Studia Islamica* 57, 1983, 67-103. Suyuti seems to draw on the strand of historical thought that Cook calls "Hermetic," of which he writes: "The material is in general somewhat heterogeneous in character, but the dominant note is one which a European audience can readily associate with the *Magic Flute*" (71).

54 For Martini's letters to Kircher see his *Opera omnia*, ed.Franco Demarchi, Trent, 1998 — , I: *Lettere e documenti.*

Martini alluded to "learned men" who had suggested that the Ark could have sheltered genuine records of the world before the Flood, he echoed his teacher and acknowledged the source of his own speculation. Martini's ability to see that Chinese history might be older than the Bible could accommodate depended on the particular lessons he learned at Rome — and the larger chronological tradition that he encountered there, through Kircher, a tradition multiply fissured and richly packed with potentially explosive materials.

Kircher eventually retracted his suggestion that Egyptian history began before the Flood, and admitted that the earliest dynasties must either have been fewer or shorter than Eusebius claimed. He cited as his authority the sixteenth-century chronologer Joannes Lucidus Samotheus, who had not known the text of Manetho — perhaps a hint that he made this correction grudgingly. [55] Martini, for his part, did as much as any other writer to break down the comfortable, constricted time of the Bible, making way for what would eventually become the deep time of the eighteenth and nineteenth centuries. Both men, as this analysis has shown, remained deeply involved with ancient western materials and arguments about the date of the Flood. Both men's approaches were shaped, both men's understanding of the past conditioned, by ancient conflicts of chronologies. And the fact that their speculations placed the universality of the Flood in question did much to endow their works with the drama and vividness that could engage readers to work their way through the labyrinth of technical details with which Kircher and Martini presented them, and the uneasy, ambivalent arguments which these two honest, bewildered Jesuits tried to reconcile positions that could never be reconciled.[56]

Ussher believed — in the teeth of countervailing evidence — that he knew exactly where, in the firm and uniform structure of world history, his own niche fell. But even he admitted that his arguments were more fragile than his rhetoric. Scaliger and Petau, Kircher and Martini proved far more willing than Ussher to acknowledge their uncertainties. Though densely technical and demanding, their work never ceased to provoke debate in learned circles. After the middle

---

55 Athanasius Kircher, *Turris Babel*, Amsterdam, 1679, 112-113: "Ab hoc quoque circiter tempore, uti sentit Torniellus, et non prius, sed potius aliquanto post, oportet inchoatas esse dynastias, seu potentatus Aegyptiorum, certum est enim ex supradictis, et irrefragabili ipsiusmet Sacrae Scripturae testimonio, ante divisionem linguarum gentes non esse divisas, sed post, neque ullas alias orbis regiones, praeter Armeniam et Babyloniam, et loca ad Orientem illis proxima, ab hominibus post diluvium fuisse inhabitatas, nisi ut diximus, post divisionem linguarum. Quod vero nos in Oedipo Tom. I. etiam mentionem dynastiarum Aegyptiorum amplam fecimus, etiam ante diluvium, id non factum est, quod ita sentiremus, sed secundum Aegyptiorum, Arabum et Manethonis opinionem, ubi et mentem de dynastiis fusius apertam reperiet Lector. Quamobrem bene Jo. Lucidus lib. V. de emendatione remporum cap. i. et in suis tabulis primam Aegyptiorum dynastiam inchoat ab initio regni Nembrod et Chaldaeorum. Unde necessarium videtur asserere, sexdecim illas priores dynastias, quas Eusebius in Chronico ponit praecessisse ortum Abrahae, aut fuisse multo pauciores, aut admodum breves."

56 For a more detailed discussion of Kircher and Martini see Anthony Grafton, "Kircher's Chronology," *Athanasius Kircher: The Last Man Who Knew Everything*, ed. Paula Findlen, London and New York, 2004, 171-187.

of the seventeenth century, moreover, chronological arguments spilled out into new settings like the coffeehouse and the salon, inhabited by men and women who were not erudite and did not recognize the limits normally set. They received extended discussion in the vernacular, as well as in Latin; in brief, crudely printed pamphlets as well as in treatises engorged with polyglot citations.[57] All of this excitement stemmed as much from the revived study of materials and problems known in antiquity as from the Jesuits' new contact with China. Revisionist accounts of the Flood derived from explorations in old books as well as from expeditions to what Europeans saw as new shores.[58]

---

57 See Adam Sutcliffe, *Judaism and Enlightenment*, New York, 2003.
58 Material from John Dee's Plato is published by permission of the Master and Fellows of St John's College, Cambridge.

Athanasius Kircher: Das Innere der Arche, in ders.: Arca Noë, Amsterdam 1675, S. 46.

Wilhelm Schmidt-Biggemann

Heilsgeschichtliche Inventionen.

Annius von Viterbos „Berosus" und die Geschichte der Sintflut

1. Annius, Schriftsteller in einem apokalyptischen Jahrhundert

Im Jahre 1498 erschien eine Sammlung „Auctores vetustissimi", die der vatikanische Bibliothekar Annius von Viterbo (1432-1502)[1] veranstaltet hatte. Die Sammlung enthielt 15 Texte, deren spektakulärste die fünf Bücher des „chaldäischen" Priesters Berosus waren, in denen die Geschichte der Sintflut, Noahs und seiner Söhne berichtet wurde. Die übrigen Texte waren um das Thema der noachidischen Urgeschichte gruppiert; es handelte sich, den Angaben des Annius zufolge, um antike Texte, die die biblische Urgeschichte aus nicht-biblischen Quellen beglaubigen. Diese Sammlung hatte einen enormen Erfolg. Sie wurde bis zur Mitte des 17. Jahrhunderts häufig nachgedruckt, die letzte Ausgabe erschien 1659 in Leipzig[2]. Die nationalen Geschichtsschreiber des Humanismus stützten sich auf diese Edition, denn sie hatten mit diesen Quellen einen Beleg dafür, daß ihre Völker bis auf die biblische Urgeschichte zurückgeführt werden konnten[3]. Freilich hatte die Sammlung einen Makel: Sie war gefälscht.

---

1   GK der Wiegendrucke 02015 <u>Annius, Johannes</u>, *Auctores vetustissimi*. Mit Komm. Mit Privileg. Rom: Eucharius Silber, 3.VIII.1498. 2° 216 Bl.. Ein weiterer Druck erschien schon 1498 in Venedig. <u>Annius, Johannes</u>, *Auctores vetustissimi*. Mit Komm. [Venedig]: Bernardinus de Vitalibus, 1498. 4°
    Die Originalausgabe hat folgende Reihenfolge der „Fragmente": Myrsilius Lesbius: „De origine Italiae et Tyrrhenorum". — Marcus Cato Porcius: „De origine gentium et urbium Italicarum". — Archilochus: „De temporibus". — Metasthenes: „De judicio temporum et annalium Persarum". — Vetunniana Propertii — Philo Judaeus: „Breviarium de temporibus". — Xenophon: „De aequivocis". — Sempronius, Caius: „De chorographia sive descriptione Italiae et eius origine". — Fabius Pictor, Quintus: „De aureo saeculo et de origine urbis Romae". — Antoninus Pius: „Itinerarium". — Berosus Babylonius: „Antiquitates". — Manetho: „Supplementum ad Berosum". — „Decretum Desiderii regis Italiae". Dazu kommt Johannes Annius: „Etrusca simul & Italica emendatissima chronographia" mit dem „Decretum Desiderii Regis Italiae".
2   Offensichtlich ist die Sammlung nicht ganz identisch geblieben: In der Edition Wittenberg 1612, die ich benutzt habe, finden sich einige Texte, die nicht in der Originalausgabe stehen; Johannes Annius' „De primis temporibus, & quatuor ac viginti regibus Hispaniae" sowie zwei Abhandlungen von Marius Aretius über Sizilien und Spanien sind wohl erst später hinzugekommen. Dagegen fehlen in der zitierten Ausgabe 1612 die „Vetunniana Propertii" und das „Decretum Desiderii regis Italiae".
3   Zu „Berosus/Berossus" selbst: s. *Reallexikon der Assyriologie*, hg. v. Erich Ebeling und Bruno Meisner, Bd. 2, Berlin/Leipzig, 1938, S. 1-17. Zur Geschichte der Fälschung: Gerhard Johannes

Nun ist es leichter, einen Text als Fälschung zu denunzieren, als herauszubekommen, aus welchen Erwägungen und inneren Zwängen eine solche Großkonjektur der Heilsgeschichtsschreibung entstanden ist. Jedenfalls lebte Annius in einer apokalyptischen Zeit, und solche Zeiten verstärken die Tendenz, historische Fakten unter heilsgeschichtlicher Perspektive zu sehen. Er war um 1432 in Viterbo geboren. Als die Türken Konstantinopel eroberten, war er 21 Jahre alt und bereits seit einigen Jahren Mitglied des Dominikanerordens. Der türkische Sieg muß ihn außerordentlich beeindruckt haben, denn er widmete der Niederlage von Byzanz einen oft gedruckten prophetischen Traktat, der das historische Ereignis in den Rahmen der Johannes-Apoklypse und des Buchs Da-

Vossius, *De Historicis latinis* III,8, Amsterdam, 1687, S. 189 f. Jakob Thomasius, „De Occultatione Scientiarum", in: Jacob Thomasius, *Dissertationes* LXIII, ed. Christian Thomasius, Halle, 1693, S. 722-730. Peter Lambeck, *Prodromus historiae litterariae*, Frankfurt, 1710. Johann Albert Fabricius, *Codex Pseudepigraphicus Veteris Testamenti*, Hamburg, 1722/23. Johann Albert Fabricius, *Bibliotheca Graeca*, Lib. VI, cap. 12, Bd. 14, Hamburg, 1728, S. 211-227. J.D. Richter, *G. Berosi Chaldaeorum historiae quae supersunt, cum commentatione*, Leipzig, 1825. Thomas D. Kendrick, *British Antiquity*, London, 1950. Arno Borst, *Der Turmbau zu Babel. Geschichte der Meinungen über Ursprung und Vielfalt der Sprachen und Völker*, 4 Bde. Stuttgart, 1957-63, S. 975 – 978. A.L. Owen, *The Famous Druids. A Survey of three centuries of English Literature on the Druids*, Oxford, 1962. E. Tigerstedt, „Johannes Annius and Graecia mendax", in: *Classical, Medieval and Renaissance studies in Honor of B.L. Ullmann* II, 1964, S. 293 ff. R.E. Asher, „Myth, Legend and History in Renaissance France", in: *Studi francesi* 39, 1969, S. 409-419. R.B. Tate, „Mitologia en la historiografía espanola de la edad media e del renascimento", in: *Ensyos sobre la historiografía espanola del siglo XV*. tr. I. Diaz, Madrid, 1970. Frank L. Borchardt, *German Antiquity in Renaissance Myth*, Baltimore, 1971. Claude-Gilbert Dubois, *Celtes et Gaulois au XVI siècle. Le dévelopement littéraire d'un mythe nationaliste*, Paris, 1972. W. Goez, „Die Anfänge der historischen Methodenreflexion im italienischen Humanismus", in: *Geschichte in der Gegenwart. Festschrift für Kurt Kluxen*, ed. E. Heinen und H.J. Schoeps, Paderborn, 1972, S. 3-21. W. Goez, „Die Anfänge der Methodenreflexion in der italienischen Renaissance und ihre Aufnahme in der Geschichtsschreibung des deutschen Humanismus", in: *Archiv für Kulturgeschichte* 56, 1974, S. 25-48. E. Chochrane, *Historians and Historiography in Italian Renaissance*, Chicago/London, 1981, S. 431-435. Viterbiae Historiae Epitoma, „Annio da Viterbo. Documenti e ricerchi", *Contributi alle storia degli studii etrusci et italici* I, 1981. Walter Stephens Jr.: „The Etruscans and the Ancient Theology in Annius of Viterbo", in: *Umanesimo a Roma nel Quattrocento*, ed. P. Brezzi et al., New York und Rom, 1984, S.309-322. Walter Stephens Jr., „De historia gigantium. Theological Anthropology before Rabelais", in: *Traditio* 40, 1984, S. 43-89. Christopher Ligota, „Annius of Viterbo and Historical Method", in: *Journal of the Warburg and Courtauld Institutes* 50, 1987, S. 44-56. R. Weiss, *The Renaissance Discovery of Classical Antiquity*, 2nd edition, London, 1988. Walter Stephens Jr., *Giants in those Days. Folklore, Ancient History and Nationalism*, Lincoln, 1989. Walter Stephens Jr., *Giants of those Days. Folklore, Ancient Histoy and Nationalism,* Nebraska, 1989, S. 98-138. Anthony Grafton, *Forgers and Critics. Creativity and Duplicity in Western Scholarship*, Princeton 1990. Anthony Grafton, *Defenders of the Text. The Tradition of Scholarship in an Age of Science, 1450-1800*, Cambridge, Mass., 1991, S. 80-103. Marianne Wifstrand-Schiebe, *Annius von Viterbo und die schwedische Historiographie des 16. und 17. Jahrhunderts*, Upsala, 1992. Herfried Münkler, „Nationale Mythen im Europa der frühen Neuzeit", in: *Vorträge aus dem Warburghaus*, hrsg. von W. Kemp, G. Mattenklott, M. Wagner, M. Warnke, Berlin, 1997. Wilhelm Schmidt-Biggemann, *Philosophia perennis*, Frankfurt, 1998. S. 665-677. Peter Hutter, *Germanische Stammväter und Römisch-Deutsches Kaisertum*, Hildesheim, 2000. Walter Stephens Jr., „When Pope Noah ruled the Etruscans. Annius of Viterbo and his forged Antiquites", in: *MLN* Vol. 119, Nr. 1, January 2004.

niel stellte. Er prophezeite eine Kirchenreform, künftige Siege sowie das
1000jährige Reich, und er identifizierte diese Reich als das fünfte, christliche,
nach dem chaldäischen, persischen, griechischen und römischen. Er war damit
einer der ersten, die in Abwandlung der Joachitischen Tradition des dritten
Geist-Reiches offen von einer fünften Monarchie sprachen. „De futuris Chri-
stianorum thriumphis in Saracenos"[4] war zugleich ein Kreuzzugsaufruf an den
Papst Sixtus IV. sowie an die Könige und Herrscher Europas, denen vorhergesagt wurde, daß der Sieg über die Türken sich ab 1480 ereignen werde. Der
Traktat hatte einen außerordentlichen Erfolg, noch im 15. Jahrhundert wurde
er 10mal gedruckt.[5]

Annius galt als guter Philologe, dieser Ruhm veranlaßte Papst Alexander
VI. (1492-1503), ihn zum Magister Sacri Palatii zu ernennen. Alexander VI.
war der Gegner Savonarolas; Savonarola war Apokalyptiker wie Annius, freilich war der Florentiner Dominikaner ein theologischer Revolutionär, der vatikanische Bibliothekar hingegen versuchte, die Weltgeschichte durch
Geschichtsschreibung und Prophetie zu theologisieren. Savonarola sah die
letzten Zeiten gekommen und wollte Florenz zu dem himmlischen Jerusalem
machen, das im letzen Kapitel der Johannes-Apokalypse prophezeit worden
war. Dieser Akt politischer Theologie bedeutete Revolution. Nach dem Umsturz der Florentinischen Verfassung und einem vierjährigen Konflikt mit
dem Papst wurde der Reformator am 23. Mai 1498 verbrannt.

Ein Vierteljahr später erschienen Annius' „Antiquitates". Diese waren zwar
nicht apokalyptisch konzipiert, aber sie zeigen wie die apokalyptischen Prophetien den theologischen Druck, unter dem die Geschichtsschreibung zumal
der Urgeschichte stand. Es war gewiß keine Fälschung aus Egoismus und
Ehrgeiz, die Johannes Annius vorlegte. Vielleicht war es der Versuch, diejeni-

---

4 Zuerst Nürnberg 1471. Vgl. GK Wiegendrucke s.v. Johannes Annius. Er deutet vor allem die
  Kapitel XVI-XXII der Apokalypse sowie Daniel Kap. 2 und 7 als weltgeschichtliche Prophetien und stellt sie in seinen politischen und astrologischen Gegenwartskontext. Vor allem bestimmt er das 1000jährige Reich auch als die5., nämlich Christliche Monarchie. Er betont als
  kaisertreuer Theologe die Gottunmittelbarkeit der Könige nach Daniel 2 und 7 und stellt die eigenen Zeit in die apokalyptische Perspektive. „Secundum est, quod solae quinque Monarchiae
  sunt a iure diuino. s. Caldea, Persa, Graeca, Romana, Christiana, quarum quatuor primae ad
  tempus concessae fuerunt a deo, vltima vero stabit in aeternum, et ius eius alteri populo non tra-
  detur. Hoc probatur danielis secundon et septimo capitulis." Annius ist der Ansicht, an, daß in
  Daniel VII von Mahomet die Rede sei. Er folgert: „Ergo Christus & vicarius ius Pontifex maximus, sunt diuino iure temporales monarchiae. Aliud dicitur, quod populo Christiano dabitur
  magnitudo regni, quae est subter coelum. Sed subter coelum non est nisi tempus. Ergo Christi
  monarchia est temporalis etiam in hoc saeculo". Zit Ausgabe: *Glosa super Apocalipsin de statu
  ecclesiae Ab anno salutis praesenti scilicet MCCClxxxi vsque adfinem mundi Et de praeclaro et
  gloriosissimo triumpho xpistianorum in Turcos et Maumethos* – Leipzig, 1481 (G.W. 2018) unpag.
  Fol.23 v. Diese Stelle findet sich noch in: Annius vln Viterbo, *De Monarchia Papae disputatio*,
  scripta anno MCCCLXXXI. Cum postfatione Mar. Lutheri, in tam solemnem disputationem.
  Wittenberg, 1537. (A iij r.) zit. Exemplar: HAB H:Yv 531 .8° Helmst (4). Luther polemisiert in
  seinem Nachwort gegen den Papst und die Kurie.

5 Vgl. Gesamtkatalog der Wiegendrucke s.v. Annius, Johannes

gen Funde an historischen Quellenschriften vorwegzunehmen, die von der
Zukunft erwartet wurden. Freilich blieb es eine Fälschung. Annius hat den
steigenden Ruhm und die bald einsetzende Kritik an seinem Werk allerdings
nicht mehr erlebt. Er starb am 13. November 1502 in Rom und wurde im
Tempel der Minerva begraben.

2. Die „Antiquitates" und die Besiedlung der Welt
nach der Sintflut

Die „Antiquitates" sind ein bemerkenswertes Buch. Sie geben sich als eine
Quellensammlung aus, die die ältesten erhaltenen nichtbiblischen Texte zur
Urgeschichte des Zweistromlandes und Armeniens vorstellen. Das ist deshalb
von besonderer Bedeutung, weil schon Flavius Josephus überliefert, die Arche
Noahs sei nach der Sintflut am Berg Ararat gestrandet, und Eusebius in seiner
Weltchronologie sowie in der „Praeparatio Evangelii" von einer „chaldäi-
schen" Tradition berichtet, die die Geschichte der Sintflut beinhalte. Johannes
Annius' „Altertümer" waren also durch Erwähnungen in der jüdisch-christlichen Antike belegt. Die jüdisch-christliche Theologie der Antike bildet denn
auch den historischen Rahmen von Annius' Geschichtstheologie.

Die „Antiquitates" gehen ganz selbstverständlich von einem biblischen
Konzept der Weltgeschichte aus. Nach der Vertreibung aus dem Paradies hatte
die Menschheit in Sünde gelebt und war, ausgenommen Noah und seine Familie, in der Sintflut untergegangen. Die Noachidische Sintflut war also das
Nadelöhr der Menschheitsgeschichte[6]. Die biblische Erzählung von der Sintflut fand Annius nun bei Berosus wieder. Er hatte damit einen außerbiblischen
Beleg für die biblische Geschichte.

Der babylonische „chaldäische" Priester Berosus, dessen „Antiquitates"
Annius herauszugeben vorgab, war bei Alexander Polyhistor, dessen Fragmente Eusebius in seiner „Praeparatio Evangelii" und in seiner – nur fragmentarisch erhaltenen – Chronologie benutzt hatte, sowie Flavius Josephus
überliefert. Diese Fragmente reicherte Annius nun zu fünf Büchern mit dem
Titel „De Antiquitatibus totius orbis" an. Aus den überlieferten Fragmenten
konnte er eine kleine Biographie seines Helden zusammenstellen[7]: „Berosus
lebte vor der Herrschaft des großen Alexander, wie auch Metasthenes[8], der

6   Vgl. zum Zusammenhang: W. Schmidt-Biggemann, *Philosophia perennis*, Frankfurt, 1998. Kap.
     IX, 4: „Die vorsintflutliche Weisheit und die Genealogie der Völker: Annius von Viterbos ‚Bero-
     sus'-Edition."

7   FGr H 680. Vgl. Der Neue Pauli s.v. Berossos. Flavius Josephus, *Antiquitates* I, 3, 6 und I, 3, 9.
     Vgl. Johann Albert Fabricius, „Berosi Chaldaei Fragmenta", in: Johann Albert Fabricius, *Bi-
     bliotheca Graeca*, Lib. VI, cap. 12, § IX, Bd. 14, Hamburg, 1728, S.175-211.

8   Gemeint ist wohl Megastenes, von dem Annius ebenfalls eine Fälschung der persischen Chro-
     nologie vorgelegt hat: *De iudicio temporum*.

ein persischer Priester vor der assyrischen Monarchie war. Berosus war in der griechischen Sprache versiert und lehrte in Athen die chaldäischen Lehren, vor allem Astronomie, worin die Chaldäer, nach dem Zeungis des Plinius in der Naturgeschichte, den anderen vorangingen. Er hatte mit seinen Vorhersagen einen solchen Erfolg, daß ihm die Athener eine Statue mit einer goldenen Inschrift im öffentlichen Gymnasium aufstellten. Der Grund für die Niederschrift und die Übernahme der chaldäischen Tradition war, daß die griechische Chronologie allein bis zum heidnischen König Phoroneus[9] reichte und außerdem mit zahlreichen Irrtümern durchsetzt war. Nachdem die Schrift in Babylon etwa 70 Jahre oder noch früher vor Phoroneus erfunden worden war, (nach Plinius' „Historia naturalium" 7, letztes Kapitel) waren die Athener, wie auch Plinius, gezwungen zu glauben, die Schrift sei immer schon bei den Assyrern in Gebrauch gewesen. Deshalb sind sie von jenem Berosus in einer kurzen Abhandlung belehrt worden, welche Zeugnisse die Chaldäer von ihren Altertümern besitzen und was ihre Literatur war.

Berosus hat sein Buch in 5 Bücher geteilt: Im ersten berichtet er, was die Chaldäer in den Zeiten vor der ersten Sintflut geschrieben haben. Im zweiten über die Genealogie der ersten Götter, das ist, der Führer nach der Sündflut. Im dritten lehrt er die Altertümer des Patriarchen Janus, den er auch Noah nennt. Im vierten überliefert er die Altertümer der Könige des Erdkreises insgesamt. Im fünften Buch erklärt er die Einzelheiten.

Der Titel des Buches heißt: ‚Blütenlese des Chaldäers Berosus'. Die Schreibart ist orientalisch, und man nennt eine solche kurze Darstellung für die Öffentlichkeit, die auf einer Säule geschrieben ist, ‚Blütenlese'. Deshalb hat auch Josephus im ersten Buch der jüdischen Altertümer geschrieben: ‚Berosus, ein Chaldäer, machte eine Blütenlese der chaldäischen Geschichte'; und in ‚Contra Apionem' bestätigt er, daß bei Berosus die Sintflut, die Arche Noah und seine Söhne vorkommen."[10]

---

9 Phoroneus, Sohn des Flusses Inachos (Pausanias 2, 15,5), König (antiquissimum Graeciae regem Plin. Nat. 7,193), Erfinder des Feuers (Paus. 2, 19,5) Bringer der Kultur (Paus. 2,15,5). Plato *Timaios* 22 a.

10 Annius von Viterbo, *Berosi sacerdotis chaldaici, Antiquitatum libri quinque*, zit. Ausg. Wittenberg, 1612, S. 1r/v: „Floruit autem Berosus ante Monarchiam magni Alexandri, quia idem Metasthenes sacerdos Persa florens in principio Monarchiæ Alexandri ipsum sequutus est in temporibus Monarchiæ Assyriorum. Calluit item Berosus Græcam linguam, & docuit Athenis disciplinas Chaldæas, præcipuè Astronomiam, in qua cæteros anteibant Chaldæi, adeo ut teste Plinio in naturali historia, Athenienses illi statuam inaurata lingua, in publico Gymnasio ponerent, ob divinas ejus prædictiones. Caussa scribendi & transsumendi has chaldaicas traditiones fuit, quia Græci solum usque ad Phoroneum Priscum regem Græciæ attigerant, & quidem commixtis multis antiquitatum erroribus. Et inventis literis apud Babyloniam ante hunc Phoroneum annis septingentis & amplius, teste Plinio in 7. naturalis historiæ cap. ult. cogebantur Atheniensis credere, uti ibi credit Plinius, usum literarum fuisse æternum, & literas Assyrias semper fuisse. Quamobrem ab eodem Beroso edocti sunt in hac transsumptione brevissima, quid de temporibus & antiquitatibus haberent Chaldæi, penes quos semper fuisset usus literarum. Dividit autem hunc librum Berosus in quinque libros. In primo tradit, quid Chaldæi scribant, de temporibus ante primum diluvium. In secundo de Genealogiis primorum

Damit ist Berosus als Autor in die antike und zugleich jüdisch-christliche Chronologie eingeführt. Der beiläufig erwähnte König Phoroneus ist von Augustin in „De civitate Dei" als Sohn des Abraham-Schüler Machus (Inachos) und als Bruder der Isis benannt[11]. Außerdem kommt Phoroneus bei Eusebius und Hieronymus vor. Die Verknüpfung mit der biblischen Chronologie ist also manifest.

Allerdings berichtet Annius nicht allein die Sachverhalte, die er aus den antiken Texten kennt; er geht vielmehr in einigen wesentlichen Punkten darüber hinaus; er findet wichtige Anhaltspunkte für seine Erweiterung vor allem im ersten Buch von Ovids Metamorphosen und in den Geschichten über die ersten Menschen, sowie in den ägyptischen und Mesopotamischen Büchern der Weltgeschichte des Diodorus Siculus.

Daß die Prophezeiungen vom Untergang der Welt in der Sintflut und die Rettung Noahs in der Arche auf Steinen eingemeißelt waren, ist eine Präzisierung der bei Flavius Josephus berichteten Geschichte von den Säulen Seths, die die Sintflut überstanden haben.[12] Die Genealogie der Noah-Kinder ist eine Erweiterung des Annius[13], die Gen. 10 und Chron. 1 zur Grundlage hat. Die Konjektur, daß Noah mit dem römischen Janus identisch sei, weil man beiden zuschreibt, die Weingärung entdeckt zu haben, ist eine Parallelisierung von Gen. 9,20-27 und den Geschichten über die Entstehung des Weinbaus, die Annius Cato und Fabius Pictor zuschreibt[14]. Die Person Noahs hat verschiedene

---

deorum, id est, ducum post diluvium. In tertio docet antiquitatem Jani patris, quem & Noam nominat. In quarto, de antiquitatibus regnorum totius orbis in communi tradit. In quinto, singula explicat. Titulus huic libro est, Defloratio Berosi Chaldaica. Modus est orientalium, ut brevem & publica fide transsumptam narrationem, vocent deflorationem. Unde & Josephus in primo de antiquitate Judaica scribens: Berosus, inquit, Chaldæus, omnem Chaldaicam defloravit historiam, in qua ut contra Appionem asserit, nominat diluvium, Arcam, Noam, & filios ejus."

11 Augustin, *De civ. Dei* XVIII, 37; CSEL 44, S. 327.

12 Flavius Josephus Antiquitates Iudaicae I, 69-71. Vgl. *Antiquitates*, ed. 1612 m p. 8 r.: „Tum multi praedicabant & vaticinebantur, & lapidibus excidebant, de ea quae ventura erat orbis perditione, sed ne illi assueti corridebant omnia, coelestium illos ira atque ultione perurgente pro impietate atque sceleribus." Ebd., p. 8 r. f.: „Unus inter gigantes erat, deorum veneratior & prudentior cunctis, reliquus ex probis erat in Syria. Hic nomen erat Noa, cum tribus filiis, Samo, Iapeto, Chem & uxoribus Tytea magna, Pandora, Noela, & Noegla, is timens quam ex astris futuram prospectebat cladem, anno 78 ante inundationem, navim instar arcae coopertam fabricari coepit."

13 Annius schreibt ihm 17 titanische Kinder nach der Sintflut zu: *Antiquitates* p.14 v. „Noa cognomine Ianus Ogyges ante diluvium, genuit Sem, Cam & Iaphet. Post diluvium vero omnes istos huic arbori annexos qui sunt Decem et septem Titanes: (1) Araxa Regina prisca, (2) Pandora junior, (3) Thetis, (4) Oceanus, (5) Typhoeus (6) Porrò Tuyscon tam Beroso quàm Cornelio Tacito restibus, fuit author Germaniae, cujus haec posteritas: (7) Suevus, (8) Vandalus, (9) Hunnus, (10) Hercules, (11) Teutanes, (12) Manus (13) Ingaevon (14) Herminon, (15) Marsus, (16) Gabrivius, (17) Araxa prisca genuit Scytam priscum a quo Napus & Prutus."

14 S. 27 v: „Cato etiam in fragmentis originum, & Fabius Pictor in de origine urbis Romae dicunt, Janum dictum priscum Oenotrium, quia invenit vinum & far ad religionem magis quàm ad usum." In seiner Sammlung druckt Annius die entsprechenden Texte ab. *Antiquitates*, ed. 1612. Bl.124 – 145 v.

Namen: Noah ist der hebräische, Ogygis Saga der armenische[15], Ogyges ist der griechisch adaptierte[16], Janus der römisch-etruskische Name. Diese Gleichsetzung von Janus und Noah ermöglicht es Annius auch, die Geschichte zu berichten, Noah-Janus sei nach der Errichtung des Königreichs Armenien nach Italien ausgewandert und habe dort die Etrusker begründet.[17] Die Armenier hätten Noah nach seinem Abschied zum Himmelsgott erhoben.[18]

Im Zusammenhang mit der agrarischen Invention der Weingärung wird der biblische Bericht von Noahs Rausch durch die Geschichte von Ham ausgeweitet, der bei Annius-Berosus auch „Zoroast" heißt, sich für Giftmischerei und Zauberei interessiert[19], Noah impotent zaubert und die vorsintflutliche Unzucht wieder einführt. Er ist zugleich identisch mit Saturn und und dem teuflisch vor-

---

15 S. 13 v.: „Primam itaque dixerunt Ogygisan Sagam, id est illustrem sacrorum pontificem Noam Dysir". P. 24 r: Er habe von den Priestern den Namen Saga bekommen, „id est sacerdotes & sacrificulus & pontifex."

16 *Ogyges, Noah und Janus idem.* Die Namensverwechslung kommt, wie Fabricius (im Anschluß an Scaliger?) berichtet, aus einem korrumpten Manuskript des Eusebius, das Annius benutzt hat. (Fabricius, *Bibl. Graeca*, Bd. XIV, S. 215 f.) Ogyges ist ein uralter König von Boiotien, der Gründer Tebens, unter ihm trat die erste große Sintflut ein.

17 *Antiquitates*, p. 27 v. (Lib. IV, Anfang.): Er teilt den drei Söhnen Sem, Ham, Japhet Asien, Afrika und Europa zu. „Singulis autem his principibus singulas partes ad quas irent partitus, ipse per totum orbem colonias se traducturum pollicitus est." (Antiquitates p. 27 v.) Sem ist für Asien, Ham (Cam) für Ägypten und Afrika, und Japhet für Mauretanien zuständig. Hier orientiert sich Annius an Diodor Bibl. Buch IV, der, wie Annius im Kommentar zu Buch 3 seiner Berosus-Antiquitäten dargestellt hatte, insinuiert hatte, daß der himmlische König (für Annius = Noa) zwei Söhne gehabt habe, „duo primores filij, Atlas, qui in Mauritania periit, & Saturnus, qui regnavit in Libya Sicilia & Italia, suprema impietate & avaritia praeditus" (Antiquitates p. 26 v.). Zugleich sei dieser Cam identisch mit Pan. Aber Noa kündigt auch an, mit seinen Söhnen und deren Kindern die Welt zu kolonisieren. Daraus schließt Annius, vor allem im Zusammenhang mit seinen gleichfalls abgedruckten (und gefälschten) Quellen aus Catos Fragmenten „De originibus", daß Janus-Noa Etrurien als Kolonie gegründet habe: „Ex his patet primas colonias Italiae in Hetrunia positas in primo adventu Jani post diluvium, anno fermè centesimo octavo & aureo saeculo, ut omnes canunt." (p. 28.v.) Zur Wirkungsgeschichte Noahs in Italien vgl. die, die Fabricius in den Pseudepigraphen des AT gelegentlich mit besonderer ironischer Lust zitiert:Edmund Dickinson, *De Noae in Italiam Adventu.* Zuerst Oxford, 1655; dann Frankfurt, 1669, neugedruckt in den von Thomas Crenius gesammelten *Dissertationen*, Rotterdam, 1691. Vgl. u. Fn. 25, 26.

18 S. 24 r. f.: „Cumque ivisset ad regendum Kitim, quam nunc Italiam nominant, desiderium sui reliquit Armenis, ac proterea post mortem illum arbitrati sunt in animam coelestium corporum tralatum, & illi divinos honores impenderunt."

19 In den Pseudepigraphen V. T. Hamburg 1713, S. 299 zitiert J. A. Fabricius aus den Pseudoklementinen Buch IV Kap. 27 daß Cham und Zarathustra dieselben Personen sind: „Ex Noe familia unus Cham nomine cuidam ex filiis suis qui Mesraim appellabatur, à quo Aegyptiorum & Babyloniorum & Persarum ducitur genus, male compertam Magiae artis tradidit disciplinam: hunc gentes quae tunc erat Zoroastrem appellaverunt, admirantes primum Magicae artis auctores, cujus nomine etiam libri super hoc plurimi habentur." Vgl. *Pseudoklementinen* II, Recognitionen in Rufus' Übersetzung. Ed. Bernhard Rehm. Berlin, ²1994, S. 161. (=Die griechischen christlichen Schriftsteller 51). Auf die Stelle aus den Pseudoklementinen seien hereingefallen, stellt Fabricius fest: Johannes Cassian, Petrus Comestor, Pseudo-Berosus, Athanasius Kircher in der *Arca Noae*, S. 210; außerdem Scipio Sgambatus und viele andere (Fabricius S. 299).

gestellten Pan.[20] Seine Nachkommen sind zur Strafe des Geschlechts schwarz[21]. Außerdem bietet diese Geschichte den Anlaß, über Schriften Noahs zu Astrologie[22] und Ackerbau zu berichten,[23] denn er sah die Sintflut voraus und war der erste Weinbauer. Diese noachidischen Weisheitsbücher seien später vom König Nimrod (auch Ninus), Chams Enkel, der Babylon gegründet und dem Saturn geweiht habe, und seinem Sohn Jovis Belus gestohlen worden[24], das sei der Grund, weshalb man sich angemaßt habe, im Jahr 131 nach der Sintflut den Turm von Babel zu bauen und sich zum Maßstab aller irdischen Herrschaft zu machen.[25]

Erst nachdem im Jahr 131 nach der Sintflut das babylonische Königreich durch Nimrod gegründet worden sei, seien die Söhne und Enkel Noahs in alle

---

20 „Quare verò Cam Itali scriptores cognominant veteri lingua Cam Esem, i. Cam infamem, qui per compositionem dicitur ab Etruscis & Latinis Cameses, ac propterea corruptor humani generis, ut ait Berosus, AEgyptij proferunt Camesenuum, id est, Cam Sylvanum sive Pana suum infamem." (S. 26 v.) Das ist sicher auch eine Teufelsanspielung, sofern Pan als bocksfüßig und gehörnt vorgestellt wird.

21 Ham/Cham als Stammvater der Schwarzen; Fabricius Pseud. V.T. S. 261, vgl. Lib. I, cap.30 Vgl. *Pseudoklementinen* II, Recognitionen in Rufus' Übersetzung. Ed. Bernhard Rehm. Berlin, [2]1994, S. 161. (=Die griechischen christlichen Schriftsteller 51): „Tertia decima generatione cum ex tribus filiis Noe unus, qui erat meditus, Patri fecisset injuriam, posteritati suae ex maledicto conditionem servitutis induxit, cujus interim senior frater habitationis sortem eam quae est in medio terrae suscepit, in qua est regio Judaeae, junior vero Orientis plagam sortitus est, ipse autem Occidentis accepit."
Von daher komme, meint Fabricius, die Sage, daß die Schwarzen, die er mit den Äthiopiern identifiziert, die Nachfolger Hams sind; er gibt u.a. an: Johannes Ludovicus Hannemannus, *Scrutinio Nigedinis Posteriorum Cham.* Johann Nikolaus Pechlinius, *De Habitu & colore Aethiopum*, Kiel, cap, IX., S. 94-106.

22 S. 24 r.: „Tunc senissimus omnium pater Noa, jam antea edoctos theologiam & sacros ritus coepit etiam eos [i.e. Armenios] erudire humanam sapientiam. Et quidem multa naturalium rerum secreta mandavit literis, quae solis sacerdotibus Scythae Armeni commendat. ... Docuit item illos astrorum cursus & distinxit annum ad cursum solis, & 12 menses ad motum lunae, qua scientia praedicebat illis ab initio quid in anno & cardinibus ejus futurum contingeret, ob quae illum existimaverunt divinae naturae esse participem."

23 S. 25r Agrarwissenschaft: „Caeterum Noa antequam discederet ab Armenia docuit illus simplicem agriculturam, magis curans religionem & mores quam opulentiam & delitias, quae ad illicita & libidines provocant, & coelestiam iram nuper induxerant."

24 Fabricius; Pseudep. V.T. S. 263: „Apud Pseudo-Berosum quoque libri Noacho tribuuntur *de secretis rerum naturalium* in loco quem attuli p. 245. Hujusmodi *librum de Magia naturali* Noacho patri suo rapuisse Chamum & filio suo Misraim tradisse, Cabbalistae nugantur, ut supra p. 32 ex Marino Delrio notatum est. In Delrios Disquisitiones Magicarum, Mainz, 1605 lib. I, c.5, quaest. 1, pag. 70 heißt es: „An quia Cabbaliae nugantur Chamum in Arca Noacho Patri suo libros de magia naturali furaturum, quos Misraimo filio suo donaverit, idcirco inter illos etiam Chymici libri fuere? Sed Chamum scimus non Philosophiae naturalis, verùm Magiae Daemoniacae fuisse propagatorem."

25 Dazu Edmund Dickinson (1624-1707), *De Noae in Italia adventu ejusque nominibus ethnicis, nec non de origine Druidum*, Oxford, 1655. Dickinson, Fellow am Merton College, lag es besonders am Herzen, daß die Duiden,- „sanè Britannia nihil habet celebrius" – (S. 32) auf die Bibel zurückgeführt werden konnten. Er geht noch ganz unbefangen von der Geltung der „Antiquitates" des Annius aus, findet heraus, daß die Druiden ihren Namen von den Eichen hätten, unter denen sie gewirkt hätten und redet sich in Begeisterung: „En primos sacerdotes quernos! En Patriarchias Druydas! Ab his etenim Druydum Secta, quae Abrahami saltem tempora retro attingit, (nam tempore Hermioginis, qui statim post Abraham morem viguisse ferunt) natales suos repetat." (Ebd. S.38 f)

Welt geschickt worden: Im Jahre 141 sei Comerus Gallus, der Sohn Japhets, gemeinsam mit Noah nach Italien gezogenund habe die Etrusker begründet; im Jahre 143 habe Jubal die Celtiberen – also Spanien – besiedelt. Samotes, der Sohn Japhets und Bruder des Comerus und des Tubal, habe zunächst Gallien und dann im Jahre 136 bei Ninus[26], der aus Babylon ausgewandert war, in Ägypten gesiedelt und dort viele Kinder mit seiner Schwester Thet gezeugt. So habe der Verderber des Menschengeschlechts, Cham Chemesenuus in seinen sittenlosen Kindern überlebt, und damit sei auch die schwarze Magie tradiert worden. Im Jahre 156 habe Tuyscon das nördliche und östliche Europa besiedelt, und im Jahre 171, als das Zweistromland und Armenien besiedelt gewesen seien, habe Comerus auch Indien erreicht.

3. Annius' historische Inventionen

Auf Annius gehen also folgende historische Inventionen zurück:

1. Noahs Kinder werden zu Ahnen der Völker. Annius stellt spezifische Ahnenreihen vor, bei denen die Etrusker, die Spanier und die Deutschen – die von Tuisco abstammen – sowie die Franzosen, die vom Japhet-Sohn Comerus Gallus begründet wurden, von besonderer aktueller politischer Bedeutung sind. Außerdem stellt Annius die assyrischen Königslisten auf, die die chaldäische Urgeschichte präzisieren.
2. Noah hinterläßt Lehrbücher für Ackerbau, Astrologie und natürliche Religion.
3. Noah gründet das Königreich Armenien.
4. Noah verläßt Armenien und begründet in Italien die etruskische Kultur.
5. Noah ist identisch mit dem römischen Gott Janus, denn beide haben den Weinbau entwickelt
6. Noahs Sohn Ham ist der Vater der schwarzen Magie und identisch mit Zoroaster/Zarathustra.

Gemeinsam mit den Verortungen der biblisch und antik berichteten Sachverhalte ergibt sich so ein komplexes Bild: Noah transportiert die antediluvianische Weisheit weiter, indem er sie in Büchern aufschreibt – die Schriftlichkeit ist also vorausgesetzt. Damit ist auch deutlich, daß der Anfang der Philosophie nicht bei den Griechen, sondern bei Noah zu finden ist. Annius polemisiert ausdrücklich gegen Diogenes Laertius, der den Beginn der Philosophie bei den Griechen konstatiert. Die Philosophie der Griechen stamme von Ägypten, und diese wiederum sei nur ein Teil der Philosophie der Noachiden, speziell von

---

26 Ninus kommt bei Diodorus Siculus 2, 1-20 vor. Vgl. auch Eusebius, *Werke* VIII, Hieronimi Chronicon ed. Rudolf Helm, Berlin, 1956, S. 20 b (die griech. Christl. Schirftsteller 47): „Assyris imperavit uxor Nini Semiramis, de qua innumerabilia narrantur, quae et Asiam tenuit et propter inundationem aggeres construxit plurima Babyloniae urbis instaurans."

Tubal und Tuysco[27]. Diese hätten schon im vierten Jahre des Königs Ninus ihre Gesetze aufgezeichnet. Die Griechen hätten also ihre Philosophie und die Schrift von den Phöniziern, Assyrern, Chaldäern, den Kindern des Janus-Noah, den Spaniern, den Samothern, den Germanen und Ägyptern[28].

Zugleich wird das ursprüngliche Wissen als magisch qualifiziert, denn Noahs gutes Wissen wird durch den Magier Ham-Zarathustra pervertiert. Armenien und das italisch-etruskische Reich werden als seine Gründungen besonders privilegiert; aber auch die übrigen Reiche der alten Welt sind durch Noahs Abkömmlinge in die Heilsgeschichte integriert.

4. Die historiographischen Satelliten des Berosus

Die fünf Bücher des Berosus mit der Geschichte Noahs bilden den Kern von Berosus' Sammlungen der **Antiquitates** (1). Dieser Kern wird nun durch andere Sammlungen und historische Inventionen gestützt[29]. Diese Schriften haben folgende Zielsetzungen:

---

27 Zu der Wirkungsgeschichte der Tuysko/Tuisko-Erzählung vgl. Peter Hutter, *Germanische Stammväter und römisch-deutsches Kaisertum*, Hildesheim 2000. Dort wird auch (S. 42) von der Gleichsetzung des Namens Tuiscon bzw. Gomerus mit Ascenaz berichtet, die zuerst Ulrich von Hutten vorgenommen habe: „Exibilande sunt fabulosae apud Berosum de ortu Tuisconis & aliorum illud ad modum credibile est, Gomer filium Japhet, fuisse autorem gentis Cimmerae, quae est cimbrica quae bonam partem lateris septemtrionalis complevit. Et ab hoc ortos esse Germanos opinor. Fuit ei filius Ascanes, ad hunc referunt Judei nostram originem, secuti affinitatem nominis." In: *Arminius Dialogus Huttenicus, continens res Arminii in Germania gestas P. Cornelii Taciti, de moribus & populis Germaniae, libellus*. Zuerst postum 1529. In der Ausgabe von 1529 findet sich dieser Absatz nicht. Vgl. auch Arno Borst, *Turmbau*, S. 1059; Borst hält J. Thurmair/Aventin (*Bayr. Chronik* I,6, ed. München, 1882, S. 65) für den Vater der Gomer/Ashkenaz-Genealogie.

28 *Antiquitates* 36 v.:" Quadrant autem traditiones Hispanorum, & Berosi dicentis, quod Tubal Samothes & Tuyscon anno quarto Nini formant legibus sua regna. Et ut ait Strabo, circa Beticam doctiores Hispani ea tempora tradunt. Tubal autem urbs à primo Hispaniae duce dicta, est in Betica, ut notat Pomponius Mela, quam corruptè vocant Dubal. Quare, ut complures authores tradunt, verum est quod Philosophiae initium & literarum simul, non à Graecis, sed antiquissimis Phoenicibus, Assyriis, Chaldaeis, Janigenis, Hispanis, & Samotheis atque Germanis, & Aegyptiis emanavit."

29 Zur Frage nach ihrem ursprünglichen Umfang und ihrer Anordnung vgl. Fn.1. Die *Commentaria super Vetunniana Propertii* (Ausg. Rom 1498 L iii vv – N iii r.) behandeln die „Aequivoca" des Namens Noa: er ist für die Etrurier Janus, Vetumnus, Janus Vadymon und Proteus; das ist der erste Fürst Etruriens. Er zeichnet sich dadurch aus daß er „vertit insupter homines ad ritus sacraque & theologiam: physicam & ethicam." Ebd. a iiii v. Außerdem konstatiert Annius drei Urvölker Italiens: Etrusker, Tuscer und Römer. Zwar kommt in den „Originaldokumenten" Noah nicht vor, aber Annius stellt die Identität von Noah und Janus im Kommentar fest. Der Zweck des Stücks: Die These von der Anciennität der Kultur Italiens soll bestärkt und mit Noahs Ankunft kompatibel gemacht werden.
Das *Decretum desiderii Regis Italiae* gibt sich als Langobardische Urkunde. Es betont daß die Langobarden als germanisches Volk von Tuisco abstammen (e iii v.), sie privilegiert die Stadt Viterbo, spricht die Langobarden von dem häufig erhobenen Vorwurf frei, die Toskana zerstört zu haben und beschwört ihre Unabhängigkeit gegenüber dem Papst. Dieses Stück ist offensichtlich prokaiserlich.

I.   Sie vereinheitlichen die unterschiedlichen Zeitrechnungen und gleichen sie
     dem biblischen Geschichtsschema an. Sie stützen damit die These von der
     Ursprünglichkeit der Noachidischen Weisheit, die zu den Armeniern, den
     Etruskern, den Tuiskern, den Spaniern, den Galliern, den Babyloniern und
     Ägyptern kommt. Manetho(2), Xenophon (3), Metastenes (10), Philo (11).
II. Sie heben die besondere Bedeutung der Etrusker im Bezug auf das goldene
     Zeitalter heraus, das von Noah-Janus gebracht wird, und stellen die Be-
     deutung Italiens heraus. Fabius Pictor (4), Cato (6), Antonius Pius (7), An-
     nius: Etruskische und italische Chronologie (12).
III. Sie haben einen spezifischen Affekt gegen die These, daß die Philosophie
     und die Wissenschaft ihren Ursprung in Griechenland hat. Myrsilius(5), Ar-
     chilochos(9)
IV. Sie betonen die besondere Bedeutung Spaniens (dazu gehört im späten 15.
     und im 16. Jahrhundert Sizilien) und Germaniens. Claudius Marius Aretius:
     De situ Insulae Siciliae (13), id. Dialogus in quo Hispania describitur (14).
     Annius: de primis temporibus & quatuor ac viginti regibus Hispaniae (15).

(2) Manethonis supplementum ad Berosum lib. I. Der Manetho des Johannes
Annius kommentiert die Genealogien des Berosus; und er will die ägyptischen
Königslisten so fortführen, wie es Annius (im Buch 5) mit den assyrischen getan
habe.[30] Vor allem stützt sich Annius bei dieser seiner Manetho-Konjektur auf
Flavius Josephus' „Antiquitates Judaicae", wo die Weisheit des Moses in Astro-
logie und Geometrie gepriesen wird und dafür u.a. auch Manetho und Berosus
als Zeugen angeführt werden[31]. Die Tatsache, daß der von Annius gefälschte
„Manetho" den Berosus kommentiert und die chaldäischen Königslisten des
Berosus zeitlich vor den ägyptischen fungieren, belegt die These des „Berosus",
daß die Chaldäer älter als die Ägypter sind und die noachidische Weisheit auch
Ursprung der Ägyptischen ist.

(3) Xenophontis Aequivoca lib. I. Annius schreibt dieses Stück einem Xenophon zu, der möglicherweise Sohn des Gryphon gewesen sei, der nach Archilochos gelebt habe.[32] Der Text, der von Annius selbst stammt, gibt sich als Liste

---

30 Die Königslisten des Manetho sind bei Flavius Josephus' „Contra Apionem" überliefert, aber
   der Manetho des Annius, der die Liste der Söhne Noahs bestätigen soll, ist erfunden. Annius
   spielt zwar auf die ägyptischen Königslisten, die in den FGr.H. abgedruckt sind, an; aber sein
   Text ist gefälscht.
31 *Ant. Jud.* I, III, 9. Vor allem wegen ihrer Tugend, wegen ihrer präzisen astrologischen und geo-
   metrischen Kenntnisse, die sie als Wissenschaft ausbildeten, habe ihnen Gott ein hohes Alter gewährt. ... Zeugen dafür seien Manetho, der ägyptische Geschichtsschreiber, Berosus, der Autor
   der Chaldaica, sowie außerdem Hieronymus der Ägypter, die die phönizische Geschichte verfolgt hätten; sie alle unterstützten die Meinung des Flavius Josephus.
   Die Königslisten, auf die sich Annius bezieht, vor allem in Flavius Josephus, *Contra Apionem*
   I, 14, 24, 25, 26. Vgl. *FGrH*, 609.
32 Die Angabe, Gryphon habe in der 95. Olympiade gelebt und Archilochos in der 29., die sich in
   meinem Text S. 109 r. findet, gibt keinen Sinn.

der Namen aus, die die Götter, die als „Personen" gedacht sind und so identisch
blieben, in den verschiedenen Ländern gehabt hätten. Außerdem werden die
unterschiedlichen Zählungen der Jahre (Überflutungen des Nil und assyrische
Sonnenjahre) und die Königslisten parallelisiert. So führt Semiramis selbst ihren
Stammbaum auf Phoenix Ogyges (= Noah) zurück.[33] Schließlich wird die bei
Eusebius berichtete Geschichte von den verschiedenen Sintfluten dargestellt
und eine Reihe von der Noachidischen Sintflut bis zur fünften Überschwemmung in Griechenland konstruiert, die bis in die Zeit des bei Plato erwähnten
Königs Phoroneus reicht. Der Zweck dieses Stücks ist es, die griechische und
ägyptische Geschichte und Mythologie in den biblischen Rahmen einzuord-
nen.[34] Außerdem wird die These verstärkt, daß Janus und Noah, sowie Saturn
und Cham je eine Person gewesen seien.

(4) Fabij Pictoris[35] de aureo saeculo, & origine urbis Romae lib.I.
Dieses Stück scheint besonders zu dem Zweck verfaßt und in die vorliegende
Sammlung eingefügt zu sein, um die Identität von Noah und Janus zu belegen,
ihre Geschichte mit der Lehre vom goldenen Zeitalter zu verknüpfen und sie
schließlich an die römische Geschichte zu binden. Die Entdeckung der Weingärung, die Janus und Noah zugeschrieben wird, ist die Brücke[36]. Die Gleichsetzung von Janus und Noah bietet dann zugleich die Möglichkeit, Noah zum
Stammvater der Etrusker zu machen und mit ihm das goldene Zeitalter beginnen
zu lassen. Dieses goldene Zeitalter, bei dem sich Annius an Ovid orientiert, geht
dann in die römische Herrschaft über. Der von Annius stammende Text des Fabius Pictor stellt die Kernthese gleich in den Zusammenhang der „Quellen", die
in den „Antiquitates" versammelt sind: „Italiae Imperium penes duos populos
principes extitit. Posterius Romani principio Thusci sub Iano coeperunt in aureo
saeculo. Aurea aetas primo ortu generis humani fuit, sic dicta, quòd posterioribus
saeculis comparata, aequè atque aurum inter metalla effulsit. Eam coepisse sub
Ogyge ante Ninum annis circiter ducentis & quinquaginta, Xenophon atque majores prodiderunt. Is Ianus sub initium aurei saeculi laevum latus Thyberis Etr-

---

33 *Antiquitates*, p. 111 v. „Et hoc pacto semper, quo Semiramis in columna Nino ita excidit: Mihi
    pater Juppiter Belus, avus Saturnus Babylonicus, proavos Cur Saturnus Aethiops, abavus Sa-
    turnus Aegyptius, attavus Caelus Phönix Ogyges."
34 *Antiquitates*, p. 115 r: „Inundationes plures fuere. Prima novimestris inundatio terrarum, sub
    prisco Ogyge. Secunda Niliaca menstrua, sub Aegyptiis Hercule ac Prometheo. Bimestris autem,
    sub Ogyge Attico in Achaia. Trimestris Thessalica, sub Deucalione. Par Pharonica sub Proteo
    Aegyptio in raptu Helenae. Ab inundatione terrarum ad ortum Ducalionis secundo anno Spheri,
    septingenti supputantur anni. Qui natus annos duos & octoginta Thessaliam, ubi primum in
    Hellina regnavit Phoroneus, vidit inundatam." Mit Phoroneus ist dann der Anschluß an Platos
    (*Timaios* 22 a) ersten attischen König möglich.
35 Römischer Senator und erster römischer Geschichtsschreiber, 216 v.Chr. als Gesandter zum
    Orakel nach Delphi geschickt. *FGrH* 3 C, 809. Zu diesem Stück s. Martin Hankius, *De Ro-
    manorum rerum scriptoribus liber*, Leipzig, 1688, S. 20-22.
36 *Antiquitates*, S. 124 v. „Vinum & far primus illis docuit Janus ad sacrificia & religionem magis
    quàm ad esum & potum. Primus enim aras & pomeria & sacra docuit, & ob id illi in omni sacri-
    ficio perpetua praefatio praemittitur farque illi ac vinum primo praelibatur."

uria tenuit."[37] Also: Noah/Janus/Ogyges ist der Urvater der Thuscer – die zugleich die Etrusker sind; er ist der Begründer des goldenen Zeitalters in Italien.

(5) Myrsili[38] de bello pelasgico lib. I.
Die Pointe dieser ebenfalls von Annius gefälschten Schrift ist die These, daß die Griechen jünger als die Etrusker seien, weil sie von ihnen abstammten. Dieser Text stützt den antigriechischen Affekt des Annius,[39] der einen wesentlichen Impuls seiner Fälschungen ausmacht. Es geht ihm offensichtlich vor allem auch darum, den Anciennitätsanspruch der griechischen Philosophie, wie er bei Diogenes Laertius, den er kennt, aufgestellt worden ist, durch die These einer Theologia/Philosophia perennis zu konterkarieren.

(6) M. Catonis fragmenta de Originibus lib. I.
Catos Hauptwerk, die 7 Bücher *origines*, die von den Anfängen bis auf seine Gegenwart gehen, sind verloren. Annius fingiert hier, den verlorenen Text Catos zu edieren. Seine Edition stammt angeblich aus „collectaneis vetustis cuiusdam magistri Guilelmi Mantuani". Er habe die Fragmente, die sich auf Italien und Etrurien beziehen, in Ordnung gebracht.[40] Hier werden wieder Janus und Saturn als Begründer der Etrusker und als Initiatoren des goldenen Zeitalters dargestellt.[41] Außerdem wird erneut Janus als Erfinder des Weins vorgestellt.[42]

(7) Antonini Pij Caesaris Augusti Itinerarium lib. I.
Es handelt sich um ein italisches Städteverzeichnis, das Annius dem römischen Kaiser Marc Aurel unterschiebt. Es enthält, nach Europa, Afrika und Asien gegliedert, eine Aufzählung von Städten im römischen Reich, die auf ihre Gründer, die Noah-Söhne, verweisen.[43] Es kommen alle italienischen Regionen und Städe von Apulien bis Verona vor. Rom spielt natürlich die Hauptrolle, aber auch Venedig wird schon ins biblische Altertum zurückdatiert.[44] Der Zweck

---

37 *Antiquitates*, S. 124 r. f.
38 Lokalhistoriker aus Methymna auf Lesbos, dessen Lebenszeit in die Mitte des 3. Jahrhunderts v. Chr. fällt. Seine „Lesbiaka" waren eine häufig benutzte Quelle. Außerdem Verfasser von ἱστοριχὴ παράδοξα. *FGrH* 47.
39 Zu Myrsilius Martin Hankius, *De Romanorum rerum scriptoribus liber*, Leipzig, 1688, Pars 2, cap. 1 S. 300: Myrsilius est ipsius Annii proles.
40 *Antiquitates*, S. 158 r.
41 *Antiquitates*, S.160 r.: „Italiae splendidißima origo fuit, tum tempore, tum origine gentis. Coepit enim aureo saeculo sub principibus diis Jano, Camese; Saturno, gente Phoenica, & Saga, quae post inundationem terrarum per orbem prima colonias misit."
42 *Antiquitates*, S. 165 v. Vgl. Martin Hankius, *De romanorum rerum Scriptoribus*, Leipzig, 1688, S. 21 f., die Urteile von Vives, Leander Albertus (Italia) Georg Fabricius, De Roma, Antonius Possevinus Apparatus sc. IV, cap. I, Philipp Clüver: Lib. II Italiae antiquae cap. III, Caspar Barth: lib. I animadversionum Gerhard Johannes Vossius Lib. I de historicis latinis.
43 Fabricius, *Bibl. Graeca* Bd. XIV, S. 217. Er verweist dort auf seine Bibliotheca Latina.
44 *Antiquitates*, p.171 v.: „Venetia est omnis ora circum sinum maris post Histriam usque ostia Padi. Quibusdam placet à Tylavento illos exorcari. Nam Taurisanos Persae gentem ab Api duce conditam asserunt. Venetis cunctis prima origo Phaetontea est, quae Graecis occasionem mentiendi

der Fälschung ist deutlich: die besondere Dignität der italischen Städte, die in ihrer biblisch fundierten Gründungsgeschichte liegt, soll noch einmal herausgestellt werden.

(8) C. Sempronij de divisione Italij lib.

Auch der Text des C. Sempronius ist falsch. Annius stützt seine Fälschung auf eine Erwähnung des Sempronius bei Dionysius Halicarnassus Buch I. Aber er schreibt die Geschichte Italiens im Anschluß an Fabius Pictor weiter. Dabei ist wichtig, daß die Aufteilung Italiens in die Länder nördlich des Po, die den Tuiskern zugeschrieben werden, und südlich des Po, die den Etruskern zugeschrieben werden, sich nach Annius schon im Altertum findet.[45] Das legitimiert eine Verbindung des römischen und des germanischen Kaisertums schon in der Urzeit.

(9) Archilochi de Temporibus lib. I.

Archilochos ist Annius' wichtigster „Zeuge" für die Verbindung der homerischen und trojanischen Geschichte mit dem biblischen Rahmen der noachidischen Sintflut. Annius erfindet einen Geschichtsschreiber mit Namen Archilochus, der nicht mit dem griechischen Ur-Lyriker identisch ist.[46] „Graecus Chronographus, floruit Olympico certamine victor, floruit cum Simonide & Aristoxene Olympiade XXIX. ut Graeci scribunt & Eusebius annotat in eadem olympiade."[47] Er stützt sich dabei auf Maseas, der bei Flavius Josephus „Contra Appionem" vorkommt; und der auf Archilochos verweist. Jedenfalls „findet" er bei Annius im „Archilochos" eine Liste, die mit Berosus zusammenstimmt: Janus-Noah-Ogyges, der Vater Hams-Saturns, hat 131 Babylon gegründet und Saturn als König eingesetzt. Hams Sohn Ninus-Nimroth hat Babylon 56 Jahre regiert. Ihm folgt Belus Iovis, der die Assyrer und Babylonier 62 Jahre regiert. Ninus regierte dann noch 52 Jahre in Ägypten, danach Semiramis 42 Jahre. Annius' Archilochos berichtet nun, daß Troja 471 Jahre nach dem Ende der Sintflut untergegangen ist.[48]

---

de Phaetonte & Eridano praebuit. Posterius mixta his nobilis stirps Trojana, à quibus Patavium suo conditore inclytum."

45 Vgl.Martin Hankius, *De Romanorum rerum scriptoribus liber*, Leipzig, 1688, S. 29-31

46 Diese Zuschreibung hat Fabricius (und wohl auch Scaliger) besonders erbost. Vgl. *Bibl. Graec.*, Bd. XIV, S. 212 f.

47 *Antiquitates*, 214 v.

48 *Antiquitates*, p. 215 r. f. „Tradunt igitur Chaldaei uno & trigesimo atque centesimo ab Ogyge anno regnasse apud se Saturnum avum Nini, annis sex & quinquaginta, primumque Babyloniae fundamenta jecisse. Hunc secutum fuisse Belum Jovem, & rexisse Chaldaeos & Assyrios annis duobus & sexaginta. Ninum verò duobus & quinquaginta Semiramidem duobus & quadraginta. Ea Babyloniam magnitudine indicibili extruxit. Supputantur igitur à Nino ad secundum annum Spheri quo ortus est Deucalion anni unus & quinquaginta supra CCCC. septingenti v. à prima inundatione novimestri, à qua ad Trojam colligit Maseas annos non minus octo & viginti supra octingentos. Regnatum verò fuit Trojae regibus sex, sub Dardano quidem uno & triginta annis, sub Erichthonio quinque & septuaginta, sub Troe sexaginta, sub Ilo quinque & quinquaginta, sub Laumedonte sex & triginta, sub Priamo quadraginta."

(10) Metastenis de iudicio temporum, & annalium Persarum lib. I.
Metastenes wird aus Josephus Contra Apionem und Eusebius de temporibus primae Olympiades als bekannt vorausgesetzt (Annius S. 218 v.). Gemeint ist Megasthenes. Zedlers Universallexikon, dessen einschlägiger Artikel zeigt, wie präsent Annius noch im 18. Jahrhundert war, schreibt s.v. Megastenes: „War ein Persianischer Geschichtsschreiber, der sich zu Alexanders des Grossen Zeiten, und nachgehens in Indien aufgehalten, und eine Indianische Historie geschrieben, welche aber verloren gegangen, doch sollen sich, wie Tavenier meldet, noch einige Fragmenta in Persien befinden. Strabo führet davon in seinem 15. Buch Verschiedenes an, wiewohl er von ihm meldet, daß ihm wenig Glauben beyzumessen. So wird auch seiner bei Josepho, Clemente Alex. Plinio, Aeliano hist. Aninm. an verschiedenen Orten gedacht. Annius Viterbensis hat Metasthenem aus ihm gemacht, und alle seine Stellen erdichtet. Einige andere hat Johann Annius Viterbensis zum Vorschein gebracht, welche aber von den Gelehrten für unächt gehalten werden. Voss de hist. Graec. Fabric. Bib. Graec. L.3 c.8."[49]

Der Metasthenes des Annius spielt im heilsgeschichtlichen Konzept eine wichtige Rolle. Er erfüllt nämlich die Position der zweiten Monarchie in der Weltgeschichte, die nach dem Propheten Daniel den Persern zukommt. Annius stellt ausdrücklich fest, daß nur Autoren für die Konzeptionen der Weltgeschichte in Frage kommen, die das Konzept der Vier Reiche bedienen; dabei geht es zunächst nur um die ersten drei: das assyrisch-babylonische, das persische und das griechische; das vierte, das römische, erwähnt Annius unter Verweis auf Eusebius. Mit der Vier-Reiche-Lehre ist die gesamte Weltgeschichte bis zum Heiligen Römisch-Deutschen Reich integriert, das das vierte, das heidnisch- römische, fortsetzt[50]. Hier zeigt sich, daß Annius seine Urgeschichte durchaus aktuell begriffen haben will: die vier Reiche sind eine wichtige heilsgeschichtliche Klammer der Weltgeschichte, die er, Annius, mit seinen Veröffentlichungen weiter stabilisieren will.

---

49 Zedler s.v.Megastenes Vgl. Fabricius, *Bibl Graeca*, Bd. XIV, S. 215 f.
50 *Antiquitates*, p. 219r.f.; Kommentar des Annius zu Metasthenes: „Ex his patet quòd nemo de temporibus suscipiendus est, nisi annalibus quatuor Monarchiarum concordet. Et in Monarchia quidem Assyriorum quia publica fide scripsit Berosus Chaldaeus, consequens est ut in temporibus ejusdem Monarchiae ipsi detur palma, & item eum sequutus Persis, ex quibus est Metasthenes, & Graecis, ex quibus sunt Xenophon in aequivocis & Archilochus & Eusebius. Rejiciuntur à temporibus hujus monarchiae Assyriorum qui privates opiniones contra publicam probatamque fidem scribunt, ex Graecis, Herodotus, Hellanicus, Agesilaus, & ex Latinis, Justinus, Gellius, & Orosius. In secunda verò monarchia Persarum & Medorum author publicae fidei fuit Metasthenes Persa, & Ctesias Gnidius, ut in 3. lib. Diodorus notavit. Rejiciuntur Josephus ex Hebraeis, & Clemens, Tatianus, Aphricanus, & Eusebius ex Graecis, quia privatas opiniones sequuti contra publicam fidem notant reges & tempora, quae in bibliothecis & annalibus non fuerunt, & contra omnem publicam fidem scribunt. Cyrum ante dedisse licentiam Hebraeis in Babylone captivis, & mortuum, quam Babylonia Darius ejus patruus potiretur. Proinde idem Eusebius quoniam in tertia Monarchia Graecorum & in quarta Romanorum publicam annalium fidem sequitur, in utraque recipitur."

(11) Philonis historici Hebraei, breviarium de Temporibus libri II.
Es handelt sich um zwei kurze Abschnitte eines Weltgeschichtsabrisses, der bei
Adam anfängt und in der Genealogie Jesu mündet, die dem Philo zugeschrieben werden, mit ausführlichem Kommentar von Annius. Der Hintergrund ist
auch hier wieder klar: die Weltgeschichte wird jetzt immer stärker auf Christus
zugeordnet; es geht nicht mehr nur allein um den Rahmen der Heilsgeschichte,
sondern um die Heilsgeschichte selbst, in deren Mittelpunkt die Person Jesu
Christi steht.[51]
    Die letzten vier Stücke sind nicht mehr im eigentlichen Sinne antike Quellen.
Sie finden sich auch nicht in der ursprünglichen Sammlung von Annius' „Antiquitates". Vielmehr handelt es sich um zwei eher tabellarische Zusammenfassungen des Johannes Annius zur Geschichte der Etrusker und der Spanier, die
zwei landeskundliche Beschreibungen von Sizilien und Spanien rahmen.

(12) Der **„Liber Johannes Annii Viterbensis de Etrusca siul & Italica emendissima Chronographia"** faßt noch einmal die gesamte Geschichte Etruriens
und Roms von der Begründung Etruriens durch Noah über die Ankunft des
Aeneas und die Gründung Roms bis zur Eroberung Etruriens durch die Römer
zusammen. Ziel des Textes ist die Hineinnahme des antiken Roms in die Heilsgeschichte, die jetzt auch tabellarisch aktenkundig gemacht wird.

(13) Cl. Marij Aretij viri Patricij Syracusani, de situ insulae Siciliae lib. I[52]
(14) Ejusdem dialogus, in quo Hispania describitur.
Diese beiden Stücke gehören wohl zusammen. Es handelt sich um ein ausführliches Itinerarium von Sizilien und ein Panegyricum auf Spanien, das als Trialog zwischen Lodovicus, Prudentia und Calipho geschrieben ist. Die Texte
beanspruchen nicht, alt zu sein, führen aber viele antike und gelehrte Quellen
an, so daß sie wohl in diesen Zusammenhang passen, aber mit ihm nicht eng
verbunden sind. Sie sind keine antiquitates im genauen Sinne. Der Text scheint
nach 1498 vervollständigt worden zu sein, denn er führt die Königslisten, die
mit einem antiken Phalaris primus beginnen[53], bis zu Ferdinand und Johanna
der Katholischen und zu „Carolus Quintus Imperator Optimus Maximus"[54].
Der Verfasser, schreibt Zedler, s.v. Aretius sei ein Patrizier aus Syracus, Geschichtsschreiber Karls V. Die beiden Stücke bestärken die Annahme, daß Annius mit seinen Antiquitates auch kaiserliche Propaganda betrieben und den
Universalanspruch des Kaisertums unterstützt habe.

(15) Joannis Annij de primis temporibus, & quatuor ac viginti regibus Hispaniae, & ejus antiquitate.

---

51 Dazu Fabricius in Buch IV der *Bibl. Graeca* (Bd. XIV) c. 4, § 2, n. 44.
52 *Antiquitates*, p. 251–282 r.
53 *Antiquitates*, p. 279 v.
54 *Antiquitates*, p. 280 v.

Hier handelt es sich um die urgeschichtliche Königsliste Spaniens, die Annius resümierend zusammenstellt. Auch hier ist der Bezug zum spanischen Königishaus evident, denn er betont die christliche Geschichte Spaniens, die er mit den Goten und Alanen beginnen und mit „Ferdinande & Helisabet christianissimi principes"[55] enden läßt. Eigentlich wichtig für den theologisch-politischen Zusammenhang ist aber das Alter der spanischen Monarchie, das biblisch abgesichert ist: „Divus Hieronymus & Eusebius ajunt Tubalem, quintogenitum Japheti filij Noe, primogenitum omnium Hispaniae regum fuisse."[56] Hier, im noachidischen Ursprung, liegt die eigentliche Legitimität der spanischen Nation und ihrer Krone.

In Summa: Insgesamt kommt hier ein interessantes Geflecht zustande: Die Quellen sind gefälscht – nicht einmal sonderlich geschickt, zumal deshalb, weil keine Originale, sondern nur Übersetzungen vorgelegt werden. Annius ist die Veröffentlichung der griechischen Texte seiner Antiquitates schuldig geblieben, ebenso den Nachweis der Manuskripte, aus denen er diese Texte angeblich gewonnen hatte. Dennoch ist die Zusammenstellung keine reine Willkür. Es scheint vielmehr eher, als kämen theologische und politische Denkzwänge zusammen, die ihn Dokumente erfinden ließen, von denen er sicher war, daß sie noch gefunden werden würden. Denn einerseits war es für ihn unbezweifelbar, daß erst mit der Sintflut die faßbare Weltgeschichte begann; die Geschichte der Menschheit und die Tradition göttlich gegebener, vorsintflutlicher Weisheit hing an diesem Ereignis. Die Weltgeschichte insgesamt war für ihn durch die Theorie der Vier Reiche innerlich strukturiert: das gab dem Kaiser als dem Repräsentanten der Vierten Monarchie eine geschichtstheologische Sonderstellung, die ihn über alle anderen Monarchen erhob. Annius hatte schon 1471 in seinem Apokalypsekommentar die Bedeutung der Vier Reiche-Lehre herausgestellt und damals die Ankunft des fünften Reiches prophezeit[57]. Insofern ist die kaiserliche Position, die Annius vertrat und die er durch die noachidischen Genealogien unterstützte, durchaus plausibel. Darüber hinaus wurde durch die Vier-Reiche-Lehre auch die besondere Rolle Roms als des Sitzes der Vierten Monarchie verstärkt. Das war besonders wichtig, weil die mittelalterliche Konkurrenz um die Führung des Christentums, die byzantinische Kirche, mit der Eroberung Konstantinopels im Jahre 1453 politisch und theologisch marginalisiert war. In diesem Sinne ist wohl die antigriechische Tendenz wesentlicher Partien der „Antiquitäten" zu verstehen. Alle Momente gemeinsam – Geltung der Heilsgeschichte in Genealogie und Gliederung der Weltgeschichte, politische Legitimation, Erhalt der göttlichen Weisheit in der Philosophia perennis – machten wohl das Stabilitätspotential aus, das die „Antiquitates" zwei Jahrhunderte wirksam erhielt, obwohl ihr historisch-philologischer Kredit bald erschöpft war.

---

55 *Antiquitates*, p. 291 r.
56 *Antiquitates*, p. 291 v.
57 S. o. S. 4, Fn.3.

5. 100 Jahre Streit: Verehrer und Kritiker des Annius

Die Antiquitates des Annius paßten vorzüglich ins Weltbild der Philosophia perennis. Sie erfüllten die ideologischen Ansprüche, die die christlich-jüdische Konzeption der Heilsgeschichte an die Übereinstimmung von biblischer und paganer Urgeschichte stellte. Sie bediente zugleich die Idee einer ursprünglichen vorsintflutlichen Weisheit, die letztlich auf die adamitische Sprache zurückging, wie Gott sie dem Adam kommuniziert hatte. Diese Sprachtheologie war die Voraussetzung für die Suche nach der paradiesischen Ursprache, die die Anstrengungen der Philologie und der Geschichtsspekulation miteinander verknüpften. Diese Studien hatten zur Folge, daß man immer stärker auf die technischen Voraussetzungen der Philologie angewiesen war. Das galt bei der Quellenkunde für die genaue Darstellung der Überlieferungsgeschichten, die eine ausgearbeitete Kodikologie verlangte. Das galt besonders für die Veröffentlichung von Quellen in den Sprachen, in denen sie verfaßt und überliefert waren. Lorenzo Valla hatte diese Voraussetzungen formuliert; seine Ansprüche bildeten den philologischen Standard einer wissenschaftlich akzeptablen Edition[58]. Genau diese Voraussetzungen erfüllte die Edition der Antiquitates, die Annius vorlegte, nicht. Das ließ die Philologen skeptisch werden.[59] Zwei der besten im 16. Jahrhundert, Luis Vives und Melchior Cano, hatten denn auch die präzisesten Zweifel an der Dignität von Annius' Edition. Vives formulierte seine Zweifel, die er auch schon 1522 in seinem Kommentar zu Augustins „De civitate Dei" geäußert hatte[60], in „De tradendis disciplinas" (1531) als Frontalangriff: „Das Büchlein trägt den Namen des Babyloniers Berosus auf dem Titel. Hier ist freilich etwas Wunderliches zusammengelogen, was nur ungelehrte und faule Leute zufriedenstellt. Von dieser Art sind auch die Aequivoca des Xenophon, die Fragmente des Archilochos, des Cato, des Sempronius und des Fa-

---

58 Vgl. zu Valla Rudolf Pfeiffer, *Die klassische Philologie von Petrarca bis Mommsen*, München, 1982, p. 54-60. (Zuerst engl. Unter dem Titel: *A History of Classical Scholarship from 1300-1850*, Oxford, 1976.)

59 So hat der venezianische Bibliothekar Antonio Coccio (etwa 1436-1506), auch Sabellicus genannt, Annius' Ideen abgelehnt. Vgl: A. Borst, *Der Turmbau zu Babel*, Stuttgart, 1957-63, S. 1104.
Vgl. auch R. Weis, *The Renaissance Discovery of Classical Antiquity*, Oxford, 1969; S. 86 und 120.
Außerdem Gilbertus Genebrardus, *Chonographia. In duos libros distincta*. Zuerst Lyon, 1572, erweiterte Ausgabe in vier Büchern Paris, 1580. Diese Ausgabe ist zitiert. Dort S. 9 f. Genebrard erwähnt auch rabbinische Quellen für die Geschichte von der Unfruchtbarkeit Noahs durch Chams Fluch: „Doctore Hebrei, vt scribit R. Leui in 9 cap. Genes. tradunt Cham execuisse testiculos patri, ne deinceps liberos procreasse. Quid simile Poetae nostri de coelo & Saturno fabulantur."
Benedictus Pererius (1535-1610), *Commentariorum in Danielem Prophetam libri sedecim*, Lyon, 1602. S. 655. Francisco de Ribera SJ (1537-1591), *In Librum duodecim Prophetarum Commentarii*, Köln, 1591, in Zachariam.

60 Vives, Juan Luis, *Commentarii ad Augustinum De Civitate Dei*, Vol. IV, Valencia 2001, beschreibt die Genealogie nach Gen. 10 und Chronik 1.

bius Pictor, die in diesem Buch zusammengeschwindelt und durch die Kommentare noch lächerlicher gemacht worden sind, freilich nicht so, dass sie gar nichts wahres enthalten, denn dann hätte die Erzählung keine Quelle, aber das geschichtliche Corpus selbst ist erschwindelt, und es stammt auch nicht von dem erlogenen Autor. Der Ägypter Manetho und der Perser Menasthenes sind aus Eusebius genommen."[61]

Der spanische Theologe und Beichtvater Karls V., Melchior Cano (1500-1560), schrieb einen der Schlüsseltexte zum Konzil von Trient, die „Loci Communes"[62]. Im Buch XI untersucht er die Geschichtsschreibung. Dieses Thema ist für ihn, der die Frage der Tradition als Legitimation kirchlicher Dogmatik zuerst systematisiert hat, ein zentrales Thema. Schließlich ist die Theologie der Tradition auf eine verläßliche Überlieferung schlechterdings angewiesen. Cano stellt Annius' Berosus ausführlich vor, bezieht sich auf Vives und Raphael Volterranus[63] und kommt zu einem knappen und klaren Urteil: „Der Berosus des Annius ist komplett fiktiv, es handelt sich nicht um historische Verstümmelungen. Berosus hat nach dem Zeugnis der alten Schriftsteller nie eine Geschichte der Ägypter, der Libyer, der Keltiberer, der Italer, der Germanen geschrieben, sondern nur eine der Chaldäer. Annius hat sich diese Geschichte der verschiedenen Könige allein eingebildet. Man findet keinen glaubwürdigen Schriftsteller, der Berosus als Zeugen anführt, ausgenommen für die chaldäische Geschichte."[64] Dieses Argument traf den Kern der Fälschungen des Annius. Aber gerade die Universalgeschichte und ihre nationalen Derivate, sich aus den „Antiquitates" herleiten ließen, bildeten den zähen Bestand einer Anciennitätsideologie, die den europäischen Völkern und deren Dynastien ebenso zupaß kamen wie den Geschichtstheologen. Deshalb war es verständlich, daß weder Vives noch Cano noch andere Kritiker der Antiquitates des Annius sich mit ihren Argumenten wirklich durchsetzen konnten.

---

61 Vives, „De tradendis Disciplinis", in: Joh. Ludovicus Vives: De Disciplinis. Neapel, 1764,.p. 361: „Libellus circumfertur Berosi Babylonii titulo de eadem re, sed commentum est, quod indoctis & otiosis hominibus mirè adlubescit: cuiusmodi sunt Xenophontis aequivoca, tum Archilochi, Catonis, Sempronii, & Fabii pictoris fragmenta, quae eodem sunt libro ab Annio Viterbensis conferruminata, commentisque reddita magis ridicula: non quin insint quaedam in illis vera, nam alioqui frontem non haberet narratio, sed ipsum historica corpus commentitium est: nec illius, cuius mentitur. Manethon, Aegyptius, & Metastenens Persa ex Eusebio sunt desumpti."

62 Zuerst Salamanca, 1563.

63 Raphael Volterranus (1455-1522), Commentariorum Urbanorum Raphaelis Volterrani octo et triginta libri; zuerst Rom, 1506; dann oft nachgedruckt, zitierte Ausgabe Paris, 1511. Das ganze Werk ist in „Geographia" (Buch 2-12), „Anthropologia" (= Namensliste, Buch 13-23) und „Philologia" (Buch 24-38) eingeteilt. Das ist die erste mir bekannte Erwähnung des Begriffs Anthropologie. Dort fol. CXLIIII v: „Berosus Chaldaeus in astrologia clarus:cui ob divinas praedictiones Athenienses in Gymnasio statuam inaurata lingua statuerunt. Vti Plinius refert. scripsit item in ea facultate. Eius nonc fertur libellus: nescio quis cui non satis crediderim."

64 „Quid quod apud auctores veteres Berosus non Aegytiorum, non Lybicorum, non Celtiberorum, non Italorum, non Germanorum, sed Chaldaeorum scripsit historiam? Annianus vero iste aeque horum omnium regnorum historicum se praebet. Nullum certe probatum auctorem invenies, qui Berosum, nisi in Chaldaicis, testem excitet veritatis" Melchioris Cani Opera, Padua, 1734, p. 324 A.

Mit seiner Sammlung erfundener Quellen war Annius eben ein großer Wurf gelungen. Denn seine Inventionen erfüllten nicht allein die Erwartungen, die der christliche Humanismus an die Einordnung der paganen historischen Quellen in die Heilsgeschichte hatte, sondern sie gab den europäischen Nationen den spezifischen Stolz, den Babyloniern und Ägyptern an Anciennität ebenbürtig und den Griechen überlegen zu sein. So kommen zwei Gruppen von Verehrern zustande, die frommen weltgeschichtlichen Spekulanten und die humanistischen Nationalisten. Beide Gruppen schlossen sich nicht aus, im Gegenteil: Die Einordnung der Nationalgeschichte in die Heilsgeschichte stärkte auch die Rolle der Nationen. – Und es waren bedeutende Persönlichkeiten, die sich auf Annius beriefen: Konrad Peutinger[65], der Historiker Thurmair/Aventin[66], wohl auch, wenngleich mit Einschränkungen, Erasmus[67], vor allem Johannes Sleidanus mit seinem höchst einflußreichen Lehrbuch der Universalgeschichte: „De quatuor imperiis". Sleidan war in besonderer Weise an „Berosus" interessiert, denn dieser garantierte ihm die Geltung der Vier-Reiche-Lehre, weil er das Babylonische Reich als erstes der Weltgeschichte installierte und damit das geschichtstheologische Schema stabilisierte, das das Deutsche Reich in die Nachfolge des vierten, des römischen Weltreichs stellte. Ein gutes Gewissen scheint er allerdings bei seiner Benutzung des Annius nicht gehabt zu haben, denn er distanziert sich von ihm – wie er konstatiert –, weil nahezu alle die Authentizität seiner Texte bezweifelten, aber – so beruhigt er sich – es handele sich schließlich um die einzigen Quellen zu diesem Zeitraum.[68]

Jean Bodin referiert Annius 1572, freilich ohne ihn beim Namen zu nennen und deshalb eher halbherzig in seinem „Methodus ad facilem historiorum cognitionem"[69], weil auch er diese Quellen für seine Konzeption der Weltgeschichte braucht, sie aber eigentlich nicht goutiert; dasselbe gilt für Matthieu

---

65 Konrad Peutinger, *Sermones conviviales: De mirandis Germaniae antiquitatibus*, Straßburg, 1506. Vgl. Peter Hutter, *Germanische Stammväter und römisch-deutsches Kaisertum*, Hildesheim, 2000, S. 41.

66 Thurmair/Aventin schreibt im 1. Buch der Annales Boiorum wörtlich Annius aus: „Ab orbe anno centesimo tricesimo primo, Nymbrothus regnum Babyloniorum, quod & Assyriorum, condidit. Cuius primordio Tusco Gygas pater Germanorum, & Sarmatorum cum vigini Ducibus, Sami fratris sui nepotibus, ex Armenia venit in Europam: Amnem Tanaimque transgressus ibidem Orientem versus, euisdem frater Scyta priscus tenuit. Ab hoc Germani Scytae adpellati sunt." In: Johannes Aventinus, *Annalium Boiorum libri septem*, Basel, 1580, p. 10

67 Vgl. Peter G. Bietenholz, *Contemporaries of Erasmus*, Toronto, Buffalo, London, 1985. s.v. Annius: „Though several of Annius' Italian contemporaries saw through the fraud, Erasmus did not. And when he reluctantly entered into the questions posed by the genealogy of Jesus given in Luke 3, he drew on Annius' Text of Pseuo-Philo's Breviarium de temporis as well as on his notes; see Novum Testamentum 1516 II, 326. True, Erasmus had no love for Annius or his ideas, ... but he retained the Annian material in the third and later editions of his Annotationes."

68 Johannes Sleidanus *de quatuor summis imperiis libri tres*. Zuerst 1556. Zit. Ausgabe Dresden, 1683, p.11: „Et hactenus quidem is, qui circumfertur, Berosus: de quo quidem scripto, plerique omnes valdè dubitant, & adulterium esse putant: sed quoniam aliis monumentis hac in parte destituimur, hunc ordinem sequimur."

69 *Methodus ad facilem historiarum cognitionem*. Zuerst Paris, 1572, in der Ed. Amsterdam, 1650, 344 f. Vgl. auch Anthony Grafton, *Forgers and Critics*, Princeton, 1990, S. 114.

Béroalde, den Genfer Historiker, der Annus in in seinem „Chronicum" (Genf 1575) verwendet.[70] Die Liste derjenigen, die Annius mit mehr oder weniger schlechtem Gewissen benutzen, reicht über das 17. bis ins 18. Jahrhundert: Thomas Browne widmet Annius' Fälschungen in den Pseudoxia Epidemica (zuerst 1646) ein ganzes Kapitel[71]; die schwedische Nationalgeschichtsschreibung beruft sich auf die „Antiquitates"[72], und noch Samuel Pufendorf arbeitet in seiner „Historie der vornehmsten Reiche und Staaten von Europa" (zuerst 1682) mit Argmenten aus dem Arsenal des Annius[73].

Wie Sleidanus und Bodin ging es den meisten Historikern: Sie mochten auf Annius aus Gründen der biblischen Rekonstruktion der Weltgeschichte nicht verzichten, fühlten sich aber aus philologisch-historischen Gründen mit ihm nicht wohl. Das Referat, das Morhof in seinem „Polyhistor" (zuerst 1687) von dieser Affäre gibt – der „Polyhistor" wurde immerhin noch 1747 in einer Bearbeitung des großen kritischen Philologen Johann Albert Fabricius neu bearbeitet – ist bezeichnend: Es sei zwar schon lange unter den Gelehrten bekannt, daß es sich bei Annius um einen Fälscher und Täuscher handele, dessen Werke mit keinerlei Argumenten gerettet werden könnten. Dennoch gebe es manche, die ihn stützten. Und Morhof führt als Beleg David Chytraeus mit seinem „Liber de lectione historica" und Sebastian Münster mit dem Buch V der „Cosmographie" an.[74] Aber selbst bei den neueren Historikern gebe es noch solche, die Annius verteidigten. Er zitiert einen Brief von 1646 des Mediziners und Polyhistors Thomas Reinesius an Josef Clauder, in dem es heißt: „Nicht alles, was sich bei Berosus findet, ist gefälscht, auch wenn Annius interpoliert hat. Das meiste stimmt mit dem wirklichen Altertum überein. Man kann in Annius den richtigen Berosus finden, wenn man bei ihm anfängt, ihn aber gleich wieder verläßt. Es liegen in diesem Dreck nämlich Kostbarkeiten, die man anderwärts vergebens sucht. Es muß sie eben nur jemand finden, der ein kritisches Urteil hat, dann sind diese Altertümer sämtlich gerettet."[75]

---

70 Grafton, *Scaliger II*, S. 269 Fn 12.
71 Sir Thomas Brownes *Pseudoxia Epidemica*, ed. Robin Robbins, Oxford, 1982, Vol I, Ch. VI., pp. 469-483.
72 Marianne Wifstrand Schiebe, *Annius von Viterbo und die schwedische Historiographie des 16.und 17. Jahrhunderts*, Uppsala, 1992.
73 Wifstrand Schiebe, *Annius von Viterbo*, S. 62.
74 Morhof, *Polyhistor*, ed. Fabricius, 1747, ND Aalen, 1970, Bd. 1, S. 48 f: „Joh. Annius Viterbensis, Ordinis praedicatorum. Anno 1437 natus, vir linguae Latinae, Graecae, Chaldaicae, Arabicae eruditus, & antiquitatis studiosissimus, quibus elogiis Neander in Italia sua eum effert, Berosi quinque libros cum aliis quibusdam in lucem produxit, commentariisque illustravit. Sed jam dudum ab eruditis adversus hunc Annium, ut veteratorem & falsarium, conclamatum est, & ila producuntur argumenta, quae elidi nulla ratione possunt, de quibus legendus Tilemannus in Disc. Philolog. De historicorum delectu.p.76. & Vossius de Historicis Graecis lib.1 cap.22. Non desunt tamen, qui modestius de hoc scripto ejusque autore censendum esse existimant, & aliquid tamen in illo veri sibi deprehendere videntur. In quibus David Chytraeus lib. de lect. Hist. Munsterus lib. 5. Cosmograph. Cap. 8 qui temerarium quendam genuinis & veris Berosi laboribus aliquid lolii immiscuisse iudicat, Annium vero a falso suspicione excusat."
75 Morhof, *Polyhistor*, ed. Fabricius, 1747, ND Aalen, 1970, Bd. 1, S. 48 f. Fn (l): „Statuit is, non omnia, quae in Beroso, licet Annius eum interpolaverit, hinc inde legitur, esse conficta, sed

Die unterschwelligen theologisch-systematischen Argumente, die bei den Profan-und Kirchenhistorikern eine Rolle spielten, wenn sie Annius mit schlechtem Gewissen benutzten, kamen bei den spekulativen, theologisch denkenden Philologen ganz unverhüllt zur Geltung. Ihnen ging es als politischen Theologen darum, die Rolle der Heilsgeschichte geistlich und profan gleichermaßen zu verstärken. Die Überzeugung, daß die eigene Zeit Teil der Heilsgeschichte sei, wurde für sie durch Annius' Inventionen sozusagen bewiesen. Deshalb ist es geradezu selbstverständlich, daß jemand wie Guillaume Postel sich Annius' historischen Inventionen anschloß.

Mit dem Konzept des Annius, das er gegen die Einwände der „atheistischen" Kritiker verteidigte[76], konnte Postel nämlich nicht nur die heilsgeschichtliche Rolle Frankreichs exponieren[77], die er als Bedingung der Wiederkunft des Herrn begriff, sondern er hatte auch die Möglichkeit, die in der Heilsgeschichte sonst nicht vorkommenden Türken und Tartaren zu integrieren.[78]

---

quamplurima consentire cum profunda antiquitate: Berosus verum & genuinum cum Anniano pariter incedere, ab ipso esse segregandum: Latere in isto sterquilino pretiosas gemmas, quas alibi frustra quaeremus; inventurum autem eas esse, qui judicio valeat, & omne genus Antiquitatum est emensus."

76 Vgl. G. Postel, *Le Trésor des Propheties de l'Univers*, ed. Secret., La Haye, 1969, p. 67: „Combien Berose Calde ne soit entier, et que par les atheistes ou ennemis de Moyse soit peu estimé, neantmoins par estre desja approuvé par innumerables hommes et auteurs très docte de toute sorte de fidèle autheur. Car les raisonnables hommes fideles chrestiens l'ont gaigné contre les irraisonables atheistes voyez les notés d'heresie mesme, comme Melanchthon, Ridius, Phrygius, Munsterus et aultres."

77 Im *Candélabre* sind alle Haupttopoi beieinander: Noa und Janus sind identisch, die Auswanderung Noas mit seinen Söhnen von Armenien nach Europa, die noachidische Urgründung der Etrusker, die hier mit Gomerus Gallus = Drius, dem Begründer der Duiden, zusammengesehen werden. Dem entspricht Postels Beschreibung der heilsgeschichtlichen Rolle der Franzosen, die weit über die des Annius hinausgeht. Weiterhin finden sich die Gründung Roms und spezifisch des Vatikans durch die Abkömmlinge Noahs. Selbst der falsche Cato des Annius wird für die Urgeschichte bei Postel noch bemüht.
„Par Bérose se voit comme le premier nom et plus ancien de famille qui jamais fut aut monde est celle de Gallus, qui signifie delivre des flots et undes de deluge. Et conferme ce que escrit Cato en ses Origines et depuis Cato infinis aultres que, estant en l'Armenie dicte Scytia Saga depuis le deluge renouvelé le genre humain Janus (qui est Noe) vint avec Drius (qui est Jafet) et les Galli ou Gaulois (qui sont Gomerites auxquels fut attribué le nom général) vindrent par le Tybre au Vatican lie de Rome." Zitiert in Guillaume Postel, „De ce qui est premier pour reformer le monde", in: Claude-Gilbert Dubois, *Celtes et Gaulios au XVIe siècle*, Paris, 1972, S. 152, Fn. 34; nach G. Postel, *Le Candelabre nde Moyse*, ed. F. Secret, Niewkoop, 1966, p. 397.
Vgl. auch G. Postel, *De Etruriae regionis originibus, institutis, religione et moribus*, hg. und übers. v. G. Crispiani, Rom, 1986, 193-95. Postels Facit zu Annius' „Berosus": „Quum autem maxime contra suae gentis historiam scripsisse videatur hic scriptor, dubium esse non potest quin sit fide praestantissima".

78 Vgl. Guillaume Postel: De originibus seu de varia ac potissimum orbi latini ad hanc diem incognita aut incosiderata historia, cum titius orientis, tum maxime Tartarorum, Persarum, Turcarum ac omnium Abrahami ac Noachi alumnorum Origines ac mysteria Brachmannum retegente, quod ad Gentium Literarumque quibus utuntur attinet, Ex libris Noachi & Hanochi totiusque avitae traditionis a Mosis alumnis ad nostra tempora servatae, ac Chaldaicis literis conscriptae. Basel, Oporinus, 1553.

Noch mehr als 100 Jahre später stützte sich, obwohl er die Einwände gegen
ihre Glaubwürdigkeit kannte, Athanasius Kircher auf die „Antiquitates". In der
Arca Noae, Amsterdam 1675, identifiziert er, wie Annius, Zoroaster und Cham:
„Dicimus itaque, verum illum, & primum Zoroastem fuisse filium Noemi Chamum, totius Magiae, & Idololatriae inventorem, qui illicitas artes, & scientias,
quas ab improba Kainitarum propagine ante Cataclysmum didicerat, post eum
posteris suis sollicite traditas docuit."[79]

Es herrschte augenscheinlich ein stilles Einverständnis zwischen den Befür-
wortern und Kritikern der „Antiquitates": Sie mochten gefälscht sein; aber sie
stabilisierten noch als Fälschung die Grundüberzeugung aller Beteiligten: Die
Idee einer biblischen Weltgeschichte und der Philosophia perennis stand nicht
in Frage.

6. Die „richtige" Sintflut-Geschichte des Berosus: Die Rekonstruktion Scaligers

Der entscheidende Autor für die Entschlüsselung des Puzzles, das Annius mit
seinen „Antiquitates" zusammengestellt hatte, war der Kirchenvater Eusebius.
Der hatte in seiner „Praeparatio Evangelii" einerseits, Flavius Josephus zitie-
rend, auf den Bericht des Chaldäers Berosus verwiesen, der von der Sintflut berichte und von der Arche [80]. Andererseits hatte er Alexander Polyhistor
genannt, einen „sehr klugen und gelehrten Mann", der die griechische und auch
die jüdische Geschichte kenne und unter anderem von Abrahams Herkunft
nach der Sintflut, seinen astrologischen Kenntnissen sowie vom Turmbau zu
Babel berichte[81]. Mit diesen Autoren konnte Eusebius seine These belegen, daß
es neben der biblischen auch eine hellenistisch-chaldäische Tradition der Sintflut gebe. Um die Weltgeschichte in ihrem zeitlichen Verlauf genauer darstellen
zu können und sie mit den verschiedenen Chronologien zu vermitteln, hatte
Eusebius selbst eine Chronologie verfaßt, die die Ereignisse der christlich-jüdi-
schen Heilsgeschichte zum Maßstab hatte und die griechische und chaldäische
Chronologie diesem Maßstab anpaßte.[82] Allerdings war diese Chronologie im
Original verloren gegangen. Sie hatte zwei Teile umfaßt, deren erster χρονο-
γραφία hieß und die Weltgeschichte bis zu Konstantin in kurzen Textstücken
und Genealogien behandelte, deren zweiter, χρονικός κανών, die Zeit von Abraham bis 325, bis zur Christianisierung des römischen Reichs unter Konstantin, chronologisch-tabellarisch in Jahreslisten von Königsherrschaften erschloß.
Hieronymus hatte den ersten Teil fragmentarisch – unter weitgehender Auslas-

---

79 Athanasius Kircher, *Arca Noae*, Amsterdam, 1675, S. 208 f.
80 *Praeparatio Evangelii* VIII, 6; Vgl. Flavius Josephus, *Antiquitates Judaicae* I, III, 6.
81 *Praeparatio Evangelii* IX, 17.
82 Titel: παντοδαπή ἱστορία *de cunctis temporibus historia*. Der lateinische Titel ist bei Augustin,
    ep. 35 überliefert.

sung der Urgeschichte von Adam bis Abraham – sowie den gesamten zweiten
Teil der Eusebianischen Chronik ins Lateinische übersetzt und bis zum Jahre
378 fortgeführt. Annius stand die Übersetzung des Hieronymus zur Verfügung;
seine „Antiquitates" sollten, so der implizite Anspruch, die verlorene Urgeschichte des Eusebius partiell ersetzen.

Den entscheidenden Schritt zur Diskreditierung der „Antiquitates" des Annius tat der Philologe J.J. Scaliger. Scaligers Hauptinteresse lag in der verglei-
chenden Rekonstruktion der Chronologie des Altertums[83]; und aus diesem
Grunde mußte er sich mit der Urgeschichte der Welt befassen. Theologisch ging
es auch ihm darum, die Wahrheit der christlichen Religion zu bestärken; aber
er war, anders als Annius, daran interessiert, die Bibel zunächst philologisch
präzise zu erschließen, ohne sie weltgeschichtlich zu überlasten, und er war ein
unerbittlicher Philologe. „Heidnische" Zeugnisse, die die Wahrheit der christlichen Religion stützen sollten, waren ihm suspekt. Insofern stand er in der Tradition Lorenzo Vallas, und er teilte Vallas philologisch-redliche Radikalität. Bei
seinen philologischen Studien zur eusebianischen Chronologie entdeckte er in
einem Text des Georgius Syncellus, eines griechischen Geschichtsschreibers aus
dem 9. Jahrhundert, wichtige Fragmente der verlorenen Eusebius-Chronik[84].
Jetzt wurde deutlich, daß die „Antiquitates" des Annius von Viterbo keineswegs den Anspruch erfüllen konnten, den sie verdeckt stellten, nämlich die feh-
lenden Partien des ersten Teils der Eusebianischen Chronik zu ersetzen. Scaliger
veröffentlichte den bei Georgius Syncellus gefundenen Text der Chronologie
des Eusebius 1606 in seinem „Thesaurus Temporum"[85]; diese Veröffentlichung

---

83 Vgl. die grundlegende Studie von Antony Grafton, *Joseph Scaliger. A Study in the History of
    Classical Scholarship* II, Historical Chronology, Oxford, 1993. Grafton betont S. 308 die pole-
    mische Frontstellung Scaligers: „The chief goal of Scaliger's work, etymological and chronolo-
    gical alike, lay in one direction. Throughout his treatment of Babylonian and Persian history he
    directs the full force of his scorn against two linked adversaries: Annius, who had flooded the
    market with faked lists of non-existent kings, and Béroalde, who denied the existence of real
    Persian kings mentioned in good Greek sources in order to give further currency to Annian in-
    ventions. By showing the concord between the real fragments of the Greek historian of India
    and Persia, Megastenes, and his own rules for forming royal names and dates for special kings,
    Scaliger gave Scholars further reason to trust the real Megastenes rather the Annian Metastenes.
    By supporting the fragments of Berosus in Josephus and Eusebius, similarly, Scaliger gave them
    further reason to distinguish between the historical and the Annian Berosus." *De Emendatione
    Temporum*, 1583, 2-3.
84 Vgl. Anthony Grafton, *Scaliger* II, S. 536-548.
85 *Thesavrvs Temporvm*. Evsebii Pamphili Caesareae Paestinae Episcopi Chronicorum Canonum
    omnimodae historiae libri duo, interprete Hieronymo, ... Item auctores omnes derelictae ab Ev-
    sebio,& Hieronymo continuantes. Eiusdem Evsebii Vtriusque partis Chronicorum Canonum
    reliquae Graecae, quae colligi potuerunt, antehac non editae. Opera ac studio Iosephi Ivsti Sca-
    ligeri Ivlii Caesaris A Burden filii. Eiusdem Iosephi Scaligeri Notae & castigationes in Latinam
    Hieronimi interpretationem, & Graeca Eusebij. Eivsdem Josephi Scaligeri Isagogicorum Chro-
    nologiae Canonum libri tres, ad Eusebij Chronica, & doctrinam de temporibus admodum ne-
    cessarij, Leiden: Basson, 1606. [22]Bl. 197 [1] S. [10] Bl. 70, 402, 192 [i.e. 292] S.[14 Bl.., 342 S.
    [2] Bl. Die griechische Ausgabe des Eusebius-Textes ist die dritte Zählung (402 S); Das erste
    Buch der Eusebiusschen Chronik umfaßt dort die S. 1-72.

sollte die „Lügenwerkstatt des Annius" ausheben, der „Träume über Berosus, Philo und andere publiziert" habe.[86]

Mit dieser Veröffentlichung eröffnete sich auch ein neuer Zugang zur genuinen Überlieferung der babylonischen Geschichte. Aus den nun vorliegenden Fragmenten, mit denen Scaliger die Chronik des Eusebius aus Georgius Syncellus rekonstruierte, wurde die Quelle faßbar, die Eusebius seinerseits benutzt hatte, nämlich Alexander Polyhistor[87]. Dessen Buch περὶ Ιουδαίων war von Flavius Josephus, Clemens von Alexandrien, und eben von Eusebius benutzt worden, der ihn als einziger in der „Praeparatio Evangelii" namentlich erwähnte. Alexander Polyhistor hatte seinerseits aus den Texten des Berosus exzerpiert, und so wurden auf dem langen Umweg über Georgius Syncellus, Eusebius und Alexander Polyhistor die Texte in ihrer wirklich ältesten Überlieferung sichtbar; sie bildeten das authentische Gegenstück zu den „Antiquitates", die Annius zu edieren vorgegeben hatte.

So konnte auch das Werk des Berossos (dieses die authentische Schreibung) rekonstruiert werden; und in der Tat fand sich die Parallelgeschichte zur biblischen Geschichte Noahs unter den Exzerpten des Syncellus, der „Eusebium in den meisten Stücken nachgefolget, auch fast von Wort zu Wort nachgeschrieben"[88]. So war schon 1606 der wirkliche Berossus faßbar[89], und die Sintflutgeschichte erscheint, durch Federn des Alexander Polyhistor, des Eusebius und des Georgius Syncellus geflossen, in folgender Ursprungsgestalt:

Während der Herrschaft des Xisuthros sei die Sintflut hereingebrochen. Kron („derselbe, den sie ‚Vater des Armazd' nennen und andere ‚Zeit'"), habe geoffenbart, daß die Menschheit durch die Sintflut untergehen werde. Er habe Befehl gegeben, die ersten, mittleren und letzten Schriftwerke in der Stadt Sisparis zu vergraben, ein Schiff zu bauen, in das Innere zu gehen mit seinen Geschlechtsgenossen, mit Vögeln und Vieh, danach habe er Frau und Kinder hineingeführt. Die Flut sei schnell gestiegen und wieder gefallen; Xisuthros habe

---

86 Vgl. *Scaligeriana, Thuana, Perroniana Pithoeana et Colomesiana*, Amsterdam, 1740; Bd. II p.195, s.v. ‚Annius': „Annius Viterbensis a esté veu par un homme que me l'a dit, il estoit fou, & talis habebatur. Dedit falsum Berosum, et volebat persuadere de marmore quod jusserat sculpi & effodi, sed fuit deprehensum esse supposititium."

87 A. stammte aus Milet, wurde im Jahre 100 v.Chr. geboren, im mithridatischen Krieg gefangen und kam als Sklave nach Rom. Er ist einer der wichtigsten Vermittler nahöstlicher Wissenschaft an den Westen.

88 Der Artikel im *Zedler* fährt fort: „Doch darf man nicht so abiect, wie Scaliger *ad Eusebium* iudiciren, der ihn entsetzlich herumm nimmt, worüber sich Allatius sehr ereifert, und ihm diesen Fehler vorwirfft." (*Zedler*, Bd. 10, S. 1030, s.v. Georgius Syncellus).

89 Die Rekonstruktion der Eusebianischen Chronik durch Scaliger bleibt auch die Grundlage des (im einzelnen verbesserten) Berossos-Textes in den *FGr.H* 680 und in der Ausgabe von Paul Schnabel, *Berossos und die Babylonisch-Hellenistische Literatur*. Vor allem ist 1792 in Konstantinopel ein armenischer Text aufgefunden worden, der den gesamten ersten Teil der Eusebianischen Chronik enthält und im einzelnen viele Emendationen ermöglichte. Aber der Kernbestand bleibt gleich. S. Alfred Schöne, ed., *Eusebius Chronic*, 2 Bde., Berlin, 1866, 1875, Vgl. zum Zusammenhang auch: Richard W. Burgess, *Studies in Eusebian and post-Eusebian Chronography*, Stuttgart: Steiner, 1999.

dann zunächst Vögel aus der Arche gelassen; beim drittenmal seien sie nicht wiedergekommen. Daraus habe er geschlossen, daß die Flut vorbei sei. Er habe das Deck aufgebrochen und sei mit seiner Frau, einer Tochter und dem Kybernetes herausgestiegen. Er habe einen Altar errichtet und den Göttern geopfert. Seither seien alle, die das Schiff verlassen hätten, den Blicken der Anwesenden entschwunden.

„Und die dort im Schiff geblieben waren und mit den Xisuthriden nicht herausgegangen waren, als sie nachher heraustreten, suchten sie ihn und umherirrend riefen sie ihn laut an, mit Namen nennend. Xisuthros ist ihnen fürderhin nicht mehr erschienen; der Schall seiner Stimme jedoch, die aus den Lüften kam, gab Vorschrift: daß es ihnen Pflicht sei, Götterverehrer zu werden; und daß er selbst, wegen seiner Götterverehrung hingefahren, in der Wohnung der Götter wohne; und daß seine Gattin und Tochter und der Schiffsmeister (Kybernetes) eben diese Ehre genössen; und er gebe ihnen Weisung und Vorschrift, wiederum nach Babylon zu gehen; so nämlich laute für sie der Schicksalsspruch der Götter: zu gehen, aus der Stadt der Siparer ausgrabend die Bücher zu holen, die dort geborgen lägen, und sie der Menschheit zu übergeben; und daß der Ort, wo sie gelandet seien, Armenien sei. Und jene, nachdem sie alles vernommen, hätten den Göttern Opfer dargebracht und seien zu Fuß nach Babylon gezogen.

Von dem Schiffe aber soll dort, wo es landend sich niedergelassen in Armenien, noch bis auf heute ein kleiner Teil auf dem Korduäergebirge im Armenierlande als Überrest geblieben sein; und etliche sollen von der Naphtatünche des Schiffes Abschabsel mitnehmen zu Heilzwecken und als Schutzmittel zur Abwehr von Krankheiten.

Und jene seien abgereist; angelangt zu Babelon, hätten sie nachgegraben und die Bücher hervorgezogen; und viele Städte gebaut, und Tempel den Göttern errichtet und abermals Babelon erneuert." [90]

Wenn man nach der Devise „und die Bibel hat doch recht" vorgehen wollte, könnte man Johannes Annius bescheinigen, er habe mit seiner „Rekonstruktion" der Sintflutgeschichte nach Berosus gar nicht so schlecht gelegen. Aber darauf schien es ihm vielleicht gar nicht primär anzukommen. Wichtiger war der geschichtstheologische Part seiner Inventionen, die Genealogien der Völker nach der Sintflut, die die ursprüngliche noachidische Religion aus der göttlichen Uroffenbarung ableiteten und die noachidischen Genealogien der europäischen Völker biblisch fundierten. Auch wenn babylonische Genealogien des authentischen Berosus überliefert sind: sie konnten weder die ursprüngliche paradiesische Weisheit noch die Herkunft der europäischen Völker aus dem noachidischen Stamm belegen.

Scaliger rekonstruierte gegen Annius von Viterbo die Chronik des Eusebius; und die bestärkte ihrerseits das biblische Weltbild, das von der Ursprünglich-

---

90 Ich benutze die Ausgabe von Schnabel, *Berossos*, S. 264 f.; dasselbe Stück bei Scaliger, *Thesaurus Temporum*, 3. Zählung, S. 8, zitiert auch bei Fabricius in den *Pseud. V.T.*, S. 251-254.

keit der göttlichen Weisheit und der Tanslatio sapientiae durch die Jahrhunderte ausging. Dieses Muster, das Annius auf seine Weise hatte bedienen wollen, stand auch bei Scaliger noch nicht zur Disposition. Bis zu Giambattista Vicos Umdeutung des Ursprungswissens in Stammeln und Lallen war noch ein weiter Weg.

Völkerfluten und Traumata

Jan van Scorel (1495-1562): Panik bei Beginn der Sintflut.
Abb. aus: Norman Cohn: Noah's Flood, New Haven 1996, S. 34.

Rémi Brague

Völkerwanderungen und Überschwemmungen.

Die Flut als Metapher des Vergessens

Die Vorstellung einer Flut ist bekanntlich eine uralte. Sie ist u.a. in den beiden als klassisch anerkannten und gepflegten Quellen der europäischen Kultur – „Athen" und „Jerusalem" – belegt. Hier möchte ich einer ihrer vielen Verwandlungen auf die Spur kommen.

Zuerst will ich die Dimension des Gedächtnisses in der Flutvorstellung der ältesten zwei bewußten Wurzeln der europäischen Kultur skizzieren, d.h. der Bibel und der Antike. Dann werde ich die Vergeschichtlichung und Metaphorisierung des Themas in der Neuzeit betrachten, mit den Gründen und auch Grenzen seiner Anwendung.

Bibel: Wohlbemerkt!

Den Bericht im ersten Buch Mose will ich hier als solchen besprechen, wobei ich mir darüber im klaren bin, daß der biblische Passus auf älteren Vorstellungen fußt, die den unumgänglichen Hintergrund eines sachgemäßen Verständnisses bilden. Da ich aber den biblischen Bericht nur um der späteren Entwicklungen willen erwähne, da ich ferner die ägyptischen bzw. babylonischen Quellen nur aus zweiter Hand kenne, überlasse ich deren Behandlung zuständigeren Kollegen.

In der Genesis ist die Sintflut ein Ereignis der grauen Vorzeit, das nie wiederkehren soll. Ja, es wird gerade deshalb erzählt, weil es nicht mehr für die Zukunft zu fürchten ist. Es stellt einen Bruch mit der Vergangenheit dar, genauso wie etwa die unterbrochene Opferung Isaaks durch Abraham (Kap. 22) dem Alptraum der Aufopferungspflicht des Erstgeborenen den Garaus machte. Der einmalige Charakter so einer Verwüstung ist gerade der Gegenstand des Schwurs, den Gott (Elohim) ablegt, als Noah die Arche verläßt: Sie soll nicht ein zweites Mal stattfinden. Die Zyklen der „natürlichen" Begebenheiten wie Tag und Nacht, Sommer und Winter, Saatzeit und Ernte u. dgl. sollen ungestört, bis ins Ewige, wiederkehren (8, 22).

Das Gedächtnis, das dabei im Spiel ist, ist nicht dasjenige des Menschen, sondern dasjenige Gottes. Sein Gedächtnis muß als Bürgschaft für die offen bleibende Zukunft wach bleiben. Der Regenbogen ist so eine göttliche „Gedächtnisstütze": Er soll Gott daran „erinnern", daß er mit der Gesamtheit der

lebendigen Wesen, auch mit der neuen Menschheit einen Bund geschlossen hat
(9, 15f.). Vom menschlichen Gedächtnis ist nicht die Rede.

Was es konkret bedeutet, daß Gott sich an seinen Bund erinnert, wurde von
den mittelalterlichen Bibelkommentatoren verschiedentlich ausgelegt. Wie kann
ein stets wachender, nie schlafender Gott (Psalm 121, 4)[1] irgend etwas vergessen? Rachi deutet die Stelle im Hinblick auf die Unterscheidung zwischen dem
strengen und dem barmherzigen Aspekt der Gottheit. Der Regenbogen erin-
nere Gott, der in Begriff ist zu strafen, an seine eigene Milde[2].

Antike: Schwamm drüber!

Im alten Griechenland ist die Vorstellung einer Flut ebenfalls reichlich belegt,
wie z. B. im Mythos von Deukalion, der dem Mythos Noahs ähnelt[3].

Im Unterschied zur Bibel ist aber die Wiederkehr solcher Sintfluten nicht
ganz ausgeschlossen. Genau das Gegenteil findet man etwa bei Pindar. Der
Dichter fragt, was eine vor kurzem beobachtete Sonnenfinsternis ankündigen
könnte. In der Liste der möglichen unheilvollen Ereignisse (Krieg, Verderbnis
der Ernte, Schneegestöber, Aufstand, usw.), die er zitternd aufstellt, erwähnt er
als das Schlimmste eine neue Flut: „Sollst Du, die Erde wegwischend, eine neue
Menschenrasse von vornherein aufstellen?" *(gaian kataklusaisa thèseis / and-
rôn neon ex arkhas genos)*[4]. Stillschweigend wird vorausgesetzt, daß der Gott
unmöglich das völlige Auslöschen der Menschheit bezwecken könnte: Eine Flut
wäre eher ein neuer Anfang als ein Ende.

Auch im klassischen Zeitalter der griechischen Philosophie ist diese Vorstellung zu finden, bei Platon und Aristoteles. Ihnen zufolge können Zerstörungen
von zwei Elementen herbeigeführt werden, u.z. nicht nur vom Wasser, sondern
ebensosehr vom himmlischen Feuer, das die höheren Zonen der Erde in Brand
setzt. Dabei wird aber die Vorstellung wiederkehrender wie auch immer gear-
teter Katastrophen mit einer historischen Kulturphilosophie verbunden. Im Fall
eines Weltbrands überleben die wasserreichen Gegenden, wie z.B. Ägypten. So
der saitische Priester in Platons Timaios[5].

Wenn aber das Meer das feste Land überflutet, überleben nur die Bergbewohner. In den *Nomoi* entwickelt Platon eine Archäologie, die von diesem
zweiten Fall ausgeht[6]. Nach ihm hat wohl sein Schüler Aristoteles eine ähnliche Theorie verfochten[7]. Nur die Hinterwäldler überleben, ungehobelte und

---

1   Vgl. Verf., *Aristote et la question du monde. Essai sur le contexte cosmologique et anthropologi-
    que de l'ontologie*, Paris, 1988, S. 444.
2   Vgl. „Bereshit", in: *Miqra'ôt gedolôt*, Wien, 1869 (=Neuauflage, Jerusalem, 1976), S. 31a-32a.
3   Ovid, *Metamorphosen*, I, V. 318-415.
4   Pindar, *Paian 9*; Fgt. 52k, 20-21, Ausg. B. Snell, Leipzig, 1964, S. 47.
5   Platon, *Timaios*, 22c-23b.
6   Platon, *Nomoi*, III, 677a-679e; vgl. R. Weil, *L'archéologie de Platon*, Paris, 1959; K. Gaiser, *Pla-
    ton und die Geschichte*, Stuttgart, 1961.
7   Aristoteles, *Über die Philosophie*, Fragment 8 Ross, S. 76 f.

unwissende Schäfer, die das ganze Gebäude der Kultur wieder von vorne aufbauen müssen. Die einzige Ausnahme im allgemeinen Vergessen bilden einige Sprichwörter, die die höchste Weisheit früherer Generationen enthalten, jedoch in verschlüsselter Form, so daß nur die Philosophen der nächsten Generation sie sachgemäß deuten können.

Andere Gründe werden aber geltend gemacht, um das Verschwinden der Kulturgüter zu erklären. Sie betonen eher die anthropologisch-historischen als die natürlichen Vorkommnisse. So etwa im 12. Jh. Maimonides: Fremde Eroberer hätten die Bücher, in denen die Juden ihre Geheimwissenschaften niedergelegt hatten, zerstört und die Gelehrten getötet, wobei diese Wissenschaften in Vergessenheit geraten seien[8].

Der Streit über die Ewigkeit der Welt

Die Idee einer Reihe von Kataklysmen gewann eine neue Brisanz, als über die Ewigkeit oder Erschaffenheit der Welt gestritten wurde. Nach der allegorischen Deutung des Timaios durch Xenokrates und erst recht nach Aristoteles' strenger Beweisführung im Traktat vom Himmel hatte die Vorstellung einer ewigen Welt das Feld behauptet[9]. Die ersten Anhänger einer zeitlichen Erschaffung der Welt in der frühen Stoa waren Leuten gewichen, die eine mildere Fassung der stoischen Kosmologie vertraten: Mit Panaitios hatte sich die mittlere Stoa dem Aristotelischen Dogma der Ewigkeit der Welt angeschlossen[10]. Mit dem Aufkommen des Christentums wurde die erschlaffte Vorstellung einer Weltschöpfung zu einem Inhalt des Glaubensbekenntnisses, was ihr eine neue Kraft verlieh.

Nach wie vor versuchte man zu zeigen, daß, wenn die Welt ewig wäre, sie ihren endgültigen Zustand immer schon hätte erreichen sollen. Das galt auf der Ebene der Geologie: Die Erosion hätte die Berge abtragen sollen, wobei das Meer die ganze Erdoberfläche bedecken sollte[11]. Ähnlich argumentierte man auf dem Gebiet der Kulturgeschichte: Wäre die Welt ewig, so hätte die Menschheit ihre Vollkommenheit schon erreicht, folglich würde es keinen Fortschritt mehr geben. Nun beobachten wir, daß unsere Kenntnisse sich allmählich vervollkommnen. So ist ein zeitlicher Anfang der Welt plausibel.

In seinem Werk über die Unzerstörbarkeit der Welt zitiert der Pseudo-Philon einen langen Passus von Theophrast. Dort gibt der Jünger des Aristoteles vier Gründe zur Annahme eines zeitlichen Anfangs der Welt an. Zuerst führt er

---

8 Maimonides, *Der Führer der Unschlüssigen*, II, 11; Ausg. Joel, Jerusalem, 1929, S. 192; frz. Übers. Munk, Paris, 1861, S. 97.

9 Xenokrates, *Fgt. 54*, Heinze; Aristoteles, *De Caelo*, I, 10-12; II, 1.

10 Vgl. Philon, *De incorruptibilitate mundi*, 10, S. 497, Mangey; Diogenes Laertios, VII, 142.

11 Vgl. Belege in G. Freudenthal, „(Al-)Chemical Foundations for Cosmological Ideas: Ibn Sînâ on the Geology of an Eternal World", in: S. Unguru (Hrsg.), *Physics, Cosmology and Astronomy, 1300-1700: Tension and Accommodation*, Dordrecht et al., 1991, S. 47-73.

das Vorhandensein der Berge an: In einer ewigen Welt hätte sie die Erosion schon seit langem weggehobelt; das Abnehmen der Meere und das darauf folgende Auftauchen neuer Inseln; die Tatsache, daß die Teile der Welt verschwinden, zeigt, daß die Welt als Ganze auch zerstört werden sollte; endlich das Dasein der Menschen zeugt von einem zeitlichen Anfang: Ohne die Künste wäre dieses Dasein unmöglich; nun erscheinen die Künste nur schrittweise[12].

Im 6. Jh. gebraucht der alexandrinische Großhändler Cosmas Indicopleustes das Argument in seiner „Christlichen Topographie"[13]. Auf dem Gebiet der Wissenschaften ist er jedoch ein vollkommener Banause. Aber auch ein kompetenter Philosoph und Naturwissenschaftler wie der jüdische Averroes-Kommentator und Astronom Gersonides macht es geltend. Er versucht zuerst, die Erschaffenheit der Welt rein apodiktisch zu beweisen. Als Zugabe führt er bestätigend das Argument des menschlichen Fortschritts an[14].

Bei den Philosophen Aristotelischer Prägung dient die Vorstellung einer Flut und generell die Katastrophentheorie dazu, dieses Argument gegen die Ewigkeit der Welt zu entkräften. So der islamische Naturwissenschaftler al-Biruni, der übrigens die Art und Weise, wie diese Katastrophen stattfanden, nicht weiter erläutert:

> „Die Völker werden [...] von Zuständen heimgesucht, die einem Auslöschen gleichkommen, und Landstriche werden von der menschlichen Besiedlung entblößt, wenngleich die Vernichtung nicht ganz vollständig ist. Dann wachsen aus den Resten Menschen heran, deren Verhältnisse, wenn man sie in ihrer Primitivität betrachtet, einem Neuanfang gleichkommen."[15]

Auch im lateinischen Mittelalter war die alte Vorstellung nicht völlig in Vergessenheit geraten. Im 14. Jh. finden wir sie z. B. bei Marsilius von Padua. Er führt sie nebenbei an, als einen Beweis, den man vielleicht zugunsten der averroistischen Idee einer Ewigkeit der lebendigen Arten *(generatio eterna)* geltend machen könnte, einer Idee, die wiederum diejenige der Ewigkeit der Welt impliziert. Marsilius erwähnt jedoch als Beispiele von Ursachen der Verwüstung eher die Kriege und die Seuchen als die Überschwemmungen; als Endziel des Prozesses nennt er die Mäßigung der Fortpflanzung[16].

---

12 Theophrastos, zitiert vom Ps.-Philon, in: *SVF*, 1. Bd., §106, S. 31 f.

13 Cosmas Indicopleustes, *Topographie chrétienne*, Ausg. W. Wolska, Sources Chrétiennnes, Nr. 141, Paris, 1968, Bd. 1, S. 514-519.

14 Gersonides, *Die Kriege des Herrn*, VI, 1, 15, Ausg. Riva, S. 58cd; Ausg. Leipzig, S. 356; vgl. C. Touati, *La Pensée philosophique et théologique de Gersonide*, Paris, 1973, S. 187 f.

15 Biruni, *Epître...*, Ausg. P. Kraus, S. 28; dt. in G. Strohmaier, *In den Gärten der Wissenschaft*, Leipzig, 1991, S. 37.

16 Marsilius von Padua, *Defensor Pacis*, I, xvii, 10; Ausg. R. Scholz, Hannover, 1932, S. 310.

Machiavelli: Flut als Abführung

An der Schwelle der Neuzeit bringt Machiavelli das Thema „Überschwemmung" wieder zur Geltung. Dabei verbindet er es mit einem Stück Kulturgeschichte. Das, was eine Erklärung bedarf ist die Tatsache, daß das Vergangene in Vergessenheit *(oblivione, spegnere le memorie delle cose)* geraten ist. Wäre die Welt ewig, d.h. ohne Anfang, so müßte das Gedächtnis der Menschen weiter reichen als die knapp fünf- oder sechstausend Jahre der traditionnellen Zeitrechung bzw. Geschichtsschreibung. Nun kann man diesen Gedächtnisschwund aus anderen Gründen erklären.

Die Erinnerung an das Vergangene verschwindet entweder aus menschlichen Gründen und aus Gründen, die vom Himmel *(cielo)* kommen. Die menschlichen Gründe sind die Wandlungen in den Religionen *(setta)* und in den Sprachen; am wirksamsten sind sie wenn beide zugleich zutreffen. Zu den himmlischen Gründen zählen die Seuchen und die Hungersnöte. Die Überschwemmungen sind jedoch die wichtigsten Ursachen, da sie allgemeiner sind als die übrigen, und auch deswegen, weil

> „quegli che si salvono sono uomini tutti montanari et rozzi, i quali non avendo notizia di alcuna antichità, non la possono lasciare a' posteri."[17]

Diese Verwüstungen sind für die Natur eine Art und Weise, sich zu reinigen *(purgazione)*, indem jene das Zuviel an Menschen oder das Zuviel an menschlicher Hinterlist und Boshaftigkeit *(astuzia e malignità)* abführt. Mit dieser Formel knüpft Machiavelli an den biblischen Bericht an (Genesis, 6, 5), den er „vernünftig" *(sensatamente)*[18] liest, um ihn an sein naturalistisches Weltbild anzupassen.

Das Bild vom Wasser kehrt übrigens bei Machiavelli häufig. Sie dient dazu, das Verhältnis der menschlichen Freiheit zur Naturnotwendigkeit auszudrücken. Das Notwendige kann man nicht restlos abwenden, wohl dagegen eindämmen. Der Zufall *(fortuna)* ist wie ein Fluß, der alles wegwischt, wenn man ihm freie Bahn läßt, deren verheerende Wirkungen man jedoch gewissermaßen begrenzen kann, indem man Dämme aufschüttet[19].

Am interessantesten für mein Thema ist die Parallele, die Machiavelli zwischen dem Aufkommen einer Religion und einer Überschwemmung zieht, wobei die religiösen Phänomene von den Menschen herrühren, nicht vom Himmel, der als die Ursache der Überschwemmungen gilt. Mit dieser Parallele wird ein Thema angeschlagen, das die Aufklärung gewaltig orchestriert hat.

---

17 Machiavelli, *Discorsi sulla prima deca di Livio*, II, 5, Ausg. Flora & Cordié, Mailand, 1949, S. 247 f.
18 Ebd., III, 30, S. 409.
19 Machiavelli, *Il Principe*, Kap. 25, 2; ebd., S. 79.

Neuzeit: Flut als Metapher der Völkerwanderungen

Mit der anbrechenden Neuzeit fängt eine Metapher an, wie eine Zwangvorstellung herumzugeistern: Der geschichtliche Prozeß der sog. Völkerwanderungen in der Spätantike wird als eine Überschwemmung dargestellt.

Das Bild ist so gut wie überall zu finden, u.z. auch bei Schriftstellern, deren Ansichten diametral entgegengesetzt sind. Es kommt in Gibbons antichristlich gesinnter „Geschichte des Untergangs und Falls des römischen Reiches" (1776-1788) vor, in der im Rahmen of „the tide of emigration, which impetuously rolled from the confines of China to those of Germany"[20] von den Hunnen die Rede ist. Aber ebensogut im nächsten Jahrhundert im apologetischen Werk des katalanischen Priesters Jaime Balmes[21].

In Montesquieus Esprit des Lois (1748) erfährt das Bild eine interessante Wendung. Ihm zufolge seien die Überschwemmungen der Barbaren für die Zerstörung des römischen Reichs verantwortlich[22]. Nach der Zerstörung der Römer bekämpften die Barbaren einander. So seien im mythischen Zeitalter nach den Fluten bewaffnete Männer der Erde entsprungen, die einander vernichteten[23]. Das Verb *inonder* wird zu einem üblichen Bild für die Einwanderung: Würden die Tartaren Europa überfluten..., usw.; das gilt auch von den mohammedanischen Eroberungen[24].

Abgesehen vom rein metaphorischen Gebrauch des Wortes enthält ein Absatz aus den Tagebüchern Montesquieus eine Besinnung über die Völkerwanderungen, die die Wendung in einem interessanten Zusammenhang benutzt:

> „Es geschehen ab und zu Völkerüberschwemmungen (*des inondations de peuples*) in der Welt, die deren Sitten und Bräuche überall hin gelangen lassen. Die Überschwemmung der Mohammedaner brachte den Despotismus; diejenige der Normannen, die Herrschaft der Adligen [...] So hat es immer eine Ebbe und eine Flut von Reich und Freiheit gegeben."[25]

Die Flut menschlicher Eroberer wird zu Gezeiten im geistigen Bereich. Das Bild drückt ein zyklisches Weltbild diskret aus — ein Thema aus der Antike, mit dem Montesquieu ab und zu kokettiert[26].

---

20 Gibbon, *History of the Decline and Fall of the Roman Empire*, Kap. 34, Ausg. D. Womersley, London, 1994, Bd. 3, S. 294.

21 Balmes, *El protestantismo comparado con el catolicismo*, Ausg. Casanovas, Madrid, 1967, 2, S. 28; 12, S.107; 13, S. 119; 20, S. 196; 21, S. 206.

22 Montesquieu, „L'Esprit des lois", XVII, 4, in: *Œuvres complètes*, Ausg. D. Oster, Paris, 1964, S. 631a.

23 Ebd., XXIII, 23, S. 696a.

24 Ebd., XXX, 13, S. 761b; *Mes Pensées*, §1553, S. 1018a.

25 Montesquieu, *Mes pensées*, §1475, S. 1011a.

26 Ebd., §236, S. 878a.

Schnell verblaßt die Metapher zu einem Topos. In seinem 1767 veröffentlichten „Versuch über die Geschichte der bürgerlichen Gesellschaft" schreibt z.
B. Adam Ferguson:

> „But Sparta, under every supposed error of its form, prospered for ages, by the in-
> tegrity of its manners, and by the character of its citizens. When that integrity was
> broken, this people did not languish in the weakness of nations sunk in effeminacy.
> They fell into the *stream* by which other states had been carried in the *torrent* of
> violent passions, and in the outrage of barbarous times."[27]

In seiner 1794 verfaßten „Skizze eines historischen Bildes der Forschritte des
menschlichen Geistes" bringt der französische Mathematiker und Politiker
Condorcet das optimistische Geschichtsbild der radikalen Aufklärung zur
Sprache. In seinem Kapitel über das Christentum verbindet er zwei Metapher
in einer recht interessanten Weise. Es handelt sich um das Zeitalter Julians des
Abtrünnigen:

> „La mort de Julien brisa la seule *digue* qui pût encore s'opposer au *torrent* des su-
> perstition nouvelles, comme aux *inondations* des barbares."[28]

Genauso wie bei der berühmten Formel mit der Gibbon sein Geschichtswerk
schließt, werden hier Barbarei und Religion *(superstition)* gleichgestellt. Die hy-
draulische Metaphorik verbindet den reißenden Wildbach des damals neuen
Aberglaubens mit der Überschwemmung der Barbaren.

Das Hauptproblem der aufklärerischen Historiographie

Der Gebrauch dieser Metapher wird vor dem Hintergrund des Geschichtsbildes der Aufklärung verständlich. Sie ersetzt die Vorstellung der Heilsgeschichte
mit dem Mythos des stetigen, unaufhaltsamen Fortschritts. Folglich bekommt
das Problem eine neue Form. Die Schwierigkeit ist nicht mehr die Verspätung
der kulturellen Errungenschaften, sondern der Rückfall in die Barbarei. Das,
was es zu erklären gilt, ist nicht der unvollkommene Zustand der menschlichen
Kultur, sondern ein einmaliges Ereignis in der Geschichte des Abendlandes, das
sog. „finstere Mittelalter", eine schwarze Legende, die schon die Oberhand gewonnen hat.

Die Aufklärung kann den Alptraum einer sich als Folge physischer Ereignisse einstellenden völligen Vernichtung der Menschheit so gut wie unmöglich
ertragen. Dabei setzen die Aufklärer das Walten einer Art Vorsehung praktisch

---

27 Ferguson, *An Essay on the History of Civil Society*, III, 6, Ausg. D. Forbes, Edinburgh, 1966,
   S. 161.
28 Condorcet, *Esquisse d'un tableau historique des progrès de l'esprit humain*, Kap. 5, Ausg. A.
   Pons, Paris, 1988, S. 157.

voraus, die sie doch im Prinzip bestreiten. Als *müsste* die Natur fortdauernd existieren, um die Vollendung der menschlichen Geschichte zu ermöglichen. Nach Condorcet sei ein Rückfall in die Barbarei unmöglich[29]. In seinem Briefwechsel mit dem Bildhauer Falconet zeugt Diderot von den Grenzen der Denkmöglichkeiten des selbsternannten *„philosophe"*[30]. Der Künstler relativiert den Wert des Urteils der Nachwelt, indem er geltend macht, daß die Existenz einer Nachwelt keineswegs gesichert sei: Ein Komet könnte z.B. die ganze Erde verwüsten. Wo bliebe dann der Ruhm des Tugendhaften? Diderot ist unfähig, den Einwand zu würdigen und antwortet lediglich mir rhetorischen Ausbrüchen.

In diesem Zusammenhang wird die Idee einer Überschwemmung *recycled*, nicht mehr als Kategorie der Naturgeschichte, sondern der menschlichen Geschichte, u.z., wie gesagt, als Metapher für ein geschichtliches Ereignis, die sog. Völkerwanderungen. Sie werden durch das Bild der Überflutung der griechisch-römischen Kulturwelt durch den Einbruch von Naturvölkern aus dem Orient ausgedrückt.

In seinem 1572 veröffentlichten Traktat über die Methode der historischen Forschung benutzt bereits Jean Bodin diskret dieselbe Metapher, um die Lähmung der Wissenschaften zu erklären, wobei er sie mit dem anderen Modell der Zerstörung verbindet, dem Weltbrand. So erklärt er, in einem barock klingenden Satz, die Skythen seien nach Italien eingeflossen (influentes *in Italiam Scytharum copiae*), und hätten dort alles in Brand gesetzt[31].

1620 spricht Francis Bacon von einer Barbarenüberschwemmung *(inundatio barbarorum)* ins römische Reich und verbindet das Bild mit demjenigen eines Schiffbruchs der menschlichen Wissenschaft[32].

Bei den Schriftstellern, die in den achtziger Jahren des 17. Jh. an der „Querelle des anciens et des modernes" teilnahmen, ist der Gebrauch der Metapher schon üblich und ist auf beiden Seiten bezeugt. So in Longepierre Discours sur les Anciens (1687). Ebenfalls in Fontenelles Digression sur les Anciens et les Modernes (1688) oder bei Charles Perrault Parallèles des Anciens et des Modernes (1690)[33].

David Hume: Recycling des Zyklischen ins Lineare

Der Kronzeuge für die Wiederaneignung der zu einer Metapher verkommenen Vorstellung einer Flut ist wohl David Hume. Auch der schottische Philosoph

---

29 Ebd., Kap. 10.
30 Diderot, *Le Pour et le Contre ou Lettres sur la postérité*, Ausg. E. Hill et al., Oeuvres complètes, Bd. 15, Paris, 1986; vgl. C. L. Becker, *The Heavenly City of the Eighteenth Century Philosophers*, New Haven, 1932, S. 147.
31 Bodin, „Methodus", Kap. 7, in: *Œuvres Philosophiques*, Ausg. P. Mesnard, Paris, 1951, S. 227b.
32 Bacon, *Novum Organum*, I, §77, Ausg. Krohn, S. 164; Adv. of Lear. I, vi, 14.
33 Vgl. die betr. Abschnitte in M. Fumaroli (Hrsg.), *La Querelle des Anciens et des Modernes. XVIIe–XVIIIe siècles*, Paris, 2001, S. 284, 306 u. 369.

ist mit dem gewöhnlichen Gebrauch der Metapher vertraut. So schreibt er in einem vor 1742 geschriebenen Essay:

> „What is profitable to every mortal, and in common life, when once discovered, can scarcely fall into oblivion, but by the total subversion of society, and by such furious *inundations* of barbarous invaders, as obliterate all memory of former arts and civility."[34]

Die Umwälzung findet aber erst in einem Passus aus den „Gesprächen über die natürliche Religion" statt. Das Werk ist erst 1779, d.h. drei Jahre nach Humes Ableben 1776, veröffentlicht worden. Seine Entstehung fand aber vor 1751 statt. Es spricht Cleanthes:

> „Your theory seems to imply the eternity of the world; and that is a principle which, I think, can be refuted by the strongest reasons and probabilities. I shall suggest an argument to the purpose, which, I believe, has not been insisted upon by any writer. Those, who reason from the late origin of arts and sciences, though their inference wants no force, may perhaps be refuted by considerations derived from the nature of human society, which is in continual revolution between ignorance and knowledge, liberty and slavery, riches and poverty; so that it is impossible for us, from our limited experience, to foretell with assurance what events may or may not be expected. Ancient learning and history seem to have been in great danger of entirely perishing after the *inundation* of the barbarous nations; and had these convulsions continued a little longer, or been a little more violent, we should not probably have now known what passed in the world a few centuries before us. Nay, were it not for the superstition of the Popes, who preserved a little jargon of Latin, in order to support the appearance of an ancient and universal church, that tongue must have been utterly lost: In which case, the Western world, being totally barbarous, would not have been in a fit disposition for receiving the Greek language and learning, which was conveyed to them after the sacking of Constantinople. When learning and books had been extinguished, even the mechanical arts would have fallen considerably to decay; and it is easily imagined, that fable or tradition might ascribe to them a much later origin than the true one. This vulgar argument, therefore, against the eternity of the world, seems a little precarious."[35]

Die inhaltliche Ungenauigkeit des Humeschen Geschichtsbildes braucht uns hier nicht zu kümmern: Die leider populär gewordene Vorstellung eines Umzugs kultureller Waren und Kulturträger, der erst nach dem Fall Konstantinopels geschehen sei, ist schon lange widerlegt worden. Sein Spott über „den Aberglauben der Päpste" rezykliert den schottisch-presbyteranischen Abscheu dem *Popery* gegenüber und macht ihn zu einem gewöhnlichen Vorurteil der Aufklärung.

---

34 Hume, „On the Rise and Progress of the Arts and Sciences", in: *Essays, moral, political and literary*, Oxford 1963, S. 126
35 Hume, *Dialogues Concerning Natural Religion*, 6. Teil, Ausg. J. C. A. Gaskin, Oxford, 1993, S. 74 f.

Trotz seines am Anfang erhobenen Anspruchs auf Originalität nimmt Hume frühere Gedanken wieder auf. Machiavellis Argument zugunsten der Ewigkeit der Welt, besser gesagt, seine Antwort auf das Gegenargument derjenigen, die sich auf die Geschichte berufen, wird so gut wie identisch wiederverwendet. Humes Passus weist übrigens andere deutliche Anklänge an Machiavellis Geschichtsauffassung auf, wie z.B. über die Gründe und Folgen des Bestehens der lateinischen Sprache[36].

Nur kann man eine gewaltige Transposition beobachten, worauf alles hier ankommt: Das Phänomen, dem das Vergessen der früheren Kulturerrungenschaften zuzuschreiben ist, ist vom Kosmologischen ins Geschichtliche umgesetzt worden, u.z. durch den Gebrauch des Bildes einer Überschwemmung.

Drei positive Kontrapunkte

1) 1774 nimmt Herder das Thema der barbarischen Überschwemmungen wieder auf, wobei er es übrigens auch transponiert.

> „[...] Als dieses Nordische Meer von Völkern mit allen Wogen in Bewegung geriet, Wogen drängten Wogen, Völker andere Völker! Mauer und Damm um Rom war zerrissen: Sie selbst hatten ihnen die Lücken gezeigt und sie herbeigelockt, daran zu flicken — endlich da alles brach, welche *Überschwemmung* des Süds, durch den Nord! Und nach allen Umwälzungen und Abscheulichkeiten, welche neue Nordsüdliche Welt!"[37]

In diesem beeindruckend orchestrierten Bild ersetzt eine neue Flüssigkeit eine ältere: Wasser wird unausgesprochen zu Blut. Die Barbaren bringen den entarteten Völkern Europas neues, gesünderes Geblüt. Die dem ersten Anschein nach katastrophale Überschwemmung wird zu einer heilbringenden Transfusion, die zu einer Verjüngung des dekadenten Reiches führt. Seit Herder geistert die Hoffnung auf eine Wiederbelebung des erschlafften Europas durch gesündere Barbaren in der Intelligentsia herum. Das geschieht sowohl in einer rechts- als auch in einer linksradikalen Fassung.

2) Im Rahmen seines Projekts einer historischen Apologie des Christentums als eines kunst- und kulturschaffenden Faktors zieht François-René de Chateaubriand implizit eine Parallele zu den barbarischen Einwanderungen in der platonischen Auffassung nach der die Menschheit periodisch von Fluten weggeschwemmt wird, mit Ausnahme der Bergbewohner:

---

36 Vgl. z. B. Machiavelli, *Discorsi*, II, 5, a.a.O., S. 247.
37 Herder, „Auch eine Philosophie der Geschichte zur Bildung der Menschheit", 2. Abschnitt, Anfang, in: *Werke*, Ausg. W. Pross, Darmstadt, 1984, Bd. 1, S. 622.

„L'invasion des barbares mit le comble à tant de calamités, et l'esprit humain en reçut une impression de tristesse qui ne s'est jamais effacée. Tous les liens qui attachent à la vie étant brisés à la fois, il ne resta plus que Dieu pour espérance, et les déserts pour refuge. *Comme au temps du déluge*, les hommes se sauvèrent sur le sommet des montagnes, emportant avec eux les débris des arts et de la civilisation."[38]

Trotz des Gebrauchs der Singularform („*le déluge*") ist dieser Flut eher grie-chisch als biblisch. Die Arche fehlt völlig. Dagegen sind Anklänge der platoni-schen Auffassung leicht zu vernehmen. Der Unterschied besteht darin, daß die Überlebenden, nach Platon, eben rohe und bildungslose Leute waren. Dagegen sollen die Anachoreten das antike Kulturgut mitgebracht und gerettet haben. Das Christentum erscheint nicht mehr als eine zersetzende Kraft, sondern ganz im Gegenteil als die heilvolle Macht der Bewährung.

3) Kurz vor der Jahrhundertwende eröffnet Hegel seine Besinnung über das Schicksal des Judentums mit der Erinnerung an die Sintflut. Komischerweise betont Hegel, genauso wie Chateaubriand, den er unmöglich hat lesen können, den Eindruck der Trauer, der nicht wegzutilgen ist.

„Der Eindruck, den die noachische Flut auf die Gemüter der Menschen machte, musste ein tiefes Zerreissen und die Wirkung der ungeheurste Unglaube an die Natur sein."

Der Mensch wird gleichsam gezwungen, die Natur zu bezwingen:

„Damit der Mensch gegen die Ausbrüche der nun feindlichen Natur bestehen könnte, so musste sie beherrscht werden."[39]

Die Furcht vor die Wiederkehr der Sintflut erklärt nicht nur den Versuch Nim-rods, einen Turm zu bauen, dessen Gipfel über den höchstmöglichen Wasserstand hinausragen sollte, sondern auch Abrahams Grundgesinnung des Mißtrauens der Welt und den Mitmenschen gegenüber, kurz, seinen Willen, nicht zu lieben[40].
    Hegel erklärt nicht, warum die Erinnerung an die Überschwemmung nur bei der Nachkommenschaft eines einzigen Sohnes des Noah, u.z. Sem, ferner nur in der Sippe Abrahams als dem „Volk des Gedächtnisses" wach blieb.
    Erst Hegel hat die Einmaligkeit der Sintflut als solche reflektiert. Er hat sie wiederum als ein Gedächtnisphänomen erfaßt. Diesmal hat aber die Erinnerung ein neues Subjekt bekommen: Von der Erinnerung Gottes wird nicht gespro-chen; die Erinnerung ist lediglich diejenige des Menschen. Sie braucht keine äußere Hilfe. Ganz im Gegenteil ist die Sintflut das Unvergeßliche schlechthin.

---

38 Chateaubriand, „Lettre à M. de Fontanes sur la deuxième édition de l'ouvrage de Mme de Staël", in: *Essai sur les révolutions. Génie du christianisme*, Ausg. M. Regard, Paris, 1978, S. 1271 f.
39 Hegel, „[Der Geist des Judentums]", in: „[Der Geist des Christentums und sein Schicksal]", in: *Werke*, Frankfurt a. M., 1971, 1. Bd., S. 274.
40 Ebd., S. 276f. u. 279.

G. Hoet: Blitze bei Sintflut, Cambridge Bible 1660.
Abb. aus Don Cameron Allen, The Legend of Noah, Fig. 21.

MARTIN MULSOW

Sintflut und Gedächtnis:
Hermann von der Hardt und
Nicolas-Antoine Boulanger

Sintflut und Gedächtnis – das scheint vor allem eine Verlustbeziehung zu sein:
durch das Wasser kommt das Vergessen. So hat, wie Platon im *Timaios* schreibt,
ein hochbetagter ägyptischer Priester Solon gegenüber geäußert, die Hellenen
blieben doch immer Kinder. „Bei euch und anderen Völkern", sagt er dem Griechen, „war man jedesmal eben erst mit der Schrift und allem andern, dessen die
Staaten bedürfen, versehen, und dann brach, nach Ablauf der gewöhnlichen
Frist, wie eine Krankheit eine Flut vom Himmel über sie herein und ließ von
ihnen nur die Schrift der Unkundigen und Ungebildeten zurück, so daß ihr vom
Anbeginn wiederum gewissermaßen zum Jugendalter zurückkehrt, ohne von
dem etwas zu wissen, was hier wie bei euch zu alten Zeiten sich begab."[1] Aber
die Beziehung zwischen Sintflut und Gedächtnis meint auch immer die
Bemühung, etwas vor dem Vergessen durch die Flut zu bewahren, das Wichtigste und Eigenste zu retten – sei es durch den Bau einer Arche, oder durch die
Aufzeichnung auf wasser- und hitzebeständigen Säulen, so wie es Flavius Josephus von den Säulen des Seth überliefert hat, oder wie es von den zwei entsprechenden ägyptischen Pyramiden heißt.

Das Gedächtnis, um das es hier geht, ist nicht das individuelle. Es ist das
Menschheitsgedächtnis, das Gedächtnis eines Volkes, das kollektive Gedächtnis. Ich möchte im folgenden zwei extreme Weisen beschreiben, Sintflut und
kollektives Gedächtnis aufeinander zu beziehen. Die Weisen sind einander diametral entgegengesetzt. In der ersten Form wird die Sintflut ganz und gar als
Phänomen des kollektiven Gedächtnisses verstanden, so sehr, daß es in dieser
Perspektive gar keine Sintflut gegeben hat, sondern nur etwas, das als Sintflut-
erzählung tradiert worden ist und dessen wahrer Kern es verdient, aus dem Verständnis der Mechanismen der Tradierung heraus entschlüsselt zu werden. Hier
ist also die Sintflut nicht besiegt, insofern ein Wissen durch sie hindurch gerettet
würde, sondern insofern sie als Faktum überhaupt geleugnet wird. Die Sintflut
ist etwas anderes. Die zweite Form, Sintflut und Gedächtnis aufeinander zu beziehen, versteht dagegen das kollektive Menschheitsgedächtnis ganz und gar als
Phänomen der Sintflut – in der Weise, daß erst die Sintflut dazu Anlaß gegeben
habe, kollektive Formen von Erinnerung zu entwickeln, in denen dann das Ur-

---

1 *Timaios* 23a–b. Ich zitiere nach der Schleiermacher-Übersetzung in Platon, *Sämtliche Werke*,
   Bd. 5, hg. von Walter F. Otto, Ernesto Grassi und Gert Plamböck, Hamburg, 1959, S. 149 f.

erlebnis der Flut tradiert worden ist und aus denen heraus sich weitere Formen von Kultur und Mentalität ergeben haben.

Diese zwei Weisen sind natürlich nur zwei von vielen, die sich in der Frühen Neuzeit realisiert haben. Aber sie markieren als Extrempunkte so etwas wie den gesamten Denkraum, in dem all die anderen, fast zahllosen Arten seit der Antike, mit den Bedrohungen des Wissens durch die Katastrophe zurechtzukommen, ihren Platz finden. Don Cameron Allen, Claudine Poulouin, Maria Susana Seguin und andere haben diese Arten beschrieben[2], doch mir scheint, daß erst der konsequente Blick auf die Thematik als einer Thematik der Gedächtnisgeschichte die Tiefendimension auslotet, die in ihr verborgen liegt. Es ist die Dimension, ganz nach der Rede des ägyptischen Priesters gegenüber Solon, von der ewigen Wiederkehr des Gleichen und von der Möglichkeit, diese Wiederkehr zu durchbrechen.

I. Die Sintfluterzählung als verschlüsselte Erinnerung: Hermann von der Hardt[*]

Die erste der beiden genannten Weisen, Sintflut und Gedächtnis aufeinander zu beziehen, ist anscheinend die aktuellere. Wir gehen seit längerer Zeit davon aus, daß die Sintflut – zumal Flutmythen in zahlreichen über die Welt verstreuten Kulturen nachweisbar sind – kein reales Ereignis war, sondern ein Mythos, in dem Komplexe von Schuld und Sühne, von Neuanfang und Kulturentstehung in einer Flut- und Wassersymbolik verarbeitet worden sind. Wenn die Sintflut nur ein Mythos war, dann mag es lohnen, die Bedeutungen zu entschlüsseln, die er transportiert, und die Umstände, in denen er entstanden ist. Es mag lohnen, den Sintflutmythos auf seinen Realitätsgehalt zu reduzieren. Ein solches Unternehmen der „Entmythologisierung" hat Hermann von der Hardt, Professor für orientalische Sprachen an der Universität Helmstedt, am Beginn des 18. Jahrhunderts gewagt.[3] In seinem *Tomus primus in Jobum* von 1728 ist ein lan-

---

2   Don Cameron Allen, *The Legend of Noah. Renaissance Rationalism in Art, Science, and Letters*, Urbana, 1963; Claudine Poulouin, *Les temps des origines. L'Eden, le Déluge et „les temps reculés"*. *De Pascal à l'Encyclopédie*, Paris, 1998; Maria Susana Seguin, *Science et religion dans la pensée française du XVIIIe siècle: le mythe du Déluge universel*, Paris, 2001; Florentino García Martínez und Gerard P. Luttikhuizen (Hg.), *Interpretations of the Flood*, Leiden, 1999; J. David Pleins, *When the Great Abyss Opened. Classic and Contemporary Readings of Noah's Flood*, Oxford, 2003.

*   Für kritische Lektüre dieses Teils und Hinweise danke ich herzlich Christoph Levin.

3   Zu von der Hardt (1660-1746) vgl. die ausführliche Studie von Hans Möller, *Hermann von der Hardt als Alttestamentler*, maschinenschriftliche Habilitationsschrift, Leipzig, 1962; vgl. weiter A. G. Hoffmann, „Art. ‚Hardt'", in: *Allgemeine Encyclopädie der Wissenschaften und Künste*, Zweite Section, H-N, Zweiter Theil, Leipzig, 1828, Sp. 388–395; F. Lamey, *Hermann von der Hardt in seinen Briefen und seinen Beziehungen zum Braunschweiger Hofe, zu Spener, Franke und dem Pietismus*, Beilage I zu den Hss. der Großherzoglichen Badischen Hof- und Landesbibliothek Karlsruhe, Karlsruhe, 1891; Dieter Merzbacher, „Die ‚Herwiederbringung der herr-

ges Kapitel über die Sintflut enthalten, denn dieser Foliant, weit davon entfernt, nur ein Hiob-Kommentar zu sein, enthält eine ganze Reihe von Studien zur „Geschichte Israels im assyrischen Exil", in deren Rahmen von der Hardt das Hiob-Buch und auch die Sintflut-Erzählung einordnet.[4]

Von der Hardt geht von der ungewöhnlichen – und heute bizarr wirkenden – These aus, daß das Hebräische sich aus dem Griechischen entwickelt habe. Die These ist eine späte Frucht der barocken Suche nach einer „harmonia linguarum" und nach der Ursprache und steht im methodischen Kontext des berüchtigten barocken Etymologisierens in der Art von Goropius Becanus oder Johannes Ericus.[5] Hardt übersetzt gelegentlich sogar Passagen der Bibel aus dem „hebräischen Dialekt" ins Griechische „zurück", um deren eigentliche Struktur und Terminologie herauszuarbeiten – und zwar nicht nur jene Bücher der Bibel, die wir heute als Produkte des hellenistischen Judentums ansehen.[6] Der Hallenser Philosoph und Philologe Christian Benedikt Michaelis hat in einer Schrift von 1727 von der Hardt dafür herzhaft angegriffen und ihn als halbverrückten „Philologen der Helmstädter" ridiküli-

---

lichen Schriften, so fast verloren gewesen'. Das ‚concilium Constantiense', ein Editionsprojekt Hermann von der Hardts und des Herzogs Rudolf August von Braunschweig-Lüneburg", in: Dorothea Klein u.a. (Hg.), *Vom Mittelalter zur Neuzeit. Festschrift für Horst Brunner*, Wiesbaden, 2000, S. 569–592; Ralph Häfner, „Tempelritus und Textkommentar. Hermann von der Hardts ‚Morgenröte über der Stad Chebron'. Zur Eigenart des literaturkritischen Kommentars im frühen 18. Jahrhundert", in: *Scientia Poetica* 3, 1999, S. 47–71; ders.: „„Denn wie das buch ist, muß der leser seyn' – Allegorese und Mythopoesis in den ‚Hohen und hellen Sinnbildern Jonae' des Helmstedter Gelehrten Hermann von der Hardt", in: Herbert Jaumann (Hg.), *Die europäische Gelehrtenrepublik im Zeitalter des Konfessionalismus*, Wiesbaden, 2001, S. 183–202.

4   Hermann von der Hardt, *Tomus I in Jobum, Historiam populi Israelis in Assyriaco exilio, Samaria eversa, et regno extincto; tragoediam suarum admirandi decoris partibus II.* [...], Helmstedt, 1728.

5   Vgl. allg. Umberto Eco, *Die Suche nach der vollkommenen Sprache*, München, 1994. Zu Ericus und seiner *Anthropoglottonia sive humanae linguae genesis*, Venedig, 1697, die der die These von der griechischen Abstammung des Hebräischen vertreten wird, vgl. dort S. 198 f. Die These lag nahe, wenn man das biblische Griechisch zur Grundlage nahm, denn es ist von hebraisierter Natur. Maßgeblich mag für von der Hardt auch das Urteil von Claude Saumaise gewesen sein, der seltene hebräische Worte vom Griechichen her zu verstehen suchte: *Clavdii Salmasii De Hellenistica Commentarius: Controversiam De Lingua Hellenistica decidens, & plenissime pertractans Originem & Dialectos Græcæ Linguæ*, Leiden, 1643. Denn Saumaise war auch zentral in der Auffassung von der Wichtigkeit der alten skythischen Kultur. Vgl. unten Anm. 16. Hardt verweist aber auch ausdrücklich auf jüdische Autoren, die selbst den Primat des Griechischen verfochten hatten. Vgl. die Praefatio zu *In Jobum*: „Ipsorumnet adeo Judaeorum doctorum calcaribus graecis investigatus oreque judaeorum graeco pellectus ac invitatus egomet graecum hoc iter bono animo serenaque mente sum ingressus." Hardt nennt etwa (S. 11) Benjamin Musaphia, R. Cohen de Lara (aus Hamburg) und R. Nathan.

6   Vgl. z.B. *In Jobum* (Anm. 4), S. 105–116: Micha; S. 279 ff. zur Genesis. Zum hellenistischen Judentum vgl. Martin Hengel, *Judentum und Hellenismus. Studien zu ihrer Begegnung unter besonderer Berücksichtigung Palästinas bis zur Mitte des 2. Jh. v. Chr.*, 3. Aufl. Tübingen, 1988. Für heutige Theorien über schon vor-hellenistische Kontakte vgl. Martin L. West, *The East Face of Helicon. West Asiatic Elements in Greek Poetry and Myth*, Oxford, 1997; Walter Burkert, *Die Griechen und der Orient*, München, 2003; Markus Witte und Stefan Alkier (Hg.), *Die Griechen und der vordere Orient*, Berlin, 2003.

siert.[7] Von der Hardt ließ es sich daraufhin nicht nehmen, seinen entstehenden Hiob-Kommentar so umzuarbeiten, daß beinahe auf jeder Seite, bis in das
Titelblatt hinein, auf den „Philosophen der Hallenser" Bezug genommen
wird: zu dessen Belehrung, zu dessen Erstaunen, gegen dessen Zweifel usw.

Nebenbei gesagt war die Bezugnahme auf Michaelis nicht einfach aus einem
Bedürfnis nach Polemik entstanden, sondern eine Verlegenheitslösung. Hardt
stand unter Publikationsverbot, denn seine Thesen waren theologisch zu an-
stößig, und nur das universitär verbriefte Recht auf die Reaktion auf einen öffentlichen Angriff konnte ihn von dem Verbot befreien. In späteren Jahren ist
Hardt sogar dazu übergegangen, seine Botschaften in seinen Büchern zu ver-
schlüsseln.[8]

Aus der Priorität des Griechischen leitet er nun die Berechtigung ab, von stilistischen Eigenheiten der griechischen Literatur, etwa der Verrätselung oder der
Ausarbeitung des Stoffes als Tragödie, auf vergleichbare stilistische Eigenheiten
bcstimmtcr biblischcr Büchcr schlicßcn zu dürfen. Er zieht griechische Autoren wie Claudian oder Musäus heran, um dies zu illustrieren, und benutzt zugleich profane Geschichtsschreiber wie Herodot, Diodor und Justin, um die
historischen Hintergründe der biblischen „Literatur" aufzuhellen. Hiobs Stil
sei „gravis", „nervosus" und „argutus", sagt von der Hardt. Er ist also unklas-
sisch genug, um von der barocken Poetik seiner Zeit her den exegetischen Blick
auf der Suche nach „arguten" Concetti auch bei Hiob, Amos oder Jona, oder
auch im Pentateuch zu schärfen.[9]

Von der Hardt, der als post-Richard-Simon-Autor im Bezug auf den Pentateuch nur noch vom „Corpus Mosaicum" spricht, hält für den Autor der Sint-
flutpassage von Genesis 6-9 den in 2 Könige 22 und 2 Chronik 34 erwähnten
Oberpriester Hilkia, der das Buch Deuteronomium „aufgefunden" habe.[10] Hilkia lebte unter König Josia, also im späten 7. vorchristlichen Jahrhundert, und er
hat nach von der Hardt auch das Buch Jona geschrieben, das der Helmstedter
Orientalist bereits in seinen *Aenigmata prisci orbis* von 1723 in dessen „Sinnbil-

---

7　Christian Benedikt Michaelis, *Commentatio apologetica, qua falso adserta origo linguae He-*
　　braeae ex Graeca convellitur [...] adversus nuperas Cl. Philologi Helmstadiensis i.e.H. von der
　　Hardt, phluarias historico-philologico-hermeneuticas, Halle, 1727; in den *Acta eruditorum* 1727,
　　S. 501–504 wurde das Buch rezensiert. Vgl. auch Michaelis' erste Schrift gegen von der Hardt:
　　Dissertatio philologica, qua celeberrimi cujusdam viri hypothesis etymologica de hebraea et ad-
　　finibus orientis linguis e graeca derivandis modeste expenditur, Halle, 1726.

8　Vgl. Möller (Anm. 3), S. 95 ff.

9　Zur Poetik des „Arguten" vgl. etwa Emanuele Tesauro, *Il canocchiale aristotelico*, Torino, 1670;
　　Von der Hardts Vorliebe für „Sinnbilder", Emblemata, Rätsel und memorative Techniken ist eng
　　mit dieser Poetik verküpft und hat sich sowohl in seiner Unterrichtspraxis niedergeschlagen, in
　　der er seinen Schülern Sinnsprüche diktierte und Rituale pflegte, als auch in der Präsentation
　　seiner Texte. Die Interpretation gerade des Buches Hiob als Tragödie – wie es auch Hardt vor-
　　schwebt – ist bis heute immer wieder vertreten worden. Vgl. die Thesen über eine Nachahmung
　　von Euripides oder Äschylos durch den Hiobdichter bei Horace M. Kallen, *The Book of Job as*
　　a Greek Tragedy, New York, 1959; J. J. Slotki, „The Origin of the Book of Job", in: *ET* 39,
　　1927/28, S. 131–134.

10　*In Jobum* (Anm. 4), S. 171.

dern" entschlüsselt hatte. Die Entschlüsselung ging euhemeristisch vor: Von der Hardt hatte damals die Person Jona als Allegorie für das Reich Juda unter Josias gedeutet. Die Erzählung von Jona chiffriere in Wirklichkeit den Konflikt mit dem assyrischen Reich, den Kampf um Ninive und die Feldzüge der Skythen.[11]

Diese Interpretation hat von der Hardt auch in seinem Hiob-Buch fortgeführt. Zentraler Hintergrund ist für ihn der Skytheneinfall in Vorderasien, den Herodot in I 105 beschreibt und dessen Auswirkungen man in biblischen Texten wie etwa der Redeweise des Propheten Zephanja vom Tag des Herrn und vom „großen Strafgericht", das über Juda und andere Reiche hereinbrechen werde[12], und in den Worten des Jeremia vom „Feind aus dem Norden" sich spiegeln sehen konnte.[13] Auch die im Buch Habakuk erwähnten „Chaldäer", die Gott erwecken will, als „ein grimmiges und schnelles Volk" in Reiterscharen, ließen sich auf die Skythen deuten.[14] In diesem Sinne ist es die These von der Hardts, daß die Sintfluterzählung ein „Sinnbild", eine Metapher für die zeitgenössische Erfahrung kriegerischer Invasion ist – konkret der Invasion der Skythen: die Skythen waren herangebrandet, hatten die Städte Judas solange „überschwemmt", bis ihre Invasion „verebbt" war.[15] Die Deutung von Fluten als Völkerfluten war seit Machiavelli möglich, und auf die Skythen war 1693 schon Paul Pezron bei einigen Bibelauslegungen gekommen, doch abgesehen von einer möglichen Anregung durch ihn hat von der Hardt seine Hypothese selbständig entwickelt.[16]

Nun hat es nach Herodot und Justin mehrere Skythenfeldzüge gegeben. Von der Hardt unterscheidet drei und ordnet ihnen zwei Sintfluttradierungen und

11 Hermann von der Hardt, *Aenigmata prisci orbis*, Helmstedt, 1723.
12 Eine Deutung durch die Skythenhypothese wird bisweilen auch noch heute vertreten; sie findet sich etwa bei W.O.E. Oesterley und Th. H. Robinson, *Introduction to the Books of the Old Testament*, London, 1934, aber auch noch später. Vgl. Otto Eißfeldt (Hg.), *Handbuch zum Alten Testament, Bd. I,14: Die zwölf kleinen Propheten*, 3. Aufl., Tübingen, 1964. Für die ältere Forschung vgl. Philipp Gabler (Hg.), *Johann Georg Eichhorns Urgeschichte*, Altdorf-Nürnberg, 1790–93. Zu den Skythen vgl. allg. B. N. Grakow, *Die Skythen*, Berlin-Ost, 1988.
13 Vgl. etwa Edwin M. Yamauchi, *Foes from the Northern Frontier. Invading Hordes from the Russian Steppes*, Grand Rapids, Michigan, 1982. Vgl. schon F. Wilke, „Das Skythenproblem im Jeremiabuch", in: *Alttestamentliche Studien für R. Kittel*, Leipzig, 1913; A. R. Millard, „The Scythian Problem", in: J. Ruffle (Hg.), *Glimpses of Ancient Egypt*, Warminster, 1979, S. 119–122.
14 Habakuk 1,6-11. Zur Deutung der Stelle auf ein „unbekanntes Eroberervolk" vgl. Otto Happel, *Das Buch des Propheten Habakkuk*, Würzburg, 1900; vgl. Rudolf Smend, *Die Entstehung des Alten Testaments*, Stuttgart 1978; Otto Kaiser, *Einleitung in das Alte Testament*, 5. Aufl., Gütersloh, 1984; Klaus Seybold, *Nahum, Habakuk, Zephanja*, Zürich, 1991.
15 *In Jobum* (Anm. 4), S. 160. Der Titel des Abschnitts lautet: „Historia diluvii Noachi, belli scythici secundi ex Ponto in Palaestinam tria vetusta bella scytharum Europaeorum in Asiam pro Imperio Asiae acquirendo, ducibus Tanao, Ylinoso et Indathyrso, juxta Herodotum, Diodorem Siculum, Manethonem, Erathosthenum, Justinum et Jornandem veteres, qui luculenti sunt commentarii in Historiam diluvii Noachi digne illustrandam."
16 Zu Machiavelli vgl. den Beitrag von Rémi Brague in diesem Band. – Paul Pezron, *Essay d'un commentaire litteral et historique [...] sur les prophetes*, Paris, 1693; vgl. Möller (Anm. 3), S. 154. Leibniz hat von der Hardt 1706 auf Pezron hingewiesen. Pezron redet S. 200 von der „inondation" der Skythen. Von „inundarunt" hatte auch schon Claude Saumaise geredet; vgl. *De Hellenistica* (Anm. 5), S. 366: „Nulla Europae fere gens, nec Asiae, quin a Septentrione promanaverit. Inde propagines profectae populorum, quibus Europae Asiaeque pleraeque partes consitae fuerunt. Scythia igitur, quae ad septentrionem omnes ferme gentes evomuit cum suis linguis,

mehere andere Texte aus den kleinen Propheten zu: der erste sei vom Skythen-
fürsten Tanaos, der zweite von den Nachfahren des Ylinos und der dritte von
Indathyrsos (Idanthyrsos) angeführt worden. Was diesen dritten Feldzug angeht, so sei er jener, der zur Zeit von Hilkia und Josia stattgefunden hat. Von
diesem Krieg handeln nach von der Hardt unter anderem die Texte der Propheten Zephanja und Habakuk, Texte die er ausführlich in ihrer literarischen
Struktur interpretiert.[17] Auch wenn die heutige Exegese diese Texte nur noch
bedingt mit einer Skytheninvasion in Zusammenhang bringt – einen solchen
Feldzug scheint es immerhin gegeben zu haben. Manche Interpreten gehen aufgrund der in Keilschrift verfaßten babylonischen Chronik – die von der Hardt
noch nicht kennen konnte – davon aus, daß der Skythenfeldzug durch Palästina
609 vor Christus stattgefunden haben könnte.[18]

Die in Gen. 6-9 erzählte Sintflut war nun aber nicht dieser dritte Skythenfeldzug, sondern der zweite. Diese Interpretation hängt mit von der Hardts Vorstellung von Symbolisierung der Vergangenheit und Gegenwart zusammen. Zur
Zeit Hilkias wurden Erfahrungen akut, die zugleich auf alte, weit zurückliegende
Erfahrungen verwiesen. „Bei allen älteren und neueren Autoren der ganzen Welt
ist es gebräuchlich, daß sie, wenn sie vorhaben, die Schicksale ihrer eigenen Zeit
zu beschreiben, dies dennoch nicht einfach und offen tun, sondern mit guten
Gründen eine denkwürde alte Geschichte dafür auswählen, die eine Ähnlichkeit
mit der gegenwärtigen hat."[19] Daher wurden jetzt, zur Zeit des neuerlichen Sky-
theneinfalls, auf änigmatisch-metaphorische Weise Ereignisse beschrieben, die
zugleich auf alte wie auf zeitgenössische Geschichte verwiesen.[20] Man sieht, daß

---

quae Europam et Asiam inundarunt. Ut autem vastissima illa Scytharum regio fuit, et late por-
recta ad Orientem et Occidentem, versus Meridiem erustando varias hinc in Europa, inde in
Asia, produxit gentes."

17 *In Jobum* (Anm. 4), S. 134–152 zu Zephanja, S. 117–133 zu Habakuk.

18 Vgl. A. Malamat, „The Historical Setting of two Biblical Prophecies on the Nations", in: *Israel
Exploration Journal* 1, 1950/51, S. 149–159.

19 *In Jobum* (Anm. 4), S. 196: „Apud omnes veteres et recentes, totius orbis autores solemne est,
ubi suae aetatis fata describere instituerunt, nec animus tamen est id palam et aperte peragere,
causis justis suadentibus, veterum quandam eligere historiam memorabilem, quae analogiam ha-
beat cum praesente." Ich habe diesen Ansatz weiter rekonstruiert in Martin Mulsow, „Der
Krieg, die Stadt, die Götzen und die Flut. Rekonstruktionen alttestamentlicher Vergangenheit
im Zeitalter der Staatsräson", in: Frank Bezner und Karl-Joachim Hölkeskamp (Hg.), *Rekonstruktionen von Vergangenheit in Antike, Mittelalter und Früher Neuzeit* (im Erscheinen).

20 Vgl. Hardts grundsätzliche Erläuterung der historischen Symbolisierung, S. 196: „Vetus historia picta est symbolis, ut in symbolis deliteat vetus res gesta. Porro, tota illa vetus historia symbolica ideo et illo quidem modo est composita, ut esset idea similis novae rei. Quomodo eadem
imago simul denotat rem veterem, pro scopo proximo symbolorum, sed et simul rem novam
pro consilio ac intentione autoris, dum vetus res ideo effigiata est, ut rem novam suo exemplo
adumbraret." S. 197: „Sunt profecto in tali symbolo vel emblemate tria insignia momenta, arcte
combinata, et vinculo indissolubili constricta, prima symboli externa facies, mira plerumque, in-
solita, stupenda etiam, et ferme incredibilis; secundo, historia latens, illis imaginibus proxime
significata, pro veteri aevo, tertio, historia recens, veteri illa historia symbolica in exemplo desi-
gnata." Einen scharfsinnigen Gebrauch von dem „Chilkiae libello de bello veteri Scythico, oc-
casione belli recentioris rege Josia scripto" (198) habe später Esra in seinem Buch Jesaja Kap. 54
gemacht, wo er die Ereignisse mit dem Babylonischen Krieg verglichen habe.

von der Hardts Euhemerismus keineswegs simpel und einlinig ist, sondern von
einer komplexen Semiotik, einer an Emblemen geschulten Allegorese unterlegt:
Hinter dem direkten geschichtlichen Kontext liegt ein anderer, frühgeschichtli-
cher Kontext, der ebenfalls aus dem Rätselbild zu entschlüsseln ist. Im übrigen
ist es gerade und nur der direkte geschichtliche Kontext, weshalb von der Hardt
überhaupt die Sintflut im Kontext eines Hiobkommentars behandelt: die Erzählung entstand im Umkreis einer Reihe von Schriften des späten siebten vorchristlichen Jahrhunderts, die Ereignisse zur Zeit des assyrischen Exils und deren
vorgeschichtliche Parallelen spiegeln.[21]

Die Sintfluterzählung Hilkias hat also eine Doppelreferenz: sekundär auf den
dritten Skythenkrieg, primär auf den zweiten Skythenkrieg, der als Exemplum
für die gegenwärtige Lage dienen sollte. Wann aber hatte der zweite Skythenkrieg, der mit der Geschichte Noahs verknüpft war, stattgefunden? Und wann
hatte der erste stattgefunden?

Um die Chronologie der Feldzüge zu bestimmen, orientiert sich von der
Hardt an den gängigen Lehrwerken von James Ussher und John Marsham. Er
betont, daß er an Marshams Tabelle, die die biblischen Ereignisse mit der Ab-
folge der Könige in Theben, Thinita, Memphis und bei den Skythen parallelisiert, kaum etwas geändert habe. Er habe lediglich die Bezüge auf die Sintflut
deutlich gemacht.[22] Hardts Tabelle beginnt im Jahr 1056 nach der Schöpfung
der Welt. In diesem Jahr wird Noah geboren. Er lebt 950 Jahre – doch von der
Hardt hatte schon in früheren Werken die angebliche Langlebigkeit der Patriarchen so erklärt, daß der Name in Wirklichkeit für die ganze Sippe, das ganze
Geschlecht stehe. Im Jahr 1207 taucht der Skythenkönig Tanaos auf, von dem
bei Justin die Rede ist[23], und erobert in den Jahren 1222-1237 große Teile Vor-
derasiens. Dies ist der „erste skythische Krieg" bzw. die „erste Sintflut". Von
dieser Zeit an, so von der Hardt, war Vorderasien für 1500 Jahre den osteu-
ropäischen Skythen ergeben, bis zum Beginn der assyrischen Herrschaft durch
Ninus im Jahr 2737.

Vergleicht man Ussher und Marsham, so stellt man fest, daß die Hypothese
einer langdauernden Skythenherrschaft im zweiten und dritten vorchristlichen Jahrtausend dort kaum explizit vertreten wurde, allenfalls als vage An-

---

21 Erst der geplante und dann vernichtete „Tomus secundus" sollte offenbar direkt auf das Hiob-
    buch eingehen. Wir können den Inhalt heute lediglich aus der erhaltenen Niederschrift einer
    Hiob-Vorlesung von der Hardts aus dem Jahr 1724 rekonstruieren: Herzog-August Bibliothek
    Wolfenbüttel, Ms. 95.1 Extravagantes: *Jobus. Historia regni Israelitici ab ejus exordio usque ad
    illius finem. Samalia deleta, Autore Zadoko, Pontifice maximo, tempore Manassis. Ex recensione
    publica in Academia Julia anno 1723 et 1724 brevi paraphrasi.* 159 fols. Der Text gliedert sich in
    42 Kapitel.
22 *In Jobum* (Anm. 4), S. 176. Vgl. James Ussher, *Annales veteris et novi testamenti a prima mundi
    origine deducti*, Genf, 1722; John Marsham, *Canon chronicus aegyptiacus, ebraicus, graecus, et
    disquisitiones. Liber non chronologicae tantum, sed et historicae antiquitatis reconditissima com-
    plexus*, London, 1672, S. 18-21. Von den Skythen ist dort allerdings nicht explizit die Rede.
23 Justinus, *Auszug aus des Trogus Pompejus Philippischer Geschichte*, Zürich und München 1902,
    I,1,6; vgl. II,3,1 zu den drei Asien-Feldzügen; weiter II,3,14; II,4; II,5.

nahme.[24] Die These war das Komplement zur ebenfalls im 17. Jahrhundert weitverbreiteten Auffassung von der skytischen Sprache als Ursprache der germanischen Sprachfamilie.[25]

Für das Jahr 1536 nach der Weltschöpfung gibt von der Hardt an, die jungen Skythenkönige Ylinos und Scolopitus seien von ihren heimatlichen Gegenden vertrieben worden und hätten deshalb Themiscyra besetzt und sich dort niedergelassen. Diese „themiscrensichen" Skythen haben dann im Jahr 1656, zur Zeit des thebanischen Königs Sesochris und des Memphitischen Herrschers Rataesis, jenen Feldzug nach Palästina unternommen, der unter der Chiffre „Sintflut" in die biblischen Bücher eingegangen ist.[26] Gut vierhundert Jahre waren damals seit dem ersten Skythenkrieg vergangen. Hardt stimmt dabei völlig mit der traditionellen, auf den Angaben der masoretischen Bibel beruhenden Datierung der Sintflut überein. Die Noah-Söhne Sem, Cham und Japhet deutet er dabei als drei neue Sippen, die sich vor der Skytheninvasion aus dem Stammhaus der Noachiden gebildet hatten: die Damascenen in Syrien, die Chemminenses in Ägypten und die Pityuntier im Kaukasus.

Dieses „Sintflut"-Ereignis lag mehr als eintausendsiebenhundert Jahre zurück, als Hilkia und seine Zeitgenossen im Jahr 3373 die erneute Erfahrung einer Skytheninvasion – diesmal durch Indathyrsos[27] – machten und in diesem Zusammenhang die Erinnerung an die graue Vorzeit fixierten. Nach der einjährigen Kriegserfahrung des Hauses Noah hatte sich, so von der Hardt, ein Friedensbund mit den Skythen etabliert, der noch lange anhielt, bis die Assyrer im Jahr der Welt 2737 die Vorherschaft in Vorderasien übernommen hatten.

An Hardts Rekonstruktion – ganz abgesehen von der heute längst nicht mehr vertretenen „Skythenhypothese" – erscheint vor allem befremdlich, daß er von zwei Sintfluten redet. War dies eine reine Verlegenheit, da es in Hilkias Vergangenheit neben dem Skythenkrieg von Ylinosus ja auch den von Tanaos gegeben hatte? Nein, Hardt konnte sich auf alte exegetische Traditionen stützen. Er verbindet den Umstand einer doppelten Sintflut offenbar mit Amos 5,8 und 9,6,

---

24　Vgl. Ussher (Anm. 22), der die Haupteintragung zu den Skythen erst für das Jahr 3373 vornimmt. Durch die gleichzeitige Nennung der Skytheninvasion mit den Vorgängen um den König Josia in Usshers Werk lag es geradezu in der Luft, eine Verbindung der Vorgänge herzustellen. Insofern trug die synoptische Chronologie sicherlich ihren Teil zu der Hypothesenbildung Hardts und anderer bei. Vgl. Marsham (Anm. 22), S. 54 mit der Epocheneinteilung: Barbarismus bis zur Sintflut, Skythismus bis Serug, Hellenismus bis Abraham, danach Judaismus. Vgl. weiter S. 362f. und 529f.

25　Vgl. etwa Daniel Georg Morhof, *Polyhistor in tres tomos*, Lübeck, 1708, Tom. I, Lib. IV, S. 21 ff. Morhof erwähnt die These im Zusammenhang der Bemühungen vor allem schwedischer Sprachforscher wie Stiernhelm und Rudbeck, die die schwedische (und germanische) Sprache als der skythischen hervorgehen ließen und diese als älter als die griechische erachteten.

26　*In Jobum* (Anm. 4), S. 174: „1656: Noa, domus Noae, 600 annorum: diluvium seu bellum illud Scythicum in Palaestinam."

27　*In Jobum* (Anm. 4), S. 176: „3373: Scythae, duce Indathyrso, superiori Asia subjugata, Judaeam infestant, in aegyptum progressuri, nisi Pfammethichus auri mole pacem redemisset, et adventum avertisset." Hardt richtet sich hier genau nach der Datierung Usshers (Anm. 22), S. 62, wo die Jahresangabe mit dem Jahr 631 v. Chr. erläutert ist.

aus dem schon der Talmud (Traktat Baba Bathra) eine Doppelung des Ereignisses abgeleitet hatten: die Flut des Enosch und die Flut des Noah.[28] Enosch galt ja manchen Rabbinen als der Anfang des Götzendienstes[29], und so war für sie auch eine erste Flut als Strafe Gottes sinnvoll. Von der Hardt hat oft und gern jüdische Exegeten benutzt, vor allem Raschi, Ibn Esra und Arbavanel, und hat sich von ihren Ideen und Analogien aus Querverweisen für seine Interpretationen leiten lassen.[30] Die sogenannte Enosch-Sintflut nimmt er als Reflex des ersten Skythen-Feldzugs – dem unter Tanaos in den Jahren um 1222 nach Kleinansien – und setzt sie mit dem gleich, was von den Sintflutprophezeiungen aus dem apokryphen Henoch-Buch bekannt war.[31] Enosch bzw. Henoch hätten das Ereignis um zwei Jahrhunderte voraus geweissagt.[32]

Doch woher nimmt von der Hardt die Berechtigung, Sintflut als Metapher für Krieg zu lesen? Er beruft sich auf den „Kommentar" des Apostels Judas zur Sintflutbeschreibung des Henoch. „Was externe Autoren die Sintflut Henochs nennen, die von Henoch vorhergesagt werde", erläutert er, „bezeichnet jener Apostel Judas wohlgesetzt als Krieg Henochs. Nichts ist offensichtlicher und erhellender als dieser Kommentar." Im Judasbrief 14-15 gibt es in der Tat ein Zitat aus der apokryphen Henoch-Apokalypse, das zeigt, daß dieser Text zur Zeit Jesu bekannt war. Dort heißt es, Henoch habe gesprochen, Gott komme mit tausenden von Heiligen (*myriasin hagious*), um Gericht zu halten über alle und zu strafen alle Gottlosen. Eine Tausendschaft bezeichnet im Alten Testament of eine militärische Einheit. Von der Hardt mag diese Passage von daher als Beschreibung eines kriegerischen Feldzuges gelesen haben, als „bellum Henochi". Doch warum Sintflut Henochs? Immerhin war das äthiopische Henochbuch damals noch nicht bekannt.[33] Aber in dem von Scaliger aus Synkellos 1606 edierten sogenanntem Wächter-Fragment ist von der Ankündi-

---

28 Vgl. auch Hardts Bezugnahme auf Raschis Bibelkommentar zu Gen. 6,4 auf S. 157.

29 Vgl. etwa Moses Maimonides' Kommentar zur Avoda Zara in der Mischne Tora, lat. übers. von Dionysius Vossius als: *De idololatria*, Amsterdam, 1641.

30 Das hat er von seinem Studium bei Edras Edzardi in Hamburg gelernt. Es ist interessant zu sehen, daß nicht nur bei von der Hardt, sondern auch bei anderen Edzardi-Studenten die Kenntnis rabbinischer Argumente in rationalistische Aufklärung umschlägt. Ein anderer Edzardi-Schüler ist Johann Joachim Müller gewesen, der Verfasser des lateinischen Traktates „De tribus impostoribus". Vgl. Anonymus (J.J. Müller), *De imposturis religionum (De tribus impostoribus)*, hg. von Winfried Schröder, Stuttgart, 1999. Müller hat so sehr „judaisiert", daß er 1717 unter dem Pseudonym R[abbi?] Marescotus eine Hiob-Erläuterung veröffentlicht hat. Schließlich ist auch Hermann Samuel Reimarus aus der Edzardi-Schulung am Hamburger Akademischen Gymnasium hervorgegangen.

31 *In Jobum* (Anm. 4), S. 153: Der Titel des Abschnitts lautet: „Historia Diluvii Enoschi, Judaeis: diluvii annaci vel Henochi, exteris: Belli Scytici primi, rege tanao in Asiam et Palaestinam, usque ad Aegyptam, in Aegypti regem vexorim, Apostolo Judae: quadrigentis ante Noachi diluvium annis: pro Cl. Hallensium philosopho primum per Asiam bellum scythicum scrutante. A. MDCCXXVI, Mense Junio.

32 *In Jobum* (Anm. 4), S. 156: „987: Enosch, aut Annacus Phrygum rex Iconii sedens, Henochus, diluvium futurum, dirumve bellum Ponticum armis Chalybum secuturum, Genes. 4,22.23.24 duobus saeculis praenunciavit."

33 Es wurde erst 1800 von de Sacy auszugsweise und 1838 von Laurence vollständig gedruckt.

gung einer großen Wasserflut die Rede.[34] So konnte von der Hardt – sicherlich etwas kurzschlüssig – die kriegerische apokalyptische Passage aus Judas als Paraphrase der Sintflut-Apokalypse aus dem Wächterbuch verstehen. Er fährt fort: „Wie es auch ist oder gesagt werden kann, wenn die Geschichte Henochs erinnert wird, Sintflut Henochs im Stil der Externen, oder Krieg Henochs im Stil des Apostels Judas, jenes im Bild oder Symbol, im oratorischen Stil, dieses offen und einfach, im Volksstil."[35] Diesen Befund überträgt von der Hardt nun auch auf die Sintflut Noahs. „Und der Herr Philosoph der Hallenser mag sich also nicht wundern, wenn auch bei der anderen Sintflut, der Noahs, in einem gleichermaßen oratorischen und metaphorisch-elegantem Stil, und mit derselben Metaphorik, ein ähnlicher Krieg beschrieben wird, der von denselben Volksgruppen nämlich, den europäischen Skythen zur Zeit Noahs [...]."[36]

Weit davon entfernt, wie viele seiner Zeitgenossen die Flutsagen von Deukalion, von Xisuthros und von Ogygos miteinander und mit Noahs Flut zu identifizieren[37], identifiziert von der Hardt sie alle als Berichte von spezifischen Kriegen: die Sintflut des Xisuthros, überliefert durch den babylonischen Priester Berosus, dessen Bericht von Alexander Polyhistor benutzt wurde, war eigentlich der Krieg zwischen dem Assyrerkönig Ninos und Zoroaster (nach Justin) bzw. Oeyarte (nach Diodor), dem König von Baktrien zur Zeit von Gideon.[38]

---

34 Joseph Justus Scaliger, *Thesaurus Temporum*, Leiden, 1606, In graeca pantodapes istorias Eusebii quae supersunt notae (eigene Paginierung), S. 244–245. Emil Kautzsch, *Pseudoepigraphen und Apokryphen des Alten Testaments*, Bd. 2, Tübingen, 1900, S. 238–247; hier S. 241 (Henoch 10,2 [Gott an Uriel, der zu Noah geschickt wird]: „Sage ihm in meinem Namen: Verbirg dich! und offenbare ihm das bevorstehende Ende. Denn die ganze Erde wird untergehen und eine Wasserflut ist im Begriff, über die ganze Erde zu kommen, und alles auf ihr Befindliche wird untergehen."). Johann Albert Fabricius, *Codex pseudoepigraphus Veteris Testamenti*, Hamburg, 1713, S. 179–199. Ralph Häfner, *Götter im Exil. Frühneuzeitliches Dichtungsverständnis im Spannungsfeld christlicher Apologetik und philologischer Kritik (ca. 1590-1736)*, Tübingen, 2003, der S. 546 ff. die Rezeption des Wächter-Buches nachzeichnet, ist darin zu korrigieren, daß er S. 550 schreibt, Scaliger hätte sich auf das apokryphe Evangelium des heiligen Judas bezogen. In Wirklichkeit bezieht sich auch Scaliger S. 245 nur auf die Henoch-Erwähnung im Judas-Brief, die er im Wächterfragment wiederfindet.

35 *In Jobum* (Anm. 4), S. 154: „Quod exteri scriptores appellant diluvium Henochi, ab Henocho praedictum, illud apostolus Judas diserte vocat bellum Henochi. Quo commentario nullus apertior ac luculentior. Quomodo perinde est, sive dicatur, dum historia Henochi memoratur, diluvium Henochi, stilo exterorum, sive bellum Henochi, stilo Apostolae Judae, illud in imagine aut symbolo, stilo oratorio, hoc aperte & plane, stilo populari."

36 Ebd.: „Nec ergo miretur cl. Hallensium philosophus, & in diluvio altero Noachi, pari oratorio aut figurato eleganti stilo, eodemque symbolo ac simulacro, bellum describi simile, & eorunem quidem populorum, Skytharum europaeorum, tempore Noachi; ut perinde fit, sive diluvium dicetur Noachi sive bellum Noachi, pro illius aetate. Proinde manifestum, perquam apte bellum illud uti effigiatum effigie diluvii ita & allegatum a Christo et apostolis nomine & symbolo illo externo diluvii."

37 Zu den Überlieferungen vgl. Gian Andrea Caduff, *Antike Sintflutsagen*, Göttingen, 1986; zu den Identifizierungen vgl. etwa die Werke von Edmund Dickinson, *Delphi Phoenizantes*, Oxford, 1655, und Pierre-Daniel Huet, *Demonstratio evangelica*, Paris, 1679.

38 *In Jobum* (Anm. 4), S. 184 ff. Zu Berosus vgl. Paul Schnabel, *Berossus und die babylonisch-hellenistische Literatur*, Leipzig und Berlin, 1923. Zu den Berosus-Fälschungen vgl. Wilhelm Schmidt-Biggemann in diesem Band.

Die Sintflut Deukalions war der Krieg der Böoter gegen Phokides, die Sintflut des Ogyges der Krieg der Böoter in der Stadt Ogygia, das später Theben wurde, gegen ihre attischen Nachbarn.[39] Stadtgründungen, Stadteroberungen, Streit und Flucht und sind für von der Hardt oftmals der Kern von mythischen Überlieferungen, ganz wie heute Mythenkerne gern identifiziert werden.[40]

Nachdem diese Mißverständnisse der komparatistischen Mythendeutung beiseitegeräumt sind, ist für von der Hardt der Weg frei, seine Neudeutung der Sintflut Noahs als Tag-für-Tag-Bericht des Skythenfeldzuges zu präsentieren. Wir schreiben den April 1656 nach der Schöpfung. Schauplatz ist die Stadt Atabyris am Berg Tabor in Palästina. Man mag sich wundern, daß von der Hardt gerade Atabyris auswählt, doch geht er, dem die historische Geographie die Kardinaltugend der Exegese war, dem Hinweis nach, die Arche sei „aus Holz" genaut worden und schließt von daher auf die „cyprinisch" heißende Stadt Atabyris.[41] Wie dem auch sei: Die Konstruktion der Arche meint die Befestigung

---

39 *In Jobum* (Anm. 4), S. 185: „Multa proinde diluvia, suis temporibus, generibus, modis, curate sunt distinguenda. Henoch, Iconiensis, praedixit diluvium, idque fuit bellum Ponticum in Asiam. Quod diluvium Henochi, aliquot seculis ante Noachi diluvium. Nochi diluvium fuit secundum bellum Scythicum in Asiam. Diluvium Deucalionis, bellum Boeotorum in Phocidem, in quo Deucalion et Pyrrha, Daulii et Cyparissii, in Parnassum confugerunt, in urbem Pythiam, cui postea Delphorum nomen datum. Similia et alia Graeciae diluvia. [...] Inter plura Graecorum diluvia celebre Ogygium in Attica, quod ad tempora referunt Isaaci. [...] Erat Ogygium hoc diluvium bellum Boeotorum veterum Ogygiorum, urbe Ogygia, ubi dein Thebae, in Atticos vicinos."

40 Vgl. etwa Hyam Maccoby, *Der Heilige Henker. Das Menschenopfer und das Vermächtnis der Schuld*, Stuttgart, 1999. Die Metamorphosen Ovids sieht von der Hardt als verschlüsselte Erzählungen von Verwandlungen der Stadtstaaten. Vgl. etwa von der Hardt, *Detecta mythologia Graecorum in decantato Pygmaeorum, Gruum & Perdicum bello*, Leipzig und Goslar, 1716, Praefatio.

41 *In Jobum* (Anm. 4), S. 176: „Pro paronomasiae decore. Haec arca ex *lignis*, pro simili analogia nominis Atabyrii, *cyprinis*, kisern: *cives veteres urbis Atabyri*, & vicini circa montem Atabyrum, adhibiti ad urbem illam muniendam & locupletendam." Bei Ussher (Anm. 22) war S. 266 und im Index geographicus s.v. Thabor darauf hingewiesen worden, daß Thabor und Atabyrium synonym zu verstehen seien. Daüberhinaus ist aus Ussher (ebd.) zu entnehmen, daß ganz in der Nähe von Atabyrium jene Stadt „Scythopolis" (vgl. 2 Makk. 12, 29; Flavius Josephus De bell. Jud. I,2,7, III,9,7 u.ö.) lag, die Bethsan hieß, aber (laut Septuaginta-Fassung von Richter 1,27) auch Scythopolis genannt wurde. Von der Hardt mag daraus einen zusätzlichen Erweis des Skythenkontextes in der Gegend von Atabyris gesehen haben; er erwähnt dies aber nicht. Hardt hat aufgrund seiner geographischen Hypothese natürlich die Erwähnung des Berges Ararat wegzuerklären, auf dem die Arche gestandet sein soll. Er ist der Auffassung, der Name Ararat sei nur durch die verwandte Xisuthros-Sage in die biblische Sintflut-Geschichte gelangt, da die Juden damals Xisuthros mit Noah identifiziert hätten. S. 193: „Verterunt enim plerumque interpretes hi geographica, non ex justa peritia, sed ex populari traditione ac communi opinione. At vero tunc inter judaeos pervagata opinio, ut de substantia arcae, ita et de situ ejus in fastigio montis, ut et de terra aut regione Armeniae. Idque ex traditione altera historiae exterae Xisuthri, quem pro Noa admiserunt judaei. Quod ergo de Xisuthro esset relatum, illum cum sua arca navigasse in Armeniam, et in monte haesisse arcam, et arcae tabulas postmodum pro amuletis esse distractas; hasce nugas bitumine plenas Noachi rebus alleverunt imperiti, creduli, cum foeminis viri, judaei et illos secuti. Hinc de Armenia fabula pro sede arcae Noachi." Doch auch Armenien sei irrtümlich in die Xisuthros-Geschichte gelangt. Eigentlich müsse es sich um das Taurusgebirge handeln.

der Stadt, die Fenster der Arche sind die Schießscharten, die Söhne Noahs die Kolonien der Stadt, die Tierarten, die die Arche besteigen, schließlich die Menschen aus allen Sippen, die in die Stadt gelassen werden, um dort vor den anbrandenden Skythen Schutz zu finden. Vierzig Tage Regen heißt vierzig Tage Angriffe auf die Stadt, 150 Tage andauernde Wellen meint die ebensolange währende Besetzung des Landes durch die Feinde. Nur die Stadt selbst hält aus, und als die Skythen wieder abziehen, können Noah und seine „Tiere" die Stadt wieder verlassen. Der erneuerte Bund Noahs mit Gott, der daraufhin geschlossen wird, ist als der Friedensvertrag mit den Themiskythen zu dechiffrieren.[42] Die erste Regel dieses Vertrages betraf die Reinheit der Religion. Und in der Tat, sagt von der Hardt, heißt es über die alten Skythen, sie hätten keinerlei Götzen verehrt und seien Wächter von Reinheit und Einfachheit gewesen.[43] Die zweite Regel betraf die Gerechtigkeit, die wiederherzustellen sei. „Beide Momente sind die soliden und festen Grundlagen einer gemeinschaftlichen Ruhe in einem Staat."[44]

Was im übrigen die berühmten Säulen angeht, die nach Flavius Josephus von den Söhnen des Seth aufgestellt worden und, auf denen, gegen Wasser und Feuer geschützt, die vorsintflutlichen Erfindungen eingemeißelt waren[45], so parallelisiert von der Hardt sie mit den Säulen des ägyptischen Königs Sesostris, von dem bei Herodot II 102 und 106 berichtet wird und die dieser – wie Josephus die seinen – in Syrien gesehen haben will. Nach Herodot zog Sesostris „mit einem großen Heer zu Lande fort und unterwarf alle Völker, die er auf seinem Wege fand. War es ein tapferes Volk, das wacker für seine Freiheit kämpfte, so stellte er Denksteine in ihrem Lande auf, deren Inschriften seinen Namen und sein Vaterland verkündigten und daß er das Volk mit Gewalt unterworfen habe."[46] Seth und Sesostris seien also verwechselt worden, und noch mehr, eigentlich – so von der Hardt – handele es sich um Siegessäulen der Skythen in Syrien und Palästina, deren Inschriften von den Juden nicht verstanden und daher in große Vorzeit verlegt worden waren.[47]

---

42 Selbst das Bild des Regenbogens erinnert nach von der Hardt an die Bögen der scythischen Bogenschützen. Vgl. Möller (Anm. 3), S. 116.

43 *In Jobum* (Anm. 4), S. 179: „Scythae veteres nihil idolorum coluerunt, veteris puritatis ac simplicitatis custodes"; vgl. Herodot IV 59: „Götterbilder, Altäre und Tempel pflegen sie, außer bei Ares, nicht zu errichten." Vgl. auch Marsham (Anm. 22 und 24) mit seiner Epocheneinteilung des Skythismus bis Serug und der gleichzeitigen Aussage, erst nach Serug hätte die Idolatrie Einzug gehalten.

44 *In Jobum* (Anm. 4), S. 179: „Quae duo momenta communis tranquillitatis in republica bases solidae essent et firmae."

45 Flavius Josephus, Ant. Jud. I,2.

46 Herodot, *Historien*, übers. von A. Horneffer, neu hg. und erläutert von H. W. Haussig, 4. Aufl., Stuttgart, 1971, S. 141.

47 *In Jobum* (Anm. 4), S. 195: „Hae columnae Sesostris, per Palaestinam, Syriam, reliquamque Asiam, usque Europae initia, passim positae, cum inscriptionibus et characteribus, ex vetustate et aetatis longinquitate, popolo ignotae, a Judais, cum inter ipsos in Palaestina similiter existerent, partim ignorantia, partim versutia, venditatae sunt in plebe pro columnis Sethi, nominibus Sethi et Sethosis vel Sesostris fallaciae faventibus. Signa illa insculpta, tum literarum peregri-

Man mag heute über die Bizarrerie dieser Bibelexegese lachen, wie schon Michaelis es getan hat. Oder statt lachen entsetzt und besorgt sein, wie es von der Hardts orthodoxere Kollegen und schließlich sein Landesherr war: er verbot dem Professor, den geplanten zweiten Band des Hiob-Kommentars zu veröffentlichen, und dieser reagierte (nicht zum ersten Mal) damit, daß er untertänig das Manuskript verbrannte und seinem Herrn die Asche sandte.[48] Besorgt waren auch einige Jesuiten, die das intellektuelle Leben in Deutschland beobachteten und von der Hardt neben Thomasius und Gundling zu den gefährlichsten Neuerern zählten.[49] In der Tat ist von der Hardt eine Art Radikalaufklärer gewesen – ein Radikalaufklärer allerdings mit pietistischem Hintergrund: Wunder gibt es nicht in der wirklichen Welt, nur im Inneren der Person. Radikal ist an von der Hardt die konsequente Behandlung der biblischen Erzählungen als Mythen und die konsequente Rückführung der Mythen auf historische Begebenheiten. Wenn man einige Generationen nach von der Hardt in Göttingen von Mythen spricht, die sich in der Bibel manifestierten – etwa bei Christian Gottlob Heyne und dann bei Eichhorn und Gabler – dann ist das mit einiger Wahrscheinlichkeit das uneingestandene Erbe von der Hardts.[50] Hardts Dechiffrierung der biblischen Mythen setzt, ohne darüber ein Wort zu verlieren, eine partielle historische Skepsis über die Kenntnis der geschichtlichen Ursprünge voraus. Zum einen sind für ihn, wie für Vico, frühzeitliche Ursprünge faßbar durch die mythisch verschlüsselte Spiegelung in späteren Aufzeichnungen. Zum anderen aber optiert von der Hardt in Bezug auf diese Aufzeichnungen grundsätzlich für Spätdatierungen. Die Sintfluter-

---

narnum, obsoletarum, cognitu difficilium, ut fit in vetustis monumentis, tum characterum muliebrium, supposita facile, plebis negligentis sensu, pro mathematicis figuris. Setho pro Sesostri supposito, et columnis longinquiore aetate donatis, figuris etiam in scientiae astronomicae signa interpretatione deflexis, facilis fuit aditus ad fabulae augmentum de causis exstructarum illarum columnarum." Für die Interpretationsgeschichte der Säulen des Seth vgl. den Beitrag von Jan Assmann in diesem Bd., S. 291ff.

48 Vgl. *Sammlung von alten und neuen theologischen Sachen*, 1729, S. 695. Ob der in Anm. 21 genannte Manuskriptband eine zurückgehaltene Abschrift des zweiten Bandes darstellt, scheint mir zweifelhaft.

49 Vgl. *die Memoires de Trevoux* der Jahre nach 1706/7, als Gundlings *Historia philosophiae moralis* und von der Hardts *Les quatre monarchies* (siehe unten Anm. 53) erschienen waren. Auch von radikaler Seite wurde offenbar diese Einschätzung geteilt. Peter Friedrich Arpe, der darauf aus war, nach Möglichkeit seltene und heterodoxe Schriften zu kopieren, hat eine Abschrift des gesamten Kapitels über die Sintflut aus dem Hiob-Kommentar besessen: Ms. cod. alchim. 732 der Staats- und Universitätsbibliothek Hamburg. Zu Arpe vgl. Martin Mulsow, „Freethinking in Early Eighteenth-Century Protestant Germany: Peter Friedrich Arpe and the Traité des trois Imposteurs"; in: Silvia Berti, F. Charles-Daubert und Richard H. Popkin (Hg.), *Spinozism, Heterodoxy and Free Thought in Early Eighteenth-Century Europe*, Dordrecht, 1996, S. 193–239; ders.: „Peter Friedrich Arpe collectioneur", in: *La lettre clandestine* 3, 1994, S. 35–36.

50 Dieser hatte sieben Bände „Mythicorum" aus seinen Schriften anläßlich der Gründung der Universität Göttingen zusammengestellt und drucken lassen. Vgl. Möller (Anm. 3), S. 265 ff. Zur weiteren Entwicklung des Mythos-Begriffs vgl. Otto Merk, „Das Problem des Mythos zwischen Neologie und ‚religionsgeschichtlicher Schule' in der neutestamentlichen Wissenschaft", in: Hans Heinrich Schmid (Hg.), *Mythos und Rationalität*, Gütersloh, 1988, S. 172–194.

zählung stammt von Hilkia. Adam und Eva stammen, von der Hardts Ableitung zufolge, aus Milet und sind damit Griechen. Das bedeutet nicht zuletzt, in
ganz eigener Weise, eine Anerkennung der Präadamitenthese.[51] Spinoza mit seinem *Tractatus theologico-politicus* und seiner hebräischen Grammatik ist – uneingestanden – einer der großen Anreger gewesen.[52] Von der Hardts Strategie
der Entmythologisierung und Historisierung der Bibel macht auch vor den als
christliche Weissagungsquellen gedeuteten Passagen nicht halt. Seine Deutung
der biblischen Prophetien ist präteritistischer als die der calvinistischen Präteritisten: Sie verlegt nicht nur die Objekte der Prophetien – die gemeinten Reiche
– in die Antike, sondern zuweilen auch in die Zeitgenossenschaft oder Vergangenheit der Autoren und leugnet so ihren Charakter als Prophetie.[53] Die Vorläufer dieser Deutungen sind dabei sehr oft in der rabbinischen Exegese zu
finden. Aus rabbinischer Exegese wird bei von der Hardt säkularisierende Bibelforschung.

II. Das traumatische Gedächtnis der Sintflut:
Nicolas-Antoine Boulanger

Kommen wir nun zur zweiten extremen Verbindung von Sintflut und Gedächtnis, die nicht weniger säkular und radikalaufklärerisch war: der These, daß
das Kollektivgedächtnis eine Folge und ein Effekt der Sintflut ist.[54] Ich habe
zuvor angedeutet, daß diese These kaum aktuell zu sein scheint, da sie die Realität des Sintflutereignisses als Prämisse voraussetzt und sich damit eines primitiven Biblizismus, eines naiven Glaubens an die Wirklichkeit der biblischen
Mythen schuldig macht. So schien es auch noch bis vor wenigen Jahren, doch
die Dinge können sich ändern. Seit die Geologen William Ryan und Walter Pitman 1997 ihre Nachweise veröffentlicht haben, daß in den Jahren um 5600 v.
Chr. – inzwischen korrigiert auf 6700 v. Chr. – das Salzwasser des Mittelmeeres

---

51 Vgl. Möller (Anm. 3), S. 235 f.
52 Baruch Spinoza, *Tractatus theologico-politicus*, ‚Hamburg‘, 1670; Compendium Grammatices
     Linguae Hebraeae, in: Ders.: *Opera*, hg. von C. Gebhardt, Bd. 1, Heidelberg, 1924, S. 283–403.
53 Vgl. zur Danielsprophetie-Deutung und zur Kritik der vier-Monarchien-Lehre bei von der
     Hardt Edgar Marsch, *Biblische Prophetie und chronographische Dichtung*, Berlin, 1972, S.
     194–200; zum Präteritismus Arno Seifert, *Der Rückzug der biblischen Prophetie von der neueren Geschichte*, Köln und Wien, 1990. Dort zu von der Hardt: S. 140 f. Renards de Samson
     [=Hermann von der Hardt], *Machoire d'ane. Corbaeus d'Elie. Les quatre monarchies. L'antichrist*, Helmstedt, 1707; ders.: *De quatuor monarchiis Babyloniae pro antiquae historiae judaicae luce*, Helmstedt, 1708; *Danielis quatuor animalia, non quatuor monarchiarum fabula, sed
     quatuor regnum […] historia*, Helmstedt, 1727.
54 Die folgenden Überlegungen sind meiner Münchener Geschichtsphilosophie-Vorlesung aus dem
     Sommersemester 2000 entnommen. Inzwischen hat auch, unabhängig von mir, Helmut Zedelmaier auf die Parallelen zwischen Boulanger und der Gedächtnisgeschichte im Sinne Jan Assmanns hingewiesen: *Der Anfang der Geschichte. Studien zur Ursprungsdebatte im 18.
     Jahrhundert*, Hamburg, 2003, S. 230–237.

in einer gewaltigen Katastrophe durch den Bosporus gebrochen ist und sich in das Schwarze Meer, das bis dahin ein Süßwassersee war, ergossen hat, hat sich die Forschungslage komplett geändert, und viele der Hypothesen über die frühe Kulturentwicklung der Menschheit sind erneut in Fluß gekommen. Denn Ryan und Pitman, und inzwischen auch zahlreiche andere Wissenschaftler, beziehen die Flutkatastrophe von 6700 v. Chr. auf die antiken Sintflutsagen, insbesondere die Mesopotamiens und der Genesis. Da der Wasserspiegel des Euxinos-Sees, jenes Süßwassersees, der dann das Schwarze Meer werden sollte, siebzig Meter unter dem des Mittelmeeres lag, ergoß sich jahrelang Wasser mit größter Wucht in den See und überschwemmte große Teile von besiedeltem Land mit einer relativ hochstehenden Kultur.[55] Die Anwohner, so die aktuellen Überlegungen, mußten flüchten, soweit sie nicht ertrunken waren, und formierten eine Migrationsbewegung, die bis nach Mesopotamien, Palästina und Ägypten reichte und dort der Kulturentwicklung einen Schub versetzte.

Und diese Flüchtlinge – darauf soll es hier ankommen – brachten die Erinnerung an die Flutkatastrophe mit sich. Dies ist der Punkt, an dem die Forscher die Terminologie des kollektiven Gedächtnisses einsetzen. Ryan und Pitman verweisen auf die Parry-Lord-Theorie der Gedächtnis-Tradierung in Heldenepen[56], Ian Wilson spricht vom „lingering memory"[57], und Harald Haarmann spielt auf die Traumatheorie von Erinnerung an: „Angesichts der apokalyptischen Erfahrung der Schwarzmeerkatastrophe liegt es auf der Hand, dass die traumatische Erinnerung an die Große Flut das kulturelle Gedächtnis nachhaltig prägen und schon bald den menschlichen Geist nach einer Art Therapie drängen würde. Die Menschen würden anfangen, nach dem überwundenen Erstschock die erlebte Katastrophe in immer neuen Geschichten zu erzählen und damit verbal zu verarbeiten."[58]

Was hat dies alles mit der Frühen Neuzeit zu tun? Die These von der möglichen Relevanz der Schwarzmeerflut für die Sintflutsagen beruft sich auf die Theorien des kollektiven Gedächtnisses von Halbwachs und Assmann. Nur haben sich diese Theorien nie mit der Sintflut beschäftigt, da man die Sintflut für nicht real gehalten hat. Das gibt Anlaß, sich eines schon fast vergessen Autors des 18. Jahrhunderts zu erinnern, der sich – bei all seiner Extremität – heute mehr und mehr als erstaunlich modern erweist. Der Autor ist Nicolas-Antoine Boulanger, Ingenieur und Amateur-Historiker im Umkreis der Pari-

55 Vgl. William Ryan und Walter Pitman, *Noah's Flood. The New Scientific Discoveries About the Event that Changed History*, New York 1998; im folgenden zitiert nach der deutschen Übersetzung als: Walter Pitman und William Ryan, *Sintflut. Ein Rätsel wird entschlüsselt*, Bergisch Gladbach, 1999; Ian Wilson, *Before the Flood. Understanding the Biblical Flood Story as Recalling a Real-Life Event*, London, 2001; Harald Haarmann, *Geschichte der Sintflut. Auf den Spuren der frühen Zivilisationen*, München, 2003.

56 Pitman/Ryan (Anm. 55), S. 287 ff. Vgl. J. M. Foley, *The Theory of Oral Composition*, Bloominton, 1988; ders. (Hg.), *Oral Tradition Literature*, Columbus, Ohio, 1980.

57 Wilson, *Before the Flood* (Anm. 55), S. 272 ff.

58 Haarmann, *Geschichte der Sintflut* (Anm. 55), S. 23.

ser Enzyklopädisten.[59] Er hat von allem gehandelt, was in Haarmanns eben zitiertem Satz angesprochen ist: von apokalyptischer Erfahrung, Sintflut, Trauma und kollektiver Erinnerung. Es mag sich daher lohnen, Boulangers Theorie seines Buches von der *Antiquité devoilée par ses usages* von 1766 im Blick auf moderne Terminologien und Perspektiven zu reformulieren.

Schon der methodische Ansatz, den dieses Buch wählt, ist modern. Boulanger geht nicht so sehr von mythischen Inhalten als von der Form, vom Ritual aus. „Par ses usages" will er die Antike entschlüsseln, das bedeutet: über die Analyse von Riten und – wie wir heute sagen würden – in den Riten transportierten Mentalitäten. Diese Mentalitäten nennt Boulanger den „ésprit commémoratif", den „ésprit funebre", den „ésprit mysterieux", den „ésprit cyclique" und den „ésprit liturgique". Nach ihnen unterteilt er sein Buch.

Zunächst untersucht er antike Feste. Gemeinhin ist man der Ansicht, erst die Religionswissenschaft um 1900 sei es gewesen, die mit Mommsens *Attische[n] Feste[n]* von 1898 und Nilssons *Griechische[n] Feste[n] unter Ausschluß der attischen* von 1906[60] die Einsicht umsetzte, daß Riten stabiler sind als die mit ihnen verbundenen Bedeutungen; heute nennt man das rituelle Kohärenz.[61] Boulanger untersucht speziell Feste, deren Ritual etwas mit Wasser zu tun hat, wie etwa die athenischen *Hydrophorien*. In den *Hydrophorien* wurde einmal jährlich Wasser in den Erdschlund im Tempel des olympischen Zeus gegossen, als an die Stelle, in der die große Flut verschwunden sei. Das ist Boulanger ein Hinweis auf die rituelle Erinnerung der Sintflut. Sir George Frazer hat in seinem Pausanias-Kommentar von 1898 auf die Ähnlichkeit der *Hydrophorien* mit

---

59 Nicolas Antoine Boulanger, *L'antiquité devoilée par les usages*, Amsterdam, 1766. Vgl. auch die Neuausgabe durch Sadrin, Paris 1978. Ich zitiere hier nach der Ausgabe in 3 Bdn. Amsterdam: chez Marc Michel Rey, 1768. Dt.: *Das durch seine Gebräuche aufgedeckte Alterthum, oder Critische Untersuchung der vornehmsten Meynungen, Ceremonien und Einrichtungen der verschiedenen Völker des Erdbodens in Religions- und bürgerlichen Sachen*, Greifswald, 1767 (übersetzt von Johann Carl Dähnert). Das Kapitel, das als letztes für dieses Buch vorgesehen war, hat Boulanger ausgegliedert und zu einem eigenen, kleineren Buch gemacht, das schon 1761 erschien: *Recherches sur l'origine du despotisme oriental*. Ouvrage postume de Mr. B.I.D.P.E.C., o.O. Es wurde vom Baron von Knigge, dem Freimaurer und Illuminaten, 1794 ins Deutsche übersetzt, unter dem Titel: *Über den Ursprung des Despotismus, besonders in den Morgenländern*, s.l. Vgl. außerdem von Boulanger den Artikel „Deluge" in der *Encyclopédie*, sowie ders.: *Dissertation sur Elie et Enoch*, o.O. 1764. Zu Boulanger (1722-1759) vgl. Franco Venturi, „Despotismo orientale", in: *Rivista storica italiana* 72, 1960, S. 116–126; R. Koebner, „Despot and Despotism: Vicissitudes of a Political Term", in: *Journal of Warburg and Courtauld Institutes* 14, 1951, S. 275 ff.; Paolo Rossi, *The Dark Abyss of Time. The History of the Earth and the History of Nations from Hooke to Vico*, Chicago, 1984, S. 101–103; John R. Hampton, *N.A. Boulanger et la science de son temps*, Genf, 1955; Franco Venturi, *L'antichità svelata e l'idea di progresso in N. Boulanger*, Bari, 1947; Paul Sadrin, *Nicolas-Antoine Boulanger (1722-1759) ou avant nous le déluge*, Oxford, 1986; Seguin, *Science et religion* (Anm. 2).

60 August Mommsen, *Feste der Stadt Athen im Altertum, geordnet nach attischem Kalender*, Leipzig, 1898; Martin Nilsson, *Griechische Feste von religiöser Bedeutung unter Ausschluß der attischen*, Leipzig, 1906.

61 Jan Assmann, *Das kulturelle Gedächtnis. Schrift, Erinnerung und politische Identität in frühen Hochkulturen*, München, 1992, S. 87 ff. Vgl. auch Wolfgang Haug und Rainer Warning (Hg.): *Das Fest* (Poetik und Hermeneutik, Bd. 14), München, 1989.

einem Ritual in der syrischen Stadt Hierapolis hingewiesen, das Lukian in *De Dea Syra* beschrieben hat. Auch dort wird Wasser in eine Erdspalte gegossen, im Tempel der syrischen Göttin. Diese Ähnlichkeit ist auch schon Boulanger aufgefallen, und er macht mit ihr den nächsten Schritt in Richtung auf die Verbreitung dieser Erinnerungsrituale. Ian Wilson hat denn auch heute wieder über das Ritual von Hierapolis gemutmaßt: „it represented the only known example of the Black Sea flood apparently still being commemorated well over five thousand years after the original event." Wilson spekuliert auch darüber, ob die große Göttermutter, die Dea Syra, der der hydrophorische Kult galt, nicht von jenen Muttergöttinnen abstammt, die in den agrarischen Schwarzmeerkulturen des 8. bis 6. Jahrtausends verehrt wurden, den Kulturen also, die durch die Flutkatastrophe zur Migration gezwungen wurden.[62]

Von Hierapolis läßt sich nun der Weg nach Jerusalem beschreiten. Auch darauf weist Frazer in seinem Pausanias-Kommentar hin, sich berufend auf seinen Lehrer William Robertson Smith.[63] Doch wieder war es schon Boulanger, der die Zeremonie im Jerusalemer Tempel beim Laubhüttenfest mit der in Syrien verglichen hat.[64] Er beobachtet genau die Ausdrücke von Freude in der Liturgie beim Ausgießen, und die Aspekte von Erinnerung, die mit dem Ritus verbunden sind. Schließlich gelangt er zu den römischen Saturnalien, und kann, über Bocharts und Huets Gleichsetzung von Janus und Noah, den Doppelaspekt der zwei Gesichter des Janus und seines Festes herausarbeiten: erinnernd in die Vergangenheit der Menschheit blickend, und vorausschauend in ihre Zukunft.[65]

All diese Gedächtnisfeste verweisen auf die Realität der Sintflut. Und von einer realen Flutkatastrophe ist Boulanger, wie heute Pitman, Ryan und Wilson, ausgegangen. Als Ingenieur und Straßenbauer legte er die geologischen Fakten zugrunde, wie sie sich ihm nach der Wissenschaft seiner Zeit darstellten. Das waren die Fakten, wie sie im Anschluß an Thomas Burnets *Telluris theoria sacra* von 1680 diskutiert wurden, in der Burnet versucht hat, eine physikalische Erklärung für die in der Bibel gegebenen erdgeschichtlichen Erzählungen zu geben: vor allem von Schöpfung, Sintflut und Apokalypse. Nach Burnet hat es bekanntlich „Revolutionen", große erdgeschichtliche Umwälzungen gegeben. Die Sintflut kam zustande, indem die Oberfläche der Erde geborsten ist und sich unterirdische Wasser die Oberfläche überschwemmt haben. Unsere heutigen Kontinente seien, so die Vorstellung, die Reste der ehemals die ganze Erde bedeckenden Landmasse. Und die Voraussagen der Apokalypse seien so zu ver-

---

62 Wilson (Anm. 55), S. 285 f., ausführlich S. 216–254; vgl. auch Haarmann (Anm. 55), S. 82 ff.

63 *Pausanias's Description of Greece*, transl. with a commetary by James G. Frazer, vol. II, London 1898, S. 182 f. Vgl. William Robertson Smith, *Die Religion der Semiten*, Tübingen, 1899, S. 174 f.

64 Boulanger, *L'antiquité* (Anm. 59), Bd. I, S. 54 ff. Zur Laubhüttenfest-Libation vgl. auch Adrian Reland, *Antiquitates sacrae veterum hebraeorum*, Utrecht, 1708, S. 448 f.

65 Boulanger, *L'antiquité* (Anm. 59), Bd. I, S. 143 ff.; vgl. Seguin (Anm. 2), S. 400 f.; Pierre-Daniel Huet, *Demonstratio evangelica* (Anm. 37), S. 219 f. in der Ausgabe Amsterdam 1680; Samuel Bochart, *Geographia sacra cujus pars prior Phaleg [...] pars posterior Chanaan [...]*, Fankfurt am Main, 1681, S. 1.

stehen, daß es eines Tages einen Weltenbrand geben werde, der die ganze geologische Struktur nochmals völlig verändert und ein neues „Paradies" herstel-
len wird. Die Geschichtszeit ist also in fortschreitende erdgeschichtliche Zyklen
eingebettet.[66]

Hermann von der Hardt hatte Burnet und seinem Nachfolger William Whiston vorgeworfen, die biblischen Aussagen zur Sintflut völlig mißdeutet zu
haben, indem sie sie in Unkenntnis des „Stils der Alten" wörtlich nahmen und
nun naturwissenschaftliche Ursachen suchten.[67] Doch Boulanger folgte, bei
allem Sinn für mythische Rituale und Ausdrucksweisen, den englischen Naturwissenschaftlern. Allerdings ist für ihn, der sehr viel säkularer denkt als Burnet,
ein Zurückgehen hinter die Sintflut als der letzten erdgeschichtlichen „Revolution" nicht möglich. Die Mythen von Schöpfung und Paradies scheinen ihm
Rückprojektionen. Vielmehr sei es durchaus möglich, daß es schon vor der letzten Sintflut andere geologische Katastrophen gegeben habe; und nach dem Ende
unserer Kultur in einer erneuten Katastrophe werden weitere Kulturen und
weitere Katastrophen möglich sein. Das Gedächtnis der Menschheit reicht nur
so weit, wie es die erdgeschichtliche Periode möglich macht.[68]

---

66 Thomas Burnet, *Telluris theoria sacra*, London, 1680. Vgl. Paolo Rossi, *The Dark Abyss of Time.
    The History of the Earth and the History of Nations from Hooke to Vico*, Chicago, 1984, S.
    33–41; Mirella Pasini, *Thomas Burnet: Una storia del mondo tra ragione, mito e rivelazione*, Fi-
    renze, 1981; Stephen Jay Gould, *Die Entdeckung der Tiefenzeit*, München, 1990.
67 *In Jobum* (Anm. 4), S. 196: „qui styli veteris orbis et scripturae immemores prorsus aliena mis-
    cent, et anxii moralium causas quaerunt physicas, citra necessitatem et fundamentum."
68 Eine noch radikalere Theorie über eine kosmische Katastrophe, mit der die Sintflut zusammen-
    hing, vertrat Bênoit de Maillet in seinem 1748 anonym veröffentlichten *Telliamed ou entretiens
    d'un philosophe indien sur la diminuation de la mer*. Er vermutete, die Erde sei vor langer Zeit,
    als Komet vagabundierend, in die Umlaufbahn (tourbillon) der Sonne eingetreten, und zwar in
    jene Umlaufbahn, die der Mond bereits innehatte. Erst danach sei der Mond in eine Rotation
    um die Erde gezwungen worden. Diejenige Sonne, um die die Erde früher gekreist war, sei hin-
    gegen ein kleiner und schwacher Stern gewesen, so daß die Erdumlaufbahn näher zu ihm war
    und ein „Jahr" sehr viel schneller verging. Aus diesen gewagten Hypothesen erklärt de Maillet
    die Sintflutüberlieferung: daß das Lebensalter der vorsintflutlichen Menschen viele hundert Jahre
    umfaßte, sei aus den kürzeren „Jahren" zu erklären, denn die menschliche Natur sei konstant.
    Da der sterbende Stern, den die Erde früher umkreiste, nur schwach leuchtete, seien die Regen-
    fälle entstanden, aus denen die Sintflut-Überschwemmung resultierte. Erst nach dem Eintritt in
    die neue Umlaufbahn, also in der post-diluvianischen Zeit, gab es die Verhältnisse auf der Erde,
    wie wir sie kennen. Eine Bestätigung für seine Vermutung glaubt de Maillet in den Überliefe-
    rungen zu erkennen, die Ovid und Pausanias von den Arkadiern tradieren, diese seien nämlich
    „Antelunarier" gewesen. Demnach hätte es doch – anders als Boulanger meint – ein kollektives
    Gedächtnis gegeben, das hinter die kosmische Katastrophe zurückreicht; bis in die Zeiten, als
    es noch keinen Mond über der Erde gab. „Les Arcadiens nous ont conservé la memoire du chan-
    gement qui se fit alors dans le Ciel à l'égard de la Terre, et de l'apparition d'un nouveau Soleil et
    d'une nouvelle Lune." (*Telliamed*, Neudruck nach der Ausgabe Den Haag 1755, Paris, 1984,
    S. 218) Einen anderen Hinweis sieht er in der Astronomie der Ägypter – eines Volkes, dessen
    Kultur ebenfalls hinter die kosmische Katastrophe zurückreicht -, bei der er ein bewußtes Eta-
    blieren der neuen stellaren Ordnung durch Altar-Darstellungen der Planetenpositionen erken-
    nen will: „D'ailleurs le soin que les Egyptiens, grands Astronomes et grands observateurs du
    Ciel, avoient pris dans les temples qu'ils consacroient au Soleil, de dédier des Autels à chacune
    des Planètes, et de les y placer dans l'ordre qu'elles observent autour de cet Astre, avec leur

Der zentrale Punkt von Boulangers Theorie ist nun die These, daß die Menschheit, die die Sintflut überlebt hat, durch diese Katastrophe einen „diluvianischen Schrecken" bekommen hat, einen Urschrecken, ein kollektives Trauma. „Was würden wir sagen, wenn von allen Seiten tausend Vulkane sich entzündeten, wenn Feuer, Schwefel und Erdpech stromweise aus dem Schooße der Berge hervorstürzten; wenn der größte Theil des Erdbodens zersprengt unter unsern Füßen einstürzte?"[69] Die Vorstellung gemahnt an Vicos lukrezische These von der Furcht der frühen Menschen vor Gewittern und der daraus entspringenden Gottesfurcht.[70] Doch sie geht weit darüber hinaus: jetzt ist es die Erdkatastrophe selbst, die Schrecken einjagt, viel stärker als nur Gewitter, und der Schrecken wird viel kollektiver als Trauma, als später verdrängtes Trauma beschrieben.

Es ist erstaunlich, welche psychologische Subtilität Boulanger dabei anderthalb Jahrhunderte vor Freud aufbringt. Der Schrecken kann nicht bewältigt werden, er wird fixiert und prägt den Charakter der Menschheit. Er wird als Schrecken verdrängt: „Wir sind täglich Zeugen von der Leichtigkeit, mit welcher ein Mensch dem die Ruhe wiedergeschenkt ist, das Andenken an vergangene Leiden verlieret und mit welchem Eifer er sich bemüht sein ehemaliges Unglük zu ersetzen."[71] Doch ebenso wie auch die heutige Theorie des kollektiven Gedächtnisses mit Aleida Assmann annimmt, daß traumatische Erfahrungen einer Kultur, eben weil sie verdrängt werden, auf indirekte Art Erinnerung weitergeben[72], so meint auch Boulanger, daß der Schrecken verdrängt worden ist, aber die Kultur der Menschheit dennoch geprägt habe. Auf prä-psychoanalytische und prä-gedächtnisgeschichtliche Art spricht Boulanger vom „apokalyptischen Charakter", den die Menschheit nach der Sintflut ausgebildet habe. Es ist ein melancholischer Charakter, der bestimmte Verhaltensweisen und bestimmte Glaubensweisen nach sich gezogen hat.

---

noms, leur cours et le tems qu'elles emploient à le faire ; ces précautions, dis-je, me porteroient volontiers à croire, qu'elles avoient pour objet d'établir la vérité d'un si grand événement, et d'en perpétuer le souvenir. Mais nous ne pouvons plus en tirer que des conjectures, ayant déjà perdu la connoissance des charactères hiéroglyphiques que l'on voit encore gravés autour de chacun de ces Autels, et sur les murs de ce temples. Cet évenement, et le nouvel arrangement du Ciel à notre égard survenu à cette occasion, y étoient marqués sans doute avec précision. (S. 216 f.) Was hier verlorengegangen ist, ist also nicht die Aufzeichnung der Katastrophe selbst, aber das Vermögen, die Aufzeichnung zu entziffern und so das kollektive Gedächtnis wachzuhalten.

69 Boulanger, *Das durch seine Gebräuche aufgedeckte Alterthum* (Anm. 59), S. 41.
70 Vgl. Giambattista Vico, *Prinzipien einer neuen Wissenschaft über die gemeinsame Natur der Völker*, übers. von Vittorio Hösle und Christoph Jermann, Hamburg, 1990, S. 172 f.: „als zweihundert Jahre nach der Sintflut [...] der Himmel endlich mit höchst furchteinflößenden Blitzen und Donnern blitzte und donnerte [...]. Da erhoben einige wenige Giganten [...] erschreckt und entsetzt von der mächtigen Erscheinung, deren Ursache sie nicht kannten, die Augen und gewahrten den Himmel. Und [...] so bildeten sie sich ein, der Himmel sei ein großer belebter Körper, den sie, unter diesem Gesichtspunkt Jupiter nannten, den ersten der Götter der sogenannten ‚älteren' Stämme, der ihnen durch das Zischen der Blitze und das Krachen der Donner etwas mitteilen wollte [...]."
71 *Das durch seine Gebräuche aufgedeckte Alterthum* (Anm. 59), S. 28.
72 Aleida Assmann, „Stabilisatoren der Erinnerung – Affekt, Symbol, Trauma", in: Dies., *Erinnerungsräume. Medien und Modelle des kulturellen Gedächtnisses*, München, 1998.

Boulanger spricht auch in einer kognitivistischen Sprache – angeregt durch die Arbeiten Condillacs[73] – von den Folgen des Traumas. In dieser Sprache ist es ein Ur-Irrtum oder Ur-Vorurteil gewesen, der die Menschheit von ihren normalen Verhaltensweisen abgebracht und in pathologische Verhaltensweisen geführt hat: Ungeselligkeit, Einbildungen, Unstetigkeit. Es ist, um mit Freud zu sprechen, ein „Unbehagen" in die Menschheit gekommen. Man kann hier aber auch erkennen, welches der Unterschied zu einer rein gedächtnisgeschichtlichen Theorie der Tradierung durch Traumatisierung ist. Während diese das Trauma kulturell tradiert sieht, nimmt Boulanger in seiner sensualistisch-kognitivistischen Sprache eine psychische Prägung an, eine Prägung, die dann wieder Verhaltensweisen generiert.

Gelegentlich wird dabei sichtbar, daß der von Boulanger diagnostizierte Ur-Irrtum in seiner Geschichtsphilosophie die Stelle einnimmt, die in der christlichen Geschichtstheologie der Sündenfall innehat. Vom Naturzustand, dem Zustand des Paradieses, trennt den Menschen der Ur-Irrtum, daß es ein Gott oder Götter gewesen sind, die die Katastrophe bewirkt haben, und daß Götter es gewesen sind, die sie aus der Katastrophe gerettet haben. Religion selbst ist also der Irrtum. Die ganze weitere Geschichte – einschließlich der Geschichte der Regierungsformen – ist eine Folge dieses Ur-Irrtums, der zu immer neuen Irrtümern und Korruptionen führt, wenn auch gelegentlich zu guten Auswirkungen. Von Vicos Providenz ist hier – falls, was unsicher ist, Boulanger Vico wirklich gelesen hat – nur ein säkularisierter Rest geblieben.[74]

In der „Wissenschaft vom Heidentum" des 17. Jahrhunderts[75] hatte es Entwürfe gegeben – etwa den von Abraham Heidanus -, die die ganze Religionsgeschichte der Idolatrien als Folge des ursprüngliche Sündenfalls, der Erbsünde gesehen hatten. Das waren streng calvinistisch-augustinische Lesarten der Heidenwissenschaft. *De origine erroris* hatte Heidanus in einer an Descartes geschulten kognitivistischen Sprache und zugleich in Anlehnung an den Kirchenvater Laktanz sein Buch genannt.[76] Boulangers Werk ist gleichsam eine verweltlichte Fassung dieses Ansatzes: Vom Ursprung des Irrtums handelt auch er, aber er rekonstruiert ihn erinnerungsgeschichtlich, nicht nach dogmatischen Vorgaben.

Erinnerungsgeschichtlich vorzugehen bedeutet, wie gesehen, Riten und Zeremonien als Manifestationen kollektiver Erinnerung zu begreifen.[77] Und als

---

73 Etienne Bonnot de Condillac, *Traité des sensations*, Paris, 1754.

74 Zur Providenz bei Vico vgl. Amos Funkenstein, *Theology and the Scientific Imagination from the Middle Ages to the Seventeenth Century*, Princeton, 1986.

75 Zur Bezeichnung der – meist apologetisch gefärbten – Literatur über heidnische Religion im 17. Jahrhundert als „Wissenschaft vom Heidentum" vgl. Jan Assmann, *Herrschaft und Heil. Politische Theologie in Altägypten, Israel und Europa*, S. 266.

76 Abraham Heidanus, *De origine erroris libri octo*, Amsterdam, 1678. Vgl. Lactantius, *Div. Inst.*, lib.II: De origine erroris.

77 Boulanger resümiert: „Wir haben im Anfange dargethan, daß bey den Griechen und den Syrern verschiedene Feste und Gebräuche zum Andenken der Sündfluth eingeführet gewesen. Eben das hat sich bey den Indianern und bey den Wilden ergeben. Alle diese Feste haben wir jedes

angstvolle Vorahnung einer neuen Katastrophe. Erinnern wir uns an Thomas
Burnet: erdgeschichtliche Revolutionen sind nicht nur in unserer Vergangenheit zu finden, sie stehen uns auch bevor. Und vor allem wird eine solche Wi-
derkunft kollektiv befürchtet. Boulanger forscht wie ein Ethnologe im antiken
Griechenland und im alten Israel, sicherlich angeregt durch das Vorgehen von
Josephe-François Lafitau.[78] Nur im vorübergehen will ich daran erinnern, daß
ethnologische Geschichte des klassischen Griechenland ein Ansatz ist, der im
20. Jahrhundert, freilich mit modernen Mitteln, erfolgreich von Forschern wie
Jean-Paul Vernant, Marcel Detienne und Pierre Vidal-Naquet durchgeführt
worden ist.[79]

Noch einmal meine These: was Boulanger schreibt, ist Gedächtnisgeschichte
im Sinne von Jan Assmann. Die frühe Menschheit, so kann man in der neueren Terminologie sagen, hat das Trauma der Naturkatastrophe in ihrem kollektiven Gedächtnis bewahrt; die antiken Feste sind die Medien der Tradierung
gewesen.

Der apokalyptische Charakter hat nach Boulanger eigene Literaturgattungen
hervorgerufen. Die Weissagungen der Sibyllen lassen sich so verstehen, ebenso
die Prophetien der alttestamentlichen Hebräer. Tatsächlich enthalten die sibyllinischen Bücher zahlreiche apokalyptische Visionen.[80] Boulanger weiß, daß die
erhaltenen Bücher spätantike Fälschungen sind, doch er glaubt, daß sie ähn-
liches enthalten wie die ursprünglichen. Er geht nicht, wie die heutige Forschung,

---

für sich untersuchet und sie gegen einander gehalten, den Charakter davon zu entdecken. Derselbe hat sich überall betrübt und traurig gewiesen, so wie ihn die Furcht für den nahen Untergang der Welt eingegeben hat. Dies habe ich den apokalyptischen Charakter genannt. Wir haben
die Ceremonien dieser Feste punktweise betrachtet: wir haben ein und dieselben Gebräuche bey
vielen anderen Festen gefunden, welche das Andenken der Sündfluth nicht zu einem sichtbaren
Gegenstand hatten: wir haben die besondern Bewegungsgründe dieser andern Feste geprüfet,
und unter der Decke der Fabel und Allegorie die traurigen Ideen erkannt, die ihre Beziehung
auf das Andenken der Sündfluth nicht verheelen konnten. Durch diese Methode ist es uns gelungen zu entdecken, daß fast alle Feste des Alterthums zu ihrem Hauptvorwurf gehabt haben,
das Andenken der betrübten Welt-Revolutionen zu verewigen, nicht allein durch Feste und Ceremonien, sondern auch durch einen Haufen Allegorien, die bald mehr, bald weniger Aufmerksamkeit verdienen." *Das durch seine Gebräuche aufgedeckte Alterthum* (Anm. 59), S. 586.

78 Lafitau, *Moeurs des sauvages ameriquains, comparées aux moeurs des premiers temps*, Paris,
    1724. Vgl. allg. Frank Manuel, *The Eighteenth Century Confronts the Gods*, Cambridge, Mass.,
    1959.
79 Vgl. einführend und mit weitergehender Literatur Nicole Loraux, Gregory Nagy und Laura
    Slatkin, „Introduction", in: Dieselben (Hg.), *Postwar French Thought vol. III: Antiquities*, New
    York, 2001, S. 1–16.
80 *Oracula Sibyllina*, ed. Alexandre, Paris, 1841. Vgl. Arnaldo Momigliano, „From the Pagan to
    the Christian Sibyl: Prophecy as History of Religion", in: Ders., *Nono contributo alla storia degli
    studi classici e del mondo antico*, Roma, 1992, S. 725–744; Innocenzo Cervelli, „Questione si-
    bellini", in: *Studi storici* 34, 1993, S. 895–1001. Zur Rezeption der Sibyllina in der Frühen Neu-
    zeit vgl. jetzt Ralph Häfner, *Götter im Exil* (Anm. 34), S. 249–422. Zum Phänomen der
    Pseudoepigraphie vgl. Wolfgang Speyer, *Die literarische Fälschung im heidnischen und christli-
    chen Altertum*, München, 1971; Anthony Grafton, „The Strange Deaths of Hermes and the Si-
    byls", in: Ders., *Defenders of the Text. The Traditions of Scholarship in an Age of Science*,
    1450–1800, Cambridge, Mass., 1991, S. 162–177.

davon aus, daß die apokalyptische Literatur ein Phänomen eher jüngeren Datums ist (die Forschung läßt sie mit einigen Jahrhunderten vor Christus beginnen und sieht sie im Zusammenhang mit dem kulturellen Widerstand gegen den Hellenismus[81]), sondern hält sie für älteste Zeugnisse der menschlichen Kultur.

Ich kann hier nicht weiter darauf eingehen, wie sich Boulanger die Wissenschaftsentwicklung aus dem apokalyptischen Charakter der Menschheit vorstellt. Ich will nur darauf hinweisen, daß die furchtsame Beobachtung von zeitlichen Perioden, zeitlicher Wiederkehr, die Menschen beschäftigt hat, um das Trauma zu verarbeiten. Das hat zu einer Beobachtung der Sterne geführt und zu einer Entwicklung von Astronomie und Astrologie. Auch die idolatrische Religionsform des Sabäismus sei in diesem Zusammenhang zu sehen. Der Sabäismus war von Moses Maimonides als die prototypische abergläubische Religion angeführt worden, in der man die Sonne und die Planeten für Götter halte.[82]

Boulanger zeichnet von der frühen Menschheit ein Rousseausches Bild: furchtsame, bedürfnislose Menschen, die einzeln und in kleinen Familiengruppen zusammenleben. Hier ist er nicht originell, sondern übernimmt die Skizzen seiner Zeitgenossen zur Kulturentwicklung. Ihm ist es wichtig, daß die Menschen ursprünglich frei gewesen sind. Ganz nach Rousseau ist die Menscheitsentwicklung eine Entwicklung hin zur Sklaverei in Ketten, eben zur Despotie.[83] Nur daß Boulanger nicht wie Rousseau zufällige Anstöße, sondern die ursprüngliche Mentalität des diluvianischen Schreckens als Motor dieser Entwicklung ausmacht.

Nun nimmt Boulanger eine politisch-gesellschaftliche Dimension hinzu. Aus den heterodoxen Kreisen um Diderot und Holbach, denen er angehörte, war er mit der Theorie von der politischen Funktion der Religion vertraut.[84] Religion, so diese Auffassung, war von Gesetzgebern eingeführt worden, um die Autorität der Gesetze zu stützen und um Herrschaft aufrecht zu erhalten. In Boulangers Entwurf kann diese Theorie nur indirekt eingesetzt werden: religiöse Mentalität ist ja schon vorhanden, sie muß nur reguliert werden. Und es ist für die Herrschaft in frühen Zeiten nicht einfach gewesen, diese Religion zu regu-

---

81 Vgl. etwa Martin Hengel, *Judentum und Hellenismus* (Anm. 6), S. 319–393.

82 Maimonides, *Führer der Unschlüssigen*, übers. von Adolf Weiss, Hamburg, 1972, bes. Buch III, Kap. 29 ff. Zum Sabäismus bzw. den Zabiern vgl. Daniil W. Chwolsohn, *Die Szabier und der Szabismus*, St. Petersburg, 1856, Ndr. Hildesheim, 1965; Michel Tardieu, „Sabiens Coraniques et ‚Sabiens' de Harran", in: *Journal Asiatique* 274, 1986, S. 1–44.

83 Boulanger, *Recherches sur l'origine du despotisme* (Anm. 59) ; Venturi, *Despotisme* (Anm. 59); Koebner, *Despot* (Anm. 59). Vgl. Rousseau, *Discours sur l'origine et les fondements de l'inegalité parmi les hommes*, Amsterdam, 1755.

84 Zu diesen Kreisen vgl. Alan Charles Kors, *D'Holbachs Coterie. An Enlightenment in Paris*, Princeton, 1976. Zur Theorie der politischen Funktion von Religion vgl. Daniel Clasen, *De religione politica*, Magdeburg, 1655. Die Theorie hat insbesondere seit Machiavelli in der frühen Neuzeit eine große Rolle gespielt. Vgl. Giorgio Spini, *Ricerca dei libertini. La teoria dell' impostura delle religioni nel seicento italiano*, Roma, 1950; Martin Mulsow, *Moderne aus dem Untergrund. Radikale Frühaufklärung in Deutschland 1680-1720*, Hamburg, 2002, Kap. V.

lieren, da ihr Charakter, nochmals mit Freud gesprochen, „destruktiv" war.[85] Die frühe Religiosität mußte zu einem Kohärenzfaktor der Gesellschaft gemacht werden, sie durfte nicht in ihrem Segregations-Charakter verharren.

Dazu hat die frühe „Policey" Feste eingeführt, Mysterien, die auf aktive Weise die Menschen zum Zusammenleben und zur Arbeit führen sollten. Das ist für Boulanger der Hintergrund, der bei der Ackerbau-Revolution zu beachten ist. Als Erinnerungs-Historiker ist Boulanger nicht so sehr an den technisch-ökonomischen Erfindungen von Pflug und Hausbau interessiert, sondern an den Riten und Festen, die diese Einführungen begleiteten. Die antiken Mysterien sind ja oft Fruchtbarkeitskulte, in denen es um Brot und Wein, um Landbau und Ernte geht. Boulanger stützt sich auf Cicero, der in *De legibus* vermutet hat, erst mit den Mysterien sei die wirkliche Kultur entstanden.[86]

Die Mysterien waren als psychopolitische Maßnahmen gedacht. Sie sollten dem destruktiven Abgleiten des melancholischen Charakters der Menschen Einhalt gebieten. Daß in ihnen dennoch immer wieder von Wasser und Feuer die Rede ist, zeigt lediglich die Persistenz, das immer wieder erfolgende Hervorbrechen der kollektiven Erinnerung.

Nun ist aber zu beachten, daß Mysterien eine äußere und eine innere Seite hatten, eine exoterische und eine esoterische.[87] Der exoterische Gehalt unterrichtete das Volk in Tugenden der Gesellschaftsfähigkeit, mit Themen des Ackerbaus und der freudigen Arbeit. Der esoterische Gehalt aber blieb wenigen Eingeweihten vorbehalten. Er enthielt die „traurige und fürchterliche" Lehre vom Untergang der Welt und der Ankunft eines Gottes, zudem die Lehre vom künftigen Leben. Auch die Wissenschaften der Zukunftserforschung aus Naturbeobachtung wie Astrologie und Astronomie, die aus dem diluvianischen Schrecken entstanden waren, wurden zur Staatssache gemacht, um auch hier das Volk nicht zu beunruhigen.[88] Boulanger stützt sich hier offenbar auf die – allerdings späten – Vorgänge der *Enteignung der Wahrsager*, wie der Titel eines Buches von Marie Theres Fögen lautet, bei denen im Rom des 4. nachchristlichen Jahrhunderts Astrologie und Prophetie nur noch in Staatskompetenz betrieben werden durfte.[89]

---

85 Zur Religionstheorie Freuds vgl. Michael Palmer, *Freud and Jung on Religion*, London, 1997; Peter Gay, *A Godless Jew: Freud, Atheism, and the Making of Psychoanalysis*, New Haven, 1987; James DiCensol, *The Other Freud: Religion, Culture and Psychoanalysis*, London, 1999.

86 Cicero, *De legibus* 2,14,36.

87 Zur Distinktion Esoterik-Exoterik vgl. Leo Strauss, *Persecution and the Art of Writing*, Glencoe, 1952; Jan Assmann, *Herrschaft und Heil* (Anm. 75), S. 265 ff.: Duplex religio: Öffentliche und geheime Religion.

88 *Das durch seine Gebräuche aufgedeckte Alterthum* (Anm. 59), S. 589: „wir erkannten zugleich, daß die Astrologie eine Tochter des Schreckens der ersten Menschen gewesen: für diese war auch die Astronomie eine unruhige und apokalyptische Wissenschaft, aus welcher viele bürgerliche Societäten eine geheime Wissenschaft machen zu müssen geglaubt haben, die der Regierung und dem Priesterthum unterworfen werden müßte."

89 Marie Theres Fögen, *Die Enteignung der Wahrsager. Studien zum kaiserlichen Wissensmonopol in der Spätantike*, Frankfurt, 1997. Vgl. auch F. H. Cramer, *Astrology and Law in Roman Politics*, Philadelphia, 1954; L. Desanti, *Sileat omnibus perpetuo divinandi curiositas. Indovini e sanzioni nel diritto romano*, Milano, 1990.

Die ganze Religions- und Wissenschaftsgeschichte der Antike erscheint so in ihrer politischen Funktion als Erhaltung der Gesellschaft vor dem Hintergrund eines Sintfluttraumas. „Durch die Mysterien sind die Menschen aus dem wilden Leben gezogen, und zum geselligen und bürgerlich eingerichteten Leben gebracht. Diese Mysterien waren ein Gemisch von religieusen Ceremonien und Lehren, die man für den gemeinen Mann verborgen hielte: die Alten redeten von denselben nicht anders, als mit Ehrfurcht und Zurückhaltung: ihr Ursprung gehet in die Zeiten der Helden und Halbgötter zurück: ihr Geheimnis würde uns noch verborgen seyn, wenn man nicht aus einigen zerstreuten Stellen der Philosophen und aus einigen bekannten Gebräuchen Licht bekommen hätte. Bey Untersuchung der etwanigen Nachrichten von den Mysterien, die auf uns gekommen sind, funden wir, daß ihre geheime Lehre, eine traurige fürchterliche und apocalyptische Lehre von dem Ursprung und Untergang der Welt und von der Ankunft eines Gottes gewesen, der das Weltgebäude verstören und wieder erneuren sollte: die war das Geheimniß, welches man den Geweiheten offenbarete, aber auch in Ansehung ihrer in oft unverständlichen Allegorien einschloß: was aber das Volk betraff, welches an der öffentlichen Feyer der Mysterien Theil nahm, so sagte man demselben davon nichts, ausser daß es den Göttern danken sollte, die den Menschen den Korn- und Weinbau gelehret, die ihnen die Künste verliehen, welche das Leben angenehm machten, die ihren wilden Vorfahren Gesetze gegeben hätten, um sie zu einem geselligen und geruhigen Leben zu bringen. Wir haben also gesehen, wie diese Mysterien einen doppelten Gegenstand gehabt: der erste war, dem gemeinen Mann die fürchterlichen Lehren zu verheelen, die ihm allen Muth zu nehmen vermögend, seiner Ruhe entgegen und der Aufnahme der Societät schädlich waren: der andere Gegenstand war, das Volk zur Arbeit zu ermuntern, seinen Fleiß zu beleben, und es zur Freude und Dankbarkeit gegen die Götter zu erwecken."[90]

Wie ist Boulangers Interesse an den antiken Mysterien zu verstehen? Es ist zu verstehen, wenn man es als Echo der Theorien des englischen Bischofs William Warburton begreift. Warburton hat in seinem Buch *The divine legation of Moses* beweisen wollen, daß das Volk Israel ein von Gott ausgezeichnetes Volk gewesen ist, gerade weil es nicht die Lehren von der Unsterblichkeit und vom künftigen Leben gekannt hat. Moses konnte es sich nämlich leisten, auf die unmittelbare Führung Gottes zu vetrauen.[91] Die Wirkung von Warburtons Buch war aber nicht so apologetisch, wie es intendiert war. Vielmehr interessierten sich die Leser gerade dafür, was Warburton von den heidnischen Religionen und ihren Mysterienkulten (vor allem den Ägyptischen) zu sagen hatte. Und für diese hatte er die These aufgestellt, daß die Geheimhaltung der antiken Mysterien eine politische Funktion hatte: die kleinen Mysterien sollten Neugier

---

90 *Das durch seine Gebräuche aufgedeckte Alterthum* (Anm. 59), S. 588.
91 Vgl. William Warburton, *The Divine Legation of Moses*, London, 1741. Zu Warburton vgl. Assmann, *Moses der Ägypter. Entzifferung einer Gedächtnisspur*, München, 1998, S. 138–170; Robert Ryley, *William Warburton*, Boston, 1984; Manuel, *The Eighteenth Century Confronts the Gods* (Anm. 78), passim; Rossi, *The Dark Abyss of Time* (Anm. 2), 236–245.

wecken und lehren die Unsterblichkeit der Seele und Strafe und Belohnung im künftigen Leben. Die großen Mysterien aber sollten Wahrheiten verschleiern, deren Aufdeckung den Staat zum Einsturz bringen würde. Der Inhalt dieser Wahrheiten war die wahre Struktur der Welt selbst; der tiefste Grund der Religion ist die – nicht immer sozialverträgliche – Vernunft.

Von diesem Modell hat Boulanger sich anleiten lassen. Zunächst ist die exoterische Seite der Mysterien gegenreligiös konzipiert, in einer normativen und vor allem, wie ich es nennen möchte, einer affektiven Inversion: aus Trauer machten sie Freude, aus Weltabkehr die Tugend der Sozialität. Den Begriff der Gegenreligion benutzt Jan Assmann, um die Konstitution einer Religion und Kultur (wie der jüdischen) als Negation und Absetzung von einer anderen (der ägyptischen) zu beschreiben. Die jüdische Gegenreligion, so seine These, macht die esoterische monotheistische Gegenreligion, die in den ägyptischen Mysterien enthalten ist, gleichsam öffentlich für das ganze jüdische Volk.[92]

Ich benutze dagegen den Begriff „Gegenreligion", um Boulangers Auffassung zu beschreiben, daß die Religion der Mysterien gegen die apokalyptische, destruktive Religiosität der frühen Menschen entwickelt wurde. Sie entwickelten die Gegenreligion nicht als normative Inversion (Umkehrung aller Vorschriften), sondern als affektive Inversion: als Umwendung von Furcht in Freude. „Viele von diesen göttlichen Helden wurden Gesetzgeber der Völker, richteten die Mysterien ein und brachten die Menschen zum geselligen Leben, indem sie ihnen die traurigen Lehren verheelten, wodurch sie bisher gehindert waren, an ihren Wohlstand zu arbeiten. An statt der Klag- und Trauer-Feste führten sie rauschende Freuden-Feste ein [...]."[93] Die äußere Seite der Mysterien ist ein Antidotum gegen den depressiv-apokalyptischen Grundcharakter der antiken Kultur. Man kann hier nochmals an Freud erinnern, an sein *Unbehagen in der Kultur.* Allerdings liegt bei Boulanger nicht die Unterdrückung des Es und der Libido im Prozeß der Kulturentstehung dem Unbehagen zugrunde, sondern jenes Trauma der Wasserflut, das Boulanger etwas holzschnittartig sensualistisch als einen „Einduck" in die Psyche der noachidischen Menschen beschreibt. Die Mysterien leisten Trauerarbeit und arbeiten damit die Ursache für Aberglaube und Gesellschaftsunfähigkeit ab. Insofern sind sie Orte der Vernunft (der politischen Vernunft), nämlich Inseln der Auflehnung gegen den allgemeinen Verblendungszusammenhang des Sintflutraumas. Boulanger legt dabei den Nachdruck nicht wie René Girard oder Walter Burkert auf einen Gewaltakt, den Opferakt in den Mysterien als sozietätsgründendes Element[94], sondern auf den Akt der Trennung von esoterischem Wissen und exoterischer Einübung. Erst durch diese Trennung, das Schützen des Volkes vor der wahren Erinnerung, wird Gesellschaft möglich.

---

92 Jan Assmann, *Moses der Ägypter* (Anm. 91), S. 73 ff. zum Begriff der Gegenreligion, und S. 88ff. zum Begriff der normativen Inversion.

93 *Das durch seine Gebräuche aufgedeckte Alterthum* (Anm. 59), S. 582.

94 Vgl. René Girard, *Das Heilige und die Gewalt*, Zürich, 1987; Walter Burkert, *Homo necans. Interpretationen altgriechischer Opferriten und Mythen*, Berlin, 1972.

Andererseits enthalten die Mysterien auch die Lehre vom künftigen Leben und vom kommenden Gott. Das ist insofern den Eingeweihten vorbehalten, weil es eine „traurige" Lehre ist. Denn Boulanger sieht die Vorstellung vom Weltende und vom Richter offenbar als bedrohlich an, zumal sie aus der Furcht vor der Wiederkunft der Weltkatastrophe entstanden ist. Dieses affektive Moment an der Wiederkunftlehre scheint von ihr nicht abzustreifen zu sein. Der rationale – naturwissenschaftliche – Kern auch noch hinter dieser Lehre ist das Faktum der Überschwemmungskatastrophe, der Sintflut. Er ist, wenn auch nicht ganz durchsichtig, der eigentliche Inhalt der Mysterien.[95]

Doch was ist mit der Lehre vom kommenden Gott gemeint, die Inhalt der Mysterien gewesen sein soll? Boulanger verweist auf den phönizischen Gott Adonis, der jährlich aufersteht und wiederkehrt, wie die Sonne, an der sein Mythos offenbar orientiert ist.[96] Boulanger hat einen besonderen Sinn für Mythen, Riten und Feste entwickelt, die von periodischer Wiederkehr handeln – weil sie die Rhythmen der Natur wiederspiegeln. Auferstehungsmythen sind eine Form dieser Mythen. Die aus Furcht geborene Mentalität der Zukunftserforschung (so wie auch bei Vico die Wissenschaft der Auspizien die erste Wissenschaft war[97]) hat die Aufmerksamkeit der Menschen auf periodische Rhythmen gelenkt und so eine bestimmten Typus von Religion hervorgebracht, die Erlösungsreligion.

In den griechischen Mysterien war es vornehmlich Dionysos, dessen Rückkehr und Widergeburt man erwartet hat. Nun ist Dionysos oftmals, vor allem in der deutschen Klassik und Romantik, eine Figur gewesen, die mit Christus identifiziert wurde.[98] Das, was Hölderlin, Hegel oder Schelling an Interesse an

---

95 In gewisser Weise hat natürlich – reflexiv betrachtet – der Geschichtsphilosoph des 18. Jahrhunderts die Rolle, in dieses Mysterium Einblick zu verschaffen – gegenüber den zeitgenössischen Religionen. Bei Boulanger selbst wird das nicht thematisiert. Allenfalls in bestimmten Formulierungen wird klar, daß Boulanger sich mit den Naturwissenschaftlern seiner Zeit als aufgeklärte Elite fühlt: „Nur eine kleine Anzahl von Physikern und Philosophen fängt, seit höchstens einem Jahrhunderte, an, die alte Geschichte der Natur und des Menschen-Geschlechts zu lesen." (*Über den Ursprung des Despotismus* [Anm. 59], S. 30 f.) So gesehen, ist die Rolle dieser Wissenschaftler eine esoterische. Wirklich konsequent erkannt und umgesetzt findet sich aber diese Überlegung erst bei Adam Weishaupt und damit im Geheimbundwesen der Spätaufklärung. Hier wird tatsächlich das antike Mysterienwesen wiederbelebt und Geschichtsphilosophie als Inhalt der ,großen Mysterien' präsentiert. Zu den Mysterien im Geheimbundwesen vgl. Monika Neugebaucr-Wölk, *Esoterische Bünde und Bürgerliche Gesellschaft. Entwicklungslinien zur modernen Welt im Geheimbundwesen des 18. Jahrhunderts*, Göttingen, 1995; Markus Meumann, „Zur Rezeption antiker Mysterien im Geheimbund der Illuminaten: Ignaz von Born, Karl Leonhard Reinhold und die Wiener Freimaurerloge ,Zur wahren Eintracht'", in: Monika Neugebauer-Wölk (Hg.), *Aufklärung und Esoterik*, Hamburg, 1999, S. 288–304; Florian Maurice, *Freimaurerei um 1800. Ignaz Aurelius Feßler und die Reform der Großloge Royal York in Berlin*, Tübingen, 1997.
96 *Das durch seine Gebräuche aufgedeckte Alterthum* (Anm. 59), S. 366. Daneben werden erwähnt: Bacchus, Osiris, Apollo, Saturn, Pluto, Atys, Ceres, Proserpina, Serapis, Cybele und Mithras. Zu dieser Art von Regenerations-Göttern vgl. James Frazer, *Der goldene Zweig. Das Geheimnis von Glauben und Sitten der Völker*, Hamburg, 1989, S. 472–580.
97 Vico, *Prinzipien einer neuen Wissenschaft* (Anm. 70), S. 11, 162, 248 u.ö.
98 Vgl. Manfred Frank, *Der kommende Gott. Vorlesungen über die neue Mythologie*, Frankfurt, 1987; Christoph Jamme (Hg.), *Mythologie der Vernunft: Hegels ,Ältestes Systemprogramm des Deutschen Idealismus'*, Frankfurt, 1984.

den griechischen Mysterien hatten, war eine Spätfolge der Untersuchungen von Warburton. Im Deutschen Idealismus ist die „Neue Mythologie", die (ganz nach Warburton) als Mythologie der Vernunft gedacht wird, positiv verstanden. Boulanger aber ist Kritiker des Christentums. Sein Buch gibt sich – zumindest in der Zuspitzung durch Holbach – als Entlarvung des Altertums und damit auch als Entlarvung des Christentums. Das Christentum ist ein Auswuchs der Mysterienreligionen von der Erwartung eines kommenden Gottes. Gelegentlich äußert sich Boulanger sogar explizit in diese Richtung, wenn er vom „alten Ursprung des Christenthums"[99] spricht, oder davon, daß „das Christenthum nur auf der Erneuerung einer alten Chimäre beruht"[100].

Die Mysterien, so hatte es geheißen, stammten aus der Zeit der Heroen und Halbgötter.[101] Dies ist also nicht mehr die ursprüngliche Zeit der vereinzelten Menschen. Es ist bereits die Zeit von frühen Gesellschaften und Herrschaftsformen. Doch was für Herrschaftsformen? Hier nun kommt der Zusammenhang von Theokratie und Despotismus zum tragen.[102] Boulanger sagt: „Es scheint mir, als wenn er (der Despotismus) sich auf der Erde weder freywillig, noch durch Gewalt festgesetzt hätte, sondern als wenn er in seinem Ursprunge bloß eine traurige, fast natürliche Folge der Art von Regierungsform gewesen wäre, welche die Menschen in einem grauen Alterthume gewählt hätten, da sie die Regierung des Weltgebäudes durch das höchste Wesen zum Muster genommen."[103] Wie ist es zu dieser Regierungsform gekommen? Die frühen Menschen haben ihre Dankbarkeit, vor der Flut gerettet worden zu sein, auf ein höchstes

---

99 *Über den Ursprung des Despotismus* (Anm. 59), S.64.

100 *Über den Ursprung des Despotismus* (Anm. 59), S. 278. Zur impliziten These, das Christentum sei aus den orientalischen Mysterienreligionen herausgewachsen vgl. Richard Reitzenstein, *Die hellenistischen Mysterienreligionen nach ihren Grundgedanken und Wirkungen*, 3. Aufl., Leipzig, 1927. Zum Kontext vgl. Walter Burkert, *Klassisches Altertum und antikes Christentum*, Berlin, 1996, S. 28 ff.

101 Man mag hier wieder an Vico denken: *Prinzipien einer neuen Wissenschaft* (Anm. 70), S. 380 ff. u.ö.

102 In Boulangers Titel vom „Despotisme oriental" hört man – nicht zu unrecht – ein Echo von Montesquieus Lehre vom orientalischen Despotismus. Montesquieu ist denn auch ein wesentlicher Ausgangspunkt für Boulangers Forschungen gewesen. Montesquieus Buch habe „da angefangen, wo ich eben aufgehört habe", sagt Boulanger. Er schreibt also gleichsam die Vorgeschichte des *Esprit des lois*. (*Über den Ursprung des Despotismus* [Anm. 59], S. 351) Man kann Boulangers Forschungen aus der Synthese von Montesquieu, Voltaire und der Heidenwissenschaft charakterisieren, und dies alles im Rahmen einer erdgeschichtlichen Fundierung. Doch wie ließen sich die so verschiedenen Zugangsweisen von Montesquieu und Voltaire verbinden? Über den Gedanken, daß Theokratie und Despotismus eng verwandt sind. Voltaire hat die Theokratie als die früheste und ursprünglichste Regierungsform verstanden. (Voltaire, *Essai sur les moeurs*, Introduction, Kap. IX). Nun lassen sich Theokratie und Despotismus über das Phänomen des Aberglaubens annähern: Wenn man annimmt, daß in einer Priesterherrschaft Himmelskörper oder Götzenbilder angebetet werden und dies von den Priestern auch noch unterstützt wird, und wenn man auf der anderen Seite davon ausgeht – wie das Montesquieu ja auch getan hat -, daß Aberglauben ein Volk sklavisch macht und zur Regierungsform der Despotie beiträgt, dann kann man in der Tat sagen, daß die frühe Theokratie auch ein früher Despotismus gewesen ist.

103 *Über den Ursprung des Despotismus* (Anm. 59), S. 19.

Wesen projiziert. Es war ein unsichtbarer Gott über dem Himmel. Da die Menschen in dieser frühen Zeit mit Symbolen und figürlichen Zeremonien kommuniziert haben[104], haben sie sich die Götter als Tiere oder Himmelkörper und das künftige Leben in Bildern wie dem Garten Eden oder den Elysischen Feldern vorgestellt. Da die Gottesverehrung durch Priester geregelt wurde, hat diese Priesterkaste zunehmend Macht ausüben können. Während die einfachen Menschen einfache Gesetze im Sinne von Gewohnheitsrechten hatten, haben die Priester allgemeine Gesetze eingeführt. Damit hat man, so Boulanger, „den Menschen die Ehre dieser so schönen, so einfachen Gesetze geraubt."[105] Boulanger verbindet also Voltaires Ansatz mit Rousseaus kritischer Emphase.

Die Priester entwickelten zunehmend Herrschaftstechniken, die die Religiosität der Menschen ausnutzten: mit angeblich göttlichen Orakeln konnten sie beanspruchen, den Willen der Götter zu kennen. Sie trennten, aus Herrschaftsgründen, die exoterische Seite der Mysterien von der esoterischen: die exoterische Seite für das Volk ließ diesem die figürlichen Vorstellungen, die esoterische Seite enthielt die wahre Gotteslehre. Die Priester führten die Abgabe des Zehnten ein und sie sorgten für Opferungen. „Diese grausame Art zu denken", kommentiert Boulanger im Stil von Voltaire (wenn es nicht Holbach in der Bearbeitung war), „macht noch jetzt die Grundlage des Christentums aus" – in Anspielung auf den Opfertod Christi.

Die Priesterherrschaft konnte sich also aufgrund der ursprünglichen Vorstellung der Menschen von einer Gottesherrschaft nach und nach etablieren. Boulanger will damit zeigen, wie sich der frühere positive Sinn von „Theokratie" in den negativen Sinn verkehren konnte, den die Deisten aufgebracht haben.[106] „Obgleich Gott der einzige König der Gesellschaft war, so wurde doch, da man mit einem Gott weder Verträge noch Verbindungen schließen konnte, die Theokratie, ihrer Natur nach, gleich von ihrer Stiftung an, eine despotische Regierung, deren unsichtbarer Sultan der große Richter und deren Priester Vezire und Minister, das heißt: die wirklichen Despoten waren."[107] Aus Religiosität wird Priesterherrschaft und damit Despotie. Die Idolatrie, der Aberglauben des Volkes, stützt diese Herrschaftsform; schon nach alter Vorstellung – wie noch bei Montesquieu – gehören Aberglaube und Tyrannei zusammen. Dadurch, daß jedes Volk unterschiedliche Symbole für Gott hält, jedes aber meint, es verehre den wahren Gott, entsteht die Differenzierung der Nationen und darüber hinaus Unfrieden und Intoleranz. Die Menschheitsgeschichte fällt von einem Irrtum in den anderen, von einer Korruption zur nächsten.

---

104 Es ist interessant zu sehen, daß Boulanger hier Vicos Vorstellung von der symbolischen Kommunikation um das rituelle Moment ergänzt.

105 *Über den Ursprung des Despotismus* (Anm. 59), S. 142.

106 Zum Theokratiebegriff vgl. Wolfgang Hübener, „Die verlorene Unschuld der Theokratie", in: Jacob Taubes (Hg.), *Theokratie* (Religionstheorie und Politische Theologie Bd. 3), München, 1987, S. 29–64.

107 *Über den Ursprung des Despotismus* (Anm. 59), S. 196 f.

Zentral ist hier für Boulanger die Korruption der Priester. Er erwähnt die Tempelprostitution und deutet sie so, daß die Vorspiegelung der Priester, der Gott würde mit Frauen verkehren und Kinder zeugen, hier eine ganz besonders perverse Form angenommen habe.[108] Die Priester hätten tatsächlich die von ihnen in den Tempeln gezeugten Kinder als Halbgötter ausgegeben. Das waren dann die frühen Herrscher und Gesetzgeber, auch die „Heroen", von denen Vico spricht. Diese Heroen waren ein Übergangsstadium zur reinen Königsherrschaft, jener Despotie, die die indirekte Despotie der Priester beerbt hat. Da das Volk abergläubisch war, hat es die Heroen als Halbgötter verehrt und dann, aus Gewohnheit, auch die Könige nur allzu bereitwillig als Götter bezeichnet.

Wir sind hier bei der Kritik an der „Consecratio", der Verheiligung, die schon für die politische Theologie im 17. Jahrhundert – bei Morhof – das Movens von historischen Untersuchungen war.[109] Die Tendenzen im französischen Absolutismus, die mittelalterlichen magischen Vorstellungen von der wundertätigen Heilkraft der Könige zu perpetuieren, werden von Boulanger wie von Morhof angesprochen.[110] Sie sind für beide ein Zeichen, daß die religiöse Idolatrie eine politische Idolatrie nach sich gezogen hat, die bis in die Gegenwart reicht. So ist denn auch Boulangers Werk nicht nur Geschichtsphilosophie und antiquarische Rekonstruktion der Frühzeit, sondern auch Mahnung vor den Nachwirkungen der Theokratie in Europa. Der orientalische Despotismus hat seine Auswirkungen im Abendland gehabt. Das Papsttum mit seinem Anspruch, Stellvertreter Christi auf Erden zu sein, ist das beste Beispiel für eine Nachwirkung von Theokratie und Despotismus. Das Christentum spiegelt alte Erlösungsmythen. Um so mehr sind es Vorstellungen, die päpstliche Weltmonarchie, apokalyptisches Denken und Sternenglaube in sich vereinigen.

Das politische Problem noch der Gegenwart sind für Boulanger nicht nur die „Verirrungen des menschlichen Geschlechts" selbst, sondern vor allem „die nachherige Vergessenheit der Geschichte dieser Verirrungen".[111] Denn in dem Moment, in dem der bewußte Umgang der antiken Mysterien, die die Unterscheidung zwischen wahrer Naturreligion und populärem Aberglauben eingeführt hatten, verloren ging, war auch die Politik den abergläubischen Vergötterungen ausgeliefert. „Alle kulturellen Unterscheidungen", so Assmann, „müssen erinnert werden, um dem Raum, den sie konstituieren, indem sie ihn

---

108 Zur neueren Forschung über Tempelprostitution vgl. E. Fisher, „Cultic Prostitution in the Near East? A Reassessment", in: *Biblical Theology Bulletin* 6, 1976, S. 226–236.

109 Vgl. Martin Mulsow, „Morhof und die Politische Theologie. Kontexte historisch-philologischen Denkens im Deutschland des 17. Jahrhunderts", in: Françoise Wacquet (Hg.), *Mapping the World of Learning: The Polyhistor of Daniel Georg Morhof*, Wiesbaden, 2000, S. 221–251. Zur ‚consecratio' vgl. jetzt Manfred Clauss, *Kaiser und Gott. Herrscherkult im römischen Reich*, Stuttgart, 1999.

110 Daniel Georg Morhof (praes.) / Heron Herten (resp.), *Theologiae gentium politicae dissertatio prima de divinitate principum*, Rostock, 1662. Vgl. Marc Bloch, *Die wundertätigen Könige*, München, 1998.

111 *Das durch seine Gebräuche aufgedeckte Alterthum* (Anm. 59), S. 584.

spalten, Dauer zu verleihen."[112] Ist das nicht der Fall, wird das kollektive Gedächtnis unterbrochen. Die Aufgabe der Aufklärer ist es, es wiederherzustellen. Daher die Aufdeckungsmetapher im Titel von *L'antiquité devoilée*.

Dieser aufklärerische Impetus hat eine sehr konkret politische Note, wenn man bedenkt, daß Boulangers Buch in die Reihe der Historisierungen von Montesquieu in Frankreich gehört. Das bedeutet eben: den gegenwärtigen Despotismus (oder die Anzeichen davon) bekämpfen, indem man seine Ursprünge offenlegt. Die ganze These vom Ursprung der Religion im Sintflutschrecken läßt sich ja als Lehrstück über die Entstehung und Überwindung von religionsgestütztem Despotismus lesen. „Indessen sind in einigen Climaten Völker ihres Unglücks [...] müde geworden, und machen Republiken oder eingeschränkte Monarchien aus, an stat daß der übrige Theil der Welt fortfährt, seine Fesseln zu küssen." Die Geschichte „stellet uns Völker auf, die der Tyrannei feind sind, die Würde der Menschheit fühlen, sich des gemeinen Beßten annehmen, selbst denken und die Vernunft um Rath fragen."[113] Und es geht noch weiter: „Eine jede Regierung, die dem Volk die Freyheit zu denken, sich zu unterrichten und zu urtheilen nimmt, giebt zu verstehen, daß sie nur über blinde Menschen regieren, daß sie Tyrannei üben will. O! Wie wenig wirklich civilisirte Menschen giebt es auch in den Societäten, die sich der klügsten Einrichtungen rühmen! Wie viele Wilde findet man nicht noch in unseren Städten und Republiken, welche die aufgeklärtesten seyn wollen!"[114] Dieser Satz könnte von Schillers Marquis Posa ausgeprochen sein. In Weishaupts Illuminatenbund – in dessen Kontext Schillers *Don Karlos* indirekt gehört – hat man denn auch Boulangers Geschichtsphilosophie als Teil des Kampfes gegen den „Despotismus" der absoluten Fürstenhäuser benutzt.[115]

✳✳✳

Ich komme zum Schluß. Das Dyptichon, das ich skizziert habe, zeigt zwei entgegengesetzte Bilder, die aber eines gemeinsam haben: sie bieten säkulare Lesarten der Bibel und damit auch der Sintflut. Von der Philologie aus wirkt sich eine solche Lesart als Reduktion des angeblichen Naturereignisses auf bloßes historisches Geschehen aus. Der Schlüssel der Reduktion liegt in der Hypothese der „arguten", verschlüsselten Metaphorik der Texte als Katalysatoren der Tradierung. Wie ein Hayden White des 18. Jahrhunderts besteht von der Hardt auf

---

112 Assmann, *Moses der Ägypter* (Anm. 91), S. 20. Vgl. jetzt auch ders., *Die Mosaische Unterscheidung oder der Preis des Monotheismus*, München, 2003.

113 *Das durch seine Gebräuche aufgedeckte Alterthum* (Anm. 59), S. 584.

114 Ebd. S. 585.

115 Vgl. Hans-Jürgen Schings, *Die Brüder des Marquis Posa. Schiller und der Geheimbund der Illuminaten*, Tübingen, 1996; zur Präsenz von Boulanger bei Weishaupt vgl. Martin Mulsow, „Steige also, wenn du kannst, höher und höher zu uns herauf'. Adam Weishaupt als Philosoph", in: Walter Müller-Seidel und Wolfgang Riedel (Hg.), *Die Weimarer Klassik und ihre Geheimbünde*, Würzburg, 2003, S. 27–66, bes. S. 44–54.

der Analyse rhetorischer Effekte in der Geschichtsschreibung und liest historische Texte als Literatur.[116] Umgekehrt wirkt sich die säkulare Lesart von der Naturwissenschaft her – bei Boulanger – als Reduktion von kulturellen Produktionen auf ihre sensuellen Stimuli aus: Religion, Wissenschaft, Mentalitäten sind Folgen des einen Menschheitstraumas: der großen Flut. Den Schlüssel der Reduktion liefert hier die Hypothese von der komplexen Verbindung von Trauma und kollektiver Erinnerung, von Ritual und Affekthaushalt. Sintflut und Gedächtnis sind – so oder so – eng miteinander verschränkt. Sie treffen sich keineswegs nur im Vergessen von Kulturleistungen; sie formieren vielmehr zusammen den Hinweis auf eine verborgene Kenntnis der Ursprünge.

---

116 Vgl. Hayden White, *Metahistory: The Historical Imagination in Nineteenth-Century Europe*, Baltimore, 1973.

GEOLOGISCHE ERINNERUNG

Athanasius Kircher: Überflutete Berge,
in ders.: Arca Noë, Amsterdam 1675, S. 158.

PETER N. MILLER

Peiresc and the First Natural History
of the Mediterranean

Who was the first historian of the Mediterranean? Polybius, amongst the Ancients, and Gibbon, amongst the Moderns, are the most obvious candidates. But, one might object, while both of them do narrate events on a Mediterranean-wide scale, neither actually ever makes the Sea their subject. But if not them, who? The protagonists of the "scientific discovery of the Mediterranean," as in the title of a recent work, surely did take the Mediterranean as their subject, but only, so received wisdom recounts, in the first part of the nineteenth century. With this, we are come to Ranke and his pioneering studies of the Spanish and Ottoman Empires, Braudel's forgotten — and perhaps intentionally obscured — forerunner.

But what about Peiresc? In fact, we find in his seventeenth-century papers precisely that consciousness of the Sea as a physical and human unit that our very twentieth-century definition of the Mediterranean seeks out. Peiresc, the Provençal, who spent fifty of his fifty-seven years in Provence never more than 20km away from the coast. Peiresc the historian, keen observer of the Mediterranean almost-empire of the Angevins. Peiresc, the first student of the *Llibre del Consolat de la mer,* the Aragonese code of maritime law promulgated in Barcelona in the thirteenth century. And, of course, Peiresc, the leading figure in the European pursuit of oriental learning in the first decades of the seventeenth century, bestriding the sea lanes between Marseille and the ports of the Levant like no scholar before or since. In fact, one could argue that it was this intense focus on the Levant — a region with a meaning for Europeans at least since the Crusades — that made him so conscious of the Mediterranean — a region hitherto without any of those associations.[1] Viewed from Provence, the Levant was no island off the shore of Europe, but belonged to the very same Mediterranean that nurtured and bathed those shores.

But lest all this, and more, be dismissed with the same objection raised against Polybius and Gibbon — a historian in, rather than of, the Mediterranean — we must first turn to Peiresc's extensive work on the natural history of the Mediterranean.[2] For it is here, indisputably, that we find a student of the Sea.

---

1   See Miller, "Peiresc, the Mediterranean and the Levant," *The Republic of Letters in the Levant*, eds. Alastair Hamilton and Maurits van den Boogert, Leiden, 2005.
2   In this precise sense neither Prosper Alpini before him, who worked on Egypt, nor Patrick Russell after him, who worked on Syria — like Polybius and Gibbon — were historians of the Mediterranean. On Alpini, see most recently Nancy Siraisi, "Hermes Amongst the Physicians," in: *Das Ende des Hermetismus. Historische Kritik und neue Naturphilosophie in der Spät-*

Peiresc was fascinated by its very waters. In a note dated to June or July 1634 and labeled "FLUX ET REFLUX/ COURANNTE D'AFRIQUE" Peiresc examined the currents of the Mediterranean.[3] His starting point was that of the Black Sea which penetrated the Hellespont and traversed "all the Mediterranean" to Sirtes in Lybia, to the Gulf of Cap St. André and Spac and the town of Souchon, then inhabited by "Grenadins", or Morriscos. The movement of sand was evidence for the strength of this current, capable sometimes of throwing 66 quintals into a boat — which could have been very dangerous. He then offered three eye-witness accounts, that of his acquaintance, the Patron Pascal of Marseille, and that of the vice consul in Algiers via the consul in Marseille, his friend Vias, both of whom were in accord that along the Barbary Coast the prevailing current was rather from west to east. The third eyewitness was the Chevalier de Montmeian, who had been a slave for three years in North Africa and reported that in the estuary of the river that served as the outlet of the port of Bizerte in Tunisia the tidal flux was so great that it could easily leave boats high and dry. He had learned this from galley slaves and many others who had lived in that port. Montmeian had seen nothing like it, Peiresc noted, in the mouth of La Goulette, or the lagoon of Tunis, or at Carthage.[4] There was also a fourth eye-witness account, this insisting on the flow of the Black Sea into the Hellespont and Mediterranean, given in a parallel memoire, preserved among the Dupuy Manuscripts and labelled "1634. 29 Juillet/ Courants de la Mer/ Mediteranee." Its opening paragraph reads as follows: "At Constantinople, M^r the Count Marcheville and the Captain Gilles of Marseille who piloted the ship Dauphin on which he returned, and who stayed in the port there for six full months on his last voyage, have attested to us as a well-known, indubitable, thing, and which one saw daily."[5]

The explanation for the contrary (West to East) current along the African coast came from Antoine Novel, a Provençal doctor based in S. Lucar de Barrameda near Seville. Peiresc had solicited from him information on the current in the Straits of Gibraltar. In a long letter of 10 December 1633 Dr Novel reported on the strength of an "Oceanic" (Atlantic) current capable of driving a ship before it even into the teeth of a strong wind. Reports from Spanish mariners sailing to and from North Africa who had to correct for this strong west to east current corroborated those on sailing from Ocean to Sea and back.[6]

    renaissance. Dokumentation und Analyse der Debatte um die Datierung der hermetischen Schriften von Genebrard bis Casaubon (1567-1614), ed. Martin Mulsow, Tübingen, 2002, pp. 189-212 and on Russell, Maurits van den Boogert, "Patrick Russell and the Republic of Letters in Aleppo," in: Hamilton and van den Boogert, eds. *The Republic of Letters in the Levant*.

3   Carpentras, Bibliothèque Inguimbertine [= Carp.], MS. 1821, fol.127.

4   Carp. MS. 1821 fol. 127; Paris, B.N. Dupuy MS. 669, fol.81.

5   "A Constantinople Mons.r le Comte de Marcheville et le Cap.ne Gilles de Marseille qui conduisoit le navire Dauphin sur lequel il estoit revenu, et qui y avoit seiourne dans le port six mois entiers a ce sien dernier voyage, nous ont attesté comme chose notoire, indubitable, et qui se void iournellement." Dupuy MS. 669, fol.83.

6   Novel to Peiresc 10 December 1633, *Correspondants de Peiresc*, 2 vols., Geneva, 1972 [rpt], II, pp.699-700.

Ocean tides were much more pronounced, and Peiresc was interested in these too — especially those off the coast of Brittany which he had heard to be the highest in the world. But he believed that one could still make "really rare discoveries by diverse observations in the Mediterranean Sea, which is not at all exempt from this flux and reflux, as is more commonly believed."[7]

The "flux and reflux" of the sea had, of course, wider implications for the Copernican theory. But here Peiresc's interest seems more focused on the unity of the Sea in a physical sense, bound together by the winds and currents that swept from one of its ends to the other.

If the water's movements bound the eastern to the western, and the northern to the southern, shore of the sea, Peiresc's interest in the complementary shape of mountain ranges on the northern and southern coasts seems to suggest that he viewed them as once linked. A memoire entitled "DES ALLIGNEMENTS PARALLELES des plus GRANDES MONTAGNES et des plus longues et de leur suitte du Levant au Ponant", and dated 20 January 1635, addresses this question.[8] Like so many of Peiresc's natural-historical inquiries it is framed autobiographically. "The 20th January 1635, walking on the other side of the Chapel of St Marc with Mr Gassendi, Provost of the Cathedral of Digne, and Mr. Gaultier, Prior of La Valette, and descending from the coach by the mill of Eastety for better consideration of the countryside, and the veins of rocks posed in the form of banks one atop the other, and in which direction they were oriented." Peiresc proceeds to describe this very carefully. The striation of rock seemed to continue across the valley of the River Arc. "Because the divisions of the banks or veins of the rocks, and the direction taken by the separations of those banks correspond from one side of the river to the other." He added, in particular, that in that place the peaks seemed to slope away to the north and south, whereas the ridge-line seemed to go from east to west. "We had therefore crossed the breach in the mountain walking from north to south."[9] As the walk continued Peiresc noticed similar formations. He was especially attentive to the broken south-facing rock walls.

From these very local observations Peiresc looked into the distance. "So much it is," he opined, "that it is always a constant and indubitable thing that all the great mountains of this province have the extent of their biggest length on the alignment of east to west and the majority of the hills that extend from them are also aligned from east to west." After this general observation, Peiresc returned to detailed observations of places, beginning with the valley of the

---

7 "Dont on a desia faict de bien rares descouvertes par diverses observations dnas la mer Mediterranee qui n'est pas du tout exempte de ce flux et reflux comme l'on le croid plus communement " (Carp. MS. 1821, fol.279). Most of this memoire, entitled "Pour les marees, et les vents, et les eclipses", and probably dating from the first part of 1636, is devoted to the rocks and waters around Belle-Isle.

8 Carp. MS. 1821, fols. 74-5.

9 "Laquelle en cet endroit là biaise son cous du midy quasi an septentrion, pour se venir jetter dans la vallee d'entre leditz montayguez et la ville d'Aix, qui va du levant au ponant, nous avons donc traversé la bresche de la montaigne cheminants du septentrion au midy" (MS. 1821 fol.75).

Gaspeau, in which sat his country seat at Belgentier. A survey of all the mountain ranges of Provence followed, in which their East-West axis was maintained, "and with some interruption the continuation of the mountains of Aulps and others possibly all the way to the Couyer at Peiresc" — the mountain town owned by the Fabri and originally called Castrum de Petrisco — from which the scholar took his name.

In Provence, Peiresc had looked from one side of a river valley to another; in a memoire dealing with the natural and human antiquities of Belle Isle, off the Breton coast, he looked across to the topography of the nearby mainland. In a questionnaire to a correspondent he specifically asked him "to observe on the other islands and coasts of the mainland closest to Belle Isle, principally those of Blanet, Morbian and Quiberon, if the banks or layers of the rocks are not of the same quality, nearly, and arranged or heaped up, in the same direction and order close to that of the rocks of Belle Isle." The implication is that the island was once part of the landmass before splitting off.[10] *How* this could have happened is not touched upon — yet.

Instead Peiresc launched on a different tack. He wanted to know if the mountains of Brittany were oriented from East to West, like the rest of Europe's mountain ranges, or not. Examples offered were the Appenines, Pyrenees, Sierra de las Nieves, Alps, Caucasus, Lebanon, Mount Hermon and even Mount Atlas; "all are aligned from East to West, whatever little skewing they might have." Peiresc's conclusion to this section, like its beginning, is puzzling for the heat attached to such a seemingly arcane subject: "This could help a lot in penetrating further than it might seem into the highest origins of the most secret things of nature."[11]

It was this line of inquiry that Peiresc developed in his essay on mountain ranges, but now projected on to a Mediterranean-wide scale. "I want to say that all these mountains and hills [are] so proportionally ranged and aligned in almost parallel lines from west to east, and have some correspondence with the Appenines and the Rhaetic Alps which separate Italy and Germany."

He also affirmed a connection between the Mediterranean's mountains and its waters, "since [the waters] having in some way occasioned the alignment of the said mountains in the situation in which they are found, more than on the contrary or transverse [i.e. from North to South]. As one presupposes that there are similar currents of the sea beyond the Cape of Good Hope and the Straits of Magellan, from East to West and in the Mediterranean Sea on our coast of Europe from East to West also, and on that of Africa the contrary, (which Sr de Breves found at Cap Bon near Carthage). The Black Sea flows out constantly at Constantinople and disgorges into the [Greek] Archipelago."

But the relationship between water and mountains was not coincidental. Salt came out of the sea and pebbles were formed in riverbeds. "In the same way, it

---

10 Carp. MS. 1821 fols. 284-5.
11 Carp. MS. 1821, fols. 284-5.

seems that in the sea is formed, in parallel, not only pebbles and gravel and particular rocks in which are enclosed sea-shells and large salt water fish and other animals that sought their home and defense there, but also entire mountains, whether small or great, where those that are completely beneath the waves could receive accretions which attach to it, where they congeal as on old rocks, according to the seasons most opportune for this effect." (Salt mountains, of the sort found in Sicily and Poland, were said to be evidence of this process.) We will return to the off-hand reference to marine animals and shells immured in mountainsides.

Peiresc's very elaborate theory tying together currents of the sea and the building of mountains, and the role of salt and pebbles, is a remarkable attempt to sketch a naturalistic mechanism for the creation of rock in which water, and the seas, played a crucial role. The essay concludes on a comprehensive note. "That if this could presuppose or could advance a reason why the southern slope of all the mountains of Europe is more cut or sharper, because it was on this side that is found the shore of the Mediterranean Sea, however receded and much retracted, and it is possible that one who observes the mountains of Africa where they are found so much to the contrary, rather cut and broken on the northern facade. So too, that the big rivers cut the terrain and make as if large work areas ["chantiers"] here and there on their shores. One must write to Tunis and Algiers."

And so he did. Peiresc's letters to the humanist-secretary Thomas d'Arcos, enslaved by the corsaires and eventually turned renegade, explore this history of water and earth.

Peiresc began, in a letter of 7 October 1634, with the question of currents and tides. He repeated the information given him *that very day* by the "Commandeur de Montmeyan" [sic] about the powerful tides in the canal of Bizerte; he wanted to know if there were anything similar at La Goulette near Tunis. Peiresc's hope was that gathering "relations from diverse places of the Mediterranean Sea, which seem to blaze a trail to a great beginning for penetrating even to the real causes — and at least to the progress and proportions and some rule for the consequences that could be drawn with some utility — and which seems to advance far forward toward the primal causes in giving account of the diversity of the periods of these vicissitudes in different places in the Mediterranean Sea, as well as of the Ocean."[12]

But Peiresc's thinking about water was also tied to his thinking about winds. He collected memoires describing several well-known local winds, with

---

12 "...des relations de divers endroictz de la mer Mediterranée, qui semblent frayer le chemin à de grandes ouvertures pour en penetrer sinon les vrayes causes, au moins le progrez et les proportions, et quelque règle pour les suittes et consequences qui s'en peuvent tirer avec quelque utilité, et qui semblent mordre bien advant dans les causes primitives, en rapportant la diversité des periodes de telles vicissitudes en diverz lieux de la mer Mediterranée aussi bien que de l'Ocean, dont les moindres font recongnoistre ce qui est quasi imperceptible aux grandes." *Lettres de Peiresc*, ed. Tamizey de Larroque, 7 vols., Paris, 1888-98, VII, pp. 140-3; Carp. MS. 1871, f.366r.

observations of their regular movements. "Du VENT DE LA VAUDAISE au
Lac de Geneva... le 25. October 1634",[13] for example, or the winds of Nyons and
Ventoux, sent to him by a "Sr. Boule",[14] or from a crater on "Le COÜYER...fort
haulte montaigne" close to Entrevaulx and near his eponymous town.[15] Since
Peiresc knew Provence fairly well, he focused in greater detail on the relationship
between rainfall, mountain grottoes, and lakes in this region. He began by
supplementing the narrative with a map, drawn in his own hand, of the region
described in the essay's opening paragraph. It was based on information about
the wells, waters and winds of the area around his house provided by one
Jacques Latil and his brother, Michel, whom Peiresc described as the son of the
"Hugues — the one who makes our cheeses of Peiresc."[16]

From d'Arcos he sought out some connection between variously reported
strong local winds, such as those found in Provence, and extreme tidal
phenomena. "And by this means to proceed in observing certain little winds
which are born from the orifice of some subterranean caverns and whose course
is more or less limited to the surroundings." Having had more success with this
method than he had dared expect, he thought it even more important to obtain
from d'Arcos "some small relation of the biggest winds that you have seen in
those lands and those which could be observed in the future, that you would
find worthy of sending me." Peiresc added the customary insistence upon
extreme accuracy of measurement of time and place. "But it is necessary to be
exact in marking as carefully as possible the time of the birth and of the
cessation [of the wind] and one must not neglect, if there is another cavern in
your mountains, to observe if the wind does not emerge from it, at least during
the morning before the rise of the sun, or like the vapors that can be seen in the
winter, like the breath that emerges from our lungs."[17]

Peiresc continued on the question of winds in a second letter, from the end
of April 1635, that commented on the fate of the chameleons d'Arcos had sent
him before the winter.[18] Peiresc wondered if d'Arcos could draw up for him a
report on the "constitution of the air in that land this past winter, as far as
possible, for making the comparison with that here, which was rather rude,
although," he added, "the northern winds were not the cause of it." He
wondered in particular whether the mountains around Tunis were ever covered
with snow, and if so how long this lasted.[19] Peiresc then suggested that d'Arcos
keep a weather journal, "that if you would have the patience to mark sometimes
in the form of a journal the days on which the great winds begin to rule, [and]
from what direction they come, one could draw great usefulness for making the

13 Carp. MS. 1821, fols. 131-2.
14 Paris, B.N. Dupuy MS. 488, fols. 175-85 and Carp. MS. 1821, fols. 159-64.
15 Carp. MS. 1821, fol. 155.
16 Carp. MS. 1821, fols. 156-58.
17 *Lettres de Peiresc*, VII, pp.140-3; Carp. MS. 1871 fol.366r.
18 *Lettres de Peiresc*, VII, pp.145-6; Carp. MS. 1871, fol. 368r.
19 Peiresc to d'Arcos, 29 April 1635, VII.145-6; 368rff.

comparison with similar remarks made by those curious about the sea, in order to see the connection and relation and reciprocation that there could be from one pole [of the sea] to the other."[20] In fact, Peiresc asked another correspondent of his, Nicolas Antelmi of Fréjus, to do the same thing and his journal has survived — a record of winds and metereological conditions that ran from 21 September through to 5 January 1636.[21]

Peiresc ended his letter to d'Arcos by apologizing again for his mania about precision. But even here he could not resist reminding d'Arcos of the importance of any information he might have about caverns that emitted winds for their usefulness in explaining the flux and reflex of the sea "where we have discovered great secrets of nature by comparing [par la conference] its periods in different places of the Mediterranean Sea, as well as that of the Ocean." And so in the midst of a discussion about mountains and winds, Peiresc turned back to the Sea, urging d'Arcos to describe "if you have there caverns which are capable of producing wind, as we are full of these in this country." Peiresc promised many happy consequences. "Above all," he added,

> it was necessary to observe at the *mouths* of the rivers there, where they disgorge into the sea, if there was not any sand that ruins the coast and undermines the situation of the ports nearby, which are below the principal flux of the sea by the beaches and sandbanks that stop there. It is necessary to note if this be to the east or the west of the aforesaid mouth of the river, and if it is at the back of a gulf or in the midst of the sea, or in a cul-de-sac, or indeed on the open coast which abuts the open sea, because all this can change the constitution and disposition of things and produce very different effects.[22]

A year and a month later — after letters that focused on eclipse observation and the life and death of the chameleons sent from Tunis — Peiresc came back to focus on the question of alluviation.[23] Did the African rivers that flowed into the Mediterranean show the same deposit patterns as the Rhone? The Rhone left its sand on its western bank — and further downstream from it — meaning that current came from the East. Peiresc thought d'Arcos could ascertain this without doing any fieldwork, "just like me, without budging from here" (tout de mesme que moy sans bouger d'icy). The point is that everyone knew that the prodigious quantities of sand brought downstream by the Rhone were thrown by the sea always to the west. "That's to say that on the side that comes to Martigues and Marseille the sands never cause much obstruction" and if a big

20 *Lettres de Peiresc*, VII. 146-7.
21 Sunday October 14th's is a typical reading: "La matinée temps calme, le ciel serain, la girouette a la tramontaine: sur les 9. a 10. heures temps serain. La girouette au levant, avec un vent assés fort au terre, laquel a duré jusques a 3. heures apres midi. Et sur les 4. heures laditz vent fort petit. Et sur les 6. heures temps calme, le ciel tousjours serain et la girouette au Levant." Carp. MS. 1821, fol. 233v.
22 Peiresc to d'Arcos, 29 April 1635, *Lettres de Peiresc*, VII.145-6; 368-370.
23 Peiresc to d'Arcos, 30 May 1636, Carp. MS. 1871, fols. 377r-380v; *Lettres de Peiresc*, VII, p.169.

wind — Peiresc mentions a "Labesch" — happened to throw sand to the East, "the daily current of the sea which moves naturally from East to West would always push the sands back below its bank or course."[24]

Ever the historian, Peiresc explained that the Romans had cut a canal named "FOSSAE MARIANAE which issued forth near Martigues, at the village of Fos (from which it received its name), to clear all the sand from the mouth of the river proper." But, by contrast, to the west, the coast of Languedoc was perilous for sailors and in the least weather one courted fortune and, what was more, the entire coastline was sandy without any worthy port because of the continual alluviation brought by the "perpetual current of the sea, by the sole load of its water. From this it follows that since only the time of St Louis the port of Aigues Mortes finds itself remote from the old seashore by more than a good league that is all sand."[25] Peiresc even offered the counter-example of the silting up of the Argens near Frejus in order to prove the point: in this rare case of alluviation from west to east there was the peculiar current of the Gulf of St Tropez that explained it.

But when there were no such exceptional circumstances, the rule on the northern Mediterranean coast was clear: "all the rivers of Europe that issue into the Mediterranean Sea and which have their regular course from North to South, like the Rhone, have their western banks more sandy than the eastern ones."[26] Peiresc wanted to know what was true on the coast of Africa, or at least that part known to d'Arcos, or even potentially knowable. Peiresc added that sailors would be ideal informants because sure to know if there were any sandbars outside these ports. The position of the bars would indicate the direction of the current, whatever other alterations the great winds might be capable of making to the surface of the waters. Peiresc asked in particular if d'Arcos could inquire — it was not necessary to actually go there — whether sailors in the sea outside the entry to La Goulette were able to recognize a perceptible current, and whether it was more often from east to west or west to east. He even suggested ways of doing this: by dropping a piece of paper, or small bit of wood, or a cork into the water and watching its direction — again noting that sometimes the great winds were capable of sending the water back in the opposite direction, as he had himself "proved" with the Rhone.

We know from a series of memoires on mountain springs in Provence that the waters of the region could not be studied apart from the mountains. The waters that fed the Sea had their origin high up in the mountains; the path of the waters was in some sense also the path of the mountains. The connection between water and earth, and their orientation in space, is elaborated *writ small*

---

24 *Lettres de Peiresc*, VII, p.171.
25 *Lettres de Peiresc*, VII, p.172.
26 "Mais quand il n'y a pas de telles occasions heteroclytes, toutes les rivieres de l'Europe qui aboutissent à la mer Mediterranée et qui ont leur cours reglé du septentrion au midy comme le Rhosne, ont leurs bords occidentaux plus assablez que les orientaux" *Lettres de Peiresc*, VII, pp.172-3.

in another note, this devoted to springs and wells in Provence, labelled "FONTAINES & CARRIERES naturellement allignees du Levant au Ponant, selon le P. André Monastier...FONTAINE FOULETINE du REFLUX/ FONTAINE DU PETROL de BESIERS" and dated 3 September 1634.[27] What interested Peiresc was that this peasant believed "that all the mines and quarries had their origin and progress from east to west. Just as the spines of the mountains usually are in this situation, even if mountains turned around from north to south could be found." The peasant "held, equally, that the waters had their course more naturally from east to west than the contrary."[28] What is especially revealing here is the connection between mountains and the periodicity of mountain springs. The role of rainwater and underwater aquifers is noted in "FORMATION DES CAILLOUS", written in January 1635 but reflecting experiences Peiresc had as a boy, playing in the Rhone — he recalls that it was before he learned to swim — by the Pont d'Avignon.[29]

The Mountains. In Peiresc's Mediterranean, as in its microcosm, Peiresc's Provence, the mountains defined the sea as much as the sea the land. Peiresc proceeded to develop the questions first posed on his walk in Provence to explain the shape of mountains on both sides of the Mediterranean. In these letters to d'Arcos we encounter an extraordinarily sophisticated theoretical model for the function of mountains in a systematic approach to the history of the earth.

He began with his hypothesis about the typical east-west alignment of Mediterranean mountains, mentioning as examples the Pyrenees, Appenines, the "German" [Swiss?] Alps and those of Provence, as well as the mountains of the Auvergne.[30] But then Peiresc launched forth in a still different direction. He wanted to know, in great precision, the exact shape of those mountains: their declivities and the direction of their ridges. Did they seem cut or broken more on one side or the other? Was one slope more precipitous or gradual than the other? And above all: did their watershed break east-west or north-south? Peiresc also wanted to know the direction of any visible "veins" or layers of rocks within the mountains ("divers bancs ou assietes entaissées et rangées les unes sur les autres").[31] Peiresc noted that these "veins" were most easily found in those places where water had forced its way through the rock and cut it open. Again, he insisted on knowing whether the cuts or breaks ran east-west or north-south. "These veins", Peiresc continued, "or banks or threads of rock seem to be

27 Carp. MS. 1821, fol. 135.

28 "Mais il tenoit que toutes les mines et quarrieres ont leur naissance et progrez du Levant au Ponant. Comme les doz des Montaignes communement son en cette situation, encores mesmes qu'il se trouvast des montagnes tournees a rebours du septentrion au midy. Auquel cas les veues ne laissoient par d'aller du Levant au ponant. Et tenoit pareillement que les eaux eussent plus naturellement leur cours du Levant au ponant que au contraire." Carp. MS. 1821, fol. 135.

29 Carp. MS. 1821, fols. 78-83.

30 Peiresc to d'Arcos, 29 April 1635, *Lettres de Peiresc*, VII, pp.145-6; Carp. MS. 1871, fols. 368-70.

31 Peiresc to d'Arcos, 29 April 1635, *Lettres de Peiresc*, VII, pp. 147-48.

ranged one atop the other horizontally and more or less evenly". But if the
breach cut across the mountains parallel to the meridian (elsewhere he terms this
direction "Equinoctial"), that is, north-south, then he wanted to know — very
precisely — if the aforesaid veins seemed torqued with one side pointed into the
ground and another raised up and which direction was which. Peiresc noted that
all this could be most easily observed by going down to the sea shore, and
especially to islands, which were of "living rock" ("roche bien vifve").[32]

Peiresc took up these themes in a letter of September 1635 to M. Pion, Vice-
consul at Algiers, a correspondent and dependent of Peiresc's friend Baltasar
Vias, Consul at Algiers but resident in Marseille. He began with the question of
currents, suggesting that there was a current beneath that of the surface, but
then turned directly to mountains and the very questions laid out in the
previous April's letter to d'Arcos. Whether the mountains were oriented from
east to west or west to east, whether these chains were more broken on their
northern or southern facing sides, more precipitous on the one than the other,
whether they contained banks or veins of different kinds of stones and whether
these were parallel or skewed. Nor, he concluded, did everything have to be
found perfectly consistent, for even a large number of examples would suffice
for reaching a judgment. What makes this letter so precious, however, is that
Peiresc had the copyist reproduce in the file copy of the letter the drawings that
Peiresc must have made in the holograph. And so, from the two relevant
perspectives, we see Peiresc illustrating exactly what he meant. In the first
drawing, looking as if from the north, we see the slope of the mountain rising
up gradually from the east, the jagged ridge line, and then broken, sharply
declining western face. In the lower drawing, as if looking from the east, we see
the sharp northern rock face and then the gentle sloping away from the ridgeline
to the south. The dotted lines represent the "banks or veins" of rock mentioned
in the letter.[33]

Peiresc advised d'Arcos that the required descriptive tasks could be
performed without extensive field work. He hadn't needed to budge from Aix
to know that the Appenines and Piedmontese Alps and the Pyrenees and Sierra
de las Nieves were all aligned from East to West. And so, too, the Taurus,
Caucausus, Lebanon and Hermon ranges, and also "the Mountains of the Moon
in your Africa." What he meant by "alignment" is spelled out: if they were, for
instance, 25 or 30 leagues in length but only 3 or 4 across, and proportionally
for those that were even longer, such as those in "ceste grande Asie."[34] The

---

32 "Vous recognoistrez cela fort facilement quand vous irez vous promener sur les rochers exposez
    au bord de la mer, principalement s'il y a là des isles dans la mer qui soyent de roche bien vifve
    où vous les puissiez considerer de tous les aspectz pourveu que l'isle aye quelque notable
    estendue et que le roc soit bien solide et bien desgarny de terrain et consequemment incapable
    de confondre sa vraye situation et forme primitive." April 29 1635, *Lettres de Peiresc*, VII,
    pp.148-9.
33 Peiresc to Pion, 29 September 1635, Carp. MS. 1874, fol. 391.
34 Peiresc to d'Arcos, 30 May 1636, *Lettres de Peiresc*, VII, pp.173-4.

1. Carp MS 1874 fol. 391

Piedmontese Alps were exemplary in this regard. They were "ridges of long chains of mountains disposed in parallel situations one before the other, so that their alignment and length go from east to west, so the col de Tende is situated before Mont Genevre, and that one before Mont Cenis and so on the others." It meant that the valleys were long, though thin, and stretched from west to east. Turning to the landscape around him, Peiresc noted that the chain of the Ste Baulme stretched more than 4 or 5 leagues from east to west but was barely a half league across from north to south. Mont St Victoire, near Aix, had likewise 4 leagues from west to east on the road to St Maximin and not a quarter of a league's traverse from north to south. The same was true for the Luberon, for the two ranges between Aix and Marseille, for the Aubagne range east of Marseille and for Les Baux to the West. "All the other great mountains of this province are in a situation just like this" and, for the most part, so too those of Languedoc and the Auvergne.[35]

But in thinking about the orientation of mountain ranges, Peiresc took in those immured in the sea, as well, the big islands of Sicily, Crete and Cyprus. Their orientation was exactly like that of the surrounding mountain ranges. "If you consider the length of Sicily, Candia and Cyprus, it is much greater from east to west than the width of these islands and there are Mediterranean mountains of the same alignment as these islands."[36] The Mediterranean Sea itself, he writes, was aligned from West to East from the Straits of Gibraltar to the Holy Land. The same was true for the Black and Adriatic Seas (though he notes that latter declined a bit to the south). Nor was the Red Sea, Peiresc added, so very differently aligned. "And," he concluded, "I think that the majority of the mountains that border all these great seas follow the same alignment, almost, and particularly those of your map of Africa" (d'Arcos had prepared such a map for Peiresc.)[37]

The situation of Tunis was no different, he thought. Without going anywhere d'Arcos was in position to observe the mountain ranges closest to the sea, as well as those to the south of Tunis, both said to be aligned from east to west. Going still further south, deeper into the Continent, Peiresc asserted that the winding course of the Niger River, from east to west, had to have been channeled by some extant mountain range.[38]

A more recent commentator has also noted that "although interrupted by inlets of the sea, the mountains correspond on either side of the straits to form coherent systems. One range formerly linked Sicily and Tunisia; another, the Baetic range, existed between Spain and Morocco; an Aegean range used to stretch from Greece to Asia Minor (its disappereance is so recent in geological terms as to correspond to the Biblical flood)...." Braudel, whose words these are, also describes these as "high, wide, never-ending mountains" — without emphasizing the implied east-west orientation — but qualifies his comments on their inter-connection as "hypotheses". "What we can be certain of," he concludes, "is the architectural unity of which the mountains form the 'skeleton':

---

35 "Nos Alpes mesmes Piedmontoises sont des crouppes de longues suites de montaignes disposées en scituations paralleles les unes devant les autres, en sorte que leurs allignements et longeurs vont du levant au ponant, comme le col de Tende est scitué au devant du mont Genevre, et celuy cy devant le mont Cenis et ainsi des autres dont les vallées d'entre deux ouvrent des passages du ponant au levant de fort longue suitte, quoyque bien estroits à traverses de l'une en l'autre de ces montaignes." *Lettres de Peiresc*, VII, pp.174-5.

36 "Si vous considerez la longuer de la Sicile, de la Candie, et de Cypre, elle est bien plus grande du levant au ponant que la largeur desdites isles par le travers et y a des montagnes Mediterranée squi sont au mesme allignement au long desdictes Isles." Peiresc to d'Arcos, 30 May 1636, *Lettres de Peiresc*, VII, p.175.

37 "Et j'estime que la pluspart des montagnes qui bordent toutes cez grandes mers suivent les mesmes allignementz à peu prez, et particulierement celle de vostre carte d'Affrique." *Lettres de Peiresc*, VII, p. 175.

38 Peiresc to d'Arcos, 30 May 1636, *Lettres de Peiresc*, VII, p.176.

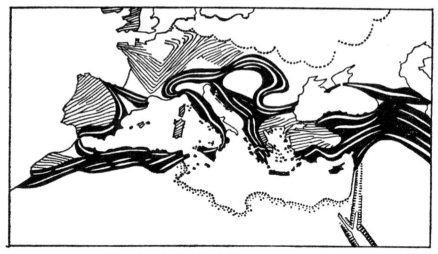

Fig. 2: *The folds of the Mediterranean*

Hercynian blocks banded, **Alpine** foldings in black; the white lines indicate the direction of the mountain ranges. To the south, the Saharan plateau in white, borders the Mediterranean from Tunisia to Syria. To the east, the tectonic fractures of the Dead Sea and the Red Sea. To the north, the intra-Alpine and extra-Alpine plains are in white. The dotted lines mark the furthest limit of former glaciers.

Fig 2. Fernand Braudel's map of the Mediterranean's mountains in vol. I of "The Mediterranean and the Mediterranean World in the Age of Philip II" © Librairie Armand Colin 1966. English translation © 1972 by Wm. Collins Sons Ltd. and Harper & Row Publishers, Inc. Reprinted by permission of HarperCollins Publishers.

a sprawling, overpowering, ever-present skeleton whose bones show through the skin." The map he had prepared for the second edition of the *Mediterranean* is a perfect representation of Peiresc's comments on the Mediterranean's mountain ranges as well (vol. I, p. 27, Fig. 2).[39]

Surely the most concrete instance of Peiresc's approach to the Mediterranean as a physical unit was his attempt to correct its maps. This was linked to the simultaneous lunar eclipse observation that he organized for 28 August 1635, with observers garlanded around the shores of the Sea. Peiresc's archive preserves the report drawn up after the event by Gassendi, based on the informa-

---

39 Fernand Braudel, *The Mediterranean and the Mediterranean World in the Age of Philip II*, New York, 1972, 2nd edn [1966]), pp.25-27. The first edition of the book contained no maps or plates. *The Mediterranean. Environment and Society*, eds. Russell King, Lindsay Proudfoot and Bernard Smith, London and New York: Arnold, 1997, chs.1-4 offers a useful contemporary introduction to some, but by no means all, of the processes referred to by Peiresc.

tion sent him. Observations were made under Peiresc's guidance by Theophile Minuti and Simon Corberan at Aix, Gassendi in Digne, Ismael Boilliau in Paris, Athanaius Kircher, Melchior Inchofer and Gaspar Berti in Rome, Camillo Glorioso in Naples, Agathange de Vendome and Giovanni Molino in Cairo, Father Celestine de St Lidiwine, Father Michelangelo and Baltasar Fabre in Aleppo and unnamed Jesuits in Quebec.[40]

By correctly determining the longitudes of the various cities, and already knowing the distances between them, one could draw a map. This was important because, according to Peiresc, the most expert mariners of Marseille had complained about their having to "to give a quarter of wind to the left" when passing from Crete and Cyprus eastward. With the results he and Gassendi obtained in Provence and those of the Chancellor of the French legation at Aleppo, Baltasar Fabre, Peiresc believed that existing maps could be corrected.[41] A month later, in a letter to the Dupuy brothers, Peiresc elaborated. He now spoke of an error in existing sea charts of "more than 2 or 300 leagues [around 1000km] too much between Naples and Palestine, for which the practice of mariners had found a remedy whose cause and reason they never could comprehend: that is, from Malta to Candia they used to give a quarter of wind on their compasses to the left, and from Crete to Cyprus two quarters of wind, and on the return they did the same, and always to the left, which made the difficulty less easy to dissolve." [42] Subtracting all that space explained everything easily.[43]

But it was fire, even more than earth, sea and wind, that brought out the most speculative — and spectacular — example of Peiresc's Mediterranean framework for natural history. And this takes us back to his interest in fossils, mentioned already.

---

40 Carp. MS. 1832 fols 33-35. A slightly different version of this is preserved as a letter from Gassendi to Diodati in August 1636, MS. 1832, 24r-29v.

41 Peiresc to d'Arcos, 20 July 1636, *Lettres de Peiresc*, VII, pp. 181-2.

42 "...une erreur en toutes noz cartes marines de plus de 2 ou 300 lieues [around 1000km] d'entre Naples et la Palestine qu'il y a de trop dans les cartes, à quoy la routtine des mariniers avoit trouvé un remede dont ils n'avoient jamais sceu comprendre la cause et la raison: c'est que de Malte en Candie, ils souloient donner un quart de vent à la gauche en leurs boussoles, et de Candie en Cypre deux quarts de vent, et au retour ils en faisoient aultant, et tousjours à la gauche, ce qui faisoit la difficulté moings facile à dissoudre." Peiresc to Dupuy, 12 August 1636, *Lettres de Peiresc*, III, pp. 542-3.

43 Corradino Astengo, *La cartografia nautica mediterranea dei secoli XVI e XVII*, Genova: Erga edizioni, 2000, pp. 50-60 ("L'asse del Mediterraneo") notes that there was a problem with Mediterranean maps that seventeenth-century cartographers acknowledged and which resulted in the placement of Cyprus too far north of Crete and, therefore, an addition of more than 100 miles between Cyprus and Damiette. The use of latitude to correct magnetic distortion was actually pioneered in Marseille (p.58). Was Peiresc simply wildly off base? Astengo does conclude that it was only with astronomical observation that accurate maps of the Mediterranean would be produced, *around 1680* (p.60). Peiresc was surely ahead of the game in his approach, but it remains unclear exactly what problem of longitude — and therefore of *length* — he and his sailor friends were referring to.

Gassendi tells us that Peiresc had been interested in the question of fossil remains at least since 1607. According to him, Peiresc saw — literally — the question of fossils as linked to the transformation of the earth, to all that was solid itself having a history.

> Because he had observed in a long row of Hills, as far as from Belgentier, a certain Zone as it were, which was high, but yet plain and parallel to the horizon, and even surface of the Sea, which was full of such kind of Creatures turn'd to stone: he made no question, but the Sea in ancient times had overflow'd the same, at least he thought he might have recourse to the flood of Noah, or to the Creation, before the waters were gathered into one place. For he thought it unquestionable, that the Sea did by little and little forsake some countries, and overflow others; as Aristotle proved touching Aegypt, Polybius concerning the Euxine, and himself concerning Arles, Nilus, Danubius, Rhodanus and other Rivers, making continents of the Earth, which they continually bring along in their streams, so that in processs of time, both low places became high, and Sea-Coasts become midland countries.[44]

It was this that made him think that Venice, for example, would eventually become attached to the mainland.[45]

But for a set-piece discussion of fossils we must turn to the copy of an undated essay on sea shells discovered in the soil near Rheims, in Champagne, preserved in the Dupuy Collection in Paris.[46] The pages were excerpted from materials on the "Antiquitiez de Reims" prepared by Nicolas Bergier and sent to Peiresc by Venot in 1635. Peiresc described it as a "si docte & iudicieux discours" and then added his own corroborating evidence.[47] The essay begins by

---

44 Pierre Gassendi, *The Mirrour of True Nobility and Gentility*, London, 1657 [1641], year 1607, p. 119. This was a lifelong interest as is attested by a letter to Jean Lombard on those fossils in the mountains above Belgentier (16 June 1636, MS. 1821, fol. 289) and extended to the furthest geographical reaches of Peiresc's correspondence. In a letter to the French jeweler Herryard at the Mogol court in Lahore, written in 1630 to accompany the passage to India of Fernand Nuñes and Manuel da Costa Casseretz, Peiresc had focused on the question of fossils amidst more mundane questions about diamonds and rubies. Discussed in Sneyders de Vogel, "Une lettre de Heryard, joaillier du Grand Mogol", in: *Neophilologus* 39, 1955, pp. 6-8. For more on this see Charles de la Roncière, "Un Artiste français a la cour du Grand Mogol", in: *La Revue Hebdomodaire*, March 1905, 181-97.
45 Gassendi, *Mirrour*, year 1630, p. 57.
46 Paris, B.N. Dupuy MS. 669, 42-49. In a copyist's hand, the essay appears in a volume of memoires and letters that can all be positively associated with Peiresc (i.e. either autograph materials or copies of autographs found also in the Carpentras archive.) Gassendi does not refer to it, however. He stresses Peiresc's understanding of "seeds" producing a certain kind of humor which petrified into shells. Nevertheless, this did allow Peiresc to come, if for the wrong reason, to a fair assessment of what the fossil contained: "As for what concerns the shapes of Oyster shells, snails, cockles, periwinkles, and innumerable other things: this happens by chance; for the living creatures being dead, it happens, that their shells and coverings, become the receptacles of the foresaid petryifying humor, which being coagulated and hardened, puts on the shape of the thing containing." Gassendi, *Mirrour*, year 1630, p. 47; it was the role of these 'seeds' that led Peiresc to connect fossils with other forms of transformation, like the origin of pebbles, or encrustation of submerged metal.
47 Peiresc to Venot, 26 April 1635, Carpentras, Bibl. Inguimb. MS. 1876, fol.528r.

describing the location of the find, and the type of soil in which it was found. Bergier notes possible explanations for the presence of shells, including the playfulness of nature, the workings of as yet unidentified animals, or the remains of the universal deluge. "I uphold thus the third opinion," he concluded, "just like one who would want to debate me. And because the thing seems difficult to believe, I rely on authority and on reason."[48] This was not the only place in the world where sea shells were found far from their natural habitat, "and I am not alone in taking these for marks and relics of the universal deluge."[49] Amongst the authorities cited are Apuleius, Herodotus, Plutarch, Strabo, Pomponius Mela, Ovid in the Metamorphoses amongst the Pagans and Orosius, Tertuillian and — what strange company! — Jacques Gaffarel, Peiresc's friend but also a radical skeptic, amongst the Christians. Out of Gaffarel's *Questions Innouyez* Bergier extracted a report of shells found in the ground near Forcalquier, in Provence. He observed that Cardano explained this away as petrification of stone, and while initially Gaffarel rejected this in favor of a more naturalistic explanation, he later himself reverted to it because he could not otherwise explain the presence of shells on the highest mountain tops. "Nevertheless," Bergier concludes, "the clause that he adds, when he says that the sea did not cover Egypt at all, nor the Appenines, Alps and Pyrenees, and that it would be absurd to believe this, if it were not what was meant by universal deluge, shows that he does not agree with us, but only with those who do not wish to recognize the great deluge, whose belief is for us a point of faith."[50]

This explanation is evidence of a certain but rare irony: that it was the believer whose presuppositions brought him closer to the truth. The skeptic, Gaffarel, precisely because of an a priori classification of the "Flood" as Biblical hokum, ended up further away from the truth. Perhaps this is that convergence of reason and authority to which Bergier referred. It is noteworthy that earth science, rather than astronomy, could elicit such an explicit statement of faith.

It was publication of Francesco Stelluti's version of Cesi's study of fossils that brought Peiresc back to these issues. David Freedberg's recent and quite splendid work on paleontology in the Accademia dei Lincei shines a glancing light on to Peiresc's contemporary researches.[51] When a respected colleague, Jacques de la Ferriere, doctor to the Cardinal-Archbishop of Lyon, Alphonse-Louis Duplessis de Richelieu (the Cardinal-Minister's brother), accompanied

---

48 "Et parce que la chose semble de difficile creance, je l'appuye de l'autorité & de la raison."
49 "& je ne suis pas seul qui les prend pour marques & reliquat du deluge universel."
50 "Neantmoins, la clause qu'il adjouste, quand il dit que la mer n'a point couvert l'Egypte, non plus que l'Apennin, les Alpes, & les Pyrenees, & que c'est chose absurde de le croire, si ce n'est, dit il, qu'on l'entende du deluge universal, empesche qu'il ne conclue [sic] comme nous, mais seulement comme ceux qui ne veulent reconnoistre le grand deluge, dont la creance est un point de notre foy."
51 David Freedberg, *The Eye of the Lynx: Galileo, his friends, and the beginnings of modern natural history*, Chicago, 2002, 331-33 and *Fossil Woods and other geological specimens*, with Andrew C. Scott, London, 2000, pp. 51-6.

the Cardinal to Rome, Peiresc charged him with investigating the site at Aquasparta that was the subject of Stelluti's representation of Cesi's views. Afterwards, he hoped to send him on to Sicily, to study giant bones that a Roman correspondent of his, Claude Menestrier, kept mentioning.

Sicily, in the center of the Mediterranean, also lies at the center of Peiresc's interest in the relations between water, earth, wind and fire. It was Europe's primeval treasure house. He had wanted to go there himself on his Italian trip and would urge the same on others, like Lucas Holstenius. A few years before, Peiresc had prepared a memoire entitled "1633. Sicila/ Malta GIGANTUM OSSA" containing information on various human contacts in Sicily who could be approached for help. These began with the Prince of Botera, who lived in Castelvetramo, about 25 miles from Palermo, and was said to have the best antiquities "cabinet" in Sicily. It was there that the giant bones were found "in quantity, whose carcasses the apothecaries raised up on platforms at the fairs." The fairs were held at the beginning of August ("au temps de raisins") before the festa at Trapani in mid-month. It was there that the heads of giants, as well as other bones, were to be seen. This Prince was often in Spain. So, too was Don Joseph de Balsano of Messina, "fort curieux de peintures, desseins & medailles." There was also the expatriate Bordelais, Jacques Zagry, now of Palermo, trafficer in diamonds and clever at business; "a man appropriate to be shown these bones of the giant." There was Giacomo Maringo, a bookseller in Palermo who possessed many medals and might know of the composition of the collection of Mirabella, which fell into the hands of Botera. Switching from people to places, Peiresc described some of the ornamentation at Monreale, the porphyry that was quarried from the nearby Mt Pellegrin and which supplied the great colomns for the the Chapel of Santa Rosalia and the church of the Theatines. But ethnography was not forgotten. "LI GREGUI", Peiresc continued, "are at 10 or 12 miles outside of Palermo on the side of Monreale towards the south of Sicily, and occupy four or five villages where they retain the Greek vernacular, and the female clothes of the Maltese Greeks." At Castelgiovanni and Calatanacetta there were salt mines, some of which contained "gli occhi di sale" — cubical grains.[52]

Peiresc was a careful reader of Cluverius's Sicilia Antiqua and was delighted to be sent relations on Sicily by Cassiano.[53] And so, when Menestrier turned from Sicilian amber to giants' bones and a mountain full of teeth, Peiresc was ready to follow.[54] He was even willing to cover the costs of Menestrier's voyage to Sicily in the unlikely event (or so he thought) that Cardinal Barberini would

---

52 "LI GREGUI sont a dix ou douze milles hors de Palerme du costé de Montreal ver le midy de la Sicile. Et occupent quattre ou cinq villages ou ils ont retenu le vulgaire Grec, et les habits des femmes comme les Grecs de Malte" (Carp. MS. 1821, fol. 140).

53 Peiresc to Cassiano, 2 August 1635, Lettres à Cassiano dal Pozzo, ed. Jean-François Lhote and Danielle Joyal, Clermont-Ferrand, 1989, p.197.

54 Menestrier to Peiresc, 19 December 1634, Lettres de Peiresc, V, pp.739-40, copy in Carp. MS. 1821 fol.70.

himself refuse.[55] This brought him back to Vincenzo Mirabella y Alagona's <u>Dichiarazioni della pianta dell'antiche Siracuse</u> (1613) which reported on giant skeletons found there, and thence to Tunisia, where his correspondent, Thomas d'Arcos, had come across giant remains 6 or 7 years ago.

It remained necessary, Peiresc thought, to investigate "the forms and quality of the ivory fossils and other things mentioned that could be found buried together, in order to make a more certain conjecture if these were teeth of an elephant, hippopotamus or of another marine monster." Nor would it surprise him if the fossils reported found on Malta also proved to be marine monsters or other large creatures.[56]

Peiresc explained himself in a long letter of 21 March 1635 to Pierre Bourdalot in Rome that was intended as a guide for La Ferrière. He first expressed his pleasure at being introduced to La Ferrière by Pierre's uncle, Jean. Then, turning to the giant bones, Peiresc wanted to know as much as possible about the remains found there, but also about the "fabric" or structure in which they were found, as well as the nature of the surroundings. He commented specifically on the possible use of caves as human dwellings, or any other signs of human construction, as well as the possible presence of other sorts of bones or shells still immured in nearby rock faces. More precisely, Peiresc wanted La Ferrière, a medical doctor after all, to affirm that the bone or bones were indeed from a human. His own experience had led him to suggest the possibility of a large fish or whale — something which could be corroborated by the presence of even the least "petrification" that could be found there, whether of shells, snails or other marine fossils. The uncertainty and obscurity of these matters demanded such attention to detail. Other objects of study would be the fossil mountain that he had heard about, as well as the salt mountains and Aetna and all that was "vomited up from these sources of petrol" (est vomi de ses sources de petroglia), and the many-colored amber found in various places. What Peiresc wanted was an examination of the places where these were found and a detailed relation — that was why it was necessary to write out instructions, and not work from "simple traditions" and "imprecise and uncurious locals" but rather from the best sort. Peiresc was willing to supply the information found in that memoire, containing the addresses of the principal prelates, princes and seigneurs and of "curieux" living in Sicily, just in case they — La Ferrière and perhaps Menestrier — needed "to excavate a little further into the earth". Peiresc lamented his inability to go there himself and give more precise instructions.[57]

---

55 Peiresc to Menestrier, 1 February 1635, *Lettres de Peiresc*, V, pp. 757-9.

56 Peiresc to Cassiano, 2 August 1635, *Lettres à Cassiano dal Pozzo*, pp. 198-201.

57 Carp. MS.1821, fol.221r-v: "… pour les reliques des ossementz des Geants et des circonstances et dependances qu'on y pourroit observer pour prendre les asseurances requisites et necessaires a la qualité des lieu ou ils ont esté inhumes et s'il y a heu [sic] des fabriques ou structures affectees pour leurs tombeaux ou non, ou bien s'ils n'ont esté que tumultairement combles de sable ou de terre ou de rochers, et si ceux lieux d'alentour il ne se trouve aulcunes marques de chose qui puisse avoir esté accommodee de leur temps a leur usage comme des cavernes a faulte de fabriques mesmes s'il ne s'en trouve point dont les ossementz soyent putrefies et engages dans

Peiresc's thinking about fossils was shaped by his work on antiquities. In a memoire sent to a French collector later in that same year of 1634, Peiresc sought specific information about the location in which a Roman spoon was discovered. No distinction can be drawn between the archaeological and the paleontological practice of this antiquary. Peiresc wanted to know "if it was found confusedly [without particular order] in the ground, or in some vase of clay or lead, or in some tomb, if all was found together at different times; if you went quickly to the places when you had the news, if this was very deep in the ground or closer up, if the quality of the soil is mineral or corrosive or not, and whether one could recognize in the pieces of copper found there if it is very humid or watered by fountains or brooks or indeed whether it is very dry. Because all this affects the quality of the rust that we have found there on several pieces...."[58]

---

la substance des rochers ou du tuf comme les autres petrifications des coquillages et autres choses maritimes et sur tout si les os de la teste sont bien precisement de la forme humaine car j'en ay veu qui n'ay respondoint pas bien entierement et qui me faisoient revoquer en doubte que ce ne perissent estre des monstres marins comme il se trouve de ces bouts qui ont des mains et des pieds fort approchant des humaines et de fort prodigeuse grandeur Cetarce [sic], ou du nombre des baleines c'est pourquoy j'estime qu'il ne fault pas negliger d'observer bien curieusement toutes les moindres petrifications qui se pouroient rencontrer es environs des lieux ou il s'en trouve, soyent coquillages, limassons ou autres poissons et plates maritimes ou autres choses qui peussent favoriser ou destruire ceste chettive Imagination qui a besoing de beaucoup d'autres adminicales en concurrence des uns des autres pour pouvoir trouver quelque bonne consequence en matieres si incogneües et abstruses et ou les simples traditions sont subiect a tant de supposition et alteration. J'entends mesmes qu'il se trouve en ce pays là des montagnes touches de l'ebur fossile que ie ne verrois pas moins volontiers si ie pourrois entreprendre le voyage. Et les environs de les montanges de sel comme aussy de Mont Ethna et tout ce qui en est vomi de ses sources de petroglia, mesme cet Ambres de differentes couleurs qui se retrouve en quelques endroicts pour pouvoir examiner la qualité des lieux ou la nature les a peu produire et pense que d'une relation bien exacte de toutes ces choses là il se tereroit des merveilleuses suittes et notices tres nobles et tres excellentes c'est pourqouy il fault tascher d'en escrire prendre des instructions qui soyent pas receuiles temerairement et sur des traditions simples, ou rapports de personnes mal exactes et peu curieuses et pense qu'il y fault aller muni de bonnes addresses et des principaux prelats princes ou seigneiurs du pays et aux personnes plus curieuses qui y resident voire si besoing est aux officiers a celle fin qu'on n'y rencontre aucun obstacle ains toute sorte de facilité et de faveur et secours pour faire en cas de besoing fouillerient peu plus avant dans la terre que ne font ceux qui se contentent de voir la superficie seulement et pour en faire attester les memoires de telle chose qui pourroit meriter d'en prendre acte public a de le faire certifier et soubscripre par des personnes qualifiees et tesmoings des lieux mesmes irreprochables, combien que telles formalites se puissent obmetter mais elles pourroient bien aussy n'y estre pas inutiles en cas de rencontre de choses contraires a la commune creance des hommes. Pleust a dieu fusse ie en ceste peine la sur les lieux et si j'estois capable de vous donner du conseil nous prendries nos mesures en sorte que vous puisses vous rendre sur les lieux plus important et plus curieux quand Mr de la Ferriere y pourra estre pour en pouvoir tesmoigner quant et luy, n'estonnant pas que vous soyes si attaché que vous ne peussies obtenir quelques sepmaines de conge..."

58 "...s'il fust trouvé confusement dans la terre, ou dans quelque vase de terre ou de plomb, ou dans quelque tombeau, si tout fut trouvé en un coup à diverses reprises, si vous vous transportastes bien tost sur les lieux quand vous en eustes la nouvelle, si c'estoit bien profond en terre ou peu avant, si la qualité de la terre est minerale ou corrosive ou non, et qui ce peut recognoitre aux morceaux de cuivre qui se treuvent, si elle est fort humide ou arrosée des fontaines ou ruisseaux ou bien si elle est bien seiche car tout cela sert a la qualité de la rouille que nous y avons trouvée en quelque pieces, mais principalement j'ay grand interest de sçavoir bien au vray si vous rancon-

But the best example of Peiresc using stratigraphy to generate a "philology of objects" comes from the realm of paleontology: supposed human remains of the mythical Gallic King Teutobachus. "His" bones had been found in the Dauphiné in 1613 and been the subject of an extended polemic through 1618 that has been recently commented upon by Antoine Schnapper.[59] In a letter to Dr. Nivolet, at St Marcellin near Romans, dated 18 September 1634, filed by Peiresc under the title "Du Geant de Langon en Daulphiné", he thanked Nivolet for the packet containing all the controversial writings that had appeared since the giant's discovery nearly twenty years earlier. He had additional questions, however, and understood that they might be hard to answer given the passage of so much time. The questions that follow represent, therefore, something of a "wish list" and in that way reveal to us Peiresc's thinking on the subject in its purest form.

First, he wanted additional witnesses so as to be able to compare accounts. Then, he wanted to make sure that that these were human bones — he was himself very skeptical of the identification with Teutobachus. No one else, beyond those who claimed its discovery, had seen the site or the inscription — which would, in any event, not have been written in Latin, the language of his enemy. Anticipating the retort that the tomb was erected by the victors in honor of an admired adversary, Peiresc answered that a Roman inscription would have given more than just his name and been more elaborate than plain unorna- mented brick. The coin with the initials "MA", according to Peiresc, denoted Massilia not "Marius" and thus could not be used to date the find. Moreover, a coin hoard had been found in the area in 1613 and this MA must have come from there. Moreover, "ceux qui ont la congnoissance de l'usage des Romans" would know that Marius would never have been written this way, but always as C. Marius. Nor did Peiresc believe that the tomb was built of brick, cemented at the corners, and on a big stone, because the ground was sandy and the Romans wouldn't have built on sand. Moreoever, if it were stone, it would have broken on such a weak foundation; and since there was no such fine stone in the area, it would have over the years been scavenged for spolia — though none were known nearby. Peiresc also disputed the claim that because of his size Teutobachus needed 4 or 6 horses to carry him, since he would still have dragged on the ground. If the bones were human, they were put there long after defeat of Teutobachus. The bricks would have had to have been older too; and

---

trastes la cueiller de Mercure en mesme temps que tout arrosé si ce fut de la main des ouvriers qui travaillloient à la terre ou de quelque orphevre qui l'eusse achaptée d'eux et si ce fut long temps apres ou non, car il me semble que vous disiés que le manche avoit esté destourné et, emporté quelque part...." Peiresc to Venot, 2 December 1634, quoted in Jaffé, "Peiresc and New Attitudes to Authenticity," *Why Fakes Matter. Essays on Problems of Authenticity*, Ed. Mark Jones, London, 1992, 169.

59 Schnapper gives the history of the find and the debate, which would run through the middle of the eighteenth century, *Le Geant...*, 101, but he does not note Peiresc's intervention in this conversation, or explored its importance.

to say that they were put in place without cement, as in a Cyclopean wall, would in this case require huge stones, which he had never seen. Finally, that sand was found on the bones — fossilization — showed that the tomb could not have been so well cemented after all. After all this Peiresc apologized, as usual, for speaking his thoughts so freely, but he hoped that his recipient was "as jealous as me for the research of the pure truth which has such advantage over the veils which so often cover it."[60]

And so, when Peiresc addressed to Cassiano his desiderata for any research into a possible find of fossil bones on Sicily he saw no need for the development of a different methodology. "And to examine the quality of the places where they are found interred, if any structures are found nearby, or no, and of what sort, or whether they are only interred in the earth, or in an arena, or along with stones, or enclosed in stones, or placed confusedly, or interred in the material of the rock itself like the other petrifications...." [61]

In other words, paleontology and archaeology were cognate sciences, sharing one central methodology: stratigraphy (though of course where the dating of human artifacts could be absolute, those of natural ones could only be relative — at least before the development of modern technologies of dating.) If Peiresc's approach to human antiquities in the ground was no different than his approach to natural antiquties in the ground, it was nevertheless true that natural antiquities, especially those of great age — what we might call pre-historic — had to be explained not, as with antiquities, by reference to human agents, but by reference to nature as an agent: the realm of earth science.[62]

It was in writing about Sicily, and about volcanism, that Peiresc drew the two together most spectacularly. Indeed, so keen was Peiresc's interest in volcanos that he collected three contemporary treatises on Vesuvius and bound them with a long letter written on 27 March 1632 to "D. Severo di Napolo Cer.[ro]".[63] Peiresc supplemented this information with his own collation of modern eruptions of Aetna and Vesuvius, drawn from printed as well as eyewitness sources and ranging in date from 1329 to 1538.[64]

Peiresc also thought about an even more distant volcano. A memoire en-titled "1631. 1632/ INCENDIE SOUBSTERRAIN/ EN ARABIE, ET AETHIOPIE", and probably based on information received from Jean Magy,

---

60 "aussy jaloux que moy de la recherche de la pure verité qui a tant d'advantage sur les voiles dont on la couvre si souvent" (Carp. MS. 1821, fols. 173-5).
61 Peiresc to Cassiano, 20 March 1635, *Lettres à Cassiano dal Pozzo*, pp. 175-6.
62 On the history of paleontology, see Martin Rudwick (see n. 82); for earth science, Gabriel Gohau, *Les Sciences de la terre aux XVIIe et XVIIIe siècles. Naissance de la géologie*, Paris, 1994.
63 The letter is 16 folio pages long and might have been a printed text in the form of a letter, Carp. Bibl. Inguimb. MS. 1821 fols. 178-93. It is preceeded by a later note giving the titles of those three volumes with which it was bound: Giovan Bernardino Giuliano, *Trattato del Monte di Vesuovio & de suoi incendii*, Naples, 1632; Pietro Castelli, *Incendio del monte Vesuvio*, Rome, 1632; F. Giulio Caesare Braccini, *Incendio fattoci nel Vesuvio a XVI. di decembrio 1631 e delle sue cause et d'effetti*, Napoli, 1632.
64 Carp. Bibl. Inguimb. MS. 1821, fol. 195: "De Incendiis Montium Aetnae ac Vesuvii".

Peiresc's chief agent in Cairo, described how the Ragusan-born Mamet [sic], Bassa of Suachem, "having heard spoken of, in Cairo, of the eruption of Mount Vesuvius" mentioned that "around the same time", on the border of his department, about two or three days walk into Ethiopia, there had been a similar eruption that had desolated several places and whose smoke could be seen from afar.[65] The memoire goes on to mention the earthquakes felt in Cairo at the same time, and then discusses reports of heavy rains at Mecca in 1631 that brought forth noxious hot fumes from underground caverns, and hot springs in the Sinai Desert and in Medina. Magy had learned of the fumes from the Damascene merchant-living-in-Cairo, and great bibliophile, Bobaquer Soala, who blamed it on the vices of the governor of Mecca.[66]

When the Capuchin Fathers Gilles de Loches and Cesarée de Rosgo stopped at Aix in July 1633 on their way home from Egypt they were debriefed by Peiresc. He added to this same memoire their confirmation of Magy's account, though emphasizing that Mount Sem erupted several months prior to Vesuvius.[67] Peiresc himself suggested some connection between the presence of hot springs in the region and volcanic phenomena. "Which shows clearly that there are exhalations of the earth which contribute to the heat of that water and which could explode in eruptions, or noxious winds, such as those of Mecca."[68]

The masterpiece of Peiresc's thinking about volcanism, reflecting his study of Vesuvius and Aetna as well as Sem, is found in a letter to Philippe Fortin de la Houguette written only a few weeks later, 6 September 1633.[69] Peiresc reported that "cez Marseillois" — presumably sailors — had heard of the eruption of that Mount Sem (perhaps Ras Dascian, 4685m) from the mouth of Memet Bassa of Suachem on the Red Sea, where the flames and smoke were visible. He suggested that without a doubt proximity to the sea contributed to the eruption since "we see that the water of the burning fountain [lava?] being conducted along earth disposed to burn, gave birth there to flames and served as their base, just as the flames penetrate through the water in order to make a pyramid of fire or flames on the water, without the water showing any apparent heat." The model for this was Greek Fire, which could be communicated atop water without being affected by it because of the camphor and other bituminous and oily matter found in it, all of which were found also in "these great furnaces or mouths of subterranean fire."

What Peiresc had not yet been able to explain sufficiently to himself was the ability of the fire to emerge from so deep beneath the ground, as it had to,

---

65 Carp. 1864, fol. 263r.
66 For this person see Carp. MS. 1864, fols. 256r and 263v.
67 Carp. MS. 1864, fols. 263v-264r.
68 "Ce qui monstre evidamment qu'il y a des souspiraulx de terre qui contribuent de la challeur à cette eau et qui peuvent esclatter en embrasements, ou vents infects, tels que celuy de la Mecque." Carp. MS. 1864, fol. 264r.
69 Peiresc to La Hoguette, 6 September 1633, *Philippe Fortin de La Hoguette, Lettres aux frères Dupuy et à leur entouage (1623-1662)*, ed. Giuliano Ferretti, 2 vols., Florence: Leo S. Olschki Editore, 1997, I, pp.323-28; Carp. MS. 1809, fols 182-83.

"because it raised up islands in the midst of the sea, and opened up mouths of fire in their midst as is recounted of some found in the sea of Naples as well as that of Greece." Peiresc thought there had to be some connection to Aetna and Vesuivus "and would seem to imply I don't know what kind of necessary correspondence of the one to the other beneath the surface of the water, because in it one finds the fiery islands of Vulcan and Stromboli."[70]

In fact, Peiresc continued, the majority of sources of hot springs that he knew of, in Aix and elsewhere, came from below the ground up to the surface. Cold water sources, by contrast, tended to move from above to below. Where hot springs had gotten less hot, like that of Aix since the time of Strabon, it was likely the result of cold water intermixing with it. The heated water came from fires deep within the earth "as it has been verified at the baths of Pozzuolo at the place at which opened a mouth of subterranean fire during the time of Pope Paul III, whose slag formed a very high mountain in 24 hours, which I viewed up to the summit where there remained a form of a great theater or caldera [chauderon] whose mouth was closed up by the collapse of the earth on either side which the rains carried down into it."[71]

The peak of Teneriffe in the Canary Islands, which was held to be one of the highest mountains in the world, seemed also to have been formed in the middle of the ocean by the same process. The crater remained open, though no longer on fire.[72] In the northern lands, Peiresc continued, and in the midst of the ocean, there were still "burning mountains" much more marvelous still, as well as others that had ceased to erupt. There were said to be additional ones in America while some in Greece were no longer visible — in the same way that the fires of Sodom and Gomorra had left no trace.

Turning back to the Levant, Peiresc noted that on one side of the Red Sea there were the hot springs in the city of Medina and at a-Tor and it was said that near to Mecca in these last years a pestiferous subterranean wind killed a number of people and camels. There could be some connection, he speculated, with the

---

70 "Mais ce que j'y trouve le plus estrange est de voir que le feu puisse venir de si profond, comme il fault qu'il vienne, puis qu'il a faict eslever des isles au milieu de la mer, et faict ouvrir des gueulles de feu au mitan d'icelles, comme on raconte d'aulcunes de celles de la mer de Naples aussy bien que de celle de la Grece. Car il faudroit presupposer qu'il eusse prins sa naissance dans les entrailles du Mont Aetna, ou du mont Vesuve, qui n'en sont guieres moins esloignéz l'un que l'autre. Et sembleroient induire je ne sçay quelle nécessité de correspondance de l'un à l'autre, par dessoubz le lict de la mer, puis que dans icelle se trouvent les isles bruslantes du Vulcan et de Stromboly" (pp.323-4).

71 "....estant bien certain que leur chaleur provient du feu qui est par dessoubz, ainsy qu'il s'est veriffié aux bains de Pozzuolo à l'endroict desquelz s'ouvrit une gueulle de feu soubzsterrain au temps du pape Paul III, dont les baveures formerent une montagne bien haulte dans 24 heures, laquelle j'ay veue jusques au sommet où il est demeuré une forme de grand theatre ou de chauderon, dont la gueulle s'est refermée par le croulement des terres de çà et de là que les pluyes y ont trainées" (p.324).

72 Peiresc's "Memoire des plus jolies curiositez qui se peuvent recouvrer des Isles Canaries, et particulierement de celles de Teneriffe, Madere, & du Fer" (Carp. MS. 1821, fols. 490-1) makes no mention of this history of volcanism, though it does show that Peiresc had thought seriously about the natural history of the Canaries.

eruption of Mount Sem on the other side of the Red Sea "if it is that the material which feeds these subterranean fires is deep enough under the ground to have some connection from one place to the other, beneath the Red Sea, just like it seems there is between Aethna and Vesuvius and other places around Pozzuolo, as well as with Vulcan and Stromboli."[73] Even though over time the eruptions seemed to cease, and the canals to the crater seemed clogged "I don't think, however, that they stopped within because one sees it lit up from time to time."

Again, it was Pozzuolo, which Peiresc had visited on his Italian trip, that served now, three decades later, as a point of reference. So, just as the Monte Novo had not erupted since its opening had closed up, though the fires still burned deep inside its cone — the smoke issuing forth nearby, at Solfatara and Fumarola — "and I indeed think that the passage or communication from the one of these places to the other could be blocked up and closed, for some time, by earthquakes and rockslides as could the mouths", and then open once again, even far out in the sea, "whatever difficulty we have in conceiving of this" (quelque difficulté que nous ayons à le conceptvoir). "The Fire was capable of raising mountains and new islands, where exhalations of subterranean fire burning beneath the sea opened up. It has pushed up similar mountains or elevations within the depths of the sea between Sicily and Syria which did not arrive at such a height as to appear above the surface of the waves and opening up like the others."[74]

Drawing on his knowledge of the winds, Peiresc suggested the Scirocco was "capable of impressing some kind of movement of compression in the deepest entrails of these burning furnaces" with the effect of stoking and augmenting the fires in the submarine cones. [75] Mariners, according to Peiresc, had no more certain signs than these, "so they say," and it was likely upon the basis of similar experiences that was founded the ancient fable of the rule of Aeolus. Because of the relationship between these burning mountains and the appearance of winds the one was used to predict the other.[76]

---

73 "si tant est que la matiere où s'entretiennent cez feux sousterrains soit assez profonde dans la terre pour prendre quelque correspondance d'un lieu à l'autre, par dessoubz la mer Rouge, comm'il semble qu'il y en ayt du mont Aethna au Vesuve et aux autres lieux d'autour de Pozzuolo, aussy bien qu'avec le Vulcan et le Stromboli."

74 "Le feu a esté capable de pousser des montaignes et des isles nouvelles, où il s'ouvroit des souspiraulx de feu sousterrain embrasé par dessoubz la mer. Il se soit poussé de semblables montaignes ou enleveures par dedans le fondz de la mer d'entre la Sicile et la Syrie qui ne soient pas arrivées assez hault pour paroistre sur le niveau des ondes marines, et pour s'entr'ouvrir comme les autres."

75 "Les quelles, estant heritées par le gros de la mer, agitées du siroc soient cappables d'imprimer quelque mouvement de compression dans les plus profondes entraillez de cez fournaises bruslantes, en sorte qu'elles en irritent le bruict et en augmentent la fumée et les flammes à leur gueulle, toutes et quantes fois que le vent syroc se met sus, et les fassent paroistre si long temps à l'advance comme l'on dict."

76 "Car le mariniers n'en ont point de signes plus certains que ceux là, ce disent ilz, et c'estoit vraysemblablement sur quelques pareilles experiences qu'estoit fondée l'ancienne fable du regne d'Aeole sur les ventz, s'il pouvoit en predire certainement quelques uns par telz signes de ces montagnes bruslantes, la cessation des quelz pouvoit induire la succession des ventz contraires selong la commune vicissitude des choses de ce monde."

Peiresc then speculated about the existence of subterranean connections between different parts of the earth's surface that *explained* similar, but widely spread physical phenonmena. "That if it was possible to suppose an underground connection as well between Mount Aetna and those of Greece and Palestine which burn or produce hot springs, and with those others along the Red Sea, supposing also that these fires, being based on bituminous and oily materials, form a crust or a kind of pocket or furrow capable of supporting the sea water and preventing it from entering these burning caverns."[77] Peiresc went on to consider what role the Mediterranean Sea itself might play as a geological agent.

> It will be much easier to understand and conceive that the Mediterranean Sea, being agitated from Syria in the direction of Sicily, makes such a great impression on these flaming caves and caverns covered by the sea, that it makes enough compression to expel the smoke and flames and extraordinary noise that precedes the Scirocco a certain time more or less long according to whether the wind is more or less strong and impetuously. For this shock of the sea, finding material obliging because of its softness or oiliness, and compressing the subterranean void, the smoke and flames and noise in fact emerge as if by a syringe from the mouths of Mont Aetna, and those of Vulcan and Stromboli and others, whose smoke covers the sea and is then carried by the Scirocco all the way to our coast of Provence towards Frejus and the isles of Hyeres, where it still preserves its stench and smokiness.[78]

The role of the wind as a propellent, as the proximate cause of the fire via the wind's impact on water, led Peiresc to remind his reader that if Stevinus's wind-driven sled could travel 14 leagues in an hour, the Scirocco could travel very quickly from Syria to Sicily. Of course it would be preceded by the fire, whose movements were not only faster, but whose course, aided by the convexity of the earth, was also shorter.

Peiresc was using wind and water to explain patterns of volcanism across a Mediterranean that stretched from the Ethiopia to Teneriffe. Peiresc even

---

77 "Que s'il pouvoit estre loysible de supposer une communication soubsterraine aussy bien du mont Aetna, en ceux de la Grece et de la Palestine, qui ont bruslé ou produit des eaux chaudes, et avec ces autres d'autour de la mer Rouge, supposant aussy que telz feux, en fondant cez matieres grasses et bytumineuses se forment une crouste ou une espece de bource ou de fourreau capable de soustenir l'eau marine et de l'empescher d'entrer dans cez cavernes enflammées, comme la charge et froideur de l'eau pourroit empescher ce feu de percer telle crouste, si ce n'est par quelque accident extraordinaire."

78 "Il seroit bien plus facile de comprendre et de conceptvoir que la mer Mediterranée, se trouvant agitée du costé de la Syrie et portée vers la Sicile, fit une si grande charge sur cez antres ou cavernes enflammées couvertes de la mer, qu'elle y fist assez de compression pour en exprimer la fumée et les flammes et le bruict extraordinaire qui precede le vent syroc de certain temps plus ou moins long, selon que le vent est plus ou moins fort et impetueux. Car ce heurt de la mer, trouvant des matieres obeissantes en quelque facon pour la molesse ou graisse d'icelles et compriment le vuide sousterrain, en faict sortir comme par une syringue la fumée et les flammes et le bruict par les gueules du mont Aethna, et de ceux du Vulcan et de Stromboli et autres, dont la fumée couvre incontinant la mer et est portée par le syroc subsequent jusques à nostre coste de Provence vers Frejus et les isles d'Yeres, jusqu'où elle conserve sa puanteur et noirceur."

thought to pre-emptively answer those who rejected the ability of water to press the fire through its subterranean channels, or who denied the power of wind to move stone. Here, though, the example came from closer to home. When he had lived in Paris he had been taken up to the top of the stone bell-tower of St Jacques de la Boucherie which shook from the vibrations of its large bells even though this was not visible from the ground. In Peiresc's mind, the work of the wind at sea could be equated with the pressure change produced by the bell's vibrations on land.

Peiresc allowed that his reader might mock his "fevereish reveries", but he recalled to La Hoguette that during Vesuvius' eruption the sea at Naples retreated and left galleys and large barques high and dry. Peiresc thought that the loud, thundrous noises coming from the earth could have opened up some kind of fissures in the roots of the mountain into which the Bay drained.

"Who knows," Peiresc concluded, "whether the similarly burning or boiling liquids spit up by the mountain through diverse fissures on its sides, and which formed torrents that ravaged the surroundings did not come from waters swallowed in that way, like redirected rivers."[79]

That the level of the waters swiftly returned to normal — at least to the naked eye — was a function of nearby waters filling the void. Peiresc wasn't sure "if the shells and plants and maritime animals that are found at certain levels in almost all the mountains of Provence, and which constrain us to declare that the level of the sea had once mounted up to that height, even though it is a quite considerable height above the present level of the sea," meant that the difference between the sea level then and now reflected the quantity of water that had been absorbed into the firey fissures of the deep. "But finally I have said enough," Peiresc concluded.[80]

Around this same time Peiresc would seem to have drawn up a concise memoire, untitled, that covers precisely the points made at greater length in this letter.[81] He began with a discussion of the hot springs ("La fontaine ardante") of Dauphiné, that was cool when dry, but whose rising waters brought up the heat. Peiresc then turned to the Scirocco "that blows in Sicily" and moves the smoke and fumes of Aetna and Vulcan two or three days ahead. Then Peircsc discussed the possibility of "subterranean caverns that could communicate

79 "Et qui sçayt sy les eaux pareillement bruslantes ou bouillantes que la montagine vomit par diverses ouvertures laterales, qui formerent des torrents lesquelz firent des grands ravages et creusements des terres et noyerent des grandes campagnes, ne vindrent pas de ces eaux englouties de ceste maniere comme des rivieres destournées, à ce qu'on presuppose."

80 "Voire je ne sçay sy les coquillages et plantes et fruicts maritimes qui se trouvent à certains niveaux quasy de toutes les montaignes de Provence et qui nous contraignent d'advoüer que le niveau de la mer est autresfois monté jusques là, bien qu'il soit à une hauteur fort considerable au dessus le niveau de la mer d'a present. Ne pourroit poinct faire comprendre que les embrasements soubzterrains peuvent avoir engloutty en tiré ailleurs toutte l'eau qui y manque à present d'un niveau à l'autre, qui est de plus de cent toises de hauteur ou de differance. Mais enfin j'en diray trop" (p. 328).

81 Carp. MS. 1821, fol.198

beneath the Mediterranean Sea" and connect, for example, Sodom and Gomorrah with "Aetna and these other burning mountains." Peiresc turned to the question of wind velocity, drawing on Stevinus's wind-driven ice sled as an experiment in near friction-free wind speed (14 leagues in 2 hours; in the letter to La Hoguette he gave it as 14 leagues *per* hour), in order to suggest how fast the liquified fire compressed by the wind-driven waters could travel beneath the surface of the sea. Next, Peiresc discussed the "sac", or channel, through which the magma (not his word) travelled, and the properties of its crust. Finally, Peiresc noted the relationship between seismic activity and the fracturing of sea beds — both sucking in water and stoking the burning liquid at the heart of the mountain. The example of Vesuivus and the Bay of Naples stood at the center of the discussion.

In a letter to Cassiano dal Pozzo of 2 August 1635 Peiresc summarized his thinking on the subject, this time putting these radical observations back into the conventional framework of the Bible. The general context was Peiresc's hopes for La Ferrière's visit to Sicily, the immediate one, d'Arcos's report of giant bones found in Tunisia, which he thought more likely to be an elephant or sea monster.

> Now, just as in these mountains are found so many shells, crabs and other maritime things, so there could have been buried relics or bodies of large fish (if you don't want them to be giants), but in times when I do not believe tools of great architecture were used; [rather] with those revolutions of the Fires of Aethna and Vesuvius, and of the separation of Sicily from the continent of Italy, and perhaps also in times much more high and more ancient in fact than those perhaps of the Deluge. Because all antiquity, and the holy fathers of the primitive church themselves, are of accord that the waters had other times flooded the surface of the land inhabited by us, and left there the ruins [spoglie] of so many shells, crabs and other fish, and plants or animals, that are found here and in all Italy, France and Germany, it could not be too difficult for these revolutions to gather big fish as well as little ones, as well little shells as big ones, there being found in our hills of Boysgency some that are more than 3 palms in diameter...In sum, the thing merits being clarified in these times in which are sought out the true anatomy of things (vere anatomie delle cose).[82]

Peiresc did not stop thinking about volcanos. The regular eruption of Aetna offered continuing possibilities for close ocular observation — albeit by a surrogate. Peiresc received a letter written from Malta in 1636 that described a tour of Sicily and, in particular, a terrifyingly close examination of Aetna.

---

82 Peiresc to Cassiano 2 August 1635, p. 199. It would be a mistake to view Peiresc's recourse to the language of Universal Deluge as especially old-fashioned; as Rudwick has observed it, served as the dominant explanation for those who viewed fossils as organic on into the 18th century. Extinction as the driving force had to wait until Georges Cuvier's paper of 1794. Martin J.S. Rudwick, *The Meaning of Fossils. Episodes in the History of Palaeontology*, Chicago and London, 1985, 2nd edn, 87, 101.

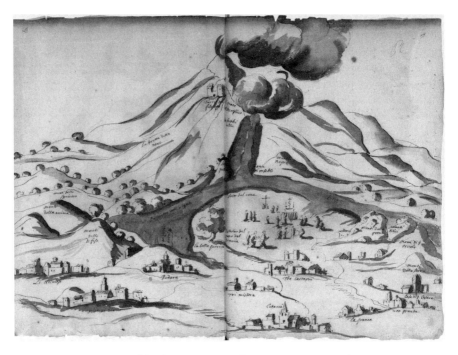

3. Paris, Bibliothèque Nationale, MS. Dupuy 488, f. 173.
Cliché Bibliothèque Nationale.

I approached it with horror and admiration and can assure you that that which the ears heard of the terrestrial Phlegeton does not arrive at expressing that which the eyes saw. The matter that flows is like a liquified metal that flows from the furnace to make a piece of iron; very red and blazing and which hardened little by little in the measure that it grew distant from its source. It is a mixture of iron, lead, earth, salt and sulphur. I was curious to approach within four fingers of the iron, to toss stones at it, and plunge some piece of wood into it, which caught fire quickly, and nevertheless it was distant from the source of the fire by about two leagues — - being a little above "le grand Chesne" or "la belle quercia" (which you could see on the plan that I have sent...[83]

The map that Antoine Leal prepared has survived – down to the larger than scale figures praying at a make-shift altar surrounded on three sides by lava fields, though whether this met Peiresc's standard of detail as outlined in the letter to Cassiano is unlikely.

---

83 "Je m'en approchay avec horreur et admiration et puis asseurer que ce que les oreilles oyent de ce terrestre Phlegeton, n'arrive pas a exprimer ce que les yeux voyent. La matiere qui coule est comme le metail liquifié qui coule de la fournaise pur faire une piece de fonte, fort rouge et fort

Gassendi's characterization of Peiresc's volcanology is succinct, and startling. He gives Peiresc credit for theorizing the existence of what we would call a 'Ring of Fire':

> hereupon he discoursed largely touching Channels under ground, by which not onely waters, but fires also might passe from place to place: and consequently Vesuvius might communicate the fire to Aetna, and Aetna to Syria, Syria to Arabia Foelix, Arabia Foelix to the Country, bordering upon the Red Sea, in which stands the Mountain Semus aforesaid: whether a long row of arched Rocks do make the Channel, or whether the fire it self breaking in at the chinks do make it self way, and create channels, pitching the same so with a bituminous suffumigation, that it keeps out the Seawater which goes over it. And that fires under ground do make themselves way, may be known by the Mountain Pouzzoles in the time of Pope Paul III, and others at other times made by the eruption of fire.[84]

Peiresc's link between archaeology, paleontology and geology seems to prove the truth of Martin Rudwick's claim that "a modern interpretation of the organic resemblances of fossils was thus delayed by the lack of any satisfactory explanation of geographical change," but inversely. Because Peiresc *was* able to explain changes to the earth's geography he *was*, therefore, able also to account for the existence of fossils. [85]

Hooke's "Discourse of Earthquakes" of 1688 would seem to be the direct descendent of Peiresc's work on the Mediterranean of the 1630s.[86] Hooke, too, was trying to describe the process of earth history that could account for the existence of fossils (and the current shape of the planet). "Physiological description" was the term Hooke used in the sub-title of *Micrographia* to denote this type of work, and "description" best captures Peiresc's approach as well.[87]

---

ardante laquelle peu a peu s'endurcit a mesure qu'elle s'esloigne de son origine. C'est un meslange de fer de plomb, de terre, de sel, et de soufle. Je fus curieux de m'approcher a quattre doigts du fer, de jeter des pierres contre, et d'y plonger quelque piece de bois que s'allumé en peu de temps, et neantmoins c'estois esloigné de la source du feu deux lieues environ estant un peu dessus le grand Chesne ou la belle quercia (que V.R. pourra voir au plan que ie luy envoyé et qu'elle portera s'il luy plaist de ma part au R.P. provincial quand elle ira a la congregation aprez qu'ell l'aura veu et faict voir au votres et a noz amys.) Le feu en cet endroict ou ie le considerois avoit au moins 1000 pas de largeuer." Antoine Leal to P. Hugues Guile [rector of the Jesuit college at Aix], 18 March 1636, Carp.Bibl. Inguimb. MS. 1810, fol.104v; another letter, of the same date, describes his tour of Sicily at greater length, fols. 102-3; partial copy in Carp. MS. 1821, fol.270; additional full copy in B.N. MS Dupuy 488, fols. 172-3.

84 Gassendi, *Mirrour*, year, 1633, pp. 90-1.

85 Rudwick, p.39. Cecil J. Schneer, ed. *Toward a History of Geology*, Cambridge, MA, 1969.

86 Ph.D diss Yushi Ito, *Earth Science in the Scientific Revolution* and an article in: *British Journal for the History of Science* 21, 1988, 295-314; and R.Rappaport on earthquakes in: *British Journal for the History of Science* 19, 1986, 129-46.

87 Michael Aaron Dennis, "Graphic Understanding: Instruments and Interpretation in Robert Hooke's Micrographia", in: *Science in Context* 3, 1989, 309-65. See also Miller, "Description Terminable and Interminable: Looking at the Past, Nature and Peoples in Peiresc's Archive", in: *'Historia': Empricism and Erudition in Early Modern Europe*, eds. Gianna Pomata and Nancy Siraisi, Cambridge, MA: MIT, 2005, 355-97.

Hooke emphasized earthquakes rather than volcanoes, though obviously the two are deeply linked phenomena. These explained to him how the ocean floor could become a mountain top, bringing marine fossils to the peaks. And it was this very discussion that led him back to the convergence between the study of natural and human antiquities.

> There is no Coin can so well inform an Antiquary that there has been such or such a place subject to such a Prince, as these will certify a Natural Antiquary, that such and such places have been under the Water, that there have been such kinds of Animals, that there have been such and such preceding Alterations and Changes of the superficial Parts of the Earth: And methinks Providence does seem to have design'd these permanent shapes, as Monuments and Records to instruct succeeding Ages of what past in preceding. And these written in a more legible Character than the Hieroglyphicks of the ancient *Egyptians*, and on more lasting Monuments than those of their vast Pyramids and Obelisks. And I find that those that have well consider'd and study'd all the remarkable Circumstances to be met with at *Teneriffe* and *Fayale*, do no more doubt that those vast Pikes [sic] have beeen raised up by the Eruption of Fire out of their tops, than others that have survey'd the Pyramids of *Egypt*, or the Stones on *Salisbury* Plain do doubt that they have been the effects of Man's Labours.[88]

---

88 Richard Waller ed., *Posthumous Works of Robert Hooke*, 1705; facs. NY, 1969, p.321.

JOHANNES JACOBUS SCHEUCHZERUS
Med.D.Helvetio-Tigurinus SOC.Reg.Lond.et.Acad.Nat.
Cur:dictus ACARNAN Nat. IV. Non. Aug. 1672.

Scheuchzer, Portrait

MICHAEL KEMPE

Die Gedächtnisspur der Berge und Fossilien.

Johann Jakob Scheuchzers Sintfluttheorie als Theologie der Erdgeschichte

Ist die heutige Natur eine Ruine der Sintflut oder ein Palast der Schöpfung? Sind Schönheit und Ordnung ihre Prädikate oder Hässlichkeit und Chaos? Kann der Mensch noch in dieser Welt auf sein Heil hoffen oder muss er auf die Ankunft Christi warten? Solche Fragen stellten sich viele Intellektuelle in ganz Europa um 1700. Auslöser der Debatten war die „Heilige Theorie der Erde" des englischen Theologen Thomas Burnet. In diesem Zusammenhang entwarf der Universalgelehrte Johann Jakob Scheuchzer aus Zürich eine wissenschaftliche Theorie der Sintflut.[1]

Wenn im Folgenden Scheuchzers Sintfluttheorie rekonstruiert wird, dann geht es vor allem um ihre memorialen Funktionen. Naturwissenschaftliche Deutungen des biblischen Hochwassers um 1700 dienten der Erinnerung, der Vergewisserung einer Mensch und Natur umfassenden Erdgeschichte. Sichtbar werden dabei unterschiedliche Auffassungen über das Wesen des Menschen, das Schicksal der Natur und den Lauf der Geschichte. In der Zuversicht, mit Hilfe der neuen Wissenschaften von Descartes oder Newton den göttlichen Plan der Erdgeschichte entziffern zu können, zeigt sich in den Sintflutmodellen Scheuchzers und anderer der physikotheologisch geprägte Optimismus der frühen Aufklärung. Zu erkennen geben sich hier erste Anfänge eines modernen Fortschrittsglaubens.

Der Blick auf die naturhistorische Sintflut-*memoria* der Erdwissenschaften an der Schwelle zur Frühaufklärung ermöglicht neue Ansätze für eine erweiterte Motivgeschichte europäisch-abendländischer Wasser-Mythen. Es zeigt sich, dass die Imagologiegeschichte der Sintflut sich nicht nur – wie oft behauptet – auf das *arche*typische Motiv zerstörerischer, strafender Wassergewalt beschränken lässt.[2] Vielmehr verweisen die hier behandelten Beispiele auch auf einen gänzlich anderen Motivbereich, einen Bereich, der die genannte Semantik geradezu auf den Kopf stellt. Hier steht die Sintflut nicht für Destruktion und Strafe, sondern im Gegenteil: für Reinigung und Erneuerung.

---

1 Siehe – vor allem aus wissenschaftsgeschichtlicher Perspektive – Verf., *Wissenschaft, Theologie, Aufklärung. Johann Jakob Scheuchzer (1672-1733) und die Sintfluttheorie* (Frühneuzeit-Forschungen Bd. 10, hg. von Peter Blickle, Richard van Dülmen, Heinz Schilling und Winfried Schulze), Epfendorf (Tübingen), 2003.

2 Eine solche Einschränkung der Sintflut-Imagologie findet sich etwa bei Harmut Böhme, „Umriß einer Kulturgeschichte des Wassers. Eine Einleitung", in: Ders. (Hg.), *Kulturgeschichte des Wassers*, Frankfurt/M. 1988, S. 7–42, hier S. 26–28.

Aus gedächtnisgeschichtlicher Perspektive wird zudem deutlich, dass im Kontext der hier behandelten Sintflutforschungen Wissen und Glaube, Religion und Wissenschaft nicht voneinander zu trennen sind. Die Sintfluttheorie des Zürcher Gelehrten verband Theologie und Wissenschaft zur „Heiligen Physik". Scheuchzers Projekt einer „Physica Sacra" schien das Rätsel der Fossilien gelöst zu haben, den Ursprung der Berge, die Herkunft der Völker und die Entstehung von Kultur erklären zu können. Seine rationalistische Weltgeschichtstheologie, in der *Erd*geschichte und *Heils*geschichte untrennbar miteinander verbunden sind, steht paradigmatisch für das Programm der Frühaufklärer, eine harmonische Einheit aus Wissenschaft und Theologie zu stiften. Gerade das Ineinanderfließen von Vernunft und Glaube erzeugte hier eine Dynamik, die moderne Formen des wissenschaftlichen Nachdenkens über den Menschen und die Natur freisetzte. Demgegenüber wäre ein Begriff der Moderne, der diese erst mit der Trennung von Wissenschaft und Theologie beginnen ließe, zu kurz gegriffen.

Folgende Ausführungen gliedern sich in drei Teile. Im ersten Abschnitt wird der erdwissenschaftliche Sintflutdiskurs des ausgehenden 17. Jahrhunderts – in groben Zügen – nachgezeichnet. Dieser Diskurs bildet den Hintergrund von Scheuchzers Diluvialmodell, dessen geschichtstheologische Grundzüge im zweiten Teil dargestellt werden. Im engeren Sinne gedächtnisgeschichtliche Aspekte werden im dritten und abschließenden Abschnitt zur Sprache kommen. Hervorzuheben ist dabei, dass im Rahmen der skizzierten Sintflutmodelle nicht primär Formen kultureller Überlieferung, sondern in erster Linie Objekte der Natur die Träger eines menschheitsgeschichtlichen Gedächtnisses bildeten. Auf welche Weise dabei die natürliche Umwelt des Menschen zum Medium seines „Kollektivgedächtnisses" wurde, soll in diesem Zusammenhang näher untersucht werden.

1. Die Theologie der Erdgeschichte

Der hier verwendete Begriff „Sintfluttheorie" findet sich in den behandelten zeitgenössischen Quellen ausdrücklich nur bei Thomas Burnet als „Theory of the Deluge". Mit ihren Ausführungen zur Sintflut beanspruchen jedoch auch die anderen relevanten Autoren – von John Woodward bis Johann Jakob Scheuchzer – der Sache nach einen entsprechenden Theoriestatus. Grundsätzlich wird der Begriff im Folgenden als ein analytischer Forschungsbegriff verwendet, der sich in historischer Perspektive auf ein loses Konglomerat verschiedener Thesen bezieht, die sich weder eindeutig einer bestimmten Wissensdisziplin zuordnen lassen, noch überhaupt als eine in sich geschlossene Theorie betrachtet werden können, letztlich jedoch auf einen gemeinsamen weltanschaulichen Hintergrund verweisen. Ihren Anfang nahm die wissenschaftliche Beschäftigung mit der Sintflut im Kontext der Frage nach der Entstehung der Berge und der Herkunft der Fossilien, insbesondere der versteinerten Meerestiere, die man selbst in höheren Berglagen fand. Darüber hinaus rückte die Sintflut auch in das Zentrum theoretischer Reflexionen über die Geschichte der Natur und des Menschen. Sie wurde damit zum Ausgangspunkt einer diskursübergreifenden und insofern „interdisziplinären" Theorie, die Natur- und Geschichtswissenschaft, Geologie und Anthropologie miteinander verband.

Die Sintfluttheorie Scheuchzers entstand im Kontext einer europaweiten Geogoniedebatte, die 1681 durch die „Heilige Theorie der Erde" des englischen Theologen Thomas Burnet (1635?-1715) ausgelöst worden war. Thomas Burnet, königlicher Kaplan am Hof Williams III., Schüler des Christ's College in Cambridge und Korrespondent von Isaac Newton, schrieb mit *The Sacred Theory of the Earth* eines der meist gelesenen Bücher des ausgehenden 17. Jahrhunderts.[3] Die lateinische Erstausgabe ‚Telluris theoria sacra' verließ zwischen 1681 und 1689 die Druckerpresse.[4] 1684 folgte die englische Fassung, 1759 bereits in siebenter Auflage, 1693 wurde eine erste deutsche Ausgabe publiziert.[5] Übersetzungen in andere europäische Sprachen erschienen noch vor der Jahrhundertwende. Bis heute lässt sich das Werk in zahlreichen Privatbibliotheken bekannter Autoren des 18. Jahrhunderts nachweisen.[6]

Burnets ‚Sacred Theory of the Earth' war der vielschichtig angelegte Entwurf einer heilsgeschichtlichen Geogonie auf der Basis rationaler Prinzipien. Burnets Erzählung der Weltgeschichte setzte dabei die Übereinstimmung von Gottes Wort (der Bibel) und Gottes Tat (der Natur als Akt der Schöpfung) als notwendig gegeben voraus: „We are not to suppose that any truth concerning the Natural World can be an Enemy to Religion; for Truth cannot be an Enemy to Truth, God is not divided against himself (...)."[7] Aus diesem Grundsatz leitete er das anspruchsvolle Vorhaben ab, in seinem Werk die christliche Heilsgeschichte nach den Aussagen der Bibel mit einer wissenschaftlichen Naturgeschichte der Erde zu verknüpfen. Der Schöpfungsbericht sei als Allegorie eines Prozesses zu lesen, der sich strikt nach den Gesetzen der Natur – im Einklang

---

3   Der Untertitel lautet: *Containing an Account of the Original of the Earth, and of all the General Changes which it hath already undergone, or is to undergo Till the Consummation of all Things.* Zu Burnets Erdtheorie siehe auch Mirella Pasini, *Thomas Burnet: Una Storia del Mondo tra Ragione, Mito e Rivelazione,* Florenz, 1981.

4   Der Untertitel des ersten Bandes (Teil 1-2): *Orbis nostri originem et mutationes generales, quas aut jam subiit aut olim subiturus est* [...]. Der 1689 veröffentlichte zweite Band (Teil 3-4) trägt den Untertitel: *Libri duo posteriores de conflagratione mundo et de futuro statu rerum.*

5   Siehe Ruth Groh – Dieter Groh, „Zum Wandel der Denkmuster im geologischen Diskurs des 18. Jahrhunderts", in: *Zeitschrift für historische Forschung* 24, 1997, S. 575–604, hier S. 580–581, Anm. 16. 1698 erschien bereits eine weitere deutsche Übersetzung: *Theoria Sacra Telluris. d.i. Heiliger Entwurff oder Biblische Betrachtung Des Erdreichs/ begreiffende/ Nebens dem Ursprung/ die allgemeine Enderungen/ welche unser Erd=Kreiß einseits allschon ausgestanden/ und anderseits noch auszustehen hat,* übers. v. Johann Jacob Zimmermann, Hamburg, 1698.

6   Siehe die Untersuchung von G. S. Rousseau, „Science books and their readers in the eighteenth century", in: Isabel Rivers (Hg.), *Books and their Readers in Eighteenth-Century England,* Leicester, 1982, S. 197–255, hier S. 236.

7   Thomas Burnet, *The Sacred Theory of the* Earth, 2. Aufl., London, 1690/91 (ND London, 1965), Book 1, S. 16 (Preface to the Reader).

mit der Vorsehung – vollzogen habe und deshalb erst mit den Mitteln der neuen Naturwissenschaften entziffert werden könne.[8]

Das zentrale Ereignis der Genesis war für Burnet die Sintflut. In der ‚Sacred Theory‘ wurde sie erstmals konsequent und umfassend zu einem Gegenstand naturwissenschaftlicher Betrachtung erhoben – so zumindest aus dem Blickwinkel vieler Anhänger der *New Science*. Das Bahnbrechende war nicht der naturwissenschaftliche Anspruch an sich. Denn physikalische Erklärungsmodelle der Sintflut lassen sich bereits in der Spätantike nachweisen.[9] Bahnbrechend war vielmehr die Bezugnahme Burnets auf die cartesianische Mechanik. Damit nämlich bediente sich der anglikanische Theologie eines wissenschaftlichen Ansatzes, der von vielen Gelehrten des ausgehenden 17. Jahrhunderts als Durchbruch eigentlicher Wissenschaftlichkeit gefeiert wurde. Plausibilität und Faszination des Burnetschen Modells speisten sich aus der wissenschaftsrevolutionären Aufbruchstimmung des Cartesianismus, der zu versprechen schien, die Erkenntnis der Natur auf ein neues und festes Fundament zu stellen.

Als Vorbild für Burnets Ansatz dienten die kosmogonischen Ausführungen in René Descartes’ ‚Principia Philosophiae‘ von 1644. Sein Augenmerk richtete Burnet dabei vorrangig auf die Geschichte der Erde und nicht wie Descartes auf die des gesamten Universums, wenngleich er in bestimmten Aspekten auch auf die außerirdische Welt einging. Auf diese Weise transformierte er Descartes’ Kosmologie in eine Theorie der Erdgeschichte.[10] Insbesondere nahm er sich vor, das nachzuholen, was Descartes seiner Meinung versäumt hatte, nämlich die Entstehung der gegenwärtigen Topographie der Erde mit der Sintflut in Verbindung zu bringen.[11] Ziel einer solchen Rekonstruktion streng nach den Prinzipien cartesianischer Mechanik war es, die Sintflutkatastrophe ausschließlich und lückenlos auf natürliche Kausalzusammenhänge zurückzuführen. Einen direkten göttlichen Eingriff als Sintflutursache lehnte Burnet strikt ab. Gemäß dieser Vorgaben unternahm er nun den Versuch, den biblischen Sintflutbericht in eine naturwissenschaftliche Theorie zu übersetzen. An einer Stelle der ‚Sacred Theory‘ sprach Burnet diesbezüglich auch explizit von einer „Theory of the Deluge“.[12] Was daraus resultierte, war letzhin eine spekulative Theologie der Erdgeschichte.

Die Erdtheorie des englischen Theologen findet ihren prägnantesten Ausdruck im Titelbild der ‚Sacred Theory‘ (Abb. 1). Dort sieht man oben Jesus,

8 Burnet, *Sacred Theory*, (1690/91) 1965, Book 2, S. 218–228.
9 Siehe Roger Ariew, „A New Science of Geology in the Seventeenth Century?“, in: Peter Berker – Roger Ariew (Hg.), *Revolution and Continuity. Essays in the History and Philosophy of Early Modern Science*, Washington, D.C., 1991, S. 81–92, hier S. 91.
10 Siehe Jacques Roger, „The Cartesian Model and Its Role in Eighteenth-century ‚Theory of the Earth‘“, in: Thomas M. Lennon u.a. (Hg.), *Problems of Cartesianism*, Kingston – Montreal, 1982, S. 95–112, hier S. 103.
11 Burnet, *Sacred Theory*, (1690/91) 1965, Book 1, S. 93. Zur Rezeption von Descartes bei Burnet siehe D.R. Oldroyd, „Mechanical Minerology“, in: *Ambix* 21, 1974, S. 157–178, hier S. 166; und Jacques Roger, „La Théorie de la Terre au XVIIe siècle“, in: *Revue d’Histoire des Sciences* 26, 1973, S. 23–48, hier S. 39–45.
12 Burnet, *Sacred Theory*, (1690/91) 1965, Book 1, S. 128.

1. Die Heilige Theorie der Erde als lineares und zyklisches Zeitmodell.
Frontispiz: Burnet, Scared Theory, (1690/91) 1965.

unter dessen Füße sich ein Kreis von sieben Erdkugeln befindet, die für die verschiedenen Stadien der Geschichte unseres Planeten stehen: Urchaos, Paradies,
Sintflut, gegenwärtige Erde, Weltenbrand, das tausendjährige Reich Christi
(Millennium), Jüngstes Gericht und Sternwerdung. Erdgeschichte ist hier ein
endlicher und linearer Zeitprozeß, der wie ein aufgezogenes Uhrwerk unwi-
derruflich abläuft. Dieser Prozess unterteilt sich in mehrere historische Perioden, von denen sich immer jeweils zwei entsprechen: Das Urchaos wiederholt
sich in der Sternwerdung, das Paradies im Millennium, die Sintflut im Weltenbrand, so dass um die gegenwärtige Phase der Erdgeschichte herum, die zeitlich
von den beiden globalen Naturkatastrophen Sintflut und Weltenbrand einge-

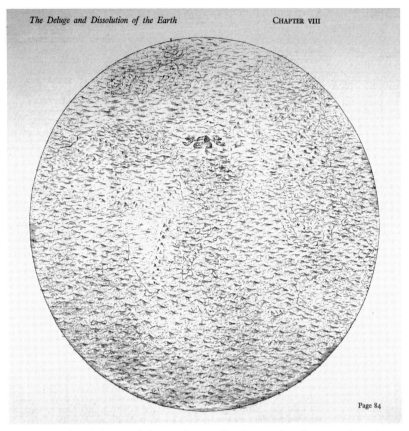

The Deluge and Dissolution of the Earth   CHAPTER VIII

Page 84

2. Der Sintflutglobus und die Arche Noah mit Engel-Eskorte (Mitte oben).
Burnet, Sacred Theory, (1690/91) 1965, S. 85.

klammert ist, drei erdgeschichtliche Periodenpaare symmetrisch angeordnet
sind. Auf diese Weise, folgt man den Ausführungen Stephen Jay Goulds, verbindet Burnet in raffinierter Form die Vorstellung eines linearen und irreversi-
blen Zeitablaufes („Time's Arrow") mit der Idee sich wiederholender, zei-
timmanenter Zyklen („Time's Cycle").[13]

Nach dem geogonischen Modell Burnets ist das Aussehen der gegenwärtigen Erde das Ergebnis der Sintflut, die als Strafe Gottes für die Sünden der
Menschen die Natur zerstörte (Abb. 2). Vor der Sintflut besaß die Welt – als po-
sitives Kehrbild der heutigen – eine vollkommen glatte Oberfläche. Die Erd-

---

13 Stephen Jay Gould, *Time's Arrow, Time's Cycle. Myth and Metaphor in the Discovery of
Geological Time*, Cambridge (Mass.) – London, 1987 (dt.: *Die Entdeckung der Tiefenzeit. Zeit-
pfeil oder Zeitzyklus in der Geschichte unserer Erde*, München, 1992), S.13–80.

achse stand senkrecht zur Erdbahn, und es gab keinen Jahreszeitenwechsel, keine Stürme, keine Meere und Berge. In der Sintflut zerbrach die glatte Erdkruste, unterirdische Wassermassen und ungeheure Regenfälle verschlangen alles bis auf die Arche. Die Sintflut hinterließ Noah und seinen Nachfahren eine feindliche Natur. Seitdem erinnern die Berge als unfruchtbare, nutzlose „ruines of a broken World"[14] an die menschliche Sündhaftigkeit. Der natürliche Zustand der Erde entspricht dem moralischen Zustand der Menschen. Zwar trägt der Mensch weiterhin die Krone der Schöpfung, doch regiert er eine gefallene Welt – „a *broken Globe*".[15]

Das Paradies wird erst nach dem Weltenbrand im Millennium, dem tausendjährigen Reich Christi, wiederkehren, wenngleich schon vorher Verbesserungen, vor allem Wissensfortschritte der Menschen möglich sind. Wir müssen, fordert Burnet uns auf, unterscheiden zwischen „a *melioration* of the World, if you will allow that word: and a *millennium*."[16] Das im Millennium restaurierte Paradies wird noch perfekter sein als das erste Paradies. Burnet koppelt also nicht nur den zyklischen Verlauf der Geschichte an einen linearen Zeitprozess, sondern verknüpft beides mit dem *Telos* der Höherentwicklung. Linearität („Time's Arrow") und Zyklizität („Time's Cycle") vereinigen sich so in Burnets Geschichtsmodell im Bild der Spirale, das nach Wolf Lepenies die enge Beziehung zwischen Natur und Geschichte in der Vorstellungswelt der beginnenden Moderne ausdrückt.[17]

Auf lange Sicht vollzieht die Erde also einen Fortschrittsprozess, der göttlich garantiert ist und dessen Motor erdgeschichtliche Katastrophen sind. Burnets Konzept einer „kataklysmischen Evolution" bleibt jedoch inkonsistent.[18] Verbesserung jetzt, Vollkommenheit aber erst im tausendjährigen Friedensreich Christi – Burnets Gedanken führen uns in ein Dilemma, da wir zwar in der jetzigen Phase der Weltgeschichte auf eine Fortschrittsentwicklung vertrauen dürfen, jedoch *vor* dem Weltenbrand den gefallenen Zustand letztlich nicht überwinden können. Denn trotz der partiellen „melioration" ist und bleibt die Welt eine Ruine, „from the Deluge to the Conflagration".[19] Damit sie gerettet werden kann, muss sie erst ein weiteres Mal untergehen.

---

14 Burnet, *Sacred Theory*, (1690/91) 1965, Book 1, S. 115.
15 Ebd., S. 120; Hervor. Orig.
16 Thomas Burnet, *A Review of the Theory of the Earth, And of its Proofs: Especially in Reference to Scripture*, London, 1690, in: Ders., *Sacred Theory*, (1690/91) 1965, S. 411–412; Hervorh. Orig.
17 Wolf Lepenies, *Das Ende der Naturgeschichte. Wandel kultureller Selbstverständlichkeiten in den Wissenschaften des 18. und 19. Jahrhunderts*, München – Wien, 1976, S. 27–28.
18 Der von mir hier gebildete Begriff der kataklysmischen Evolution ist angeregt durch Ernest Lee Tuveson, *Millennium and Utopia. A Study in the Background of the Idea of Progress* (1949), 2. Aufl., New York u.a. 1964, S. 130, der Burnet in diesem Zusammenhang als einen „catastrophic evolutionist" bezeichnet.
19 Burnet, *Sacred Theory*, (1690/91) 1965, Book 1, S. 84.

2. Kataklysmische Evolution:
Die Sintflut als Tor zum irdischen Heil

Exakt an den genannten Überlegungen Burnets entzündete sich eine heftige Diskussion, die so genannte Burnet-Kontroverse. Zahlreiche Gelehrte aus ganz Europa fühlten sich von der Ruinenthese herausgefordert, ein geogonisches Gegenmodell zu entwerfen. Auf diese Weise rief die ‚Sacred Theory' scharenweise weitere Weltenbastler auf den Plan, die den Verlauf der Erdgeschichte zu rekonstruieren beanspruchten und dabei jeweils auf ganz andere Weise ihren eigenen Planeten „Erde" zusammenbauten. Nicht weniger als 49 Theorien der Erdbildung lassen sich allein bis zur Mitte des 18. Jahrhunderts europaweit diagnostizieren – eine Zahl, die bis ins 19. Jahrhundert hinein noch um ein Vielfaches anstieg.[20] Schuld an dieser fieberhaften Geschäftigkeit der Welten-Bastler und dem inflationären Boom ihrer geogonischen Tüfteleien – so sahen es die Zeitgenossen – war allein Descartes mit seiner mechanistischen Theorie der Erde. „M. Des Cartes," – beklagte sich John Keill in seiner ‚Examination of Dr Burnets's Theory of the Earth' – "(...) was the first World-maker this century produced, for he supposes that God at the beginning created only a certain quantity of matter and motion, and from thence he endeavours to show how by the necessary laws of *Mechanisme* without any extraordinary concurrence of the Divine Power, the world and all that therein is might have been produced."[21]

Zu diesen „World-Makers" gehörte auch der Zürcher Universalgelehrte Johann Jakob Scheuchzer (1672-1733), der heute unumstritten als Pionier der wissenschaftlichen Alpenforschung des 18. Jahrhunderts gilt (Abb. 3).[22] In Altdorf und Utrecht studierte Scheuchzer Medizin, Botanik, Mathematik und Astronomie. 1695 nach Zürich zurückgekehrt, wurde er dort zweiter Stadtarzt und widmete sich der wissenschaftlichen Erforschung der Schweiz, die er auf zahlreichen Alpenexkursionen intensiv erkundete.[23] Als erster Wissenschaftler bereiste er mit Barometer, Winkelmessgradbogen, Gesteinshämmerchen, Ther-

---

20 Siehe Otto Zöckler, *Theologie und Naturwissenschaft*, 1879, Bd. 2, S. 122. Zu den zahlreichen Geogonien des 17. und 18. Jahrhunderts siehe auch Katharine Brownell Collier, *Cosmogonies of our Fathers. Some Theories of the Seventeenth and Eighteenth Centuries* (1934), New York 1968.

21 John Keill, *An Examination of Dr. Burnet's Theory of the Earth. Together with Some Remarks on Mr. Whiston's New Theory*, Oxford, 1698.
    S. 10; Hervorh. Orig.

22 Siehe Rudolf Wolf, „Johann Jakob Scheuchzer von Zürich. 1672-1733", in: Ders., *Biographien zur Kulturgeschichte der Schweiz. Erster Cyclus*, Zürich, 1858, S. 181–228; Bernhard Studer, *Geschichte der Physischen Geographie der Schweiz bis 1815*, Bern – Zürich 1863; Franz Xaver Hoeherl, *Johann Jakob Scheuchzer. Der Begründer der physischen Geographie des Hochgebirges*, Diss. München, 1901; Hans Fischer, *Johann Jakob Scheuchzer (2. August 1672-23. Juni 1733). Naturforscher und Arzt*, (Neujahrsblatt der Naturforschenden Gesellschaft in Zürich) Zürich, 1973.

23 Siehe die bis heute unverzichtbare quellennahe Biographie zum jungen Scheuchzer von Rudolf Steiger, *Johann Jakob Scheuchzer (1672-1733). I: Werdezeit (bis 1699)*, Diss. Zürich, 1927. Biographische Angaben zum älteren Scheuchzer finden sich bei Wolf, *Scheuchzer*, 1858.

3. Porträt: Johann Jakob
Scheuchzer im Alter von ca.
35 Jahren.
Scheuchzer, Itinera Alpina,
London 1708. Zentralbi-
bliothek Zürich, Sig.: 7.33.

mometer und anderen physikalischen Instrumenten ausgerüstet die Alpen.[24]
Thematisiert wurden dabei alle sammelnden und ordnenden Teildisziplinen der
Naturgeschichte: Botanik, Zoologie, Mineralogie und physische Geographie.
1712 fertigte er eine Karte der Schweiz an, die ‚Nova Helvetiae tabula geographica'. Sie wurde im 18. Jahrhundert mehrfach nachgestochen und blieb bis zu
Beginn des 19. Jahrhunderts die einschlägige Gesamtkarte der Schweiz. Darüber hinaus sammelte Scheuchzer auf seinen Alpenreisen auch als Historiker Materialien für seine geplante ‚Historia Helvetiae', eine Schweizergeschichte in 29
Manuskriptfolianten mit vier zusätzlichen Registerbänden, deren Herausgabe
von der Zürcher Zensur aufgrund des darin enthaltenen politisch brisanten Materials verhindert wurde.[25] Desweiteren durchwanderte er das Alpenland auch
mit den Augen des Ethnographen, der die Sitten und Bräuche der verschiedenen Alpenvölker studierte. Schließlich plante Scheuchzer eine Anthropologie
der Alpenmenschen, eine Untersuchung über die körperlichen, mentalen und

---

24 Siehe Wolf, *Scheuchzer*, 1858; und Bernhard Studer, *Geschichte der Physischen Geographie der
Schweiz bis 1815*, Bern – Zürich 1863, S. 183–202.
25 Scheuchzer, *Historia Helvetiae*, 29 Bde., Zentralbibliothek Zürich Mss. H 105–133; und ders.,
Index Historiae Patriae, Zentralbibliothek Zürich Mss. H 101–104.

moralischen Eigenschaften der Schweizer Bergbewohner, die jedoch nie zur Ausführung gelangte. Scheuchzers populärwissenschaftlichen Reiseberichte dienten sowohl Naturforschern als auch den ersten Alpentouristen als Reiseführer. Sie wurden zu einem wichtigen Multiplikator der ab Mitte des 18. Jahrhunderts in ganz Europa einsetzenden Alpenbegeisterung, insbesondere des Philhelvetismus der deutschen Aufklärung.

Wissenschaftsgeschichtlich von Bedeutung sind seine Impulse für die alpine Hydrographie, Balneologie, Glaziologie, seine Vorarbeiten auf dem Gebiet der alpinen Botanik sowie seine barometrischen Höhenmessungen und meteorologischen Beobachtungen in den Hochgebirgsregionen. Vor allem aber spielte Scheuchzer eine Schlüsselrolle für die moderne Geologie und Paläontologie. Die in diesem Zusammenhang entworfene Sintfluttheorie entwickelte erstmals ein Stratifikationskonzept zur Untersuchung von Gesteinsschichten. Insbesondere aber verhalf sie der Erkenntnis zum endgültigen Durchbruch, dass Fossilien versteinerte Überreste oder Spuren von Tieren und Pflanzen sind, die einst wirklich gelebt haben.[26]

Als Naturalien- und Fossiliensammler trat Scheuchzer in Kontakt mit dem englischen Naturforscher John Woodward, der 1695 im ‚Essay towards a Natural History of the Earth‘ ein Gegenmodell zu Burnets ‚Sacred Theory‘ entworfen hatte. Zwischen bei Forschern entwickelte sich eine langjährige Korrespondenzfreundschaft. Per Post tauschte man zahlreiche Pakete mit Fossilien, Naturalien und Büchern aus. Woodward vermittelte Scheuchzer die Mitgliedschaft in der englischen Royal Society unter dem Vorsitz von Isaac Newton, während Scheuchzer dessen Hauptwerk ins Lateinische übersetzte und damit der kontinentalen Gelehrtengemeinschaft öffnete. Von Woodward übernahm der Zürcher Gelehrte die zentrale These der Sintfluttheorie, die Diluvialthese, wonach Fossilien petrifizierte Lebewesen oder Reste solcher seien, die der Sintflut zum Opfer fielen und nach dem Rückgang der Sintflutwasser in den noch weichen Erdgeschichten eingelagert wurden und dann später versteinert sind (Abb. 4, 5 und 6).

Scheuchzers Sintfluttheorie konstituierte sich in Auseinandersetzung mit Burnets ‚Sacred Theory‘. Ausgehend von einem geologischen und erdhistorischen Erklärungsmodell wandelte sich seine Theorie zu einer umfassenden Erdgeschichtstheologie (Abb. 7 und 8). Burnets Fortschrittsdilemma schien sich darin aufzuheben, indem das in der ‚Sacred Theory‘ entworfene Konzept einer „kataklysmischen Evolution", wonach erdgeschichtliche Katastrophen den Fortschritt vorantrieben, konsequent zu Ende geführt wurde: Nicht erst das Millennium werde die Fortschrittserwartungen einlösen, sondern die Sintflut habe bereits die entscheidende Verbesserung gebracht, so dass der Mensch

---

26 Siehe Bernhard Preyer, „Johann Jakob Scheuchzer im europäischen Geistesleben seiner Zeit",
    in: *Gesnerus* 2, 1945, S. 23–35; und Margit Koch, „Notizen zur schweizerischen Kulturgeschichte. Johann Scheuchzer als Erforscher der Geologie der Alpen", in: *Vierteljahrsschrift der Naturforschenden Gesellschaft Zürich* 97, 1957, S. 195–202.

4. Der Untergang der antediluvialen Welt. Schneckengehäuse und Muschelschalen
werden vom Sintflutwasser umhergespült (vorne).
Frontispiz: Scheuchzer, Herbarium Diluvianum, Zürich 1723.
Zentralbibliothek Zürich, Sig.: Ry 195e.

schon im Hier und Jetzt uneingeschränkt optimistisch sein könne und auf einen
wirkungsvollen Fortschritt vertrauen dürfe. Die Sintflut war in den Augen
Scheuchzers kein Ereignis globaler Naturzerstörung, sondern ein Reinigungs-
vorgang, eine Katharsis der Natur von der Sünde der Menschen. In der Sintflut
wiederholte sich die Schöpfung. Die Erde wurde erneuert. Wie *vor* der Sintflut
so befindet sie sich auch *danach* noch in einem stabilen Gleichgewicht. Ja, von
innen her ist sie prinzipiell unzerstörbar.

Zugleich wurde die Welt mit der Sintflut obendrein sogar noch *verbessert* –
und zwar durch die Verkürzung des Lebensalters der Menschen, die Schwä-
chung seiner Leibeskräfte sowie die Verminderung der Fruchtbarkeit in der
Natur. Vor der Sintflut verführte der Überfluss und die Üppigkeit der paradiesischen Natur die Menschen zur Tugendlosigkeit und Lasterhaftigkeit,
während die reduzierte Naturfülle im Postdiluvium die Menschen zur Arbeit
zwang, so dass Moral und Kultur überhaupt erst möglich wurden. Kultur
meinte zunächst *Agri*kultur, nachdem Noah als Weingärtner zum Kulturbe-
gründer geworden war.[27]

---

27 Johann Jakob Scheuchzer, *Kupfer=Bibel/ In welcher Die Physica Sacra, Oder Geheiligte
Natur=Wissenschafft Derer In Heil. Schrifft vorkommenden Natürlichen Sachen*, 4 Bde., Ulm
– Augsburg, 1731–1735, Bd. 1, 1731, S. 82.

5. Zeitschnitt: Der Weg von der gestrandeten Arche zum Fossilienforscher, der auf seine Sintflutversteinerungen verweist. Frontispiz: Scheuchzer, Museum Diluvianum, Zürich 1716. Zentralbibliothek Zürich, Sig.: NG 1888.

So hat also gerade die Verschlechterung der Natur (des Menschen wie seiner Umwelt) – *bonum ex malo* – das Gute erst hervorgebracht.[28] Scheuchzer übernahm hier die Leibnizsche Lösung des Theodizee-Problems und übersetzte sie in ein erdgeschichtliches Konzept.[29] Die raueren Naturbedingungen im Post-

---

28 Entsprechend stellte Scheuchzer beim Betrachten der schroffen und eisigen Berge im Sinne der Naturtheodizee fest: „Wenn auch die ganze Kette dieses außergewöhnlichen Wechsels beim ersten Betrachten mit Auge und Verstand aus einem reinen Wirrwarr, Durcheinander, einer unruhigen Uneinigkeit und Zwiespältigkeit der Dinge besteht, werden wir dennoch, wenn wir die Sache um einiges näher betrachten und sorgfältiger überlegen, die Spuren der weisen und mächtigen Hand sehen, die das Gute aus dem Übel (*bonum ex malo*) hervorzieht (...).“ Johann Jakob Scheuchzer, Deum ex terrae structura allisque affectionibus demonstratum, Tiguri (Zürich) 1715, S. 9: „Quamvis autem tota hujus extraordinariae vicissitudinis series primo intuitu Oculis Mentis sistat meros tumultus, & confusionem, turbulentam rerum discordiam, & distractionem, attamen, si rem proprius aliquanto inspiciamus & curatius consideremus, vestigia ubivis videbimus Manus Sapientissimae, & Potentissimae, quae bonum producet ex malo (...).“
29 Zu Leibniz-Referenzen bei Scheuchzer siehe ausführlicher Verf., *Wissenschaft, Theologie, Aufklärung*, 2003, Kap. 8, S. 244–274.

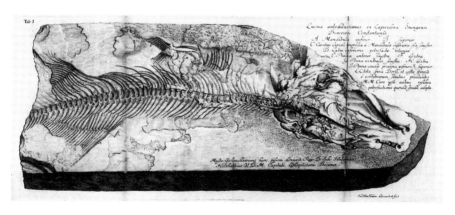

6. Sintflut-memoria aus Stein: Der Lucius (Hecht) antediluvianus.
Scheuchzer, Piscium Querelae & Vindicae, Zürich 1708. Zentralbibliothek Zürich,
Sig.: 6.41.

7. Die Sintflut beginnt.
Scheuchzer, Physica Sacra,
1731, Bd. 1, Tab. XLIII.
Zentralbibliothek Zürich,
Sig.: ZZ 54.

8. Nach der Sintflut: Der Regenbogen als Signatur der Versöhnung.
Scheuchzer, Physica Sacra, 1731, Bd. 1, Tab. LXV.
Zentralbibliothek Zürich, Sig.: ZZ 54.

diluvium führten dazu, dass sich die postlapsarische Natur des Menschen positiv auswirkte (Abb. 9). Die Verschiedenheit der Laster und Begierden förderte die Entwicklung der Wissenschaften und Künste. Wissenschaft und damit gesellschaftlicher Fortschritt konnte sich entfalten. Die Verwirklichung der bestmöglichen Welt, dem *mundus optimus*, lag nunmehr in den Händen des Menschen. Wissenschaftlicher Fortschritt diene dem Menschen dazu, „sich selbst, die Welt, und GOTT" zu erkennen, ja ihn sogar Gott näher zu bringen.[30] Wissensakkumulation wurde damit zu einem Heilsweg.

Insofern war die Teleologie der Geschichte also bereits in der Sintflut eingekapselt. Sie wurde zum Tor des irdischen Heils. Der Weltenbrand verlor damit zugleich seine heilsgeschichtliche Bedeutung. Während Burnets Fortschrittsoptimismus an eine Naherwartung des Millenniums gekoppelt war – in den Vulkantätigkeiten von Ätna und Vesus sah er bereits erste feurige Vorzeichen des baldigen Weltenbrandes –,[31] so rückte Scheuchzers Sintflutoptimismus

---

30 Scheuchzer, *Physica, Oder Natur=Wissenschafft*, 2 Tle., Zürich, 1729, Tl. 2, S. 473.
31 Burnet, *Sacred Theory*, (1690/91) 1965, Book 3, S. 289.

9. Alpine Lebenswelt:
Natur und Mensch im
Einklang.
Frontispiz: Scheuchzer,
Natur=Historie, 1716,
Bd. 1. Zentralbibliothek
Zürich, Sig.: 6.50.

dieses Ereignis in eine unbestimmbare Ferne.[32] Burnets millenaristischer – und insofern letztlich transzendenter – Optimismus wurde auf diese Weise konsequent in die Immanenz hineingeholt.

Wie bei Burnet lassen sich auch Scheuchzers geogonische Überlegungen mit der Zeitmetapher der Spirale fassen, die temporale Linearität („Time's Arrow") und Zyklizität („Time's Cycle") mit dem *Telos* der Höherentwicklung verbindet. Die Erde wurde nach der Sintflut restauriert und erneuert (Zyklizität), zugleich aber auch optimiert und melioriert (Linearität). Die Zeitspirale ist hier sozusagen enger geknüpft als in der ‚Sacred Theory'. In den Vordergrund tritt damit stärker die aufwärts gerichtete Linearität – eine Tendenz, die den Fortschrittsglauben der Moderne zu bestimmen begann.[33] Anhand der Sintfluttheorie Scheuchzers lassen sich somit weltanschauliche Grundplausibilitäten freilegen, die den Optimismus der Frühaufklärung befruchteten und damit letztlich die historischen Wurzeln eines bestimmten modernen Weltbildes berühren. Die Sintfluttheorie verschwand zusammen mit der naturwissenschaftlichen Genesisauslegung, nicht aber der Optimismus und der Forschrittsglaube.

---

32 Siehe Scheuchzer, *Physica Sacra*, Bd. 4, 1735, S. 1409.
33 Siehe Georg Henrik von Wright, „Progress: Fact and Fiction", in: Arnold Burgen – Peter McLaughlin – Jürgen Mittelstraß (Hg.), *The Idea of Progress*, Berlin – New York, 1997, S. 1–18.

3. Das diluviale Gedächtnis der Geschichte von Mensch und Natur

Nicht nur über den Lauf der Historie, auch über die Frage ihrer Erinnerbarkeit herrschte Uneinigkeit unter den Sintflutforschern. Für Burnet war die Sintflut keine Katastrophe des kollektiven Erinnerungsverlustes. Noah – als „Inhabitant of both Worlds" – „delivered the Lamp of Learning from one to another".[34] Indirekt die *philosophia perennis* aufgreifend, betrachtete Burnet Moses als ein weiteres Glied dieser Kette der Weisen. Jener habe sein Wissen vor allem von den Ägypter übernommen und seine Geschichte der Schöpfung und der Sintflut – hier reformulierte Burnet die Akkomodationstheorie seiner Cambridger Lehrer Ralph Cudworth und Henry More[35] – dem damaligen Wissensstand und Denkhorizont seiner Zuhörer und Leser angepasst. Danach sei der Genesisbericht als Allegorie eines natürlichen Vorganges zu verstehen, der erst mit den Mitteln der neuen Naturwissenschaft entziffert werden könne, was Burnet in seiner ‚Sacred Theory' vollbracht zu haben behauptete.

Anders dagegen Woodward und Scheuchzer. Für sie war Noah kein Träger antediluvialer Kulturerinnerung, da ihrer Theorie zufolge die Kultur überhaupt erst nach der Sintflut begonnen habe. Ihrer Ansicht nach gab es vor der weltumspannenden Flut keine Wissenschaft, keine Bildung, nicht einmal eine Schrift. Denn die Bewohner der ersten Welt hatten ihre *full time*-Freizeit im antediluvialen Schlaraffenland nicht zur Erlernung und Ausübung von Wissenschaften und Künsten genutzt, sondern nur mit Müßiggang und Laster verschleudert. Erst die mit der Sintflut erfolgte Naturverknappung versetzte den Menschen aus dem Zustand der Amoral und Unkultiviertheit in einen der Moral- und Kulturfähigkeit. Als *starting point* der Kulturgeschichte wurde die Sintflut damit zugleich zum ersten Gegenstand ihrer Erinnerung. So blieb das Wissen über die Flutkatastrophe in den Mythen der verschiedenen Völker des Postdiluviums überliefert. Bei den Indianern Amerikas hätten sich diese Überlieferungen bis heute besonders gut erhalten, da sie auf der ersten nachsintflutlichen Kulturstufe stehengeblieben seien.[36] Gegen die Ägyptophilie Burnets gewandt, behauptete Woodward,[37] Moses, der sein Wissen nicht von den Ägyp-

---

34 Thomas Burnet, *Doctrina antiqua de rerum originibus: or, an Inquiry into the Doctrines of the Philosophers of all Nations, concerning the Original of the World* (1692), London, 1736, S. 246.

35 Siehe Siehe Scott Mandelbrote, „Isaac Newton and Thomas Burnet: Biblical Criticism and the Crisis of Late Seventeenth-Century England", in: James E. Force – Richard H. Popkin (Hg.), *The Books of Nature and Scripture: Recent Essays on Natural Philosophy, Theology, and Biblical Criticism in the Netherlands of Spinoza's Time and the British Isles of Newton's Time*, Dordrecht u.a., 1994, S. 149–178.

36 Siehe Benjamin Holloway, „The Translator's Introduction", in: John Woodward, *The Natural History of the Earth, Illustrated, Inlarged, and Defended*, London, 1726, S. 106–107.

37 Siehe John Woodward, „Of the Wisdom of the Antient Egyptians; a Discourse concerning their Arts, their Sciences, and their Learning: their Laws, their Government, and their Religion. With occasional Reflections upon the State of Learning among the Jews; and some other Nations", in: *Archaeologia* 4, 1777, S. 212–310.

tern erlangt habe, hätte den Genesisbericht keineswegs dem Wissensniveau seiner Zeitgenossen angepasst. Vielmehr sei der Bericht wörtlich zu verstehen. Woodward und Scheuchzer behandelten Moses ausdrücklich nicht als theologischen Schriftsteller, sondern als Historiker der Schöpfung und Sintflut.[38]

Trotz unterschiedlicher Auffassungen über die gedächtnisgeschichtliche Bedeutung der Sintflut, über den Beginn kultureller Erinnerung und die Zuverlässigkeit ihrer Informationen, waren sich die Sintflutforscher darin einig, dass als Gedächtnisträger nicht nur die mündliche und schriftliche Überlieferung in Frage kam. Burnet wie Woodward und Scheuchzer vertraten die Ansicht, auch die Natur in ihrer Gestalt und ihren Objekten könne den Menschen an die Geschehnisse der Erdgeschichte erinnern. Einig war man sich darin, dass das Antlitz der heutigen Natur, vor allem in Gestalt der Gebirge, auf die Ereignisse der Sintflut zurückzuführen sei, uneinig dagegen in der geschichtstheologischen Beurteilung der postdiluvialen Bergnatur. Waren die Berge für Burnet Mahnmale, die als Narben der Natur schmerzlich an die Schuld und Sünde der Antediluvianer erinnerten, so waren sie für Woodward und Scheuchzer dagegen Zeichen einer nach der Sintflut re-installierten harmonischen und nützlichen Naturordnung.

Entsprechend fielen auch die ästhetischen Wahnehmungen auseinander. Der englische Theologe bestaunte die Berge mit einem „pleasing kind of stupor and admiration", sah in ihrer Größe die Großartigkeit Gottes als „the shadow and appearance of INFINITE".[39] Eine solche „Ästhetik des Unendlichen" (Ernest Lee Tuveson) als Vorform der Naturästhetik des Erhabenen findet sich auch bei Scheuchzer, der bezüglich der Betrachtung der Alpen ebenfalls von einem „Schatten der Unendtlichkeit", von einem „Theatrum oder Schauplatz der unendtlichen Macht/ Weißheit und Güte GOTTES" spricht.[40] Beide vollziehen bei der Betrachtung der Berge den Sprung vom Sinnlichen ins Übersinnliche,[41] Burnet aber nur *indirekt*, indem er die Berge als Ruinen beschreibt, die auf die einstige Herrlichkeit der Natur verwiesen, sie dabei mit den verfallenen Bauresten der Römer vergleicht, die an die untergegangene Größe ihrer Kultur erinnerten. Scheuchzer dagegen *direkt*, indem er sie nicht als eingefallene Ruinen, sondern im Gegenteil: als intakte Gebäude der „Göttlichen Architektur"[42] bezeichnet, die in ihrer Schönheit geradewegs auf den numinosen Baumeister ver-

---

38 Siehe John Woodward, *An Essay towards a Natural History of the Earth, And Terrestrial Bodyes, Especialy Minerals: As also of the Sea, Rivers, and Springs. With an Account of the Universal Deluge: And of the Effects that it had upon the Earth* (1695), 2. Auflage, London, 1702, Preface, unpaginiert.

39 Burnet, *Sacred Theory*, (1690/91) 1965, Book 1, S. 109–110.

40 Johann Jakob Scheuchzer, *Helvetiae Historia Naturalis Oder Natur=Historie Des Schweitzerlandes*, Zürich, 1716–1718, 3 Bde. (ND Zürich 1978–1979), Bd. 1, 1716, S. 100; Hervorh. Verf.

41 Zu diesem „Programm des doppelten Sehens" siehe Ruth Groh – Dieter Groh, „Kulturelle Muster und ästhetische Naturerfahrung", in: Jörg Zimmermann (Hg.), *Ästhetik und Naturerfahrung*, Stuttgart – Bad Cannstatt, 1996, S. 27–41, hier S. 39.

42 Ders., *Beschreibung der Natur=Geschichten des Schweizerlands*, 3 Tle., Zürich 1706–1708, Tl. 3, 1708, S. 177.

wiesen. In dieser Umwandlung der architektonischen Metaphorik gibt sich die Ästhetik Scheuchzers nicht wie bei Burnet als vermittelte Erinnerungsleistung, sondern als unmittelbare Anschauung zu erkennen.

Die entscheidenden Erinnerungsdokumente der Diluvianer waren jedoch nicht die Berge, sondern das, was man in ihrem Felsgestein fand: die Fossilien. Sie bildeten die eigentlichen Gedächtnismedien der Sintflutforscher. Zwar war der Zusammenhang zwischen Sintflut und Fossilienablagerung nicht neu, doch beeinflußte Burnet, in dem seine ‚Sacred Theory‘ den Anspruch einer modernen naturwissenschaflichen Fluttheorie erhob, nachhaltig den zeitgenössischen Diskurs um die Fossilien, ohne sie selbst je erwähnt zu haben. Die von Woodward und Scheuchzer in Auseinandersetzung mit Burnet entfaltete Diluvialthese wandte sich gegen die bis dahin weitgehend dominierende Auffassung, bei den so genannten „Figurensteinen“ würde es sich nicht um petrifizierte Reste oder Spuren einstiger Lebewesen handeln, vielmehr um bloße „Naturspiele“, d.h. um anorganische Figuren einer schrulligen, launischen, geradezu narzistischen Natur, die sich darin gefiel, ihre eigenen Geschöpfe willkürlich zu imitieren. Scheuchzer wiedersprach der Naturspiel-These mit Rekurs auf das naturtheologische Design-Agument im Rahmen eines teleologischen Analogieschlusses: ihre funktionale Form zeige, dass Fossilien ebensowenig zufällig und willkürlich entstanden sein konnten wie, so Scheuchzer wörtlich, „jene Säulen Trajani und Antonini“ oder die „übrig gebliebene Mauren der alten Stadt Persepolis“ oder wie „eine Müntze, welche einer Seits den Kopf eines Römischen Kaysers vorstellet, ander Seits eine vorgegangene Geschichte“.[43]

Welche „vorgegangene Geschichte“ indes die Fossilien erzählten, das stand für die Sintflutforscher zweifelsfrei fest. Als „Däncksäulen“[44] oder „Reliquien der ersten Welt“[45] besaßen sie dabei genau denselben Erkenntnisstatus wie Inschriften oder Münzen. Wie diese übernahmen sie dieselbe Funktion als Zeugnisse der Vergangenheit. Wurden jene zur Entzifferung der Geschichte des Menschen herangezogen, so dienten sie der Decodierung der Geschichte der Natur. Fossilien waren danach nichts anderes als Altertümer oder Monumente der Naturgeschichte. Im Hinblick auf sein geplantes Lexikon der Fossilien schrieb Scheuchzer: „Die köstlichen Werke (...) von Römischen und Griechischen Antiquiteten haben mich schon längsten veranlaset zu gedenken an ein nit minder kostliches und curioses werk von denen Antiquiteten der Sündflut (...).“[46] Als Sintflutversteinerungen kam den Petrefakten eine konkrete historische Bedeutung zu. In der Bereitstellung von Information und Mitteilung wurden sie wie Grabmäler, Tempel oder Münzen gleichermaßen zu Vehikeln der Übertragung und Vergegenwärtigung vergangener Semantik. Bezüglich der Überlieferung von Sinn gehörten auch sie damit zum Gedächtnis der Geschichte.

---

43 Ders., *Physica Sacra*, 1735, Bd. 4, S. 1362
44 Ders., *Natur=Geschichten*, 1706, Tl. 1, S. 90.
45 Ders., *Natur=Historie*, 1718, Bd. 3, 203.
46 Johann Jakob Scheuchzer an Johann Heinrich Wettstein, 09.10.1717, in: Zentralbibliothek Zürich Ms. H 150c, S. 153–154.

10. Fossilien-Ruinen-Collage.
Scheuchzer, Icones pro Lexico
diluviano [ca. 1717-1719].
Zentralbibliothek Zürich,
Ms. Z VIII 21c, fol. 7r.

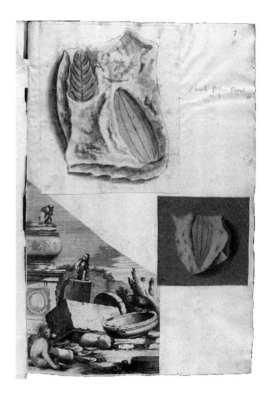

Als zwei unterschiedliche Zeugen der Vergangenheit standen Fossilien und
Kunstdenkmäler keineswegs unverbunden nebeneinander, vielmehr wurden
beide von Scheuchzer in einen unmittelbaren Zusammenhang gebracht. In den
‚Icones pro Lexico Diluviano', einer Sammlung von Abbildungen, die für das
geplante Fossilienlexikon gedacht waren, stellte er Zeichnungen von Versteinerungen mit Bildern von Überresten der Antike nebeneinander.

Auf einer Seite (Abb. 10) zu sehen ist eine geklebte Bildmontage aus antiken
Säulentrümmern und petrifizierten Pflanzenabdrücken. In dieser Zusammen-
schau von Kulturgütern und Naturrelikten werden Natur- und Humange-
schichte in einen gemeinsamen Bedeutungshorizont gerückt, was durch die
Affen, die auf den Säulenresten herumklettern, noch zusätzlich unterstrichen
wird. Der verbindende Bezugsrahmen verweist auf das enge Verhältnis der Ge-
schichts- und Naturwissenschaften, die für den Polyhistor Scheuchzer, der
neben Fossilien und Mineralien auch Münzen, Inschriften und andere Alter-
tumsgegenstände sammelte, eine selbstverständliche Einheit bildeten. Auf der
Objektebene wurde diese Einheit in den bildlichen Collagen des Sintflutlexi-
kons visualisiert. Hier verschmolzen Ruinen und Fossilien zu korrespondie-
renden Signaturen der Vergangenheit von Mensch und Natur.

Indem Petrefakte gegenüber den antiken Artefakten als die weitaus älteren historischen Dokumente gedeutet wurden, kam es zu einer zeitlichen Binnendifferenzierung des gemeinsamen Bezugrahmens. Eine entsprechende historische Differenz betonte bereits Robert Hooke: Fossilien seien „the greatest and most lasting Monuments of Antiquity, which in all probability, will far antedate all the most ancient Monuments of the world, even the very Pyramids, Obelisks, Mummys, Hieroglyphs, and Coins, and will afford more information in Natural History than those others put together will in Civil."[47] Die zeitliche Kluft genauer zu bestimmen, glaubten die Sintfluttheoretiker. Aus der diluvialen Weltsicht betrachtet, waren Fossilien für Scheuchzer „stumme Zeugen der allgemeinen Wasser-Fluth, welche an Alterthum, vornehmer Ankunfft, warhaffter Aufrichtigkeit allen Münzen, Obelisken, Pyramiden, Auf= und und Überschrifften, und andern Denckmalen der ersten Zeit den Vorzug rauben."[48] Als Beweis für ihr höheres Alter verwies Woodward auf versteinerte Muscheln und andere Meerestiere, die man in den Steinblöcken der ägyptischen Pyramiden fand, die seiner Ansicht nach erst 150 Jahre nach der Sintflut errichtet worden seien.[49] Anhand von Artefakten sah sich Scheuchzer in der Lage, die Geschichte der Schweiz bis zur Römerzeit zurückzuverfolgen, anhand von Fossilien jedoch noch weiter in die Vergangenheit hinein, nämlich „in die 2000. Jahr weiter hinauf zu dem Sündfluß." Mit ihrer Hilfe glaubte Scheuchzer, die Schweizer Geschichte, „welche sich nicht nur erstrecket zu der Römeren Zeiten", bis zur Landung der Arche schreiben zu können.[50] Über die konkrete Lage und Gestalt der Schweiz oder gar der ganzen Erde *vor* der Sintflut ließen sich mit Hilfe der Fossilien allerdings nur vage Mutmaßungen anstellen, „so lang/ bis einer uns zeiget eine nicht Utopische/ sondern wahre Mappam Geographicam totius Terrae, oder Helvetiae antediluvianae, eine Land=Charte von dem Schweizerland/ oder auch der ganzen Erde/ wie sie gewesen vor der Sündflut."[51]

Indem die Fossilien als Gedächtnissteine der Sintflut die Erdvergangenheit in eine antediluviale und postdiluviale Zeit unterschieden, ermöglichten sie eine Historisierung der Natur, ohne dabei die traditionelle biblische Chronologie zu sprengen. Noch vor der so genannten „Entdeckung der Tiefenzeit" (Stephen Jay Gould) und der Dynamisierung der Naturgeschichte in den Erdwissenschaften des ausgehenden 18. Jahrhunderts kam es auf diese Weise zu einer qualitativen Ausdifferenzierung erdgeschichtlicher Zeiträume. So verstanden schienen die Fossilien jedoch nur die Natur allein historisieren zu können. Über die Geschichte der Menschen, etwa die der Schweizer vor der Römerzeit, war von den Fossilien wohl keine Auskunft zu erwarten – bis auf eine entscheidende

---

47 Robert Hooke, *The Posthumous Works of Robert Hooke containing his Cutlerian Lectures, and other Discourses, read at the Meetings of the Illustrious Royal Society*, London, 1705 (ND London, 1971), S. 341.
48 Scheuchzer, *Physica Sacra*, 1731, Bd. 1, S. 72.
49 John Woodward, *Fossils of all kinds*, London, 1728, S. 52–54.
50 Scheuchzer, *Natur=Geschichten*, 1706, Tl. 1, S. 89.
51 Ebd., S. 116.

Ausnahme. In den versteinerten Überresten zweier Riesensalamanderskelette, die 1725 in Öhningen am Bodensee gefunden wurden, glaubte Scheuchzer Skelettreste von Menschen gefunden zu haben, die in der Sintflut ertrunken seien. Das vollständigere der beiden Skelette nannte er den „Homo diluvii testis", den menschlichen Zeugen der Sintflut (Abb. 11, 12 und 13).

Das „Grabmahl" dieses Menschen, so Scheuchzer, übertreffe „alle andere Römische und Griechische/ auch Egyptische/ oder andere Orientalische Monument an Alter und Gewüßheit".[52] Scheuchzers Steinmensch war zugleich ein Naturobjekt wie auch ein Monument der Menschheitsgeschichte. Innerhalb des diluvialen Weltbildes verzahnte er die Geschichte der Natur mit der Geschichte des Menschen. Wie kein anderes Dokument der Weltgeschichte schien der Öhninger Anthropolith vor Augen führen zu können, dass die Sintflut sowohl für den Menschen als auch für die Natur zur entscheidenden historischen Zäsur geworden war, dass hier ihre beiden Geschichten zusammenflossen und so als die zwei Hälften der Erdgeschichte zu einer untrennbaren Einheit verschmolzen.

> „Betrübtes Bein=Gerüst von einem alten Sünder,
> Erweiche Stein und Hertz der neuen Boßheits=Kinder!"[53]

Diese Verse des Ulmer Theologen Johann Martin Miller, die Scheuchzer der Bescheibung seines „Homo diluvii testis" in der „Physica Sacra" von 1731 mit beifügte, deuten an, dass die Sintflutfossilien nicht nur der historischen, sondern auch der moralischen Erinnerung dienen sollten. Als „Däncksäulen" gaben sie nicht nur Mensch und Natur eine gemeinsame Geschichte, sie erinnerten den Menschen auch an seine Schuld: „Kommet hierher ihr Verächter der H. Schrift/ die ihr vor eine eitele Fabel haltet/ das was in den Bücheren Mosis von der Sündflut aufgezeichnet stehet; lehrnet hier ihr Gotteslaugner/ die stummen Felsen werden euch predigen (...)."[54] Hier wurde das Buch der Natur nicht als Nachschlagewerk der Naturgeschichte gelesen, sondern als Sammlung von Moralpredigten. Der Fossilienforscher wandelte sich so zum Naturprediger. Als Sintflutfossilien gerieten die Petrefakten dabei zu Steinsermonen. In diesem Sinn dichtete auch der Diluvianer und Scheuchzer-Korrespondent Hieronymus Annoni aus Basel über die Versteinerungen der „Noohischen Sündfluth":

> „Steine, die zum Bauen gut,
> Zeugen von der Sünden-Fluth,
> Edel-Steine sind zugegen,
> Die uns ernstlich pred'gen mögen."[55]

---

52 Ders., *Homo Diluvii Testis. Bein=Gerüst/ Eines in der Sündflut ertrunkenen Menschen*, Zürich, 1726 (Holzschnitt), unpaginiert.
53 Ders., *Physica Sacra*, 1731, Bd. 1, S. 66
54 Ders., *Natur=Geschichten*, 1706, Tl. 1, S. 90.
55 Zit. Urs B. Leu, „Hieronymus Annoni als Paläontologe", in: *Basler Stadtbuch*, 1997, S. 205–210, hier S. 210.

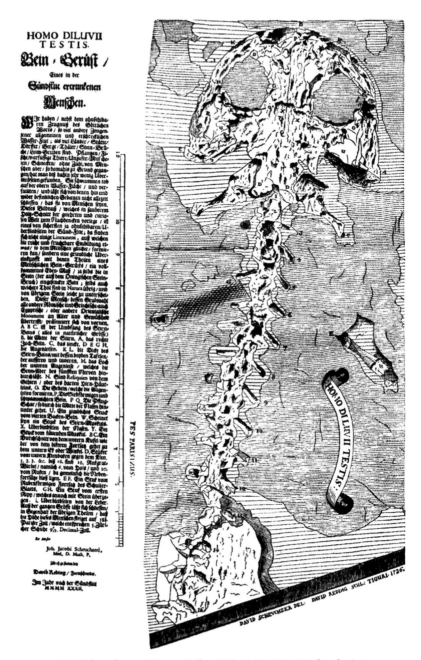

11. Scheuchzer „Homo Diluvii Testis", 1726 (Holzschnitt).
Zentralbibliothek Zürich, Sig.: Ry 216.

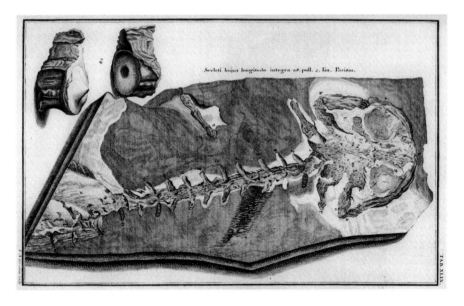

12. Scheuchzers versteinerter Sintflut-Zeuge. Physica Sacra, 1731, Bd. 1, S. 66,
Tab. XLIX. Zentralbibliothek Zürich, Sig.: ZZ 54.

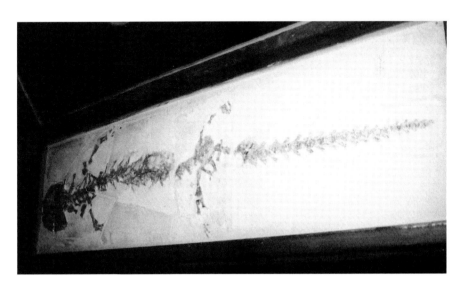

13. Gipsabdruck des „Homo Diluvii Testis" (mit Schwanz) im Sedwick Museum
in Cambridge. Foto: Verfasser.

In der Sintfluttheorie schienen göttliche Offenbarung und Naturerkenntnis sich wechselseitig zu bestätigen – und zwar so, dass die Beweiskraft der fossilen Erinnerungszeugen die Aussagen der Bibel fast überflüssig erscheinen ließen. „Ich kan keklich sagen", verkündete Scheuchzer, „daß wann keine H. Bibel were/ welche uns diser Sach halben einen Göttlichen Bericht ertheilte/ wir auß blosser Natur=betrachtung unserer Landen/ und dessen/ was darin ist/ ganz gewiß könten schliessen/ daß selbige einsten von dem Meer/ daß doch so weit von uns ist/ und so tief unter uns ligt/ seyen überschwemmet worden. (...) Wer wil hieran zweiflen/ wann er auf den obersten Bergfirsten unserer Landen ansihet ganze Felsen/ die von lauter zerbrochenen/ auf ein ander gehäuften/ und in Stein verwandelten Meer=Muschelen/ und Schneken zusamen gesetzet sind?"[56] In dem die Naturforschung versuchte, sich als natürliche Theologie in den Dienst der Religion zu stellen, schien sie diese als Erkenntnisquelle der Erdgeschichte zu marginalisieren. Insofern errang die Physikotheologie für die Theologie bloß einen Pyrrhussieg.

Die mosaische Überschwemmung – so lässt sich festhalten – galt den Sintfluttheoretikern nicht als irgendein Objekt der Erinnerung, vielmehr als erster Gegenstand des kulturellen Gedächtnisses überhaupt. Weil sie die Kultur selbst erst hervorgebracht habe, wurde die Sintflut zugleich auch zur Bedingung der Möglichkeit kultureller Erinnerung. Insofern diente die Sintflut den Diluvialforschern der Frühaufklärung nicht nur als ein Objekt der Erinnerung, sondern als solches auch der Reflexion über Erinnern und Vergessen als Bestandteil von Kultur. Gegenüber allen kulturellen Überlieferungen galten die Stein gewordenen Zeitzeugen jedoch als zuverlässiger, sie galten als die entscheidenden Träger diluvialer Erinnerung. In der moraltheologischen Naturhermeneutik der Sintfluttheorie wurde die Natur zu einem Vergangenheit und Gegenwart verbindenden Kommunikationsraum, zu einem Speicherplatz geohistorischer und zugleich heilsgeschichtlicher Informationen, angefüllt mit Erinnerungsdokumenten der Mensch und Natur umfassenden Erdgeschichte. Naturwissenschaft diente daher nicht bloß der erklärenden Naturbeobachtung, sondern auch der Arbeit am Gedächtnis der Menschheitsgeschichte. Die diluviale Interpretation der Fossilien zeigt vor allem, dass historische Informationen in Objekten weder „eingeschlossen" noch „abgespeichert" vorliegen, vielmehr erst in diese hineingelegt, hineingelesen werden. Diluvialmodelle verweisen auf Sintflutbilder. Sintflutspuren wurden in diesem Sinne nur *er*funden und nicht *ge*funden. Am Beispiel des biblischen Hochwassermythos erscheint diese Aussage freilich als selbstverständlich, fast trivial. Dass dies jedoch nicht nur für fehl gedeutete Salamanderfossilien gilt, wird in der gedächtnisgeschichtlichen Forschung allerdings nicht selten übersehen.

---

56 Scheuchzer, *Natur=Geschichten*, 1706, Tl. 1, S. 89–90. Siehe auch ders., *Physica*, 1729, Tl. 2, S. 158.

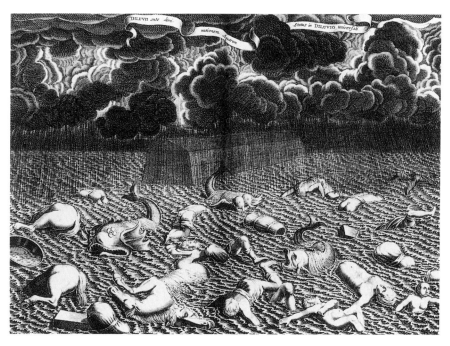

Athansaius Kircher: Nach der Flut, in ders.: Arca Noë, Amsterdam 1675, S. 154.

RALPH HÄFNER

Noah, Deukalion und das fossile Seepferdchen

Spurensuche im Schwemmland frühneuzeitlicher Komparatistik

1. Wahrheit und Bedeutung

Seit dem frühen 19. Jahrhundert nahm die Errichtung erdgeschichtlicher Sammlungen zur Belehrung einer interessierten Öffentlichkeit stark zu.[1] Der Bestand
derartiger Museen setzte sich damals aus zum Teil umfangreichen Privatsamm-
lungen zusammen, die Gelehrte wie Conrad Gesner seit dem 16. Jahrhundert
anzulegen begannen.[2] Ein gutes Beispiel ist das geologische Museum der Universität Cambridge, das Adam Sedgwick (1785–1873) im Jahr 1841 begründet
hat.[3] Das Herzstück dieser Sammlung bilden noch immer jene vier (bzw. fünf)
Vitrinen aus fein gearbeitetem Nußbaumholz, die annähernd zehntausend Fossilien aus dem Nachlaß des Gelehrten John Woodward (1665–1728) zur Schau
stellen. Die Auswahl der musealen Schaustücke, die der heutige Besucher darüber hinaus zu sehen bekommt, beruht vor allem auf zwei Kriterien: (1) auf
ihrem Vermögen, die Entwicklung erdgeschichtlicher Zeitalter zu erklären und
zu illustrieren und (2) auf dem Schein einer gewissen ästhetischen Vollkommenheit, von der man glauben könnte, daß sie einen geradezu kunsthandwerk-
lichen Fleiß verrät.

Beide Kriterien sind jedoch problematisch. Die sogenannte ästhetische Vollkommenheit einzelner Fossilien ist offensichtlich das sehr seltene und immer
zufällige Ergebnis einer – aufs ganze gesehen – chaotischen Produktivität, die
keinen Sinn eines harmonischen Arrangements erkennen läßt. Der unvoreinge-
nommene Blick in die Schubfächer der Vitrinen zeigt, daß unter tausend Ge-
schmacklosigkeiten mit Mühe kaum eine Form zu finden sein wird, an der das
Auge wirklich Gefallen finden könnte. In aller Regel ist es das Grauen grotes-
ker Gestalten, das uns entsetzt, wenn wir auf die Reliquien petrifizierter Conchylien blicken, denn sie führen uns die absolute Fremdheit vor Augen, der der
Mensch angesichts namen- und bedeutungsloser Schöpfungen ausgesetzt ist.
Die Suche nach ästhetisch vollkommenen Formen in einem Chaos lächerlicher

---

1 Bekannte öffentliche Sammlungen waren um 1700 nur die Londoner Royal Society und das
Ashmoleon Museum in Oxford. Vgl. Roy Porter, *The Making of Geology. Earth science in Britain 1660–1815*, Cambridge University Press, 1977, S. 48.
2 Martin J.S. Rudwick, *The Meaning of Fossils. Episodes in the History of Paleontology*, London,
New York, 1972, Kap. 1, S. 1–48.
3 Vgl. James A. Secord, *Controversy in Victorian Geology. The Cambrian-Silurian Dispute*, Princeton University Press, 1986.

Bildungen zeugt vielmehr von dem Versuch, die unerträgliche Erkenntnis dieser absoluten Fremdheit durch den Schein einer Bedeutung zu überspielen.
Darin liegt der Grund, daß uns die kleinsten Tonscherben aus der Frühzeit der
Menschheitsgeschichte auf andere Art zu berühren vermögen als ein vollzähliges Dinosaurier-Skelett mit seiner vulgären Aufdringlichkeit.

Damit erweist sich aber auch das zuerst genannte Kriterium – das Vermögen
der Schaustücke, die Entwicklung erdgeschichtlicher Zeitalter zu erklären – in
seinem Wert als nicht weniger eingeschränkt. Die Bestimmung von Alter und
Art der Fossilien ist ein elaboriertes Verfahren, jenes Grauen, von dem wir sprachen, durch wissenschaftliche Erkenntnis zu bannen, *ohne daß* damit im mindesten etwas für unsere Geschmacksbildung geleistet wäre. Der moderne
Geologe bewahrt darin etwas von jenem Schamanen, der den Dingen Zeichen
beilegt, die sich deuten lassen, damit uns die Brutalität der Dinge-selbst nicht
weiter beunruhige. Im Akt der Namengebung verleiht er ihnen die Aura des
Bedeutsamen oder – euphemistisch gesagt – des wissenschaftlich Wertvollen.
Vom Standpunkt eines geschmackvollen Beobachters aus betrachtet, sind jene
versteinerten Pflanzen und Tiere jedoch völlig bedeutungslos, denn sie zeigen
uns nichts von der bildenden Anmut geistreicher Erfindung, durch die uns das
Bruchstück eines fein ziselierten Helms oder Schwertes zu entzücken vermag.

Machen wir uns diese Differenz an einem Beispiel deutlich: Niemand würde
beim Betreten einer frühchristlichen Katakombe auf den Gedanken kommen,
nach Gebeinen von besonderer ästhetischer Vollkommenheit Ausschau zu halten, und doch treten wir sogleich in einen *bedeutungsvollen* Raum ein, der uns
in der Ausstattung und Dekoration, in den Sarkophagen, Nischen und Wandmalereien, wie schlicht sie auch immer sein mögen, Auskunft über eine bestimmte *Form* menschlichen Lebens und des Denkens gibt. Erst im Kunstwerk
ist die ‚Natur‘ wirklich bedeutungsvoll, denn sie ist darin wesentlich Zitat, das
uns den Trost einer Illusion durch den Schein einer Bedeutung gewährt.

Auf welche Weise indes wurde die naturwissenschaftliche Forschung so bedeutungslos wie in unserem Zeitalter? Als sie sich seit dem frühen 19. Jahrhundert aus dem Körper der Historia literaria abzuscheiden begann, wurde die
bestürzende Einsicht in die Sinnlosigkeit der ‚Natur‘ durch das Postulat einer
‚objektivierten Erkenntnis‘ kompensiert. Ernst Haeckel mußte ‚Kunstformen
der Natur‘ erfinden, um das Auge über diesen Bruch hinwegzutäuschen. Noch
Buffon war der Auffassung, daß eine Erkenntnis, die keine wesentliche Beziehung auf den Menschen besitzt, wertlos sei. Knapp einhundert Jahre später
kommt Balzac zu der Überzeugung, man lebe in einem Zeitalter, in dem sich
„alles erklärt“, aber diese Erklärungen waren in beunruhigender Weise ohne
Wert, weil sie die Kultur des Verstandes nicht mehr produktiv durchbildeten.
Wer den Sternen Bedeutungen beilegt, die das menschliche Leben in irgendeiner Weise tangieren, ist davon überzeugt, daß sie Teil einer das sittliche Selbstverständnis prägenden Kultur sind. Die moderne Astronomie indes zeigt uns
täglich, daß eine – so lange supponierte – Wirkkraft von den Sternen im Ernst
nicht erwartet werden könne. Wenige Jahre später umreißt Nietzsche die darin

sichtbar gewordene Krise eines kulturellen Selbstverständnisses in einem prägnanten Aphorismus: „Der Irrthum hat aus Thieren Menschen gemacht; sollte die Wahrheit im Stande sein, aus dem Menschen wieder ein Thier zu machen?"[4]

Fragen Sie mich nicht, was Nietzsches Verständnis von Wahrheit sei; sein Gedanke scheint indes eine Differenz zu implizieren, die die frühneuzeitliche Erforschung der Erdgeschichte von dem Postulat ‚objektivierter Erkenntnis' trennt: Die Erdzeitalter mit ihren Wärmeperioden, Eiszeiten und Überschwemmungen sind für den heutigen Betrachter, der daran Interesse findet, Ereignisse, deren Epochen abgeschätzt und deren verhältnismäßige Gesetzmäßigkeit bestimmt werden können; aber sie enthalten genau deshalb keinen kulturellen Überschuß, weil sie in Beziehung auf die Form menschlichen Lebens und Denkens ganz gleichgültig sind. Der Held von Max Frischs Erzählung *Der Mensch erscheint im Holozän* (1979), der nach wochenlangen Regengüssen der Wildnis des Tessiner Gebirges ausgesetzt ist, findet eines Tages einen Feuersalamander in der Badewanne und notiert: „Betrachtet man einen Feuer-Salamander unter der Lupe, so erscheint er wie ein Ungetüm: wie ein Saurier. Sein übergroßer Kopf, die schwarzen Augen ohne Blick. Plötzlich bewegt er sich. Sein ungelenker Gang in einer Art von Liegestütz, der Schwanz bleibt dabei unbeweglich. Er strampelt sich stur in eine Richtung, wo er nie weiterkommt. Plötzlich hält er wieder inne, Kopf in die Höhe gereckt. Dabei ist zu sehen, wie sein Puls schlägt. Ein entsetzlicher Stumpfsinn in allen Gliedern."[5]

Es sind Einsichten dieser Art, die uns von den Erfahrungen noch des frühen 18. Jahrhunderts trennen. Wenn frühneuzeitliche Forscher erdgeschichtlichen Ereignissen Bedeutungen zusprachen, die uns heute fremd geworden sind, so zeigt sich darin die inzwischen gewissermaßen antiquierte Auffassung, daß einem jeden Naturereignis immer schon ein kultureller, zivilisatorischer oder erzieherischer Wert eignen müsse, eine anthropologische Dimension, wenn wir so sagen wollen, denn – und dieser Umstand ist entscheidend – seit der Schöpfung Adams sollte der Mensch Zeuge aller wesentlichen erdgeschichtlichen Revolutionen gewesen sein. Diese Feststellung ist umkehrbar: Alle erdgeschichtlichen Revolutionen standen in einer unmittelbaren Beziehung auf das menschliche Denken, Fühlen und Handeln. Die Geschichte des Universums war Teil einer heilsgeschichtlich tingierten Kultur des Menschen, und die Beschäftigung mit ihr war unter diesen Prämissen kulturell produktiv, weil sie den Geschmack des Forschers bildete. Der ‚Natur' eignete noch nicht jener namenlose Stumpfsinn, den Frischs Held an den Gliedern des Feuersalamanders beobachten wird; man entdeckte vielmehr allerorten eine erstaunliche Stimmigkeit im Blick auf gewisse heilige Schriften, die – recht ausgelegt – den Anblick der ‚Natur im ganzen' erträglich machten und ihre Auslegung anleiteten. Wenn der Schweizer Gelehrte Johann Jacob Scheuchzer (1672–1733) hoffnungsfroh die Wiesen, Felder und Vorgebirge des Kantons Zürich auf der Suche

---

4 Friedrich Nietzsche, *Menschliches, Allzumenschliches*, Erster Band, Nr. 519, KSA, Bd. 2, S. 324.
5 Max Frisch, *Der Mensch erscheint im Holozän*, Frankfurt/M., 1979, S. 81.

nach den Reliquien einer antediluvianischen Vorzeit durchstreift, so ist dieses Tun mit der Zuversicht verknüpft, daß die versteinerten Überreste einer verschwundenen Fauna und Flora Zeugnisse einer entrückten *menschheitlichen Zivilisation* waren, die wegen der Schlechtigkeit ihrer Teilnehmer von Gott vertilgt worden war. Wenige Jahrzehnte später erblicken wir Rousseau mit der Botanisiertrommel im Gelände, aber was er in der ‚Natur' findet, ist die Kehrseite eines Zivilisationsprozesses, dessen Bedeutungen ihm keine Zuversicht mehr im Blick auf die Kulturgeschichte des Menschen zu geben vermögen. Den vielleicht eindrucksvollsten Beitrag, die anthropologische Dimension der ‚Natur' zu retten, leistete indes Jean-Baptiste Robinet noch im Laufe der 1760er Jahre.[6] In den mannigfaltigen Produkten der Natur glaubte er spielerische, aber unvollkommene Versuche der einfallsreichen „Natur" erkennen zu dürfen, den Menschen hervorzubringen, jenes Wunderwerk der Schöpfung, von dem Lord Byron sagen wird: „man's a phenomenon one knows not what."[7] Weiß man es wirklich nicht? Für Athanasius Kircher noch war die christologische Zeichnung der Natur im ganzen evident. In den Gesteinsformationen stellten sich ihm die heilsgeschichtlichen Implikationen der Schöpfung sichtbar vor Augen.[8] Die Fossilien waren seinen Zeitgenossen gleichsam die „Münzen", denen Gott die wichtigsten Daten des weltgeschichtlichen Verlaufs eingeprägt hatte.

2. Karl Nikolaus Lange: „Figurierte Steine" als Münzen

Scheuchzers Entdeckungen versetzten die europäische Gelehrtenrepublik in eine nachhaltige Euphorie. Im benachbarten Luzern entwickelte Karl Nikolaus Lange (1670–1741)[9] das Klassifikationssystem einer Flora und Fauna, wie es sich ihm in den Funden sogenannter „figurierter Steine" abzeichnete.[10] Han-

---

6 Vgl. Jean Baptiste René Robinet, *De la Nature*, Paris, 1761–1766; ders., *Vue philosophique de la gradation naturelle des formes de l'être, ou Les essais de la Nature qui apprend à faire l'homme*, Paris, 1768. – Zu Robinet vgl. Jacques Roger, *Les sciences de la vie dans la pensée française du XVIIIe siècle*, Paris, 1963, S. 643–651; zur unmittelbaren Wirkung vgl. Ralph Häfner, *Johann Gottfried Herders Kulturentstehungslehre. Studien zu den Quellen und zur Methode seines Geschichtsdenkens*, (Studien zum achtzehnten Jahrhundert, Bd. 19), Hamburg, 1995, bes. S. 162 f., 242–247.

7 Lord Byron, *Don Juan* I,133.

8 Vgl. Athanasius Kircher, *Mundus subterraneus*, 1664/1665. Vgl. hierzu: Jacques Roger, „La théorie de la terre au XVIIe siècle", in: Revue d'histoire des sciences 26, 1973, S. 23–48; Hans Holländer, „,…inwendig voller Figur'. Figurale und typologische Denkformen in der Malerei", in: *Typologie*, hg. v. Volker Bohn, Frankfurt/M., 1988, S. 166–205, hier: S. 173 f.

9 Lange wurde zunächst im Jesuitenkollegium in Luzern unterrichtet, studierte dann an den Universitäten in Freiburg, Bologna, Augsburg und Rom Medizin. In Rom erwarb er 1692 den Doktorgrad, bevor er nach Paris übersiedelte und sich dem berühmten Naturforscher Joseph Pitton de Tournefort anschloß. Seit 1698 war er als Arzt in Luzern tätig. – Vgl. Gümbel, in: ADB Bd. 17, 1883, S. 645 f.

10 Vgl. Karl Nikolaus Lange, *Historia lapidum figuratorum Helvetiae, ejusque viciniae, in quâ non solùm enarrantur omnia eorum genera, species et vires aeneisque tabulis repraesentantur, sed insuper adducuntur eorum loca nativa, in quibus reperiri solent, ut cuilibet facile sit eos colligere,*

delte es sich bei diesen Forschungen vordergründig noch darum, Einsichten in eine Zivilisation zu gewinnen, die mit der in *Genesis* 6,5–8,22 überlieferten Sintflut völlig ausgelöscht worden war, so stand nun vielmehr die Wahrheit von miteinander konkurrierenden Erdentstehungstheorien zur Disposition. Für Scheuchzer und Lange war der mosaische Bericht über die Sintflut eine schlechthin gültige Tatsache, die durch die Versteinerungen von Pflanzen, Tieren und sogar von menschlichen Fragmenten illustriert werden konnte. Richard Simon (1638–1712) hatte inzwischen jedoch nachgewiesen, daß der Pentateuch gar nicht von Moses geschrieben sein konnte und daß es sich vielmehr um einen Text handelte, der durch mehrere Autoren und zahlreiche Redaktionen zu einem Flickenteppich zusammengefügt worden war.[11] Die autoritative Verbindlichkeit des Pentateuch war seit jeher auf das Kriterium der Inspiration gestützt; Simons Rekonstruktion der verwickelten Textgeschichte machte gerade das wichtigste Argument für die Wahrheit des Schöpfungsberichts unbrauchbar.[12] Nur zwei Jahre später, im Jahr 1681, publizierte Thomas Burnet (ca. 1635–1715) die *Telluris theoria sacra* und brachte darin erdgeschichtliche Beobachtungen zur Erkenntnis, die nicht mehr mit dem biblischen Schöpfungsbericht in Einklang zu bringen waren.[13]

In dem *Tractatus de origine lapidum figuratorum* setzte sich Lange auch mit Burnets Thesen auseinander.[14] In dieser Abhandlung ging er – dem Titel ent-

---

modo adducta loca adire libeat, Venedig 1708. – Klassifizierungsversuche hatten zuvor schon John Ray, John Woodward und Edward Lhwyd unternommen. Vgl. Roy Porter, *The Making of Geology* (wie Anm. 1), S. 48. Ein Vergleich dieser Klassifikationssysteme fehlt meines Wissens bisher.

11 Vgl. Richard Simon, *Histoire critique du Vieux Testament* [1678], Nouvelle édition, Rotterdam, 1685.

12 Zur philologischen und archäologischen Erschließung der Flut-Episode vgl. Robert Oberforcher, *Die Flutprologe als Kompositionsschlüssel der biblischen Urgeschichte. Ein Beitrag zur Redaktionskritik*, (Innsbrucker theologische Studien. Bd. 8), Innsbruck, Wien, München, 1981; P.J. Harland, *The Value of Human Life. A Study of the Story of the Flood (Genesis 6–9)*, (Supplements to Vetus Testamentum. Bd. 64), Leiden, New York, Köln: Brill, 1996. Zur frühesten Aufnahme der Episode vgl. Jack P. Lewis, *A Study of the Interpretation of Noah and the Flood in Jewish and Christian Literature*, Leiden: Brill, 1968. Neudr.: 1978.

13 Zu Burnet vgl. Don Cameron Allen, *The Legend of Noah. Renaissance Rationalism in Art, Science, and Letters*, Urbana, 1963, S. 92–112, wieder abgedruckt in: *The Flood Myth*, hg. v. Alan Dudes, Berkeley, Los Angeles, London: University of California Press, 1988; Martin J.S. Rudwick, *The Meaning of Fossils* (wie Anm. 2), Ch. 2, S. 49 ff.; Stephen Jay Gould, *Time's Arrow Time's Cycle. Myth and Metaphor in the Discovery of Geological Time*, Harvard University Press, 1987, bes. Kap. 2; Richard Huggett, *Cataclysms and Earth History. The Development of Diluvianism*, Oxford: Clarendon Press, 1989, S. 39–42; Rienk Vermij, „The Flood and the Scientific Revolution: Thomas Burnet's System of Natural Providence", in: *Interpretations of the Flood*, hg. v. Florentino García Martínez und Gerard P. Luttikhuizen, (Themes in Biblical Narrative. Jewish and Christian Traditions. Bd. 1), Leiden u.a.: Brill, 1999, S. 150–166; Maria Susana Seguin, *Science et religion dans la pensée française du XVIIIᵉ siècle: le mythe du Déluge universel*, Paris 2001. – Zum cartesianischen Hintergrund von Burnet's System vgl. Jacques Roger, „La théorie de la terre au XVIIᵉ siècle" (wie Anmn. 8), S. 31 ff.

14 Vgl. Karl Nikolaus Lange, *Tractatus de origine lapidum figuratorum in quo diffuse disseritur, utrum nimirum sint corpora marina a diluvio ad montes translata, & tractu temporis petrificata, vel an a seminio quodam e materia lapidescente intra terram generentur, Quibus accedit accu-*

sprechend – der Frage nach der Entstehung der Versteinerungen nach. Der
Autor war sich bewußt, wie eng dieses Problem mit der Frage nach der Entstehung der heute sichtbaren Erdgestalt zusammenhing. Ausgangspunkt seiner
Überlegungen war die Untersuchung, auf welche Weise die Steine, in denen sich
das Relief von Meeresschnecken abzeichnete, auf die höchsten Berge habe gelangen können. Zwei sehr unterschiedliche Erklärungsarten standen sich gegenüber. Nach der älteren Auffassung, die maßgeblich von John Woodward
vertreten wurde,[15] handelte es sich um die Überreste der allgemeinen Sintflut,
durch die sie auf die Berge geschwemmt wurden; dort petrifizierten sie im Laufe
der Zeit, während die Wasserflut nach und nach sich verminderte. Anderen
schien diese Erklärungsart unmöglich, weil die Meeresschnecken, die beinahe
das Gewicht von Steinen haben, nicht leicht von den Fluten bewegt, viel weniger von der Tiefe des Meeresbodens in die Höhe getragen werden konnten.
Lange neigte daher zu der von Edward Lhwyd (1660–1709)[16] und anderen vorgetragenen Hypothese, daß kleinste Samen der Schalentiere durch unterirdische
Gänge aus dem Meer bis auf die höchsten Berggipfel gelangt waren, wo sie sich
mit dem Ausgangsstoff des Gesteins, der sogenannten „materia lapidescens“,
vermischten und sich zu kristallartigen Gesteinsbildungen auswuchsen, die den
Meeresschnecken ganz ähnlich sind.[17]

Eine derartige Argumentation hatte zur Folge, daß die Sintflut als Erklärungsgrund für die Entstehung der Petrefakte im Grunde obsolet wurde.
Denn Kristallisierungen dieser Art konnten jederzeit entstehen. Die Sintflut war
ein biblisch verbürgtes Ereignis, aber die „figurierten Steine“ waren kein sichtbares Zeugnis der damaligen Vorkommnisse. Erstaunlich ist es deshalb, daß
Lange die biblische Geschichte der Sintflut, von der er überzeugt war, daß sie
uns „von Moses“ überliefert worden sei, mit ziemlicher Ausführlichkeit vor-
trägt.[18] Noah besaß demnach ein Alter von 600 Jahren, als am 17. Februar des
1657. Jahres seit Schöpfung der Welt eine allgemeine Überschwemmung einsetzte. Von ihr wurden auch die höchsten Berggipfel erfaßt und um 15 Ellen
(ca. 6,84 m) überragt. Dieser Zustand dauerte 110 Tage, bevor die Fluten zurück-
zuweichen begannen und Noahs Arche am 27. Juli irgendwo in dem Gebirge
Armeniens strandete. Als Noah 600 Jahre und zehn Monate alt war, tauchten die

---

*rata diluvii, ejusque in terra effectuum descriptio cum dissertatione de generatione viventium,
testaceorum praecipuè, plurimorumque corporum, à vi plasticâ aurae seminali hinc inde delatae
extra consuetam matricem productorum*, Luzern, 1709. – 80 S. in-4°.

15 Vgl. John Woodward, *An Essay Towards a Natural History of the Earth*, London, 1695. – Vgl.
hierzu Richard Huggett, *Cataclyms* (wie Anm. 13), S. 42–46.

16 Vgl. Edward Lhwyd, *Lithophylacii Britannici ichnographia [...]*, London, 1699. – Zur Person
Lhwyd (Lhuyd, Luidius) vgl. *The Dictionary of National Biography*, Bd. 11, Oxford, London
1917 ff., S. 1096–1098; Roy Porter, *The Making of Geology* (wie Anm. 1), S. 48–52.

17 Vgl. ebd., Liber secundus, S. 36 ff.

18 Die Datierung der Sintflut ist uneinheitlich. Im allgemeinen stand fest, daß sie sich im 17. Jahr-
hundert seit Erschaffung der Welt begeben haben mußte, aber das exakte Datum war strittig.
William Whiston etwa kommt in *New Theory of the Earth*, London, 1717, auf Donnerstag, 27.
November 2349 v.Chr. Zu Whiston vgl. Richard Huggett, *Cataclysms* (wie Anm. 13), S. 48.

ersten Berggipfel aus den Fluten auf; an seinem 601. Geburtstag war die Oberfläche der Erde trocken. Was tat Noah in diesem weltgeschichtlichen Augenblick? Hätte er sein Schiff versenkt, wenn er „die Gabe gehabt hätte, in der
Zukunft zu lesen", wie man vor einigen Jahren lesen konnte?[19] Nein, denn er
vernahm das Wort Gottes, der zu ihm sprach, er solle mit seinem Zugehör aus
der Arche heraustreten, damit er die Erde bevölkere, wachse und sich vermehre
(„ingredimini super terram: crescite & multiplicamini super eam"; *Gen.* 8,16f.).[20]

Lange nennt fünf unmittelbare Wirkungen der Sintflut:[21] (1) Der Endzweck
war die Auslöschung alles Lebens auf der Erde bis auf diejenigen Lebewesen,
die die Arche bestiegen hatten. (2) Die menschliche Lebenszeit wurde erheblich, bis auf höchstens 120 Jahre, verkürzt. (3) Die Hinfälligkeit des Menschen
bewirkt, daß wir früher sterben und häufiger erkranken als zuvor. „Diese Ent-
kräftung unseres Wesens scheint Noah selbst anzuzeigen, solange ihn der Wein-
genuß in einen Zustand der Trunkenheit versetzt."[22] (4) In der Sintflut wurden
alle Wasservorräte aus dem Innersten der Erde zusammengeführt, die erst nach
und nach wieder an ihre gewöhnlichen Orte zurückkehrten. (5) Die Erdoberfläche wurde schlammig und auch sumpfig, trocknete allerdings nach zwei Mo-
naten wieder aus.

Insbesondere die erstaunliche Menge Wassers, die benötigt wurde, um den
Erdboden bis über die Berggipfel hinauf zu überschwemmen, war erklärungs-
bedürftig. Burnet hatte behauptet, daß die heute vorhandene Wassermenge nicht
hinreichen würde, die ganze Erde unter Wasser zu setzen. Wolle man die Sintflut auf natürliche Weise erklären, müsse man eine neue Erschaffung des Wassers annehmen, die *nach* dem Sechstagewerk hätte stattgefunden haben müssen.
Da es für eine Hypothese dieser Art keinen Beleg gebe, habe Burnet, so
Lange,[23] sein „ebenso geniales wie trefflich begründetes System ausgedacht":
Unsere jetzige Welt ist der Überrest der zugrunde gegangenen antediluvianischen Welt. Diese besaß eine vollkommen glatte Oberfläche, unter der bemer-
kenswerte Wasservorräte lagerten. Als diese Oberfläche an einer Stelle einbrach,
ergoß sich die unterirdische Flut. So entstand die durch Berge und Täler zer-
klüftete geologische Beschaffenheit der nachsintflutlichen Erde.[24]

Wiewohl er die Schönheit von Burnets System zu schätzen wußte – einen rei-
zenden Schattenriß hatte übrigens schon Ovid in seinem Festtagskalender gegeben –,[25] ließ sich Lange von den Argumenten dennoch nicht überzeugen. Wie
viele andere Kritiker hielt auch Lange dem englischen Gelehrten entgegen, daß
zum Zeitpunkt der Sintflut durchaus eine genügend große Menge Wassers vor-

---

19 E.M. Cioran, *Syllogismen der Bitterkeit*, Frankfurt/M., 1980 [zuerst frz. Paris 1952], S. 74.
20 Vgl. Karl Nikolaus Lange, *Tractatus de origine lapidum figuratorum* (wie Anm. 14), S. 6 (= Cap.
    IV).
21 Zum folgenden vgl. ebd., S. 11 f. (= Cap. VI).
22 Ebd., S. 12.
23 Vgl. ebd., S. 13 ff. (= Cap. VII).
24 Zu diesem Vorgang vgl etwa Stephen Jay Gould, *Time's Arrow Time's Cycle* (wie Anm. 13),
    S. 30–41, mit den Abbildungen aus Burnets Werk.
25 Vgl. Ovid, Fasti I,103–112.

handen gewesen sei, wenn man bedenke, daß die Weltmeere die Hälfte der Erdoberfläche einnehmen; im übrigen denke man nur an die furchtbare Überschwemmung von Ettiswyl im Jahr 1676![26] Die ursprüngliche Schöpfung der
Welt könne zudem auf mechanische Weise (*mechanicè*) gar nicht erklärt werden,
am wenigsten durch einen schlichten Niederschlag von Materieteilchen.[27]

John Woodwards Rekonstruktion der Ereignisse, die bei der Sintflut zu beobachten gewesen sein müssen, schienen zunächst überzeugender, weil er in
einem entscheidenden Punkt über eine bloß mechanische Erklärung hinausging.
Zwar behauptete auch Woodward, daß die jetzige Gestalt der Erde aus einer
Konkretion von Materieteilchen einer antediluvianischen Welt hervorgegangen
sei, die durch die Sintflut völlig aufgelöst worden war. Ohne eine derartige Annahme könnten zahlreiche Phänomene, so besonders die Ablagerung petrifizierter Schnecken im Hochgebirge, überhaupt nicht erklärt werden. Aber diese
Formation von Materieteilchen, die den Erdkörper bilden, ging nicht aus einer
bloßen Sedimentierung hervor; sie bildete sich vielmehr nach dem Gesetz der
Schwerkraft. Newtons Entdeckung der allgemeinen Gravitation fand hier eine
Applikation, die auch die rätselhaftesten erdgeschichtlichen Phänomene aufklären zu können schien.[28]

Unklar blieb allerdings sowohl bei Woodward als auch bei Burnet, wo der
Kasten des Noah abgeblieben war, während sich die antediluvianische Welt zu
unzähligen Materieteilchen auflöste, um sich zu einer neuen – der uns vertrau-
ten – Erdgestalt umzubilden. Burnet hatte, wie ein Kupferstich zeigt, die Arche
von zwei Engeln im Gleichgewicht halten lassen,[29] aber beide Theorien waren
offenbar nur dann ganz plausibel zu machen, wenn man den Schöpfungsbericht
entweder beiseite setzte oder extrem allegorisierte. Kein Wunder, daß Burnet
sich auch in diesem Punkt auf Descartes stützen konnte, der den biblischen Bericht als „metaphorische" Erzählung aufzufassen gewohnt war.[30]

Lange neigte bekanntlich zu der bio-morphologischen Erklärungsart, daß
sich die Gestalten der sogenannten Petrefakte – der „figurierten Steine", wie sie
Scheuchzer[31] wohl im Anschluß an John Ray[32] nannte – durch eine Art von
Zeugung „aus einem Seminalgrund" innerhalb der Berge gebildet hatten. Der
ganze zweite Teil von Langes Abhandlung ist ausschließlich diesem Problem
gewidmet.[33] Es handelt sich im wesentlichen um eine Erläuterung der Fort-

---

26 Vgl. Karl Nikolaus Lange, *Tractatus de origine lapidum figuratorum* (wie Anm. 14), S. 17.
27 Ebd.
28 Vgl. Langes Referat ebd., S. 24 ff. (= Cap. VIII).
29 Vgl. (mit Abbildung) Rienk Vermij, „The Flood and the Scientific Revolution" (wie Anm. 13),
    S. 163.
30 Vgl. Jacques Roger, „La théorie de la terre au XVIIe siècle" (wie Anm. 8), S. 34, 39.
31 Vgl. Johann Jacob Scheuchzer, *Bildnissen verschiedener Fischen/ und dero Theilen, welche in der
    Sündfluth zu Grund gegangen*, Zürich, 1708, S. 2.
32 Vgl. Don Cameron Allen, *The Legend of Noah* (wie Anm. 13), S. 370 des genannten Wiederab-
    drucks.
33 Vgl. Karl Nikolaus Lange, *Tractatus de origine lapidum figuratorum* (wie Anm. 14), S. 36 ff.,
    Liber secundus: „In quo proponitur opinio suis fundamentis, quae vult, lapides figuratos è prin-
    cipio seminali intra montes generari."

pflanzung von Schalentieren. Das zentrale fünfte Kapitel gibt Rechenschaft über die „Lebewesen, die von der Substanz der Steine ganz verschieden und dennoch im Felsgestein entstanden sind".[34] Lange illustrierte die Theorie durch Beispiele von lebenden Tieren, die man innerhalb von (ausgehöhlten) Steinen gefunden hatte. Bemerkenswert war ihm die Beobachtung Lorenz Stengels. Dieser hatte von zwei Hunden berichtet, die sich innerhalb derartiger, von Natur aus völlig umschlossener Steinhöhlen befunden haben. „Man erblickte", so zitiert er Stengel, „diese beiden Hunde von Hasenart, aber von grimmigem Angesicht wie aus der Brut des Cerberus, von strengem Geruch wie aus der Unterwelt, unbehaart. Einer von ihnen ging rasch ein, den anderen, von erstaunlicher Gefräßigkeit, besaß Henry, Bischof von Winchester, zu seinem Entzücken mehrere Tage lang."[35] Nicht weniger wunderbar, so Lange, seien die Kröten oder rötlichen Frösche, von denen Melchior Guiland in seinem Plinius-Kommentar berichte. In der Nähe von Toulouse seien die Tiere im Inneren von Mühlsteinen geboren worden. Durch die Bewegung des Mühlsteins wurden sie zu quakenden Lauten gereizt, bis sie den Stein zum Bersten brachten.[36]

Das Ergebnis von Langes Abhandlung ist uneinheitlich. Mit der Präsentation konkurrierender erdgeschichtlicher Theorien überließ er es ausdrücklich dem Leser, zu entscheiden, welche Erklärungsart er für die plausibelste halten möchte. Lange selbst favorisierte die bio-morphologischen Ergebnisse wohl vor allem auch deshalb, weil sie – im Gegensatz zu Burnets und Woodwards geologischen Systemen – die Integrität des biblischen Berichts über die Sintflut ganz unberührt ließen.

Die verschiedenen Hypothesen waren inzwischen viel diskutiert worden. Johann Jacob Scheuchzer,[37] der sicherlich bekannteste und einflußreichste Verfechter der Annahme, es handele sich bei den Versteinerungen um Überreste der Sintflut, bekannte, daß er selbst früher der Meinung anhing, Petrefakte seien bloße „Spiele der Natur", auch sie freilich Produkte, die „nach denen von Gott geordneten Natur-Gesätzen" hervorgebracht worden waren.[38] Die weltweiten Funde von versteinerten Tieren und Pflanzen ließen ihn aber bald nicht mehr daran zweifeln, daß man es mit echten „Überbleibseln der Sündfluth" zu tun

34 Vgl. ebd., S. 58, Cap. V: „De viventibus à substantia lapidum longè alienis & tamen intra saxa natis."

35 Lorenz Stengel, Zitat nach Lange, *Tractatus de origine lapidum figuratorum* (wie Anm. 14), S. 59.

36 Ebd.

37 Vgl. Jonathan Sheehan, „From Philology to Fossils: The Biblical Encyclopedia in Early Modern Europe", in: *Journal of the History of Ideas* 64, 2003, S. 41–60; Paul Michel, „Das Buch der Natur bei Johann Jacob Scheuchzer", in: *Vox Sermo Res*. Beiträge zur Sprachreflexion, Literatur- und Sprachgeschichte vom Mittelalter bis zur Neuzeit. FS für Uwe Ruberg, hg. v. Wolfgang Haubrichs, Wolfgang Kleiber und Rudolf Voß, Stuttgart, Leipzig, 2001, S. 169–193; Rhoda Rappaport, „Geology and Orthodoxy: The Case of Noah's Flood in Eighteenth-Century Thought", in: *The Flood Myth* (wie Anm. 13), S. 383–403 (zuerst in: *British Journal for the History of Science* 11, 1978, S. 1–18); Hans Fischer, *Johann Jakob Scheuchzer (2. August 1672–23. Juni 1733). Naturforscher und Arzt*, Zürich, 1973, S. 45 ff.

38 Vgl. Johann Jacob Scheuchzer, *Bildnissen verschiedener Fischen* (wie Anm. 31), S. 2.

hätte.[39] Im Jahr 1708 veröffentlichte Scheuchzer die *Piscium querelae et vindiciae*, eine Art von fiktiver Klage- und Schutzrede, in der sich die antediluvianischen Fische gegen die Erdtheorie Burnets und die bio-morphologische Hypothese verwahrten.[40] Die kleine, mit Kupferstichen begleitete Abhandlung ist Zeugnis einer christlichen Apologetik, die das Projekt einer Konversion der Ungläubigen in den Horizont der ‚natürlichen Theologie‘ im Sinne des Römer-Briefes (1,19f.) stellte. Wie die Buchstaben der homerischen *Ilias* nicht durch Zufall zusammengeworfen sind, so seien auch die Versteinerungen nicht wie Pilze aus dem Boden geschossen; in ihnen zeigten sich vielmehr Lebensordnungen einer vorsintflutlichen Welt. Den Zweiflern setzte Scheuchzer einen antediluvianischen Hecht zur „philosophischen Speise" vor, der Anspruch darauf habe, als „echter Zeuge" (*testis authenticus*) des noachitischen Kataklysmus betrachtet zu werden.[41]

Der Enthusiasmus, mit dem Scheuchzers Untersuchungen in der europäischen Gelehrtenrepublik aufgenommen worden sind, hat vor allem zwei Gründe. Zum einen standen sie im Einklang mit dem Projekt der Physikotheologie, die im Ausgang von Richard Bentley und William Derham dasselbe Ziel einer Widerlegung der Ungläubigen durch dasselbe Verfahren einer Zeugnisschaft der geschöpflichen Natur im Ausgang von *Römer* 1,19f. verfolgten. Johann Albert Fabricius, der Verfasser der *Hydrotheologie*, zählte zu seiner Sammlung von natürlichen Artefakten eine „petrificirte Pomerantz", auch sie offenbar ein Relikt der großen Flut.[42] Noch Friedrich Christian Lesser, Autor einer *Lithotheologie*,[43] und Johann Hieronymus Chemnitz, Verfasser einer *Testaceotheologie*,[44] zeigten sich von Scheuchzers Beweisverfahren beeindruckt. Zum anderen schienen Untersuchungen dieser Art den gerade damals intensiv betriebenen Versuch einer Vereinigung der Konfessionen Vorschub leisten zu können. Dieser Versuch betraf nicht nur eine Verständigung unter Protestanten und Reformierten, er bezog vielmehr auch die katholische Seite ein. Giuseppe Monti veröffentlichte 1719 die Abbildung eines Fragments vom Kopf eines vorsintflutlichen Seepferdchens, das er selbst mit dem Grabstichel („propria manu diligenti scalpro armata") in den Bologneser Bergen geborgen hatte.[45] Das Fossil gab ihm die Gewißheit, daß – gegen Burnets Hypothese – bereits die antediluvianische Erdgestalt durch Berge geprägt gewesen sei, wie auch in der Heiligen Schrift versichert werde. Immerhin hatte sich im Zuge der Phy-

---

39 Ebd., S. 3.
40 Vgl. Johann Jacob Scheuchzer, *Piscium querelae et vindiciae*, Zürich, 1708.
41 Vgl. ebd., S. 7.
42 Vgl. *Bibliothecae beati Jo. Alb. Fabricii [...] Pars IV. & ultima [...]*, Hamburg, 1741, S. 170.
43 Vgl. Friedrich Christian Lesser, *Lithotheologie, das ist: Natürliche Historie und geistliche Betrachtung derer Steine [...]*, Hamburg, 1735, S. XIX. u.ö.
44 Vgl. Johann Hieronymus Chemnitz, *Kleine Beiträge zur Testaceotheologie oder zur Erkäntniss Gottes aus den Conchylien in einigen Sendschreiben herausgegeben*, Frankfurt, Leipzig, 1760.
45 Vgl. Giuseppe Monti, *De monumento diluviano nuper in agro Bononiensi detecto dissertatio in qua permultae ipsius inundationis vindiciae, a statu terrae antediluvianae & postdiluvianae desumptae, exponuntur*, Bologna, 1719.

sikotheologie die Argumentationsrichtung geändert, auch wenn es ihre Anhänger sich nicht immer eingestehen wollten. Konnte es zuvor nur darum
gehen, die absolut gültige Wahrheit der Erdgeschichte, wie sie in der Heiligen
Schrift niedergelegt war, durch die Erforschung der geschöpflichen Natur zu
illustrieren, so wurde den Fossilien nun beinahe die Kraft eines Beweises des
Schöpfungsberichts beigelegt.

Besonderes Gewicht kam den Versteinerungen von Fragmenten menschlicher Körper zu, weil der Mensch den eigentlichen Anlaß für die Umstände, von
denen die Bibel von Anfang bis Ende berichtet, bildet. Scheuchzer hatte bereits
1708 Versteinerungen zweier Vertebralknochen präsentiert, die er in der Nähe
von Altdorf gefunden hatte und von denen er glaubte, daß es sich um Teile eines
menschlichen Rückgrats handelte. 1726 verkündete er mit Stolz, daß ein „neuer
Gast" seine Sammlungen betreten habe: Scheuchzer glaubte, daß es sich um
Teile des Skeletts eines Menschen handelte, der Zeuge der vorsintflutlichen Welt
gewesen war.[46] In der Tat waren es Fragmente eines Riesensalamanders.[47] Die
Geschichten und Überlieferungen, so Scheuchzer, verlieren sich wie Rauch,
wenn sie nicht durch literarische Denkmäler, durch Obelisken, Pyramiden,
Münzen, Inschriften usw. bewahrt werden. Ebenso bewahrt der Schöpfungsbericht das „wertvollste Zeugnis" für die Erdgeschichte, deren Gewißheit sich
ihm durch die Fossilien nach und nach zu bestätigen schien.[48]

Die systematische Sammlung und Erforschung von „figurierten Steinen"
eröffneten einen neuartigen Zugang zur Erschließung und Verifikation der in
der Bibel niedergelegten Wahrheiten. Die Autopsie von Zeugnissen, die nicht
durch menschliche Überlieferung verfälscht waren, setzte den Forscher in eine
berückende Unmittelbarkeit zu erdgeschichtlichen Zuständen, die selbst, um
eine von Scheuchzer verwendete Metapher aufzugreifen, längst von dem Rost
der Zeiten zerfressen waren. Autopsie war seit der Antike, als sich Naturkunde
und Antiquarianismus als Disziplinen konstituierten, ein geschätztes Verfahren
zur Verifikation oder Falsifikation von Hypothesen; aber die Autorität der
schriftlich fixierten Überlieferung blieb weithin unangefochten.

Gleichzeitigkeit des Ungleichzeitigen: Obwohl die frühneuzeitliche Bibel-
philologie sich spätestens mit Sébastien Castellions Genfer Bibeledition auf
antiquarische Zeugnisse stützte,[49] beruhte noch Hugo Grotius' *Genesis*-Kom-
mentar in der ersten Hälfte des 17. Jahrhunderts ausschließlich auf dem Nachweis von stilistischen und sachlichen Parallelen aus der ‚heidnischen' antiken
Literatur. In dem Goldenen Zeitalter der Komparatistik war dieser Bezug indes

---

46 Vgl. Johann Jacob Scheuchzer, *Homo diluvii testis et ΘΕΟΣΚΟΠΟΣ*, Zürich, 1726.
47 Vgl. Gian Andrea Caduff, *Antike Sintflutsagen*, (Hypomnemata, Heft 82), Göttingen, 1986,
    S. 11. (Bei Scheuchzers Schrift handelt es sich allerdings nicht um ein „Flugblatt", sondern um
    eine Schulschrift zum Zweck eines philosophischen Examens.).
48 Vgl. Johann Jacob Scheuchzer, *Homo diluvii testis* (wie Anm. 46), S. 1.
49 Vgl. hierzu Ralph Häfner, „Antiquarianismus und Sprachgebrauch. Zum Problem der *elegan-
    tia* in Gerhard Johann Vossius' rhetorischer Kunstlehre", in: Aristotelische Rhetoriktradition,
    hg. v. Joachim Knape und Thomas Schirren, Stuttgart: Steiner, 2005, S. 273-309, hier: S. 296-298.

kein Paradox. Die archäologische Erschließung der Landschaften hatte mit Philipp Cluvers Kompendien inzwischen systematischen Charakter angenommen.[50] Die Suche nach dem exakten Strandungsplatz von Noahs Arche hielt, auch durch Einbeziehung antiquarischer Zeugnisse wie Münzen, unvermindert an.[51] Pierre Daniel Huet, einer der großen Exponenten der Komparatistik seiner Zeit, gab Auskunft über die Herkunft des Holzes, das Noah für den Bau des Kastens benötigte: Es stammte offenbar von Händlern, denen er es im Tausch mit Tieren abgekauft hatte.[52] Engelbert Kämpfer hatte 1692 eine umfangreiche Forschungsreise unternommen, die ihn von Stockholm über Rußland und Persien bis nach Java, Siam, Kambodscha, China und Japan, dem „Thule des Orients", wie er es nennt, führte.[53] Im Jahr 1712 veröffentlichte er seinen Reisebericht, in dem er auch über die Überreste der Sintflut in Persien berichtete.[54] Für Kämpfer besitzt die Exkursion ins Innere Armeniens, wo Noahs Arche gestrandet sein soll, bezeichnenderweise nurmehr ein kurioses Interesse, denn alle Berichte und Überlieferungen seien von höchst „zweifelhafter Verläßlichkeit" (*suspectae fidei*).[55] Scheuchzers Denkform entsprechend, stellte er einer zweifelhaften Überlieferung von Texten die fossilen Fragmente einer verschwundenen Tier- und Pflanzenwelt gegenüber, weil sie in ihrer schieren materialen Evidenz „über jeden Zweifel erhaben" (*omni dubitatione majores*) seien.[56] In der allgemeinen Verwüstung der Erde durch die Sintflut war das Unterste nach oben gekehrt worden: Genau dieser Umsturz sei an den Fundorten der versteinerten Schnecken noch heute sichtbar.

---

50 Vgl. Ralph Häfner, „Das Altertum interpungieren. Beobachtungen zur archäologischen Methodenbildung Philipp Cluvers (1580–1622)", in: *Archiv für Religionsgeschichte*, Themenband, hg. v. Jan Assmann und Guy G. Stroumsa, Bd. 3, München, Leipzig, S. 25–41.

51 Vgl. etwa die Abhandlung von Ottavio Falconieri, *De nummo apamensi Deucalionei diluvii typum exhibente dissertatio ad Petrum Seguinum*, Rom, 1667, und hierzu Ralph Häfner, *Götter im Exil. Frühneuzeitliches Dichtungsverständnis im Spannungsfeld christlicher Apologetik und philologischer Kritik (ca. 1590–1736)*, (Frühe Neuzeit, Bd. 80), Tübingen, 2003, S. 372 ff. Seitdem Francesco Bianchini in *La istoria universale*, Rom 1697, S. 191, die Lesart Falconieris zurückgewiesen hatte, wurde dessen These nicht weiterverfolgt. Bemerkenswerterweise wird neuerdings, freilich ohne Kenntnis dieser frühneuzeitlichen Diskussion, ein Zusammenhang zwischen entsprechenden Münzfunden und der Verbreitung der biblischen Geschichte um Noah im Griechenland der ersten Hälfte des 3. Jh.n.Chr. wieder wahrscheinlich gemacht: mit welcher Berechtigung, entzieht sich meiner Kenntnis. Vgl. A. Hilhorst, „The Noah Story: Was it known to the Greeks?", in: *Interpretations of the Flood* (wie Anm. 13), S. 56–65, hier: S. 63 f.

52 Vgl. Pierre Daniel Huet, *Histoire du commerce, et de la navigation des anciens*, Paris 1716, S. 7 (Kap. II: „Commerce avant le Déluge").

53 Vgl. Engelbert Kämpfer, *Amoenitatum exoticarum politico-physico-medicarum fasciculi V, quibus continentur variae relationes, observationes & descriptiones rerum Persicarum & ulterioris Asiae, multâ attentione, in peregrinationibus per universum Orientem, collectae*, Lemgo, 1719, Widmungsvorrede.

54 Vgl. ebd., S. 427–435: „Relatio X. Rudera Diluvii Mosaici in Persiâ."

55 Ebd., S. 429.

56 Ebd., S. 430.

3. Georg Schubart: Komparatistik und Heilsgeschichte

Die antiquarische, archäologische und naturgeschichtliche Erschließung der Landschaften bildete indes keinen Gegensatz zu den Verfahren der Textphilologie. Die Namen der heidnischen Götter und Heroen sind gewissermaßen die Fossilien einer literarischen Überlieferung, oder umgekehrt: Die Fossilien waren die „Münzen" der Naturgeschichte.[57] Das Projekt der Komparatistik gründete in der Einsicht, daß die Wörter unterschiedlichster Sprachen gleichwie Gefäße einen mehr oder weniger kostbaren Inhalt überlieferten. Es gibt auch fossile Wörter. Wer ihr Wurzelwerk freilegt, holt die Reliquien eines Altertums ans Licht, das im Laufe der Wortgeschichte unkenntlich gemacht und dem Vergessen anheim gestellt worden war. Das Verfahren, dessen sich der Archäologe der Wörter bediente, war *im Prinzip* dasselbe, das auch der Antiquar gebrauchte. Unter dem Rost alter oder fremder Wörter entdeckte er eine Sachgeschichte von unerhörtem Glanz.

Derart versierte Komparatisten wie Gerhard Johann Vossius, Edmund Dickinson oder Pierre Daniel Huet haben je auf ihre Weise Verfahren entwickelt, die Spur der biblischen Geschichten in den literarischen Denkmälern der heidnischen Völker aufzunehmen und zur Deutlichkeit zu bringen. In der zweiten Hälfte des 17. Jahrhunderts, im Zeitalter Pascals und Newtons, verbanden sich derlei Forschungen mit dem Anspruch, die Wahrheit der christlichen Religion mit mathematischer Evidenz aufzuweisen. Pierre Daniel Huets *Demonstratio evangelica* (1679) stellt vor dem Hintergrund Eusebs den Versuch dar, die Argumente für das Christentum mit demonstrativer Gewißheit darzulegen. Auch hier gibt es eine Konvergenz zwischen den Archäologen der Wörter und dem Archäologen der fossilen Naturschöpfungen: Johann Jacob Scheuchzer beruft sich 1726 in der Abhandlung *Homo diluvii testis* auf John Craigs *Theologiae christianae principia mathematica* (1699) mit der Versicherung, daß die Erforschung der Fossilien die absolut gültige „Gewißheit" (*certitudo*) der Heiligen Schrift bestätigen werde.[58] Genau zu derselben Zeit veröffentlicht John Hutchinson *Moses's Principia* (1724–1727)[59] und stellt damit Moses und Newton in ein typologisches Verhältnis, das zudem unmittelbarer Ausdruck des Selbstverständnisses der puritanischen Kirche Englands ist.

Georg Schubart veröffentlichte 1686 eine *Enarratio parergica metamorphoseos Ovidianae de diluvio Deucalionis*. Es handelt sich dabei nach meiner Kenntnis um die umfangreichste Einzelschrift, die dem Thema der noachitischen Flut in komparatistischer Perspektive je gewidmet worden ist. Als Sohn eines Weinhändlers besuchte der aus dem fränkischen Heldburg stammende Schubart (1650–1701)[60] die Stadtschule, bevor er mit zwölf Jahren nach Nürn-

---

57 Vgl. oben, S. 228.
58 Vgl. Johann Jacob Scheuchzer, *Homo diluvii testis* (wie Anm. 46), S. 4.
59 Vgl. Roy Porter, *The Making of Geology* (wie Anm. 1), S. 77.
60 Vgl. Zedler, *Universal-Lexicon*, Bd. 35, Leipzig, Halle 1743, Sp. 1294 f.; R. Hoche, in: ADB 32, 1891, S. 599 f.

berg in die Obhut von Johann Michael Dilherr gelangte. Dort besuchte er das
Gymnasium von Sankt Aegidius, wo ihn Christoph Arnold in Rhetorik und
Griechisch unterrichtete. Dilherr war nicht nur ein kenntnisreicher Antiquar
und Philologe, er popularisierte seine Forschungen auch in Gedichten, geistli-
chen Andachten und Kalendern.[61] Christoph Arnold seinerseits war ein ausge-
wiesener Kenner der heidnischen Idololatrie auf ethnographischer Grundlage.
Die ethnographisch akzentuierte Komparatistik entwickelte sich damals zu
einem Spezialbereich komparatistischer Forschung. Zwar hatte bereits Vossius
idololatrische Kulturen der sogenannten wilden Völker Mittel- und Südamerikas in sein Idololatrie-Projekt *De theologia gentili et physiologia christiana*
(1642, vollständig zuerst postum 1668) einbezogen; die Fülle der seit Grotius'
De veritate religionis christianae[62] erschienenen Reiseberichte gestattete jedoch
erheblich vertiefte Einblicke in die ‚Parallelismen' heidnischer Verirrungen im
Gottesdienst. Arnold reagierte unmittelbar auf diese Entwicklung, wenn er die
1663 in Nürnberg erschienene *Offne Thür zu dem verborgenen Heydenthum*
des niederländischen, in Paliacatta an der südindischen Küste von Koromandel
tätigen Missionars Abraham Roger mit „Auserlesenen Zugaben von dem Asiatischen, Africanischen, und Americanischen Heydenthum" begleitete.[63] Das
Buch war gewissermaßen noch druckfrisch, als der junge Schubart in Nürnberg
eintraf. Später veröffentlichte Arnold noch Erträge seiner Forschungen über
altsächsische Götterbilder, die im Anhang zur deutschen Übersetzung von
Alexander Ross' und Bernard Varenius' einschlägigen Werken zur idolatrie-
kritisch orientierten Ethnographie erschienen.[64] Das damalige intellektuelle
Klima in der Handelsstadt Nürnberg muß für einen angehenden Gelehrten wie
Schubart von großer Stimulanz gewesen sein.

Nach sechs Nürnberger Jahren bezog Schubart die Universität in Jena, wo
er das Studium der Theologie mit dem Magisterexamen abschloß. Kurze Zeit
als Hauslehrer in Gotha tätig, kehrte er nach Jena zurück, um den Grad eines
Doktors der Rechte zu erwerben. Er war dann zunächst Professor der prakti-
schen Philosophie und wurde 1685 zum Professor der Historie ernannt. Es fügt
sich ins Bild des von der Thomasius-Schule beeindruckten *Universal-Lexicons*
Zedlers, wenn der anonyme Autor des Artikels unter den charakterlichen Vor-

---

61 Vgl. Ralph Häfner, *Götter im Exil* (wie Anm. 51), S. 478 ff.

62 Die niederländische Ausgabe (in Versen) erschien zuerst 1622, die lateinische Prosa-Überset-
zung folgte seit 1627 in unzähligen Auflagen.

63 Vgl. Christoph Arnold, „Auserlesenen Zugaben von dem Asiatischen, Africanischen, und Americanischen Heydenthum", in: Abraham Roger, *Offne Thür zu dem verborgenen Heydenthum:
Oder/ warhaftige Vorweisung deß Lebens und der Sitten/ samt der Religion/ und dem Gottesdienst der Bramines, auf der Cust Chormandel, und denen herumligenden Ländern*, Nürnberg,
1663, S. 537–998. – Die lateinische Ausgabe *Gentilismus reseratus* erschien 1651 in Leiden.

64 Vgl. Christoph Arnold, „Etliche Alt-Sächsische Wochen- und andere Teutsche Götzenbilder
betreffend", im Anhang, mit eigener Paginierung, zu: Alexander Ross, *Unterschiedliche Gott-
esdienste in der gantzen Welt. Das ist: Beschreibung aller bewusten Religionen/ Secten und Ket-
zereyen/ So in Asia/ Africa/ America/ und Europa/ von Anfang der Welt/ bis auf diese
gegenwärtige Zeit/ theils befindlich/ theils annoch gebräuchlich […] Bernhardi Varenii Kurtzer
Religions-bericht/ von mancherley Völkern/ beygefügt*, Heidelberg, 1676.

zügen Schubarts die Feindschaft gegenüber der Vielschreiberei (*pruritus scribendi*) nennt.[65] In der Tat sind die verhältnismäßig wenigen Schriften aus seiner Feder Dissertationsdrucke vorwiegend juristischen Inhalts. Im Blick auf seine antiquarischen Forschungen sind eine Abhandlung über die Ritterspiele sowie über Pomponio Leto zu nennen.

In der 1686 veröffentlichten *Enarratio parergica* haben wir vielleicht die ausgearbeitete Fassung einer Vorlesung bei Antritt der historischen Professur zu sehen. Schubart begann die Abhandlung mit den Worten: „Sachverhalte, die mit dem Alter der Zeiten umhüllt sind und den menschlichen Verstand mit einer Dunkelheit, so dicht wie die Nacht, erfüllen, sind schwierig zu erkennen, und wenn man nicht ein Licht anderswoher bringt, können sie gewiß kaum noch erkannt werden."[66] Damit war der seit Vossius charakteristische Typus vergleichender Literaturwissenschaft klar exponiert. Unter den „wertlosen Erdichtungen und Sagen" (*inania commenta ac fabulae*) verbarg sich ein Wissen über den Ursprung und die Zeitalter der Welt, das ohne das Licht der Heiligen Schrift nicht erkannt werden konnte. Varro nenne das erste Zeitalter, das von der Schöpfung des Menschen bis zur Sintflut reicht, „dunkel" und „ungewiß", weil sich keine Erinnerung an die Ereignisse (*res gestae*) jener Zeit erhalten hatte und weil er in den Denkmälern, die ihm zur Verfügung standen, nur Dunkelheit fand. Was ihm fehlte, war ein Wissen aus Offenbarung, das uns die „Spuren der göttlichen Kunde" auch in den heidnischen Schriften zu erkennen anleitet, eine Kunde, die die heidnischen Gelehrten entweder aus der Heiligen Schrift oder aus heidnischer Überlieferung vernommen hatten, aber unrichtig auffaßten.[67]

Schubart begründete den Anlaß für die Entstehung von Ovids *Metamorphosen* mit dem intellektuellen Klima zur Zeit des Augustus. Damals sei die Ansicht verbreitet gewesen, daß mit der Herrschaft des Augustus das eiserne Zeitalter ein Ende gefunden habe. Vergil hatte in der Vierten Ekloge beschrieben, wie der Welt ein „goldenes Geschlecht" geboren und das Zeitalter Saturns zurückkehren werde.[68] Nach der Zwietracht einer vom Bürgerkrieg verheerten Zeit führte Augustus den inneren Frieden herbei. Ovid, angeregt von dem Glanz der Erfindung Vergils, faßte den Entschluß, auf der Grundlage von „Zeugnissen des verehrungswürdigen Altertums" (*ex reliquiis venerandae antiquitatis*) ein Gedicht zu schreiben, das von dem Ursprung der Welt bis in seine eigene Zeit reichen würde.[69] Dabei übernahm der römische Dichter die Lehre von den Weltaltern offensichtlich von Hesiod, der als „ausgezeichneter Theo-

---

65 Vgl. Anonymus, s.v., in: Zedler, *Universal-Lexicon* (wie Anm. 60), Sp. 1294 f.

66 Georg Schubart, *Enarratio parergica metamorphoseos Ovidianae de diluvio Deucalionis*, Jena s.a., S. 1: „Quae temporum vetustate inuoluuntur, & hominum animos, quasi densa nocte, implent caligine, difficilem habent sensum, ac nisi lux inferiatur aliunde, liquido vix dignoscuntur."

67 Vgl. ebd.

68 Vgl. hierzu ausführlich Ralph Häfner, *Götter im Exil* (wie Anm. 51), Zweiter Teil, 1. Kapitel, und Dritter Teil, 1. Kapitel.

69 Vgl. Georg Schubart, *Enarratio parergica* (wie Anm. 66), S. 3.

loge" (*excellentissimus theologorum*) den Verlauf der Weltgeschichte in fünf
Intervalle eingeteilt habe. Neben den Kirchenvätern, so Schubart, habe insbesondere Pierre Daniel Huet nachgewiesen, daß Ovid auf die Lehre von Hesiod
zurückgriff, „so daß sie mitunter etwas überlieferten, was der heiligen Lehre
ganz ähnlich (*simillima*) ist."[70] Ursprüngliche Quelle ist Moses, der – nach dem
berühmten Diktum des Verfassers der Apostelgeschichte (7,22) – „in aller Weisheit der Ägypter unterrichtet" war.[71]

Die von Schubart vorgetragenen Sachverhalte sind alles andere als originell.
Die Auffassung, daß die Heiden in den Namen ihrer Götter und Heroen nur
die biblischen Patriarchen zum Ausdruck brachten, war seit der frühchristlichen Mythenallegorese nicht mehr unbekannt. Natale Conti bezog sich 1551
auf Ovids und Apollodors Bericht über Deukalion und statuierte am Ende –
wie immer lakonisch: Die Geschichte scheine ihm „aus der Heiligen Schrift"
genommen.[72] Conti indes markiert einen Übergang, der von der moralisieren-
den Allegorese in der Tradition des *Ovidius moralizatus* zu etwas Neuem über-
leitet. Das reiche Material, das Vossius, Samuel Bochart und Huet im Sinne einer
mythogenetischen Komparatistik im Verlaufe des 17. Jahrhunderts aufbereiten
werden, gab ganz neue Einblicke in die heilsame Wirkung der göttlichen Vorsehung unter den heidnischen Völkern, die an dem Handseil vergleichender
Mythenkritik gleichsam aus Dantes Hölle herausgeführt wurden. Die ägyptischen Hieroglyphen waren für Schubart zwar der Ursprung furchtbaren Aberglaubens, aber der einsichtsvolle heidnische Hierogrammatiker konnte aus den
zweideutigen Zeichen und Bedeutungen durchaus den Sinn der wahren heiligen Lehre erschließen. Moses erlernte genau diese ,wahre' Lehre, als er sich in
Ägypten aufhielt.

Die Originalität von Schubarts Ansatz beruht indes weniger auf der Präsentation eines seit langem bekannten Materials, als vielmehr auf der Leistung,
durch eine geschickte Verknüpfung verstreuter Tatsachen zu neuartigen Einsichten in den Verlauf der Weltzeitalter zu gelangen. Für die chronographisch
exakte Rekonstruktion der Weltzeitalter stellte sich das Problem, wann genau
der Beginn derselben anzusetzen sei. Man konnte den Anfang des ersten der
nach Ovid vier oder nach Hesiod fünf Weltalter mit der Schöpfung der Welt
oder auch erst nach der Sintflut beginnen lassen. Oder man konnte, wenn man
den sibyllinischen Weissagungen Glauben schenkte, eine sehr viel größere Zahl
von Zeitaltern zugrunde legen.[73] Ovid, so Schubart, läßt von den vier Zeitaltern
offenbar eines der Sintflut vorausgehen. Mit dem Auftritt Deukalions nach

---

70 Vgl. ebd., S. 5 (… „vt sacris interdum simillima traderent" …).
71 Ebd.
72 Natale Conti, *Mythologiae, sive explicationum fabularum libri decem*, Venedig, 1568, fol. 261a 42.
    – Zur Tradition vgl. Jean Seznec, *Das Fortleben der antiken Götter. Die mythologische Tradition
    im Humanismus und in der Kunst der Renaissance*, München, 1990. Zu Apollodor vgl. Jan N.
    Bremmer, „Near Eastern and Native Traditions in Apollodorus' Account of the Flood", in: *In-
    terpretations of the Flood* (wie Anm. 13), S. 39–55.
73 Vgl. Georg Schubart, *Enarratio parergica* (wie Anm. 66), S. 7 f.

überstandenem Kataklysmus begann demnach ein neues Geschlecht zu blühen. Dieses zweite, saturnische Zeitalter, das man mit Bochart (1599–1667) ein „goldenes" nennen könne, in dem die Welt wiederhergestellt worden sei, dauerte von den Zeiten Noahs bis zur Geburt des Phaleg, unter dessen Regierung die Erde in einzelne Herrschaftsbereiche aufgeteilt worden war.[74]

Diese Beobachtung ist in doppelter Weise bemerkenswert. Schubart interpretiert den weltgeschichtlichen Verlauf nicht nur im Rückgriff auf Samuel Bocharts Zweiteilung der heiligen Geschichte; er erklärt Ovids zweites Zeitalter vielmehr zugleich vor dem Hintergrund der Weltalterlehre des Hesiod und legt ihr dieselbe Bedeutung bei, die Daniel *Heinsius* am Jahrhundertanfang in einer durchaus gehaltvollen Engführung ans Licht gebracht hatte. Heinsius hatte damals argumentiert,[75] daß Hesiod die Zahl der Weltalter der poetischen Ausmalung zuliebe willkürlich vermehrt hatte. Die fünf Zeitalter, von denen der altgriechische Dichter spreche, müßten in Wirklichkeit auf zwei zurückgeführt werden, die alternierend aufeinander folgten. Den Schlüssel für diesen Aufschluß fand Heinsius in Platons Dialog *Politikos*. Das fünfte und zugleich schlechteste Zeitalter, in dem Hesiod selbst zu leben vorgebe, sei diejenige Epoche, von der der Fremde in Platons „großartiger Geschichte" (μέγας μῦϑος) behaupte, daß es von dem ‚Prinzip der Begierde' beherrscht werde. Das vergangene Zeitalter Saturns, Hesiods „goldenes" Weltalter, habe demgegenüber unter dem ‚Prinzip einer voraussehenden Leitung' gestanden. Hesiods irrealen Wunsch, „entweder früher gestorben" (d.h. in einem früheren Zeitalter gelebt zu haben) oder „später geboren" worden zu sein (vgl. *erga* v. 173f.), deutete Heinsius so, daß der Dichter offenbar von der Wiederkunft des Goldenen Zeitalters unter der Herrschaft der Vorsehung überzeugt war, auch wenn er sich in dem Gedicht der *Werke und Tage* nicht weiter darüber geäußert habe. Da in jenem Goldenen Zeitalter alle Güter in Fülle vorhanden waren, war ein Privateigentum unter den sorglos lebenden Menschen unbekannt. Nach dem Frevel des Prometheus, des Vaters des Deukalion, verbargen die Götter den Menschen die Lebensmittel (κρύψαντες γὰρ ἔγουσι θεοὶ βίον ἀνθρώποισιν, *erga* v. 42), die sie sich nun, unter dem Prinzipat der Begierde, durch tägliche Arbeit mühsam erwerben müssen. Die bis dahin gemeinschaftlich genutzten Güter wurden jetzt erst aufgeteilt und gingen in das ausschließliche Eigentum einzelner Personen oder Gesellschaften über.

Die Entwicklung von Rechtsnormen, die Heinsius durch eine platonisierende Interpretation der hesiodeischen Weltalter leistete, stand in unmittelbarem Zusammenhang mit Fragen des Seerechts, wie es Hugo Grotius in der

---

74 Vgl. ebd., S. 9. – Bezugsschrift für dieses chronographische Schema ist Samuel Bochart, *Geographiae sacrae pars prior Phaleg*, Caen, 1651, und *Pars altera Chanaan*, Caen, 1646.

75 Zum folgenden vgl. ausführlich Ralph Häfner, „Der Wandel der Weltalter. Daniel Heinsius' *Pandora*-Hymnos und die kosmologischen Voraussetzungen des Völkerrechts in Hugo Grotius' ‚Mare liberum'", in: *Scientiae et artes*. Die Vermittlung alten und neuen Wissens in Literatur, Kunst und Musik, hg. v. Barbara Mahlmann-Bauer, (Wolfenbütteler Arbeiten zur Barockforschung, Bd. 38), Wiesbaden: Harrassowitz, 2004, S. 525–560.

Abhandlung *Mare liberum* (1609) erarbeitet hatte. Damals ging es ganz konkret um eine Schlichtung des Streits um den Ostindienhandel, der zwischen den Vereinigten Niederlanden einerseits und dem Habsburger Reich, dem Papst und England auf der anderen Seite entbrannt war. Der Ertrag, den Schubart aus dieser Diskussion zog, ist erstaunlich. Wenn mit Phaleg die Erde in einzelne Herrschaftsbereiche aufgeteilt worden war, so mußte ein grundstürzendes Ereignis stattgefunden haben, das demjenigen des Frevels des Prometheus, von dem der Dichter sang, analog war.[76] Die dichterische Fiktion deutete also auch hier auf einen wahren Kern. Das Zeitalter Noahs war eine glückliche Zeit, ein „aevum divinum", denn in ihm durchherrschte Gott das All.[77] Platons Auffassung von dem göttlichen Zeitalter, so Schubart, werde zudem durch die sibyllinischen Weissagungen bestätigt, in denen von einem neuen Geschlecht nach dem Kataklysmus die Rede sei, das unter einer himmlischen Verwaltung gestanden habe.[78]

Dieses alternierende chronographische Schema hat für Schubart einen präzisen christologischen Sinn. Die alte Denkform biblischer Typologie ist bei ihm, ebenso übrigens wie bei Thomas Burnet,[79] noch immer lebendig.[80] Christus ist Menschensohn und Himmelskönig zugleich. Als Menschensohn wurde er für die Sünden der Welt gekreuzigt, als Himmelskönig wird er – ein zweiter Noah – wiederkehren, um den Weltkreis in der Zeit des Heils zu regieren.[81] Der Anti-Typus Noah findet seine Erfüllung in dem Typus Christus.

Welche Ereignisse aber führten dazu, daß Gott jenes Zeitalter beendete, das in der Sintflut unterging und von dem Varro in heidnischer Umnachtung behauptete, daß es „dunkel" sei? Seit den zwanziger Jahren des 17. Jahrhunderts galt die in der Prophetie des *Henoch* enthaltene Kunde als Zeugnis von außerordentlichem Wert, denn es schien eines der ältesten Literaturdenkmäler der heiligen Geschichte darzustellen. Joseph Justus Scaliger, Claude Fabri de Peiresc und Athanasius Kircher zählen nur zu den bekanntesten Gelehrten, die sich intensiv um den wahren Gehalt des ‚Buchs Henoch' bemühten. Die Wirkung dieser Schrift reicht noch bis um 1700, als sie von Johann Albert Fabricius zur Erhellung der mosaischen Schöpfungsgeschichte benutzt wurde.[82]

Die Weissagung des Propheten Henoch handelt von den sogenannten „Wächtern" („egregorii") und deren Abfall von Gott. Nach Schubart wurden die frommen Menschen der antediluvianischen Kirche Wächter genannt, einmal,

---

76 Der Parallelismus Deukalion-Prometheus wurde seit der Antike wahrgenommen; vgl. Gian Andrea Caduff, *Antike Sintflutsagen* (wie Anm. 47), S. 225–239.

77 Vgl. Georg Schubart, *Enarratio parergica* (wie Anm. 66), S. 9

78 Vgl. ebd., S. 10.

79 Vgl. das Frontispiz zur *Telluris theoria sacra*, abgedruckt bei Stephen Jay Gould, *Time's Arrow Time's Cycle* (wie Anm. 13), S. 20, und bei Rienk Vermij, „The Flood and the Scientific Revolution" (wie Anm. 13), S. 161.

80 Zur Bibeltypologie vgl. grundsätzlich Friedrich Ohly, *Schriften zur mittelalterlichen Bedeutungsforschung*, Darmstadt, 1977.

81 Vgl. Georg Schubart, *Enarratio parergica* (wie Anm. 66), S. 13.

82 Vgl. Ralph Häfner, *Götter im Exil* (wie Anm. 51), S. 550–561, mit weiterer Literatur.

243 NOAH, DEUKALION UND DAS FOSSILE SEEPFERDCHEN

weil sie Gott mit größter Wachsamkeit und Pünktlichkeit verehrten und dann, weil sie darüber wachten, daß nicht Elemente der falschen Religionen in den Gottesdienst der wahren Religion eindrängen. Einst fiel das himmlische Geschlecht der Sethiter von Gott ab, indem es sich mit dem irdischen Geschlecht der frommen Kainiter vermischte. Die aus dieser Verbindung entstandenen Giganten – ein „gottloses Geschlecht" nach Macrobius' oft zitierter Charakterisierung[83] – brachten den altehrwürdigen Gottesdienst der frommen Voreltern ganz in Vergessenheit, so daß Gott zu dem Werkzeug einer vollständigen Reinigung des Erdbodens griff. Diese Reinigung geschah durch die Sintflut.

An dieser Stelle war die Schrift des Henoch offenbar korrumpiert. Nach dem Buch Henoch schickte Gott den Engel Uriel zu dem Sohn des Lamech, damit er Noah den Kataklysmus ankündige: „Gehe zu Noah und sage ihm: ‚Umhülle Dich kraft meines Namens', und verkündige ihm das Ende, das geschehen wird: Die ganze Erde wird völlig zugrundegehen. Und sage ihm: ‚Auf der ganzen Erde wird eine Sintflut sein, damit auf der Erdoberfläche alles zugrunde gehe und vertilgt werde.'"[84] Nach Schubart hat diese Verheißung eine genaue Parallele in der Bibel, wo Gott Noah die Sintflut ankündigt und hinzufügt: „Ich verspreche aber, Dich und die Deinen von dem Untergang zu erretten." Schubart war überzeugt, daß der Engel, der in dem Fragment des Henoch als Überbringer der Verordnungen Gottes eingeschaltet wurde, eine Zutat aus späterer – gnostischer – Zeit sei. Gott hatte zu den Vätern „ohne Allegorie und Gleichnis" (*sine figura et translatione*) gesprochen. Die apokryphe, sogenannte ‚Kleine Genesis' verneint, daß vor Abraham je von Engeln die Rede gewesen sei, und in den sibyllinischen Weissagungen heißt es ausdrücklich: „In der Heiligen Schrift wird zur Zeit des Abraham der erste Engel genannt."[85] Die ganze Geschichte von dem Abfall der Engel, die ja einen wesentlichen Teil der im Buch Henoch geschilderten Handlung ausmacht, ist nach Schubart das Werk valentinianischer Gnostiker, die sich als erste in der Erfindung unzähliger Engelsordnungen gefielen.

Schubart kommt damit vorläufig zu einem doppelten Ergebnis: (1) Das Buch Henoch ist im wesentlichen eine Interpolation frühchristlicher Gnostiker. Weit entfernt, die Heilige Schrift zu erklären, dient vielmehr diese dazu, den wahren Sinn der Prophetie des Henoch unter dem gnostischen Firniß herauszuheben. (2) Die heidnischen Dichtungen unterscheiden sich nicht prinzipiell von den Erfindungen der Gnostiker, d.h. auch die Dichtungen Hesiods, Vergils und Ovids sind Verfälschungen der reinen Wahrheit, aber sie besitzen eben damit einen wahren, unter Gleichnissen und Allegorien verborgenen Gehalt.

Die Leistung der komparatistischen Literaturwissenschaft beruht daher vor allem darauf, daß sie die in der *Genesis* berichteten Ereignisse weder auf naturgesetzliche noch auf astrologische Erklärungen zurückführt. Schubart ist über-

---

83 Vgl. Macrobius, *Sat.* I,20,8.
84 Vgl. Georg Schubart, *Enarratio parergica* (wie Anm. 66), S. 37.
85 Vgl. ebd., S. 38.

zeugt, daß die Sintflut durch Naturgesetze ebenso wenig zu begründen sei wie durch einen fatalen Konkurs der Gestirne. Adam war kein Astrologe, der aus dem Trigonal-Aspekt in der Konstellation des ‚Wassermanns‘ die Zukunft vorausgesagt hatte. Auch Noah baute die Arche nicht aufgrund irgendwelcher astrologischen Erkenntnisse, sondern weil Gott in einem freien Entschluß ihm den bevorstehenden Untergang der Erde in der Sintflut mitgeteilt hatte.[86]

Schubart bewahrt mit dieser Insistenz die wesentliche Voraussetzung, mit der Gerhard Johann Vossius die Möglichkeit komparatistischer Forschungen begründet hatte: Der Geschichtsverlauf ist keine Folge kausal miteinander verknüpfter Ereignisse; in ihm spiegelt sich vielmehr die absolute (‚freie‘) Macht der göttlichen Vorsehung.[87] *Deshalb* kommen die historischen Gestalten der Bibel niemals vollständig mit den Göttern und Heroen der heidnischen Dichtungen überein. Die Qualität komparatistischer Erklärungen stand folglich in einem unmittelbaren Verhältnis zu dem Scharfsinn des Exegeten, die *Polyvalenz heidnischer Erdichtungen* in möglichster Vollständigkeit auf die Tatsachen der heiligen Geschichte abzubilden. Gewiß, so Schubart, stehn Noah und Saturn in einem Verhältnis der „Übereinstimmung“ (*convenientia*) und der „Ähnlichkeit“ (*similitudo*), wie Grotius, Bochart und Vossius dargelegt hätten;[88] aber diese Übereinstimmung und diese Ähnlichkeit lassen sich dem Gehalte nach viel besser zwischen Saturn und Adam nachweisen.[89] Wenn endlich auf den berühmten Marmortafeln des Grafen von Arundel die zweite weltgeschichtliche Epoche mit der Herrschaft des Deukalion verknüpft sei,[90] so bildet offenbar auch Deukalion den Patriarchen Noah gleichnishaft ab.[91]

Wie aber aus den Steinen, die Deukalion nach der Sintflut um sich warf, Menschen haben entstehen können, sei ein ungelöstes Rätsel. Francis Bacon sei der Auffassung gewesen, daß diese *fabula* uns ein Geheimnis der Natur eröffnen könne.[92] Ein Geheimnis ganz verwandter Art waren übrigens auch die „figurierten Steine“. Karl Nikolaus Lange wird den Vorgang der Kristallisation durch den Hinweis auf Loths Gattin, die zur Salzsäule erstarrt, chemisch plausibel machen können.[93]

---

86 Vgl. ebd., S. 33, nach Philon von Alexandrien, *De immutabilibus dei*.
87 Zur Funktion der Providenz in Vossius' Geschichtsverständnis vgl. Nicholas Wickenden, *G. J. Vossius and the Humanist Concept of History*, Assen, 1993, S. 181–185 („Providence in History“).
88 Zu derartigen mythogenetischen Verwechslungen bei Vossius vgl. Ralph Häfner, *Götter im Exil* (wie Anm. 51), S. 224–248.
89 Vgl. Georg Schubart, *Enarratio parergica* (wie Anm. 66), S. 34–36.
90 Vgl. John Selden, *Marmora Arundelliana […]*, London, 1629, S. 6–14.
91 Vgl. Georg Schubart, *Enarratio parergica* (wie Anm. 66), S. 44.
92 Vgl. ebd., S. 53 f.
93 Vgl. Karl Nikolaus Lange, *Historia lapidum figuratorum Helvetiae, ejusque viciniae*, S. 45.

4. Edmund Dickinson: Komparatistik und Etymologie

Vielleicht nicht die reichsten, gewiß aber Blüten sonderbarster Schönheit hatte die komparatistische Literaturwissenschaft in dem Werk des englischen Gelehrten Edmund Dickinson getrieben. Im Anhang der 1655 erschienenen *Delphi phoenicizantes*[94] veröffentlichte er eine schon dem Titel nach merkwürdige „Abhandlung über Noahs Ankunft in Italien und über seine heidnischen Namen". Daß Aeneas nach Italien gekommen sei, war ein unter Gelehrten wie Samuel Bochart heftig umstrittenes Problem; seit Annius von Viterbo war erwogen worden, daß auch Noah italienischen Boden betreten haben könnte. Dickinson war überzeugt, daß Noah mit seinem erstgeborenen Sohn Japetos von Palästina auszog, um auf der Halbinsel, die wir heute Italien nennen, Kolonien zu gründen. Wichtigster Gewährsmann für diese These sind die 1636 erschienenen *Ethruscarum antiquitatum fragmenta* des Curzio Inghirami (1614–1655). Freilich handelte es sich damit um eine der spektakulärsten Fälschungen der frühen Neuzeit.[95] Inghirami erläuterte aus den Fragmenten, deren Authentizität er beharrlich verteidigte, daß der Gründer Etruriens, der „Große Vater Vandimon", im Lateinischen Janus, im syrischen aber Noah genannt werde. Vandimon-Janus-Noah: Damit war ein Netz von Äquationen ausgelegt, die Dickinson in den Stand setzten, das Volk der Italier mythogenetisch geradewegs von dem jüdischen Patriarchen abzuleiten. Die Italier werden „Janigenae", ‚von Janus abstammend', genannt, ebenso wie „Italia" – nach Leandro Alberti's (1479–1552) berühmter *Descrittione di tutta Italia* – ursprünglich „Janicula" hieß. „Die Thusker nämlich", so Dickinson, „gaben Noah nach seinem Tod den Beinamen Janus."[96]

Dickinson legte damit das Fundament für eine komparatistische Analyse, die sich in beinahe unendlichen Mäandern und Arabesken um die Entstehung der europäisch-kleinasiatischen Kultur entfaltete. Erstaunlich ist die Nähe, in der dieses Verfahren zu der von Tänzen – Correnten, Sarabanden, Galliarden usw. – abgeleiteten Instrumentalmusik der Zeit steht. Der ‚historische' Noah der Bibel bildet gewissermaßen das schlichte Thema, das der Lautenist durch reich verzierte Modulationen und Diminutionen zu immer neuen, überraschenden Klangfarben entfaltet.

Das Verfahren der Hypostasierung freilich ist alt, wenn man nur etwa an die Etymologien und Äquationen bei Macrobius, Isidor von Sevilla und den Kirchenvätern denkt. Es erscheint hier aber in der Form einer quasi-musikalischen Entwicklung der bezeichneten Art. Ein Beispiel:[97] Die Hypostase Noah → Janus ist – gewiß – „zweigesichtig" (*bifrons*): Janus blickt von vorne nach La-

---

94 Zu dieser Schrift vgl. mein Buch *Götter im Exil* (wie Anm. 51), S. 353–357.

95 Vgl. hierzu Luc Deitz, „Die Scarith von Scornello. Fälschung und Methode in Curzio Inghiramis *Etruscanum antiquitatum fragmenta* (1637)", in: Neulateinisches Jahrbuch 5 (2003), S. 103-133.

96 Edmund Dickinson, „Diatriba de Noae in Italiam adventu; ejusque nominibus ethnicis", als Appendix (mit eigener Paginierung) zu: ders., *Delphi phoenicizantes [...]*, Oxford 1655, S. 3 f.

97 Zum folgenden vgl. ebd., S. 4 f.

tium, von hinten nach Palästina. Weil der Wein (*vinum*) im Hebräischen „jaiin" heißt, gaben die „alten Latiner" dem Noah den Namen Janus. Ursprünglich hieß Janus Janes, wie er in den altlateinischen Liedern der Salier genannt werde. Janus oder Janes werde jedoch fälschlich üblicherweise von „Eanus" („ab eundo") abgeleitet;[98] in Wirklichkeit sei er von der Erfindung des Weines genommen, was die Griechen wußten, wenn sie Noah „Οἰνώτριος, d.h. den Weinbringer (*viniferus*)" nannten. Nach Cato und Fabius Pictor erfand Janus als erster „Mehl und Wein", „und deshalb hatte man ihn den uralten Oenotrius genannt." Daher sei zu verstehen, wenn der Syrakusaner Antiochus – „ein sehr alter Schriftsteller" (gemeint ist wohl Antiochos von Askalon) – über die von Noah gegründeten italischen Kolonien schreibe: „Die Oinotroi siedelten sich von den erwähnten (Völkern) als erste dort an." Die Ureinwohner Italiens sind ihm deshalb unmittelbare „Nachkommen der Oinotroi".

Man sieht, daß die Durchführung derartiger Ableitungen ein reiches Material ins Werk setzte, aus dem sich Gedankenformen von berückender Schönheit entwickelten. Dickinson hat dieses Verfahren in einer akademischen Rede „Pro philosophiâ liberandâ" mit einer harschen Polemik gegen den aristotelischen Scholastizismus seiner Zeit ausdrücklich als eklektisches Umherschweifen über die ‚Auen des Wissens' beschrieben.[99] Welches Bild man auch immer bevorzugen mag: Ornamentale Entfaltung von Arabesken, musikalische Diminutionen auf ein vorgegebenes Thema, oder bienengleiches Saugen köstlichsten Nektars aus mannigfaltigen Blüten: Dickinsons vergleichende Studien zeigten, wie weit eine auf linguistischen, etymologischen und quasi-etymologischen Entsprechungen beruhende Analyse getrieben werden konnte. Noch im 16. Jahrhundert bildeten Latein, Griechisch und Hebräisch das sprachliche Rüstzeug philologischer Praxis. Guillaume Postels Arbeiten indes hatten bereits eine Reihe von orientalischen Sprachen zur Grundlage. Seit dem frühen 17. Jahrhundert machte es die rasch steigende Zahl von Textzeugnissen aus dem Orient unerläßlich, auch das Koptische, Syrische, Aramaische usw. in die komparatistischen Forschungen einzubeziehen. Bochart zum Beispiel erlernte das Arabische, Syrische und Chaldäische durch Thomas Erpenius, der mit dem König von Marokko in vertrautem Briefwechsel stand. Mit fünfzig Jahren noch begann er das Studium des Äthiopischen. Wenn Dickinson versicherte, Noah werde in assyrischer Sprache Xisuthros genannt, so barg die durch Abydenos (bei Eusebios) überlieferte Geschichte von der *Überfahrt des Xisuthros nach Armenien* (ἐπ' Ἀρμενίης ἀνέπλωσε) eine weitere Variation (oder Depravation) des biblischen Berichts. Kronos, der Xisuthros die Zukunft vorausgesagt hatte, werde, so Dickinson, von den Griechen bisweilen als der „wahre Gott" aufge-

---

98 Vgl. Tertullian, *Apologeticum* X, 7 ed. Frassinetti. Die zuletzt genannte Etymologie findet sich bei Macrobius, *Saturn.* I, 9,11. Das Problem wurde von Gerhard Johann Vossius thematisiert in seinen *Commentariorum rhetoricorum, sive oratoriarum institutionum libri sex, Ita tertiâ hac editione castigati, atque aucti, ut novum opus videri poßint*, Leiden, 1630, S. 11f. – Vgl. Ralph Häfner, „Antiquarianismus und Sprachgebrauch. Das Problem der *elegantia* in Gerhard Johann Vossius' Rhetorik" (wie Anm. 49).

99 Vgl. Ralph Häfner, *Götter im Exil* (wie Anm. 51), S. 356–360.

faßt, ὁ παλαιὸς τῶν ἡμερῶν, „the antient of dayes". „Und deshalb", so Dickinson weiter, „legten sie dem Saturn die bei den Syrern und Hebräern (üblichen) Namen Gottes, *Il* und *El*, bei."[100]

Ziel derartiger sprachgeschichtlicher Untersuchungen war der Nachweis, daß die Geschichte der menschlichen Zivilisation das Andenken uralter Weisheit, wie sie die Heilige Schrift enthielt, bewahrte, mochte sie unter den Erfindungen der Heiden auch noch so verborgen sein. Eine Komparatistik dieses Typs fand ihren Daseinsgrund in dem Nachweis der ‚Wahrheit der christlichen Religion' (mit ihrem jüdischen Hintergrund), ein Thema, das mit Hugo Grotius geradezu populär werden konnte, weil das Christentum durch immer neue Kenntnisse über fremde religiöse Dogmen und Gebräuche in seinem Selbstverständnis eines absoluten Andersseins zunehmend gefährdet wurde. Dickinsons Umgang mit dem Bericht Xenophons, „daß mehrere Überschwemmungen stattgefunden haben", ist hierfür ein gutes Beispiel. Der englische Gelehrte legte dar, daß Xenophon nur die Flut des Ogyges „schlechthin Überschwemmung der Erde" genannt habe, denn sie verheerte die ganze Erde. Die Analogie zur musikalischen Praxis der Diminution ist auch hier wieder überraschend angemessen: Alle anderen Sintfluten überschwemmten nur Teile der Erde und heißen deshalb attische, thessalische oder Flut des Nil. Wenn aber die Flut zur Zeit des Ogyges allgemein war, so ist Ogyges nur eine weitere Hypostase Noahs. Warum aber wird Noah auf dem Grabstein des Ninos (bei Xenophon) „Caelius" genannt? „Caelius Phoenix Ogyges" heißt der Vater des ägyptischen Saturn; aber der ägyptische Saturn ist kein anderer als Noahs Sohn Cham. Mehr noch: Mit der Äquation Coelus-Noah klärt sich auf, weshalb der altlateinische Schriftsteller Ennius dem Coelus die höchste Herrschaftsgewalt am Beginn der Geschichte beilegen konnte. Denn Noah war „Vater" und „Fürst" und „Herr" und er hatte nur deswegen den sprechenden Beinamen Coelus erhalten, weil er (nach Berosos) Astronomie lehrte und dem Volk vieles vorhersagte. Unter der Maske des Coelus, des „Herrn des Universums", ist Noah nun zugleich wieder Janus, als welchen Ovid ihn in seinem Festtagskalender einführt mit den Worten:

quicquid ubique vides, caelum, mare, nubila, terras,
    omnia sunt nostra clausa patentque manu.
me penes est unum vasti custodia mundi,
    et ius vertendi cardinis omne meum est.

(„Was du auch ringsum erblickst – Meer, Himmel, Wolken und Erde –,
    Alles mit eigener Hand öffn' ich und mach's wieder zu.
Liegt doch allein bei mir des unendlichen Weltalls Bewachung;
    Dessen Angeln zu drehn bin ich alleine befugt.")[101]

---

100 Edmund Dickinson, „Diatriba de Noae in Italiam adventu" (wie Anm. 96), S. 15.
101 Ovid, *Fasti* I, 117–120 (Übersetzung von Niklas Holzberg). – Vgl. Edmund Dickinson, „Diatriba de Noae in Italiam adventu" (wie Anm. 96), S. 21.

Wie in einer Coda hatte Dickinson seine Ableitungen wieder in das Aus-
gangsthema Noah-Janus zurückgeführt. Zwischen beiden Enden lag eine bemerkenswert kunstvolle Analyse erlesenster Zeugnisse, die sich nicht nur
wechselseitig erklärten und ergänzten, sondern zugleich die in dem biblischen
Thema verborgenen Klangfarben über Zeiten und Völker hinweg zum Klingen
brachten.

Vielleicht werden Sie konzedieren, daß Dickinson bemerkenswert *ge-
schmackvolle* Einblicke in das Altertum eröffnete, auch wenn sie nicht gerade
mit unserem heutigen Verständnis *historischer* Wahrheit übereinstimmen. Historische Wahrheiten sind selten geschmackvoll. Was Walter Pater über das
Zeitalter Giovanni Picos della Mirandola sagt, trifft auch auf die Antiquare,
Philologen und Naturforscher des 17. Jahrhunderts noch zu: Sie waren der
Überzeugung, „daß nichts, was jemals den menschlichen Geist berührt hatte,
seine Lebenskraft (*vitality*) völlig verlieren könnte."[102] Die Illusion, daß die Naturgeschichte des Universums ein Teil der providentiell sich entfaltenden Kulturgeschichte des Menschen sei, verlieh dem menschlichen Leben eine
wundervolle Konsistenz. Auch die Erforschung der Fossilien konnte diese il-
lusionäre Integrität solange nicht zerstören, als man überzeugt war, daß es sich
um Zeugnisse der noachitischen Sintflut handelte. Um 1800, im Zeitalter Georges Cuvier's (1769–1832),[103] verliert sich das Alter der Fossilien in dem Ab-
grund einer ungemessenen Zeit, und es wird auf diese Weise dem Alter der
menschlichen Kultur immer mehr entrückt.

Es ist ein Symptom, das kaum kommentiert zu werden braucht, wenn
Goethe in dem Aufsatz „Fossiler Stier" (1822) von der Betrachtung der Relikte
eines Stieres der „Vorzeit" zur „Kultur" „jetztzeitiger" Stiere übergeht. Worauf es ihm ankommt, ist das Anmutige, Schöne und die Eleganz in den Hörnern
der Zuchtstiere, weil und insofern in ihnen das „Abstrakte" – William Hogar-
ths Schönheitslinie, wie er glaubte – „dem Auge wirklich erscheint".[104] Noch
einmal sollte der ‚Natur' ein gleichsam künstlerisches Bauprinzip untergescho-
ben werden: eine Illusion, die mit Cuvier zerbrach. Was dann noch blieb, ist
eine Erkenntnis, der keine das sittliche Leben bildende Kraft mehr eignet.

---

102 Walter Pater, „Pico della Mirandola", 1871, in: ders., *The Renaissance. Studies in Art and Poe-
     try*, hg. v. Adam Phillips, Oxford World Classics, 1998, S. 20–32, hier: S. 23.
103 Vgl. Martin J.S. Rudwick, *The Meaning of Fossils* (wie Anm. 2), Ch. 3, S. 101 ff.
104 Vgl. Johann Wolfgang von Goethe, „Fossiler Stier", in: ders., *Werke*, Hamburger Ausgabe,
     Bd. 13, München, 1982, S. 196–203, hier: S. 201 f.

Einschnitt der Geschichte

Roeland Savery von Utecht (1576-1639): Arche Noah.
Abb. in Norman Cohn, Noah's Flood, New Haven 1996, Abb. 2.

HELMUT ZEDELMAIER

Sintflut als Anfang der Geschichte

„Vorsintflutlich" heißt heute: „absolut vergangen" und „absolut nicht auf der Höhe der Zeit". Die Polemik, die dem deutschen Begriff im alltäglichen Sprachgebrauch eigen ist, verweist auf eine Aufklärungsfigur. „Vorsintflutlich" ist, wer (oder was) einer Welt verhaftet ist, die ihre Geltung verloren hat oder Geltung verlieren soll, „vorsintflutlich" ist, wer nicht auf der „Höhe der Zeit" steht.[1]

In dieser hier knapp skizzierten Sicht hat der Begriff „vorsintflutlich" seine heutige Semantik ausgebildet, eine Semantik, die, soweit ich sehe, allerdings nur im Deutschen polemisch aufgeladen ist. Im Verlauf dieser Geschichte, seit dem 18. Jahrhundert, ist dem Begriff jene Referenz (und Relevanz) abhanden gekommen, die ihm zuvor eigen war, ja die zuerst für seine Aufladung gesorgt hatte. „Vorsintflutlich" – das referiert auf das biblische Geschichtsbild.[2] Heute ist dieser Zusammenhang weitgehend vergessen, muß zumindest dem Nichtfachmann explizit gemacht werden.

„Vorsintflutlich" referiert auf eine Grenze. Diese Grenze heißt Sintflut. Auf Theologen, Philologen, Historiker, Politiker, Juristen und Naturforscher der Frühen Neuzeit hatte diese Grenze, welche „die größte Begebenheit, die sich je in der Welt zugetragen"[3], markierte, eine beinahe magische Anziehungskraft.[4] Gegenstand der folgenden Ausführungen ist nicht, wie diese Grenze chronologisch bestimmt wurde[5], auch nicht, wie die Katastrophe Sintflut, als „die alte Welt zu Grunde" ging und „aus ihren Trümmern und Ueberbleibseln" die gegenwärtige Welt „entsprang"[6], naturgeschichtlich entziffert wurde.[7] Auch von Gedächtnisgeschichte, also dem übergreifenden Thema dieses Buches, wird nur in einem indirekten Sinn die Rede sein. Es geht vielmehr um die Fragen, was mit der Grenze Sintflut ausgegrenzt wurde, wie und warum diese Grenze so scharf gezogen, genauer: so intensiv problematisiert wurde, und was für Effekte

---

1 Im Brockhaus Wahrig (*Deutsches Wörterbuch in sechs Bänden*, Bd. 6, Stuttgart, 1984, S. 618) wird die umgangssprachliche Bedeutung des Eintrags „vorsintflutlich" folgendermaßen bestimmt: „völlig veraltet, sehr altmodisch".

2 Vgl. den instruktiven Überblick von Wilhelm Schmidt-Biggemann: „Vorsintflutlich", in: *Historisches Wörterbuch der Philosophie*, Bd. 11, Darmstadt, 2001, Sp. 1218-1222.

3 Johann Heinrich Zedler, *Grosses vollständiges Universal-Lexicon aller Wissenschafften und Künste* [...], Bd. 41, Leipzig und Halle, 1744, Sp. 113-129, hier Sp. 114.

4 Vgl. Claudine Poulouin, *Le temps des origines. L'Eden, le Déluge et ‚les temps reculés'. Da Pascal à L'Encyclopédie*, Paris, 1998; Maria Susana Seguin, *Science et religion dans la pensée française du XVIIIe siècle: le mythe du Déluge universel*, Paris, 2001.

5 Dazu Anthony Grafton in diesem Band.

6 Zedler (wie Anm. 3), Sp. 114.

7 Dazu Peter Miller, Michael Kempe und Ralph Häffner in diesem Band.

das produzierte. Die Fragen werden mit Blick auf die Formierung jenes eingangs aufgerufenen Aufklärungsadjektivs „vorsintflutlich" gelesen, oder, um es anspruchsvoll auszudrücken, im Blick auf die moderne Vergangenheitssicht. Drei Gesichtspunkte gliedern die Darstellung: Sintflut als Epochengrenze; Die vorsintflutliche Epoche als Vorgeschichte; Ausgrenzung des jüdischen Volkes aus der Weltgeschichte.

Sintflut als Epochengrenze

Historische Untersuchungen zu Epochen und zum Epochenbewußtsein konzentrieren sich gewöhnlich auf die Formierung moderner Evidenzen historischer Vergewisserung, auf die Epochentrias Altertum – Mittelalter – Neuzeit oder (um die Jahrtausendwende besonders attraktiv) die moderne Jahrhundertzählung.[8] Traditionelle Epochengliederungen dienen solchen Rekonstruktionen gewöhnlich nur als gleichsam fixe, bloß negative Gegenpole, von denen sich der moderne Bezugsrahmen abgrenzt. Selten werden die vergangenen (also heute überwundenen, „vorsintflutlichen") Formen der Geschichtsgliederung selbst zum Gegenstand der Untersuchung. Dabei kann eine solche Untersuchungsperspektive deutlich machen, daß Fortschrittsgeschichten wie die immer noch einflußreiche „von Bossuet zu Voltaire"[9] zwar auf der Höhe unserer, jedoch nicht auf der Höhe der untersuchten Zeit sind. Der Epochendiskurs des 18. Jahrhunderts jedenfalls, zumindest der Epochendiskurs der Historiker, besitzt auch dort einen biblischen Rahmen, wo er diesen programmatisch zu sprengen vorgibt.[10]

Man kann es auch so ausdrücken: zur Debatte standen im 18. Jahrhundert weniger „neue" Epochenmodelle wie die (von Christoph Cellarius ausgeformte) Trias Altertum – Mittelalter – Neuzeit[11], vielmehr Epochenmodelle und Epochen (wie eben die „vorsintflutliche"), die uns heute ebenso „vorsintflutlich" wie die vorsintflutliche Epoche selbst erscheinen müssen. „Epochen" heißen in der Frühen Neuzeit die Einschnitte oder Grenzlinien, die Zeiträume voneinander trennen, die Geschichte gliedern. Für den Zeitraum oder Abschnitt gegliederter Geschichte (also das, was heute gewöhnlich Epoche heißt)

---

8 Vgl. Uwe Neddermeyer, *Das Mittelalter in der deutschen Historiographie vom 15. bis zum 18. Jahrhundert. Geschichtsgliederung und Epochenverständnis in der frühen Neuzeit*, Köln und Wien, 1988; Arndt Brendecke, *Die Jahrhundertwenden. Ein Geschichte ihrer Wahrnehmung und Wirkung*, Frankfurt a.M./New York, 1999.

9 Im Sinne von Bossuet als einem der letzten, der im „Banne des jüdaozentrischen und christozentrischen Auswahlprinzips" steht, und von Voltaire als Durchbruch zum „das geschichtliche Gesamtleben der Menschheit" berücksichtigenden Geschichtsschreiber, wie Friedrich Meinecke diese Sicht einflußreich bestimmt hat (Friedrich Meinecke, „Die Entstehung des Historismus", in: Ders., *Werke*, Bd. 3, hg. von Carl Hinrichs, 2. Aufl. München, 1965, S. 84 f.).

10 Vgl. Helmut Zedelmaier, *Der Anfang der Geschichte. Studien zur Ursprungsdebatte im 18. Jahrhundert*, Hamburg, 2003, Teil 4, S. 133-183.

11 Dazu Neddermeyer (wie Anm. 8), S. 153 ff.

steht in der Frühen Neuzeit gewöhnlich „Periode".[12] Die „Periode" von der
Erschaffung der Welt bis zur „Epoche" Sintflut (um es „frühneuzeitlich" auszudrücken) war im biblisch fundierten Rahmen der jüdisch-christlichen Universalgeschichte seit der Spätantike, seit Flavius Josephus und Augustinus, bis
zum 18. Jahrhundert eine eingeführte (Epochen-)Signatur. Auf ihre Formierung (bei Isidor von Sevilla), Etablierung (bei Beda Venerabilis) sowie auf ihre
Tradierung (in mittelalterlichen und frühneuzeitlichen Weltchroniken) im Modell der sechs Weltalter (und dessen Verhältnis zum Modell der Vier Monarchien) soll hier nicht weiter eingegangen werden; auch nicht auf die inhaltliche
Prominenz der vorsintflutlichen Epoche, die Annius von Viterbo mit seiner
„frommen" Fälschung von 1498 weiter steigerte.[13]

Daß die Epochengrenze Sintflut im 18. Jahrhundert eine intensiv proble-
matisierte Grenze war, hat nicht nur mit der inhaltlichen Prominenz der vorsintflutlichen Epoche zu tun, die bis zum 18. Jahrhundert als ein Bezirk
ursprünglicher Weisheit ausgezeichnet wurde, ebenso nicht nur mit neuen
Theorien über die Entstehung der Erde, wie sie Thomas Burnet oder William
Whiston entwickelten.[14] Diese Prominenz hat auch damit zu tun, daß die Sintflut eine Grenze markierte, die zunehmend weniger zwei historische Epochen,
vielmehr zwei vollständig differente Welten voneinander schied.

Die gesamte Weltgeschichte zerfiel schon für den in Leiden lehrenden Georg
Horn 1666 in eine vorsintflutliche und eine nachsintflutliche Geschichte.[15] Zwei
Gründe lassen sich für diese Grenzziehung angeben. Einmal geht es Horn, dem
Verteidiger der historischen Wahrheit biblischer Geschichte angesichts von
deren Bedrohung durch „chronologische Phantastereien" und „präadamitische
Ketzereien"[16], um die Absicherung des vorsintflutlichen Geschichtsraumes.
„[Historia] antediluviana, nisi quantum Moses tradidit, ignoratur"[17], lautet sein
in den nächsten einhundert Jahren, also bis in die zweite Hälfte des 18. Jahrhunderts häufig zitiertes Diktum. Über die vorsintflutliche Historia ist nur das
bekannt, was Moses darüber berichtet; alles andere ist Fabel (was für Horn
heißt: bloße Dichtung ohne jeden Anspruch historischer Wahrheit). Diese Sicht
begründet die Exklusivität des heiligen Ursprungsberichts und damit diejenige

---

12 Vgl. Reinhart Koselleck, „Das Achtzehnte Jahrhundert als Beginn der Neuzeit", in: *Epochen-
   schwelle und Epochenbewußtsein* [= Poetik und Hermeneutik XII], hg. von Reinhart Herzog
   und Reinhart Koselleck, München, 1987, S. 269-282, speziell S. 269 f.
13 Dazu Wilhelm Schmidt-Biggemann in diesem Band.
14 Zu Burnets und Whistons Sintfluttheorien im Kontext der verhandelten Fragestellung Arno Seifert, „‚Verzeitlichung'. Zur Kritik einer neueren Frühneuzeitkategorie", in: *Zeitschrift für Historische Forschung* 10, 1983, S. 447-477, hier S. 460 ff.; zum wissenschaftsgeschichtlichen
   Hintergrund Seguin (wie Anm. 4) S. 63 ff., 177 ff.
15 Wobei die Sintflut als Zwischenepoche fungiert: „Quippe triplex Mundi hujus status fuit. *Antediluvianus* ab Orbe Condito usque ad diluvium; *Subdiluvianus* ab initio diluvii ad exiccatio-
   nem terrae et egressum ex arca. *Postdiluvianus* ab egressu ex arca ad nostram memoriam" (Georg
   Horn, *Arca Noae sive historia imperiorum et regnorum a condito orbe ad nostra tempora*, Leyden, 1666, S. 3).
16 Vgl. ebd., S. 12.
17 Georg Horn, *Introductio in historiam universalem*, Leipzig, 1699 [zuerst Leyden, 1655], S. 3.

der vorsintflutlichen hebräischen Geschichte; sie zeichnet die vorsintflutliche Historia aber auch als eine gleichsam stillgestellte, von der Weltgeschichte abgegrenzte Geschichte aus. Unter veränderten Vorzeichen konnte das, wie sich noch zeigen wird, heißen: eine vernachlässigbare und uninteressante, da wirkungslos gebliebene Geschichte.

Zum anderen steht die Einheitlichkeit und Geschlossenheit der antediluvianen Welt gegen die Disparatheit und Pluralität der auf sie folgenden Welt. Horn gliedert die „Historia postdiluviana" wiederum in zwei prinzipiell differente historische Blöcke: „Historia antiqua" und „Historia recentior". „Historia antiqua" ist die zerfallene, die unwiederbringlich zerstörte, auch: die zusammenhanglos gewordene Geschichte. Ihre Rekonstruktion hat der Bibel als dem einzig gewissen Leitfaden zu folgen, auf den die „unsicheren" und „mythischen" Überlieferungen der heidnischen Völker zu beziehen sind. Mit der „Historia recentior" endet die Erklärungskraft der biblischen Historien. Zugleich beginnt mit ihr jener Geschichtsraum, der noch die gegenwärtige Welt prägt, das heißt: die gegenwärtige Mächtekonstellation und Weltordnung (mit heutigen Epochensignaturen bezeichnet: Mittelalter und Neuzeit).[18]

Horn nennt seine „Historia imperiorum et regnorum" „Arca Noae". Der Begriff ist Sinnbild für die Kontinuität und Geschlossenheit (und auch: die Einprägsamkeit) der rekonstruierten Geschichte. Die alte „Arca Noae" sicherte die Verbindung mit den vorsintflutlichen, den „heiligen" Anfängen. Die neue „Arca Noae" steht für ganz profane Schiffe, die eine „neue" Welt eroberten: Entdeckungen und ausgeweiteter Handelsverkehr, so Horn, haben die Völker der Welt neu miteinander verbunden. Die Eroberungen restituierten die Verbindung der Menschen in Form einer neuen weltumspannenden Gemeinschaft der Völker.[19]

Früheste und Neueste Geschichte fungieren so bei Horn als figurale Gegensätze. Die exklusiv heilige Überlieferung der Frühzeit korrespondiert mit der exklusiv profanen Überlieferung der Neuzeit, die Geschlossenheit heiliger Anfänge in vorsintflutlicher Zeit mit der von tätigen Menschen wiederhergestellten Einheit der politischen Welt in der Neueren Geschichte. Beide Aspekte, also die Besonderheit der heiligen Geschichte und die Besonderheit der Neue-

---

18 Horn (wie Anm. 15), S. 28 f.: „Omnis historia postdiluviana dividitur in antiquam et recentiorem. *Antiqua* illa vocatur quae prisci post diluvium orbis populos ac res complectitur, quorum hodie nomina, imperia, civitates, res, evanuerunt et velut collapsa aedificia in ruinis et ruderibus suis sepulta jacent, neque alium jam usum quam prisca numismata et antiquitates habent [...] Complectitur ac A.M. 1657. et Exitu ex arca, ad A. Chr. 1655. vel 1669. annos 4013"; ebd., S. 183: „Sequitur *Recentior*, quae complectitur Imperia et regna *medii* et *recentioris* aevi, qua hodieque supersunt et durant."

19 Im lateinischen Original: „Cui enim potius debebatur ARCA NOAE, quam PRINCIPIS ad ejus gentis gloriam nato, quae classibus suis omnes oras, omnia maria terrasque, remotissimos populos et fame quoque incognitos, utrumque mundi polum [...] ita in hac rerum humanarum compage, Imperia, Regna, Principatus, Respublicae, Societates, tanta connectuntur divinae providentiae admirabili vicißitudine, ut vel concordia mutua stent inconcussa ac floreant [...]" (ebd., Dedicatio [unpag.]).

ren Geschichte, werden im 18. Jahrhundert intensiv thematisiert. Jenes sich gegenseitig bestätigende Korrespondenzverhältnis aber, in das Horn die beiden Gegenpole einspannt, verliert an Erklärungskraft. Im Blick auf die Epochengrenze Sintflut heißt das: die vorsintflutliche Zeit (und mit ihr die heilige Geschichte) wird aus der Weltgeschichte ausgegrenzt, ihre „epochale" Signatur verblaßt. Alternative Anfänge der Geschichte werden ausgezeichnet, darunter auch die Sintflut als „eigentlicher" Anfang der Geschichte.

Die vorsintflutliche Epoche als Vorgeschichte

„Nulla nobis superest Historia, quae doceat, quid hoc temporis intervallo contigerit, praeter Sacram; quae adeo breviter, et obscure haec narrat, ut nonnisi tenuis inde hauriri cognitio eorum temporum possit".[20] Das Zitat ist Jean Le Clercs *Compendium historiae universalis ab initio mundi ad tempora Caroli Magni imperatoris* entnommen, das 1685 zum Gebrauch für Studenten verfaßt und 1697 erstmals gedruckt wurde. Die „Historia sacra" ist für die vorsintflutliche Historia (die erste „periodus" der Universalgeschichte) wie bei Horn auch bei Le Clerc die einzige Quelle. Doch im Unterschied zu Horn, der die Singularität der „heiligen" Überlieferung als Triumph der Priorität jüdisch-christlicher Geschichte gefeiert hatte, betont Le Clerc die Dürftigkeit dieser Überlieferung. Die heilige Geschichte erzählt das, was sich in dieser Zeit ereignet hat, kurz („breviter") und dunkel („obscure"). Nur eine dürftige („tenuis") Erkenntnis läßt sich daraus schöpfen.

Das ist hier, also im Kontext einer klassischen Universalgeschichte, wie sie Le Clerc beschränkt auf die Alte Geschichte (die für ihn also mit Karl den Großen endet) und in programmatischer Kürze schreibt, eine beiläufige Bemerkung, wie sie sich auch schon früher ähnlich bei anderen Gelehrten findet. Universalgeschichten waren keine Orte der Problematisierung, sondern der didaktischen Unterweisung. Die vorsintflutliche Epoche schrumpfte in ihnen (wenn sie überhaupt noch vorkam)[21] zu einem knappen Einleitungskapitel zusammen. Bei Le Clerc umfaßt der erste Zeitraum (die 1656 Jahre von der Erschaffung der Welt „ad Diluvium") kaum mehr als eine Seite, der zweite Zeitraum (die 366 Jahre von der Sintflut „ad vocationem Abrahami") immerhin schon fünf Seiten.

Als Problembezirk wird die vorsintflutliche Zeit erst in universalhistorischen Synthesen sichtbar, die nicht mehr für Unterricht und Lehre, sondern für ein gelehrtes Publikum verfaßt wurden. Der bedeutendste Vertreter dieses neuen

---

20 Joannes Clericus, *Compendium historiae universalis, ab initio mundi ad tempora Caroli Magni Imperatoris*. Editio secunda, Leipzig, 1707, S. 4.
21 Nicht mehr der Fall ist das in dem für die Etablierung der moderne Epochentrias einflußreichen Lehrbuch des Christoph Cellarius, vgl. Helmut Zedelmaier, „Die Marginalisierung der ‚Historia sacra' in der Frühen Neuzeit", in: *Storia della Storiagrafia* 35, 1999, S. 15-26, hier S. 24.

Typs von „Weltgeschichte" im 18. Jahrhundert ist die seit 1730 in London publizierte *Universal History*, die mit ihren zahleichen Übersetzungen und Bearbeitungen zu einem europäischen Gemeinschaftsprojekt aufstieg. Bis 1765 erschienen über 60 Folio-Bände, die seit 1744 gedruckte und bis 1814 fortgeführte deutsche Übersetzung bzw. Bearbeitung brachte es auf insgesamt 66 Teile, die z.T. mehrere Bände umfassen.[22] In der *Universal History* ist aus der vorsintflutlichen Epoche, deren Dunkelheit Le Clerc betont hatte, eine „unbekannte" Zeit geworden. Die Verfasser der (anonym erschienenen) *Universal History* orientierten sich bei dieser Bestimmung an dem antiken, auf Varro, den Prototyp des antiquarischen Gelehrten zurückgehenden dreigliedrigen Epochenmodell. Danach wurde die Frühgeschichte (teilweise schon in der Frühen Neuzeit) hinsichtlich der Gewißheit der über sie überlieferten Berichte in eine „unbekannte", „fabelhafte" und „historische" Zeit unterschieden. Die antediluviane Zeit wird so in der *Universal History* zwar ausführlich thematisiert, doch weniger hinsichtlich historischer Ereignisse („Begebenheiten"), vielmehr als ein Forschungsproblem. Die Sintflut markiert den Beginn einer vollständig „neuen" historischen Welt, die keine Verbindung zur „alten" vorsintflutlichen Welt besitzt. Dem korrespondiert in der *Universal History* auch eine neue Zeitrechnung: nach „Jahren der Sintflut".[23]

Ein Kriterium ist für die Ausgrenzung des vorsintflutlichen Zeitraums wichtig: das Kriterium des kontinuierlich sich entfaltenden Zusammenhangs der „Begebenheiten". Es fungiert als Maßstab, der die „alte" vorsintflutliche Welt aus der neuen Weltgeschichte ausgrenzt. Die vorsintflutliche Epoche erhält damit den Status einer „Vorgeschichte", die keinen Zusammenhang mit der Weltgeschichte besitzt. „Vorwelt" oder „Urwelt" lauten die im 18. Jahrhundert dafür eingesetzten deutschen Begriffe.

Von hier aus ließen sich weitere Modelle nachzeichnen und Strategien verfolgen, die vorsintflutliche Zeit auszugrenzen. Als etwa Gianbattista Vico mit einer „Neuen Wissenschaft" die „Nacht voller Finsternis" erhellen wollte, von der er „die erste von uns so weit entfernte Urzeit" bedeckt sah, klammerte er die vorsintflutliche Zeit ausdrücklich aus. Zwar sei, so sein Argument, die wahre „Erinnerung" an den Anfang der Welt „ein Privileg ausschließlich der Hebräer" (was, so Vico, heute die „strengsten Kritiker" als richtig erkannt hätten). Doch die Hebräer lebten für alle anderen (heidnischen) Völker vollständig unbekannt. Deshalb beginnt die eigentliche Universalgeschichte auch für Vico erst mit der „allgemeinen Sintflut".[24] Ähnlich argumentierten französiche Kulturhistoriker der zweiten Hälfte des 18. Jahrhunderts, die wie Vico auf Mythen als, so Vico, „erste Geschichte der heidnischen Völker"[25] bauten. Bei Nicolas Antoine Bou-

---

22 Vgl. (auch zum Folgenden) Zedelmaier (wie Anm. 10), S. 143 ff. (dort weitere Literatur).

23 Vgl. ebd., S. 152.

24 Vgl. Giovanni Battista Vico, *Prinzipien einer neuen Wissenschaft über die gemeinsame Natur der Völker*, übers. von Vittorio Hösle und Christoph Jermann, eingel. von Vittorio Hösle, 2 Bde., Hamburg, 1990, § 9, 51, 53 f., 94, 165, 330 f.

25 Ebd., § 51.

langer etwa, der mit der 1766 publizierten *Antiquité dévoilée*[26] eine der interessantesten kulturhistorischen Mythenexegesen des 18. Jahrhunderts verfaßte, ist die antediluviane Vorzeit zu einem leeren, zu einem „geschichtslosen" Raum geworden: „Die physikalischen Revolutionen des Erdbodens", heißt es in der deutschen Übersetzung der *Antiquité dévoilée*, „haben zwischen dem alten und dem neueren Menschen=Geschlecht eine undurchdringliche Mauer gesetzt. Der Mensch vor diesen Revolutionen, er sey gewesen, wie er wolle, ist für uns kein historisches Ding mehr, dessen Fassung uns bekannt seyn könnte; er ist ein abstractes, ein so metaphysisches Ding, als wenn er niemals existiret hätte".[27]

Doch soll die Transformation der vorsintflutlichen Epoche zu einer Vorgeschichte, über die keine historischen (d.h. für das 18. Jahrhundert noch überwiegend: keine historiographischen) Aufschlüsse möglich sind, hier nicht weiter inhaltlich verfolgt werden.[28] In seinen Auswirkungen, also im Blick auf die Entstehung des modernen historischen Bewusstseins, ist die Ausgrenzung der biblisch überlieferten Anfänge aus der Weltgeschichte ein signifikanter Vorgang, wie sich in Anknüpfung an Thesen von Arno Seifert zur Entstehung der modernen Geschichtsauffassung verdeutlichen läßt.[29]

Seifert argumentiert gegen die Auffassung, die Reduktion der Erklärungskraft der heiligen Geschichte im 18. Jahrhundert sei das Resultat einer inhaltlichen Infragestellung oder philologischen Kritik bzw. Widerlegung der biblisch überlieferten Historie gewesen. Dagegen sprechen Befunde, wie sie sich auch aus der skizzierten Ausgrenzung des vorsintflutlichen Zeitraums aus der Weltgeschichte ergeben. Gerade im Kontext der quellenkritischen Erforschung der „dunklen" Anfänge menschlicher Geschichte wurde, zunächst jedenfalls, die Überlegenheit der heiligen Historien gegenüber den profanen Historien herausgearbeitet und dadurch ihre Gewißheit befestigt; und diese Argumentation war, sieht man von wenigen Ausnahmen ab, nicht bloßer Strategie geschuldet. Gerade die Exklusivität der biblisch gesicherten Frühgeschichte führte jedoch allmählich zu deren Isolierung (und inhaltlichen Reduktion) innerhalb des universalhistorischen Zusammenhangs. Die früheste Geschichte wurde zu einem zwar durch besondere Glaubwürdigkeit ausgezeichneten, doch für das histori-

---

26 Nicolas Antoine Boulanger, *Antiquité dévoilée par ses usages, ou Examen critique des principales opinions, cérémonies et institutions religieuses et politiques des différens Peuples de la terre* (zuerst Amsterdam, 1766), édition établie et annotée par Paul Sadrin, 2 Tle., Paris, 1978. Dazu Martin Mulsow in diesem Band.

27 Nicolas Antoine Boulanger, *Das durch seine Gebräuche entdeckte Alterthum. Oder kritische Untersuchungen der vornehmsten Meynungen, Ceremonien und Einrichtungen der verschiedenen Völker des Erdbodens in Religions- und bürgerlichen Sachen*, übers. und mit Anmerkungen versehen v. Johann Carl Dähnert, Greifswald, 1767, S. 6.

28 Dazu Zedelmaier (wie Anm. 10).

29 Vgl. besonders Arno Seifert, „Von der heiligen zur philosophischen Geschichte. Zur Rationalisierung der universalhistorischen Erkenntnis im Zeitalter der Aufklärung", in: *Archiv für Geschichte der Kulturgeschichte* 68, 1986, S. 81-117; und: Ders., *Der Rückzug der biblischen Prophetie von der neueren Geschichte. Studien zur Geschichte der Reichstheologie des frühneuzeitlichen Protestantismus*, Köln und Wien, 1990.

sche Interesse und seine sich differenzierenden Erkenntnismittel und Methoden stummen, „heiligen" Bezirk. Umgekehrt profilierte sich die Neue Geschichte im Kontext juristischer und politischer Interessen als ein historischer Zusammenhang von besonderer Relevanz, als autonomer Raum weltlicher Politik und Herrschaft, der sich theologischen Deutungen und revelatorischen Erkenntnismöglichkeiten zunehmend entzog.

Ausgrenzung des jüdischen Volkes aus der Weltgeschichte

Ein anderer Ort intensiver Auseinandersetzungen mit der vorsintflutlichen Zeit ist im 18. Jahrhundert die Wissenschafts- und Philosophiegeschichte. Französische Gelehrte wie Pierre Bayle sowie deutsche Gelehrte wie Nikolaus Hieronymus Gundling, Jakob Friedrich Reimmann und Christoph August Heumann interessierten sich weniger für die Epochengrenze Sintflut, vielmehr für die inhaltliche Prominenz der vorsintflutlichen Epoche, die frühneuzeitliche Gelehrte wie Agostino Steuco als einen Bezirk ursprünglicher Weisheit ausgezeichnet hatten.[30] Bayle, Gundling und Heumann ging es um die Destruktion dieser Figur „heiliger" Wissensvollkommenheit. Angetrieben von dem Interesse, die Selbständigkeit von Wissenschaft und Philosophie zu begründen, zeichneten sie Wissenschaft und Philosophie als menschliche Errungenschaften aus.[31]

Rationale Wissenschaft und Philosophie sind Produkte der griechischen Kultur, lautet eine heute plausible historische Vorstellungsfigur. Die Produkte vorgriechischen Denkens können dagegen nur den Status einer Vorgeschichte beanspruchen. Für die Formierung dieser historischen Evidenz abendländischer, westlicher Moderne ist die Auseinandersetzung von Gelehrten wie Gundling und Heumann mit der vorsintflutlichen Epoche aufschlußreich. Sie trennten die Verbindungslinien zwischen heiligem Text und profanen Texten, und damit: zwischen heiligem Volk und profanen Völkern, die frühneuzeitliche Exegeten bei der Auslegung der frühesten Geschichte geknüpft hatten. Aus den Hebräern, dem heiligen Volk der Frühgeschichte, im Vergleich zu dessen Weisheit das Wissen heidnischer Völker nur einen schwachen Abglanz darstellte, wurde ein einfaches, isoliert lebendes Bauernvolk im Schatten der Weltgeschichte.

Die Ausgrenzung des jüdischen Volkes aus dem Entstehungsprozeß rationaler Wissenschaft und Philosophie wurde unterschiedlich akzentuiert. Gundling näherte (wie dann später Voltaire) die Hebräer den barbarischen Völkern an, Heumann unterstrich die Exklusivität ihrer „weisen Simplizität" gegenüber der „Thorheit" heidnischer Völker der Frühzeit.[32] Doch von jenen Ursprungs-

---

30 Vgl. Wilhelm Schmidt-Biggemann, *Philosophia perennis. Historische Umrisse abendländischer Spiritualität in Antike, Mittelalter und Früher Neuzeit*, Frankfurt a.M., 1998.
31 Vgl. (auch zum Folgenden) Zedelmaier (wie Anm. 10), S. 59-131.
32 Ebd., S. 77 ff. und 96 ff.

szenarien, in denen die Entstehung von Wissenschaft und Philosophie als Errungenschaften in Not geratener Völker vorgeführt wurde, die gezwungen waren, sich ohne göttlichen Beistand selbst zu helfen, blieben die Hebräer ausgegrenzt.

In den Kultur- und Zivilisationsgeschichten der zweiten Hälfte des 18. Jahrhunderts, beginnend mit Antoine Yves Goguets *De l'origine des loix, des arts, et des sciences*[33], wird die Figur des natürlichen, aus Not geborenen und besonderen historischen Umständen geschuldeten Ursprungs von Wissenschaft und Philosophie als große Erzählung entfaltet. Die Geschichte des jüdischen Volkes erhält aber schon in der Auseinandersetzung mit der vorsintflutlichen Weisheit (bei Gundling oder Heumann) eine Gestalt, die im Horizont abendländischer, christlich orientierter Moderne evident geworden ist. Die Geschichte des jüdischen Volkes ist eine gleichsam „heilige" Nebenlinie der Geschichte. Sie verläuft im Windschatten eines profanen Fortschrittsprozesses, der von „wilden" und „barbarischen" Anfängen seinen Ausgang nimmt und bis zu den entwickelten Gesellschaften der Gegenwart führt. Das „heilige" Volk als „geschichtsloses" Volk, als Gegenbild fortschreitender Zivilisation (analog zu den ebenfalls als „geschichtslose" Völker konstruierten sogenannten „Wilden"), als ein Volk, unfähig zur „Perfektibilität", wie die Fähigkeit zu Zivilisation und Fortschritt seit Rousseau heißt, diese Figur erhält bei Ursprungsforschern des 19. Jahrhunderts eine besondere (völker- und rassenpsychologische) Gestalt. Vorgeführt hat das Maurice Olender in seinem wunderbaren Buch über die *Sprachen des Paradieses*. Die „völlige Einschließung der Hebräer in ein Zeitalter ohne Geschichte"[34], wie Olender die Konstruktion der stillgestellten jüdischen Geschichte nennt, hat allerdings schon im 19. Jahrhundert keinen expliziten Bezug mehr zur alten „vorsintflutlichen" Zeit.

Der Prozeß, in dessen Verlauf sich die „heilige" vorsintflutliche Epoche und dann auch das „heilige" Volk der Hebräer zur Gegenfigur der westlichen, der „fortschrittlichen" Moderne formte, also zum Gegenteil der „Höhe der Zeit", hinzugefügt sei jetzt: zum Gegenteil westlicher Kultur und Zivilisation, konnte hier nur in wenigen Bruchstücken vorgeführt werden. Die Moderne verleiht ihren Gegenfiguren heute andere Gestalten. Das kleine Wörtchen „vorsintflutlich" spielt dabei nur mehr eine marginale, eine sozusagen verdeckte Rolle. Daß es auf die Formierung jener Vorstellungen verweist, die, wenngleich vielfach gebrochen, noch die gegenwärtige westliche Geschichtsauffassung orientiert, wollten die vorstehenden Ausführungen ein wenig explizit machen.

---

33 Der vollständige Titel lautet: Antoine Yves Goguet, *De l'origine des loix, des arts, et des sciences; et de leurs progrès chez les anciens peuples*, zuerst 1758 anonym in drei Bänden in Paris und Den Haag gedruckt, eine deutsche Übersetzung erschien unter dem Titel: Antoine Yves Goguet, *Untersuchungen von dem Ursprunge der Gesezze, Künste und Wissenschaften wie auch ihrem Wachsthum bei den alten Völkern* (3 Bde., Lemgo, 1760-1762); zu Goguets Ursprungskonzept Zedelmaier (wie Anm. 10), S. 191 ff.

34 Maurice Olender, *Die Sprachen des Paradieses. Religion, Philologie und Rassentheorie im 19. Jahrhundert*, Frankfurt a.M. u.a., 1995 (zuerst Paris, 1989: *Les langues du Paradis. Aryens et Sémites: un couple providentiel*), S. 84 (hier bezogen auf Joseph-Ernest Renan).

Noah vor Arche.
Aus David Martin: Historie des ouden en nieuwen Testaments, Amsterdam 1700.

Sicco Lehmann-Brauns

Die Sintflut als Zäsur
der politischen Institutionengeschichte

1. Charakteristik des Antediluviums
in der Universalgeschichte (Chronicon Carionis, Alsted)

1.1. Chronicon Carionis/Sleidan

Im maßgeblichen protestantischen Lehrbuch der Universalgeschichte, in Melanchthon/Peucers ‚Chronicon Carionis‘[1] galt Adam nicht allein als erster Weiser und Erfinder der Schrift, sondern er firmierte auch als erster Herrscher, der zunächst seine Familie mittels einer weisen ‚gubernatio paterna‘ regiert hatte – die anfängliche Herrschaftsgewalt wurde durch Adam über seinen Familienverband ausgeübt, ihr Richtmaß und ihre Autorität besaß sie aufgrund der Teilhabe Adams an der Weisheit Gottes: „gubernatio adhuc paterna fuit, plena sapientiae, iusticiae et autoritatis.“[2] Diese anfängliche weise Herrschaft Adams über seine Nachkommen ist für Melanchthon die adäquate Herrschaftsform innerhalb des ersten Stadiums der Weltgeschichte, die nach dem sog. Vaticinium Eliae in drei jeweils 2000 Jahre dauernde Epochen eingeteilt wird: Die Epoche der Leere, die Epoche des Gesetzes und die Epoche des Messias. Dabei zeichnet Melanchthon die erste Epoche – von der Vertreibung Adams aus dem Paradies an – trotz des Sündenfalls als blühendes Zeitalter der Weisheit und humanen Leistungsfähigkeit, in der es anfangs noch kein Reich und also keine öffentliche politische Herrschaftsgewalt gegeben habe: „Nondum erant imperia, qualia postea in monarchiis fuerunt.“[3]

Durch Kains Brudermord spaltet sich die zuvor gleichsam homogene Nachkommenschaft Adams jedoch in einen guten und einen bösen Teil auf; für die politische Institutionengeschichte bedeutete dies die Gründung zweier ‚civitates‘. Damit knüpften Melanchthon/Peucer an die augustinische Rückführung von civitas terrena und civitas Dei auf Kain und Abel an – eine Rückführung, die sowohl der Kirche – sofern sie sich als Repräsentantin der civitas Dei begriff – als

---

1 *Chronicon Carionis*, Expositum et auctum a Phillipo Melanchthone, & Casparo Peucero, Wittenberg, 1617. Melanchthon hat die ersten drei Bücher überarbeitet, sein Schwiegersohn Peucer die letzten beiden; cf. Gotthard Münch, „Das Chronicon Carionis Philippicum. Ein Beitrag zur Würdigung Melanchthons als Historiker“, in: *Sachsen und Anhalt*, Bd. 1, Magdeburg, 1925, S. 199-283.
2 Melanchthon, „Chronicon Carionis“, in: *Melanchthon Opera*, Bd. 12, ed. C. G. Bretschneider, Halle, 1844, col. 726.
3 Melanchthon, *Chronicon Carionis*, col. 729.

auch dem irdischen Staat eine auf das postlapsarische Antediluvium zurückreichende institutionelle Kontinuität zu verleihen vermochte. Nach Augustin hatte
Adam an den *beiden* civitates teilgehabt, die erst durch Kains Brudermord und
seine anschließende Städtegründung auseinandertraten. Allerdings hatte Augustin eine direkte Zuordnung von civitas Dei und civitas terrena zu irdischen Institutionen durch seine Allegorese des Falls der Gottessöhne in Gen. 6, 2
verhindert: Der Fall der Gottessöhne war als Vermischung der Einwohner der civitas Dei mit den Töchtern der civitas terrena, also der Nachfahren des frommen
Seth mit denen des gottlosen Kain interpretiert worden. Diese Interpretation ver-
hinderte jede eindeutige Zuordnung beider civitates zu irdischen Institutionen:
„Infolge der freien Willensentscheidung kam es, als das Menschengeschlecht sich
entfaltete und anwuchs, zur Vermischung und infolge der Anteilnahme an der
Bosheit zu einer Art Verschmelzung der beiden Staaten."[4] Die Konsequenz war:
Weder konnte die auf Kain bzw. Seth als ihren irdischen Stammvater zurückreichende civitas terrena mit dem Staat, noch die auf Abel zurückreichende civitas
Dei ohne weiteres mit der Kirche identifiziert werden. Vor dem finalen Weltge-
richt besaßen die beiden civitates zwar eine bis auf ihre ersten irdischen Vertreter
im Antediluvium zurückreichende Kontinuität, die aber nach Augustin nicht mit
der Institutionengeschichte von Kirche und Staat in ihrer faktischen Existenz
deckungsgleich und daher äußerlich nicht erkennbar war.[5]

In der augustinischen Kontrastierung von civitas Dei und civitas terrena vernichtete die Sintflut nicht die irdische Civitas schlechthin, sondern wurde als Vernichtung der Giganten interpretiert, die aus der Vereinigung der Gottessöhne mit
den Menschentöchtern hervorgegangen waren.[6] Die Effektivität der Sintflut
wurde jedoch durch das schnelle Wiederauftauchen neuer Giganten in Frage gestellt, an deren Spitze Nimrod, der Urenkel Hams und Gründer Babylons. Die
Sintflut war also nicht in der Lage gewesen, den ins Antediluvium zurückreichenden pejorativen Traditionsstrang wirksam zu unterbrechen; ihr kam folglich
in Augustins Konturierung der Heilsgeschichte kein absoluter sondern nur ein in
Bezug auf die Beendigung der ersten Geschichtsepoche *relativer* Charakter zu.

Auch Melanchthon hob hervor, dass zwar in Reaktion auf das Verbrechen
Kains die Entstehung einer ‚civitas‘, nicht aber die Entstehung eines ‚imperium‘
ins Antediluvium zu datieren sei: „Fuitque vox promissionis testimonium dis-
cernens veram Ecclesiam a coetu Cain, qui secesserat a patre, et habuit suos ritus
(!) et suam sectam. Ita statim initio verae doctrinae vocem et veram Ecclesiam
pars humani generis deseruit; et promissionem oblita est: rt tamen condita civitate necesse est, eos aliquam legis particulam retinuisse."[7] Der Entstehungs-
zeitpunkt staatlicher Institutionen fällt für die Autoren des Chronicon Cario-

---

4 Augustinus, *De civitate Dei*, XV, 22; ed. W. Thimme / C. Andresen, Bd. 2, S. 262.
5 Vgl. A. Wachtel, *Beiträge zur Geschichtstheologie Augustins*, Bonn, 1960.
6 Cf. Augustinus, *De civitate Dei*, XV, 24; ed. W. Thimme / C. Andresen, Bd. 2, S. 269 f. Cf. dazu
   auch Walter Stephens, *Giants in Those Days. Folklore, Ancient History and Nationalism*, Lincoln, 1989, S. 72 ff.
7 Melanchthon, *Chronicon Carionis*, col. 727.

nis daher erst in die Zeit unmittelbar nach der Sintflut: Im Bund Gottes mit Noah wird nicht nur das Herrschaftsgebot über alle nicht menschlichen Kreaturen wiederholt, sondern zudem entscheidend durch das Tötungsverbot und das dem *Menschen* verliehene Recht es zu exekutieren, erweitert. Insbesondere in dieser Übertragung der zuvor Gott vorbehaltenen Strafkompetenz auf den Menschen erblickte Melanchthon den Anfang politischer Herrschaft im eigentlichen, nämlich öffentlichen Sinne und damit auch den Anfang irdischer Staatlichkeit. Im Noachidischen Bund wird also aufgrund des von Gott dem Menschen zugestandenen Kompetenz, Mörder zu bestrafen, mit dem irdischen Strafrecht die Bedingung der Möglichkeit staatlicher Gewalt geschaffen.[8] Dabei hebt die Chronik den Zusammenhang zwischen der nachsintflutlichen Begründung politischer Herrschaft durch Strafgewalt und Gottes Zusage hervor, künftig nicht wieder strafend in die Naturordnung einzugreifen. Dem Menschen wird von Gott die Macht verliehen, nicht mehr nur über die *Natur*, sondern nun auch über *seinesgleichen* zu herrschen und damit über den Familienverband hinaus Staaten zu begründen. Der Zusammenhang von göttlicher „Promissio naturae ordine: et institutio politicae gubernatoris"[9] macht die Sintflut zur Zäsur der Universalgeschichte, nach der Gott die irdische Naturordnung stabilisiert und gleichzeitig dem Menschen eine über den Familienverband hinausreichende politische Herrschaftsmacht über seinesgleichen zuspricht. Die irdischen Verhältnisse werden auf diese Weise dem direkten Eingriff Gottes entzogen, der verspricht, keine neue Sintflut über seine Schöpfung kommen zu lassen. Dieses Versprechen implizierte die politische Selbstverwaltung des Menschen vor dem Hintergrund einer einigermaßen verlässlichen Naturordnung. Zugleich bedeutete es die göttliche Rechtfertigung irdischer Herrschaftsgewalt von Menschen über Menschen, die als gottgewolltes heilsgeschichtliches Resultat aufgefaßt wird. Von den Söhnen Noahs an können daher politische Gebilde entstehen, die als „imperia", als Reiche bezeichnet werden, wobei Melanchthon/Peucer in der heilsgeschichtlichen Lokalisierung der Reiche mit Sleidans ‚De quattuor summi imperii' (1554) übereinstimmen.[10] Sleidan ließ seine Beschreibung der vier Danielischen Reiche mit Nimrod, dem Urenkel Noahs beginnen, der das chaldäische (=assyrische) Reich nach der Sintflut gründete. Die politischen Verhältnisse des Antediluviums spielten für Sleidan keine Rolle, weil er an der Interpretation der vier großen Weltreiche interessiert war. Selbst deren erstes, das chaldäische reichte in der Darstellung Sleidans nicht in die vorsintflutliche Epoche zurück. Ein vorsintflutliches Reich existierte also weder bei Sleidan, noch in Melanchthons und Peucers Chronik.

In den universalgeschichtlichen Lehrbüchern der Protestanten erschien folglich das Antediluvium als ein Zeitalter, in dem keine öffentliche Herrschaftsge-

---

8 Melanchthon, *Chronicon Carionis*, col. 728: „Tunc enim expresse lata est lex, ut homicida occidatur ab homine, qui praeest caeteris hominibus. Haec lex praecipua in ordine politico est, et nervus humanae societatis."

9 Melanchthon, *Chronicon Carionis*, col. 728.

10 Johannes Sleidan, *De Quattuor Summis Imperiis*, Genf, 1556.

walt ausgeübt worden war; es firmierte als Epoche der anfänglich weisen Regentschaft Adams über seine Familie, die dann durch den Brudermord Kains und die darauf folgende Konstitution zweier konträrer civitates gestört worden war. Mit Kain deutete sich der Übergang in die zweite der drei von Melanchthon zugrundegelegten weltgeschichtlichen Epochen an, in die Epoche des Gesetzes, in der Staaten gegründet und Kriege geführt werden. Vollzogen wird dieser Übergang in die zweite Epoche jedoch erst durch die Begründung irdischer Herrschaft, die Gott im Bund mit Noah dem Menschen überträgt und die in der anschließenden Staatsgründung Nimrods historisch konkret wird. Die Sintflut ist gleichsam der zentrale Einschnitt in die postlapsarische Frühgeschichte menschlicher Sozialisationsformen, weil Gott den Menschen aus seiner direkten Herrschaft entläßt und ihn durch die Begründung politischer Herrschaftsgewalt der Herrschaft durch seinesgleichen überantwortet.

1.2. Alstedt

In seiner großen Enzyklopädie sah der Calvinist Johann Heinrich Alstedt die Zeitspanne zwischen Sündenfall und Sintflut durch folgende Merkmale charakterisiert: „Historia publicae ac popularis profanationis nominis Dei ante diluvium (...) complectitur titulos novem, qui sunt: Profanatio nominis Dei, Propagatio Ecclesiae, seu familiae Seth, Translatio visibilis & miraculosa Enochi, Corruptio morum, Gigantum procreatio, Nativitas Noë a & filiorum ejus, Praeparatio Noë ad diluvium, utraque politica hujus temporis, & Vestigia historiae sacrae apud ethnicos." Durch die Profanierung des göttlichen Namens, die Gründung der Kirche bzw. der Familie Seth, die geheimnisvolle sichtbare Himmelfahrt des Henoch, die Korruption der Sitten, die Urschöpfung der Giganten, die Geburt Noahs und seiner Söhne, die Vorbereitung Noahs zur Sintflut, die zivile und kirchliche Politik (utraque politica hujus temporis) jener Zeit und die Spuren der heiligen Geschichte bei den Heiden."[11]

Worin bestand nun aber die ,zivile Politik jener Zeit'? Alstedt hatte zuvor den „status politicus ante lapsum" als „simpliccissimus & ordinatissimus: ecclesiasticus similiter" charakterisiert.[12] Vor dem Sündenfall herrschte mit Adam der Mensch liebevoll über die gesamte Schöpfung, sowie über Eva, seine Frau: „Imperium erat blandum."[13] Aufgrund der Furchtlosigkeit des Menschen im Paradies hatte es keiner Gemeinschaften (civitates) oder Städte (urbes) bedurft, die einzigen Gesetze waren die Vorschriften Gottes und die Gebote der Vernunft gewesen: „Leges erant praecepta DEI, & dictamen rationis."[14]

---

11 Johann Heinrich Alsted, *Encyclopaedia, septem tomus divisa*, Herborn, 1630, ND Stuttgart/Bad Cannstatt 1989, Bd. 1, S. 2028.
12 Ebd., S. 2026.
13 Ebd., S. 2026.
14 Ebd.

Nach dem Sündenfall ist jedoch der *status politicus civilis* korumpiert: Auch für Alsted ist das Antediluvium die Epoche der hausväterlichen Herrschaft (,imperium paternum'), allerdings akzentuiert er den Sittenverfall aufgrund des Fehlens öffentlicher Gewalt: In der Familie Kains degeneriert die väterliche Herrschaft, bei Lamech schließlich bis zur Tyrannis über seine Frauen, die ebenso ungestraft bleibt, wie Kains Brudermord. Die Politik des Antediluviums ist bei Alstedt also ebenfalls durch das Fehlen einer den Familienverband über-schreitenden Herrschaftsmacht, sowie – trotz der entwickelten Wissenschaften jener Epoche – durch das Fehlen jeglicher öffentlicher Gesetze und ihrer schriftlichen Fixierung gekennzeichnet.[15] Der Sittenverfall kann daher schnell voranschreiten, zumal Strafen von den patres familiares nicht konsequent voll-zogen werden: Weder Adam bestraft Kain wegen des Brudermordes, noch Kain Lamech wegen seiner Vielweiberei.[16] Mit den Giganten erreicht der Sittenver-fall schließlich seinen Höhepunkt: „Violentia igitur, scortatio publica, Sodomia, magia, & similia peccata procul dubio tum eruperunt in nervum.“[17] Die Sintflut beendet in der Darstellung Alstedts also ein Zeitalter, das durch den Gegensatz von bereits entwickelter Wissenschaft und fehlender öffentlicher Herrschafts-gewalt gekennzeichnet ist und das aufgrund des fortschreitenden Sittenverfalls schließlich dem Zorn Gottes anheimfällt. Damit wird (auch?) beim Calvinisten Alsted die Sintflut zum Ausgangspunkt der Einsetzung staatlicher Gewalt als Garantiemacht menschlichen Zusammenlebens und blühender Wissenschaften. Die erste Monarchie ist nach Alsted das von Nimrod nach der Sintflut gegrün-dete babylonische Reich, dessen Ursprung er in das Jahr 1717 nach der Schöp-fung datiert.[18]

2. Politik im Antediluvium – Der Anfang staatlicher und kirchlicher Traditionsbildung in der katholischen Tradition

Anders als in den lutherischen und calvinistischen Lehrbüchern der Universal-geschichte datierte der französische Kanonist Petrus Gregorius Tolosanus in seinem *De re publica* den Ursprung der politischen Institutionen bereits in die vorsintlutliche Zeit; die Sintflut verliert damit ihren Charakter als entscheidende

---

15 Ebd., S. 2030: „Politiae civilis ratio haec fuisse videtur. Natu maximi in familiis bonorum erant summi magistratus. At nullus erat, qui facinora publice puniret. Leges nullae erant communi consensu constitutae.“

16 Ebd., S. 2028: „Et politia quidem civilis erat ista, Magistratus erant majores in familia. Imperium erat paternum: tametsi in familia Lamechi omnia fuerint plena minis & tyrannide. Nullae erant leges scriptae, sed communes notitiae erant instar cynosurae, quas Cainitae paulatim delere sunt conati. Mores ita erant comparati, ut qui una in familia essent; sequerentur patremfamilias (!). Ideo poenae non fuerunt inflictae. Nam nec Adam Cainum propter homicidium, nec Cainus Lamechum propter scortationem punivit.“

17 Ebd., S. 2029.

18 Ebd., S. 2032.

Zäsur der frühen politischen Institutionengeschichte, der ihr in den protestantischen bzw. calvinistischen Werken zugefallen war. Gregorius' Vorstellung einer vorsintflutlichen Monarchie bildet das Gegenmodell zu den protestantischen postdiluvialen Politogonien, weil hier die vorsintflutliche Epoche als Frühzeit politischer Institutionen gezeichnet wird. Bereits der Befehl Gottes an Adam, sich seine Umwelt Untertan zu machen, interpretiert der Kanonist als Einsetzung einer adamitischen Monarchie, die zudem in der Gottebenbildlichekit Adams verankert ist.[19]

Seit Adam und Eva Nachkommen zeugten wurde eine Herrschaft auch über die Menschen notwendig, die Gott allein im Paradies unmittelbar ausgeübt hatte. Nach dem Sündenfall hingegen mußte eine menschliche Herrschaftsform eingesetzt werden, die zunächst vorrangig die Erziehung der Kinder zu gewährleisten hatte: Adam als pater familias, dieses Bild entsprach soweit durchaus der Skizze von Melanchthon/Peucer. Mit Evas Nachkommen entstehen die ersten Familien, die zunächst getrennt lebten, sich dann aber erst zu einzelnen Dörfern (pagus), darauf zu Staaten (civitates) zusammenschließen. Diesen stehen bereits erste Könige vor, wie Gregorius unter Berufung auf Aristoteles Entwicklungsabfolge politischer Institutionen in der Politik II, 1 behauptet. Dabei integriert Gregorius die aristotelische Lehre von der natürlichen Geselligkeit des Menschen in seine Politogonie. Sie dient ihm als Erklärungsgrund für die frühe Entstehung einer Monarchie, die als natürliche Herrschaftsform jene von Beginn an existierenden menschlichen Gemeinschaften übergriff. Der erste Monarch war demnach Adam, der 930 Jahre, die gesamte Dauer seines Lebens herrschte: Unter der Monarchie Adams differenzierten sich die zwei Staaten: die civitas terrena der Kainsfamilie, die zur Tyrannis entartet und nach der Sintflut von Nimrod wieder errichtet wird. Die Sethnachfolger hingegen konstituieren die civitas Dei, an die ebenfalls postdiluvial angeschlossen wird. Mittels dieser Augustin folgenden Lokalisierung von civitas Dei und civitas terena bereits in der antediluvialen Geschichtsepoche zeigt sich eine kontinuierliche Institutionengeschichte von Staat und Kirche, die keinen Raum läßt für die Annahme einer herrschaftsfreien Frühphase des Menschengeschlechts. Die Sintflut spielt daher auch bei Tholosanus nur die Rolle einer relativen Zäsur, die zwar eine Geschichtsepoche beendet, dic aber hinsichtlich der Existenz zweier opponierender civitates institutionengeschichtlich letztlich ohne Bedeutung ist: Nimrod setzt die vorsintflutliche Tyrannis bald nach der Sintflut fort, so daß kirchliche wie politische Herrschaftsformen eine bis auf ihre Begründung im Antediluvium zurückreichende Tradition erhalten, deren Kontinuität durch die Sintflut nicht durchbrochen wird.

Auf 700 Seiten Folio focht der aus den Spanischen Niederlanden stammende Prager Professor der Moraltheologie, der Jesuit Karl Grobendonck gegen den Geist der falschen Politik, der ihm zu seiner Zeit im Machiavellismus und einer

---

19 Gregorius Tholosanus, *De republica*, Frankfurt, 1643, lib. 19, cap. 1.

säkularen Staatsräsonlehre entgegentrat.[20] Grobendonck verfolgte jenen kor-
rumpierten Politiktypus, der die wahren Tugenden politischer Herrschaft ver-
fehlte und die Autonomie profaner Politik behauptete, bis ins Antediluvium
zurück: Mit Kain breitete sich der von Grobendonck bekämpfte „spiritus pseu-
dopoliticus" auf Erden aus. Kain gründete seine Stadt Enochia, die zum Inbegriff und Hort gottloser Politik wurde. Ausschlaggebend ist für Grobendonck
Kains Begründung politischer Herrschaft durch einen bewußten Akt der Abwendung von Gott, durch den er gleichsam die Legitimationsbasis für seine eigene Herrschaft ertrotzt. Dabei unterstellte der Jesuit, dass Kain sein gottloses
politisches Regiment in der Absicht errichtete, einen kompletten Atheismus zu
etablieren – ein Topos der religiös motivierten Machiavelli-Kritik, die von Beginn an Machiavellis autonome Bestimmung des Politischen als im Kern anti-
religiös verstand wird so auf die Eischätzung der politischen Verhältnisse im
Antediluvium zurückprojiziert. Die Sintflut unterbricht in der Darstellung
Grobendoncks die fortgeschrittene Korruption der politischen Verhältnisse im
Reich der Kainiten mit ihrer atheistischen Stoßrichtung.[21] Im nachsintflutlichen
Bund Gottes mit Noah restauriert Gott den Menschen als Herren über die
Schöpfung und verpflichtet ihn auf die wahre Verehrung Gottes. Jedoch werden die Menschen wiederum dazu verführt, eine von Gott unabhängige politische Herrschaft zu errichten, die sich diesmal aber nicht mit einer offenen
Abwendung von Gott und seinen Geboten verknüpft. Nach der Sintflut ist es
vielmehr die Idolatrie, die den Menschen zum Abfall von Gott und in der Folge
zur Errichtung eigenmächtiger politischer Herrschaftsformen verleitet. Indem
die göttlichen Vollkommenheiten als Eigenschaften auf unterschiedliche Ge-
genstände verteilt werden und diesen religiöse Verehrung entgegengebracht
wird, wird der Herrschaftsanspruch des unsichtbaren monotheistischen Schöpfergottes nach und nach beseitigt. Die Idolatrie erweist sich so als geeignetes In-
strument zur Stabilisierung autonom profaner Herrschaftsansprüche, weil sie
die Verehrung des Volkes auf herrschaftsnahe religiöse Symbole zu lenken versteht. Der erste, der den Monotheismus durch Idolatrie ersetzt, ist Nimrod, der
Begründer der nachsintflutlichen Tyrannis, der gemeinsam mit der Städtegründung den Saturnkult errichtet, um seine Herrschaft zu festigen.

Die Sintflut ist bei Grobendonck also der Ausgangspunkt der Entstehung
und politischen Instrumentalisierung der Idolatrie, die ganz wie im frühneuzeitlichen Machiavellismus die Religion zur Legitimation profaner Politik
mißbraucht. Machiavellis Lehre von der Staatsraison rückt in Grobendoncks
Darstellung in eine ins Antediluvium zurückreichende heilsgeschichtliche Genealogie unfrommer, weil gottabgewandter Politik, die Gottes strafende Eingriffe provoziert.

---

20 Cf. dazu Herfried Münkler, *Im Namen des Staates. Die Begründung der Staatsraison in der
   Frühen Neuzeit,* Frankfurt a.M., 1987, zur katholischen Kritik bes. S. 117-126.
21 Carolus Grobendonck, *De ortu et progressu spiritus politici*, Prag, 1666, S. 202.

3. Präadamitentheorie und die Wahrscheinlichkeit vorsintflutlicher Reiche

Nachdem Isaak de La Peyrère 1655 seine Präadamitentheorie veröffentlicht hatte, erhielt die Behauptung vorsintflutlicher Reiche eine neue Brisanz.[22] La Peyrères These, dass bereits vor Adam Menschen die Erde bevölkert hätten, legte die Annahme vorsintflutlicher Reiche nahe, für deren Genese nun sowohl mehr Menschen als auch mehr Zeit zur Verfügung standen.[23] Mit La Peyrères Theorie wurde freilich die historisch-literale Aussagekraft des Mosaischen Berichts und damit die Suffizienz der Bibel als Lehrbuch der Universalgeschichte fraglich.[24] Die Diskussion der Existenz vorsintflutlicher Reiche und die Frage nach der Einschätzung der Sintflut für die frühe politische Institutionengeschichte mußte sich daher mit La Peyrères Präadamiten-Annahme auseinandersetzen. Eine Annahme, die von Bayle im Artikel ‚Kain' durch den Hinweis unterstützt wurde, dass Kains Furcht sich nur auf die Bedrohung durch fremde Völker bezogen habe konnte.[25] Und auch Morhof hatte im Kontext seines La Peyrère-Referats die These zitiert, dass bereits lange vor der Sintflut größere Reiche existiert hätten, vor deren Einwohnern sich Kain hatte fürchten müssen.[26]

Wenn man die zeitliche Ausweitung und damit die Partikularisierung der biblischen Chronologie in La Peyrères Sinne akzeptierte, dann wurde in der Tat die Annahme von bereits vor der Sintflut existierenden größeren Reichen wahrscheinlich. Zugleich wurden dann innerhalb der von La Peyrère eröffneten Perspektive einer außerbiblischen Menschheitsgeschichte die Zäsuren der biblischen Geschichte zu regionalen Ereignissen reduziert: die Sintflut konnte dann zum Ereignis vorrangig der jüdischen Geschichte werden, ohne weiterhin einen Stellenwert für die Geschichten anderer Völker zu besitzen.[27] Die menschliche Frühzeit rückte in der Folge aus dem zu eng gewordenen Rahmen des biblischen Berichts heraus – der paradiesischen und antediluvianischen Epoche konnten andere Ursprungsszenarien zur Seite treten oder diese gar ganz ersetzen. Der Anfang der Geschichte konnte von der entstehenden Geschichtsphilosophie neu vermessen und mittels säkularer Kulturentstehungslehren gedeutet werden.[28]

---

22 Isaac La Peyrère, *Praeadamitae sive Exercitatio super XII., XIII., et XIV. capitis quinti Epistolae D. Pauli ad Romanos, quibus inducuntur primi ante Adamum conditi*, o.O., 1655.

23 Cf. Serrgio Zoli, *Il preadamitismo di Isaac de La Peyrère nell'età previchiana e il libertinismo europeo del seicento*, in: Bolletino del Centro di Studi Vichiani 21,1991, S. 61-77.

24 Cf. Adalbert Klempt, *Die Säkularisierung der universalhistorischen Auffassung. Zum Wandel des Geschichtsdenkens im 16. und 17. Jahrhundert*, Göttingen et al., 1960.

25 Pierre Bayle, *Dictionnaire historique et critique*, Roteram, 1697, ND Genf, 1995, Bd. 2, S. 5 f.

26 Morhof, *Polyhistor*, Lübeck, 1747, ND Aalen, 1970, Bd. 1, S. 720 f.

27 Cf. Arno Seifert, „Von der heiligen zur philosophischen Geschichte. Die Rationaisierung der universalhistorischen Erkenntnis im Zeitalter der Aufklärung", in: *Archiv für Kulturgeschichte* 68, 1986, S. 81-117, bes. S. 95.

28 Cf. Helmut Zedelmaier, *Der Anfang der Geschichte. Studien zur Ursprungsdebatte im 18. Jahrhundert*, Hamburg, 2003, bes. Teil V und VI.

Ein aussichtsreicher Kandidat dafür war vor allem das chinesische Reich, das den Hebräern den Anciennitätsanspruch streitig machen und die Anfangskapitel der politischen Geschichte für sich reklamieren konnte. So hatte der Jesuit Martino Martini bereits in seinen ‚Sinicae historiae deca prima‘ (1658) das chinesische Reich von der Sintflut komplett ausgeklammert: China existierte nach Martini schon lange vor der Sintflut und war schon damals umfassend besiedelt; es wurde nicht von den sintflutlichen Wassermassen erreicht, die so zu einer Regionalkatastrophe des hebräischen Volkes depotenziert wurden.[29] In seinem ‚Historical essay endavouring a probability that the language of the empire of China is the primitive language‘ (1669) vertrat auch John Webb die Auffassung, dass die chinesische Sprache und das chinesische Reich die ältesten seien – auch wenn sie von der Bibel nicht erwähnt wurden, die ihren Status als suffizientes Lehrbuch der Universalgeschichte bei Webb bereits eingebüßt hatte.[30] Im Kontext der Marginalisierung der Bibel als universalgeschichtlichem Lehrbuch erhielt also die Frage nach der Existenz eines imperium antediluvianorum eine neue Tragweite. Die Annahme einer bereits entwickelten vorsintflutlichen Herrschaft in Form einer Monarchie oder Tyrannis, wie sie die erwähnten katholisch-jesuitischen Autoren vertraten, konnte geeignet scheinen vor dem Hintergrund der Präadamitendiskussion die Bibel als Lehrbuch der Universalgeschichte und damit die universelle Relevanz ihrer Zentralereignisse infrage zu stellen.

4. Das Antediluvium als Naturzustand bei Pufendorf und Dithmar

Alternativmodelle zum Monopolanspruch der bibelexegetisch verankerten historia sacra drohten jedoch noch von anderen Seiten – beispielsweise von der Naturrechtstheorie Pufendorfs, die von der lutherischen Orthodoxie sehr schnell als Angriff auf die historische Aussagekraft des Bibeltextes und die Verankerung des Naturrechts im status integritatis empfunden worden war.[31] Wenn Pufendorf auch innerhalb seiner naturrechtstheoretischen Werke den fiktiven Charakter der Naturzustandshypothese betonte und seine Anschauung vom Anfang der Geschichte unter bewußtem Absehen von der biblischen Überlieferung konzipierte,[32] so unterschied er doch zwei Varianten des Naturzustandes: Den rein abstraktiv gewonnenen „status merus aut absolutus“, der für sein Naturrechtssystem zentral war und den „status naturalis qui revera existitit“.[33]

---

29 Martino Martini, *Sinicae historiae decas prima*, München, 1658.
30 John Webb, *Historical essay endavouring a probability that the language of the empire of China is the primitive language*, London, 1669.
31 Cf. Detlef Döring, *Pufendorf-Studien. Beiträge zur Biographie S. v. Pufendorfs und zu seiner Entwicklung als Historiker und theologischer Schriftsteller*, Berlin, 1992.
32 Cf. Helmut Zedelmaier, *Der Anfang der Geschichte*, Hamburg, 2003, S. 24-34.
33 S. v. Pufendorf, *De officio II, 1*, Lund, 1673, ed. G. Hartung, Berlin 1997, S. 61 ff.

Diesen tatsächlichen Naturzustand bestimmte Pufendorf nicht als Zustand radikaler Vereinzelung, sondern als Zustand familiärer Eingebundenheit des Menschen.[34] Die Geschichte politischer Herrschaftsformen beginnt also für Pufendorf nicht mit dem vollständig auf sich gestellten Menschen, sondern mit der patria potestas als göttlicher Institution. Deshalb mußte Pufendorf auch nicht konsequent darauf verzichten, seinen historischen Naturzustand innerhalb der biblischen Geschichte zu verorten: Das Leben Adams und Evas nach dem Sündenfall pointiert Pufendorf nicht als herrschaftsfreien Zustand sondern als Zustand absoluten Mangels, der die ersten Menschen sofort zur Vergesellschaftung zwingt und die Herrschaft Adams begründet.[35] Die anfängliche patria potestas Adams ist also der status naturalis qui revera existit. Die nächste Phase, die Dissoziation der von Adams Söhnen gegründeten Familien, kommt nach Pufendorf dem abstraktiv ermitteltem reinen Naturzustand am nächsten, da sich die Söhne untereinander im Zustand natürlicher Freiheit befinden.[36]

Jenen innerhalb seines naturrechtlichen Hauptwerkes ‚De iure naturae et gentium' bereits innerhalb der biblischen Frühgeschichte lokalisierten wirklichen Naturzustand hat Pufendorf dann in der ‚Einleitung zur Historie der vornehmsten Reiche und Staaten' als faktischen Ausgangspunkt der Geschichte der Menschheit gewählt[37]: „Es kann ein jede(r) sich dieses leichtlich einbilden / daß nicht alsobald bey Anfang des Menschlichen Geschlechts sothane Staaten / als itzo sind / gewesen; sondern es hat in ersten Zeiten der Welt ein jeder Hausvater frey für sich selbst / und ausser Gewalt eines höhern gelebet / und sein Weib / Kinder und Gesinde gleichsam souverain regieret. Ja es kommt mir sehr glaublich vor / daß es die gantze Zeit über biß an die Sündfluth keinen Staat / so mit hoher bürgerlicher Herrschaft und Ordnung verfasset / gegeben; sondern daß keine andere Regierung als der Hausvater gewesen. Angesehen nicht glaublich scheinet / daß eine sothane abscheuliche Unordnung hätte können einreissen / wenn die Menschen der bürgerlichen Herrschaft und Gesetzen wären unterworffen gewesen. Wie denn nach eingerichteten Republiquen die Menschen niemals wiederum durchgehends in ein solches wüstes Wesen verfallen / daß Gott demselben nicht anders als mit einer allgemeinen äussersten Straffe steuren können / ungeachtet die innerliche Wurtzel des Bösen so wol nach / als vor der Sündfluth sich kräfftig befunden. Es scheinet auch / daß geraume Zeit nach der Sündflut dieser Stand der abgesonderten und einzelen Hausväter gedauret habe."[38] Im Fehlen eines staatlichen Zusammenschlußes der Familien erkannte

---

34 S. v. Pufendorf, *De officio II, 1*, § 6, Lund, 1673, ed. G. Hartung, Berlin, 1997, S. 61 f. Cf. auch Pufendorf, *De jure naturae et gentium* II, 2, § 4.

35 Cf. Hans Medick, *Naturzustand und Naturgeschichte der bürgerlichen Gesellschaft. Die Ursprünge der bürgerlichen Sozialtheorie als Geschichtsphilosophie und Sozialwissenschaft bei Samuel Pufendorf, John Locke und Adam Smith*, Göttingen, 1973, S. 52-63.

36 Cf. Thomas Behme, *Samuel von Pufendorf: Naturrecht und Staat. Eine Analyse und Interpretation seiner Theorie, ihrer Grundlagen und Probleme*, Göttingen, 1995.

37 Cf. dazu H. Zedelmaier, *Der Anfang der Geschichte*, S. 30-34.

38 S. v. Pufendorf, *Einleitung zu der Historie der vornehmsten Reiche und Staaten*, Frankfurt a.M., 1683, § 1.

Pufendorf vor dem Hintergrund der postlapsarischen Natur des Menschen die Ursache für den vorsintflutlichen Sittenverfall, den Gott schließlich nur durch eine umfassende Strafmaßnahme aufzuhalten vermochte. Die Entstehung von Staaten durch die Vereinigung mehrerer Familien zu einer societas civilis, in der die Familienväter zugunsten ihrer Sicherheit und ihres materiellen Wohlergehens auf ihre natürliche Freiheit verzichten, datierte Pufendorf erst in die Zeit nach der Sintflut.

In Pufendorfs historischer Verortung der Entwicklungsstadien seiner zunächst abstraktiv gewonnenen Naturrechtslehre war also die Sintflut eine entscheidende Zäsur. Pufendorf betrachtete die Sintflut gleichsam als Scheidewand zwischen einer vorstaatlichen menschlichen Gemeinschaftsbildung vorrangig innerhalb des Familienverbandes und den erst nach der Katastrophe der Sintflut einsetzenden Vergemeinschaftungsformen innerhalb von Staaten. Dabei betonte er nachdrücklich den Gewinn, der den bedürftigen und furchtsamen Menschen aus ihrer staatlichen Vereinigung nach der Sintflut erwuchs und verzichtete auch hier nicht darauf, die sittliche Erziehungsfunktion des Staates zu insinuieren: Das Fehlen staatlicher Regierungsmacht war ja die Ursache für den vorsintflutlichen Sittenverfall und dessen Sanktionierung durch Gottes Strafe. Die Menschen waren nicht in der Lage gewesen, ohne staatliche Macht und nur gemäß den Regeln des Naturrechts dauerhaft in angemessener Weise miteinander zu leben. Um in Zukunft derartige Strafszenarien wie die Sintflut zu verhindern, bedurfte es daher der Einsetzung staatlicher Gewalt als gleichsam latenter Strafinstanz. Die Erinnerung an die Katastrophe der Sintflut war in der Darstellung Pufendorfs dazu geeignet, die Notwendigkeit und Legitimität einer Staatsmacht zu begründen, die dem Sittenverfall entgegensteuerte und dem Menschen ein sicheres Leben ermöglichte. Dadurch kam dem Staat gleichsam eine Katechontenposition als Verhinderer zukünftiger göttlicher Strafgerichte zu.

Pufendorfs Leugnung eines vorsintflutlichen Reiches und seiner Übertragung der rechtsphilosophischen Entwicklungsstufen menschlicher Gemeinschaftsformen auf den biblischen Bericht schloß sich auch eine Dissertation an, die 1713 in Frankfurt an der Oder unter dem Geschichtsprofessor Justus Christoph Ditmar vom ‚Statu politico antediluviano‘ handelte. Sie knüpfte ausdrücklich an den ersten Paragraphen aus Pufendorfs ‚Einleitung in die Historie der vornehmsten Reiche und Staaten‘ an und verteidigte Pufendorfs Lokalisierung des Naturzustandes vor der Sintflut gegen Jakob Friedrich Reimmann.[39] Reimmann hatte in seiner ‚Historia literaria antediluviana‘ aufgrund der Bemerkung, dass Kain der erste Städtebauer gewesen sei, die Annahme vorsintflutlicher politischer Herrschaftsformen akzeptiert.[40] Im

---

39 Justus Christoph Ditmar, *Statu politico antediluviano*, Frankfurt a.d.O., 1713, S. 10: „Ut vero, quae clarissimus Auctor Hist. Lit. Antedil. P. 75, 76. Ex Geneseos IV. v. 17. & 20. VI. v. 1. & 4. Pufendorfio nuper objecit, subscriberemus, impetrare a nobis non potuimus."

40 Jacob Friedrich Reimmann, *Versuch einer Einleitung in die Historiam Literariam Antediluvianam*, 2. Aufl., Halle, 1727, S. 75 f. Zu Reimann cf. *Skepsis, Providenz, Polyhistorie. Jakob Friedrich Reimmann (1668-1743)*, hg. v. Martin Mulsow u. Helmut Zedelmaier, Tübingen, 1998.

Kontext der Zurückweisung der „lapeyrèrschen Träume" bezog Dithmar für
Pufendorf Stellung und wies auf den hohen Grad der Sittenverderbnis vor der
Sintflut hin, der die Annahme der Existenz einer öffentlichen Strafmacht – die
dann überdies für diese Sittenverderbnis zur Rechenschaft hätte gezogen werden können und die nirgends im biblischen Bericht erwähnt werde – wider-
legte.[41] Die Auffasung hingegen, dass es vor der Sitflut keine über den
Familienverband hinausreichenden politischen Vergemeinschaftungsformen
gegeben habe, stimmte nach Ditmar mit den Aussagen der antiken Philosophie, sowie mit der paganen Konzeption eines rechts- und herrschaftsfreien
Goldenen Zeitalters in der antiken Mythologie überein.[42] Gegen die aus La
Peyrères Praeadamitenlehre folgenden Absurditäten betonte Ditmar die Simplizität der vorsintflutlichen pastoralen Lebensweise, die zwar zum Zusam-
menschluß einzelner Familien geführt habe, nicht aber einmal zur Gründung
größer Städte, geschweige denn ganzer Reiche: „Cui enim in ea hominum pau-
citate talis Urbs usui?"[43]

Der ins Antediluvium verlegte Naturzustand war leichter mit der Bibel in
Übereinstimmung zu bringen als die Annahme einer präadamitischen Menschheit, die die Universalität der biblischen Offenbarung in Frage stellte und die
Annahme vorsintflutlicher Reiche wahrscheinlich machte. Kein Wunder also,
dass gerade in der Hochburg der lutherischen Orthodoxie, in Wittenberg die
Existenz eines imperium antediluvianorum mit besonderer Vehemenz bekämpft
worden war.

---

41 Justus Christoph Ditmar, *Statu politico antediluviano*, S. 9 f.: „Potissimum vero controvertitur,
utrum Familiae, de quibus diximus, in Civitates variasque Respublicas jam ante Diluvium coier-
int? quod Pufendorfius C.1.§1. *introd. Hist.* negat, quod fieri non potuisset, ut in corruptissi-
mum illum homines inciderint statum, si Imperio summo, Legibus atque judiciis fuissent
obnoxii, nec immerito. Etsi enim Rerumpublicarum post Diluvium status saepe fuerit turbatus,
nunquam tamen ad tam dissolutos mores vitamque deperditam, quam ante Diluvium egerunt,
prolapsi fuere homines, qui, Imperio legibusque paruerunt. Certe Sodomitarum atque Gabao-
nitarum apud Israelitas corruptus status inde quoque fuit ortus, quod nullius illi Imperio judi-
cioque fuerint subjecti. Nec parum nos in hac sententia confirmat, quod Historia Sacra nullius
Regis, Principis ac Magistratus, qui in ceteros imperium habuerit, mentionem faciat, etsi maxima
fuerit occasio. Qui enim magis increpari debuissent, quam Magistratus, quod homines suo ar-
bitrio vivere paterentur, sceleraque relinquerent impunita?"

42 Justus Christoph Ditmar, *Statu politico antediluviano*, S. 10: „Conveniunt, quae de Aurea aetate
scriptores profani commemorant, atque consentiunt veterum Politicorum Principes, Plato &
Aristoteles, quos Danaeus sequitur, ut aliorum testimonia nunc taceamus."

43 Justus Christoph Ditmar, *Statu politico antediluviano*, S. 11 f.: „Cum enim Cainus Urbem, ut
vulgo interpretatnur, extruxisse ibi dicatur, Rempublicam atque Civile imperium inde simul in-
fert Clarissimus Vir, quippe quo Urbs non magis carere possit, quam navis malo, horologium
perpendiculo & rotis &c. Verum etsi demus *Urbem*, ibi intelligi, Rempublicam tamen minus
recte inde putamus inferri. (...) Qui enim cum Josepho lib. 1. Antiq. c, 3. & Augustino de Civit.
Dei c. 15. 8. *Urbem multis aedificiis instructam, atque vallo, fossaque munitam* intelligunt, nae
fabulis atque conjecturis cum Isaac Peyrerio agant necesse est."

5. Das Antediluvium als Theokratie (Kirchmaier)

Georg Kaspar Kirchmaier behandelte die Frage nach den politischen Verhältnissen im Antediluvium mit der einem Wittenberger Geschichtsprofessor anstehenden Gründlichkeit in einer Disputation, die 1660 unter dem Titel ,De imperio antediluvianorum' erschien: Die Relevanz der Erörterung der politischen Verhältnisse vor der Sintflut unterstrich Kirchmaier dadurch, dass er die Ergebnisse der Disputation zwei Jahre später, nochmals um einige Zusätze ergänzt, als Bestandteil seines ,De paradiso, ave paradisi manucodiata, imperio antediluviano, & arca Noae, cum discriptione Diluvii' (Wittenberg 1662) veröffentlichte.[44] Dieses Buch enthielt vier Abhandlungen, 1. De paradiso (De paradisi contentis, ac in specie de arboribus, De fluminibus paradisi, De potioribus paradisi circumstantiis), 2. De ave paradisiaca, 3. De imperio antediluviano, 4. De arca Noae, Appendix: Beschreibung des Paradiß-Vogels. Als Absicht des Abschnitts ,De imperio antediluviano' benennt Kirchmaier die Klärung der Frage, auf welche Weise vor der Sintflut Herrschaft ausgeübt worden ist.[45] Dabei hebt er gleich eingangs die Schwierigkeiten eines solchen Unternehmens hervor, angesichts der bloß spärlichen Angaben des biblischen Berichts die vorsintflutlichen Herrschaftsverhältnisse zu rekonstruieren. Die antediluviale Vorzeit hat bei Kirchmaier bereis ihren traditionellen Status als wohl vertrautes, exegetisch adäquat zu erschließendes erstes Kapitel der Menschheitsgeschichte eingebüßt; sie wird vielmehr zur historisch prekären Epoche, da aussagekräftige Quellen über sie nur spärlich zu finden sind: Pagane Quellen über die Frühzeit des Menschengeschlechts, wie sie etwa Alstedt den biblischen Zeugnissen zur Seite gestellt hatte, zieht Kirchmaier aufgrund ihres zu geringen Alters nicht heran, so daß für ihn nur der biblische Text bleibt, dessen historische Deutung Informationen über das Antediluvium zu liefern vermag. Dabei reflektiert Kirchmaier die Selektivität der biblischen Quelle, die sich für die vorsintfluliche Epoche auf äußerst knappe Angaben allein der wichtigsten Handlungen der Patriarchen beschränkt. Kirchmaier zieht den Vergleich zu einer äußerst verknappten Chronistik, die etwa von Luther nur überlieferte, dass er nach 1500 lebte, das Wort Gottes reinigte und mehr als 20 Jahre in Wittenberg lehrte. Durch diesen Vergleich weist er auf die beträchtliche Differenz zwischen historischer Realität und ihrer quellenvermittelten Tradierung hin, die zugunsten der Konzentration auf herausragende Ereignisse die Rekonstruktion der Lebensumstände vernachlässige.[46]

---

44 Ich berücksichtige diese beiden Fassungen und beziehe die Ergänzungen aus der umfangreicheren zweiten mit ein.

45 Georg Caspar Kirchmaier (Praes.)/Melchior Eustachius Möller (Resp.), *De imperio antediluvianorum*, Wittenberg, 1660, § 1: „Antediluvianorum regimen, dignissimam indagine materiam, & post raritatem, sua se utilitate, in Politicam redundatura, commendantem, excussuri, ab Adamo, ad diluvium usque id, quoad ejus fieri potest, nos fore deductoros, praesignificamus."

46 Ebd., § 2: „In historia profanorum, nihil antea de rebus, a mundi incunnabulis, revera gestis, legere est."

Den Befehl Gottes an die Menschen, sich die Erde Untertan zu machen, interpretiert Kirchmaier als Einsetzung einer Herrschaft des Menschen über seine nicht-menschliche Umwelt, zu der ihn seine Gottebenbildlichkeit qualifiziert: „Novissime creatis simile fere post se, dominium constituturus in terris, hominem formavit (...) Hunc (hominem) imperare brutis, ut maximum Dynasta, splendidissimo inaugurabat imperio."[47] In diesem Zusammenhang kritisiert Kirchmaier die jesuitische Lehre, dass bereits im status integritatis eine politische Herrschaft bestanden und Gott Adam als Monarchen eingesetzt hätte. Sein direkter Gegner ist der Jesuit Paul Scherlogus, der in seiner Erörterung ‚De antiquitates Hebraicae' die auf Suarez und Arriaga gestützte These vertrat, dass mit Gottes Befehl an Adam, sich alle Tiere Untertan zu machen, das erste politische Regiment begründet worden wäre; Scherlogus berief sich seinerseits auf Suarez, der eine virtuelle politische Herrschaft bereits für den Unschuldsstand angenommen hatte, wenn dieser einen längeren Zeitraum gedauert hätte.[48]

Kirchmaiers ebenso simpler wie einleuchtender Vorwurf gegen die katholischen Autoren ist, dass diese die Herrschaft des Menschen über die Tiere (dominium) mit der Herrschaft des Menschen über Menschen (regimen) verwechselten.[49] Im Anschluß vermag er daher seine These zu exponieren, daß im Antediluvium keine politischen Gemeinschaften (res publicae, politiae) existierten. Mit dieser Auffassung wußte sich Kirchmaier in Opposition zur Tradition christlicher Politikvorstellung, in der die politische Vergemeinschaftung der Menschen auch im status integritatis weithin vertreten worden war – und zwar nicht allein von katholischen Autoren sondern auch von Lutheranern, wie etwa dem Arzt und politischem Aristoteliker Henning Arnisaeus, der mit seiner „Doctrina politica"[50] maßgeblich zur Ausbreitung und Konsolidierung des Faches Politik an den protestantischen Universitäten beigetragen hatte.[51] Arnisaeus hatte im Zusammenhang seiner politisch wie theologisch begründeten Ablehnung von Volkssouveränität, Herrschaftsvertrag und Widerstandsrecht die Übertragung absoluter Herrschaft von Gott auf Adam betont und gegen kontraktualistische Konzepte der Herrschaftslegitimation verwandt.

---

47 Ebd., § 3.

48 Ebd., § 3: „‚ac quidem' inquiens, ‚non immerito conjectatur P. Svarez, si status innocentiae diu stetisset, & usque in generis humani, magnum, per propagationem, incrementum durasset, fore, ut homines civitatibus, per varias regiones distributi, cum SUBJECTIONE ad Principem degenerarent, Magistratumque haberent Ecclesiasticum & Politicum: famulatus autem stricte concepti, alligata servili conditione, & tyrannidis vitata specie omni, Monarcha paterne gubernaret, adscitis in adjumentum Consiliariis, missis ProRegibus, qui, distantes nationes moderarentur cum omni humanitate, & a quibus, si aliquis statum innocentiae peccando violaret, coerceri posset." Diese Vorstellung eines von einem weisen König väterlich regierten Reiches im Paradies findet Kirchmaier auch bei Arriaga (Tom. 2, par. 1, disp. 43, sect. 2, num. 16, quaest. 69, art. 4) sowie bei Petro Gregorio Tholossanus: „Adamum, Politicum a Deo constitutum Monarcham, super reliquos fuisse, deprehendebamus."

49 Ebd., § 4.

50 Henning Arnisaeus, *Doctrina politica*, Frankfurt a.d.O., 1606, sowie acht weitere Aufl. im 17. Jhd.

51 Cf. Horst Dreitzel, *Protestantischer Aristotelismus und Absoluter Staat. Die ‚Politica' des Henning Arnisaeus*, Wiesbaden, 1970.

Kirchmaier stellt sich hier also konfessionsübergreifend gegen einen christlichen Aristotelismus in der politischen Theorie, der er eine Überinterpretation der sozialen Natur des Menschen vorwirft und die folglich falsche Rückschlüsse auf die frühe Entstehung politischer Institutionen ziehe. Gegen eine Überschätzung der natürlichen Fähigkeiten des Menschen nach dem Sündenfall und insbesondere gegen eine Überakzentuierung seiner gesellschaftlichen Natur betont Kirchmaier die göttliche Herkunft des Rechts und die göttliche Fundierung aller irdischen Herrschaft. Anders als die jesuitischen Autoren und auch im Gegensatz zu Arnisaeus behauptet Kirchmaier sowohl für den antelapsarischen Zustand als auch für die postlapsarische vorsintflutliche Epoche das vollständige Fehlen jedweder politischen Macht. Paradies und Antediluvium firmieren so bei Kirchmaier als herrschaftsfreie Zeiten, in denen der Mensch zunächst ohne Begierden und entsprechend auch ohne deren politische Eindämmungsnotwendigkeit exisitiert hatte: „Nobis (...) animo sedet certissime, Deum in integritatis statu, totum genus humanum, si in concreata bonitate perstitisset, immediate gubernaturum, & sine legibus humanis recturum familiarissimo consortio fuisse. (..) nullus enim quippe publicus jam tum extiterat, ante diluvium, Magistratus."[52] Kirchmaier untermauerte seine These von der Nicht-Existenz eines vorsintflutlichen Reiches durch den Hinweis darauf, dass nicht nur kein imperium, sondern nicht einmal eine Gemeinschaft (civitas), als erstes Glied der Reihe menschlicher Sozialisationsformen im Antediluvium bestanden habe. Dementsprechend konnte es im Antediluvium auch kein Majestätsrecht geben, da das Recht Gesetze zu geben, Magistrate einzusetzen, sowie das Recht des Krieges und des Friedens niemandem zukam. Ohne Majestätsrecht konnte freilich kein antediluvianisches Reiche und nicht einmal eine antediluvialen Politik existieren: „Demonstrandum unice nimirum, Imperium Antediluvianorum Politica caruisse Majestate. Argumentamur: Ubi nulla jura Majestatis, ibi Majestas proprie dicta & Politica haud est."[53] Gegen die Jesuiten und auch gegen die politischen Aristoteliker unter den Protestanten skizzierte Kirchmaier die vorsintflutliche Epoche als eine Phase der direkten Herrschaft Gottes über den Menschen, in der Gott der einzige Gesetzgeber war: „Legumlator Antediluvianorum saeculis, solus et imediate quidem DEUS erat."[54] Das von Gott gegebene natürliche Gesetz stellte die einzige Norm menschlichen Verhaltens vor der Sintflut dar; es war jedoch noch nicht schriftlich fixiert und der Mensch vermochte es nach dem Sündenfalls nur eingeschränkt zu erkennen. Daher wird die Sintflut zur entscheidenden Zäsur innerhalb der Geschichte der Politik und ist deutlich wichtiger als der hinsichtlich der politischen Theorie minimalisierte Sündenfall, den das Naturrecht ja im wesentlichen übersteht. Nach diesem Recht beurteilte Gott das menschliche Verhalten, es war das

---

52 Georg Caspar Kirchmaier (Praes.)/Melchior Eustachius Möller (Resp.), *De imperio antediluvianorum*, § 7.
53 Ebd. § 12.
54 Ebd., § 13.

Richtmaß nach dem Kain bestraft und Noah belohnt wurde.[55] Das Antediluvium erscheint so als Zeitalter der ausschließlichen Existenz des durch Gottes direkte Herrschaft garantierten Naturrechts, dessen Erkenntnis dem postlapsarischen Menschen nur noch teilweise zugänglich ist. Deshalb bedarf es immer wieder der direkten Eingriffe Gottes, die dem Naturrecht Geltung verschaffen – gegen die ausgeprägte Tendenz zu Sittenverfall und brutaler Rechtlosigkeit, wie sie Kirchmaier im folgenden als Merkmale des Antediluviums skizziert.

Nach dem Aufbrechen des adamitischen Familienzusammenhanges durch Kains Brudermord ist nach Kirchmaier die Einhaltung des göttlichen Gesetzes durch die Herrschaft der patres familiares nicht länger gewährleistet. Es geht vollends mit den Giganten verloren, die Sittenverfall und Rechtlosigkeit innerhalb ihrer Familien vorantreiben: Sie dokumentieren die Unfähigkeit des gefallenen Menschen aus seiner eigenen Natur rechtmäßig, d.h. entsprechend den von Gott gegebenen Naturgesetzen zu leben. Die Familienväter und Erstgeborenen beanspruchen das Vorrecht vor allen anderen, sie akzeptieren nur einander als gleich und erkennen niemanden außer Gott und Adam als ihnen übergeordnet an.[56] Kirchmaier zeichnet ein finsteres Bild der vorsintflutlichen Gigantenzeit: Die Giganten waren von großem Wuchs und Kraft, streng in ihrem Handeln und zumeist Schufte. Die Gewaltherrschaft über ihre Familien war nicht durch Gott eingesetzt, sondern war Resultat ihrer Anmaßungen.[57] Da die Giganten Kriege und Waffen liebten und weder eine öffentliche Herrschaftsmacht, noch ein Kriegsrecht existierte, herrschten sowohl innerhalb der Familien als auch zwischen ihnen Willkür und Fahrlässigkeit, nicht Freiheit und Gerechtigkeit – wie Kirchmaier gegen die These von der natürlichen Soziabilität des Menschen nicht müde wird zu betonen.[58] Das ausführlich erörterte Paradebeispiel für die weitverbreitete Rechtlosigkeit und Immoralität im Antediluvium ist für Kirchmaier der ausführlich erörterte Anspruch der Familienväter auf das Tötungsrecht an ihren Kindern.[59] In dieser Frage muß

55 Ebd., § 13: „Hic eas, quas homini primaevo insculpserat naturae leges, per lapsum equidem quadantenus obliteratas, conservavit tamen, suscitavit, applicavit. Secundum tenorem rigoremque harum, incedere oportebat quemvis. Nullus tum temporis sive Adam, sive Enoch, sive Methusalah, potestate quadam autokratorike & post deum, inter mortales summa, leges legitur tulisse."
56 Ebd. § 14: „nullus enim institutus, ante gladii usurpationem & novissima Nimrodi auspicia deprehenditur. Sed nec ullum publici Magistratus, mere Politicum imperium ac officium. Intra domum familiamque coarctabatur Regimen."
57 Cf. zur Bewertung der Riesen Walter Stephens, *Giants in those Days. Folklore, Ancient History and Nationalism*, Lincoln, 1989, bes. S. 58-97.
58 Ebd. § 16: „Belli autem armorumque, publico unius plurimumve auctoramento, usus nullus sancitus reperitur. Neque enim id temporis, gladii concessa usurpatio fuit. Ut quae post diluvium promulgata demum legitur. Coercitio quaedam equidem, intra suas, immorigeros continuerat vacerras. Poena potius spirituali, maledictionis puta & excommunicationis a sacro fidelium coetu refractarii Antediluvianorum affligebatur. Exemplo nobis est Cainus Gen. IV, 14. Et Enochus, ille coelo suscipi dignissimus praeco, solenni isto, & a D. Paulo, quoque frequentato anathematis fulmine (Maranatha) in rebelles detonans. Ep. Iud. V. 14. Vita spoliare alter alterum, ex jure nec poterat, nec debebat. Anomalia, si qua contigit, licentiam nequitiamve, non libertatem, non justitiam redolebat. Deo namque vitae necisque relinquenda arbitraria erant in solidum."
59 Ebd., § 17: ‚Utrum jus vitae ac necis Patriarchis in liberos competierit an secus?'

Kirchmaier sich freilich wegen mangelnder biblischer Belege aus vorsintflutlicher Zeit auf pagane Quellen berufen, wie u.a. auf Caesars *Bello gallico*, in dem von dem Recht der Kelten nicht nur über das Leben ihrer Kinder sondern auch über das Leben ihrer Ehefrauen berichtet wird.

Aus den Beispielen der Verfügungsgewalt des Vaters über das Leben der Kinder zieht Kirchmaier folgende Schlußfolgerung: Die Tötung von Kindern durch ihren Vater belegt allein die Verbreitung von roher Gewalt und Sittenlosigkeit im Antediluvium, nicht aber die Existenz eines in der menschlichen Frühzeit existierenden Tötungsrechts: „Vim indicant, non probant legem, talia exempla."[60] Aufgrund der menschlichen Unfähigkeit das Recht einzuhalten, war Gott also immer wieder genötigt, strafend und ermahnend direkt in die Geschichte einzugreifen. Der erste göttliche Eingriff ist die Verfluchung des Brudermörders Kain. Im Zusammenhang mit der Kain-Episode formuliert Kirchmaier seine Zurückweisung der Präadamitentheorie Isaak de la Peyrères: Der einzige Beleg, auf den sich La Peyrère scheinbar berufen könnte, ist die Stelle, an der Kain seine Furcht ausdrückt, dass ihn erschlagen würde, wer ihn fände. La Peyrère hatte diese Furcht nicht ohne Scharfsinn als Hinweis auf die Existenz von Menschen interpretiert, die nicht zur adamitischen Familie gehörten. Anders als etwas später Morhof und Bayle bezeichnete Kirchmaier diese Schlußfolgerung jedoch als ‚entkräftet' und ‚morsch' – Kains Furcht sei kein Erschrecken, sondern eine Verzweiflung gewesen, die sich nicht allein auf seine gegenwärtige Situation, sondern vor allem auf die Zukunft bezogen und so die Furcht vor einer erst zukünftig größeren Zahl an Menschen eingeschlossen hätte.[61]

Die an sich nicht weiter erstaunliche Ablehnung der Präadamitentheorie durch den Wittenberger Lutheraner Kirchmaier paßte gut zu dessem Argumentationsziel, der Ablehnung einer Rückdatierung politischer Herrschaftsformen ins Antediluvium. Indem an der Priorität und Singularität des biblischen Berichts axiomatisch festgehalten wurde, sollte es keine politische Frühgeschichte geben, die auch in der Bibel nicht erwähnte Reiche wie das chinesische einbezog oder die Hochdatierung ägyptische Dynastien ins Antediluvium ernst nahm (Kircher). Die Ablehnung von La Peyrères Öffnung des Geschichtsraumes über den biblischen Bericht hinaus war daher für Kirchmaiers Erörterung der Existenz eines vorsintflutlichen Reiches konstitutiv – und ersparte ihm eine

---

60 Ebd. § 18.

61 Ebd. § 21: „Unicus fere impedimento justo ese videbatur, locus Gen. IV, v. 14. Conqueritur Cainus enim: ‚abscondam me & ero vagus & profugus in terra, & sicut, ut omnis inveniens me, occidat me'. Ubi non est ut Isaaci Peyrerii. Portentosi nuper PraeAdamitarum Plastis, auscultemus sive deliriis, sive somniis. Fingit quippe, ut notum est, & nescio quod Herculeum inde sibi architectatur, pro suis, si diisplacen PraeAdamitis, munimentum. ‚Quem', inquit, ‚reverebatur occisorem Cain? Patremne an matrem? Plures certe jam ante hoc extitisse, omnino est necesse, homines.' Diluta haec Logica est, & collectio perquam cariosa. (...) Reformidavit nimirum non de praesenti tantum, sed de futuro quoque suos fratricidia justissimos nitores. Conscientia mille testis & infortuniorum meritorum augur, objectum quocumque non expavescit modo, sed desperat prope. Et putabimus ne duos aut tres duntaxat, Caini temporibus, superstites fuisse homines, licet plures a scriptore sacre non sint memorati. Veruntamen de his alii."

Menge Arbeit. Nur indem der Blick ganz auf die biblische Geschichte fokussiert bleibt, kann Kirchmaier ohne größere Schwierigkeiten an seiner These festhalten, dass vor der Sintflut keine politischen Großverbände und folglich kein menschliches Recht zur Gewaltausübung (ius gladium) existiert habe: Noch behält Gott sich die Ausübung Todesstrafe selbst vor.[62]

Kirchmaier beendet seine Untersuchung mit einer Erörterung der Staatsform in vorsintflutlicher Zeit. Das Ergebnis ist natürlich, dass keine der drei klassischen aristotelischen Staatsformen – Monarchie, Aristokratie, Demokratie – aber auch keine Mischverfassung in jene Zeit vor die Sintflut zurückverfolgt werden kann.[63] Ausführlicher beschäftigt sich Kirchmaier mit der verbreiteten These, dass die Monarchie bereits vor der Sintflut ausgeübt worden wäre. Gegen diese Ansicht betont er, dass es im Antediluvium keine Monarchie geben konnte, weil es keinen Monarchen und kein Majestätsrecht, keine „summa in civitate potestats" gegeben habe.[64] Selbst Adam könne nicht als Monarch bezeichnet werden; er genoß zwar Verehrung und ihm kam hohe Autorität zu, es gab aber keine positiven Gesetze durch die er als Monarch qualifiziert worden wäre; außerdem konnte er auch keine politische Macht ausserhalb seiner Familie ausüben.[65]

Kirchmaiers Zurückweisung der Auffassung, dass bereits Adam eine monarchische Herrschaft ausgeübt hatte, besaß eine politiktheoretische Tragweite, die deutlich über den Wittenberger Horizont und auch weit über den historisch-theologischen Diskussionskontext hinausreichte, innerhalb dessen sie Kirchmaier aufgegriffen hatte. Im Kontext der Frage nach dem Divine Right of Kings war es für die Legitimationsstrategien monarchischer Herrschaft ausschlaggebend, ob die absolute Monarchie gleichsam als natürliche Herrschaftsform galt, die Gott durch die Inthronisation Adams als Monarchen bereits im Paradies eingesetzt hatte. Dann konnte nämlich die absolute Gewalt der Könige von den monarchischen Vollmachten abgeleitet werden, die Gott Adam verliehen hatte. Die absolute Monarchie erschien dann als natürliche, weil von Gott zu Beginn der Schöpfung eingesetzte Form menschlichen Zusammenlebens, das ausserhalb eines monarchisch geführten Herrschaftsverbandes undenkbar war. Gegen die Ableitung der Majestätsrechte aus einer iure divino eingesetzten Machtvollkommenheit Adams richteten hingegen die Vertragstheoretiker ihr Modell eines herrschaftskonstituierenden, freiwilligen Zusammenschlusses ursprünglich freier und gleicher Menschen.[66]

---

62 Ebd. § 22: „Ac supra quoque dictum fuit, quomodo non tantum peculiare capitis supplicium, soli sibi, tum temporis, reservavit vindex Deus, sed & a posteriori tantundem liceat colligere, quando a diluvii demum tempestate, publice institutus & concessus licet non actutum de praesenti, sed futuro intelligendus, gladii usus fuit."

63 Ebd. § 24: „Remotis & sublatis omnibus speciebus, tollitur & removetur quoque genus. Atqui remota, tempore Antediluvianorum, Monarchia, Aristocratia, Democratia, & Republica mixta, tolluntur ac removentur omnes species. Ipsa igitur Republica etiam removebitur ac tolletur."

64 Ebd. § 25: „Nego fuisse temporibus Antediluvianorum Monarchiam. Monarcha enim nullus. Sed nec Majestas. (...) Nulla talis, inter Antediluvianos, persona Majestatica."

65 Ebd., § 25.

66 Vgl. W. Kersting, *Philosophie des Gesellschaftsvertrags*, Darmstadt, 1994.

Ein gleichsam natürliches, von jeher bestehendes Divine Right of Kings konterkarierte jedoch die Lehre vom Herrschaftsvertrag, weshalb sich auch John Locke 1690 noch viel ausführlicher als Kirchmaier mit der These von der absoluten Herrschaft Adams im Paradies und Antediluvium auseinandersetzen mußte. Im gesamten ersten der zwei ‚Treatises on Government' beschäftigt sich Locke mit einer detaillierten Widerlegung der Annahme Sir Robert Filmers, dass Gott Adam als ersten Monarchen mit absoluter Machtfülle einsetzte und dass die monarchische Herrschaftsmacht dann von Adam durch Erbfolge an seine Söhne weitergegeben worden sei.[67] Vor dem Hintergrund der Versuche der katholikenfreundlichen Stuarts in England eine ähnliche Vormacht des Königs zu erringen, wie sie Ludwig XIV. in Frankreich besaß, hatte Filmers kontinuierliche Ableitung der monarchischen Rechte seit Adam Verbreitung gefunden. Locke bekämpfte sie so ausführlich, um Raum zu schaffen für seine im zweiten Treatise an die Kritik des Adam monarchus anschließende Konzeption eines den herrschaftsfreien Naturzustand überwindenden freiwilligen Gesellschaftsvertrages und eines aus diesem ableitbaren Widerstandsrechts. Hier zeigte sich die aktuelle politische Tragweite jener nur scheinbar ausschließlich gelehrten Diskussionen um das Königtum Adams und die vorsintflutliche Politik.

Das Antediluvium hatte bei Kirchmaier also jede potentielle Vorbildfunktion für irdische Herrschaftsformen verloren. Kirchmaier charakterisiert es vielmehr als Epoche der direkten Herrschaft Gottes, in der Gott den gefallenen Menschen durch seine Güte und Milde noch unvermittelt gegenübergetreten war. Für diese Herrschaftsform greift Kirchmaier die Bezeichnung ‚Theokratie' auf: In Übereinstimmung mit der opinio communis des frühneuzeitlichen Theokratiediskurses verstand Kirchmaier unter Theokratie nicht die Machtfülle geistlicher Herrschaft, sondern das immediate Regiment Gottes über den Menschen.[68] Der Theokratiebegriff fungierte bei ihm als Ergänzung der klassischen griechischen Staatsformentrichotomie, die für das Antediluvium sämtlich nicht zutrafen.

Das besondere an Kirchmaiers Verwendung des Theokratiebegriffs war dessen Anwendung auf die direkte Gottesherrschaft *vor* der Sintflut. Der Fokus der seit Grotius und Cunaeus lebhaft geführten Theokratiediskussionen lag gewöhnlich auf der Erörterung der jüdischen Regierungsform nach dem Auszug aus Ägypten unter Moses und *vor* der Einsetzung der Königsherrschaft. In diesem Sinne hatte auch Kirchmaier in einer späteren Disputation die Staatsform der Hebräer von Moses Zeiten an bis zu den Königen bestimmt.

Das Antediluvium erschien somit in der Darstellung Kirchmaiers als ein Vorläufer der hebräischen Theokratie zu Moses Zeiten, nur dass es vor der Sintflut

---

67 J. Locke, *Two treatises of Government*, London, 1690, Treat. 1; zu Robert Filmer vgl. Peter Laslett, *Patriarcha, and other political Works of Sir Robert Filmer*, Oxford, 1949.
68 Cf. dazu W. Hübener, „Die verlorene Unschuld der Theokratie", in: J. Taubes (Hg.): *Religionstheorie und Politische Theologie, Bd. 3: Theokratie*, München, 1987, S. 29-64.

diejenige Regierungsform darstellte, die Gott nicht nur seinem erwählten Volk gegenüber, sondern noch über alle Menschen ausgeübt hatte. Kirchmaier erweiterte damit den historischen Einzugsbereich des Theokratie-Konzepts nach rückwärts in die vorsintflutliche Epoche hinein, wo sie gleichsam zum göttlichen Experiment mit der gefallenen Menschheit als ganzer wird.[69] Nach dem Scheitern dieses Experiments in den Wogen der Sintflut bedient sich Gott jener immediaten Regierungsform nur noch zur Lenkung seines auserwählten Volkes.[70] Aufgrund des Scheiterns jenes Experimentes einer direkten göttlichen Herrschaft über *alle* Menschen wird die Theokratie nach dem Sündenfall zur priveligierten Staatsform des von Gott erwählten Volkes und also auf die Hebräer beschränkt, die bis zur Entstehung des Königtums unter theokratischer Herrschaft standen – wie Kirchmaier mit Cunaeus betont.[71] Allerdings wurde diese Theokratie durch den Noachidischen Bund Gottes nachsintflutlich auf ein gesetzliches Fundament gestellt. Die nicht-hebräischen Völker hingegen stehen nach der Sinflut nicht länger unter der unmittelbaren Herrschaft Gottes, sondern für sie setzt Gott Herrscher ein. Das Musterbeispiel dafür ist die Gründung von Nimrods Reich nach der Sintflut, mit dem auch für Kirchmaier die Geschichte irdischer Staatlichkeit beginnt.[72]

---

69 Vgl. auch Wolfgang Christoph Wenner/Georg Caspar Kirchmaier, *Rempublicam Hebraeorum publicae sistent disquisitioni (...)* Wittenberg, 1671, f. A 4v: „Quae ergo cunque Majestatis jura hactenus exercebantur, illa solum Deum sibi vendicasse, cum quo in societatem regni venire extrema dementia fuisset, ex hactenus dictis constare arbitramur. Hinc non difficile erit expositu, quaenam Reipubl. Hebraeorum forma fuerit a tempore Mosis ad ipsos usque Reges. Quantenus enim unus potestate summam sibi servavit, eatenus Monarchiam vi nominis dicere posses: ast quoniam ex mortalium numero non fuit (...)formae vero usu receptae pro mortalium imperiis sunt excogitatae, ideo Flavius Josephus persignificanter qeokratian vocavit quasi tu ejusmodi civitatem dixeris, cujus praeses rectorve solus Deus sit, uti Petrus Cunaeus (...) judicio.‟

70 Kirchmaier, *De imperio antediluvianorum*, § 27: „Theocratiam iam si quis adjudicare primis illis seculis voluerit per nos non difficulter stabit. A DEo enim singulari quodam & extraordinario regimine, non interim exclusa domestica correctione, gubernatos tum fuisse mortales, jam sumus aliquoties professi. Voluerat nimirum gloriosus conditor, lapsum quoque genus hominum, pro ea, qua est, misericordia immensa, non unius pluriumve libidini ac dominationi serviliter addicere; sed experiri primum, utrum ex post facto etiam mercaturi cautius essent, & ab ipsius Dei spiritu se regi paterentur? jugem Creatori & Conservatori summo, praestituri observantiam. Verumtamen medullitus corrupti, radicitusque depravati mortales, ne hic quidem divino subscripsere bene placito. Hinc illa superium adducta Numinis querela: ‚nolunt se homines a meo amplius gubernari spiritu.‛ Excitandus Nimrodus erat, qui Noachides licentiores justo, constringeret arctius, & pro suo dein arbitratu compesceret maleferiatos.‟

71 Vgl. Petrus Cunaeus, *De republica Hebraeorum Libri III*, Leiden, 1617, cap.1, wo Flavius Josephus' Einschätzung der alten hebräischen Herrschaftsform als Theokratie zitiert wird.

72 Kirchmaier, *De imperio antediluvianorum*, § 28: „Finito igitur catholico illo orbis cataclysmo, cum noviter se, divinae benedictionis accessu multiplicassent homines, cunctos supereminere coeperat, dilataveratque Imperia Nimrodus. Quae ipsius Dominatio, licet sine violentiae admixtione, introducta haud fuerit, ipsa tamen, qua gavisus fuerat, Majestas, a solo & immediate quidem, dependebat DEo. Neque enim est potestas talis, nisi ab eo. Cum itaque nullum vel memorabile, vel potens, vel continuatum, extra Nimrodi legatur extitisse imperium; ab ejus aevo auspicanda fuerit Respublica. Hactenus enim civitatem duntaxat vestigare & ostendere poteramus.‟

In Kirchmaiers Ausführungen besitzt die Sintflut also einen relativ komplexen Zäsurcharakter innerhalb der frühen politischen Institutionengeschichte: Erst mit dem Noachidischen Bund manifestiert sich das Naturrecht äußerlich; es stellt fortan das Richtmaß der hebräischen Theokratie dar. Bei den nicht-hebräischen Völkern kann es nur durch menschliche Regierungsgewalt durchgesetzt werden. Die Vorschriften des göttlichen Naturrechts besaßen bereits im Antediluvium universelle Gültigkeit; sie waren aber aufgrund der postlapsarischen Erkenntnisschwäche des Menschen und aufgrund des Fehlens einer fixierten Offenbarung gleichsam verborgen und nur in den direkten Eingriffen Gottes in die Geschichte unmittelbar zu erkennen. Das änderte sich erst nach der Sintflut durch den Noachidischen Bund, der die universellen Prinzipien des Naturrechts und vor allen das Tötungsgebot explizit formulierte und Noah als dem Stammvater aller nachfolgenden Völker zur Tradierung überantwortete.

Den Zäsurcharakter der Sintflut in Bezug auf die äußere, allen Menschen zugängliche Manifestation des Naturrechts hatte auch die Naturrechtskonzeption John Seldens unterstrichen: Auch Selden hob den nachsintflutlichen Noachidischen Bund als erste äußere Manifestation der Naturrechtsnormen hervor.[73] Wie Kirchmaier hatte Selden die Erkenntnismöglichkeit der Naturrechtsnormen im Antediluvium ebenfalls als beschränkt eingeschätzt; trotz ihrer universellen Gültigkeit konnten sie vor dem Sündenfall zunächst nur von wenigen Menschen durch direkte Illumination (mittels des intellectus agens) eingesehen werden. Für alle Menschen aber wurden sie erst nach der Sintflut durch den allgemeingültigen Bund Gottes mit Noah erkennbar und durch den expliziten göttlichen Befehl verbindlich.[74]

Durch diese Darstellung wurde die Offenbarungsangewiesenheit des gefallenen Menschen akzentuiert, der aus eigener Kraft selbst jene fundamentalen Rechtsprinzipien nicht hinlänglich einzusehen vermochte. Die postlapsarische Korruption der menschlichen Natur war für Kirchmaier denn auch die Ursache, warum der vorsintflutliche Versuch einer unmittelbaren Herrschaft Gottes ohne äußere Offenbarung scheiterte und mit der katastrophalen Sintflut endete.

Die Sintflut erscheint bei Selden und Kirchmaier als dasjenige Ereignis, mit dem Gott das Experiment beendet, über den Menschen direkt und ohne eine äußere Offenbarung von Naturrechtsnormen zu herrschen, die der Mensch jedoch aufgrund seiner gefallenen Natur nicht von selbst einzusehen in der Lage ist. Zugleich ist die Sintflut die Zäsur für die Einsetzung politischer Herrschaft, die an die Stelle der direkten Herrschaft Gottes tritt. Die Erinnerung an die Sintflut wird so zur Erinnerung an eine Katastrophe, die die Unfähigkeit des gefallenen Menschen sanktioniert, aus eigener Kraft die naturrechtlichen Gebote erkennen und ihnen gemäß unter der direkten Herrschaft Gottes leben zu

---

73 John Selden, *De jure naturali et gentium, juxta disciplinam ebraeorum, libri septem*, London, 1640, I, 8.

74 Vgl. dazu Sergio Caruso, *La miglior legge del regno: consuetudine, diritto naturale e contratto nel pensiero e nell'epoca di John Selden*, Giuffré, Milano, 2001, bes. S. 709-721.

können. Die Sintflut wird als Katastrophe erinnert, die die Notwendigkeit der Einsetzung intermediärer menschlicher Herrschaftsformen legitimiert und die äußere Offenbarung der Naturrechtsnormen motiviert.

6. Vicos nachsintflutliche Gigantenzeit

Die vorsintflutliche Gigantenzeit hatte bei Kirchmaier gleichsam als Inbegriff der rechtlosen Verhältnisse, die zur Katastrophe der Sintflut führten, gedient. Die Vorstellung einer anfänglichen Epoche der Gigantenherrschaft fand sich bekanntlich auch noch im Rahmen von Vicos säkularer Kulturentstehungstheorie in seiner *Nuova scienza* – allerdings mit dem wichtigen Unterschied, dass Vico die Giganten in die Zeit unmittelbar nach der Sintflut datierte und ihre Existenz und Lebensweise nicht länger aus biblischen Zeugnissen, sondern aus paganen Quellen, allen voran aus der Ilias rekonstruierte. Die Gigantenzeit in den sintflutfeuchten Wäldern war für Vico der Ausgangspunkt der Entwicklung der archaischen Rechtsverhältnisse, die von der göttlichen Vorsehung angeleitet wurden. Trotz des Sittenverfalls und der anfänglichen Brutalität des Rechts führte die Gigantenherrschaft bei Vico jedoch nicht in die Katastrophe, sondern setzte diese bereits voraus. Das Gigantenzeitalter ist also in der Geschichtskonstruktion Vicos nicht länger in die antediluviale Epoche entgrenzt, sondern Ausgangspunkt einer historischen Entwicklung, in deren Verlauf Gott nicht mehr durch Katastrophen eingreift.

Das Modell des Scheiterns direkter göttlicher Herrschaft im Antediluvium wurde bei Vico durch ein postdiluviales Erziehungsmodell ersetzt, in dem die Menschen durch die anfänglich direkte Furcht vor göttlichen Eingriffen in Blitz und Donner nach langer Zeit zur Entwicklung eines humanen Rechtssystems gelangen. Vico kommt mit langsamen Fortschritten innerhalb seiner drei Zeitalterlehre aus; es gibt keine radikalen Zäsuren mehr wie die Sintflut, nur noch das stets gleiche Wechselspiel von corsi und ricorsi historischer Entwicklung. Obwohl Vicos Geschichtsphilosophie den biblischen Rahmen äußerlich scheinbar akzeptiert, entfaltet sie erst nach der Sintflut und vor dem Hintergrund einer stabilen Naturordnung ihre Erklärungsmodelle. Die Geschichte des jüdischen Volkes spielte deshalb bei Vico eine so marginale Rolle, weil sie nicht den von Vico für alle anderen Völker reklamierten Entwicklungsgesetzen unterliegt. Mit der Entstehung der Pluralität der Völker nach der Sintflut scheidet für Vico das jüdische denn auch aus seinen Betrachtungen vollständig aus. Das jüdische Volk nämlich ist als einziges nicht jenem Gedächtnisverlust ausgesetzt, den alle anderen erleiden und der gleichsam den Ausgangspunkt der nachsintflutlichen Kulturentstehung aller nicht hebräischen Völker bildet.[75]

---

75 Vgl. Olivier Remaud, „D'une philosophie de l'histoire à une philosophie de la mémoire", in: *L'Art du Comprendre* IV, 1998, 7, S. 115-138.

Dieser Gedächtnisverlsut wird bei Vico als Resultat eines natürlichen Degenerationsprozesses beschrieben, der direkt nach der Sintflut einsetzte und zur Aufgabe der rechten Religion, der Sitten, schließlich auch der Schrift und Sprache und damit zur Entstehung der riesigen Giganten führte. Mit ihnen bricht jede über die physische Weitergabe der Muttermilch hinausreichende humane Tradition ab. Vico beschreibt das bis ins physiologische Detail hinein abschreckend anschaulich. Von den Gründern der heidnischen Menschheit heißt es: „da sie sich ferner auf diese Weise in alle Richtungen zerstreuten, um Nahrung und Wasser zu suchen, und da schließlich die Mütter ihre Kinder im Stich ließen, mußten diese allmählich heranwachsen, ohne eine menschliche Stimme zu vernehmen oder gar eine menschliche Sitte zu erlernen; daher gingen sie in einen völlig bestialischen und tierischen Zustand über. In diesem Zustand mußten die Mütter wie Bestien ihre Kinder nur stillen, sie aber sonst nackt in ihrem eigenen Kot sich wälzen lassen und sie für immer im Stich lassen, sobald sie der Brust entwöhnt waren; und da diese sich nun in ihrem Kot wälzen mußten, der mit seinen Nitratsalzen die Felder auf wunderbare Weise düngt, da sie sich anstrengen mußten, um durch den großen Wald zu dringen, der wegen der noch wenig zurückliegenden Sintflut äußerst dicht sein mußte (für diese Anstrengungen mußten sie einige Muskeln ausweiten, um andere anzuspannen, weswegen die Nitratsalze in größerer Menge in ihre Körper eindrangen), und da sie keine Furcht vor Göttern, vor Vätern, vor Lehrern hatten, die den strotzenden Wildwuchs des Kindesalters mäßigt, mußten sie an Fleisch und Knochen maßlos zunehmen, zu kräftigen und starken Wesen heranwachsen und auf diese Weise zu Giganten werden."[76]

Bei Vico fungierte die Sintflut und der durch sie ausgelöste komplette Gedächtnisverlust also als Ausgangspunkt der Geschichte aller nicht-jüdischen Völker, deren Entwicklung vom langsamen Wirken der göttlichen Vorsehung bestimmt wird. Seit der Sintflut besteht die fortan fundamentale Unterscheidung zwischen paganen Völkern und Heiligem Volk. Damit hält Vico – anders als etwa zeitgleich Voltaire – zwar noch an der Universalität der Sintflut fest, die für die Entwicklung aller Völker der absolute Anfangspunkt ist. Der komplette Gedächtnisverlust der nachsintflutlich degenerierenden Menschen implizierte jedoch eine Entgrenzung des Antediluviums und auch der Sintflut selbst, deren Andenken nicht von allen Völkern, sondern allein in der jüdischen Tradition bewahrt wurde. Die Erinnerung an die Sintflut verschwindet also in Vicos Modell aus dem kollektiven Gedächtnis der Völker und wird allein von der jüdischen Tradition bewahrt und schließlich schriftlich fixiert. Das Verschwinden der Sintflut schafft so Raum für eine kontinuierliche Entwicklungsgeschichte des Entstehens und Vergehens von Völkern in einem homogenen geschichtlichen Raum, in dem die natürlichen Entwicklungsgesetze gelten, die Vico zu erkennen beanspruchte.

---

76 Giovanni Battista Vico, *Prinzipien einer neuen Wissenschaft über die gemeinsame Natur der Völker*, übersetzt v. V. Hösle u. C. Jermann, Hamburg, 1990, Teilbd. 2, Buch 2, Prolegomena (369), S. 165 f.

Johannes Buno: Säulen des Seth (Adams Stam Baum), in ders.: Historische Bilder,
Lüneburg 1672. Abb. aus Gerhard Strasser: Emblematik und Mnemonik der
Frühen Neuzeit im Zusammenspiel, Wiesbaden 2000, S. 82.

JAN ASSMANN

Das gerettete Wissen. Flutkatastrophen und geheime Archive

Unter den vielen Aspekten, die die Themen Sintflut und Gedächtnis miteinander verbinden, zeichnet sich einer durch eine besonders lange, bis in die Antike zurückreichende Überlieferungsgeschichte aus. Das ist der Topos der Sintflut als einer Gedächtniskatastrophe, der sich mit der Deutung uralter, unlesbar gewordener Inschriften als Aufzeichnungen vorsintflutlichen Wissens verbindet. Viele Völker der Antike lebten inmitten rätselhaft gewordener Relikte eines um weitere Jahrtausende zurückreichenden Altertums. In Mesopotamien, wo der biblische Flutmythos seinen Ursprung hat, rühmt sich schon der neuassyrische König Assurbanipal im 7.Jh. v. Chr., Inschriften „aus der Zeit vor der Flut" lesen zu können.[1] Er scheint der erste jener Eingeweihten zu sein, die ihr überragendes Wissen aus dem exklusiven Zugang zu vorsintflutlichen Aufzeichnungen beziehen. Im 1. Jt. v. Chr. erblickte man in den Ruinen des 3. Jt. die Monumente eines „klassischen" Altertums und eines zugleich fremd und vorbildlich gewordenen Goldenen Zeitalters. Einen noch stärkeren Fremdheitseffekt mußten solche Relikte auf Völker ausüben, die jede kulturelle Kontinuität mit den ursprünglichen Errichtern verloren haben, wie etwa in Ägypten und Palästina die Griechen, Juden, Araber sowie die christlich und muslimisch gewordenen Ägypter selbst angesichts der altägyptischen, von unlesbar gewordenen Hieroglyphen bedeckten Monumente. Der folgende Beitrag will diesem Topos in der abendländischen Überlieferung nachgehen.

Mit der Sintflut ging das ursprüngliche Schöpfungswissen verloren, das sich von Adam auf seine Nachkommen vererbt hatte.[2] Interessant ist diese Überlieferung vor allem deswegen, weil sie mit der Vorstellung verbunden ist, ein Rest dieses Urwissens sei gleichwohl gerettet worden. Genau wie durch Noah und seine Arche ein Rest des Lebens auf dieser Erde über die Sintflut hinweg gerettet werden konnte, so ist auch durch schriftliche Aufzeichnung ein Rest des Urwissens erhalten geblieben. Typischerweise verbindet sich diese Überlieferung mit dem Motiv zweier Pfeiler oder Stelen, auf denen Adam oder seine Nachkommen dieses Urwissen inschriftlich kodifiziert hätten. Am bekanntesten ist die schon von Josephus Flavius berichtete frühjüdische Legende, die diese Ko-

---

1 Stefan Maul, „Altertum in Mesopotamien. Beiträge zu den Sektionsthemen und Diskussionen", in: Dieter Kuhn/Helga Stahl [Hrsg]: Die Gegenwart des Altertums. Formen und Funktionen des Altertumsbezugs in den Hochkulturen der Alten Welt, edition forum Heidelberg 2001, S. 119.
2 Aleida Assmann, „Die Weisheit Adams", in: dies. (Hg.), Weisheit, München 1991, 305-324.

difizierung vorsintflutlicher Urweisheit mit den Kindern des Seth verbindet.[3] Diese gelten als die Erfinder der Astronomie, des himmlischen Wissens von den Gestirnsbewegungen. Eingedenk der Weissagung Adams, dass die Welt durch Feuer- und Wasserkatastrophen untergehen würde, beschliessen sie, ihr Wissen auf zwei Pfeilern niederzuschreiben, einem aus Ziegeln für die Feuer- und einem aus Stein für die Wasserkatastrophe.[4] „Der steinerne Pfeiler, setzt Josephus hinzu, steht übrigens noch heute in Syrien." Offenbar handelt es sich um eine Legende, die sich an ein mit unlesbaren Schriftzeichen, vermutlich ägyptischen oder hethitischen Hieroglyphen, bedecktes Monument geknüpft hat.

Von einer ganz anderen Seite her nimmt der spätrömische Historiker Ammianus Marcellinus auf diese Überlieferung Bezug an einer Stelle, die sich auf die beschrifteten unterirdischen Grabanlagen der Ägypter, und im besonderen die Königsgräber im Tal der Könige zu Theben bezieht:

> sunt et syringes subterranei quidam et flexuosi secessus, quos, ut fertur, periti rituum vetustorum, adventare diluvium praescii, metuentesque ne caerimoniarum oblitteraretur memoria, penitus operosis digestos fodinis, per loca diversa struxerunt, et excisis parietibus, volucrum ferarumque genera multa sculpserunt et animalium species innumeras multas, quas hierographicas litteras appellarunt.

> Es gibt auch Syringen, das heißt unterirdische und gewundene Gänge. Der Überlieferung zufolge ließen in die alten Riten Eingeweihten sie an verschiedenen Orten mit ungeheurem Aufwand aushauen, da sie die Heraufkunft einer Flutkatastrophe voraussahen und fürchteten, die Zeremonien könnten in Vergessenheit geraten. Auf die dergestalt aus dem Felsen geschlagenen Wände ließen sie alle möglichen Arten von Vögeln und Tieren einmeißeln: das nennen sie „Hieroglyphen".[5]

Solche Legenden knüpften sich an Denkmäler, die man sich nicht anders als im Sinne von Rettungsaktionen vor der vorausgesehenen Sintflut zu deuten wußte. Nur am Rande sei vermerkt, daß auch der umgekehrte Fall vorliegt, also Denkmäler, an die sich nie irgendwelche Legenden geknüpft haben, weil sie den Blicken entzogen waren, die aber tatsächlich im Hinblick auf eine vorausgesehene Katastrophe als Aktion zur Rettung bedrohten Wissens gedacht waren. Bei einem buddhistischen Kloster in China kamen im Jahre 1956 15 000 Stelen zutage, die in 25 000 000 Schriftzeichen den gesamten buddhistischen Kanon enthalten. Die Mönche hatten den heiligen Text von 616 bis 1180, also in 564 Jahren in Stein geschnitten und an einer 400 m über dem Meeresspiegel gelegenen Stelle vergraben, um ihn über eine von ihnen vorausgesehene Flutkatastro-

---

3 Josephus Flavius, Antiquitates, Kap.2; Louis Ginzberg, Legends of the Jews (1909), Johns Hopkins UP Baltimore 1998, Bd. I, S.121f.

4 Eine Darstellung des Seth mit den beiden Pfeilern findet sich z.B. in Johannes Buno, Historische Bilder (Lüneburg 1672) auf der Bildtafel „Das 1. TausendJahr: Die Patriarchen vor der Sündflut". Ich verdanke die Kenntnis dieser Darstellung Gerhard F. Strasser.

5 Ammianus Marcellinus XXII, 15.30 = Ammien Marcellin, Histoire, Tome III: livres xx-xxii, hg. u. übers. von J. Fontaine, Paris 1996, 140.

phe hinüber zu retten. Die Stelen wurden übrigens im Jahre 1999 wieder vergraben – was soll man mit 15000 Stelen eines bekannten Textes anfangen?[6]

Dem Motiv des über die Sintflut hinweg geretteten vorsintflutlichen Wissens
begegnen wir vor allem im Umkreis der hermetischen Tradition, wo es eine
ganz besonders prominente Rolle spielte. Bereits eine bei Synkellos überlieferte,
von ihm dem Manetho (1. Hälfte 3.Jh.v.Chr.) zugeschriebene, aber sicher aus
späterer Zeit stammende Passage handelt von dem über eine Flutkatastrophe
hinweg geretteten Urwissen:

> Er (Manetho) war ein Hohepriester in der Zeit des Ptolemaeus Philadelphos und
> schrieb nach Inschriften im siriadischen Lande (Ägypten[7]), die von Thoth, dem er-
> sten Hermes, in heiliger Sprache und Schrift aufgezeichnet waren. Nach der Flut
> habe sie der zweite Hermes, Sohn des Agathodaimon, in Hieroglyphen übertragen
> und in den ägyptischen Tempeln in Büchern niedergelegt.[8]

Arabische mittelalterliche Autoren, insbesondere Ibn Abi Usaybia, setzen die
Enkel Adams mit dem „ersten Hermes" (Irmis/Idris) gleich; er habe sein Wissen nicht auf Pfeiler, sondern auf Tempelwände geschrieben.[9] Idrisi überträgt
das Motiv von Stein und Ziegel sogar auf den Tempelbau. Weil Hermes nicht
genau gewusst habe, ob die Welt durch das Feuer oder durch das Wasser vernichtet werde, habe er, um das Wissen zu schützen, sowohl irdene als auch steinerne Tempel bauen lassen, da er glaubte, die ersten könnten dem Feuer, die
zweiten dem Wasser widerstehen.[10] Durch diese Rettungsaktion ist das Urwissen mit der Sintflut nicht verloren gegangen, sondern nur okkultiert: es wurde
zum Geheimwissen weniger Eingeweihter, die die antediluvianische Schrift zu
entziffern und das in ihr gespeicherte Wissen um die Geheimnisse der Schöp-

---

6 Lothar Ledderose, „Ein Programm für den Weltuntergang: Die steinerne Bibliothek eines Klo-
   sters bei Peking". In: Heidelberger Jahrbücher, Band 36 (1992), p.15-33; ders., Carving Sutras
   before the Catastrophe. The inscription of 1118 at Cloud Dwelling Monastery near Beijing. Pro-
   ceedings of the British Academy, 2005.
7 „siriadisch", von „Sirius" = Süden, Ägypten.
8 Manetho ed. und trans. W. D. Waddell, Loeb Classical Library, Cambridge Mass. 1964, Appendix I, p. 208f.
9 F. Ebeling, *Das Ägyptenbild des Alchemo-Paracelsismus im 17. Jh.*, Diss. Heidelberg 2001, §5.1.
   Der erste (Hermes) sei der Enkel Adams gewesen und habe vor der Sintflut gelebt. Er sei von
   den Hebräern mit Henoch und von den Arabern mit Idris identifiziert worden. Von Adam selbst
   sei er unterrichtet worden. Als erster habe er Astronomie betrieben, Tempel gebaut, um Gott
   darin anzubeten, habe die Medizin studiert und darüber geschrieben. Er (und nicht Adam) habe
   vorausgesehen, dass die Welt durch Wasser und Feuer zerstört werde, und vor der Sintflut ge-
   warnt. Um die Wissenschaft vor dem Untergang zu retten, habe dieser in Oberägypten lebende
   Hermes neben Pyramiden auch den Tempel von Achmim errichtet, in dem all seine Wissenschaft
   in Stein eingemeißelt worden sei.
10 R. Dozy und M. J. de Goeje: *Description de l'Afrique et de l'Espagne par Edrîsî*. Texte arabe pu-
   blié pour la première fois d'après les ms. de Paris et d'Oxford une trad., des notes et un
   glossaire. Leiden 2 Bd.1866, S. 46ff; Edrisi oder Idrisi war dem Abendland kein Unbekannter.
   Seine Geographia Nubiensis wurde 1591 in Rom gedruckt, in der Übersetzung von Gabriele
   Sionita unter dem Titel: *Geographia Nubiensis*: id est accuratissimis, a totius orbis in septem cli-
   mata divisi descriptio […] recens ex Arabico in latinam versa.

fung zu deuten und weiterzugeben wußten. Diese arabische Sintflut-Theorie ist deshalb so besonders interessant, weil sie, genau wie Burnets *Theoria Sacra Telluris*,[11] von noch heute sichtbaren Phänomenen ausgeht. Für das 17. Jh. bot die Bergwelt ein schreckenerregendes Bild der Verwüstung. Mit ihren Klüften und Schründen, Abgründen und Felsspitzen, Eisfeldern und Katarakten konnten die Berge nur das Ergebnis einer Katastrophe und nicht einer wohlgeordneten Schöpfung sein. Für diese menschenfeindliche, lebenzerstörende Katastrophe, wie sie die Menschen des 17. Jhs. dem Hochgebirge ablesen zu können glaubten, bot die biblische Sintflutsage die einleuchtendste Erklärung.[12] In ganz ähnlicher Weise nun wie die Berge Burnet und anderen Gelehrten seiner Zeit die Deutung auf eine Urkatastrophe nahelegten, so legten die von Hieroglyphen bedeckten altägyptischen Monumente den in ihrer Mitte lebenden arabischen Gelehrten die Deutung auf eine zeitresistente Aufzeichnung antediluvialer Weisheit nahe. Diese hieroglyphischen Inschriften verstand man als Kodifikationen hermetischen Wissens, das vor der vorausgesehenen Katastrophe gerettet werden sollte. Ibn Abi Usaybia deutete insbesondere einen Tempel in Achmim als hermetischen Wissensspeicher; Achmim (Panopolis) war in der Spätantike eine Hochburg ägyptischer Tradition, und unter anderem auch der Sitz einer bedeutenden intellektuellen Familie, zu der etwa der Dichter Nonnos und der Gelehrte Horapollon, der Verfasser des berühmten Hieroglyphenbuchs gehörte.[13] Kein Wunder, das sich gerade mit dieser Stadt das Motiv des geretteten Wissens verband.

Übrigens versteht man in der Tat den Typus des spätägyptischen Tempels mit seinen von unten bis oben mit Inschriften und Bildern bedeckten Wänden, Pfeilern und Durchgängen als Aufzeichnungsform und Speicher des religiösen Wissens, das man von Vergessen bedroht glaubte angesichts zwar nicht einer Flutkatastrophe, aber des Hellenismus.[14] In der arabischen Überlieferung erscheint die Sintflut offensichtlich als eine Chiffre für den Gedächtnisverlust, den der Untergang der ägyptischen Kultur und der Kenntnis der Hieroglyphen bedeutete. Es mag schwer nachzuvollziehen sein, daß Gelehrte im Anblick der Alpen auf den Gedanken kommen konnten, eine Ruine der Schöpfung vor sich zu sehen und die Sintflut für diese vermeintlichen Verwüstungen verantwortlich zu machen.. Dass aber eine gelehrte Elite, die im Ägypten des arabischen Mittelalters unter den unzähligen mit Hieroglyphen bedeckten Monumenten der altägyptischen Kultur lebte, auf den Gedanken kommen konnte, mit den Aufzeichnungen eines vergessenen Wissensschatzes konfrontiert zu sein und

---

11 Thomas Burnet, The Sacred Theory of the Earth, 2.Aufl. London 1691, Neudruck 1965.
12 Marjorie Hope Nicolson, Mountain Gloom and Mountain Glory. The Development of an Aesthetics of the Infinite, New York 1959.
13 H.J.Thissen, „Horapollinis Hieroglyphika Prolegomena", in: M. Mina und J. Zeidler (Hrsg.), *Aspekte spätägyptischer Kultur*, Fs Erich Winter, Mainz 1994, S. 255-63. Ders., (Hg. und übers.), *Des Niloten Horapollon Hieroglyphenbuch Bd. I*, Leipzig und München 2001.
14 S. hierzu Verf., „Der Tempel der ägyptischen Spätzeit als Kanonisierung kultureller Identität", in: J.Osing, E.K.Nielsen (Hgg.), *The Heritage of Ancient Egypt*, Studies in Honor of Erik Iversen, The Carsten Niebuhr Institute of Ancient Near Eastern Studies 13, Copenhagen 1992, 9-25

die Gründe für dieses Vergessen in der Sintflut suchte, das erscheint viel eher plausibel.

Die Sintflut wurde auf diese Weise zur Geburt der Esoterik. Sie sorgte für einen allgemeinen Gedächtnisverlust und machte das Wissen exklusiv. Aus dem Gemeinwissen der Menschheit wurde das Geheimwissen der Adepten. Diese Überlieferung verbindet sich vor allem mit Hermes Trismegistos: er gilt als der grosse Interpret und Transkodifikator dieses Urwissens, das in komprimierter hieroglyphischer Form auf den hermetischen Stelen in einer Höhle in Ägypten aufgezeichnet ist und von Hermes in unzähligen, teilweise auch ins Griechische übersetzen Büchern dekomprimiert und verbreitet wurde. Aus der ersten Hälfte des 18.Jhs. stammt folgende Beschreibung der „Hermetischen Höhle" in Theben, in der die ägyptischen Eingeweihten die auf den Pfeilern der Weisheit eingravierten Lehren des Hermes Trismegistos lernen sollten:[15]

> Die fremdartige Feierlichkeit des Ortes muß jeden, der ihn betritt, mit heiligem Schrecken erfüllen und ist ganz dazu angetan, einen in jenen Geisteszustand zu versetzen, in welchem man alles, was der Priester zu offenbaren willens ist, mit ehrfürchtigem Schaudern aufzunehmen vermag...
>
> Vom hintersten Ende der Höhle her oder aus den innersten Rücksprüngen wundersamer dahinterliegender Hohlräume heraus hört man wie von weitem ein Geräusch wie das entfernte Branden des Meeres, das sich mit großer Gewalt an Felsen bricht. Das Geräusch soll so betäubend und erschreckend sein, wenn man sich ihm nähert, daß nur wenige wißbegierig genug sind, um sich weiter in jene geheimnisvollen Naturspiele vorzuwagen...
>
> Umgeben von diesen Pfeilern aus Lampen findet man jede dieser verehrungswürdigen Stelen, von denen ich jetzt reden will, und die in hieroglyphischen Zeichen mit den Urgeheimnissen der ägyptischen Weisheit beschriftet sind. .... Von diesen Pfeilern und den heiligen Büchern leitet sich, so behaupten sie, alle Philosophie und Wissenschaft der Welt her.[16]

---

15 *Athenian letters or, the Epistolary Correspondence of an Agent of the King of Persia, residing at Athens during the Peloponnesian war. Containing the History of the Times, in Dispatches to the Ministers of State at the Persian Court. Besides Letters on various subjects between Him and His Friends*, 4 Bde., London, 1741-43.

16 The strange solemnity of the place must strike everyone, that enters it, with a religious horror; and is the most proper to work you up into that frame of mind, in which you will receive, with the most awful reverence and assent, whatever the priest, who attends you, is pleased to reveal... Towards the farther end of the cave, or within the innermost recess of some prodigious caverns, that run beyond it, you hear, as it were a great way off, a noise resembling the distant roarings of the sea, and sometimes like the fall of waters, dashing against rocks with great impetuosity. The noise is supposed to be so stunning and frightful, if you approach it, that few, they say, are inquisitive enough, into those mysterious sportings of nature. ...
Surrounded with these pillars of lamps are each of those venerable columns, which I am now to speak of, inscribed with the hieroglyphical letters with the primeval mysteries of the Egyptian learning. ... From these pillars, and the sacred books, they maintain, that all the philosophy and learning of the world has been derived.
Anonymus, *Athenian letters or, the Epistolary Correspondence of an Agent of the King of Persia, residing at Athens during the Peloponnesian war. Containing the History of the Times, in Dispatches to the Ministers of State at the Persian Court. Besides Letters on various subjects bet-*

Die Pfeiler der Adamsenkel, der Tempel von Achmim, die hermetische Höhle – das alles sind intellektuelle Variationen der Arche Noah: Medien und Gehäuse, nicht um die Lebewesen vor der Vernichtung, sondern das Wissen vor dem Vergessen zu retten.

Besonders beliebt war diese Überlieferung über das in den unterirdischen Anlagen der Ägypter gerettete prädiluviale Urwissen bei den Freimaurern des 18. Jhs., die sich als die Erben und Fortsetzer dieser esoterischen Tradition fühlten. Anton Kreil, ein Philosoph, Philologe und als Freimaurer und Illuminat Mitglied der Loge zur Wahren Eintracht in Wien geht darauf in einem Logenvortrag über die „Wissenschaftliche Freimaurerei" ein, den er in zwei Sitzungen im April 1785 vorgetragen hatte. Der Vortrag ist auch deswegen interessant, weil bei diesen Sitzungen Leopold Mozart zum Gesellen und Meister erhoben wurde, als auch W.A. Mozart dabei anwesend war.[17] Der „ägyptische Priesterorden", schreibt Kreil, scheint nach allem, was sich „aus den historischen Überbleibseln schließen läßt, in dem Besitze der gesammelten Kenntnisse der Vorwelt gewesen zu seyn." Strabo zufolge schrieben die Priester „alles, was höhere und feinere Gelehrsamkeit war, in ihren geheimen Schriften" auf und gaben nur einen Teil davon an Platon und Eudoxos, die 13 Jahre bei ihn zubrachten, weiter. Diese Priester, und nun folgt eine schier unglaubliche Theorie über die Formen altägyptischer Wissenskultur, „haben die Hälfte ihres Lebens in unterirdischen Höhlen zugebracht", sie hatten „eine sonderbare Leidenschaft für das Aushöhlen der Felsen" und bauten „übrigens für die Unvergänglichkeit. 160 Fuß unter den Pyramiden waren Gemächer, welche miteinander durch Gänge kommunizierten, die Ammianus Marcellus auf griechisch syringes nennt." ... Kurz, alles war mit Grotten, Höhlen und unterirdischen Gängen besetzt und durchschnitten. „Täglich", zitiert Kreil aus einem zeitgenössischen Werk, „entdecken die Reisenden derer mehrere; denn itzt hat man noch kaum den hundertsten Teil davon entdecket. Wenn man diese Art, unter der Erde zu studieren, betrachtet, so dürfen wir uns nicht wundern, daß die Priester dadurch sichs zur Gewohnheit gemacht haben, alle ihre wahre oder vermeintliche Wissenschaft unter einem beynahe undurchdringlichen Schleyer zu verhüllen."[18] Eine phantastischere Deutung haben die ägyptischen Königsgräber (die noch Champollion auf Grund der Stelle aus Ammianus Marcellinus als „syringes" bezeichnete) und sonstigen über und über beschrifteten ägyptischen Grabanlagen wohl kaum je erfahren. Dazu muß man wissen, daß diese „syringes", die

─────────────

    ween Him and His Friends, 4 Bde., London, 1741-43, Bd. I, 95-100 (Brief XXV des Orsames, von Theben). Carlo Ginzburg machte mich auf diese außerordentliche Geschichte der östlichen Mittelmeerwelt am Ende des 5.<Jahrhunderts aufmerksam. Die Briefe des Orsames ergeben eine gute Zusammenfassung des damaligen Wissens über die altägyptische Kultur.

17 [Anton Kreil], Über die wissenschaftliche Maurerey", *Journal für Freimaurer* Heft 7, 1785, 49-78

18 Kreil zitiert aus [Corneille] de P[auw], Philosophische Untersuchungen über die Aegypter und Chinesen (Recherches philosophiques sur les Egyptiens et les Chinois), deutsche Ausgabe Berlin 1774, Bd. II, 55.

Kreil „160 Fuß unter die Pyramiden" verlegt, vielmehr über 600 Kilometer südlich der Pyramiden von Giza im Tal der Könige zu Theben liegen. Viele Autoren gingen sogar davon aus, daß die Pyramiden und die thebanischen Gräber
unterirdisch miteinander kommunizierten und ganz Ägypten von solchen Sub-
struktionen unterminiert sei: „ganz Ägypten, von den großen Pyramiden an bis
Theben, ist mit solchen unterirdischen Behältern und Wegen versehen; viele
sind aber verfallen, und auch viele baufällig und gefährlich; die geheimen Meister aber wissen alle, die noch gangbar und bewohnbar sind."[19] Diese Anlagen
gelten Kreil und de Pauw nicht nur als Wissensspeicher, sondern auch als Ver-
sammlungs- und Studienorte. Die Technik, „unter der Erde zu studieren", hiel-
ten sie für eine Strategie der Geheimhaltung. Kreil mag auch an eine Stelle bei
Lukian gedacht haben, wo von einem ägyptischen Weisen die Rede ist, der
ganze 23 Jahre unter der Erde studiert haben soll:

> Auf der Ruckreise trug es sich zu, daß ein Mann aus Memphis mit uns fuhr, ein
> Mann von erstaunlicher Weisheit, und ein wahrer Adept in allen Egyptischen Wis-
> senschaften. Man sagte von ihm, er habe ganzer drey und zwanzig Jahre unter der
> Erde gelebt, und sey während dieser Zeit von der Isis selbst in der Magie unter-
> richtet worden.
> Du sprichst, unterbrach ihn *Arignotus*, von meinem ehmaligen Lehrer *Pankrates*?
> war es nicht ein Mann vom Priester-Orden, mit abgeschornen Haaren, der keine
> andere als leinene Kleider trug – immer in tiefen Gedanken – sprach sehr rein Grie-
> chisch – ein langgestreckter Mann, mit herabhängender Unterlippe, und etwas dün-
> nen Beinen?[20]

Wie mögen diese Dinge auf Mozart gewirkt haben, der sechs Jahre später Ta-
mino und Papageno durch die labyrinthischen Krypten eines zumindest „ägyp-
toiden" Tempels führte!

„In dieser Absicht", paraphrasiert Kreil die Passage bei Ammianus Marcellinus, „trafen sie alle Menschen mögliche Anstalten, ober und unter der Erde,
führten ungeheure Steinmassen auf, denen sie eine uns unerreichbare Unvergänglichkeit zu geben wußten, und gruben ihre Weisheit in Hieroglyphen ver-
kleidet in Pyramiden, Obelisken, steinerne Tafen und Säulen zur stummen
Aufbewahrung ein." (64f.) Daran ist jedenfalls auch aus heutiger Sicht nicht zu
zweifeln, daß die Ägypter in der Errichtung und Beschriftung ihrer zahllosen
Monumente von einem beispiellosen Willen zur Überlieferung besessen waren,
auch wenn es bei dieser Überlieferung vielleicht nicht um die Art von Kenntnissen ging, an die die Freimaurer anschließen zu können glaubten.

Die ägyptischen Priester kodifizierten nun nicht nur ihr geheimes Wissen in
unterirdischen Speichern, sondern „wählten ausserdem noch die rechtschaffen-
sten, geprüftesten und hellsten Köpfe aus, um ihnen, nach gehöriger Ausbil-

---

19 Johann Heinrich Jung-Stilling, Das Heimweh, Marburg 1794-96, zit. nach J.H.Jungs genannt
   Stillings Sämmtliche Werke IV, Stuttgart 1841, 457
20 Lukian, Philopseudes, cap. 33.

dung, Prüfung und Einweihung, das kostbare Pfand ihrer Geheimnisse zur
Überlieferung auf die Nachkommenschaft anvertrauen zu können." Einen anderen Rat hat auch der Semiotiker Th. A. Sebeok nicht gewußt, als er von einer
mit der Lagerung radioaktiver Abfallstoffe befassten US-amerikanischen Firma
beauftragt wurde, ein Aufzeichnungssystem für Informationen über Lage-
rungsort und Eigenschaften des Atommülls zu entwickeln, das auch nach
10 000 Jahren einer der heutigen Sprachen und Schriftsysteme unkundigen
Nachwelt noch irrtumsfrei lesbar wäre.[21] „Sebeoks … Vorschlag lief darauf hinaus, eine ‚Atompriesterschaft' zu berufen, eine erste Generation von Physikern,
Linguisten, Strahlenexperten und Semiotikern, mit der eine Dynastie begründet werden sollte, die über Generationen hinweg die Botschaft immer wieder
neu zu codieren hätte, um auf diese Weise für die Stabilität und sichere Über-
mittlung der Nachrichten zu sorgen."[22] Die Parallele ist perfekt. Die Aufgabe,
vor die sich Sebeoks ägyptische Vorgänger gestellt sahen, betraf ebenfalls die
Entwicklung eines Informationssystems, das bis in fernste Zukunft lesbar
bliebe, um das Geheimwissen der Priester irrtumsfrei zu überliefern, und er-
forderte dieselben drei Lösungen: (a) die Entwicklung eines sprachunabhängi-
gen Zeichensystems (die Hieroglyphen), (b) die Codierung und Speicherung
der Informationen in zeitresistenter Form (die unterirdischen Wissensspeicher)
und (c) die Gründung eines elitären Priesterordens, der über Generationen hinweg die Botschaft zu überliefern und neu zu codieren hätte. Kreil jedenfalls
schließt „aus der Kunst, der Vorsicht, und dem unermeßlichen Aufwand, wodurch sie den einen Theil ihres Zweckes so meisterlich erreichten, auf die Güte
der anderen Hälfte ihres Plans, nämlich auch den lebendigen Geist der Hiero-
glyphe in verschwiegenen und unsterblichen Mysterien der bessern Nachwelt
zu überliefern" und zieht daraus „den Schluß, daß es nicht vernunftwidrig ist,
anzunehmen, daß ihre geheime Weisheit noch in unsern Tagen, so wie ihre Pyramiden, Obelisken und Sphinge, existiere."[23] Diese Weisheit ist zwar unzu-
gänglich, aber es gibt sie noch, im Sinne eines kulturellen Unbewußten, das auf
eine dem Bewußtsein unzugängliche Weise wirksam ist.

Bleibt zu erweisen, daß es die Freimaurerei ist, die als Träger dieses kulturellen Unbewußten fungiert, indem „die Hieroglyphen der drey untern Grade das
Vehiculum" dieser Weisheit „seyn, daß sie aber nichts destoweniger nie der Gegenstand des Suchens unserer Brüder werden könne oder müßte."[24] Warum
haben die ägyptischen Priester ihre Weisheit geheim gehalten? „Edelmüthige
und tugendhafte Menschen sind nie allein weise …, sondern setzen … ihre ganze
Glückseligkeit darein," ihr Wissen zum Wohle der Menschheit zum Tragen
bringen zu können. „Wenn also Weise auf der Stuffe ihrer Vollendung Kennt-

21 Manfred Schneider, „Liturgien der Erinnerung, Techniken des Vergessens", in: Merkur 41 Heft
   8, 1987, 676-686; Aleida Assmann, Erinnerungsräume. Formen und Funktionen des kulturellen
   Gedächtnisses, München 1999, 352f.
22 Schneider, 676f.
23 Kreil, a.a.O., 65f.
24 Kreil, a.a.O., 66.

nisse geheim halten, so ist kein anderer Beweggrund denkbar: als weil ihr Wissen solche Kenntnisse enthielt, die entweder den Profanen schädlich [werden] oder von ihnen ... mißbraucht werden könnten, oder solche die das Volk über Dinge aufklären könnten, die es ihm besser ist, nicht zu wissen."[25] Im Willen aber, diese Kenntnisse trotzdem zu überliefern, zielten die Ägypter über ihre eigene Gesellschaft hinaus und faßten die gesamte Menschheit in den Blick, „denn sie bauten nicht für ihr Zeitalter, für ihre Nation, sondern für Jahrtausende, für ihre Gattung."[26]

Für das Motiv der Gedächtniskatastrophe stellt Platons Dialog Timaios einen locus classicus dar. Hier findet sich auch der Anschluß zur Antlantis-Sage, die gern mit der Sintflut-Sage in Verbindung gebracht wird. Nicht von ungefähr bringt Platon diese Geschichte mit der griechischen Variante der Sintflutsage, dem Mythos von Deukalion und Pyrrha in Zusammenhang. Bei einem Besuch in Sais soll Solon den ägyptischen Priestern diesen Mythos erzählt haben, um sie mit dem hohen Alter der griechischen Überlieferungen zu beeindrucken und sie zu entsprechenden Erzählungen zu provozieren. Die Priester reagieren darauf mit dem berühmten Ausspruch: Ihr Griechen bleibt doch immer Kinder und einen weisen Griechen gibt es nicht. Sie eröffnen Solon, dass das von Menschen in Jahrtausenden erworbene Wissen immer wieder in periodischen Wasser- oder Feuerkatastrophen verlorengeht, die sich alle dreitausend Jahre ereignen. So geht auch die griechische Erinnerung nicht weiter als bis zur letzten Flutkatastrophe zurück, die im Mythos von Deukalion und Pyrrha erzählt wird. Nur in Ägypten hat sich eine Überlieferung erhalten, die über mehr als 9000 Jahre zurückreicht.[27] Wir finden hier dieselbe Motivverbindung wieder: die Vorstellung einer Gedächtniskatastrophe und das Motiv des geretteten Wissens, das nun aber nicht mehr Gemeinbesitz der Menschheit, sondern Exklusivbesitz einer priesterlichen Elite ist.

Dass die Geschichte in Sais spielt, ist natürlich hochbedeutsam. Sais ist ja auch der Ort des berühmten verschleierten Bildes. Schon Proklos macht in seinem Timaioskommentar auf diese Verbindung aufmerksam.[28] Im Tempel von Sais, in dem das Gespräch zwischen Solon und den Priestern stattgefunden haben soll und dessen Archive die Dokumente einer 9000 jährigen Erinnerung aufbewahrt haben sollen, hätte auch eine Statue der Neith bzw. Athena gestanden mit der Aufschrift: „Ich bin alles was da war, ist und sein wird. Niemand hat meinen Chiton aufgehoben. Die Frucht meines Leibes wurde die Sonne". Der Sinn dieser rätselhaften Inschrift wird klar, wenn man das Wort *chiton* als „Untergewand" versteht. Hier spricht eine mannweibliche Urgottheit, die ohne Einwirkung eines Erzeugers, der ihr Untergewand gelüftet hätte, eine Leibesfrucht, nämlich die Sonne hervorgebracht hat. Das entspricht in der Tat der ägyptischen Theologie von Sais. Die Göttin Neith gilt als Verkörperung der Urflut, in grie-

25 Kreil, a.a.O., 68.
26 Kreil, a.a.O., 69.
27 Timaios 21b-25d.
28 Proclus, *In Tim.* 30.

chischer Transskription Methyer = *mḥ.t-wr.t* „die große Flut", eine kuhgestaltige zweigeschlechtige Urgottheit, die den Sonnen- und Schöpfergott hervorgebracht hat.[29] Hier haben wir immerhin das Motiv der Flut, aber der Urflut und nicht der Sintflut. Die Urflut ist ein Symbol der Präexistenz vor Erschaffung der Welt, die Sintflut dagegen eine Katastrophe innerhalb der geschaffenen Welt. Als Personifikation der Präexistenz, die als Mutter der jeden Morgen aufs neue aus ihr geborenen Sonne auch in die Existenz hinein fortwirkt, kann diese Gottheit mit Recht von sich sagen: Ich bin alles, was da ist, war und sein wird: sie ist die Göttin der Zeit inklusive Vorzeit und Endzeit. Darin liegt eine weitere Verbindung zum Solon-Gespräch über die Tiefe der Zeit.

Bekannter freilich ist diese Inschrift in der Fassung Plutarchs geworden, der sie in seiner Schrift *De Iside et Osiride* erwähnt.[30] Hier geht es nicht um die Zeit, sondern das Geheimnis. Plutarch meint, daß die ägyptische Religion das Geheimnis betont habe und führt dafür drei Beispiele an: die Sphinx, den Gottesnamen Amun, d.h. „der Verborgene", und die Aufschrift auf dem Bild zu Sais, die in seiner Wiedergabe lautet: „Ich bin alles, was da war, ist und sein wird. Kein Sterblicher hat meinen Peplos aufgehoben." Mit Recht wird das Wort Peplos, „Mantel", seit Ficino mit „Schleier" übersetzt: es geht Plutarch ja um das Motiv des Geheimnisses. So spielt das verschleierte Bild der Isis oder Neith oder Athene zu Sais eine ähnliche Rolle wie die Stelen des Hermes in der Höhle zu Theben: als Symbol einer Urweisheit oder Uroffenbarung, die dem Rest der Menschheit verloren gegangen und nur hier noch auffindbar und nur dem Eingeweihten zugänglich ist.

Noch der romantische Dichter William Wordsworth greift in seinem autobiographischen Gedicht *The Prelude* (entstanden um 1805) auf den Topos des vergrabenen und geretteten Wissens zurück. Im 5. Buch erzählt er von einem Freund, dem Folgendes träumte: er wäre in der arabischen Wüste einem Reiter begegnet, der auf einem Dromedar saß und einen Stein und eine Muschel trug, zwei „Bücher", die alles kostbare Wissen enthielten: der Stein die geometrische Wahrheit, die Muschel die Dichtung. Der Träumende hält die Muschel ans Ohr und hört

> An Ode, in passion utter'd, which foretold
> Destruction to the Children of the Earth,
> By deluge now at hand....[31]

Da zeigen sich auch schon die Anzeichen der nahenden Flut, und der Reiter eilt, die beiden „Bücher" durch Vergraben zu retten.

---

29 Ramadan el-Sayed, La déesse Neith de Sais, Kairo 1982, 24-27 und passim.
30 Plutarch, *De Iside et Osiride*, Kap.9 (354C) ed. J.Gw. Griffiths, University of Wales Press 1970, 130f., 283f. Cf. Christine Harrauer, „Ich bin, was da ist..". Die Göttin von Sais und ihre Deutung von Plutarch bis in die Goethezeit". *Sphairos. Wiener Studien. Zeitschrift für Klassische Philologie und Patristik* 107/108. Wien, 1994/95, 337-355
31 William Wordsworth, The Prelude, Book V, Verse 97-99.

I saw him riding o'er the Desart Sands,
With the fleet waters of the drowning world
In chase of him, whereat I wak'd in terror[32]

Damit schließt sich der Kreis. „In Voraussicht der Flut, diluvium praescii" und aus Angst vor der Zerstörung des Wissens sollen die Ägypter nach der bei Ammianus Marcellinus aufgezeichneten Legende ihre heiligen Überlieferungen in unterirdischen Stollen aufgezeichnet haben, und dieselbe Verlustangst bewegt den romantischen Dichter an der Schwelle zur Moderne.

Auch heute sieht sich das kulturelle Gedächtnis zumindest des Westens von einer Flutkatastrophe bedroht. Diese Flut ist als eine Datenüberschwemmung zu beschreiben, und sie bedroht das Gedächtnis nicht mit Zerstörung, sondern mit Vergessen. Die Library of Congress in den USA, die größte Bibliothek der Welt, enthält derzeit 128 Millionen Objekte, darunter 29 Millionen Bücher auf 800 km Regalen. Die Noahs von heute heißen etwa Harold Bloom („The Western Canon") und Marcel Reich-Ranicki („Der Kanon"); sie sammeln das absolut Unverzichtbare und Unverlierbare in einen Kanon, ebenso wie die Herausgebergremien der „Greatest Books of the Western World", deren Kanon derzeit 511 Werke umfaßt, und der „édition de la Pléiade" mit derzeit knapp 500 Titeln. Diese Bestrebungen scheinen von einer Angst vor dem Vergessen geleitet, die nicht so sehr die Zerstörung fürchtet, als vielmehr den Untergang des Wertvollen in der Flut des Gedruckten, ganz zu schweigen von der von niemandem mehr zu bewältigenden Datenmasse im Internet. Jährlich erscheinen weltweit ca. 400 000 Bücher. Wie schaffen es die wirklich wichtigen, nicht nur lesens-, sondern wiederlesenswerten Werke, sich gegen diesen Andrang des Neuen zur Wehr zu setzen? Die Zeiten sind vorbei, als das Aufschreiben und Vergraben noch gegen Zerstörung und Vergessen geholfen hat. Die Sintflut, die uns heute bedroht, wird durch das Aufschreiben selbst hervorgebracht.

---

32 Verse 135-137

RELIGION, IDOLATRIE, ANTHROPOLOGIE

Athanasius Kircher: Stammbaum Noahs, in ders.: Arca Noë, Amsterdam 1675,
S. 237.

GUY G. STROUMSA

Noah's sons and the religious conquest of the earth: Samuel Bochart and his followers

The traditional discourse on the plurality of religions, and the constant attempts to offer a panacea to perennial conflicts between them, underwent some radical changes in the seventeenth century. The first was the urgency with which some European intellectuals perceived, in the wake of the wars of religion, the need to establish civil and religious peace, both within the different states and between them. These intellectuals were aware, in ways that had eluded previous generations, of the complexity of the links between religious tradition and political order. The second change had to do with the still recent discovery of continents and peoples, from the New World to East Asia. Leibniz is a good example of the passion with which some of the best minds could reflect on such issues.[1] Their reflection included both historical and geographical aspects: in order to deal seriously with the problems created by the plurality of religions, one had to understand the origin of the striking dispersion of the various peoples upon the earth. The *locus classicus* for the opening of any discussion, here, was the Biblical book of Genesis, in particular chapter 10: "These are the descendants of Noah's sons, Shem, Ham, and Japheth: children were born to them after the flood.... These are the families of Noah's sons, according to their genealogies, in their nations; and from these the nations spread abroad on the earth after the flood." (Gen 10:1, 32)

From its first to its last verse, this chapter offers the list of peoples stemming from the three sons of Noah, according to their respective lands and languages. It has a clearly ethnological tone, in stark contradistinction to the cosmogony and anthropogony of the fist chapters of Genesis. Nevertheless, the Biblical text connects the peoples according the historical and geographical contacts between them, rather than according to their ethnic affinities. The Biblical myth of Noah and his sons itself affirms the unity of humanity, which may be divided by stems from a common root. It reflects the new start of humanity after the Flood.

The Genesis story about the sons of Noah became of capital importance for those early modern intellectuals who sought to build the nascent human sciences upon the oldest preserved document of mankind, and the foundational scripture of Christianity and Western culture.[2] It served as the basis of their reflection upon the background of the newly born ethnology, and upon the

---

1   See Jean Baruzi, *Leibniz et l'organisation religieuse de la terre*, Paris, 1907.
2   On intellectual approaches to the origins of mankind, see C. Poulouin, *Le temps des origines: l'Eden, le Déluge et "les temps reculés" de Pascal à l'Encyclopédie*, Paris, 1998.

multiplicity of peoples, languages, cultures and religions throughout the various continents.[3] The Biblical idea of a dispersal of mankind after the Flood permitted to conceptualize the original unity of humankind, beyond the vast differences between peoples, at all levels. What should be underlined immediately, however, and which I hope will become clearer later, is that the approach and use of the Biblical myth itself reflects, in fact, an attempt at de-mythologization. While it is taken very seriously, by both Catholic and Protestant scholars, the Biblical text is certainly not understood literally. Rather, the book of God is perceived as an equivalent of the "great book of nature," of which it is a replica of sorts. Hence, the myths of Genesis should not be simply believed and accepted at their face value, but are used as cues to the scholarly (or scientific) study of phenomena. In a sense, then, the Biblical myth recounting the new beginnings of humankind after the Flood permits a historical reflection on the origins of nations and religions, and on the genetic contacts between civilizations. For early modern intellectuals, the Biblical Flood cuts world history away from cosmogony and anthropogony. The myth of the Flood frees thinkers from the need to return to mythical origins, and points to the dispersal of peoples across the earth as the earliest departure point for any historical inquiry.

In the sixteenth century, the Biblical myth of the Flood and its consequences had been applied to new realities in rather literal fashion. One of the major problems with which intellectuals were then preoccupied was that of the origin of the American populations. The Spanish theologians often perceived the Americans as the offspring of the Twelve Tribes of Israel. Joseph Acosta and Antonio de Herrera described the routes through which the Indians had reached America. From Arias Montano to Gregorio Garcia, Spanish thinkers applied Genesis 10 quite directly to the new world and its populations.[4] Peru was thus identified with Ophir, the mythical golden land, and the various cults practiced by the Indians were seen as latter day pale reflections of Hebrew religion: Temple, sacrifices, prayers, aspersions, etc...[5] This approach, also shared by Manasse Ben Israel, for instance, reflected a rather mythical reading of reality, and the still unchallenged status of the Bible.[6]

Echoes of the Biblical Flood can be heard from various corners of the earth. Grotius notes the universality of such stories, and points out the fact that the

---

3   See the classical monograph of Don Cameron Allen, *The Legend of Noah: Renaissance Rationalism in Art, Science, and Letters*, Urbana, Ill., 1949. On another central myth of Genesis and its place in the history of Western culture, see Arno Borst, *Der Turmbau von Babel*, 4 vols., Stuttgart, 1957-1963.

4   See in particular Gregorio Garcia, O.P., *Origen de los Indios de el Nuevo Mundo, e Indias Occidentales*. See further Fay Luis de León, *Escritos sobre America*, Madrid, 1999, with an introductory essay by Andres Moreno Mengibar and Juan Martos Fernández, esp "Nuevo mundo y exégesis bíblica," pp. IX-XVIII.

5   On Ophir and the history of its identification in early modern scholarship, see Augustin Calmet, *Comentaire littéral sur l'Ancien et le Nouveau Testament*, vol. 1, (Genèse), Paris, 1707, "Dissertation sur le Pays d'Ophir," 32-41.

6   See also Thorowgood, George Hornius, *De originibus Americanis libri quatuor*, 1652.

legend of the flood at the dawn of history is also found among the natives of Cuba, of Mexico, of Nicaragua.[7] Similarly, in his *Discourse on Universal History*, Bossuet notes that "the tradition of the universal flood is found throughout the earth… The ark, at all times famous in the East…"[8] Stillingfleet is more specific when he claims that the Chinese, too, know the story of the Flood. In his *De Theologia Gentilis*, Gerard Vossius argues that this story depicts a historical event of universal dimensions. Isaac de la Peyrère, on the other hand, argues that the flood described in Genesis had been limited to the Holy Land.

From John Selden on, one can observe a return to the ancient Near Eastern background upon which the Biblical text must be read: that is to say, one can observe a passage from mythological to philological and historical reading. The Bible still retains a very high status as the foundational text of western culture, but it remains no longer unchallenged. Its antiquity is not unique, and it can be compared to other literary monuments of the dawn of humankind.

I wish to argue that in the early modern times, the Biblical myth of the Flood, and, more precisely, the story of the sons of Noah and their conquest of the earth offers to scholars some kind of equilibrium between the earlier wholesale acceptance of the myth and its later total rejection. The Biblical story is conceived, then, as a prelude to world history. This is, also, the history of the religions of humankind. The Bible serves here as a jumping board, as it were, from which one can begin to probe the diffusion of peoples and religions from the ancient Near East to the various continents.

The philological and historical reading of the Bible in the seventeenth century reflects a rare moment of equilibrium in the status of the Bible. At this hermeneutical moment the two "books", i.e., the Bible and "the great book of nature," were read in conjunction with one another and interpreted one in the light of the other. In other words, the Biblical text can be used, together with modern methods of inquiry, in order to probe either history or nature. Moreover, this new, modern inquiry is also, *ipso facto*, a scholarly study of the Biblical text and a search for its true, "literal" meaning.

Since the great geographical discoveries and the development of Christian missions throughout the world, the question about the American Indians and their very belonging to humanity, for instance, (a question that had once kept the best minds of the University of Salamanca busy) had been replaced by ethnological curiosity and by a genuine interest for the mores and beliefs of the various "pagan" peoples, and also by the complex comparison between their religions and those of antiquity. Throughout the seventeenth century, one can observe the emergence of a new branch of scholarship, the comparative study of religions. This new science was born from the combined effect of the new

---

7   Grotius, *De veritate religionis christianae, Opera Theologica*, III, 18-20.
8   Bossuet, *Discours sur l'histoire universelle*, Paris, 1681, 11.

discoveries, the wars of religion, the progress of philology and the development of Biblical criticism.[9]

For Christian humanists, the new world geography entailed a fresh interest in the different cultures and religions. While these cultures are profane, and these religions are pagan, they do nonetheless reflect human nature, which, beyond changing appearances, is known to be universal. The unity of human nature is based upon the testimony of the Bible, which offers both a historical and a theological explanation of the passage from the one to the multiple at the dawn of humankind. What we can detect is a sustained attempt, on the part of early modern intellectuals, scholars, and theologians, to insert, as it were, the newly discovered civilizations into the model of *Heilsgeschichte* proposed by the Biblical text. In a sense, the sacralization of profane cultures is similar to the theory, developed by Justin Martyr in the second century, of the *sperma pneumatikon* present even among peoples totally ignorant of the divine revelation. This sacralization goes through "sacred geography," *geographia sacra*, a term which often entails more than its original meaning, the scholarly study of the Holy Land. Sacred geography aims at using the Scriptures (and in particular Genesis) in order to establish the historical and geographical paths of religions since the beginnings of humankind. *Geographia sacra* deals with all aspects of world history and geography, from attempts to identify the precise geographical location of paradise to various hypotheses about the origins of the New World population.

In the sixteenth and seventeenth centuries, we find a whole literature dealing with Paradise and with its geographical location. These essays, which offer various mixtures of scholarship with myth, belong in a sense to contemporary literature on fantastic voyages and utopian worlds. Jewish, Catholic, and Protestant scholars contributed to this literature. Among them, we meet authors as different in their approach and outlook as Abraham Peritsol, Hadrian Reland, Etienne Morin, Samuel Bochart and Pierre-Daniel Huet.[10] *Geographia sacra*, naturally, was made possible thanks to the early development of the compared chronology of the ancient world, which revealed and emphasized the primacy of ancient Near Eastern civilizations over those of Greece and Rome – and also of the Hebrews. Thus Joseph Scaliger, a leading precursor of comparative chronology, recognized the chronological primacy of Egypt and of its gods upon Israel – and, of course, the primacy of Israel upon Greece).[11] Compared chronology would permit, *inter alia*, the newly-born modern

---

9 See for instance the studies collected in *Archiv für Religionsgeschichte* 3, 2001.

10 Their monographs were republished by Biagio Ugolini, *Thesaurus Antiquitatum Sacrarum...*, vol. VII, Venice, 1747. On Ugolini, see A. Vivian, "Biagio Ugolini et son *Thesaurus Antiquitatum Sacrarum*: Bilan des études juives au milieu du XVIIIe siècle," in: Ch. Grell and F. Laplanche, eds., *La République des Lettres et le Judaïsme*, Paris, 1992, 115-147.

11 On comparative chronology, see in particular Antony Grafton, "Scaliger's Chronology: Philology, Astronomy, World History," in his *Defenders of the Text: the Taditions of Scholarship in an Age of Science, 1450-1800*, Cambridge, Mass., 1991, 104-144.

history of religions to make its first steps, in detecting, for instance, Egyptian influences upon Israelite religion, implicitly destroying the perception of monotheistic revelation as remaining outside world history, or standing at its origin. It is this recognition of the temporal primacy of Egypt that would permit John Spencer, in the last decades of the seventeenth century, to develop the intuitions of Maimonides as to pagan influences on the Biblical conception of human sacrifices.[12]

Such attempts emphasized the rule that the gods, like men, traveled from East to West. "Diffusionism" was the main principle explaining the plurality of religions, and the original kernel was located in the East. It is, thus, in the East that one will search for the origin of Greek gods. "East" still refers then almost exclusively to the Near East. By going West, it is the names of the gods that change, rather than their identity, and the gods, under their new Greek names, are presented as natives.

Let us examine one example of this kind of literature. In 1622, the Catholic scholar Jacques Lapeyre d'Auzoles publishes in Paris *La saincte géographie*, with the following subtitle: *c'est-à-dire, exacte description de la terre, et véritable démonstration du paradis terrestre, depuis la création du Monde jusques à maintenant: selon le sens littéral de la saincte Ecriture, et selon la doctrine des Saincts Pères et Docteurs de l'Eglise.*[13] D'Auzoles reflects the general consensus when he sees Europe as the original land of Japhet, Asia as that of Sem, and Africa as that of Cham. Later, however, the sons of Sem settled in America, the sons of Cham in the Austral, or Magellanic lands, and the sons of Japhet in the Septantrion. For him, the Land promised to Abraham is by necessity the best land on earth, and Canaan is identical with the land of Eden. D'Auzoles diverges here from the consensus of the times, for which the Garden of Eden was located in Mesopotamia.

As noted above, the diffusion of religions throughout the continents is inseparable from historical diffusionism, and the comparative approach to religions in the early modern times is directly linked to comparative chronology. Hence, in 1632, ten years after his *Saincte Géographie*, D'Auzoles would publish a *Saincte Chronologie*.

In his *Chronicus Canon Aegyptiacus, Ebraicus, Graecus*, (1672) the *locus classicus* of Comparative Chronology, John Marsham relies on *De Diis Syris*, a work published by the young John Selden in 1617. While he considers Hebrew as the most ancient language, Selden recognizes the different polytheisms of the ancient Near East as reflecting the most ancient testimonies of the history of religions. These testimonies must be studied together, and compared to those of the Holy Scriptures, if one wants to follow the paths of the gods from East

---

12 See for instance G. G. Stroumsa, "John Spencer and the Roots of Idolatry," *History of Religions* 40, 2001, 1-23.

13 On this work, see Jacques Solé, *Les mythes chrétiens de la Renaissance aux Lumières*, Paris, 1979, 117-118, and C. Poulouin, *Le temps des origines*, 237-244.

to West. Like Marsham, Selden willingly accepts the intuition of Scaliger, who had noted the oriental origins of Cadmus (*kadim = oriens*). It is only toward the mid-seventeenth century, with George Hornius's *De originibus Americanis,* that works on America began to follow historical patterns. Until then, even a highly serious study like Gregorio Gracia's *Origen de los Indios de el Nuevo Mundo*, retained mythical patterns of thought, when it argued about the Chinese or Scythian origin of American Indians. Also in the mid-seventeenth century, Alexander Ross, who demonstates his very broad anthropological knowledge on all known religions of Asia, Africa, and the Americas, remains unable, in his *Pansebeia, or a View of all Religions in the World*, to go beyond a phenomeno-logical description of the different cults.

It is within this vibrant but confused intellectual context that we must understand the achievement of the French Protestant scholar and minister from Caen Samuel Bochart (1599-1667).[14] Bochart was one of the greatest scholars of the times, "the equal of Estienne, Castellion, Scaliger, Saumaise, Casaubon."[15] But Bochart's oeuvre is not only "a mountain of erudition" according to the expression of François Laplanche.[16] In his youth, after his tudies at the Protestant academy at Saumur, Bochart had studied Arabic in Leiden, with Erpenius, and had, in particular, deepened his knowledge of Hebrew. Bochart was already illustrious in his own times. In 1652, Queen Christina of Sweden invited him to her Stockholm court. And the great Dutch Orientalist Adrian Reland could say, for instance, "Ea est Bochartini nominis celebritas."

According to Renan, Bochart, who could not be considered, together with Spinoza and Richard Simon as one of the founders of modern biblical criticism, had established, around the mid-seventeenth century, the basis for the scholarly comparison between Semitic antiquities.[17] Bochart is a remarkable philologist and Semitist, who however often goes astray when offering fanciful etymologies and moving freely from Hebrew to Greek or Latin. Such adventurous scholarship should not mislead us into considering his search for traces of the ancient Semitic world in Europe as naïve; indeed, many of his intuitions still merit our respect.

Bochart's *opus maximum* is his *Geographia sacra*, of which the first volume, *Phaleg, De dispertione gentium et terrarum divisione facta in aedificatione turris Babel*, was published in 1646. This title refers to the Biblical figure of Pelcg, "in [whose] days was the earth divided" (Gen 10:25). The second volume, *Chanaan, De coloniis et sermone Phoenicium*, deals with the Phoenician language and with its fortune in the ancient world.[18] Incidentally, one may note, with Zur Shalev, that both names, *Phaleg* and *Chanaan* were borrowed by Bochart (without

---

14 On Bochart and his work, see C. Poulouin, *Le temps des origines*, 106-128.

15 B. Hemmerdinger, "Pour un nouveau Bochart," *Parole de l'Orient* 5, 1974, 395-399.

16 F. Laplanche, *La Bible en France entre mythe et critique (16e.-19e. s.)*, Paris, 1994, 35-38.

17 E. Renan, "Lexégèse biblique et l'esprit français," *Revue des Deux Mondes*, Novembre, 1865, 239.

18 On Bochart's importance for the history of linguistics, see Daniel Droixhe, *La linguistique et l'appel de l'histoire (1600-1800)*, Genève, 1978, 38-39, 46-47.

acknowledgement!) from Arias Montano: these were the titles of two of the tractates in his *Antiquitates judaicae*.[19] It is *Phaleg* that interests us here. In this huge tractate, which started, we are told right in the preface, as an offshoot from his work on Paradise, Bochart offers a highly detailed commentary on Genesis 10, on the origins of all peoples. The book is divided into four parts: Bochart first deals with the division of the earth between the three sons of Noah, then discusses in detail, respectively, the sons of Sem, Japhet, and Cham. Bochart's methodological principle is borrowed from Tertullian: "Id esse verum quodcuncque primum, id esse adulterum quodcunque posterius." Truth always comes first, and error reflects its deterioration with time. Thus, the gods of pagan antiquity will be understood as secondary, derived, to be explained from the Bible. In the very first chapter, Bochart sets to show that the Greek myth of Chronos (Saturn) and of his sons, Jupiter, Neptunus, and Pluto, who divide the world between them, represents a transformation of the story of Noah's sons, Sem, Ham and Japhet. Neptunus (Poseidon), for instance, is identical to Japhet. Referring to Hebrew, but also to Aramaic and Arabic, Bochart shows that the Semitic root for "spread," *p.sh.t.,* (hence Japhet) is identical, after the permutation between d and t, to Poseidon: "Itaque Poseidon et Japhet sunt plane synonyma." Similarly, Noah's sons mentioned in Genesis 10 are identical with Greek divinities: Canaan is Mercury, Nimrod is Bacchus, and Magog is Prometheus. Many others do not bear their own names in the Biblical text, but those of the cities of peoples which they had established. Bochart's linguistic prowess is remarkable, even when he remains rather unconvincing, and he leaves the reader impressd by his astonishing virtuosity. Bochart, a supreme "bricoleur,' uses every possible text, from the classical authors and the Church Fathers to the Talmud, medieval Jewish literature, and also the few Arabic texts then known in the West. He thus discusses Near Eastern gods, from earliest to late antiquity, including those of the Nabateans and of the pre-Islamic Arabs.

Through the rest of the work, Bochart's method is simple. He devotes a chapter to each of the names mentioned in Genesis 10, using at once his knowledge and his intuition in order to identify places and cults. His approach thus represents a curious mixture of reasoning and analogy. Despite his obvious interest for the history of religions, Bochart remains true to his goal: to reconstruct the historical geography of the ancient world from the clues offered by Biblical philology. One would be grossly mistaken, however, to think that this "literal" approach reflects the *naïveté* of a literalist or fundamentalist theologian. If Bochart thinks that the Biblical text contains all the truth to be

---

19 See Zur Shalev, "Sacred Geography, Antiquarianism, and Visual Erudition: Benito Arias Montano and the Maps of the Antwerp Polyglot Bible", *Imago Mundi* 55 (2003), 56-80, and "*Geographia Sacra*: Cartography, Religion and Scholarship in the Sixteenth and Seventeenth Centuries", PhD dissertation, Princeton University 2004, Chapter Three, "The Phoenicians are coming!: Samuel Bochart and his *Geographia sacra*". I should like to thank Zur Shalev for sending me a draft of this chapter, which adds very much to our understanding of the circumstances of the redaction and publication of Bochart's book, and of its reception.

discovered by scholarship, at least *in ovo*, his approach of this text amounts to nothing less than a critical reading of the Bible: while one does scholarship through the Bible, one also reads the Bible through critical scholarship. Bochart reads the Bible as a rare document, and the central witness of a distant antiquity, of which we know very little, at least before the Greek expansion in the Mediterranean. If the questions he asks are, first of all, questions of geography and of ethnology, these cannot be dissociated from key problems of the history of religions, which his followers will seek to solve thanks to his intuitions. In any case, Bochart's *Geographia sacra* will remain the *locus classicus* for this kind of Biblical scholarship, and his seminal analysis will retain for a long time a place of honor in scholarly literature.

The first among Bochart's followers, Pierre-Daniel Huet, who became bishop of Avranches, came from Normandy, like his teacher. He is mainly remembered today for his theory of the oriental origins of the novel, which stemmed from myths. The young Huet, a brilliant Hebraist, had accompanied Bochart to Stockholm, where he had eclipsed his teacher, when he discovered a manuscript of Origen. From his autobiography, we know how much Huet admired Bochart's *Geographia sacra.*[20] Like his master, Huet wrote a *Traité de la situation du Paradis Terrestre*, but it is his opus magnum, the *Demonstratio evangelica*, which owed him immediate fame when it was published in 1679. Indeed, the book went through four editions in ten years. Huet applies Bochart's method to the names of the gods. His goal is to show that ancient and classical paganisms reflect a mistaken understanding of the Bible. More precisely, the pagan gods are so many Euhemerian imitations, as it were, of the figure of Moses. In the Preface, where Huet mentions his direct predecessors, Vossius and Bochart, one reads: "Mosem esse Theut Aegyptium, conditamque ab eo Hermopolin urbem... Theuth autem ille, sive Thoth, is ipse est Phoe-nicum Tautates Gallorum, Theuth sive Wodan Germanorum, Tiis Danorum, Teves Anglorum, Mosis item simulacrum esse Osiridem, sive Bacchum..." Like Bochart, Huet states as an axiom that truth is oldest, while falsehood imitates truth.[21] Against Marsham and Spencer, Huet claims that the Hebrews originally came from Chaldea, rather than from Egypt. It is Egyptian religion which was influenced by Israelite religion, rather than vice versa, as the Egyptians considered Moses to be the god Thoth, the equivalent of Mercury. Thus did Hebrew religious ideas pass to other ancient peoples, although as transvestites and devaluated by their "paganization." So is the Arabic Adonis his sister's son, just as Moses had been educated by his own sister. Nothing surprising here, if one remembers that Moses sojourned in Arabia. Emperor Julian, in his Hymn to the Sun, mentions Monimus and Azizus, who were worshipped in Edesssa.

---

20 I read Huet's autobiography in the English translation, *Memoirs, or the Life of Pierre Daniel Huet*, written by himself, 2 vols., London, 1810, I, 36 ff.
21 See Alphonse Dupront, *Pierre-Daniel Huet et l'exégèse comparatiste au XVIIe siècle*, Paris, 1930, 61.

Julian himself, quoting Iamblichus, claims that Monimus is no one else than Mercury. Huet point out that Abraham Ibn Ezra, in his commentary on *Exodus*, states that Moses's Egyptian name was Monios. Zoroaster, Bacchus, are two other divinities whose origins reach back to the figure of Moses. Like Bochart, Huet established the connections between Moses and the pagan gods, first of all, upon etymological superficial similarities. From there, Huet moves from people to people: from Iran, Mosaic ideas reached India, and some clues let us imagine relations between the Hebrews and Eastern Asia. Similarly, since Athanasius Kircher, there had been various speculations about possible contacts between China and Egypt. Such intellectual acrobatics leave one rather skeptic, but it would be wrong to simply dismiss them as far-fetched. Under a rather awkward philology, one can detect here a thought in search of itself, and which will eventually be able to formulate clearly its own implications. This new kind of superior Euhemerism has a modern flavor, and will soon permit the deconstruction of ancient myths by enlightened scholars and intellectuals. In other words, we find here the kernel of the emerging comparative study of myths.[22] Huet, moreover, does not stop with ancient myths, and he applies the comparative method to recently discovered peoples. Hence, following in Joseph Acosta's footsteps, whose *Natural and Moral History of the Indias* was already a classic translated into many languages, he can find some of the great Christian dogmas among the Peruvians.

The puzzling and far-fetched parallels proposed by Huet were not to everyone's taste. The Hugenot theologians Jean Le Clerc and Jacques Basnage, in particular, often remained unconvinced by his arguments.[23] Pierre Jurieu, a leading theologian of the Hugenot Refuge in Holland, and a close friend of Pierre Bayle, published in Amsterdam, in 1704, his *Histoire critique des cultes, bons et mauvais, qui ont été dans l'Eglise depuis Adam jusqu'à Jésus-Christ, où l'on trouve l'origine de toutes les Idolatries de l'ancien paganisme, expliquées par rapport à celles des Juifs*. In this work, Jurieu offered a comparative study of the religions of the ancient world, and in particular of the Near Eastern and Mediterranean polytheist systems. Jurieu points out from the start that it is hard to say anything new in a field so well charted. Yet, he appears to have done just that. His reflection on the very idea of idolatry (today, one would say: "polytheism") seems to me both more synthetic and more historical than what one finds in his predecessors. "We are looking for the origin of the Greek, Roman, Syrian and Phoenician gods" (400). It is in the East ("l'Orient"), from which men originate, that "one can find the origin of religion, i.e., of divine cult and service" (201). The Bible, the only text from the ancient Near East known to us, functions here as a privileged witness. It is, then, as a historical document that one must read the Bible in the context of this research. Jurieu conceives of his work as responding to Richard Simon's *Histoire critique du Vieux Testament*. But he

22 See Dupront, *Pierre-Daniel Huet*, 159-164.
23 *Ibidem*, 167-170.

intends to go further than the great Catholic scholar, and to overcome the philological level where Simon had remained. Focusing his attention on the religions of the ancient Near East, Jurieu notes that the radical distinction between polytheism and monotheism is not always heuristic: "The Theology of the Ancients contained all that is essential in religion" (17). Doesn't one retrieve the concept of Trinity in Zoroaster's oracles? Actually, "the Theology of the Patriarchs before Moses was more similar to Christian Religion than that of the Jews" (14). Elsewhere, he considers "the Religion of Noah… as offering salvation, and sufficient for salvation (salutaire et suffisante au salut)" (52). For Jurieu, then, there were before the revelation on Mount Sinai religious systems which were not idolatrous, i.e., which did not offer a wrong idea of the divine. If religion, like men, comes from the East, and if pristine religion if true, then idolatry is derivative, and hence came later. Thus, Abraham's behavior with Sarah in Egypt, where he had her pass for his sister, "apparently stems from the fact that Egypt and its king were deeply immersed in superstition and idolatry, while the Cananean nation was not yet idolatrous" (64-65). Balaam, similarly, was neither a magician nor a false prophet. It is only after Moses that prophecy became limited to a single people (39). Religion, then, comes from the ancient Near East, more precisely from Palestine and Syria. It is only later that idolatry ("les simulacres": simulacrum = eidôlon) was propagated throughout the world. The origin of idolatry too is to be found in the East, more specifically "in the family of Nimrod and in Chaldaea." Thence, idols, crossing the Euphrates, reached Phoenicia, and from Phoenicia passed to Egypt. From Egypt, they came to Greece, and then, eventually, to all parts of the earth, "As men went seeking for a home from place to place in that time; wherever they went, they brought with them the gods of their country" (482). Thus, "the Theology of the Egyptians and that of the Phoenicians are undoubtedly the source of the Theology of the Greeks and of the Romans (410). One must accept as an established principle the fact that religions, like men, have come from the East, and … the gods of the Syrians and of the Phoenicians are the same as those of the Greeks and the Romans." Once this principle established, Jurieu can search for identical deities among those of the Semites and of the Greeks and Romans. Python is thus "the Ob of the Orientals," Moloch (as well as Theutates among the Gauls) is the Greek and Roman Saturn. But Saturn is also equivalent to Noah, and Jupiter, Neptun and Pluto are avatars of Sem, Ham, and Japhet, since "I affirm something else as certain, that all the idolatries of the Pagans found their root in the East, and that the Orientals transformed into their Gods the Patriarchs and those whom Tradition taught them to have been the source of their race" (554-555). Noah, moreover, also became Bel-Phagor among the Moabites, and Priapus in Greece. One hears here clearly the echo of both "l'illustre Bochart," as Jurieu calls him, and of Huet. Their philological intuitions have now become part and parcel of a comparative historiography of ancient religions.

The first post-diluvian religion of mankind, that of Noah's sons, which was universal, was certainly no idolatry. For some of the most impressive minds of the seventeenth century, that religion was the historical equivalent of natural law. The origin of this recurrent pattern, which is stated with particular clarity in Grotius's *De Iure Belli ac Pacis* (1625) and in John Selden's *De Iure Naturalis* (1640), stems from Maimonides, more precisely from a passage in his *Mishneh Torah* (*Hilkhot melakhim* 8.10).[24] Maimonides discusses there the Rabbinic teaching about the seven commandments given by God to Noah's sons after the Flood. These commandments, the Noachide Laws, are of both a religious and civil nature, and according to the Rabbis, these laws are a necessary and sufficient condition for "pagan" societies to be considered decent (and hence for those who observe them to be saved). These seven commandments, in short, represent God's expectations from all peoples, while the Decalogue was revealed only to the Hebrews. For Selden, natural law reflects the dealings of God with men immediately after the Flood. In fact, he conceives the Noachide Laws to be natural law: the full title of his work is *De iure naturali et gentium iuxta disciplinam Ebraeorum, libri septem*.[25] The importance of the Noachide Laws in seventeenth-century thought on both natural law and civil religion is reflected by Spinoza, who in his *Tractatus Theologico-Politicus* (Chapter 14.10) rejects Maimonides on the Noachide Laws, but offers as a blueprint for a civil religion which will bring peace to the state a list of seven principles which strikes me as being fashioned upon the seven Noachide commandments.[26]

Seventeenth century scholars, while they had recognized the plurality of cultures and religions throughout the world, had remained in their analysis, to a certain extent, prisoners of their "Bibliocentrism" and of their classical culture. Among eighteenth-century intellectuals, on the other hand, one can perceive a move from the genetic analysis of ancient Near Eastern and Mediterranean religions to a comparative reflection of world dimensions. To a great extent, the genetic model is not the only, or the most obvious one. One example among many others: Noël Antoine Pluche, in his *Histoire du ciel* (1739), states that the many similarities between Hebrew and pagan mores do not reflect an influence of one upon the other, but points, rather, to their common ancestry: Noah's sons.[27] The religious systems of antiquity are now compared to those observed

24 See Klaus Müller, *Tora für die Völker: Die noachidischen Gebote und Ansätze zu ihrer Rezeption im Christentum*, Studien zu Kirche und Israel, 15; Berlin, 1994, 219-237. See further Steven S. Schwartzschild, "Do Noachites have to Believe in Revelation?", *Jewish Quarterly Review*, 1962, 297-308, and 1963, 30-65. On Selden, see Richard Tuck, *Natural Rights Theories: Their Origin and Development*, Cambridge, 1979, 35.

25 I quote according to the edition published in Leipzig in 1695. The identification of the Noachide laws and natural law is the central claim of the work.

26 I read the text in the new edition of Fokke Akkerman, in Spinoza, *Oeuvres, III, Tractatus Theologico-Politicus, Traité théologico-politique*, Paris, 1984. The list of seven dogmas of the universal faith are on pp. 474-476. The literature on Spinoza's *Tractatus* is of course immense. See in particular Friedrich Niewöhner, "Die Religion Noah's bei Uriel da Costa und Baruch de Spinoza. Eine historische Miniatur zur Genese des Deismus," in C. de Deugd, ed., *Spinoza's Political and Theological Thought*, Amsterdam, Oxford, New York, 1984, 143-149.

27 N. A. Pluche, *Histoire du ciel, considéré selon les idées des poëtes, des philosophes, et de Moïse*, two vols., Paris, 1739.

by the early ethnologists, who are more often than not Catholic missionaries. Thus, Father François Lafitau, S.J., who seeks to describe and understand the customs and beliefs of he Indians of New France. His great book appears in 1724, the same year as Vico's *Scienza nuova*. Lafitau, a great admirer of Bochart, sees in the Indians offspring of the ten lost tribes of Israel.

In the eighteenth and nineteenth centuries, the continuing degradation of the status of the Bible brought to a dramatically lessened interest in the Biblical story, except of course among theologians.[28] For many, this story became irrelevant, or almost irrelevant, as a document reflecting, even partially, the early stages of world history. As the old myth was discarded, new myths took its place, and would accompany some of the most ominous transformations of intellectual conceptions in modern European patterns of thought.[29]

The new interest in comparative mythology during the Enlightenment, and the "discovery" of Avestan by Anquetil Duperron and of Sanskrit by Sir William "Oriental" Jones will soon bring about a dramatic change in attitudes, terms, and options.[30] With Romanticism, a moving away from the "Oriental mirage" (the expression is Salomon Reinach's) in order to explain the "Greek miracle" will be detected, in particular in Germany. Early Greek culture will then be denied any possible Near Eastern roots. The discovery of the Indo-European (or Aryan) family of languages will lead to the replacement of the old model by a new one, focusing on Indian parallels to the Biblical story of the Flood. In contradistinction to the seventeenth-century attempts to contextualize the Biblical myth, this new trend will offer a real re-mythologization, by denying the cultural and historical context of the Biblical text any deep significance, looking instead for structural and phenomenological parallels.

Various comparative books are published, such as Marquis of La Créquinière, *Conformité des coutumes des Indiens orientaux avec celles des Juifs et des autres peuples de l'antiquité* (Brussels, 1704) or Joseph Priestley, *A comparison of the institutions of Moses with those of the Hindoos and other ancient nations* (Northcumberland, 1799). Similarly, Philip Buttmann, in his *Älteste Erdfunde des Morgenländes: ein biblisch-philologischer Versuch* (Berlin, 1803) proposes to see in India the birthplace of humankind, alluded to in the Hebrew tradition. From now on, there would be no need to seek Biblical proof texts for the new Aryan Paradise. A new chapter would open in the history of the history of religions, in which even Noah's Flood and his sons, not only antediluvian history, would be forgotten, or actively eradicated.

---

28 For the continuous importance of Bochart among theologians, see for instance Johannes David Michaelis, *Spicilegium geographiae Hebraeorum exterae post Bochartum*, Göttingen, 1769, which also presents itself as a commentary upon Gen 10. See further G. Stroumsa, "*Homeros Hebraios:* Homère et la Bible aux origines de la culture européenne", in: M.A. Amir-Moezzi and J. Scheid, eds., *L'Orient dans l'histoire religieuse de l'Europe*, Turnhout, 2000, 87-100.

29 On the role of the sons of Noah in this transformation, see Bruce Lincoln, "Isaac Newton and Oriental Jones on Myth, Ancient History, and the Relative Prestige of Peoples," *History of Religions* 41, 2002, 1-18.

30 See Lincoln, "Isaac Newton and Oriental Jones."

Kaspar Memberger: Auszug aus der Arche. Residenzgalerie Salzburg.
Abb. aus: Jacobo Borges: Der Himmel senkte sich, Salzburg 1996, S. 101.

JONATHAN SHEEHAN

Time Elapsed, Time Regained:
Anthropology and the Flood

> "In a large part of the world...societies which appear the
> most authentically archaic are completely distorted by
> discrepancies that bear the unmistakable stamp of *time
> elapsed*. A cracked bell, alone surviving the work of time,
> will never give forth the ring of bygone harmonies"
>
> — Claude Lévi-Strauss, 1963[1]

For modern anthropology, the origin — of customs, peoples, manners, religions
— is an uneasy element of a discipline whose claims to scientificity rest, in part,
on its ability to transform mythological lead into empirical gold. At its simplest,
in the words of one recent commentator, anthropology takes myth to be a
"narrative that *others*...remote in time or in space, have regarded as sacred." It
is this sense of remoteness that enables the alchemical work of anthropology:
The sacred becomes the material for science at the moment that it is pushed
away into geographical or temporal distance. Emile Durkheim's Australian
totem worshippers were good material for his general theory of the sacred
precisely because they inhabited the antipodes of the earth and were about as
foreign to the French sociologist as humanly imaginable. The *logos* of myth,
however, is doubly tied to origins: Not only must anthropology uncover the
primordial myth that underlies all of its subsequent elaborations, but it must
also ground this myth in that "real character of [the] age which must have
preceded the earliest dawn" of all literature, in Max Müller's terms.[2] An anthropologist like James Frazer thus analyzed "fossils" like the Old Testament as
archives of ancient mythology and *explained* this mythology by discovering its
real origins in the physical and psychological environments of ancient peoples.[3]

And yet, anthropology cannot or certainly does not fully embrace these
workings of the origin. This is particularly true of twentieth-century anthropology, whose discomfort with the original efforts of its Victorian forefathers
can be summarized in the following disclaimers:

---

1 Claude Levi Strauss, "The Concept of Archaism in Anthropology,", in: *Structural Anthropology*,
   New York, 1963, vol. 1, p.117.
2 Max Muller, "Comparative Mythology,", in: *Chips from a German Workshop,* New York, 1872,
   vol. 2, p. 16.
3 J. G. Frazer, *Folk-Lore in the Old Testament*, London, 1919, p. vii.

"There is no real end to mythological analysis, no hidden unity to be grasped once the breaking-down process has been completed. Themes can be split *ad infinitum*. ... [the] only source [of the myth] is hypothetical.

It can thus be understood how mistaken those mythologists were who supposed that the natural phenomena which figure so largely in myths... constituted the essential part of what myths are trying to explain."[4]

Both disclaimers are telling. On the one hand, their author, Claude Lévi-Strauss, insists that the origin of a myth can never be determined from mythological analysis, for myths never reduce to *any* original story. On the other hand, and in a connected fashion, he insists that the origin of a myth can never be found in nature, for myths are, like languages or, more importantly for this paper, like *culture*, essentially extra-natural. They are rooted in no natural phenomena whatsoever. Indeed, it is the very essence of humanity — in this anthropological vision — that its natural and physical origin be displaced from its cultural origin, that there exists a space between the biological beginnings of mankind and its expansion into the fully human space we now call culture. Archaism is impossible: The work of time always makes itself felt as mankind moves away from his own origins.

At the same time, even for Lévi-Strauss, time does not just elapse. It is also recovered in the work of myth. "Time Regained" is, after all, the chapter in his 1962 *The Savage Mind* where he explicitly confronts the distinction between what he calls "hot" societies — which makes the passage of time central to their own self-image — and "cold" societies — which try "to make the states of their development which they consider 'prior' as permanent as possible." For these latter societies, "antiquity is conceived as absolute, for it goes back to the origin of the world, and the continuance admits neither of orientation or [sic] of degree." [5] For cold societies, and with varying degrees for all societies, culture cannot give up on nature. Precisely religion affirms the connection: It is religion that maintains a link between the two when it "ascribes the power of its super-humanity to nature" and when it humanizes natural law.[6] The zone of religion is thus a site of indistinction of nature and culture: A society that has it is, at best, warm. At the same time, it is in religion that the tensions between nature and culture — the stress of pulling human beings out of nature, and the urge to return them to it — are most evident.

This article argues that this sense of tension, and the dual urges toward autonomy from and surrender to the past, was at the center of the seventeenth-century interest in the Flood and lent it its particular drama. It was in the seventeenth century, and more specifically, in the Biblical scholarship that repeatedly and anxiously rehearsed the history of God's destruction of humanity and its repopulation through the line of Noah, that this distinction

---

4   Claude Levi-Strauss, *The Raw and the Cooked,* New York, 1969, p. 5, 340.
5   Claude Levi-Strauss, *The Savage Mind*, Chicago, 1966, p. 234, 236.
6   Ibid., p. 221.

between cultural and natural origins first took primordial form. Even more specifically than that, this article argues that Flood scholarship began to posit — in ways radical in a society whose embrace of sacred history made it much "colder" than our own — the productive power not only of memory and remembrance, but also of forgetting and oblivion. Time elapsed and time regained: Early modern Biblical scholarship was torn by its commitment to both its submission to the divinity and its affirmation of human autonomy.

Anthropology and the Memory of the Flood

The Bible is a notoriously duplicitous document. From the parallelisms that characterize Old Testament poetics to the repeated legal codes of Leviticus and Deuteronomy, Biblical institutions often happen twice. The Decalogue is given twice, in Exodus and Deuteronomy; God speaks to Moses in the wilderness of Sinai two times, once in Exodus and then again in Numbers; Saul is made king twice (in 1 Sam. 10 and 1 Sam. 11); and, of course, man himself is made twice, first in Genesis 1.26 and then again in 2.7. Modern scholars attribute these repetitions to repeated collations of the Biblical text, to the intervention of various priestly editors, to the awkward integration of early and late sources, and so on. But before the documentary hypothesis conquered the scholarly imagination, these repetitions were mysteries of the sacred text that offered rich fruit for speculation. Man's double creation – out of "dust" and in the "image and likeness" of God — for example, offered a symbolic condensation of man's double nature: "a worm! a God! — I tremble at myself and in myself am lost" in the ecstatic words of the eighteenth-century poet Edward Young.[7] And it was precisely this space between worm and God, between "dust" and "image" that gave man the freedom to choose between the blessings of the spirit and the curses of the flesh.

But this article focuses on another Biblical double, one that equally bears on the problem of human autonomy, namely the two stories of the world's population and, as it were, acculturation, first through the line of Adam and second, through the line of Noah. The story is a familiar one: The earth was first divided between the cursed sons of the farmer and city-builder Cain, sons who included Jubal, the "father of all who play the lyre and the pipe" (4.21) and Tubal-cain, the "forger of all instruments of bronze and iron" (4.22) — and the blessed sons of Adam's third child Seth. But as "men began to multiply on the face of the ground" (6.1), and wickedness came to own "every imagination" of man's heart (6.5), God decided to blot out man and his works, leaving Noah and his patrimony as the sole bearers of the traditions, memories, and arts of the first great age of man. "Thou hast seen one World begin and end," said the angel

---

7   Young, "The Complaint", in: *Works*, London, 1844, vol. 1, p. 4. On the double origin, see
    Arnold Williams, *The Common Expositor*, Chapel Hill, N.C., 1948, p. 69 f.

Raphael to Adam in *Paradise Lost*, "and Man as from a second stock proceed." John Milton's Noah — the "second sower" of mankind — carries divine and human knowledge forward into a world whose memories have been scrubbed clean by the waters of the Deluge. He and his family are a single narrow thread that leads across this apocalyptic intervention in human history. It is they alone who conserve the knowledge of the first days and of man's blessed estate; they alone know the meaning of the rainbow and "remember the everlasting covenant between God and every living creature." (9.16)

Twice, then, humanity spread itself across the world and developed its arts. In the beginning, in the vision of the early sixteenth century writer Johann Boemus, was the simple and rude society of post-Adamic man:

> "every one contented with a little, lived a rurall, secure, and idle life, free from toyle or travell... [Later] they beganne to live a more civill and popular kind of life...to ordaine laws, and elect magistrates for the maintenance of peace and tranquilitie amongst them; many noble Disciplines, and liberall Arts, were by men found out, which...did so farre exempt and advance them beyond all humane condition, as they might have been thought rather to leade the most blessed of lives of deified men, then men indeed."[8]

This comfortable pastoral scene — in which societies and the arts flourished in easy harmony — was not to last, of course. Standing on the sidelines and ready to introduce his wicked hand was Satan, who, that "he might abolish all knowledge," introduced dissention and diversity into this aboriginal world.[9] Beginning with religious customs, the "most cruel enemy of mankinde prevailed" by inviting man to its "diversity of manners" and its "hatefull and damnable superstitious abuses in ceremonies and sacred things."[10] This diversity was reduced, but not eliminated, by the great purgation of the Deluge: After its waters receded from the earth, diversity again made its appearance, this time *not* owing to diabolical origins, but to natural and human causes. The "alienation of [Noah's] children" from their father, Boemus insisted, "was cause of all the diversity which insued":

> "*Cham*, being constrainted to flye with his wife and children, for scorning and deriding his father, seated himselfe in ...Arabia, ...where hee left no religious ceremonies to his posterity, as having received none from his Father; whereof insued, that, as in tract of time, diverse companies beeing sent out of that coast, to inhabite other countries, and possessing diverse partes of the world... many of them fell into inextricable errors, their languages were varyed, and all knowledge and reverence of the true and living God, was utterly forgotten and abolished..."[11]

---

8   Johann Boemus, *The Manners, Lawes, and Customs of All Nations*, London, 1611, p. a[recto], a2[verso].
9   Ibid., p. a2[verso].
10 Ibid., p. a3[verso].
11 Ibid., p. 3.

Twice, then, was diversity introduced to the world of man, first through the touch of Satan, and second, through the distance of Ham and his kin from the font of Noachic knowledge.

From the perspective of the seventeenth-century, Boemus' work was less remarkable for its influential descriptions of human diversity across the ancient and new worlds, than for its striking confidence in the intelligibility of the Biblical account. Boemus showed, for example, virtually no concern about reconciling his Biblical story with the huge variety of customs that he had accumulated on everything ranging from cannibalism to marriage. Nor, for him, was the space between Cain and Ham particularly interesting; the first origins of humanity in Adam were completely continuous with the second origins in Noah. These two optimistic moments were connected: The gap between nature and culture, between Adam and Noah, called for no elaboration *because* the customs of humanity were easily explicable, to this scholar, by the first chapters of Genesis. Seventeenth-century investigations of the Flood, by contrast, incessantly focused precisely on this gap. They endlessly probed the interruption that the Deluge introduced into human development and tirelessly speculated on the origins of post-Noachic human diversity. For seventeenth century Biblical scholarship, the Flood was the key to the recovery of the unique origins of mankind. It set the seal of unity on the diversity of human institutions. And its commemoration across the hugely various traditions that seventeenth-century Europeans discovered, whether in ancient texts or in modern exploration, testified to the primordial truth of the history contained in Scripture.

"This drowning of the world hath not beene quite drowned in the world," Samuel Purchas declared in 1613 *Pilgrimmage*, since:

> "many other writers have mentioned it: the time thereof being referred to that which in each Nation was accounted the most ancient; as among the Thebans to Ogiges; in Thessalia, to Deucalion; among the Americans...the people have retained the tradition hereof: Mnaseus among the Phoenicians, Berosus a Chaldaean, Hieronimus Aegyptius, Nicolaus of Damascus, the Poets Greeke and Latine..."[12]

All of these people and times preserve the memory of the flood. And of course Purchas was not alone in his vision of the universal commemoration of the flood. For the French Calvinist Jean de Léry, the Tupinamba Indians had no apparent religion until he discovered, in their house of ritual, a "mention of the waters that had once swelled so high above their bounds that all the earth was covered": This was proof positive that this "people accursed and abandoned by God" was indeed linked to the story of Scripture.[13] For his part, Sir Walter

---

12 Samuel Purchas, *Pilgrimage, or, Relations of the World,* London, 1613, p. 34-5.
13 Jean de Léry, *History of a Voyage to the Land of Brazil*, trans. Janet Whatley, Berkeley, 1990, p. 144, 150.

Ralegh was unsure if all of these floods were exactly the same — since "there have been many floods in divers times and ages..." — but he still insisted that "all record, memory, and testimony of antiquity whatsoever, which hath come to the knowledge of men, the same hath been borrowed" from Scripture.[14] This confidence in the original Scriptural origins of ancient memories underlay the monumental recovery enterprises of polymaths like Samuel Bochart and Gerhard Vossius. The latter's 1640 *De theologia gentili* was a staggering monument to this work of commemoration — "in Saturn are conserved for us certain remains [*reliquiae*] of the patriarch Noah," for example, since just as "Noah held [dominion over the whole world] with his family" so too did Saturn divide the world among his sons Jupiter, Neptune and Pluto.[15] And Vossius's readers in the seventeenth century followed suit: The English popularizer of this polymathic tradition, Theophilus Gale, insisted in his 1672 *Court of the Gentiles* that "the *sacred storie* of *Noahs* floud, was traduced among pagan writers, under the assumed *names* of *Xisuthrus, Daucalion, Ogyges, Prometheus* &c" while the apologist and jurist Matthew Hale less polemically concluded that "the Tradition of the Universal Flood hath obtained in all places, even among the *Americans* themselves."[16]

Key to this work of recovery were the "vestiges" or "traces" of this event. Vossius's *reliquiae* was matched by a similar vocabulary of remainders that scholars deployed in their efforts to compress the enormous heritage of antiquity into the framework allowed by Scripture. In ancient mythology, Gale declared, "are to be found evident *vestigia*, or footsteps, of *sacred storie*, conveyed to the Grecians by Oriental Traditions."[17] The cosmographer Peter Heylyn was similarly interested in tracing these hidden paths. "All the Footsteps of Antiquity are not so defaced," he declared, "but that some Nations and cities have preserved the memory of their first Founders and true Parents."[18] "Many parcels of *Noahs* memory were preserved in the scatter'd fragments of many Fables," insisted the great Anglican controversialist Edward Stillingfleet in 1677, fragments that bore happy witness to the truth of the Bible.[19] Examples of this scholarly optimism could be multiplied endlessly, reflecting a culture wide claim (among scholars in any case) that the sundry stories and customs of the world's peoples collectively bore the traces of the memory of their origin. The very enormity of the Flood — the collective trauma that it inflicted on a nascent humanity — marked itself in the collective

---

14 Sir Walter Ralegh, *History of the World* in *The Works of Sir Walter Ralegh*, Oxford, 1829, vol. 2, p. 201, 250.

15 Gerhard Vossius, *De theologia gentili et physiologia christiana, sive de origine ac progressu idololatriae*, Amsterdam, 1641, vol. 1, p. 140.

16 Theophilus Gale, *The Court of the Gentiles*, London, 1672, vol. 3, p. 71; Matthew Hale, *Primitive Origination of Mankind*, London, 1677, p. 185. On Hale, see Alan Cromartie, *Sir Matthew Hale, 1609-1676: Law, Religion, and Natural Philosophy*, Cambridge, 1995.

17 Gale, *Court*, vol. 3, p. 27.

18 Peter Heylyn, *Cosmographie*, London, 1657, p. 9.

19 Edward Stillingfleet, *Origines Sacrae*, p. 592

unconscious of the world's peoples. Although neither Greeks nor Native Americans *knew* precisely the story of their origin, the Flood had inserted itself into their memory and its presence was detectable to one armed with the correct Biblical lens.

In this way, we can understand the Flood as a seventeenth-century meditation on the *durability* of memory across time and space. When these polymaths thought about the Flood's terrifying interruption of human development, they thus eagerly sought continuities. These continuities did not just bridge the distance between the Deluge and modern human institutions, but indeed bridged that interruption itself. Early modern scholars repaired mnemonically the gap between the first and second seed of man, offering Noachic man tools for conserving the legacy of Adam. These tools had different forms. On the one hand, Noah and his family became the ultimate repository of human diversity: Thus the memory of antediluvian Patriarchs — from Seth to Cain — was preserved in the various sons of Noah and transmitted to their respective posterities. Noah was the original of the Greek god Janus, not just for his invention of wine but also for his double face, one that "look[s] at the world before, and the other at the world after the Deluge."[20] On the other hand, early modern scholars repeatedly gave post-diluvian man the *physical* means to recover their lost patrimony: Walter Ralegh's comment that it was "certain that the Egyptians had knowledge of the first age... from some inscriptions upon stone or metal remaining after the flood" was repeated in a variety of different forms in the period.[21] From Annius of Viterbo's forged memoirs of the Chaldean priest pseudo-Berosus — which describes how Noah, "Lord and Maister of the whole universall land," found a "a faire pillar of marble, whereon he carefully engraved and set downe the deluge and generall inundation of the world" — to the more poetic speculations of the Huguenot du Bartas on the columns of Seth — whose sons "raised cunningly/This stately payr of Pillars.../Long-time safe-keeping, for their after Kin/A hundred learned Mysteries therein" — early modern scholars imagined technical solutions to the problem of memory conservation, solutions that could ensure the connection between the two stocks of men and overcome what looked like the radical division of humanity from its biological and divine origins.[22] These solutions stitched human anthropology into a single, comfortably familiar, story. In Lévi-Strauss's terms, these antiquarians were working within the terms of a rather chilly society: They worked to ensure that "the order of temporal succession should have as little influence as possible" on the sacred story that unified man through the lines of Noah as described in Genesis.[23]

---

20 Vossius, *De theologia*, p. 137.
21 Ralegh, *History of the World*, vol. 2, p. 165.
22 Annius of Viterbo [pseudo-Berosus], *An Historical Treatise of the Travels of Noah into Europe*, trans. Richard Lynche, London, 1601, p. bii[recto]; Guillaume de Salluste du Bartas, *Divine Weeks*, trans. Joshua Sylvester, London, 1608, p. 378.
23 Levi-Strauss, *Savage Mind*, p. 225.

And yet, this very need for writing — for a technical solution to memory's loss — signaled the anxiety that underlay the apparently placid confidence in the continuity of the Biblical tradition. Seventeenth-century antiquarians were not only interested in conserving the past. They also were aware of the *need* for its conservation, as the ancient past and the story of man's development out the state of nature receded into a mythic pre-historical moment. If Noah and his sons were truly the second sowers of man, what need had they, after all, for the columns of old? If the blessed line of Shem could serve as the repository of Noah's knowledge, what need had they of engraved marble columns? "The whole Law was perfectly written in the fleshic Tables" of *Adam*'s heart, Purchas insisted: Why not in that of the one upright man, Noah? [24] The durability of Noah and his progeny, in other words, was difficult to sustain, even (and perhaps especially) by those who, like Edward Stillingfleet, insisted vociferously on *"the certainty of the propagation of mankind from the propagation of Noah."*[25] "We cannot conceive," acknowledged Stillingfleet:

> "...that all those *passages* which concerned the *history* of the world, should be presently *obliterated* and extinguished among [men], but some *kind of tradition* would be still preserved, although by degrees it would be so much altered for want of certain *records* to preserve it in, that it would be a hard matter to discover its *original* without an exact comparing it with the true *history* itself from whence it was first taken."[26]

Even if the history of the world and its peoples were *not* obliterated and extinguished, then, only "some kind of tradition" would remain, and this so altered and disfigured by the passage of time, that its discovery would pose the greatest challenge to the researcher of antiquity. Stillingfleet and the host of apologetes who inhabited the seventeenth-century scholarly landscape were, in short, not just interested in the *conservation* of tradition across the ages, but also fascinated (and repelled) by that sense of "time elapsed," that feeling for what Theophilus Gale called "broken tradition."[27] The time of Adam, the Garden, and his covenant of works with God was over, as even the Christian revelation testified. But the seventeenth -century felt this end more significantly, perhaps as the easy identification between the Israelites and the Calvinist peoples began to wane.

24 Puchas, *Pilgrimmage*, p. 17.
25 Stillingfleet, *Origines sacrae*, p. 553.
26 Ibid., p. 577-8.
27 Gale, *Court of the Gentiles*, vol. 3, p.33.

Anthropology and the Forgetting of the Flood

Much of seventeenth century Biblical scholarship was, as is well known, written in the mode of apology. The great Protestant polymaths of the age — Samuel Bochart, Hugo Grotius, Gerhard Vossius — and the hosts of lesser minds who produced the prodigious tomes of historical research on Biblical customs, defended "the truth of the Christian religion," whether against orthodox scholasticism and intransigent Biblical literalism or against the *esprit forts* they saw as endangering the very integrity of the Bible *tout court*. In this volume, I am hardly the expert on these latter, but one such libertine in particular haunted much of the research on the Flood. This was the Dutch Jew, later Catholic convert Isaac La Peyrère, whose 1655 *Prae-Adamitae* in a peculiar way took literally one of those Biblical doubles I began with and used it as a foundation for a radical post-Christian anthropology. More specifically, La Peyrère took literally man's double creation — in dust and in the image — to imagine a race of men before Adam. Before Adam, La Peyrère insisted, a race of gentiles, "the men of the first creation," were made by God in his own image, gentiles who discovered "by manifold observation and long experience" now to understand their world.[28] The Jews, by contrast, were formed later out of the clay and dust — their father Adam was the first of God's "first-born natural Children by mystical Election."[29] The two creations in the Bible thus corresponded with two races of men.

If La Peyrère took this Biblical double literally to generate his unorthodox anthropology, he also used it to disintegrate the double creation of human culture in Adam and Noah. "Let any reasonable man judge, whether or no in those 4 and 5 Chapters [of Genesis]," La Peyrère laconically commented, "all could be comprehended which was acted or invented upon the face of the earth for a thousand six hundred yeares and more?" [30] Even to orthodox commentators, the temporal foreshortening of the Bible could pose problems, but for La Peyrère, it was a stumbling block explicable only by the double creation of man. All of the sciences of prognostication, for example, whether "by Astrological and Magical inventions, by Physiognomie, by Metoposcopie, by Chiromancie, Geomancie, Hydromancie, Aeromancie, Pyromancie, by sacrifice, thunder, lightning," needed centuries of cultural development uninterrupted by such catastrophes as the Deluge.[31] For this reason, La Peyrère argued, the Flood can have destroyed "only those Countries in the Holy land," not the entire world.[32] The genealogical line linking Adam to Noah was certainly

---

28 Isaac La Peyrere, *Men before Adam, or, a Discourse upon the Twelfth, Thirteenth, and Fourteenth Verses of the Fifth Chapter of the Epistle of the Apostle Paul to the Romans*, London, 1656, p. 113, 194.
29 Ibid., p 58.
30 Ibid., p. 215.
31 Ibid., p. 197.
32 Ibid., p. 248.

broken, but *only for the Jews*. The gentiles, by contrast, were unaffected by God's great purging.

Now doubtless Biblical researchers in the period had many bugbears to contend with — theological polemics, for example, drove much Biblical scholarship in the period as I have argued elsewhere — but La Peyrère is a particularly interesting one, since his conviction that the development of humankind was largely continuous across the Flood pushed mainstream researchers to insist ever more strongly on the utter chasm that split post-Noachic man from his Adamic roots.[33] Most striking were the reactions of the apologist and jurist Sir Matthew Hale, whose *Primitive Origination of Mankind* explicitly revised the disconcerting genealogies of humankind offered in the *Prae-Adamitae*. At the same time, for example, that Hale insisted on the truth of the Genesis story, he radically narrowed its purview:

> "I shall here urge the Authority of *Moses* for the Proof of the matters of Fact in question as I would urge *Herodotus* or *Livy* to prove a Matter of Fact alledged by them; and…shall only use his Testimony as a Moral Evidence of the Truth he asserts… I shall not at all insist upon the Tradition of *Moses* touching the Creation of Man, but only upon those Historical Narratives deliverd by *Moses* relating to such Matters of Fact that were neare his time… namely, the Propagation of Mankind after the Flood…"[34]

This is an amazing statement not just for its comparison of Moses and Livy, but also for its fundamental abandonment of the "creation of man" for those "matters of fact" that followed the Flood. In essence, Hale argued, the Bible seen as a historical text — or as a sourcebook for anthropological development — can *only* begin after the Flood. What Hale calls the "Sum… of the *Mosaical History*" begins only at the moment that "the Universal Flood was brought upon the Earth in the Year 1656 after the supposed Creation of Man."[35] Hale conceded this not because he doubted the story of Adam's creation, but because he thought that Flood was the bedrock of scriptural history that even an atheist would accept. An infallible Scriptural anthropology, and this was undoubtedly Hale's interest, *must* suspend the creation of natural man in order to write the story of cultural man. Moses had "unquestionable Evidences of the things transacted between his time and the Flood," but nothing beyond that.[36] The gap between Adam and Noah was unbridgeable.

Hale's intuition that historical time essentially stopped at the Flood permeated not only his work but that of many of his contemporaries, who made the Flood into a kind of *Stunde null* of human cultural development. "It is

---

33 Jonathan Sheehan, "Sacred and Profane: Idolatry, Antiquarianism, and the Polemics of Distinction", in: *Past and Present*, forthcoming, 2005.
34 Hale, *Primitive Origination*, p. 177.
35 Ibid.
36 Ibid., p. 182.

impossible to determine the Time or first *Epocha* of [human] Migrations, but only that they were all since the Universal Deluge," Hale conceded.[37] "To shew directly which Nations descended" from Shem, Ham, and Japhet, Samuel Purchas believed, "were a hard task: and now after this confusion of Nations by wars, leagues, and otherwise, impossible."[38] Antiquities, "rotten with age," similarly offered Peter Heylen no sure clue to the first fathers: "there are no remainders of this first *Plantation*," he commented in his 1657 *Cosmographie* and Hugo Grotius, for his part, assumed that in the history of the Flood, "the memory of almost all Nations ends."[39] "All things which were done before the Flood" were "quite obliterated by it," was Stillingfleet's assessment.[40]

Given this sense of utter disjuncture, it was not only the Noah whose Janus faces looked back to Adam and forward to Christ, but also the Noah who was at the root of the legend of Prometheus that preoccupied seventeenth-century antiquarians. "No wonder if *Prometheus* were *Noah*," Stillingfleet commented, "that the forming of *mankind* was *attributed* to him, when the world was peopled from him."[41] If the Promethean Noah served as a kind of metaphor for the first historical man, it was his son Ham who afforded the most apt symbol of post-diluvial humanity more generally. It was with Ham, after all, that human behavior first diversified, and then proliferated across the face of the world. This was particularly true in the case of religious practices — according to Lactantius, Ham was the father of the Canaanites, the first "nation…ignorant of God, since its prince and founder did not receive from his father the worship of God, being cursed by him" and the first people to establish "for themselves at their own discretion new customs and inventions."[42] Now the history of Lactantius in early modern period has, to my knowledge, yet to be written, but in this case, he offered researchers the most convincing account of how diversity entered the world. And key to this account was the power of memory or, more accurately put, the power of forgetting as a source of human culture. *Idolatry* became exemplary of religious diversity precisely because the origins of it lay in human forgetfulness. On the one hand, Ham and his posterity were guilty of forgetting their familial origins; on the other, the very sin of idolatry was a consequence of memory's loss. The apocryphal Wisdom of Solomon had a version of this, when it spoke of a "father afflicted with untimely mourning" who "made an image of his child" and then "honored him as a god… in process of time an ungodly custom grown strong was kept as a law" (14.15). The power of custom derived from man's loss of memory, a point driven home by Eusebius

---

37 Ibid., p. 196.
38 Purchas, *Pilgrimmage*, p. 38.
39 Heylyn, *Cosmographie*, p. 6; Hugo Grotius, *The Truth of the Christian Religion*, trans. Simon Patrick, London, 1683, p. 23.
40 Stillingfleet, *Origines sacrae*, p. 538.
41 Ibid., p. 593.
42 Lactantius, "Divine Institutions", in: *The Ante-Nicene Fathers*, ed. Alexander Roberts and James Donaldson, New York, 1899, vol. 7, p. 63.

and Lactantius, from whom early modern scholars learned that idolatry had its origins in the effort to commemorate "Warriors, Rulers, and such as had achieved noblest Enterprises" whose human origins were forgotten and whose idols were left to be worshipped as "heavenly Deities."[43] Or, more clearly put, "persons whose *memories* were preserved in several Nations, by degrees came to be *worshipped* under diversities of names."[44]

If idolatry had its origin in the *forgetting* of the origin, so too did diverse human customs more generally. "In the decay of knowledge," wrote Stillingfleet, "there must needs follow a sudden and strange *alteration* of the memory of former times"[45] This alteration was, in turn, productive of human diversity. Matthew Hale described the multiplication of nations who "forgot[] their Origin and the Manners, Religion, or Customs of those people from whom they were derived in *Europe, Asia,* or *Africa*."[46] Without the "help of Historical Monuments," after all, even the English would have "forgotten who inhabited this Island six or seven hundred Years ago."[47] Absent durable records in brass or marble, the "third Generation forgot their Ancestors, and the Customs, Religion, and Languages of those People from whom they were first derived, and assume various temperaments in their Language and Customs."[48] For the first man after Adam, after all, had lived long centuries and needed not the artificial tools of remembrance. Only with the "Decays of the Age of Man's Life" did people come to need these durable records.[49] The initial memory-wound inaugurated by the Flood, in other words, became a symptomatic condition of decayed human beings, whose forgetfulness of origins became the cause of their variety.

Now clearly, for these seventeenth-century researchers, this variety was understood as degeneration. Forgetting the origin produced that "seminarie of dissention" that Johann Boemus had, a century before, attributed to the hand of the devil.[50] And yet this value judgment — as significant as it was to the moral framework of early modern Biblical scholarship — was itself secondary to the analytical framework that these texts offered. Hale, for his part, saw this clearly. He understood that, in the face of the unbeliever, one could still develop a Biblically-structured conceptual scheme that would be outside and distinct from the theologically vexed questions of human sin and corruption. And so his scheme took its leave not from the site of man's abasement in the Garden, but from a mankind *already* launched into its trajectory of cultural development. His Biblical anthropology suspended the origin of mankind,

---

43 Purchas, *Pilgrimmage*, p. 46.
44 Stillingfleet, *Origines sacrae*, p. 579.
45 Ibid., p. 578.
46 Hale, *Primitive Origination*, p. 194.
47 Ibid.
48 Ibid., p. 197.
49 Ibid., p. 170.
50 Boemus, *Manners*, p. a3[verso].

separating Adamic from Noachic man, and nature from the cultural forms that man came to create. Only the *loss* of origins, it suggested, guaranteed autonomous human development.

Toward a Science of Anthropology

Seventeenth-century erudite speculation on this loss was conducted in the rhetorical register of mourning. In this sense, it was caught between different senses of history, between a "cold" society's commitment to an absolute antiquity, and a "hot" society's commitment to "internalizing the historical process and making it the moving power of their development."[51] Indeed, it was not only caught between these senses, but also diagnosed its own condition using the tools of the Flood. We might very well described this as the beginnings of a secular anthropology, one in which the schemas of Lévi-Strauss would become possible. For in the end, it was less the pessimistic moralism than the analytical framework that lived on into the Enlightenment. When it distinguished between Jewish and Gentile history and elaborated a sociology of the gentiles that began with men "in a state of wild animals," for example, Giambattista Vico's 1744 *New Science* effectively and happily made forgetting a cornerstone of cultural development and differentiation.[52] Gentile customs were not "sacred stories corrupted by the gentiles," because sacred history was completely lost to the gentiles.[53] Instead, "the natural law of the gentes had separate origins among the several peoples, each in ignorance of the others," each developing a set of independent yet parallel institutions rooted not in Adamic corruption, but in the creative powers of post-diluvial human beings left to their own fabulous and poetic devices.[54] Vico's *New Science* was unusual in its day: The Enlightenment was generally more interested in discovering a *common* human origin (whether in Adam or in some more primeval state of nature) for cultural institutions like language and politics. And yet we can see why Lévi-Strauss looked to Jean-Jacques Rousseau to summarize his grand vision of his work: "the ultimate goal of the human sciences [is] not to constitute, but to dissolve man."[55] The text he refers to is Rousseau's *Essay on the Origin of Languages*, an essay that, in a familiar way, staged the Flood as a new beginning for man and his works:

> "When Cain became a fugitive he was... forced to give up agriculture; the wandering life of Noah's descendents must have made them forget it also... When

51 Levi Strauss, *Savage Mind*, p. 233.
52 Giambattista Vico, *The New Science*, trans. Thomas Bergin and Max Fisch, Ithaca, NY, 1968, p. 37.
53 Ibid., p. 49.
54 Ibid., p. 64.
55 Levi Strauss, *Savage Mind*, p. 247.

they separated, the children of Noah gave up agriculture, and the common language perished together with the first society. This would have happened even if there had never been a tower of Babel.... Scattered throughout this vast desert of a world, man relapsed into the dull barbarism they would have been in if they had been born of the earth."[56]

Rousseau's descriptive suspension of time and place, and his divorce of human society and history from its biological origins, effected precisely the shift away from the allegiance to a natural man that Lévi-Strauss made the prerequisite to the human sciences. When we hear an anthropologist like Clifford Geertz argue that it is "because human behavior is so loosely determined by intrinsic sources that extrinsic sources [i.e. culture] are needed," or a sociologist like Peter Berger argue that biology is significant to anthropology only insofar as it leaves man "imperfectly programmed" and thus driven to surpass his own biological heritage, we can hear echoes of this earlier moment when human cultural origins, for the first time, were divorced from their divine origins.[57]

Put another way, it was in the seventeenth-century that scholars first began to see "the stamp of time elapsed" in all human peoples. Anthropology, as it uncovers and describes human cultures, encounters them *only* as temporal institutions, institutions whose origin is hidden from the present and yet whose origin still must exist if only in shadowy form. Only Satan, in Milton's terms, has the gall to deny the origin altogether, Satan who declares:

> "We know no time when we were not as now;
> Know none before us, self-begot, self-rais'd
> By our own quickening power..." (V.859-60)

Mankind, in contrast, is a historical being. It knows that there was a time when it was not as now. But it cannot own this origin without, at the same time, relinquishing its own autonomy, whether from the strictures placed on Adam or the strictures enforced by the workings of biology. The elegiac tones of seventeenth century scholarship stem at least in part from its sense of the costs of autonomy. And this elegy too echoes into the modern world: Humanity, in Lévi-Strauss's words, is a "cracked bell, alone surviving the work of time," one that "will never give forth the ring of bygone harmonies," will never comfortably find its ancestral home, whether in the bosom of nature or of God.[58]

56 Jean Jacques Rousseau, "Essay on the Origin of Languages", in: *The Discourses and Other Early Political Writings*, ed. Victor Gourevitch, Cambridge, 1997, p. 271.
57 Clifford Geertz, "Religion as a Cultural System," *Interpretation of Cultures*, New York, 1973, p. 93; Peter Berger, *The Sacred Canopy*, New York, 1967, p. 5.
58 Levi Strauss, "Concept of Archaism," in: *Structural Anthropology*, vol. 1, p.117.

Nicolas Poussin: Die Sintflut oder der Winter. Paris, Louvre. Aus: Kurt Badt: Die Kunst des Nicolas Poussin, Köln 1969, Tafelband, Tafel 187.

Scott Mandelbrote

Isaac Newton and the Flood

These footsteps there are of the first peopling of the earth by mankind, not long before the days of *Abraham*; and of the overspreading it with villages, towns and cities, and their growing into Kingdoms, first smaller and then greater, until the rise of the Monarchies of *Egypt, Assyria, Babylon, Media, Persia, Greece,* and *Rome,* the first great Empires on this side *India. Abraham* was the fifth from *Peleg,* and all mankind lived together in *Chaldea* under the Government of *Noah* and his sons, untill the days of *Peleg*: so long they were of one language, one society, and one religion: and then they divided the earth, being perhaps disturbed by the rebellion of *Nimrod,* and forced to leave off building the tower of *Babel*: and from thence they spread themselves into the several countries which fell to their shares, carrying along with them the laws, customs and religion, under which they had 'till those days been educated and governed, by *Noah,* and his sons and grandsons.[1]

This account of the peopling of the earth comes from a posthumously published work by the English natural philosopher and public servant, Isaac Newton (1642-1727), *The Chronology of Ancient Kingdoms Amended* (London, 1728). Its sentiments about the origins of the great monarchies of the eastern Mediterranean and of biblical history were ones that echoed through Newton's writings from the mid-1680s onwards. This passage is unusually detailed, however, and it reveals one or two interesting aspects of Newton's thought and of his careful engagement with contemporary discussions in biblical criticism and ethnography. For example, Newton reserved judgment on the question of whether the Empire of the Chinese might predate those of the Middle East.[2] In doing so, however, he did not give any particular credence to claims about the identification of Noah with the founder of the Chinese dynasties, nor was he concerned with the question of whether Chinese might have been the original language of mankind.[3]

---

1   Isaac Newton, *The Chronology of Ancient Kingdoms Amended*, London, 1728, pp. 186-7. The manuscript from which this book was printed can be found at Cambridge University Library, Ms. Add. 3988.

2   In a draft of *The Chronology*, Newton was highly sceptical about the very early dates for Chinese history reported by Jesuit writers: New College, Oxford, Ms. 361.1, fol. 80v. See Frank E. Manuel, *Isaac Newton, Historian*, Cambridge University Press, 1963, pp. 136-7, 270-1; J.G.A. Pocock, "Gibbon and the Idol Fo: Chinese and Christian History in the Enlightenment", in: David S. Katz and Jonathan I. Israel (eds), *Sceptics, Millenarians and Jews*, Leiden: E.J. Brill, 1990, pp. 15-34; D.E. Mungello, *Curious Land. Jesuit Accommodation and the Origins of Sinology*, Honolulu: University of Hawaii Press, 1989, pp. 106-33.

3   Cf. John Webb, *An Historical Essay Endeavouring a Probability that the Language of the Empire of China is the Primitive Language*, London, 1669; William Whiston, *A New Theory of the Earth*, 3rd edition, London, 1722 [1st, 1696], 2nd pagination, pp. 137-41; William Whiston,

Newton was strikingly unwilling to engage directly in contemporary theological controversy and speculation of this kind, although his library reveals that he was an avid reader of the relevant literature.[4] His own writings drew extensively on the fruits of such reading, and strove to present his conclusions as if they followed directly from the principal sources for the early history of mankind: the Hebrew Bible and, to a lesser extent, the official records that had supposedly been preserved by the priests of other nations (for example, the account of Babylonian history given by Berossus; that of Phoenician history by Sanchoniatho; that of Egyptian history by Manetho), as well as the histories composed by a succession of Greek writers and by the Jew, Josephus. Like the French Oratorian critic, Richard Simon (1638-1712), or perhaps more closely following the example of his Cambridge contemporary, John Spencer (1630-93), Newton was convinced of the importance of the role played by priestly authors in preserving the records of ancient religion.[5] Yet he was also conscious of the hand that such scribes might have had in the corruption of the original revelation that God had made to humanity.

For Newton, the overwhelming importance of the history of the Flood as it was given in biblical sources was that it provided a starting point for the history of the religion of mankind. Newton was surprisingly unconcerned with the question of the dating of the time of the Flood, whether according to the tradition of the Hebrew Bible or that of the Septuagint (although several of his closest theological followers, notably his successor as Lucasian Professor at Cambridge, William Whiston (1667-1752), displayed considerable interest in the alternative, longer chronology for the history of the patriarchs that the Septuagint provided).[6] Unlike other contemporary commentators, among them his occasional opponent, the physician and natural philosopher, John

---

A Short View of the Chronology of the Old Testament, and of the Harmony of the Four Evangelists, Cambridge, 1702, pp. 60-5; William W. Appleton, *A Cycle of Cathay. The Chinese Vogue in England during the Seventeenth and Eighteenth Centuries*, New York: Columbia University Press, 1951, pp. 27-36; John Bold, *John Webb. Architectural Theory and Practice in the Seventeenth Century*, Oxford University Press, 1989, pp. 36-47.

4   See John Harrison, *The Library of Isaac Newton*, Cambridge University Press, 1978.

5   Justin A.I. Champion, "'Acceptable to inquisitive men": Some Simonian Contexts for Newton's Biblical Criticism, 1680-1692', in: James E. Force and Richard H. Popkin (eds), *Newton and Religion. Context, Nature, and Influence*, Dordrecht: Kluwer Academic Publishers, 1999, pp. 77-96; William Horbury, "John Spencer (1630-93) and Hebrew Study", in: *Letter of the Corpus Association*, 78, 1999, pp. 12-23; Guy G. Stroumsa, "John Spencer and the Roots of Idolatry", in: *History of Religions*, 41, 2001, pp. 1-23; Martin Mulsow, "Orientalistik im Kontext der sozinianischen und deistischen Debatten um 1700. Spencer, Croll, Locke und Newton", in: *Scientia Poetica*, 2, 1998, pp. 27-57; Jan Assmann, *Moses the Egyptian. The Memory of Egypt in Western Monotheism*, Cambridge, MA: Harvard University Press, 1997, pp. 55-79, 229-36; John Gascoigne, "'The Wisdom of the Egyptians" and the Secularisation of History in the Age of Newton', in: Stephen Gaukroger, *The Uses of Antiquity*, Dordrecht: Kluwer Academic Publishers, 1991, pp. 171-212. Newton's copy of John Spencer, *De legibus Hebraeorum*, Cambridge, 1685, survives at Trinity College, Cambridge, shelfmark NQ 17/18, and shows extensive signs of having been read by him.

6   Whiston, *Short View*, pp. 65-70; Whiston, *New Theory*, 2nd pagination, pp. 142-224.

Woodward (1665/8-1728), Newton said little about the relationship between God and humanity, as it had existed in the times before the Flood.[7] Indeed, his principal reference to any of Noah's predecessors among the patriarchs — a discussion of the religious practices of Cain and Abel — suggested little regard for (or, perhaps, imagination about) the details of antediluvian society, beyond a desire to demonstrate the continuity, provided through the person of Noah, of religious belief and worship across the divide represented by the Deluge — '& the offering of the first-born of the flocks & the first fruits of [th]e ground was as old as Cain & Abel'.[8]

This is worth noting, since it suggests that, although much of Newton's theology was strikingly indebted to the notion of covenant then popular among English Presbyterian divines, his thinking about the nature of God's covenant with mankind was quite different from that of many of his contemporaries.[9] Although Newton was vocal about the idea of a remnant, set apart by God for the preservation of divine teaching, he seemed unwilling ever to associate membership of this group with any form of predestination.[10] Rather, he used the notion of the covenant made by God with Noah to underpin what was an essentially Arminian soteriology (if soteriology is the right word, since Newton's religious writing was strong on the duties of God's creatures but reticent about the rewards that might be expected to follow from their performance). Moreover, Newton was not concerned with the idea that any divine covenant established with man might have a physical manifestation, visible for example in the descendants of the bloodlines of Cain and Seth. This was a concept that was relatively unfamiliar to late seventeenth-century English theologians, but that later burgeoned considerably in the premillenialist (and, often, racist) consciences of nineteenth- and twentieth-century readers of Newton in the covenant tradition.[11]

---

7 Cf. John Woodward, *An Essay toward a Natural History of the Earth*, 2nd edition, London, 1702 [1st, 1695], pp. 233-40; Woodward, *A Supplement and Continuation of the Essay towards a Natural History of the Earth*, ed. and tr. Benjamin Holloway, London, 1726, pp. 50-108; Cambridge University Library, Mss. Add. 7647, letters 116-18; 8286, letter 12; Joseph M. Levine, *Dr Woodward's Shield. History, Science and Satire in Augustan England*, Berkeley: University of California Press, 1977.

8 Jewish National and University Library, Jerusalem, Ms. Yahuda Var. 1/ [hereafter Yah. Ms.] 41, fol. 5r.

9 The earliest reference to covenant theology by Newton dates from 1662, see Fitzwilliam Museum, Cambridge, Ms. 1-1936, fols 2-4; Richard S. Westfall, "Short-Writing and the State of Newton's Conscience", in: *Notes and Records of the Royal Society of London*, 18, 1963, pp. 10-16. For the similarities and differences between Newton's later writing and covenant theology, see Stephen D. Snobelen, "Isaac Newton, Heretic: The Strategies of a Nicodemite", in: *British Journal for the History of Science*, 32, 1999, pp. 381-419.

10 Yah. Ms. 1.1, esp. fols 1r-3r, 12r-13r, 17r-19r.

11 For Newton's Arminianism, see particularly King's College, Cambridge, Ms. Keynes 3. Cf. Matt Goldish, "Newton's 'Of the Church': Its Contents and Implications", in: Force and Popkin (eds), *Newton and Religion*, pp. 145-64. For subsequent readers of Newton and their ideas, see David N. Livingstone, "Science, Religion and the Geography of Reading: Sir William Whitla and the Editorial Staging of Isaac Newton's Writings on Biblical Criticism", in: *British Journal*

Precisely because of his Arminianism, Newton was unmoved by genealogies of sin, let alone by biologically or genetically determined identifications of the sinful. However appealing Newton's interpretations of Daniel may therefore have become to the modern adherents of covenant theology, his reading of the Flood provides little for such readers to rejoice over. Noah mattered to Newton because of the continuity that he provided to an old, lost world, and because of the evidence that could be presented for believing that his sacrificial practices, an account of whose renewal was provided in Genesis 8: 20-21, were those of an older religion. This had importance for Newton's claims about divinity and religion in general:

> I gather that [th]e sacrificing clean birds & beasts by a consecrated fire in a consecrated place was the true religion till [th]e nations corrupted it. For it was [th]e religion of Noah ... the placing [th]e fire in the common center of the Priests court & of [th]e outward court or court of [th]e people in the Tabernacle & in Solomons Temple [& the framing [th]e Tabernacle & Temple so as to make it a symbol of the world] is part also of [th]e religion which [th]e nations received from Noah ... so then twas one designe of [th]e first institution of [th]e true religion to purpose to mankind by [th]e frame of [th]e ancient Temples, the study of the frame of the world as the true Temple of [th]e great God they worshipped ...[12]

Noah's act of worship, the subject of a great many late seventeenth-century depictions in English and Dutch bible illustration, was sacrifice at an altar through fire.[13] This became the type for appropriate religious behaviour that Newton traced not only in the Temple of Solomon, whose structure he reconceived, but also in a wide range of other sites of worship about which he gathered information.[14] The form of Noah's sacrifice provided the model,

---

for the History of Science, 36, 2003, pp. 27-42; David S. Katz and Richard H. Popkin, *Messianic Revolution*, London: Allen Lane, 1999; Michael Barkun, *Religion and the Racist Right*, Chapel Hill: University of North Carolina Press, 1994, especially pp. 149-72; Paul Boyer, *When Time Shall Be No More. Prophecy Belief in Modern American Culture*, Cambridge, MA.: Harvard University Press, 1992.

12 Yah. Ms. 41, fols 5r-7r.

13 Representations of Noah's religion may be found in the sequence of biblical engravings prepared by Jacob Florensz van Langeren, often found bound with English bibles of the mid-seventeenth century [a complete set for the book of Genesis is at Bodleian Library, Oxford, shelfmark Vet. A2 f. 49], as well as in [Frederick Henderick van Hove], *The History of [th]e Old & New Testament in Cutts*, [London], 1671; Nicolaes Visscher, *Figures of the Bible in wich almost every History of the Holy Scriptures is Discribed*, Amsterdam, n.d.; [Nicolas Fontaine], *The History of the Old and New Testament*, London, 1688-90. On these works, see G.E. Bentley, jr., "Images of the Word: Separately Published English Bible Illustrations 1539-1830", in: *Studies in Bibliography*, 47, 1994, pp. 103-28; Wilco C. Poortman, *Bijbel en Prent*, 2 vols, The Hague: Uitgeverij Boekencentrum, 1983-6, vol. 2, pp. 56-79. For the appearance of similar material in embroidery or on glazed earthenware tiles, see J.L. Nevinson, "Peter Stent and John Overton, Publishers of Embroidery Designs", in: *Apollo* 24, 1936, pp. 273-83; Anthony Ray, *English Delftware Tiles*, London: Faber, 1973; Jonathan Horne, *English Tin-Glazed Tiles*, London: J. Horne, 1989; T.G. Kootte (ed.), *De Bijbel in huis*, Zwolle: Waanders Uitgevers, 1991.

14 Newton, *Chronology of Ancient Kingdoms Amended*, pp. 332-46; Burndy Library, Dibner Institute, Massachusetts Institute of Technology, Cambridge, Massachusetts, Babson Collection, Ms. 434; Harry Ransom Humanities Research Center, University of Texas at Austin, Ms. 132.

according to Newton, for the temples of the Greeks and for the vestal temples in Rome. It had earlier been the pattern for the religion of sacrifice and fire that had been distributed across the ancient Near East and in the distant lands visited by travellers who came from the East, such as the Phoenicians. In the last of these lands, the British Isles, relics of this worship had survived the challenges of time, syncretism, and foreign conquest. They lived on in the silent testimony of Stonehenge, where the sacrifices of Druidic religion had been carried out along Noachic lines, and in Ireland, where 'one of these fires was conserved till of late years by the Moncks of Kildare under [th]e name of Brigets fire'.[15] At times, Newton hinted that such continuities with an older world might be more extensive, and he certainly knew of the notion, derived from Josephus, of the survival of the pillars of Seth and, written on them, of the learning of Adam.[16] Despite this, they were not the primary feature of Noachic religion for Newton.

For, unlike many of his contemporaries, Newton seems not to have been interested in imagining what the antediluvian world might have been like. He lived, for example, through a period of one of the greatest discussions of the significance that fossil remains of bones and shells might have as a testimony to that world.[17] Yet he took little part in this, other than seeking to frustrate the ambitions of some of its principal protagonists during his presidency of the Royal Society.[18] Several of Newton's closest friends were themselves bothered about the nature of the evidence for the antediluvian world. For example, William Stukeley (1687-1765), with whom in the 1720s Newton had discussed the possibility that comets might spread life through the cosmos, wrote to Sir Hans Sloane in October 1730 about a find of fossilised hazelnuts that had been made in Oxfordshire. He claimed that these had fallen before the Flood and had been petrified in the quarry at Aynho. Whereas other seeds had provided for the growth that allowed the earth to recover after the Flood, these, and the common finds of supposedly antediluvian timber trees in fenny levels, gave strong testimony that there were elements of continuity between the old world and the new.[19] They thus represented an alternative to the assertion, concerning the changes that plants were supposed to

---

15 Yah. Ms. 41, fols 2v-3v.

16 Fondation Martin Bodmer, Geneva, Ms. "Of the Church" [hereafter Bodmer Ms.], fols 5-7; see also Newton's copy of *The Works of Josephus*, [tr. Arnauld d'Andilly], London, 1693 [Trinity College, Cambridge, shelfmark NQ 18/14], marked by Newton at pp. 29-30, which refer to Seth.

17 For this, see in particular Roy Porter, *The Making of Geology. Earth Science in Britain 1660-1815*, Cambridge University Press, 1977, pp. 32-90; Paolo Rossi, *The Dark Abyss of Time*, tr. Lydia G. Cochrane, University of Chicago Press, 1984, pp. 1-85; Martin J.S. Rudwick, *The Meaning of Fossils. Episodes in the History of Palaeontology*, 2nd edition, University of Chicago Press, 1985, pp. 1-100; Rhoda Rappaport, *When Geologists were Historians, 1665-1750*, Ithaca: Cornell University Press, 1997; Amalia Bettini, *Cosmo e Apocalisse. Teorie del Millennio e storia della Terra nell'Inghilterra del Seicento*, Florence: Olschki, 1997.

18 See Mordechai Feingold, "Mathematicians and Naturalists: Sir Isaac Newton and the Royal Society", in: Jed Z. Buchwald and I. Bernard Cohen (eds), *Isaac Newton's Natural Philosophy*, Cambridge, MA: The MIT Press, 2001, pp. 77-102.

19 Royal Society, London, Ms. Register Book XV, pp. 101-4; cf. David Boyd Haycock, *William Stukeley. Science, Religion and Archaeology in Eighteenth-Century England*, Woodbridge:

have undergone after the Fall of Man and as a result of the Flood, that '[th]e fruits of [th]e earth are not so good as they were before'.[20]

The imagined presence of newly fallen hazelnuts on the antediluvian forest floor also helped Stukeley to advance the argument that many of his illustrious predecessors among students of chronology, notably Joseph Scaliger, Archbishop Ussher, and William Whiston, had been wrong in their dating of the start of the Deluge.[21] They had placed this moment in winter, rather than at the time of the autumnal equinox. Stukeley argued that Noah and his family had completed the loading of the Ark on 12 October, and that the waters of the Deluge had begun to rise on 19 October.[22] Despite Newton's sustained interest in the reform of the calendar and in ensuring 'that [th]e beginning of the year may not recede from but rather approach nearer to the winter solstice & the solstices, equinoxes & set festivals approach nearer to the days of [th]e year on w[hi]ch they fell in [th]e age of the Apostles', it seems difficult to believe he would have shown any sympathy for this example of his friend's reasoning.[23]

At least one acquaintance of Whiston, Richard Allen of Sidney Sussex College, Cambridge, deployed Newton's theory of the motion of the moon, as set out in the first edition of the *Principia*, to engage in debate over whether the Deluge might have begun on 28 or 21 rather than 27 November (the date that Whiston later took up). He argued that Adam had instituted the practice of beginning each month with a new moon, starting originally at the autumnal equinox.[24] Newton certainly agreed that, according to Genesis 1: 14 and 8: 22, 'All nations, before the just length of the Solar year was known, reckoned months by the course of the moon; and years by the return of winter and summer, spring and autumn'. He also concurred that 'in the time of *Noah*'s flood, when the Moon could not be seen, *Noah* reckoned thirty days to a month'.[25] Yet, he was doubtful about the accuracy of such timekeeping and reluctant either to speculate about the seasons of the Flood or to assert, as both Allen and Whiston did, that Noah entered the Ark in Peking.[26]

Boydell, 2002, pp. 189-216; Haycock, "'The Long-Lost Truth': Sir Isaac Newton and the Newtonian Pursuit of Ancient Knowledge", in: *Studies in History and Philosophy of Science*, 35A, 2004, pp. 605-23.

20 Cambridge University Library, Ms. Add. 7647, letter 117 (John Edwards to John Woodward, 15 June 1699).

21 For these authors, see, respectively, Anthony Grafton, *Joseph Scaliger. A Study in the History of Classical Scholarship*, 2 vols, Oxford University Press, 1983-93, vol. 2, pp. 262-70; James Barr, "Why the World was Created in 4004 B.C.: Archbishop Ussher and Biblical Chronology", in: *Bulletin of the John Rylands University Library of Manchester*, 67, 1984-5, pp. 575-608; and footnote 6 above.

22 Royal Society, London, Ms. Register Book XV, pp. 102-3.

23 Yah. Ms. 24, fd. 1r.

24 Leicestershire Record Office, Conant Mss., Barker Correspondence, vol. 2, number 94 (Allen to Whiston, 29 August 1707); I. Bernard Cohen, *Isaac Newton's* Theory of the Moon's Motion *(1702)*, London: Dawson, 1975.

25 Newton, *Chronology of Ancient Kingdoms Amended*, p. 71.

26 See footnote 24 above.

Such speculation, although driven as much by erudition as by imagination, was not in the nature of Newton's interest in Noah. This focused instead on a quite specific topic and on a relatively singular method for its exploration. That topic was moral law and Newton's concern with it arose out of questions about the reform of natural philosophy, and thus relating to the recovery of truths about nature that were also, inherently, facts about the maker of nature. The importance of Noah for Newton only became clear to him after he had already considered the kinds of question that Whiston and later Stukeley tried to answer. Although he may have encouraged Whiston in the composition of his *New Theory of the Earth* (1696), the direction of Newton's interest in Noah was ultimately incompatible with that kind of natural theology. Its impetus did not derive from deductions made from the calculations that Newton and Halley were then producing about the periods of comets, but from Newton's bookish research into the history of religion.[27]

Newton did comment on the specifics of Whiston's theory; in particular, on his idea that the Deluge had been caused by the passage of a comet close to the earth which had resulted in the bathing of the world in the fluid of its tail, and on his belief that this comet could eventually be identified with the one whose motion Newton had observed in 1680-1, and that had originally sparked his enquiries into the paths of heavenly bodies and their courses. David Gregory, the Scottish mathematician and Savilian Professor at Oxford, recorded that:

> When Mr Newton says, in his Princip. Philos., that the Tails of the Comets may likely restore the Fluid to the Earth, so great a part of which is yearly turned into solids: This is not to be understood of the real fluid water so restored, for its certain there are not such rains at or after a comet as this would inferr; & the tail of a comet is too thin for this, a fixd starr of the smaller size being visible through such a immense thickness thereof; but of that subtile Spirit that does turn Solids into Fluids. A very small Aura or particle of this may be able to doe the business.[28]

Newton rejected Whiston's idea that the vapours of a comet caused the Deluge, just as he rejected his notion that the antediluvian year lasted 355 days.[29] But he did so principally because Whiston's reasoning was too crude — not because he doubted that the vital spirits contained in comets' tails might make and remake worlds or because he was committed to an alternative antediluvian chronology. That the nature of the world before the Flood was not a matter of great importance to Newton was a consequence both of his Christology, in particular

---

27 See Richard S. Westfall, "Isaac Newton's 'Theologiae Gentilis Originae Philosophicae'", in: W. Warren Wagar (ed.), *The Secular Mind*, New York: Holmes and Meier, 1982, pp. 15-34; David C. Kubrin, "Newton and the Cyclical Cosmos: Providence and the Mechanical Philosophy", in: *Journal of the History of Ideas*, 28, 1967, pp. 325-46; Simon Schaffer, "Comets & Idols: Newton's Cosmology and Political Theology", in: Paul Theerman and Adele F. Seeff, *Action and Reaction*, Newark: University of Delaware Press, 1993, pp. 206-31.
28 W.G. Hiscock (ed.), *David Gregory, Isaac Newton and their Circle*, Oxford: For the Editor, 1937, p. 26.
29 Whiston, *New Theory*, 2nd pagination, p. 270; cf. footnote 23 above.

its denial of the orthodox doctrine of the Trinity, and of his attitude, expressed most clearly in his conversations with Stukeley, regarding the specificity of creation. The world of Adam did not matter so much to Newton because he did not wish to make the usual Christian parallel between Adam and Christ, even within a theology of covenant. For Newton, Christ's function was not to bring to a close a cycle of history that would never be repeated, but to recall human beings to a moral law. This process of loss and renewal was one which humanity had already experienced before.[30]

At the same time, the paths of comets and their effects suggested to Newton that life might exist elsewhere in the universe and that the location or even the termination of life on one planet need not imply the extinction of the life-giving forces that God had established as a part of nature.[31] Newton's anti-Trinitarian Christology, therefore, encouraged him to place the antediluvian world in an unusual perspective. Newton's position was not, however, that of contemporary deism because he substituted, for the orthodox interest in the parallel of Adam and Christ, concern with the relationship of Christ and Noah. Moreover, his sense of the importance of moral law derived from investigation into the being and power of a God who remained active in his creation and who imposed duties on human beings, who owed him their worship and service.[32]

It is worth exploring the chronology of Newton's engagement with the Flood, before returning to his ideas about Christ, Noah, and moral law. At the time of his observation of the prodigious comet that was seen across the northern hemisphere in winter 1680-1, Newton took part in a brief correspondence with Thomas Burnet (c. 1635-1715), formerly a fellow of Christ's College, Cambridge, now living in London and making a career as tutor to the children of a series of noble families.[33] Burnet had been one of the most enthusiastic proponents of Cartesianism in Cambridge during the 1660s and 1670s and had been a member of a circle of philosophers around the Master of Christ's, Ralph Cudworth, and his friend, Henry More, who were important in introducing Descartes' ideas into the university.[34] During the 1670s, Newton

---

30 For example, Yah. Ms. 1.4, fols 68r, 163r; Bodmer Ms., fols 9-21.
31 King's College, Cambridge, Ms. Keynes 130.11; Royal Society, London, Ms. 142, fols 67r-71r (printed in William Stukeley, *Memoirs of Sir Isaac Newton's Life*, ed. A. Hastings White, London: Taylor and Francis, 1936, pp. 71-8).
32 James E. Force and Richard H. Popkin, *Essays on the Context, Nature, and Influence of Isaac Newton's Theology*, Dordrecht: Kluwer Academic Publishers, 1990, pp. 43-102.
33 King's College, Cambridge, Ms. 106; printed in H.W. Turnbull et al. (eds), *The Correspondence of Isaac Newton*, 7 vols, Cambridge University Press, 1959-77, vol. 2, pp. 319, 321-7, 329-34; Mirella Pasini, *Thomas Burnet: Una storia del mondo tra ragione, mito e rivelazione*, Florence: La Nuova Italia, 1981.
34 John Gascoigne, *Cambridge in the Age of the Enlightenment*, Cambridge University Press, 1989, pp. 52-68; Marjorie Nicolson, "The Early Stages of Cartesianism in England", in: *Studies in Philology*, 26, 1929, pp. 356-74; Arrigo Pacchi, *Cartesio in Inghilterra da More a Boyle*, Rome: Laterza, 1973; John Peile, *Biographical Register of Christ's College, 1505-1905*, 2 vols, Cambridge University Press, 1910-13, vol. 1, pp. 569-70; H.C. Foxcroft (ed.), *A Supplement to Burnet's History of My Own Time*, Oxford University Press, 1902, pp. 463-4.

had considerable contact with this group and his initial readings of prophetic literature were significantly influenced by More, from whom, however, he began to move away during the 1680s.[35] He remained a keen student of Cudworth's ideas, as expressed in the *True Intellectual System of the Universe* (1678), although his interest in the origins of Platonic philosophy was matched by increasing unease about its later role in the growth of idolatry in the early Christian Church.[36]

On Christmas Eve 1680, Newton wrote to Burnet about his book, *Telluris theoria sacra*, the first two parts of which had just been printed.[37] The passage that had caught Newton's eye most obviously related to Burnet's argument for the shape and formation of the earth following the Flood, in particular his explanation of the irregularities in the form of the globe and his account of the creation of mountains and oceans. Burnet had suggested that the true cause of the irregular surface of the modern earth had been the Deluge and that the mountains, hills, and the troughs in the ocean of the contemporary world derived from the ruins of the original broken surface of a smooth and oval world that had been pulled apart at the Flood.[38] Newton's interest in Burnet's argument, and his desire to qualify it, arose initially out of his wish to understand more precisely the account of the physical formation of the first, antediluvian earth that Burnet had given and that he appeared to derive from Cartesian astronomy. Like Burnet, Newton was at this time still feeling his way through the implications of Descartes' ideas. Unlike Burnet, however, he was

35 See Marjorie Hope Nicolson (ed.), *The Conway Letters*, revised by Sarah Hutton, Oxford University Press, 1992, pp. 478-9, 554; Hutton, "More, Newton, and the Language of Biblical Prophecy", and Rob Iliffe, "'Making a Shew': Apocalyptic Hermeneutics and the Sociology of Christian Idolatry in the Work of Isaac Newton and Henry More", both in: James E. Force and Richard H. Popkin (eds), *The Books of Nature and Scripture*, Dordrecht: Kluwer Academic Publishers, 1994, pp. 39-53 and 55-88.

36 Danton B. Sailor, "Newton's Debt to Cudworth", in: *Journal of the History of Ideas*, 49, 1988, pp. 511-18; William Andrews Clark Memorial Library, Los Angeles, Ms. "Out of Cudworth", printed in Force and Popkin, *Essays*, pp. 207-13; cf. Yah. Ms. 8.2, fol. 2r; Bodmer Ms., fols 80-228.

37 Thomas Burnet, *Telluris theoria sacra...libri duo priores*, London, 1681 appeared before February 1681: see Edward Arber (ed.), *The Term Catalogues*, 3 vols, London: For the Editor, 1903, vol. 1, p. 432. It is not mentioned in the preceding catalogue from November 1680. However, it is clear from the surviving correspondence (of which only Burnet's letter of 13 January 1681 is dated) that both Burnet and Newton had access to the printed copy of the text. It seems likely that Newton must have been one of the very first readers of the book, when he initiated the correspondence in a letter (now lost) of 24 December 1680. There is therefore no reason to suppose that Burnet 'had consulted Newton before publishing the Latin edition', as claimed in Turnbull et al. (eds), *Correspondence of Isaac Newton*, vol. 2, p. 319. Newton's copy of *Telluris theoria sacra* (Trinity College, Cambridge, shelfmark NQ 16/150A) bears an undated note in his hand recording that it was a gift from Burnet.

38 Turnbull et al. (eds), *Correspondence of Isaac Newton*, vol. 2, pp. 329-34; cf. Burnet, *Telluris theoria sacra*, pp. 117-20. A possible source for Burnet's ideas was Edward Brerewood, *Enquiries touching the Diversity of Languages and Religions, through the Chief Parts of the World*, ed. Robert Brerewood, London, 1674 [1st, 1614], pp. 135-8. Newton's copy of this book survives in the library of Trinity College, Cambridge, shelfmark NQ 9/55.

developing a critical reaction to them based more on natural philosophical observation than on an attempt to harmonise Descartes' philosophy with the atomism of the ancients.[39]

Much of Newton's correspondence with Burnet is devoted to considering the latitude that interpreters might legitimately be allowed to take with Moses' account of the six days of creation, supposedly given in the book of Genesis.[40] It sought to determine whether the biblical hexaemeron described the world as it currently existed (which was what Burnet argued) or the world as it had existed at its original creation (according to Newton). Within this dispute, Newton was careful to point out that maintaining the general continuity of the form of the earth's surface did not imply a denial of all alterations to it, and he agreed with Burnet that it was likely that the effects of the Flood had been to scar the smoother surfaces of the world in some way. He thus preserved Burnet's natural theological argument that intelligent reflection on the scenery of mountains and caverns would prompt a recognition of the power of the Creator and of his just vengeance against sinful humanity: 'You seem to apprehend that I would have the present face of [th]e earth formed in [th]e first creation. A sea I beleive was then formed as Moses expresses, but not like our sea, but with an eaven bottom, w[it]hout any precipices or steep descents as I think I exprest in my letter.'[41]

Although Newton was more reluctant than Burnet to recede from the biblical account of creation, he also intended his criticisms to help Burnet to answer possible objections that might be made to his own theory. In particular, he suggested how the force exerted by the motion of the moon on other planetary vortices might be able to create a hollow for a sea to exist in the pristine world before the Flood. He thus solved some of the problems that Burnet had had in explaining the course of rivers and the operation of the water-cycle on a planet that, he argued, had a perfectly smooth surface, so that 'the main point in w[hi]ch some may think you & Moses disagree might be avoyded'.[42] Newton's belief in the uniform and extensive operation of forces in nature, which led him to propose improvements to Burnet's *Theory*, was not

---

39 For Burnet's use of Descartes, see D.R. Oldroyd, "Mechanical Mineralogy", in: *Ambix*, 21, 1974, pp. 157-78; Jacques Roger, "La Théorie de la terre au XVIIe siècle", in: *Revue d'histoire des sciences*, 26, 1973, pp. 23-48; Roger, "The Cartesian Model and its Role in Eighteenth-Century 'Theory of the Earth'", in: Thomas M. Lennon, John M. Nicholas, and John W. Davies (eds), *Problems of Cartesianism*, Kingston and Montreal: McGill-Queen's University Press, 1982, pp. 95-112; and the contemporary comment of Roger North that Burnet's work was 'meer Cartesian', quoted by F.J.M. Korsten, *Roger North (1651-1734). Virtuoso and Essayist*, Amsterdam: APA — Holland University Press, 1981, p. 45. On Newton's early Cartesianism, see especially Cambridge University Library, Mss. Add. 3975, 3996, and 4000; J.E. McGuire and Martin Tamny (eds), *Certain Philosophical Questions. Newton's Trinity Notebook*, Cambridge, 1983.

40 Turnbull et al. (eds), *Correspondence of Isaac Newton*, vol. 2, pp. 323-6, 332-4; Don Cameron Allen, *The Legend of Noah*, Urbana: University of Illinois Press, 1963 [1st, 1949], pp. 66-112.

41 Turnbull et al. (eds), *Correspondence of Isaac Newton*, vol. 2, p. 329.

42 Turnbull et al. (eds), *Correspondence of Isaac Newton*, vol. 2, pp. 329-34, especially p. 331.

the only natural philosophical cause of doubts that he had about this account of the effects of the Deluge.[43] For, while still taking the premises that Burnet had used for granted, Newton argued that the material changes that were observable over time in the growth and coagulation of minerals might themselves alter the face of the earth, cracking it and forming cavities, hardening and raising parts up, as well as leaving caverns beneath the surface in which the waters that Burnet had used to explain the Flood might have been concealed. Similarly, the vapours that were confined in these spaces might react, causing explosions to open up these caverns at an appointed time.[44]

Newton's thinking in this regard bears striking resemblance to the ideas that John Flamsteed (1646-1719) would bring to bear in 1693 to offer an explanation of the causes of earthquakes in the contemporary world.[45] It might also have hinted at a more generally sceptical attitude to Burnet's theory that the younger natural philosopher was reluctant to reveal. Moreover, it certainly demonstrated the consequences of Newton's considerations of alchemical processes for his thinking during the 1670s:

> But you will ask how could an uniform chaos coagulate at first irregularly in heterogenous veins or masses to cause hills. Tell me then how an uniform solution of saltpeter coagulates irreguly into long barrs; or to give you another instance, if Tinn, (such as the Pewterers buy from the mines in Cornwel to make Pewter of) be melted & then let stand to cool till it begin to congeal & when it begins to congeale at [th]e edges if it be inclined on one side for [th]e more fluid part of [th]e Tin to run from those parts w[hi]ch congeale first, you will see a good part of [th]e Tin congealed in lumps which after the fluider part of [th]e Tin w[hi]ch congeales not so soon is run from between them appear like so many hills with as much irregularity as any hills on [th]e earth do. Tell me [th]e cause of this & [th]e answer will perhaps serve for [th]e Chaos.[46]

Newton's doubts about Burnet's *Theory* were both philosophical and moral. Philosophically, he was uncertain about some of the precise circumstances described in Burnet's account of the antediluvian world; morally, he was unsure about the extent to which Burnet seemed to have departed from the biblical account of creation. He was bothered in particular by the claim that Burnet appeared to make that God could operate *only* through natural causes, writing that 'Where natural causes are at hand God uses them as instruments in his

43 On the development of Newton's idea of force, see Richard S. Westfall, *Force in Newton's Physics*, London:Macdonald, 1971; I. Bernard Cohen, *The Newtonian Revolution*, Cambridge University Press, 1980, pp. 99-120.

44 Turnbull et al. (eds), *Correspondence of Isaac Newton*, vol. 2, pp. 329-34.

45 Trinity College, Cambridge, Ms. R.4.42, number 16; cf. Frances Willmoth, "John Flamsteed's Letter concerning the Natural Causes of Earthquakes", in: *Annals of Science*, 44, 1987, pp. 23-70. For Flamsteed's comments on Burnet, composed after 1687, see Royal Greenwich Observatory, Ms. Flamsteed Papers 1/69A, fols 44r-6v.

46 Turnbull et al. (eds), *Correspondence of Isaac Newton*, vol. 2, pp. 330-1.

works, but I doe not think them alone sufficient…' He was also worried by the distinction that seemed to be implied in Burnet's account of the days of creation between the chronology of God's work in the physical world and that implied by the resulting duties that were incumbent on human beings as part of their commemoration and veneration of the deity: 'But be it as it will, one thinks one of the tenn commandments given by God in mount Sina, prest by divers of [th]e prophets observed by our Saviour, his Apostles & first Christians for 300 years & w[i]th a day's alteration by all Christians to this day, should not be grounded on a fiction.'[47]

Newton's correspondence with Burnet dated from before the time when he began to set out his thoughts on the Flood and on Noah in full. The manuscripts in which he described what he called 'the religion of Noah and his sons' date from the mid-1680s or later.[48] They revealed Newton's extensive engagement with contemporary scholarship, in their citations from the work of the great Continental Protestant geographers and historians, such as G.J. Vossius (1577-1649) or Samuel Bochart (1599-1667), as well as from their English counterparts, notably John Selden (1584-1654). The impetus to compose these works was again, in part, moral and, in part, philosophical.

The philosophical context was represented by Newton's concern, during the period of the composition of the *Principia* in the mid-1680s, to establish a history for the conception of gravity that he was developing. This led him to consider the nature of pagan cosmologies, particularly those of the Egyptians, Babylonians, and Stoics.[49] His inquiry rapidly became concerned with the forms and practices of human worship because of a growing conviction that historical accounts of gravity led obliquely to a sense that this force was a manifestation of divine will in nature and that its cause was God himself.[50] Ancient accounts of gravity thus became not only testimony for the essential trustworthiness of Newton's mathematics, which grounded its discoveries within a known tradition, but also evidence of lost belief in an unusual notion of the nature of God and his works. The corruption and loss of this belief and of the knowledge that went with it was a product of the steady growth of idolatry in first pagan, and later Christian, society, which perverted the true understanding that Noah had had.

Newton explored this interpretation further in his writings of the 1690s, many of which were drafts of unpublished scholia to an aborted revision of the *Principia* that he planned with Nicolas Fatio de Duillier (1664-1753).[51] It found

---

47 Quotations from Turnbull et al. (eds), *Correspondence of Isaac Newton*, vol. 2, p. 334.

48 See, in particular, Yah. Mss. 16, 17, 41.

49 Cambridge University Library, Ms. Dd. 4. 18; see also, Betty Jo Teeter Dobbs, *The Janus Faces of Genius*, Cambridge University Press, 1991, pp. 169-212; Rudolf de Smet and Karin Verelst, "Newton's Scholium Generale: The Platonic and Stoic Legacy — Philo, Justus Lipsius and the Cambridge Platonists", in: *History of Science*, 39, 2001, pp. 1-30.

50 Hiscock (ed.), *David Gregory, Isaac Newton and their Circle*, p. 30.

51 Cambridge University Library, Ms. Add. 3965, fols 268-9; Royal Society, London, Ms. 247, fols 6r-14v; J.E. McGuire and P.M. Rattansi, "Newton and the 'Pipes of Pan'", in: *Notes and Records*

muted expression in Newton's drafts for and revisions of Query 31 in the *Opticks* (initially published in the Latin edition of 1706 and incorporated in the English second edition of 1717), and in the General Scholium that was published in the second edition of the *Principia* (1713), as well as in his posthumous *Chronology*.[52] But the philosophical context that these works provided also had a moral parallel.

As his remarks to Burnet indicated, Newton believed in the preservation of antediluvian religion after the Flood, and its restoration by Noah, and later by Moses and by Christ. He thought that the essentials of this religion were common to all of mankind, but that it had been subject to corruption. This process was continuing through the effects of doctrinal, ecclesiological, and liturgical innovations introduced into the Christian Church after the first three centuries.[53] In the end, Newton's choices about the religion of Noah seem to have been motivated by confessional concerns that also find further expression elsewhere in his works. The first of these was hostility to elaborate and set forms of worship, imposed on believers by those in authority in the Church. This was expressed in criticism of those for whom adiaphora, or things that should be held to be indifferent, had come to usurp the special place that should be reserved for the most important doctrines of the Church. For Newton, the religion of Noah was both pure and simple. It represented the essence of what Christians ought still to believe — it was in this sense 'milk for babes', offered at the birth of the world, rather than the gnarled teachings of a patriarch.[54] The second of Newton's concerns was one that he learned in Cambridge in the early 1670s. This was a distrust of the historical and theological foundations for the doctrine of the Trinity, which matured into a conviction that it was perhaps the most pernicious form of idolatry. In due course, Newton became obsessed by the history of the spread of idolatry in the Christian Church, writing about it extensively from the 1690s onwards.[55] Morally, however, the history of idolatry does not seem to have concerned Newton unduly until the 1680s, which was when it also began to interest him philosophically.

Newton himself made the connection between moral philosophy and natural philosophy, in the final sentence of Query 31 in the second English edition of

of the Royal Society of London, 21, 1966, pp. 108-43; Paolo Casini, "Newton: The Classical Scholia", in: *History of Science*, 22, 1984, pp. 1-58; Volkmar Schüller, "Newtons Scholia aus David Gregorys Nachlaß zu den Propositionen IV-IX Buch III seiner *Principia*", Max-Planck-Institut für Wissenschaftsgeschichte, Preprint 144, Berlin, 2000.

52 Cambridge University Library, Mss. Add. 3965, fols 357-64; 3970, fols 619-20; Isaac Newton, *Philosophicae naturalis principia mathematica*, 2nd edition, Cambridge, 1713, especially p. 483 (Newton's copy with further additions may be found at Cambridge University Library, shelfmark Adv. b. 39.2); Manuel, *Isaac Newton, Historian*, plate 10.

53 Bodmer Ms., especially fols 5-21; Yah. Mss. 15.2-15.7.

54 King's College, Cambridge, Ms. Keynes 3; cf. Yah. Ms. 15.4. For more general discussion of this issue, see J.C. Davis, "Against Formality: One Aspect of the English Revolution", in: *Transactions of the Royal Historical Society*, 6th series, 3, 1993, pp. 265-88.

55 William Andrews Clark Memorial Library, Los Angeles, Ms. "Paradoxical Questions"; King's College, Cambridge, Ms. Keynes 10/1.

the *Opticks*. He suggested there that an expansion of the bounds of natural philosophy might also increase the scope of moral philosophy, as it had in the days of Noah and his sons. In an unpublished version of this query, Newton was more precise about the form that such moral philosophy should take. He referred to the seven precepts of Noah, which he identified with 'the laws and precepts in which this primitive religion consisted'.[56] Elsewhere, Newton noticed allusions to the precepts of Noah in the book of Job (1:5 and chapter 31), which, in line with other contemporary commentators, he considered to be a particularly ancient part of the Bible. He claimed that:

> *not to blaspheme God, nor to worship the Sun or Moon, nor to kill, nor steal, nor to commit adultery, nor trust in riches, nor oppress the poor or fatherless, nor curse your enemies, nor rejoyce at their misfortunes: but to be friendly, and hospitable and merciful, and to relieve the poor and needy, and to set up Judges.* This was the morality and religion of the first ages, still called by the *Jews, The precepts of the sons of* Noah: this was the religion of *Moses* and the Prophets, comprehended in the two great commandments, of *loving the Lord our God with all our heart and soul and mind, and our neighbour as our selves*: this was the religion enjoyned by *Moses* to the uncircumcised stranger within the gates of *Israel*, as well as to the Israelites: and this was the primitive religion of both *Jews* and *Christians*, and ought to be the standing religion of all nations, it being for the honour of God, and good of mankind.[57]

To these precepts, Newton added that of '*being merciful even to brute beasts*', claiming that 'long before the days of *Abraham*', Noah and his sons had been commanded not to eat the blood of animals. This had been a law imposed on all nations, when they lived together before the confusion of tongues on the plain 'in *Shinar*'[58] It was also a law that Newton believed still to be binding.

Now there was very little that was original in Newton's conception of the seven precepts of Noah. These were, for example, discussed by standard contemporary biblical commentaries, such as those of Newton's sometime Cambridge contemporary, Symon Patrick (1626-1707).[59] Unsurprisingly, the principal sources that Newton used in his discussion of Noachic religion were themselves fairly well known. For ideas about the origin and spread of the cultic practices of Noah, Newton turned to the erudite history of G.J. Vossius, tempered by Dionysius Vossius's edition of Maimonides on idolatry, and to John Selden's account of eastern religion. To understand the extent of the dominion of Noah and the spread of his rule and religion through the ancient world, Newton looked again to Selden and to the geography of Samuel Bochart,

---

56 Isaac Newton, *Opticks*, 2nd edition, London, 1717, pp. 381-2; King's College, Cambridge, Ms. Keynes 3, pp. 17, 27. Manuel, *Isaac Newton, Historian*, plate 10.

57 Newton, *Chronology of Ancient Kingdoms Amended*, pp. 188-9.

58 Newton, *Chronology of Ancient Kingdoms Amended*, p. 189. Cf. Keith Thomas, *Man and the Natural World*, London, 1983, pp. 290-1.

59 Symon Patrick, *A Commentary upon the First Book of Moses, called Genesis*, London, 1695, pp. 154-61; cf. Patrick, *A Commentary upon the Third Book of Moses, called Leviticus*, London, 1698, pp. 306-22.

as well as to more general historical works.[60] From these authors, Newton had access to the ancient testimony provided by Josephus, Lucian, and Alexander Polyhistor, to which he added references drawn from the supposedly still-more-ancient works of Berossus, Manetho, and Sanchoniatho.[61] Newton's reading supplemented his ideas about the moral religion of Noah with theories about the corruption of that worship and duty into idolatry, through the setting up of cults of men and bodies in the heavens that were named after heroes.

Through his exploration of these authors, Newton was able to construct both a history of idolatry and a genealogy of the ancient Mediterranean that could explain the corruption and loss of the true religion despite the survival of cultic practices associated with it. He also provided a chronological account of the early years of the great civilisations of the eastern Mediterranean and the Near East, which he was able to confirm with reference to the historical fulfilment of biblical prophecy.[62] What emerged was for Newton an essentially human story, a tale of perpetual weakness and ambition, which undermined the specificity of Adam's fall through the subsequent lapses of unregenerate humanity. Nevertheless, human history was a consequence of a divine action and Newton gave an account of it as part of an exploration of divine power. That power belonged, he argued, to the one supreme God who formed the world, who governs it — and who imposes duties of regard for himself, for other human beings, and for fellow creatures on his human servants.[63]

The religion of Noah and his sons was a historical phenomenon (although Newton, unlike Stukeley, refrained from giving it a precise date) and from it followed social consequences that had been beneficial before they were corrupted — 'the Original of letters, agriculture, navigation, music, arts and sciences, metals, smiths and carpenters, towns and houses'.[64] Newton believed

---

60 See Maimonides, *De idololatria liber*, ed. Dionysius Vossius, Amsterdam, 1641; Gerardus Joannes Vossius, *De theologia gentili, et physiologia Christiana*, Amsterdam, 1641 [Newton bound these two works together; they survive at Trinity College, Cambridge, shelfmark NQ 8/46]; John Selden, *De synedriis et praefecturis juridicis veterum Ebraeorum*, Amsterdam, 1679, especially p. 335 [now NQ 8/35]; Selden, *De diis Syris*, Amsterdam, 1680) [now NQ 9/77]; Samuel Bochart, *Geographia sacra*, Frankfurt, 1681 [now NQ 8/27]; Jacques Basnage de Beauval, *Antiquitez Judaiques*, 2 vols, Amsterdam, 1713 [now NQ 9/109-110]; Melchior Leydekker, *De republica Hebraeorum*, Amsterdam, 1704 [now NQ 11/47].

61 Giovanni Nanni, *Berosi sacerdotis chaldaici, antiquitatum libri quinque*, Wittenberg, 1612 [now NQ 8/119]; Jacobus Gronovius (ed.), *Manethonis apotelesmaticorum libri sex*, Leiden, 1698 [now NQ 16/67]; Richard Cumberland, *Sanchoniatho's Phoenician History*, London, 1720 [now NQ 9/16].

62 See Manuel, *Isaac Newton, Historian*.

63 Stephen D. Snobelen, "'God of gods and Lord of lords': The Theology of Isaac Newton's General Scholium to the *Principia*", in: *Osiris*, 16, 2001, pp. 169-208. It is worth noting that Newton's formulations concerning God and his creatures were not so very different from those of much more orthodox writers: for example, John Pearson, *An Exposition of the Creed*, 3rd edition, London, 1669 [1st, 1659], especially pp. 41-7.

64 Newton, *Chronology of Ancient Kingdoms Amended*, p. 190; cf. William Stukeley's comments in Royal College of Physicians, London, Mss. 568; 569/5-7; Wellcome Library for the History and Understanding of Medicine, London, Mss. 4720-1; 4724; 4726.

that these achievements were not, however, Noah's own inventions but those of later generations of his descendents among the Hebrews. For although the religion of Noah had been a way to introduce benevolent divine actions into a world governed by natural laws, it also gave a proof of the contingency of that world, whose historicity was underpinned by the accounts given in the Bible — 'before those days [of Eli, Samuel and David] the earth was so thinly peopled, and so overgrown with woods, that mankind could not be much older than is represented in Scripture'.[65]

Without the precepts of Noah, handed down through the generations of his children to all people, Newton believed that human religion was a vain undertaking. He constructed his account of Noah and his religion from evidence that suggested, however, that it might be possible, with care, to begin to restore what been lost. This caution perhaps helped to explain why Newton proved a conservative reader of contemporary debates about the age of the earth and the origins of peoples. He took similar pains to suggest that mythological elements that could be found in his sources, for example Lucian's description of Deucalion's flood, related to real events that were historically quite distinct from, and far more limited than, those related in the story of Noah. In this respect, Newton's interpretation of ancient mythology, particularly his account of the Argonautic expedition, served to isolate scriptural history from secular record, rather than to expose the continuities between the two.[66] This may also have been an effect of Newton's willingness to read the religion of Moses back onto Noah — for example in the preference that he showed for the Levitical prohibitions concerning food over those given in Genesis 9: 4.[67] Here Newton felt himself on sure ground, since his argument was that Moses had restored the faith that Noah had instituted.

Behind such conservatism, however, lurked radicalism. This was clearest in Newton's claim that Christ was simply the restorer of the religion of Noah. It brings us to the heart of the problem of the interpretation of the Flood and its memories in early modern Europe — that doctrinal and confessional choices, rather than strictly historical or textual judgments, tended to determine attitudes to the ancient past of humanity, and to provide answers to questions concerning the date, events, and consequences of moments described in the Bible. In the case of Newton, such doctrinal choices were made, almost certainly, as a result of his own theological engagement, reinforced by study of the evidence of the fulfillment of prophecy. Only later were they developed through patristic and historical criticism. Philosophical and critical techniques allowed Newton to reject other views of the human past, but they did not prevent his own from

---

65 Newton, *Chronology of Ancient Kingdoms Amended*, p. 190.

66 See Manuel, *Isaac Newton, Historian*, pp.78-88; cf. Kenneth J. Knoespel, "Newton in the School of Time: 'The Chronology of Ancient Kingdoms Amended' and the Crisis of Seventeenth-Century Historiography", in: *The Eighteenth Century: Theory and Interpretation*, 30, 1989, pp. 19-41.

67 Newton, *Chronology of Ancient Kingdoms Amended*, p. 189; cf. Yah. Ms. 41, fol. 4r.

being a personal act of creation within a tradition, rather than the less problematic form of recovery that he wished to make them seem. Even the link that Newton traced between moral and natural philosophy was ultimately a commonplace one, although it was one whose implications were misunderstood by many of his contemporaries.[68] Yet such a conclusion does not do justice to the striking originality with which Newton created a sequence of memories that took into account both divine power, whose expression he understood through the force of gravity, and morality, which was embodied in the religion of those who had survived the Flood, but that called for the obliteration of contemporary Christian tradition.

---

68 See John Wilkins, *Of the Principles and Duties of Natural Religion*, London, 1675; Isabel Rivers, *Reason, Grace, and Sentiment*, 2 vols, Cambridge University Press, 1991-2000, vol. 1, pp. 59-88.

KUNST

Melchior Lorck: Die Sintflut. 2. Hälfte des 16. Jahrhunderts.
Berlin, Kupferstichkabinett.

MOSHE BARASCH

Towards an iconography of the Deluge

The biblical text, I learned as a small boy, must not be altered. Not only is the wording firmly established for all times to come, even the intonation of the ritual reading of the holy text must be kept unchanged. This final fixation extended also to the script. Even when only a single letter is deleted or deformed in a Tora scroll, that scroll cannot be used for ritual reading. However, in spite of such urge for final formulation, one could not do without commentaries. Questions and issues remained that had to be explained even to children, and new questions arose in the course of time. It was the task of the commentary to provide the explanations. As one knows, there were different kinds of commentaries, some more faithful to the canonical text than others. The less faithful commentaries allowed more room for embroidering the details of a given story and of shifting the emphasis within the story's scope. Where the text showed contradictions, or the story took unexpected turns, the commentary often departed from the wording of Scripture.

Few biblical narratives abound more plentifully in contrasting attitudes than that of Noah and the Deluge. It is a story that, in the span of a few verses, brings together dark malediction and shining grace, ultimate perdition and miraculous salvation, cruel punishment and the promise of a lasting covenant. No wonder that this text called forth different kinds of commentaries – ritual, textual, mythical. And yet I remember how astonished I was, again after some years, when I came across the very interesting study by Hermann Usener, "Zu den Sintfluthsagen."[1] The Deluge a tale, a *Sage*? I could not help asking myself. Tales, I had learned from Vladimir Propp and Claude Levi Strauss, are "built on weaker oppositions than those found in myths, let alone in a canonical text." Tales are less strictly subjected to the pressure of religious orthodoxy. They can, therefore, more easily develop what has been called "multiformity," and are thus closer to literature and art.

Interpretations and comments on a holy text, as we know, have also been offered in media that are not textual in the precise and accepted sense of this term, that is, they are not made up of words. Singers of songs, I believe, have certainly tried to convey to listeners how they read and understood a canonic text, and so have painters in their works. Both have suggested interpretations of what the text says. The non-verbal media almost by necessity go in their suggestions beyond what the text itself can cover. It may be this inbuilt difference between the media

---

1 Originally appeared in *Rheinisches Museum* 50, 1901, pp. 48–496; reprinted in Hermann Usener, *Kleine Schriften IV*, Leipzig: Teubner, pp. 382–96.

that makes the non-verbal commentary less dependent on the text than one offered in the literary medium. For this reason it can also show more clearly what a given period, society, or group perceives as essential in a story found in Scripture. The representations of the Deluge in the visual arts are good examples.

In European art, the history of Deluge images begins with the early Christian period. Since then the mythical event of the Flood has been recorded, and imagined anew in different forms, and so it became the archetypal story of a total catastrophe. As we know, other cultures have similar myths of annihilation of life on earth through a flood that mankind can do nothing to prevent.[2] In the Western tradition it is the story of the Deluge as recorded in the Book of Genesis (chapters VI and VII) that became the classic formulation of the universal motif. The story obviously strikes a fundamental chord in our psyche, and this may be the reason for its diffusion over the globe. In European memory the biblical version occupied many generations. Ever since late Antiquity it was present in the mind, interpreted and commented upon, described and depicted. The biblical story became part of "world" imagery.

In the Bible the Flood is recounted as one single occurrence, even though it lasted for some time. Later exegesis, literary elaborations, and particularly the pictorial representations, cut up that continuous event into separate stages, treating each of them as a distinct subject. Whereas the spectator's knowledge of what happened in the Deluge linked one scene to the other, the artist could approach each scene as if it were more or less autonomous. The main parts of Noah's story, often represented in European art, are God's command to build the ark, the embarkation of men and animals, the floating ark together with the perdition of mankind and all living creatures, the disembarkation from the ark, and Noah's sacrifice and covenant, manifested by the rainbow. All these stages have rarely, if ever, been represented within a single picture frame; each scene usually requires a picture for itself. The picture cycle, for which the illuminated manuscript and sometimes the mosaic decoration of large walls are ideal media, makes it possible for the artist to tell the whole story in images. In the present study we shall concentrate on a single scene, that of the Flood itself. In this scene, the dramatic climax of the whole story, the two most striking contrasts – the saved in the ark and the damned drowning, life and death – are combined, and juxtaposed. It is also this particular scene, the Flood proper, that discloses the overall attitude to the whole story, and may indicate a *Weltanschauung*. The presence or absence of the drowned in the water, in some cases the representation of the agony of dying, indicates the basic understanding of the biblical narrative.

The long lasting and seemingly unchanging concern with the Flood, from late Antiquity to post-medieval times, does not mean, of course, that the imagery of the Flood always remained the same. Though the core events did

---

2   The literature on the subject is well known. For a good survey of earlier studies, see the entry "Deluge" in James Hastings's *Encyclopedia of Religion and Ethics*. Recently see Florentino Garcia Martinez and Gerard P. Luttikhuizen, eds., *Interpretations of the Flood*, Leiden: Brill, 1999.

not change in the course of generations, the specific images representing the story underwent radical transformations. The shifts of pictorial representation show that the attention of artists, of authors and audiences shifted from one stage of the story to another or from one scene to another. From these shifts we learn what was actually considered the meaning of the Flood at a given time. Beyond that they also suggest, however vaguely, what images can and what they cannot present to the spectator's eye, what visual imagination can, and what it cannot, conjure up to the mind's eye. In the following observations I shall ask, simply and directly, *what* was actually represented in the most dramatic scene of the story, the Flood itself? It is with this question in mind that I turn to the history of the Flood as a subject of the visual arts.

Early Christian images

It is now more than a century since early Christian art became the center of interest of a great many scholars. Art historians, archeologists, and theologians have shed much light on the riddles that originally seemed to be characteristic features of that art at least at the time when research first turned to them. The results are now common knowledge among students. Yet some aspects of this art still demand elucidation. Thus, for instance, one would like to know what determined the selection of scenes to be represented. By the third and fourth century, when this art emerged and crystallized into stable patterns, the Christian communities believed that their new religion, though based on the Old Testament, surpassed and went beyond it. And yet, walking through the catacombs and looking at the paintings on their walls, one is struck by the predominance of Old Testament scenes. What explains the overwhelming significance of the Old Testament in the iconographic programs of the early Christians? Even within the scope of Old Testament scenes and personages, the selection we see in catacomb paintings is sometimes striking. Figures that in ancient texts appear rarely, or only once, may occupy a central place in the paintings. One such figure is Noah.

In the history of the Christian representations of the Flood we should distinguish two stages, clearly marked off from each other both in the media in which they are executed and the precise moment of the story, or the precise subject, even if newly constructed, that the images wish to show. In the first stage, that is, throughout the third and fourth centuries, the main monuments are wall paintings in catacombs, and occasionally some small but precious objects. In the second stage, beginning with the late fifth or sixth centuries and extending throughout the Middle Ages, the iconography of Noah's story becomes complex, the narrative scenes are now multiple, and they are rendered in diverse media. In that second stage the most important medium for telling the story in images is the illumination of manuscripts. We shall look first at the catacomb paintings.

Pictorial evocations of the Flood story are frequent on the walls of Christian catacombs. As early as 1903 the great student of early Christian art, Josef

1. *Noah in the Ark*, mural painting; the Domitilla Catacomb

Wilpert, listed 28 representations of Noah in the ark in the catacombs of Rome; he inferred four additional depictions from texts.[3] Another early student of the subject, Ludwig von Sybel, believed that, next to the prophet Daniel, Noah was possibly the most frequently represented figure in Roman catacomb painting.[4] In these images, Noah is usually standing upright in the ark, his arms spread out to both sides, the hands open, so that the palms are visible. The posture was understood as one of prayer.[5] Often a dove is shown floating down, with the olive branch in its beak. A painting from the Domitilla Catacomb, probably of the late third century, is a good example (fig. 1).

---

3   Josef Wilpert, *Die Malereien der Katakomben in Rom*, Freiburg im Breisgau: Herdersche Verlagshandlung, 1903.
4   Ludwig von Sybel, *Christliche Antike: Einführung in die altchristliche Kunst*, Marburg: Elwert, 1906–09, p. 213.
5   For this prayer gesture, see Thomas Ohm, *Die Gebetsgebärden der Völker und das Christentum*, Leiden: Brill, 1948, pp. 234 ff.

2. *Jonah's Story*, mural painting; the Callistus Catacomb

3. *Jonah's Story*, sarcophagus; Copenhagen, NyCarlsberg Glyptotek

What is most striking to a present day critical observer is that these images do not show, they do not even intimate, the Flood itself. On what does Noah's ark float? No indication of water, no sign of the rain pouring down, no trace of the drowned. The ark is rendered as if it were floating on some indistinct, matter-less substance. We cannot accuse the anonymous painters of inability to represent seascapes. In the other Catacomb we can see a depiction of the story of the prophet Yonah (fig. 2), and here the shore and the sea are clearly rendered.[6] Moreover, we have an interesting late third century Christian sarcophagus (fig. 3), in which the waves of the sea are delineated by some carefully executed wavy features.[7] Considering these works, we cannot help concluding that the absence of real environment, and mainly of the dead and drowned, in the Catacomb representations of the Flood is not a matter of chance. It shows what the early artists and their patrons concentrated on: the ark was for them a symbol of salvation, and only as such they did represent it on the walls of the catacombs.

The figure of Noah praying in the ark, detached from any sinister imagery of the Deluge, must have appealed to a broad public in the early Christian

---

6   See Sybel, *Christliche Antike*, p.
7   Ernst Kitzinger, *Byzantine Art in the Making; Main lines of stylistic development in Mediterranean Art 3rd-7th Century*, Cambridge, Mass.: Harvard University Press, 1980, fig. 33. For the Yonah sarcophagus in the Lateran Museum, Rome, see André Grabar, *Christian Iconography: A Study of Its Origins*, Princeton: Princeton University Press, 1968, fig. 3.

4. *Noah and his wife inside the Ark,* bronze coin from Apamea;
Paris, Bibliothèque Nationale

centuries. We have a coin cast in the third or fourth century in the city of
Apamea in Phrygia (Northern Syria) showing Noah and his wife standing in
the ark, their hands raised in the Orant praying gesture (fig. 4).[8]

In the late nineteenth century theologians and iconographers dwelt on early
Christian concern with Noah's ark. The image of the ark, they held, is to be
understood as foreshadowing the Church. Using an antique term, they
understood the ark as a *typos* of the Church. As Noah's ark saved the people
and the creatures taking refuge in it, so the Church will save all those believers
who belong to it. In early Christian times such an explanation of the ark was
indeed common. Among the earliest "typological" explanations of the ark is the
one given by Justin Martyr, in the late second century. Noah foreshadows

8   Grabar, *Christian Iconography*, p. 25.

Christ, he said, the wood of the ark foreshadows the wood of the Cross, and the Flood is a prophecy of baptism.[9] A few years after Justin Martyr, the great early Christian author in the Latin tongue, Tertullian, explicitly states the main function of the Church as the salvation of believers. In this the Church parallels Noah's ark. In the ark, says Tertullian, there was no idolatry. "Let not be in the Church which was not in the ark."[10]

In the patristic age yet another interpretation of the Flood emerged, and it found its most distinct formulation in Origen's work. While Origen fully accepts the analogy of the Flood and of Baptism, he believes that the Flood also foreshadows the Last Judgment. In the New Testament itself one can find some suggestions leading to such a reading. Thus in the Second Epistle of Peter we read that the Flood was brought "upon the world of the ungodly" (2:5). The meaning of the Deluge as punishment, suggested in Scripture, remained a real presence in the reading and imagination of many centuries.

We cannot go here into a history of the early interpretations of the Flood as punishment for sins (this is not our subject), but we should quote at least Augustine. In the early fifth century Augustine summarizes our problem in the interpretations of the Flood. In *The City of God* he says that the ark foreshadows the Church, the wood of which it was made foreshadows the wood of the Cross on which Christ was hung. The same trend of thought underlies his figure of the City of God, that is, the community of the true believers, which "in this wicked world, is ever tossed like the ark in the waters of a deluge."[11]

Augustine goes even further in seeing in Noah's ark analogies to final redemption. The design of the ark, he believes, is a reflection of Christ's body. In some sentences, of particular interest to students of the history of art, he lists the measures and mainly the proportions of Christ's figure, and claims that in building the ark these precise proportions were carefully observed. Even individual parts of the construction correspond to features of Christ's body. Thus the window opened in the side of the ark, to let the raven and the dove fly out and to receive the returning dove, is a prophetic image of the open wound in Christ's side.[12]

These interpretations, which I can mention here only in bare outline, dominated the thoughts on the subject of Noah and the Flood for many centuries. Both in what is emphasized and in what is disregarded, the images on

---

9 Justin, *Dial.*, cap. 138.

10 *De Idololatria*, chapter 24. The literature of exegesis and commentary is, of course, huge, but for specific subject it is not focused. But see the perceptive paper by H. S. Benjamins, "Noah, the Ark, and the Flood in Early Christian Theology: The Ship of the Church in the Making," in: *Interpretations of the Flood*, pp. 134–49.

11 *De Civitate Dei*, XV, 6; p. 479 of the translation quoted from *Writings of Saint Augustine*, trans. Gerald G. Walsh and Grace Monahan, Washington: The Catholic University Press of America, 1952, vol 7. See also *De Civitate Dei*, XIX, 17; p. 226–27. For early Christian interpretations of the ark, see Jean Danielou, *Les symbols chretiens primitives*, Paris: Editions du Seuil, 1961, pp. 65–76.

12 *De Civitate Dei*, XV, 26; p. 478.

the walls of the catacombs perfectly agree with what early Patristic authors wrote. Reviewing both these sources in our present context, some conclusions seem obvious. For us the most important conclusion is that the ark, its structure and the fate of those dwelling in it and saved, becomes the center of the story, while the cataclysmic event of the Flood, the annihilation of the whole of sinful humanity, is pushed into the background. The story of the Deluge becomes a story of the salvation of a few elect, rather than the story of the curse resting on humanity, and the destruction of multitudes. Such, at least, was the attitude of the learned theologians.

Medieval Images

One would like to know, if this is at all possible, whether this impression of the modern reader also reflects how people imagined in the early Christian centuries the momentous event of the Flood. Early Christian literature does not offer readings other than those of the theologians. In looking for an answer to our question we turn again to the visual arts.

The destructive function of the Flood appears in some extant depictions, though they are later than the theoretical considerations of Patristic authors. To find these pictorial representations we have to turn to the comparatively new medium of painting, the illumination of manuscripts. It was not before the end of the fifth century, or perhaps even a generation later, that a richly illuminated Christian manuscript representing the Flood was made. With these pictures a new stage of imaging the Deluge begins. The dates themselves tell a story. Between the late third century in which the rendering of the Deluge in Roman catacombs was focused on the figure of the saved Noah, and the end of the fifth century or beginning of the sixth, when the sumptuous manuscripts were illuminated, two centuries passed, the Christian world consolidated, and new needs and interests emerged.

Among the earliest works of art in which the Flood is shown as an apocalyptic event, bringing death and destruction upon mankind, is an illumination in the Genesis manuscript in Vienna (fig. 5). How is the sinister aspect of the Flood here represented? In the center of the pictorial space there is an ark. This is no longer a simple, square box, as in the catacomb paintings, but a complex structure, somewhat similar to a pyramid, or rather a ziggurat type building. Around it, in the lower part of the image, the waters are surging in a circular movement, recalling in shape an irresistible whirlpool. The background is taken up by a depiction of the heavily pouring rain, which forms a kind of curtain hiding everything behind it. In the water are many human figures, between a final attempt to save themselves and drowning. There are also animals (two horses, a lion, a wild boar). Some of the human figures are rendered in bold foreshortenings. The lively movements of the figures, and perhaps also the landscape features, have suggested "Hellenistic memories" to some scholars.

5. *The Deluge*, miniature from the *Genesis*; Vienna,
Nationalbibliothek, Cod. Theol. Gr.31

Reviewing this miniature with particular attention to seemingly small nuances, we can reach some important conclusions as to what was within the reach of early Christian art, and what lay beyond what it could achieve. The spectator is struck, first of all, by the absence of a clear distinction between living or dead figures, between those struggling to survive and those that have already lost their lives. The two on the upper level of the waters may be understood as still alive. Their heads are above the water, their hands and arms stretched upwards. Are they swimming or praying? Since they are above the water line, the position of their arms may be read as an indication of swimming. On the other hand, the illuminations of the Vienna Genesis show many powerful expressive movements. A gesture very similar to that of the two "swimmers" occurs in the scene of Joseph interpreting the dreams of the butler and the baker (fol. 19), though the two miniatures were most likely painted by different artists.[13] The butler raises his arms and hands dramatically, in a configuration that is almost a repetition of what we see in the Deluge image. The butler probably performs this gesture in an outburst of joy over the deliverance from prison that Joseph's

---

13 In fact, all scholars who have studied the illuminations of the Vienna Genesis agree that the two illuminations were done by different artists, though they do not agree as to who painted the Joseph scene.

interpretation of the dream promises him. In view of this similarity it is not likely that in the Deluge miniature this gesture denotes the action of swimming; it does show a powerful emotional state, and thus, by implication, may be taken as indicating that the people are still alive.

All the other figures are below the surface of the water, and must be understood as drowning. They are rendered in different postures, and seen from different vantage points. It is difficult to find a single feature and property common to all of them that would testify that they are lost. This is all the more remarkable as it is obvious that dying, and the stages leading to death, were a central concern of the artist who painted the Deluge miniature. To see this it will be enough to follow the figure to the left of the ark. Beneath the "swimmer" raising his arms, there is another figure, moving towards the depths of the raising waters. He stretches out his hands, like the figure above him, but in a downwards movement; this is a kind of inversion of the gesture of fighting for life. On a lower level a figure, shown in bold foreshortening, seems to plunge helplessly into the depths of the waters. Spreading the arms out to both sides, this is a strongly expressive figure. In the deepest part of the water, finally, we see some motionless figures; in them the process of dying has come to an end. Notwithstanding these subtle differentiations, evoking in the spectator's mind the stages between life and death, the artist obviously did not have a clear-cut model for a dead figure, let alone a drowned one. Classical art knew, of course, the dead hero killed in battle, or the defeated barbarian. It did not readily provide good models for sinners helplessly meeting a violent death.

The urge to represent the death that is the main characteristic of the Flood reached a peak in another illuminated manuscript probably produced somewhat later than the Vienna Genesis. It is known as the Ashburnham Pentateuch, now in Paris (Bibliotheque Nationale, NAL. 2334). Few manuscripts are as much debated, and concerning few there is so little agreement among scholars, as the Ashburnham Pentateuch. We are not sure as to the date at which the manuscript was written and illuminated, where this was done, where the scribes and painters came from and what were the specific traditions from which the artists drew models and inspiration.[14] We shall not go into these questions. For our present purpose it is enough to say that the imagery of this manuscript, whatever its sources, reflects a significant aspect of the early medieval imagination.

In the illuminations of the Ashburnham Pentateuch the story of the deluge, and Noah and the ark, plays an important part, but it is not difficult to see that the heart of the artist, and probably that of some parts of his audience, is with the representation of the disaster that befell humanity. One whole-page miniature and one additional (smaller) group show our subject. The composition of the whole-page miniature is divided into two horizontal parts, one above the other (fig. 6). Though the two halves are not divided by a frame or

---

14 A good survey of the research, by far not as extensive as that for the Vienna Genesis, is given by Franz Rickert, *Studien zum Ashburnham Pentateuch,* dissertation at the University of Bonn, 1986.

6. *The Deluge*, miniature; Ashburnham Pentateuch; Paris, Bibl. nat. lat. nouv. acq. 2334, folio 9r

even line, each of them is clearly devoted to a separate subject. In the upper part of the miniature the ark, firmly closed from all sides, is represented as it floats on the waters. No figure is visible, and the rain is only vaguely suggested. The drama of the deluge is concentrated in the lower part of the image (fig. 7). Here we see the rushing, death-carrying waters, indicated mainly by wavy lines and blue-greenish colors, and the depth of the water is suggested by the different levels covered by the flood. The figures of the drowned are depicted in this part of the miniature, all of them imagined as dead.

In painting such a scene, especially that shown in the lower part of the illumination, the artist displays his ability, and makes extensive use of it, to convey to the spectator at a first glance that his figures are dead. Several features, consistently employed, testify to the state of death. The simplest and least problematic are the closed eyes. The eyes of all the corpses are shut. So universal a sign of death is this that the miniature painter presents it not as a condition brought about by social custom, but as a natural process. Not only the human corpses have closed eyes, but also drowned horses' eyes are firmly shut. A closed mouth also seems have been understood as a mark of being dead. Most of the human corpses have their lips tightly closed, only one has them slightly

7. Detail of Fig. 6

open. The closed mouth, however, does not seem to have been considered a characteristic feature of dead animals. One of the drowned horses has its mouth wide open, displaying a row of white teeth.

Another, and rather unusual, feature to designate a dead body is a particular use of color. All the corpses are painted in light colors, probably to indicate the paleness of death. The whitish color is modeled with some pale pinkish shadows. The shading itself is sometimes done in a way that lets the lifeless bodies appear mottled. One wonders whether using the characteristic appearance of a totally lifeless matter, marble, in modeling the human corpses was not intentional; was it not a way of suggesting that those bodies are now as dead as a piece of marble?

Of great interest are the attempts to make the postures and gestures proclaim that the figures displaying them are dead. The artist obviously was not content with closed eyes and a pale color as signs of death. In the Vienna Genesis, as we have seen, postures and gestures are the main means of visualizing the stages of dying by drowning. The gestures and postures that the painter of the Ashburnham Pentateuch depicts are not as rich in subtle distinctions, but they are of great expressive power. What they convey, above all, is that the struggle for life has ceased. Resignation is conveyed by spreading the arms, sometimes so

8. *The Deluge*, miniature;
San Sever Beatus, Paris,
Bibl. nat. lat. 887, folio 85r

widely as almost to form a cross. The spreading of arms has a venerable history. It is an old gesture of prayer ("And when ye spread forth your hands, I will hide mine eyes from you" says the angry God to people praying to him, Isaiah 1:15), and it is embodied in the posture of the crucified Christ. It conveys the emotional condition of submissiveness and resignation. In taking up this posture we expose the body, leaving it without any external shield or means of defense.

In another group of drowned corpses (fig. 8) the artist devised additional manifestations of death. In several strata of the riverbed, or ravine, each designated by a different color, lie the drowned. These figures show the psychological conditions of dying, and in these figures the artist articulated, more or less clearly, some further indications of death. One is the distortion of the face and mainly of the body. The physical changes brought about in death were not shown in earlier depictions of the Flood. Nor did the painter of the Ashburnham manuscript have many explicit followers. In his work, the distortions caused by death are not limited to the face, they are no less visible in the postures. Thus stiffened shapes prevail, sharp, sometimes right angles are frequent in the figures. The softening and slight rounding of shapes characteristic of the figures in the Vienna Genesis, suggesting life, are here altogether lacking.

Another indication that the drowned are devoid of all life may be more difficult to pinpoint in detail, yet it is present in the spectator's perception of the individual group and of the drowned in the full-page miniature. The Ashburnham painter conveys the sensation of what we now call rigor mortis, the feeling that the posture of the dead figure cannot be changed. Here, too, the painter of this manuscript is totally opposed, in the images he conjures up as well as in the forms he employs to depict these images, to the artists of a former stage, so magnificently shown in the Vienna Genesis.

To the artist who painted the Deluge miniature in the Ashburnham Pentateuch the corpses themselves, their stiff postures and distorted features, did not seem a sufficiently emphatic rendering of the underlying subject, namely, death, the extermination of the sinful human race. He added another motif, one midway between an abstract emblem and a realistically rendered detail from a gruesome scene.

Excursus: The raven and the corpse

Here we shall pause for a while in the discussion of Flood representations as a whole, and concentrate on a specific motif that emerged and became popular in European art in early depictions of the Deluge: it is the motif of a raven feeding on a corpse, usually picking at its eye. The motif is not derived from the Bible; its sources are found outside the commentaries to, and embroideries of, Scripture, outside of both the Jewish tradition and the world of Christian images during the first centuries of our era. In the art of the Middle Ages and even of the Renaissance, however, it became an important component, and acquired a life of its own.

In catacomb painting, the first stage of early Christian art, there is, of course, no indication of this motif. As in the Noah pictures, no drowned bodies are portrayed; there was no need, nor even the possibility, to depict a raven feeding on a corpse. It was mainly in the late fifth and in the sixth centuries, when a thorough transformation in the pictorial rendering of the Deluge took place, that the raven picking at the eye of one of the dead figures made its first appearance. So far as I can see, the motif spread rapidly, becoming a semi-independent image that could be placed also in other contexts.

Among the earliest surviving representations is an early Christian relief (of the late fourth or fifth century), now in Tunis.[15] Next to the ark, some dead bodies are placed, fashioned like heroic classical nudes. Perched on top of one of the corpses (the one to the left), a raven is feeding on the dead. We cannot say what the raven is actually doing, or where precisely it is pointing its beak.[16]

---

15 See Rickert, fig. 75 and p. 125.
16 As I could not see the original I have to rely on photographs, and those are not clear enough.

9. *Noah*, gold glass (with its drawing); Cologne, Römische-Germanische Museum

At about the same time, possibly even a few years earlier, a gold glass found near Cologne, a small but precious object, was fashioned. The gold glass shows Noah standing in the open ark in the Orant posture (he is obviously praying). Below the ark, a dead cow floats helplessly in the water, and a mighty raven is picking at its eye (fig. 9).[17] Done at a very early stage in the history of our image, the motif shows a remarkable coherence and a firmly established shape. Similar images from that period, executed in various materials, occur in different parts of the Roman world. I shall only mention the fifth century paintings on the walls of S. Paolo fuori le mura in Rome. The frescoes were destroyed by fire, however we have some Baroque drawings that are generally considered to be faithful copies of the images on the walls. They show that the Deluge was represented on a wall of the church. Here, next to the ark, we see

17 J. Gutmann, "Noah's Raven in early Christian and Byzantine Art", in: *Cahiers archéologiques* XXVI, 1977, pp. 63–71. Gutmann dates the goldglass to the second half of the fourth century.

10. *Noah's Ark*, mural painting; Rome, San Paolo fuori le mura
(17th-c. copy; Vatican, Barb. lat. 4406, folio 35)

the carcass of a large drowned beast, and, on top of it, a raven feeding on the carrion (fig. 10).[18]

We are not sure where precisely the visual motif originated, and various hypotheses have been put forward. It has been noted, however, that most of the early examples were made near the eastern shores of the Mediterranean, both in great cities, such as Alexandria, and in less metropolitan places, often in the rural countryside. For centuries the motif of the raven feeding on the dead remained particularly popular in and near the same regions. An example occurs in the mosaic pavement of the church in Otranto, the easternmost tip of Apulia, where there is an interesting variation of the motif. Here the raven is not picking at the eye of a corpse, but feeding on a cut off leg (fig. 11).[19] This example shows, as do some others, that the raven feeding on a corpse became detached from any specific narrative context, such as the Flood, and was understood as a broad, general statement.

---

18 Stephan Waetzoldt, *Die Kopien des 17ten Jahrhunderts nach Mosaiken und Wandmalereien in Rom*, Wien: Schroll, 1964.
19 Walter Haug, *Das Mosaik von Otranto: Darstellung, Deutung und Bilddokumentation*, Wiesbaden: Dr. Ludwig Reichert Verlag, 1977; Carl Arnold Willemsen, *L'enigma di Otranto; il mosaico pavimentale del presbitero Pantaleone nella Cattedrale*, Lucca: Congedo Editore, 1980.

11. *The Deluge*, mosaic pavement, detail; Otranto, Cathedral

The motif of the raven pecking at the eye of a corpse (or some other part of the body) is not an invention of the early Christian imagination; it was taken over from classical literature. I know of no better formulation of the raven's doing, as well as of the context in which its action should be considered than is given in a short poem by Catullus. For the correct understanding of the motif in medieval depictions of the Deluge, it is well worth our while to read this poem.

"If, Cominius, your gray old age, soiled as it is by an impure life, should be brought to an end by the choice of the people, I for my part do not doubt that first of all your tongue, the enemy of good people, would be cut out and quickly given to the greedy vulture, your eyes torn out and swallowed down the raven's black throat, while the dogs would devour your bowels, and the rest of your members the wolves."[20]

What can we learn from this short poem for medieval renderings of the Flood? Two points should be emphasized. What the poem shows, first of all, is that the notion of the black raven devouring a corpse's eyes was a well-known mental

20 Poem 108. See *The Poems of Gaius Valerius Catullus*, translated by F. W. Cornish, Loeb Classical
    Library; Cambridge, Mass.: Harvard University Press; London: Heinemann, 1976, p. 177.

image. The poet could obviously use it without feeling the need for any further explanation. The motif was perceived as saying that the person so treated is irreversibly dead. In medieval representations of the Deluge not a single instance is known of an attempt, however vaguely, to resist the raven's pointed beak. One could, of course, ask why artists did not find the stiff posture of the bodies sufficient to convey death, and added the macabre detail of the raven eating the eye. Whatever the answer, if any, the idea conveyed by the eye-devouring raven is plain.

The raven eating an eye conveys still another meaning, more distinct and important for the Deluge pictures, but perceptible only when compared to pictures of other subjects. The dead figure is a major, sometimes a central, theme of a great deal of medieval art. To see this it is enough to think of the countless renderings of the dead Christ, of dead saints, and of the funeral monuments with the deceased's image on it. In none of these does a raven appear.

A later representation, several centuries after our first example, in which the raven feeding on a human corpse became detached from the Deluge scene proper, and grew into an almost independent motif. This is a detail from the mosaic pavement of the Cathedral of Otranto, probably a work of the twelfth century.[21] The transformation that the motif of the raven feeding on a human corpse underwent between the early and late illustrations is most interesting. Besides having no direct connection to the Deluge, the striking difference is that in Otranto the raven does not pick at an eye, or is an entire corpse seen. It is feeding on a leg. This version, though only a small part of a composition that was originally very complex, sheds light on the subject as a whole. The amputated leg, an isolated fragment of a human figure, is in itself a symbol of death and perishing. The disintegration of the dead body, its total passing from this world, was imagined as a dismembering, a separation of the parts from the whole body. The body in parts is the dead body.

Signs of Death and Sinfulness

The art of late Antiquity and the early Middle Ages, we must keep in mind, contains many images of death and transience. The arts of those times reflected the general profound concern of this period, in which apocalyptic expectations abounded, with the subjects of cataclysmic catastrophes and perishing life. All these images, different as they are, have the same broad meaning, death, in common. The differences in meaning are often reflected in the depiction of corpses. The postures and gestures in which a corpse was imagined to have been overcome by the stiffness of death sometimes tells the spectator what the

---

21 The date of the Otranto pavement, as well as other aspects of this work, is rather controversial. Scholarly opinion now tends to date it to 1163–1165.

attitude of artist and public were to that figure. Thus the distorted posture of a corpse (but also of a living creature) may often be interpreted as manifesting the figure's moral fault and sinfulness. No saint was intentionally rendered in a distorted position or with deformed facial features, as those of the drowned in the Ashburnham Pentateuch. Saints, even when portrayed in state of agony, are calm, their postures, gestures, and facial expression restrained and harmonious. A glance at the image of the crucified Christ on the wall of S. Maria Antiqua in Rome, a work belonging to roughly the same time as the Ashburnham Pentateuch, is enough to show this clearly. The deformation of the drowned in the manuscript illumination characterizes not only material condition (drowned), but also soul and character.

Throughout the Middle Ages, images of corpses, their eyes closed and floating aimlessly in the water, survived in depictions of the Flood. So did the image of a raven picking at the head, rarely the body, of a drowned person. The complex of mosaics in the atrium of San Marco in Venice, though done in the thirteenth century, summarizes a good deal of medieval Flood representations.[22] Two scenes are of interest in the present context, the Deluge proper (fig. 12) and the scene of Noah sending forth dove and raven (fig. 13). In the Deluge, the heavy rain forms an almost opaque curtain filling the upper part of the mosaic, while the lower part shows the bodies of the drowned floating in the water. In fact, we see only the heads or, in some cases, the head and shoulders, surrounded by a repeated decorative patterns representing the waves. In the second mosaic Noah has opened a window of the ark and is sending forth the dove. The raven has already been sent before; we see it picking at some object in the water, obviously a carcass.

A rather stiff pattern of representing the scene of the Flood crystallized in medieval art. While it was not a formal *Vorlage*, to be copied in detail, it clearly manifests an identical principle of composition that underlies most representations of the scene. Throughout the Middle Ages, audiences from Sicily to Britain and from the Byzantine Empire to France and Spain were familiar with such depictions. So far as we can know, they accepted both the principle of composition and the selection of motifs rendered, and there can be little doubt that these pictures must have left a mark on how the medieval centuries saw the Flood in their mind. A distinct feature of this compositional pattern is that the figures of the drowned (or even those still struggling in the water) are isolated from each other. There is a leaning to "individualism" in showing those who perish in the Flood. Even in later centuries, when artists fell back on a medieval model they showed each of the drowning people as a separate figure. The saved form a compositional pattern that weaves them together and makes them into a group. Action, gesticulation, or plain symmetry link the saved with each other into a compositional entity. As opposed to such interlocking, the drowning does not interact with each other; each is alone.

---

22 See now Otto Demus, *The Mosaics of San Marco*, 2, *The Thirteenth Century*, Chicago and London: The University Press of Chicago, 1984.

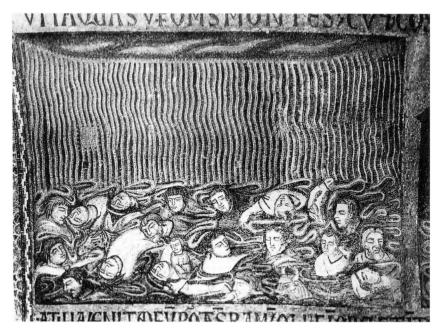

12. *The Deluge*, mosaic; Venice, San Marco

13. Noah Sending Forth the Raven and the First Dove, mosaic; Venice, San Marco

This characteristic representation of the Flood is remarkable in its difference from the biblical text. Whether or not the painters of the time were aware of this, the model of the scattered drowning figures does not follow what Scripture suggests or adumbrates. Genesis presents Noah as an individual while sinful humanity, destined to drown, is treated as an anonymous mass. It is Noah who has "found a race in the eyes of the Lord" (6:8), and it is with him that God will establish a covenant (6:18). In speaking about the sinners who are to perish in the Flood, no individual is even vaguely suggested; the sinners are always treated as a collective mass. "I will destroy man whom I have created …" (6:7). The medieval depictions of the drowning, then, are in marked contrast to what a simple reading of the Bible would suggest.

The student cannot help asking whether and how the isolated figures of the sinners who are shown drowning are related to the beliefs in personal guilt and responsibility that were current in medieval culture. One wonders whether the isolation of the sinners has an affinity to the other image of the end of the world, the Last Judgment, created in he Middle Ages. In Last Judgment imagery, as we know, it is also the individual sinner who is weighed and judged, and will have to pay for what he did on earth. Such glances into the hidden links in the spiritual and artistic world of medieval Flood images impose themselves on the spectator, but they cannot be discussed here.

Renaissance Floods

Turning from medieval to Renaissance depictions of the Flood is like entering a different world. There is a complete change in what the pictures representing the Deluge show the spectator. Two features present in all medieval Floods are conspicuously absent in Renaissance renderings, or their significance sharply diminished. When we focus our attention on these features the discrepancy between the images of the Flood in the two periods instantly becomes manifest. One is the presence or absence of the victims of the Flood, the drowned. While the drowned are seen in all the medieval representations of the Flood, in some of the most famous Renaissance versions drowned people do not appear at all; in other works, corpses are suggested, but they play a marginal, subordinate role. Instead of bodies floating in the waters the spectator sees the desperate, often heroic, efforts made by men and women to save their lives, their frantic attempts to escape the disaster befalling them. In the course of these efforts, passions are portrayed, powerful emotions of hatred and love, cruelty and selflessness. The other feature may be surprising in Renaissance painting: the natural environment and conditions, heavy rains and rising waters, play a rather marginal part in images of the Flood. In some sixteenth century representations these elements are indicated, but in others they are almost completely absent. This is remarkable since it was in the sixteenth century that the landscape, as the background and environment of human action, became more important than it had been in the previous ages. What is shown instead are the desperate efforts human beings make to save their lives and to escape the catastrophe. In the center of Renaissance Flood images we find man struggling with his fate, not divine punishment by means of the crushing forces of nature.

We shall begin our observations on Renaissance paintings of the Flood with a work that is probably the most famous and most influential rendering of the Deluge in the whole history of art, Michelangelo's fresco on the ceiling of the Sistine Chapel (fig. 14). In this painting the Renaissance concept of the Deluge was fully articulated. Michelangelo, it need hardly be said, was not a precise illustrator who depended on a text or on an accepted model. His attitude both to the biblical text and to the pictorial tradition of representing the event is altogether free. In looking at his *Deluge* fresco, one notices first of all that he does not depict what is explicitly said in the Bible, and that represents figures and scenes that are not mentioned, or even suggested, in Scripture.[23] Michelangelo does not even attempt to show the conditions that prevailed at the time of the Flood, mainly the heavy rain, though the biblical text emphatically stresses it ("... and the windows of heaven were opened, and the rain was upon the earth forty days and forty nights." Genesis 7:11-12). The pictorial tradition in the Middle Ages, as we have seen, often, though sometimes with difficulty, rendered the heavy rainfall. What Michelangelo shows instead, and what is not mentioned in the Bible, is the effect of strong winds. The storm is suggested by showing its impact on the human figures, particularly in the windblown draperies and fluttering strands of hair. In other words, what is depicted is man's experiences of the storm. Michelangelo does not fall back on the use of allegorical figures, such as the personifications of the winds. In late Antiquity a well-known tradition placed such personifications in funerary art. Sometimes the winds so represented are meant to carry the deceased's soul aloft, into the heavens.[24] Occasionally only heads with puffed out cheeks are carved on tombstones and sarcophagi.[25] Some of these motifs were known, and even used, in the Renaissance, though the contexts may have changed. In his famous *Birth of Venus* Botticelli has forcefully blowing figures as personifications of the winds that create the waves and foam out of which the goddess is born (fig. 15).[26] Michelangelo renounces even such memories. The storm is shown

---

23 A theme now attracting increasing scholarly interest is how an image intended as an illustration relates to the text it is meant to illustrate. Without taking up this intricate problem, I should like to mention a recent formulation. Jocelyn Penny Small, in her recent study *The Parallel Worlds of Classical Art and Text*, Cambridge: Cambridge University Press, 2003, p. 6, sums up her view by saying "Artists are illustrating stories, not texts."

24 It is enough to think of the Apotheosis of Antoninus Pius and Faustina in the Vatican. It seems now to be accepted that the winged figure carrying the souls aloft is a wind demon. The motif survived into Christian times.

25 Franz Cumont, *Recherches sur le symbolisme funerarire des Romains*, Paris: Librairie orientaliste Paul Geuthner, 1942, pp. 163 ff.

26 For the blowing figures in Botticelli's *Birth of Venus* as winds, see for instance Edgar Wind, *Pagan Mysteries in the Renaissance*, New Haven: Yale University Press, 1958, pp. 111 ff.

14. Michelangelo, *The Deluge*, fresco; Vatican, The Sistine Chapel

15. Botticelli, *The Birth of Venus*, painting; Florence, Uffizi

only by its impact on the human figures who are trying to escape the mortal danger of the rising water. In this respect, too, Michelangelo's work represents a complete "humanization" of the biblical story. It is a new understanding of what the Flood actually means.

In art the transition from the medieval to the Renaissance view of the Deluge was not a single event; it was rather an extended process of gradual change. Uccello's fresco in the Chiostro Verde of Santa Maria Novella in Florence (fig. 16) may be seen as a stage in this process. In style Uccello's painting is "modern," even revolutionary. Scholars have noted the bold, imaginative perspective and the depiction of figures and objects in sharp foreshortening.[27] In iconography, however, Uccello is still close to some medieval attitudes. A typical medieval approach is manifest in the figures of the drowned, clustered at the bottom of the fresco, at the right. There is the corpse of a man, possibly dressed as a warrior; next to him the dead body of a child with a swollen belly, probably bloated by water; in front one sees parts of other corpses. The postures of these figures and the position of their individual limbs (mainly of the arms and hands, but also the legs) convey that they have not struggled for survival, but have rather submitted to a fate they could not change. Their hands and arms, kept close to the body, do not evoke in the spectator's imagination any strong movements prior to death. Another motif is the black raven picking at the flesh of the drowned. Uccello painted the scavenger raven, together with the drowned bodies, below the ark, as if he wanted to say that the ark with the few saved was floating on a sea of death (fig. 17).

As has been noted more than once, the basic unit of which Michelangelo composed this large-scale scene is not the individual figure but the multi-figure group.[28] Four groups, clearly distinguished from each other in activity and mood, form the overall composition. Each of the groups reveals, in tone and action, different human reactions to, and behavior in face of, the disaster. The most prominent group is the one in the foreground to the left; here the main theme of the fresco, namely, the attempts of men and women to escape the approaching disaster, is articulated. The struggle for life becomes the attempt to reach the mountain peak where, people may have hoped, the water would not reach. The second group, also in the foreground (to the right), shows people who, having reached another mountain peak, deem themselves saved, and have even found some means of shielding themselves from the rain by a fragment of a tent above their heads as well as the leafy boughs of a tree. It is to this island of false security that a father carries the (dead?) body of his son. A third group, further in the distance, surrounds a boat that may mean salvation. A violent fight is going on

---

27 Most discussions of fifteenth century painting in Italy emphasize the significance of these foreshortenings. See in particular Pierre Francastel, *Peinture et Societe: Naissance et destruction d'un espace plastique de la Renaissance au Cubisme*, Lyon: Audin Editeur, 1951, p. 37.

28 See Max Dvorak, *Geschichte der italienischen Kunst*, II, Munich: Piper Verlag, 1928, p. 29. Already the earliest scholars who discussed the painting made this observation.

16. Uccello, *Stories of Noah*, mural painting; Florence, Santa Maria Novella, Chiostro Verde

17. Detail of Fig. 16

between those who want to get into the boat and those already in it who try to prevent the others from boarding it. In the far distance, finally, Noah's ark and the creatures in it form the fourth group. Each of the groups has its own emotional character, its specific pictorial motifs that do not occur in the others.

We must look more carefully at some of the individual figures or small groups in the foreground. One group that immediately catches the spectator's attention is that of the nude young man who carries a young, frightened woman on his back. The motif of a young, strong man carrying another person, one who cannot move alone, plays a significant part in the art of those years. There are many examples, and I shall mention only the best-known works. In the same year, or very close to it, when Michelangelo painted the *Deluge* in the Sistine Chapel, Raphael painted, in the same building complex, the great frescoes in the offices of the pope. In one of them, in the Stanza del Incendio, the great fresco of the *Borgo Fire*, we see such a group, inspired by the story of Aeneas who saved his old father by carrying him on his back out of the burning city. A little more than two decades later a very similar group is included, with illustration, in Andrea Alciati's *Emblematum Liber*, as an emblem of Filial Piety. Michelangelo adapted the image: instead of a young person helping an old man, he showed a strong person carrying a weak one. Thus he inverted the meaning and showed it in two groups, in the so-called father carrying the body of his son (fig. 18) and in the man carrying the young woman. These figurations offer a powerful image conveying the idea of help and support for the weak, the old, the wounded. The woman carried by the young man is not only weak and cannot climb the mountain by herself; she is deadly frightened. Michelangelo often depicted fear in facial expression (a glance at the *Last Judgment* instantly shows this), but he has perhaps never so impressively shaped a face conveying both terror and lack of understanding of what is happening as he did in the head of this woman. Placing this group in the center of the first layer of people seeking help shows still another aspect of the Deluge as a human drama.

Another figure in this first group, closest to the spectator, is enigmatic. It is the nude woman lying quietly in the foreground and looking down at her breasts, while a young child is crying behind her. In posture, movement, and mood this female figure stands in marked contrast to all the other figures in her group. While the motions of the other figures show great physical effort (which increases in approaching or reaching the top of the hill), the nude woman suggests rest and quiet, her left arm and hand barely adumbrate a slight movement. Since she occupies such a prominent place in the group, and in the composition as a whole, it is difficult to disregard the conflict between the dramatic efforts of those trying to reach the mountaintop and her quiet rest.

It is also difficult to understand her simply as yet another feature of the narrative, that is, as representing a human being who, having escaped the water and reached a mountain top, deems herself secure and is peacefully resting. Precisely above her Michelangelo portrayed the most frantic action of despair: a young figure clambering up on the mountaintop. This figure is not only a

18. Detail of Fig. 14

striking expression of despair; it also indicates that the peak of the mountain will soon be covered by the deluge waters. To be sure, in the group to the right, sheltered by the leafy tree and some parts of a tent, there is also a quietly resting figure. However, the meaning, mood, and movements of this group are altogether different from those of the major group, to the left, in which we find the nude woman. That this woman has some symbolic character is probably also indicated by the dry tree stump with cut off branches just in front of her. In an environment so poor in regular vegetation the emphasis on, and even the multiplication of, the dry tree cannot but convey a symbolic intention, and it necessarily radiates on the resting figure behind the stump.

Without offering a reading of this enigmatic figure, it is important, I think, to note the intrinsic contradiction of movement and mood within the group, as well as the intimate interweaving of narrative, symbolic, and compositional traditions in the fresco. In all this, too, Michelangelo articulated the Renaissance interpretation of the Flood.

Comparing the iconography of Michelangelo's representation to other Flood images, one cannot fail to note a feature that distinguishes his work from the medieval works: it is the total absence of the drowned. As we have seen, except for the ark and those surviving within it, the drowned were the major element, and usually the only one in which human figures appeared in medieval renderings of the Deluge. In Michelangelo's fresco no drowned are seen. A possible exception is the group occasionally described as a father carrying his "dead" son.[29] But is the son dead? It is not certain that this mighty body is indeed devoid of life. However one may interpret this figure, it is manifest that Michelangelo made no effort to show that the son was indeed dead. There is no indication of the two characteristics of a dead body – stiffness and pallor – that were known to everybody and often rendered in Renaissance art. In complexion there is no significant difference between father and son. Nor does the ability to move seem to have left the son's body. Both the slight curve of the whole figure and the arm resting on the father's shoulder convey a sense of harmonious movement, of adjusting to conditions (see especially the soft organic form of the son's arm to fit the father's shoulder). Even if we take this figure to be dead, the stiffness of death is not conveyed by it.

The absence of the dead floating aimlessly in the water radically changes the mood as well as the meaning of the scene; it indicates a conception of the Flood altogether different from that underlying earlier images. Medieval art presents the Flood as a punishment, the wages of sin. That the waters of the Flood are a punishment is shown by the sudden violent death that overcame humanity, that is, drowning. The pictorial formula for this interpretation of the story is that of dead figures floating in the water. They show the spectator that the divine verdict has been executed. The moment of the story represented, then, is that of the final consummation of the punishment. Michelangelo represents a different moment, or stage, of the event. Here none of the figures has yet lost its life, and none has given up the struggle for survival. The resigned submission to fate, so prominent in medieval representations of the scene, is altogether excluded.

Seeing the Flood as a human drama instead of a divine punishment also has a pictorial effect. This is not limited to an avoidance of suggesting the elements of nature – floods and storms – through their impact on the human body; it gives shape to the experience disaster affecting man, in both his actions and emotions. In catastrophic conditions hidden passions come into the open.

Only a few years after the Sistine ceiling was shown to the public, precisely a decade after Michelangelo began painting the fresco of the Flood, another great and complex picture cycle was carried out in the Vatican Palace, the Logge paintings. Raphael and his school began painting it, and it was completed in 1519, a year after it was begun. Historians of art do not agree, and will perhaps never agree, as to what precisely was Raphael's role in this cycle, and who actually directed and executed the individual paintings. For our purpose this is

---

29 Vasari in what is probably the earliest literary description of Michelangelo's *Deluge*, says that the son is "half dead."

19. Raphael's School, *The Deluge*, fresco; Vatican, The Logge

not decisive; whoever did the planning and actual painting, they reflect the prevailing interpretation of the biblical narrative depicted.

Among the subjects represented in the Logge paintings four scenes are devoted to the Noah story: Noah supervising the building of the ark; the Flood; the disembarkation from the ark; Noah's thanksgiving sacrifice after the waters of the Flood have subsided. We are concerned here only with the painting of the Flood (fig. 19). "The Deluge is a drama of great pathos told through the most affective scenes of violence and despair," a modern student writes about these paintings.[30] While this is correct, it should be stressed that actions of succor are even more prominent than those of violence in this painting. The figure in the very center, placed in the foreground, is that of a man seen from the back who is carrying the body of a young and helpless woman (perhaps dead); to the right a father is trying to carry his two sons through the waters (with obvious reminiscences of the *Laocöon*) – these figures show the superhuman efforts people make to help their next of kin. In the middle ground is a boat, and a violent struggle takes place around entering it. For our subject

---

30 Bernice F. Davidson, *Raphael's Bible: A Study of the Vatican Logge*, University Park, Penn. and London: The Pennsylvania State University Press, 1985, p. 67.

20. Michiel Coxcie (attr. to), *The Deluge*, tapestry; Kraków, Zamek Królewski na Wawelu –Państwowe Zbiory Sztuki

the essential point is that what the painting here represents is again primarily man's struggle for survival. Like other Renaissance representations of the event, the Logge painting of the Deluge conveys man's power to struggle against fate and the cruel elements of nature.

In Renaissance art and imagination the biblical story of the Flood, while not a very popular theme, remained a subject to which patrons, artists, and audiences occasionally returned. It was depicted not only by great artists in masterpieces of high art, but to a certain extent it became a story considered appropriate for moralizing purposes. As an example I shall briefly discuss a large tapestry preserved in Krakow.

According to the catalogue of an exhibition in the Metropolitan Museum, New York (on which I depend for the information about this work),[31] the tapestry was designed by an unknown Dutch artist from the circle around Cornelis Floris, a sixteenth century "Italianate" Netherlandish painter (fig. 20). It was woven in Brussels about 1550, and it came to Poland only a few years later. An inscription on the tapestry's border tells the spectator, in addition to what he sees, that he is looking at a representation of the Deluge.[32] The natural

31 Thomas P. Campbell, *Tapestry in the Renaissance: Art and Magnificence*, New York: Metropolitan Museum of Art; New Haven: Yale University Press, 2002, pp. 441–47.
32 For the inscription, see Campbell, *Tapestry*, p. 441.

scenery that opens up in this tapestry is broad and variegated, combining several types of landscape (mountains, deep valleys, individual motifs like trees) with an attempt to conjure up the catastrophe. Both artist and weavers represented rain pouring down from heaven and lightning flashes dominating the sky. The central motif, however, remains the effort and the emotions of man. Here, too, the human figure is the main medium for visualizing the disaster. Men and women are shown in their desperate attempts to escape the relentless waters. The emotions and passions overcoming them in this terrible hour are presented with great skill and knowledge of the traditions of pictorial rhetoric. The range of the passions is wide; they include despair, hope, anguish, fear, a mother's love for her child, and each emotion is articulated in facial expression, gesture and posture. The ark, placed in the far distance, is dwarfed by the size of the figures and the power of their passions. Moreover, it is partly overlapped by the central figure, which, placed in the foreground, hides parts of the ark from the spectator's view. The scene obviously has not the meaning ascribed to it in the Middle Ages. What we see in the tapestry is not the punishment of sinful mankind, but rather the tragedy of the human race.

It should be noted that there are no drowned figures aimlessly floating in the water. This hallmark of the Flood in the medieval mind seems to have been suppressed and transformed in Renaissance imagery. In the tapestry one figure (or more) may possibly be understood as dead, but it does not float driven by winds and waves, it is not rendered as a mere object. Thus the old man in the middle distance, close to the center, holds in his arms the dead (?) body of a younger person, trying to carry him up a small rise in the ground. The group is an intense image of love and effort to save.

One further Renaissance departure from tradition in the depiction of the Flood should be noted: it is a new version of the figures of the drowned. In the rather scarce paintings in which the drowned are represented, they assume a different form. That shape, or motif, has been described as a "heap of corpses."[33] Though rare, the heap of corpses is a significant motif in the rendering of our subject, one that bears additional witness to the attitude of Renaissance thought and culture to the story of the Deluge.

Our example is a group of drawings by Pontormo, made in the 1550s, when the artist was painting, a large Deluge fresco in S. Lorenzo in Florence. Some of these (figs. 21), all in the Uffizi in Florence, show what has properly been described as "a knot of intertwined nudes."[34] Such a knot shows what happens when a human being becomes a lifeless object. The figures are anonymous, in some cases we cannot even make out their individual contours. Though many dead figures are depicted, almost no face is seen, and where a face can be made out, Pontormo does not endow it with an individual character that would

33 Janet Cox Rearick, "Pontormo, Bronzino, Allori and the lost Deluge at S. Lorenzo", in: *Burlington Magazine* 134, 1992, pp. 239–244.
34 Cox Rearick, p. 242.

21. Pontormo, Study for the *Deluge*, drawing; Florence, Uffizi, 6754Fr

distinguish it from other corpses. The postures and partly distorted shapes of the bodies are perhaps a distant echo of the medieval attitude of rendering the drowned as distorted sinners. Yet the separation of each individual sinner from the others, so typical of the Middle Ages, is not traceable here.

In medieval representations of the Deluge the drowned sinners are never massed in heaps. In Michelangelo's fresco the many individual figures representing humanity are clustered in a few large groups. There are, however, no dead figures. Each of the many represented, even if tightly interwoven with the others, retains an individual character and an autonomous existence. When the drowned stop struggling with fate, when they are really dead, they lose their individual character and become a heap.

Leonardo's visions

Still another type of imagining the deluge emerged in the Renaissance. Differing from the images we have considered so far, it is found in the sketches and notes of a single artist, Leonardo da Vinci. Leonardo's position in the history of interpreting and imagining the Deluge is complex, perhaps even ambiguous. As far as the pictorial motifs of showing the destruction of all life on earth are concerned, his work may be described as revolutionary. In his notes, however, he sometimes evokes, even if only faintly, some of the great themes of the theological interpretation of the biblical story. We shall return to his seemingly paradoxical position.

In contrast to the works of the medieval and Renaissance artists we have discussed, Leonardo did not represent the Flood in a picture, nor did he intend to do so. All we have are drawings. Some of them seem to be more finished, though the bulk consists of sketches and notes on some specific phenomena of water, such as swirling and cascading. Yet the number of surviving sketches and notes devoted to this particular subject suggest that his interest in the problem was profound. The image of the Flood was not a marginal theme in Leonardo's world.

In studying Leonardo's visions of the Flood we are dealing with a vast and complex cluster of ideas and images. The contours of this cluster are sometimes vague, even confusing, and some details cannot be firmly established. The main direction of ideas and emotions is however clear. It is this main course that we shall analyze and discuss. It would be difficult to classify these sketches and notes into separate groups. Leonardo's constant return to the same motifs, in ever changing formulations (sometimes on the same sheet), has baffled many students of Renaissance art. In addition, he was always a master of different modes (in actual art as well as in reflection on it) and may well have employed different modes at the same time. Yet although the precise chronological order of the drawings is difficult to establish, we can follow in general outline the vision of the Flood as it unfolded in his mind. I shall briefly present three types of imagining the Flood that emerge from these drawings. In a very general and imprecise way they may also reflect a chronological sequence of his approach to the great event throughout his life.

One type of these images, which seems to be more frequent in his youth, that is while he was still living in Florence and in the early years of his stay in Milan, shows a rather close relationship between landscape and vision. A good example is a drawing in Windsor showing a canyon between massive rocks,[35] and even more so the drawing known as *The Storm in the Alps* (fig. 22).[36] Here the lower part looks like a real landscape, the view of a more or less peaceful, natural stretch of land, with scattered houses, surprised by a sudden rainfall. The upper part of the drawing shows the gathering dark clouds and the eruption of the storm, and has the look of a vision that goes beyond what one can normally observe in nature. This double character, precise and at times almost scientific observation of nature on the one hand, and an anxiety-filled vision of what is beyond nature, on the other, can also be found in Leonardo's notes.

Another type of drawings that can be clearly and distinctly perceived in Leonardo's studies of the Flood and of Water emerged mainly in the mature period of his life and work. These are studies of isolated waves and eddies.

---

35 Windsor 12395
36 Windsor 12409

22. Leonardo, *Storm over the Alps*, drawing; Windsor, Royal Library, 12409

Leonardo knew, of course, that waves and eddies cannot be isolated; once you isolate them they are no longer what they were when you began. So strong, however, was his analytical attitude that even here he tried to see the movement sharply and isolate the basic components of the natural phenomenon. We have drawings and sketches he made in this course of study, none more expressive than a double leaf in Windsor (fig. 23).[37] As the leaf seems originally to have been folded and each side drawn on separately, any link suggested between the two halves is a matter of mere chance, a free construction of the spectator. The expressive force of the two halves, however, does suggest a link, and few scholars who studied this leaf were able to disregard the impression of an adumbrated connection of the two halves. On the left side of the page a seated old man is represented, supporting his head with his hand, immersed in contemplation. His features clearly show a resemblance to Leonardo's face as we know it from his self-portrait. On the right half, isolated waves and eddies are drawn. A short text, at the bottom of the right half, reads:

---

37 Windsor 12579r

23. Leonardo, *Old Man Meditating and Studies of Swirling Water*, drawing;
Windsor, Royal Library, 12579r

"Observe the motion of the surface of the water which resembles that of hair, and
has two motions, one of which goes on with the flow of the surface, the other
forms the line of the eddies; thus the water forms eddying whirlpools one part of
which are due to the impetus of the principal current and the other to the incidental
motion and return flow."[38]

The last type of drawings pertaining to Leonardo's Deluge visions originated
mainly in his old age. These are images of a distinct, even unique, character,
differing not only from the Flood imagery of any other artist we know, but also
from Leonardo's own earlier studies. Here the fidelity to what can be seen by
looking at natural landscapes has been abandoned, and yet the fusion of what
can be extracted from empirical science with images of creative fantasy – a
fusion so characteristic of Leonardo's work – reaches its purest form. The
drawings of this group attempt to show how the end of the world, that ultimate
catastrophe that will destroy the cosmos, will look.

---

38 *The Notebooks of Leonardo da Vinci*, compiled and edited from the Original Manuscripts by
Jean Paul Richter, New York: Dover, 1970, I, p. 200, #389.

The images of this type consist of two groups. One shows certain details of that envisioned physical process that will bring the world to an end. These are mainly images of exploding rocks. A good example is a charcoal drawing, now also in Windsor (fig. 24).[39] Here, as well as in some other sketches, Leonardo tries to imagine, and show in a drawing, how rocks, the hardest, heaviest, most tangible element in nature, will be pulverized and transformed into what was perceived as non-matter, air. It may be worth noting that in depicting the process Leonardo goes further in his visual fantasy than what he was ready to formulate in words. In his notes he speaks of a chaotic dispersion of the objects and constitutive parts of nature;[40] in his drawings he suggests the transmutation of these objects and parts into air. Another drawing (fig. 25) represents first, to the right, the whole rock; in the middle section one sees the inner eruption of the rocks, an event that breaks the stony mountains into pieces that are flung around; in the final stage, the part to the left, the stones have become a kind of air, moving on as clouds or vapors. This is what will happen to a small part of nature when the world comes to an end.

The images belonging to the other group of the same type are not limited to individual parts of the world. Here the artist attempts to imagine the catastrophic destruction as a whole. This group consists of ten drawings. Though there are variations from one drawing to the other, the same basic compositional pattern underlies them all. The final destruction of the world appears to Leonardo in the shape of a gigantic vortex. In most of the drawings this vortex is created by huge waves of water, but in others the matter making it cannot be determined. Into this vortex, a truly apocalyptic "bottomless pit," the objects and elements of the "world" seem to be carried by an irresistible force. In most of the drawings these elements are stones, fragments of mountains, but sometimes they, too, cannot be clearly identified. In Leonardo's imagination the catastrophe thus assumes the form of an almost abstract, rotating force.

Many careful empirical observations, precisely recorded, went into these drawings. Leonardo scholars have taught us some valuable lessons concerning the scientific components of the drawings showing the end of the world.[41] These components should not obscure the fact that the overall composition into which they are fitted is an altogether visionary one. The event as such could, of course, not be observed. Moreover, the viewpoint from which the artist presumably sees the vortex is not natural, it contradicts everyday observation. The rotating movement, or the vortex, is in the middle of the page, in the center of space. Had the eruption taken place "down on earth," as is suggested in the

---

39 Windsor, 12387

40 Richter, I, pp. 305–313, # 606–610.

41 See especially V. P. Zubov, *Leonardo da Vinci*, translated by David H. Kraus, Cambridge, Mass.: Harvard University Press, 1968; original Russian edition, Moscow, 1962; and Gombrich's article Leonardo da Vinci: The Form of Movement in Water and Air, reprinted in E. H. Gombrich, *The Heritage of Apelles*, Oxford: Phaidon, 1976, pp. 39–56.

24. Leonardo, *Eruption*, drawing; Windsor, Royal Library, 12387

25. Leonardo, *Deluge*, drawing; Windsor, Royal Library, 12377

26. Leonardo, *Deluge*, drawing; Windsor, Royal Library, 12380

drawings, the observer must be hovering in mid air to see it as Leonardo represents it. It is the vantage point of a visionary.

Although all these drawings were made in the same period of the artist's life and work, and are thus close to each other in time, one can detect in the series a development, even if it a small one, of the image. Let us briefly look at what are considered the earliest and the latest of the drawings. In the margins of drawing Windsor 12380 (fig. 26), which according to scholarly opinion was done close to the beginning of that last period, we can still see some residues of landscape motifs. The eruption of that final storm that will destroy the world is represented in the center of the page, while in the upper corner some rocks are still standing firmly upright. In the drawing Windsor 12383 (fig. 27), possibly the latest of the series, any reference, however vague and modest, to shapes found in nature has disappeared. What we see here, to use again a term popular in our age, is an abstract image.

We can take a further step. Not only does this drawing (and a small group of related images) not represent any specific figure or object that can be observed in physical reality, even the very condition of experience and observation of nature

27. Leonardo, *Deluge*, drawing; Windsor, Royal Library, 12383

are here canceled. The dramatically moving, rotating shapes fill the whole surface of the page, we cannot even say where they are placed. In this drawing there is no indication of a space or depth in which the abstract movement takes place.[42]

In an important respect Leonardo deviates both from the traditions of exegetical interpretation of the Deluge and from the representation of this story in art. In the biblical text as well as in the commentaries throughout the ages the Deluge is perceived as a divine punishment for the sins of man. Neither in the Bible nor in the later commentaries was the deluge understood as the end of the *world*, of physical reality. It was only the end of the *human race* and of all living creatures. When we look at Leonardo's drawings of the "End of the World" in the context of a history of Deluge imagery, the most striking feature is the absence of human figures. While he excludes human figures (with one exception to which we shall instantly return), he replaces them with exploding rocks and mountains falling into a bottomless pit. In his Deluge imagery it is not mankind that comes to an end, but the world.

---

42 The lack, or denial, of space in the drawing has been pointed out by Josef Gantner. See his *Leonardos Visionen von der Sintflut und vom Untergang der Welt; Geschichte einer Künstlerischen Idee*, Bern: Francke, 1958, pp. 212 ff.

Leonardo's deviation from the traditional understanding of the Deluge has, of course, obvious pictorial implications. In medieval renderings, as we have seen, human figures do not necessarily form the major motif, but they are always present, clearly discernible. Whether they are saved in the ark or drowned in the water, the spectator does not have to search for them; their bodies, alive or dead, are conspicuously presented. In the Renaissance the whole subject of the Flood became primarily, almost exclusively, the representation of human efforts, fears, and passions. The ark is pushed into the distant background, the Deluge is a theme of human struggle against the destructive forces of nature or fate. In Leonardo's mind, this humanizing trend in the development of the image is completely overturned. He does not represent people struggling to survive, but huge waves destroying anything in nature that has a shape of its own.

This distance from the text of, and commentaries to, Scripture may be perceived also in the expressive mood in which Leonardo evokes his visions. The general tone of his discussion of the *Diluvio* imagery is that of secular science. It is the power of natural forces, mainly of strong winds and flowing water, that he observes, describes, and analyzes. Modern scholarship has stressed the secular, scientific character of Leonardo's visions.[43] Leonardo's science, however, is shaped not only by detached empirical observations of what happens in nature. Some components of his image of the world collapsing and disintegrating are derived from cultural traditions and religious fantasies, and it is these that give his visions their unique character. Dominant among these motifs is the traditional imagery of the Last Judgment.

The Last Judgment was a popular theme in Italian preaching, literature, and art at the turn of the fifteenth to the sixteenth century, but Leonardo does not refer to it explicitly, nor did he represent it in painting. But in his notes on that final event, the Flood and the end of the world, it emerges time and again, though in a veiled form. In describing a frightening storm in a note titled *Diluvio e sua dimostratione in pictura*, he calls it 'judgments' (*maladitioni*).[44] The suffering and dying human beings are enveloped by dark clouds, and high above that scene the sky is "lighting up on all sides the depth of the gloom." The unusual combination of horror and despair on the one hand, and heavenly bliss on the other, a combination traditionally characteristic of the coming of the messianic age, recurs also in other images suggested in the notes. To indicate the radically inverting nature of the Flood as a final event Leonardo employs what is perhaps the oldest motif of messianic fantasy, peace between mortal enemies. In the Flood "you might have seen on many of the hill-tops terrified animals of different kinds, collected together and subdued to tameness, in company of men and women who had fled there with their children." And a few lines later he speaks of "a variety of animals which,

---

43 See particularly the studies by Zubov and Gombrich.
44 Richter, I, p. 309, # 608.

28. Leonardo, *Catastrophe Scene*, drawing; Windsor, Royal Library, 12388

29. Detail of Fig. 28

having come to a truth, stood together in a frightened crowd – among them wolves, foxes, snakes and others…"[45]

The apocalyptic nature of the final event affects even the purely optical phenomena in the illumination of the scene. Reading Leonardo's notes on the *Diluvio,* and how the world will look on this day, one cannot help paying attention to an unusual image, the linking of water and fire. In Deluge imagery, water is, of course, called for, but fire is not usually seen. In the traditional imagery of the Last Judgment fire is also rare, and in the distant background. There it could perhaps be read as a reflection of the opening up of hell. In Leonardo's description of the Deluge "The air was darkened by the heavy rain … But it was tinged by the color of fire kindled by the thunder-bolts."[46] In another note he describes the look of the clouds on that day. "Where the rain is thickest let the color of the dust be less conspicuous. … And when flames of fire are mingled with clouds of smoke and water [,] very opaque and dark clouds will be formed."[47]

---

45 ibid
46 Richter, I, # 607.
47 Richter, I, p. 313, # 610.

A possible evocation of the Last Judgment in the context of the *Diluvio* is not found in a text but in a sketch. Though its meaning is problematic, we should look at it carefully for what it suggests in content. On a page we have already seen, probably dating from the final stage of the artist's Milan period, there is a small schematic detail that may perhaps show how the mental images of the Flood and of the Last Judgment come together. Low on the left side of the page a crowd of people is suggested, many of them indicated by a mere short line (figs. 28, 29). It is, so far as I know, the only instance in which human figures appear in a "Deluge" drawing by Leonardo. In the foreground (to the right) a figure only a partly seen seems to emerge from the earth. Facing the crowd a towering personage addresses it with lively gestures. No statement, explicit or even only implied that might explain this detail has been found in any of the notes and sketches. Nevertheless spectators have often felt that this is a vaguely sketched. If this is so, the figure emerging from the depths of the earth may be a memory of the resurrection that is part of the apocalyptic event of the Last Judgment.

While no positive statement can be made, it seems likely that Leonardo's imagery of the Flood, though mainly "scientific" and largely based on visual experience, is also inspired by traditional visions of the Last Judgment.

A concluding remark

As I have said in the opening section of this paper, I concentrate here only on *what* was in fact been presented in depictions of the Flood. The figures and objects seen in these representations are considered, as far as possible, without any scholarly connotations they may have evoked in the minds of contemporary spectators. Even on such a direct, almost naïve, level of observation, what was chosen of the story for representation tells us something of what the Deluge may have meant to different periods and artists. Even on such a primitive level of observation, the radical changes that mark the history of Deluge depictions can be seen quite clearly. The evolution of Deluge imagery is almost kaleidoscopic in nature. The changes are profound and far reaching, and sometimes they combine to present a new view of what the Deluge actually was.

Concentrating on such rudiments of iconography, as in the present essay, does not mean that a more sophisticated interpretive study is not required in order to fully understand the images. Different views and interpretations of the Deluge do, of course, exist, and they influenced the shapes of the pictures we saw. One would also like to know what made audiences and artists change their mental images of what the Deluge looked like, and why, at a given period and in given conditions they selected the specific features and shapes that eventually were seen in the painted images. All these and many other questions, however, cannot be dealt with in the present essay. Future studies, I hope, will shed some light on these links between pictures of the Deluge and the broader attitudes of the cultures that produced them.

Personenregister

Das Register umfaßt sowohl historische Namen und Autoren als auch Autoren der Sekundärliteratur. Da in der hier vorliegenden Thematik Götternamen, fiktive, mythische oder biblische Personen und reale Personen zuweilen ununterscheidbar sind, sind umstandslos alle Personennamen aufgenommen worden.